KB069663

제3판

# 청년심리학

정옥분 지음

학지사

# 3판 머리말

『청년심리학』은 초판이 출간된 지 10년 만인 2015년에 개정판이 출간되었으며, 6년 만에 다시 제3판을 출간하게 되었다. 제3판에서 특히 역점을 두어 보완한 부분은 2015년에 개정판이 출간된 이후 지난 6년 동안 청년발달의 각 영역에서 새로이 이루어진 국내외 연구와 관련된 부분이다.

특히 제4장 '발달의 유전학적 기초'에서는 인간게놈에 관해 간단히 정리해 보았다. 인간게놈이란 각 인간 세포 속의 DNA를 만드는 약 35억 개의 화학물질인 염기의 정확한 서열을 나타내는 생물학적 지도를 말한다. 최근에 와서 특정 기능과 연관이 있는 유전인자의 특정 위치를 찾아내는 노력에 큰 발전이 있었는데 이러한 발전은 인간게놈 프로젝트(Human Genome Project)의 완성으로 이루어진 것이다.

제16장 '이성교제와 청년기의 성'에서는 데이트 폭력에 관해 정리해 보았다. 최근 빈번하게 발생하고 있는 데이트 폭력(dating abuse, dating violence)은 이성교제의 심각한 문제로 대두되고 있다. 데이트 폭력은 미혼의 연인 사이에서 한쪽이 가하는 폭력이나 위협을 말하는데, 성폭행, 성희롱, 협박, 욕설, 신체적 폭력, 명예훼손 등의 형태로 나타날 수 있다.

그리고 제17장 '청년기의 발달장애' 중 '불안장애' 편에서는 '신경지(neuroception)'라는 새로운 용어를 소개하였다. 신경지는 인지와는 다른 자율신경계의 무의식적인 반응으로 안전이나 위험을 감지하는 것을 의미한다. 만약 신경지에 문제가 발생하면 불안장애, 반응성 애착장애, 자폐스펙트럼장애, 주의력결핍 과잉행동장애 등의 발달장애가 나타날 수 있다.

끝으로 우리나라 '청소년의 신체발육 상황'이나 '청소년 비행의 현황'에 관해서는

2020년『청소년 백서』를 중심으로 새로운 통계자료를 제시하였다.

　제3판의 편집업무를 꼼꼼히 챙겨 주신 편집부 백소현 차장님의 노고에 감사드리며, 그동안『청년심리학』을 사랑해 주신 독자 여러분들께 감사드린다.

2021년 2월
지은이 씀

## 개정판 머리말

개정판에서 특히 역점을 두어 보완한 부분은 2005년에 초판이 출간된 이후 지난 10년 동안 새로이 이루어진 국내외 연구와 관련된 부분이다. 청년발달의 각 영역에서 국내외에서 최근에 발표된 연구들을 될 수 있는 대로 많이 소개하고자 노력하였다.

특히 제4장 '청년발달의 유전학적 기초'에서는 최근에 와서 주목을 받고 있는 후성유전학에 관해 간단히 정리하였으며, 제7장 '미디어와 청년'이라는 절에서는 요즘 청소년들의 사회적 상호작용 매체로 각광을 받고 있는 SNS(Social Network Service)에 관해 정리해 보았다. 또한 제17장 '청년기의 발달장애' 중 '우울증'에서는 가면성 우울증에 대해 정리해 보았다. '가면성 우울증'이란 가면을 쓰고 있는 것처럼 겉으로는 웃고 있기 때문에 드러나지 않지만 어쩌면 억지 웃음으로 인해 더욱 심각한 심리적 불안정 상태가 야기될 수 있는 우울증이다. 그리고 우리나라 '청소년의 신체발육 상황'이나 '청소년 비행의 현황'에 관해서는 2014년『청소년백서』를 중심으로 새로운 통계자료를 제시하였다.

그 외에도 그동안 강의 등을 통해 보완이 필요하다고 생각되어 정리해 놓은 부분을 추가하였다. 표지와 관련해서는 요하네스 베르메르의 작품 〈진주 귀걸이를 한 소녀〉로 새로이 꾸며보았다.

개정판의 편집업무를 꼼꼼히 챙겨 주신 편집부 이지혜 부장님의 노고에 감사드리며, 그동안『청년심리학』을 사랑해 주신 독자 여러분들께 감사드린다.

2015년 정월에
지은이 씀

# 초판 머리말

최근에 와서 청년발달에 대한 관심이 크게 증가하였다. 20여 년 전 저자가 청년발달의 강의를 시작할 때만 해도 국내 대학에서 청년발달 관련 과목이 개설된 곳이 별로 없었던 것으로 기억한다. 그러다가 1990년대에 와서 국내 대학에 청소년학과, 청소년복지학과, 청소년지도학과, 청소년문화과 등이 신설되면서 아동기에서 성인기로 옮겨가는 과도기에 있는 연령층인 아동도 아니고 성인도 아닌 청년들에 대한 관심이 고조되기 시작하였다.

그리고 저자가 『청년발달의 이해』(학지사)를 출간한 지도 벌써 7년의 세월이 흘렀다. 그동안 개정판을 내야겠다는 생각은 늘 하면서도 차일피일 미루어오다 오늘에 이르렀다. 이제 부분 개정만으로는 그동안 변화된 청년들의 모습을 모두 담아내기에 7년이란 세월이 너무 길게 느껴져 『청년발달의 이해』와는 체제와 구성을 달리하고 내용을 대폭 보완해서 이번에 새로이 『청년심리학』이라는 제목으로 출간하게 되었다.

『청년심리학』에서는 청년발달과 관련이 있는 주제들을 남김없이 망라하여 내용을 좀더 상세히 서술하려 애썼고, 가능한 한 국내자료를 많이 이용하여 한국의 청년발달을 이해하는 데 크게 도움이 되고자 노력하였다. 특히 청년발달의 이론을 다룬 장에서는 청년기를 '질풍노도의 시기'로 보는 관점과 그 반대의 관점을 비교 정리해보았다.

이번에 출간하는 『청년심리학』은 모두 6부로 구성되어 있다. 제1부는 청년발달 이해의 기초로서 청년발달의 개념, 청년발달의 쟁점, 청년발달연구의 역사, 청년발달의 이론, 청년발달의 연구방법 등을 다루었다. 제2부는 청년발달의 생물학적 과정에 관한 것으로서 청년발달의 유전학적 기초, 청년기의 신체발달, 건강관리와 질병에 관

해 서술하였으며, 제3부는 청년발달의 인지적 과정에 관한 것으로서 인지발달, 정보
처리과정과 기억발달, 지능과 창의성 등을 정리하였다. 제4부는 청년발달의 사회정
서적 과정에 관한 것으로서 자기이해와 정체감발달, 성차와 성역할발달, 도덕성발달,
직업발달과 성취행위 등을 다루었으며, 제5부는 청년발달과 사회환경에 관한 것으로
서 가족환경, 학교환경과 교우관계, 이성교제와 청년기의 성을 정리하였다. 마지막
제6부에서는 청년기의 발달장애와 청소년 비행 등을 포함하는 청년기의 부적응에 관
해 서술하였다.

이『청년심리학』은 대학에서 청년발달 또는 청년심리학 강의를 위한 교재로 사용
할 수 있을 뿐만 아니라 청소년 자신은 물론이고 청소년을 이해하려는 모든 분들에게
조금이나마 참고가 되고 도움이 되었으면 하는 바람을 가져본다.

이『청년심리학』이 출간되기까지 많은 분들의 도움을 받았다. 우선 이 책을 집필할
수 있도록 특별연구비를 지원해주신 고려대학교 당국에 감사드리고, 20여 년간 저자
의 청년발달 강의를 수강하고, 강의평가를 통해 피드백을 준 고려대학교 학생들에게
도 고마운 마음을 전하고 싶다.

또한『청년심리학』을 집필하는 과정에서 국내자료를 찾아 정리해주거나, 귀중한
사진자료를 제공해준 고려대학교 박사과정의 엄세진 조교, 석사과정의 김은아 양과
김소희 양에게도 감사의 뜻을 전하고 싶다. 그리고 이 책의 출판을 맡아 주신 학지사
김진환 사장님과 편집부 여러분의 노고에 감사드린다.

2005년 5월에
개교 100주년을 맞이하는 안암동산에서
지은이 씀

차례

## 제1부 청년발달 이해의 기초

**제1장** **청년발달의 본질** ······ 21

## 제2부 청년발달의 생물학적 과정

### 제4장　청년발달의 유전학적 기초 ······ 145

## 제3부 청년발달의 인지적 과정

## 제4부 청년발달의 사회정서적 과정

## 제5부 청년발달과 사회환경

## 제6부 청년기의 부적응

# 청년발달 이해의 기초

청년기는 아동기에서 성인기로 옮겨가는 과도기로서 이 시기의 청년은 어린이도 아니고 어른도 아닌 어중간한 상태에서 불안정과 불균형으로 인한 심한 긴장과 혼란을 경험하게 된다. 이 때문에 청년기를 흔히 '질풍노도의 시기'라고 한다.

특히 오늘날의 청년들은 전 세대의 청년들에 비해 더 많은 요구와 기대 그리고 유혹과 위험에 처해 있다. 그러나 청년기가 스트레스를 많이 받고 혼란스러운 시기라는 고정관념과는 달리, 대부분의 청년들은 아동기에서 성인기로의 전환을 무난히 넘기는 편이다. 많은 청년들은 이 전환기를 신체발달, 인지발달, 사회정서발달을 위한 도전과 기회로 생각한다.

청년기는 언제 시작되는가? 청년기는 생물학적으로 시작되고 문화적으로 끝난다는 말이 있다. 즉, 사춘기의 시작과 성적 성숙으로 청년기가 시작되고, 청년이 속한 사회에서의 문화적 기대와 기준을 따르는 것으로 청년기가 끝난다는 뜻이다.

사실 청년기를 인간의 발달단계에서 하나의 단계로 취급하기에는 그 연령범위가 너무 넓다. 성숙의 가속화 현상으로 인해 초등학교 고학년에서 사춘기를 맞이하게 되는 경우가 많으며, 재학기간의 연장 등 여러 가지 이유로 오늘날 청년기는 대학을 졸업한 후까지로 연장된다. 열한두 살짜리 초등학교 고학년생과 스물서너 살의 대학 졸업생이 인생의 같은 단계에 있다고 보기는 상당히 어렵다. 그래서 이 청년기를 세 개의 하위단계로 나누어 청년 초기, 청년 중기, 청년 후기로 구분하기도 한다. 청년 초기는 대략 중학생 시기에 해당되고, 대부분의 사춘기 변화가 이때 일어난다. 청년 중기는 대략 고등학교 시기에 해당되고, 청년 후기는 대략 10대 후반에서 20대 초반에 해당되며 이성교제, 정체감 문제, 직업에 대한 관심이 이때에 주로 나타난다.

청년기에 관한 연구도 점차 그 연구결과를 청년기 전반에 걸쳐 일반화할 수 있는지, 아니면 청년 초기나 중기 또는 청년 후기에만 국한해야 할 것인지를 구체적으로 논의하고 있는 경향을 보여주고 있다. 그러나 지금까지는 대부분의 연구가 청년 초기, 청년 중기, 청년 후기로 구분하지 않았으므로 이 책에서도 청년기를 세 개의 하위단계로 나누지 않고 구분이 꼭 필요요할 때에 한해서만 그렇게 하고자 한다.

제1부에서는 청년발달의 본질, 청년발달의 이론, 청년발달의 연구방법 등에 관해 살펴보기로 한다.

# 제1장

# 청년발달의 본질

인간의 행동은 어느 정도 수정될 수 있다. 그러나 인간의 본성은 변하지 않는다.

Abraham Lincoln

인간은 사회적 동물이다.

Aristotle

자연에는 비약(飛躍)이 없다.

Charles Darwin

스스로 배울 생각이 있기만 한다면 천지 만물 중 하나도 스승이 아닌 것이 없다. 사람에게는 세 가지 스승이 있다. 하나는 대자연, 둘째는 인간, 셋째는 사물이다.

Jean Jacques Rousseau

인간 최대의 승리는 내가 내 자신을 이기는 것이다.

Platon

진정한 벗은 제2의 자신이다.

Aristotle

청년기는 대실수기이다. 장년기는 투쟁기이고, 노년기는 후회기이다.

Benjamin Disraeli

1. 청년발달의 개념       2. 청년발달의 쟁점
3. 청년발달연구의 역사

　청년의 발달과정은 시간이 경과하면서 청년이 양적 또는 질적으로 변화하는 과정이다. 양적인 변화는 크기 또는 양에서의 변화를 의미하며, 질적인 변화는 본질, 구조 또는 조직상의 변화를 의미한다.

　청년발달과 관련된 개념으로 성장과 성숙, 학습이라는 개념이 있다. 성장(growth)은 신체의 크기나 능력이 증가하는 것으로 주로 양적인 변화를 의미한다. 이에 비해 성숙(maturation)은 유전적 요인에 의해 발달적 변화들이 통제되는 생물학적 과정을 말한다. 유아기의 빠른 성장과 사춘기의 2차 성징과 같은 변화들은 성숙에 기인한 것이다. 한편, 학습(learning)은 직접 또는 간접 경험의 산물로서 훈련이나 연습에 기인하는 발달적 변화를 의미한다. 외국어 습득은 매우 특정한 훈련에 의존하는 학습된 행동이라고 할 수 있다. 인간의 발달은 성장, 성숙, 학습의 세 과정이 공존할 때 비로소 원만하게 이루어진다. 바꾸어 말하면 일생을 통하여 성장, 성숙, 학습에 의해 이루어지는 변화과정이 바로 인간발달이다.

　청년발달은 대체로 세 영역으로 이루어지는데 생물학적 발달, 인지적 발달, 사회정서적 발달이 그것이다. 생물학적 발달은 신체적 변화와 관련된 것이며, 인지적 발달은 학습, 기억, 문제해결 능력, 지능 등에서의 변화를 포함하고, 사회정서적 발달은 성격의 안정성과 변화, 대인관계, 사회적 관계의 성장과 변화 등을 의미한다.

　청년발달은 생물학적 과정, 인지적 과정, 사회정서적 과정의 영향을 받는다. 그리고 생물학적·인지적·사회정서적 과정은 복잡하게 서로 얽혀 있다. 생물학적 과정이 인지적 과정에 영향을 미치고, 인지적 과정은 사회정서적 과정에 영향을 미치며, 사회정서적 과정은 또 생물학적 과정에 영향을 미친다.

　청년발달에 관한 중요한 쟁점들로는 발달과정에 영향을 미치는 주요한 요인이 무엇인가를 밝히는 발달의 본질 문제, 발달의 주원인이 되는 중요한 과정은 무엇인지를 알아보는 발달을 유도하는 과정의 문제, 발달에 결정적 시기가 있는지 없는지를 알아보는 발달의 결정적 시기 유무의 문제, 발달이 점진적이고 연속적인 과정인지 아니면 불연속적 과정인지에 관한 발달의 형태에 관한 문제, 발달에 있어서 초기경험이 중요한지 아니면 후기경험이 중요한지에 관한 초기경험과 후기경험의 중요성 문제 등을 들 수 있다.

　이 장에서는 청년발달의 개념, 청년발달의 쟁점, 청년발달연구의 역사에 관해 살펴보기로 한다.

## 1. 청년발달의 개념

청년기는 아동기에서 성인기로 옮겨가는 전환기이다. 이 시기에 사춘기의 주요한 신체적 변화 및 심리적 · 사회적 변화가 일어난다. 한 단계에서 다음 단계로의 전환은 점차적으로 이루어지고 분명히 구분되지 않으며, 그 기간도 모든 청년들에게 일정하지 않다. 그럼에도 불구하고 대부분의 청년들은 궁극적으로는 성숙한 성인의 단계에 이른다. 이런 의미에서 보면 청년기는 책임 있고 성숙한 성인이 되기 위해 반드시 건너야 하는 아동기와 성인기 사이에 놓여 있는 다리에 비유할 수 있다(사진 참조).

청년발달은 시간이 경과함에 따라 청년이 양적 또는 질적으로 변화하는 과정이다. 양적인 변화는 신장, 체중, 어휘력에서 보이는 변화와 같이 크기 또는 양에서의 변화를 의미한다. 질적인 변화는 지능의 본질이나 정신작용에서의 변화와 같이 본질, 구조 또는 조직상의 변화를 의미한다.

### 1) 청년기의 정의

'청년기(Adolescence)'라는 용어는 원래 라틴어가 그 어원으로 '성장하다' 또는 '성숙에 이른다'라는 의미의 'adolescere'라는 동사로부터 파생된 것이다. 모든 사회에서 청년기는 미성숙한 아동기로부터 성숙한 성인기로 옮겨가는 성장의 시기이다. 청년기는 또한 생물학적 · 심리적 · 사회적 전환의 기간이기도 하다.

청년기는 언제 시작되는가? 청년기는 생물학적으로 시작되고 문화적으로 끝난다는 말이 있다. 즉, 사춘기의 시작과 성적 성숙으로 청년기가 시작되고, 청년이 속한 사회에서의 문화적 기대와 기준을 따르는 것으로 청년기가 끝난다는 뜻이다. 청년기에서 성인기로 이행하는 시점은 시대에 따라 다르고 문화에 따라 다르다. 어떤 문화에서는 성년식이나 사냥의식 또는 할례의식과 같은 통과의례(rites of passage)를 거침으로써 아동기에서 바로 성인기로 진입하기도 한다(사진 참조). 우리나라에서는 현재 20세를 성인으로 인정하고 성년식을 갖는다(사진 참조).

청년기를 결정하는 기준으로는 연령, 신체적 · 생리적 성숙도 및 심리적 성숙도 등

사진 설명 콩고족 소년들이 얼굴에 푸른색 페인트칠을 하고서 통과의례를 치르고 있다.

사진 설명 북아메리카 원주민의 한 종족인 아파치족 소녀가 성년축하의식을 갖고 있다.

사진 설명 유태인 소년은 13세가 되면 성년식 '바르 미츠바(Bar Mitzvah)'를 갖게 되는데, 이 통과의례를 치름으로써 이 소년은 성인으로서의 지위를 획득하게 된다.

사진 설명 계례식(우리나라 전통 여성 성년식)에서 술을 마시는 초례를 하고 있다.

여러 가지를 들고 있으며, 그중 무엇을 기준으로 청년기를 결정하느냐에 따라 그 기간이 달라질 수 있다. 일반적으로 연령을 기준으로 하였을 때에는 12~13세에서 24~25세를 청년기로 보고, 신체적 성숙도를 기준으로 하였을 때에는 성적 성숙이 이루어지는 때를 그리고 심리적 성숙도를 기준으로 할 때에는 자아정체감이 확립되는 시기를 청년기로 본다. 〈표 1-1〉은 청년기의 시작과 끝을 알리는 여러 가지 결정 기준에

〈표 1-1〉 **청년기의 결정 기준**

| 영역 | 청년기의 시작 | 청년기의 종결 |
|---|---|---|
| 생물학적 | 사춘기의 시작 | 신체적·성적 성숙이 이루어짐<br>생식기관의 발달 |
| 정서적 | 부모로부터 정서적으로 독립하기 시작 | 자아정체감의 확립<br>정서적 독립 |
| 인지적 | 논리적 추론, 문제해결, 의사결정기술의 발현 | 논리적 추론<br>자율적 의사결정 |
| 대인관계적 | 부모지향에서 또래지향으로 | 또래 및 성인과의 친밀감 증가 |
| 사회적 | 대인관계, 정서, 성격의 변화 | 사회적으로 책임 있는 행동 수행 |
| 교육적 | 중학교 입학 | 고등학교 또는 대학교 졸업 |
| 종교적 | 성년축하 예식의 준비 | 종교단체에서 성인으로서의 지위 획득 |
| 연령적 | 12~13세 | 24~25세 |
| 법적 | 청소년의 지위 획득 | 성인으로서의 법적 지위 획득 |
| 문화적 | 통과의례 준비 | 통과의례의 완성 |

출처: Atwater, E. (1996). *Adolescence* (4th ed.). New York: Prentice-Hall.

관한 것들이다.

청년기가 10여 년간 지속되기는 하나 이 기간에 너무나도 많은 신체적·심리적·사회적 성장이 이루어지므로 청년기를 하나의 단계로 보기보다는 세 개의 하위단계로 나누어 청년 초기, 청년 중기, 청년 후기로 구분해야 한다는 학자들도 있다.

청년 초기는 약 11세에서 14세까지로 대략 중학교 시기에 해당하고, 청년 중기는 약 15세에서 18세까지로 대략 고등학교 시기에 해당하며, 청년 후기는 약 18세에서 20대 초반까지로 대학재학 또는 고등학교를 졸업한 이후가 여기에 해당한다. 흔히 청년 초기와 청년 중기에 해당되는 사람들을 청소년이라 부르며, 청년 후기에 해당되는 젊은이들을 청년이라 부른다.

청년기에 대응되는 새로이 등장한 용어가 바로 '십대(teenager)'라는 용어이다. '청년기'라는 용어에 비해 '십대'라는 말은 좀더 들뜨고, 쾌활하며, 명랑하게 들린다. 십대라는 말을 만들어낸 사회적 배경은 1940년대 후반부터 1950년대 초반 사이에 미국 청년들이 누리게 된 경제적 풍요와 자유에 있다. 새로이 발간된『Seventeen』(사진 참조)과 같은 잡지 등에 힘입어 돈벌이가 되는 청년시장을 공략하는 광고전략으로 낙천적인 이미지의 십대라는 말을 만들어내게 되었다(Greenberger & Steinberg, 1986).

　사회적 변화로 새로이 주목을 받게 된 또 다른 용어는 '젊은이(youth)'라는 말이다. 이 말은 '청년'이라는 용어 이전에 이미 사용되었지만 산업화 이전에 이 용어는 매우 모호하고 불명확해서 12세에서 24세 사이의 모든 사람들에게 적용되었다(Modell & Goodman, 1990). 그러다가 1960년대에 와서 점차적으로 대학생 인구가 증가하게 되고 '학생운동'(사진 참조)이 발생함에 따라 18세에서 22세 사이, 즉 청년기와 성인기 사이에 있는 이들에게 관심이 모아졌다. 어떤 학자들은 '젊은이'는 연령적으로뿐만 아니라 심리적으로도 청년이나 성인과 구별되어야 한다고 주장한다(Keniston, 1970). 사실 많은 대학생들은 자신이 어떤 측면에서는 성숙한 것으로 느끼지만 또 다른 측면에서는 미성숙한 것으로 느끼기 때문에 자신이 청년인지 아니면 성인인지 확신이 안 갈 때가 많다.

　건강한 성인으로 성장하기 위해서는 청년기에 수행해야 할 발달과업이 있는데, 이 발달과업을 무난히 수행해야만 성인기의 새로운 도전들을 효율적으로 해결할 수 있다. 청년들에게 주어진 발달과업은 여러 학자들에 의해서 다양하게 표현되어 왔다. 구체적인 과업은 문화에 따라 다르겠지만 대체로 공통된 몇 가지 과업을 살펴보면 다음과 같다. 이 중에서 가장 중요한 것이 자아정체감의 확립이다.

　첫째, 사회적으로 책임 있는 행동을 수행한다. 둘째, 남성 또는 여성으로서 자기 성에 적합한 성역할을 습득한다. 셋째, 부모나 다른 성인으로부터 정서적 독립과 경제적 독립을 이룩한다. 넷째, 시민생활에 필요한 지적 능력을 개발한다. 다섯째, 직업선택과 그에 대한 준비를 한다. 여섯째, 자아정체감을 확립한다. 일곱째, 결혼과 가족생활에 대한 준비를 한다.

## 2) 청년발달의 영역

청년발달은 대체로 세 영역으로 이루어지는데, 생물학적 발달, 인지적 발달, 사회정서적 발달이 그것이다. 생물학적 발달, 인지적 발달, 사회정서적 발달은 서로 상호작용을 한다. 사회정서적 과정이 인지적 과정에 영향을 미치고, 인지적 과정은 사회정서적 과정에 영향을 미치며, 생물학적 과정은 또 인지적 과정에 영향을 미친다(〈그림 1-1〉 참조). 예를 들면, 청년이 신체적으로 어떻게 보이는가 하는 것이 그 청년이 자신에게 느끼는 감정에 영향을 미치고, 이것은 또한 친구관계에도 영향을 미친다. 추론능력은 다른 사람이 원하는 것이 무엇인가를 이해하는 능력에 영향을 미치고, 이것은 또한 대인관계에도 영향을 미친다. 확실히 발달과정은 복잡하게 서로 얽혀 있다. 〈표 1-2〉는 청년발달의 세 영역과 주요 내용에 관한 것들이다.

**신체발달**
신체크기, 신체비율, 외모,
지각 및 감각운동능력

**인지발달**
주의집중, 기억, 문제해결,
창의성, 언어발달

**사회정서발달**
자기이해, 대인관계기술, 우정,
친밀한 관계, 도덕적 추론 및 행동

〈그림 1-1〉 생물학적 과정, 인지적 과정, 사회정서적 과정의 상호작용

출처: Berk, L. E. (2001). *Development through the lifespan* (2nd ed.). Boston: Allyn & Bacon.

〈표 1-2〉 **청년발달의 세 영역과 주요 내용**

| 영역 | 주요 내용 | 제기되는 질문의 예 |
|---|---|---|
| 생물학적 발달 | 뇌와 신경계, 근육, 감각능력 등이 행동에 어떤 영향을 미치는가를 연구한다. | • 청년기 부적응과 질병에 유전인자는 어떤 역할을 하는가?<br>• 성숙의 가속화 현상의 원인은 무엇인가?<br>• 조숙과 만숙의 효과는 무엇인가? |
| 인지적 발달 | 학습, 기억, 문제해결 능력, 지능 등을 포함하는 지적 능력에 관해 연구한다. | • 청년기의 자기중심성과 인지발달은 어떤 관계가 있는가?<br>• TV 시청의 효과는 어떠한가?<br>• 이중(二重) 언어의 이점(利點)은 무엇인가? |
| 사회정서적 발달 | 성격의 안정성과 변화, 대인관계, 사회적 관계의 성장과 변화 등에 관해 연구한다. | • 정체감발달에 영향을 미치는 요인들은 무엇인가?<br>• 청년을 훈육하는 가장 좋은 방법은 무엇인가?<br>• 청년기 도덕성발달에 부모는 어떤 영향을 미치는가? |

## (1) 생물학적 발달

생물학적 발달은 신체적 변화와 관련된 것이다. 부모로부터 물려받은 유전인자, 뇌의 발달, 신장과 체중의 증가, 운동기능, 사춘기에 나타나는 호르몬의 변화 등은 모두 청년발달에 있어서 생물학적 과정의 역할을 반영하는 것이다.

생물학적 영향에 관한 최근의 연구경향은 청년발달에 있어서 진화의 역할을 연구하는 것이다(Bjorklund & Pelligrini, 2002; Buss, 1998, 2000, 2004; Csikszentmihalyi & Schmidt, 1998). 진화심리학 분야에서는 적응, 생식, '적자생존' 등의 개념이 청년의 행동과 발달을 어떻게 설명할 수 있는지 밝혀내고자 한다. 또 다른 연구경향은 청년의 발달과 행동에 유전이 어떤 작용을 하는지 연구하는 것이다(Lewis, 2003; Rogers & Bard, 2003). 유전행동학자들은 청년기 부적응과 질병에 유전인자가 어떤 역할을 하는지 연구함에 있어서 상당한 진전을 보이고 있다.

청년기 생물학적 발달의 가장 중요한 측면은 사춘기이다. 연구자들은 조숙과 만숙이 청년의 행동에 미치는 영향, 사춘기에 나타나는 호르몬의 변화, 남아와 여아가 경험하는 사춘기의 유사점과 차이점 등을 밝혀내고자 한다(Archibald, Graber, & Brooks-Gunn, 2003; Susman & Rogol, 2004; Susman, Dorn, & Schiefelbein, 2003).

청년기의 건강 또한 주요 관심사이다. 의학의 발달로 인해 평균 예상수명은 늘어났지만 생명을 위협하는 요인들은 여전히 존재한다. 청년기 사망의 주요 원인은 사고와 타살 그리고 자살의 순이다

Elizabeth Susman

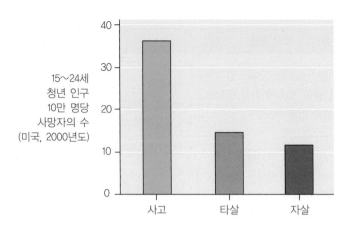

**〈그림 1-2〉 청년기 사망의 주요 원인**

출처: Santrock, J. W. (2005). *Adolescence* (10th ed.). New York: McGraw-Hill.

(Takanish, 1993; 〈그림 1-2〉 참조). 십대 사망의 50% 이상이 과속이나 음주운전을 포함한 교통사고이다. 그리고 청년들의 자살률은 나날이 증가하고 있다. 흡연, 음주, 약물남용 등도 청년기의 건강을 손상케 하는 요인들이다.

## (2) 인지적 발달

Daniel Keating

청년들은 생물학적 존재일 뿐만 아니라 정신적 존재이기도 하다. 청년기에는 인지발달 면에서 상당한 변화가 일어난다(Byrnes, 2001, 2003; Keating, 2004; Kuhn, 2000). 청년기에는 아동기에 비해 추상적 개념을 더 잘 이해할 수 있고, 가설적 상황에 대한 이해력도 높다(Keating, 1990).

인지적 발달은 개인의 사고, 지능, 언어에서의 변화를 포함한다. 영어단어를 외우고, 수학문제를 풀며, 영화배우나 가수가 되는 것을 상상해보는 것 등은 청년발달에 있어서 인지적 과정의 역할을 반영한 것이다.

오늘날 발달심리학자들은 청년들의 의사결정 과정에 큰 관심을 가지고 있다(Jacobs & Kalczynski, 2002). 뿐만 아니라 청년들이 여러 가지 다양한 문제들에 관해 좀더 깊이 있게 사고할 수 있는 방법에 관해서도 연구한다. 또 다른 관심은 정보처리 과정 및 지능과 창의성의 구성요소가 무엇인지를 밝혀내는 데 있다(Sternberg, 2003; Torff, 2000).

### (3) 사회정서적 발달

사회정서적 발달은 대인관계, 정서, 성격의 변화, 사회적 환경의 변화를 포함한다. 가족관계, 교우관계, 교사와의 관계, 자아정체감의 발달, 성역할 지향 등은 청년발달에 있어서 사회정서적 과정의 역할을 반영한 것이다.

청년발달의 핵심이 되는 측면은 자아정체감의 발달에 관한 것이다(Adams, Abraham, & Markstrom, 2000; Kroger, 2003). 연구자들은 정체감발달에 영향을 미치는 환경적 · 발달적 요인들을 밝혀내고자 한다(Kroger, 2003; Phinney, 2003; Rodriguez & Quinlan, 2002).

청년기에 소년과 소녀는 남성과 여성으로 변한다. 성역할발달에 영향을 미치는 요인 및 심리적 성차의 실상 또한 관심의 대상이다(Bumpass, Crouter, & McHale, 2001; Eagly, 2001; Galambos, 2004; Larson & Wilson, 2004).

도덕성발달 또한 또 다른 관심분야이다. 연구자들은 도덕적 판단, 도덕적 행동, 도덕적 감정 등에 관심을 가지며, 청년기의 도덕성발달에 부모와 또래가 어떤 영향을 미치는지 알아보고자 한다(Bandura, 2002; Damon, 2000; Eisenberg & Morris, 2004; Lapsley & Narvaez, 2004; Smetana & Turiel, 2003).

Gerald Adams

Nancy Galambos

## 2. 청년발달의 쟁점

인간발달이란 인간의 전생애에 걸쳐 일어나는 과정이다. 청년기는 전생애 중 한 부분이지 발달선상에서 고립된 기간이 아니다. 청년기의 독특한 특성이 있기는 하지만 청년기는 아동기나 성인기의 발달과 경험에 연관되어 있다.

Reed Larson

이 절에서는 청년발달뿐만 아니라 인간발달 전반에서 제기되는 몇 가지 쟁점에 관해 논의하고자 한다. 중요한 쟁점들이 〈표 1-3〉에 제시되어 있다. 논의하게 될 쟁점들은 각각 발달의 본질에 관한 일반적 문제를 제기하게 될 것이다.

〈표 1-3〉 **발달에 관한 중요한 쟁점들**

| 쟁 점 | 제기되는 문제 |
|---|---|
| 발달의 본질 | 발달과정에 영향을 미치는 주요한 요인은 무엇인가? 유전인가, 환경인가? |
| 발달을 유도하는 과정 | 발달의 주원인이 되는 중요한 과정은 무엇인가? 성숙인가, 학습인가? |
| 발달의 결정적 시기 | 발달에는 결정적 시기가 있는가? 그리고 결정적 시기는 발달속도와 어떻게 관련되는가? |
| 발달의 형태 | 발달은 점진적이고 계속적인가? 혹은 비약적 단계로 이루어지는가? |
| 초기경험과 후기경험의 중요성 | 발달에 있어서 초기경험이 중요한가? 아니면 후기경험이 중요한가? |

## 1) 유전과 환경

인간발달이 유전에 의한 것인가, 아니면 환경에 의한 것인가에 관한 논쟁만큼 널리 알려진 논쟁은 없다. 이 두 요인을 서로 독립적인 것으로 인식하는 학자들에 의해 열띤 토론과 방대한 연구가 진행되어 왔지만, 유감스럽게도 그러한 논쟁은 문제를 분명하게 하기보다는 오히려 혼란을 초래하였다.

전성설(前成說)을 주장한 학자들은, 인간은 남성의 정자나 여성의 난자 안에 이미 완전한 형상을 갖추고 있는 것으로 믿었다. 따라서 수태 시에는 오로지 제한된 양적 변화만이 일어나고, 환경은 발달의 결과에 거의 영향을 미치지 않는 것으로 믿었다. 반면에 John Locke는 아동을 '백지상태(tabular rasa)'에 비유함으로써 생물학적 기초가 아닌 환경적 영향력만이 모든 발달적 변화를 설명할 수 있다고 가정하는 극단적인 환경론을 주장하였다.

그러나 지난 반세기 동안에 전개된 유전이냐 환경이냐를 둘러싼 격렬한 논쟁은 결국 심리학자들로 하여금 "환경적 요인과 유전적 요인 중 어느 것이 더 중요한가"라는 문제보다 "양자가 어떻게 상호작용하는가" 하는 문제가 더 중요하다는 것을 깨닫게 하였다.

일반적으로 인간발달은 유전과 환경의 상호작용의 결과라고 본다. 개인의 인자형(因子型)은 표현형(表現型)을 절대적으로 제한한다. 예를 들어, 우리들 인간이 아무리 많이 먹는다고 하더라도 3m 이상 자랄 수 없는 것처럼 유전적 요인은 좀처럼 능가할 수 없는 성장의 한계를 설정한다. 반면, 환경적 요인은 유전적 잠재력이 실현될 수 있는 정도와 범위를 절대적으로 제한한다. 예컨대, 지능의 성장과 발달은 유전에 의해 그 대략적인 한계가 결정되지만, 환경에 의해 달라질 수 있는 여지도 많아서 보통 IQ 점수도 15점 정도의 범위 내에서 변화가 가능한 것으로 보인다(임승권, 1994). 즉, 선천적 특성들이 잠재적 변화의 한계를 규정하지만, 이러한 한계는 적절한 환경이 뒷받침된 상태라야만 충분히 실현될 수 있다. 따라서 사회는 개인의 유전적 잠재력이 최대한으로 발휘될 수 있는 최적의 환경적 조건과 상황을 조성하도록 노력해야 한다(Salkind, 2004).

## 2) 성숙과 학습

인간의 발달과 관련하여 종종 제기되는 또 다른 쟁점은 성숙과 학습의 역할에 관한 것이다. 성숙과 학습에 관한 논쟁은 앞에서 논의한 유전과 환경의 영향에 대한 논쟁과도 유사하다. 유전과 환경의 논쟁이 인간발달에 영향을 미치는 요인의 소재(所在) 및 근원의 문제에 초점을 맞춘 것이라면, 성숙과 학습에 관한 논쟁은 어떤 기제와 과정을 통해서 인간발달에 변화가 일어나는가 하는 문제에 초점을 맞춘 것이라고 할 수 있다.

성숙은 유전적 요인에 의해 발달적 변화들이 통제되는 생물학적 과정을 말한다. 유아기의 빠른 성장과 사춘기의 2차 성징과 같은 변화나, 걷기 전에 서고, 두 단어를 말하기 전에 한 단어를 말하는 것과 같은 발달의 순서는 성숙에 기인하는 사건들로서, 종의 특성이지 특별한 연습이나 훈련의 결과가 아니다. 즉, 이들은 학습되지 않는 것들이다.

성숙론자들은 좋지 않은 환경이 인간발달을 저해하는 요인이 될 수는 있지만, 기본적으로 성장은 성숙에 의존한다고 믿는다. 반면, 학습론자들은 발달에서 경험의 중요성을 강조한다.

학습은 직접 또는 간접경험의 산물이다. 학습은 훈련이나 연습에서 기인하는 발달적 변화를 말하며, 그 결과는 매우 개별적이고 특수하다. 예를 들면, 외국어의 습득이나 운전기술의 습득은 매우 특정한 훈련에 의존하는 학습된 행동이라고 할 수 있다.

성숙과 학습을 결합시킨 좋은 예로 아동과 양육자 간의 애착행동을 다룬 Bowlby(1969)와 Ainsworth(1979)의 연구를 들 수 있다. Ainsworth는 생의 초기에 특정한 사람과 애착을 형성하는 발달적 경향이 있다고 보았다. 이러한 경향은 유전적 계획표에 기인한 것으로 생각되며 성숙과정의 일부분으로 간주된다. 그러나 애착대상을 선택하는 것은 매우 특별하며, 많은 경우에 상황적으로 결정된다(Salkind, 2004).

사진 설명  John Bowlby(오른쪽)와 Mary Ainsworth(왼쪽)가 애착연구에 관해 논의하고 있다.

## 3) 연속성과 불연속성

행동주의적 접근과 같이 학습과 경험을 강조하는 발달론자들은 대부분 발달을 점진적이고 연속적인 과정으로 보며 성숙을 강조한다. 반면, 발달이 일련의 독립적이며 질적으로 다른 단계들로 구성된다고 믿는 단계이론가들은 발달을 불연속적인 과정으로 본다(〈그림 1-3〉 참조).

만일 변화가 여러 작은 점진적인 단계들로 일어나고, 발달의 결과들이 비슷해 앞선 결과들과 질적으로 다르지 않으며, 동일한 일반법칙이 발달의 연속선상에 있는 모든 과정에 적용된다면, 인간발달은 연속적 과정으로 간주된다. 즉, 발달의 연속성을 주장하는 학자들은 인간발달을 수태에서 죽음까지 연속적이고 점진적이며 축적된 변화로 본다. 유아가 처음 말을 시작할 때 이것은 갑작스럽고 불연속적인 것으로 보이지만, 연속적 견해에서 보면 이것은 몇 주 또는 몇 달에 걸친 성장과 연습의 결과이다. 마찬가지로 사춘기 역시 보기에는 갑작스럽고 불연속적인 사건으로 보이지만, 이 또한 수년에 걸쳐 일어나는 점진적인 과정이다.

만일 변화가 갑작스럽게 일어나고, 앞선 변화들과 질적으로 상이하며, 발달적 변화에 대해 각기 다른 일반법칙이 적용된다면 발달은 불연속적 과정으로 간주될 것이다. 즉, 인간발달의 불연속성을 강조하는 학자들은 인간발달이 양적인 것이 아니라 질적으로 서로 다른 단계를 통해서 진행된다고 본다. 예를 들면, 추상적인 사고를 할 수 없었던 아동이 어느 날 추상적 사고를 할 수 있게 되고, 성인이 생식이 가능한 존재에

연속적 발달                  불연속적 발달

〈그림 1-3〉 발달의 연속성과 불연속성

서 어느 날 그렇지 못한 존재로 변하는 것이 그것이다. 이것은 양적이고 연속적인 변화가 아니고 질적이고 불연속적인 변화인 것이다.

　유전과 환경의 논쟁이 다소 부자연스러운 양자택일의 문제인 것처럼 연속성-불연속성의 쟁점도 그와 마찬가지이다. 만약 상당 기간에 걸친 변화의 실제 곡선을 관찰한다면, 발달적 변화는 두 가지 형태가 결합된 모양으로 보일지 모른다(Salkind, 2004; Santrock, 1998).

## 4) 결정적 시기

　모든 인간발달이론들의 공통적 견해는 인간발달은 계속적인 변화라는 것이다. 이러한 변화들 중 어떤 것은 특정 시기에는 매우 빠르게 일어나지만, 다른 시기에는 느리게 일어나는 것 같다. 그러므로 발달심리학자들은 중요한 변수로서 변화속도의 차이에 관심을 갖는다. 예를 들면, 유아기와 청년기의 신체변화는 다른 어느 시기보다 빠른 속도로 진행되며 보다 미묘한 심리적 변화를 수반한다.

　발달의 속도와 밀접하게 관련되는 쟁점은 발달의 결정적 시기가 정말로 존재하는가 하는 점이다. 결정적 시기라 함은 유기체를 둘러싼 내적·외적 사건들이 발달에 최대의 영향을 미치는 짧은 기간을 말한다.

　인간에게 있어서 어떤 가설적인 결정적 시기에 외부의 자극이나 신체적 접촉 또는

이타드 박사와 빅터

음식에 대한 욕구를 인위적으로 박탈한다면, 윤리적인 문제가 발생하기 때문에 인간을 대상으로 결정적 시기를 연구한다는 것은 매우 어려운 일이다. 따라서 우연한 자연발생적인 사건들로 인해 결정적 시기에 대한 가설을 검증할 수 있는 상황이 마련된다. 19세기 초, 프랑스의 시골에서 발견된 빅터(사진 참조)라는 열두 살 난 소년의 이야기가 바로 그와 같은 경우이다. 그는 구제불능의 백치로 판명되어 동물과 같은 취급을 받은 후 이타드 박사에게 맡겨졌다. 이타드 박사는 빅터가 백치가 아니라고 확신하고서 그에게 언어훈련을 시켰다. 매일 집중적인 훈련을 통해서 다소 나아지는 기미가 있었지만 빅터는 끝내 언어를 익히지 못하였다. 이타드 박사가 확신한 바와 같이 만약 빅터가 정신지체아가 아님에도 12세라는 나이에 언어를 습득하지 못한 것은 언어발달에 있어서 결정적 시기가 있다는 가설을 뒷받침하는 단적인 예가 될 수 있다. Lenneberg(1967)에 의하면 인간의 언어는 2세부터 사춘기에 이르는 시기에 발달한다고 한다. 그렇다면 이러한 결정적 시기에 적절한 훈련을 받지 못한 것이 빅터가 언어를 습득하지 못한 이유가 될 수 있다.

John Money

결정적 시기에 관한 또 다른 예는 성역할 부여의 시기에 관한 것이다. John Money(Money & Ehrhardt, 1973)는 양성체(hermaphrodite)[1]이거나 다른 결함으로 인해 자신의 생물학적 성과 반대로 양육된 아동들을 연구하였는데, 생후 18개월까지는 심리적 성역할 부여에 있어 상당히 융통성이 있다고 결론지었다. 예를 들면, 생물학적으로 남성인 사람도 인생 초기의 강력한 훈련을 통해서 사회적 여성으로 사회화될 수 있다. 그러나 3~4세가 되면 사회화를 통해서 반대 성의 성역할을 획득하는 기회는 급격히 감소된다.

특정의 발달영역에는 결정적 시기라는 것이 확실히 존재한다. 그러나 이처럼 민감한 기간 동안에 일어나는 일들이 앞으로의 결과를 어느 정도까지 변화시킬 수 있는가 하는 문제는 여전히 연구해보아야 할 문제이다(Salkind, 2004).

---

1) 한 개의 개체 속에 암수 양쪽의 생식소(난소ㆍ정소)가 포함되어 있는 것으로 암수한몸이라고도 한다.

## 5) 초기경험과 후기경험의 중요성

만약 유아나 어린 아동이 생애 초기에 매우 불우한 환경을 경험했음에도 불구하고, 청년기 이후에 환경이 개선된다면 정상적인 발달을 할 수 있을까? 아니면 인생의 초기경험이 너무도 중요하고 결정적이어서 이후에 개선된 환경으로도 극복이 되지 않을 것인가?

일찍이 플라톤은 유아기에 흔들 그네를 많이 탄 아이가 나중에 커서 훌륭한 운동선수가 된다고 믿었으며(Santrock, 1998), 생후 1년까지 유아가 따뜻하고 애정어린 보살핌을 받지 못하면 이후의 발달이 최적의 상태에 이르지 못한다고 믿는 학자들도 있다(Bowlby, 1989; Cassidy et al., 2011; Sroufe, 1996). 19세기 뉴잉글랜드의 목사들은 주일예배 때 부모들에게 지금 유아기 자녀들을 양육하는 방식이 그들 자녀의 미래 성격을 결정한다고 설교하였다.

이와 같이 초기경험의 중요성을 강조하는 것은, 인생은 계속되는 여정이기 때문에 한 개인의 심리적 특성은 그 근원을 더듬어 올라가 조사해봄으로써 알 수 있다는 신념에 기인한다.

반면, 후기경험 주창자들은 인간의 발달은 조각상과 같이 불변하는 것이 아니라 조수의 간만처럼 끊임없이 변한다고 주장한다. 그들은 아동이나 청년은 발달이 이루어지는 동안 내내 매우 순응적이며 나중의 경험도 초기의 경험만큼 중요하다고 믿는다(Antonucci, Ajrouch, & Birditt, 2014).

Paul Baltes

아동기의 발달뿐만 아니라 전생애에 걸친 발달에 초점을 맞춘 전생애발달론자들은 지금까지 발달의 후기경험이 지나치게 간과되었다고 주장한다(Baltes, 1987). 그들은 초기경험이 인간의 발달에 중요하긴 하지만, 후기경험도 그에 못지않게 중요하다고 본다(Kagan, 1992, 1995; Li, Ji, & Chen, 2014; Luo & Waite, 2014).

부모자녀관계의 초기경험(특히 5세 이전)을 지나치게 강조하는 Freud를 신봉하는 서구 문화에서는 초기경험의 중요성을 지지하는 경향이 있다(Lamb & Sternberg, 1992). 그러나 이 세상의 모든 사람들이 이것을 믿는 것은 아니다. 예를 들면, 많은 아시아 문화권에서는 6, 7세 이후에 겪게 되는 경험이 인간발달에 있어서 중요한 측면이라고 믿는다. 이러한 입장은 아시아에서는 아동들의 추론능력이 아동 중기에 발달한다고 믿는 오래된 신념으로부터 나온 것이다(Santrock, 1998).

이상의 모든 논쟁에서 어느 한편만을 지지한다는 것은 현명하지 못한 것이다. 왜냐

Shirley Feldman

John Santrock

하면 인간의 전생애를 통해 유전-환경, 성숙-학습, 연속성-불연속성, 초기경험-후기경험, 결정적 시기의 유무 중 어느 한쪽만이 발달에 영향을 미치는 것이 아니라 양자가 모두 발달에 영향을 미친다고 보아야 하기 때문이다.

예를 들면, 유전과 환경의 논쟁에서 인간발달에 중요한 역할을 하는 것은 유전과 환경 중 어느 한쪽이 아니고 양자의 상호작용이다(Loehlin, 1995). 남녀 청소년의 행동을 예로 들어보자(Feldman & Elliott, 1990). 유전적 요인이 신장과 체중, 사춘기 시작의 연령 등에서 남녀 간의 차이에 영향을 미친다. 즉, 여자가 남자보다 키가 작고, 체중이 덜 나가며, 더 일찍 사춘기를 맞이한다. 그러나 환경적 요인의 영향으로 우리가 예전부터 익히 알고 있는 남녀 간의 차이는 점점 사라지고 있다. 예를 들면, 예전보다 더 많은 여성이 수학분야나 과학분야에 종사하고 있고, 더 독립적으로 되어간다. 또한 전 세대에 비해 더 많은 여자 청소년이 흡연을 하며 약물을 사용한다.

이와 같이 남녀 간의 유사점이나 차이점의 양상이 변하는 것은 어떤 현상을 유전적 요인이나 환경적 요인만으로 설명하려는 단순 논리는 현명하지 못하다는 사실을 뒷받침하는 것이다(Santrock, 1998).

## 3. 청년발달연구의 역사

청년기에 대한 관심은 고대 그리스 시대로 거슬러 올라갈 수 있다. 플라톤과 아리스토텔레스는 이미 그 시대에 청년의 본질에 관해 언급하기 시작하였다. 그러나 아동을 성인의 축소판으로 본 중세기 동안에는 대부분의 철학자나 교육자들은 청년기에 특별한 관심을 보이지 않았고, 아동에서 바로 성인이 된다는 견해를 가졌었다.

청년발달에 관한 과학적인 연구는 최근에 와서 이루어졌는데, 19세기 말 청년기에 깊은 관심을 보인 지 스탠리 홀에 의해 비로소 체계화되었다.

### 1) 고대 그리스

청년발달연구의 역사는 고대 그리스의 관점으로부터 출발해야 한다. 그 영향은 중세기 내내 지배적인 것이었으며, 오늘날까지도 여전히 주목할 만한 것이다.

### (1) 플라톤

플라톤은 인간의 구체적인 행동의 원인과 심리적 원인에 관심을 가진 최초의 사상가이면서, 동시에 최초로 인간을 연령별로 구분하여 각 연령대에 맞는 교육내용을 제시한 교육자였다.

Platon (427~347 B.C.)

플라톤은 인간의 본성을 영혼과 육체라는 두 가지 요소로 뚜렷하게 구분하였다. 그는 육체와 영혼은 서로 다른 영역이며, 양자 간에 다소의 상호작용이 있다 하더라도 영혼은 그 자체가 하나의 실체로서 자신의 정체를 상실함이 없이 육체를 떠날 수 있다고 설명하였다. 영혼은 육체로부터 자유로워질 때 보다 분명하게 인식할 수 있고 이상적인 현실에 도달할 수 있다고 생각하여, "육체는 영혼의 무덤이다(soma sema)"라고 하였다. 사실 플라톤은 감지할 수 없는 사고의 영역에 도달하는 정신은 높이 평가하였으나 육체는 경시하였다. 육체와 감각은 영혼이 이상현실에 도달하는 것을 가로막는 속박이다. 죄수가 감옥에 갇혀 있는 것과 같이 영혼은 육체 안에 갇혀 있다. 육체는 물질이며 물질에 수반되는 모든 결함을 가지고 있다. 이러한 육체와 영혼에 대한 이원론적 견해는 이후 기독교 신학에서도 다시 등장하며, 17세기의 철학적 사고, 특히 데카르트, 라이프니츠, 스피노자에게 있어 가장 중요한 화두가 되었다.

플라톤은 『국가(The Republic)』에서 인간발달에는 세 가지 국면이 있는데, 그것은 욕망, 정신 그리고 신성이라고 하였다. 가장 낮은 수준의 욕망(desire)은 오늘날 본능, 욕구, 충동으로도 표현되며, Freud의 정신분석이론에서 말하는 원초아의 개념과도 비슷하다. 플라톤에 의하면 욕망은 주로 신체적 욕구만족과 관련되어 있다. 그다음 수준인 정신(spirit)은 용기, 확신, 절제, 인내, 대담과 같은 개념이며, 최고의 수준인 신성(divine)은 초자연적이고 영원하며 우주의 본질을 이룬다. 이것은 진정한 의미의 정신으로서 오늘날 이성으로 표현된다. 플라톤은 이미 그 시대에 인간이 성장함에 따라 낮은 수준이 높은 수준으로 대체되는 과정이 발달이라는 생각을 하였다.

플라톤의 대화편, 특히 『법률(Laws)』편과 『국가(The Republic)』편에는 아동과 청소년의 행동통제에 관한 조언뿐만 아니라 이들에 대한 묘사와 설명이 여러 군데에 나타나 있다. 이것은 물론 오늘날의 정교한 발달이론과는 거리가 있는 것이지만, 인간발달의 본질에 관한 플라톤의 개념을 파악할 수 있는 통찰력을 제공해준다. 플라톤이 제시한 인간발달의 단계와 교육내용은 다음과 같다.

플라톤에 의하면 3세까지 유아는 공포나 고통, 슬픔의 감정을 경험해서는 안 된다. 이러한 견해는 오늘날의 많은 심리학자들이 지지하고 있다. 흥미로운 것은 대화편 『법률』에서 클레이니아스가 유아를 고통으로부터 해방시키고, 더 나아가 그들에게 쾌락을 제공해야 한다고 주장한 것이다. 이것은 행복의 소유라는 플라톤의 기본 목표와도 일치한다. 그러나 플라톤은 이 주장에 반대하여 "유아기는 그 어느 시기보다도 습관에 의해 성격이 뿌리를 내리게 된다"(Platon, 1953, p. 359)면서, 그러한 주장은 아이를 망치게 할 것이라고 역설하였다. 플라톤은 성격형성에 있어서 초기경험의 중요성을 강조하였지만, 살아가면서 여러 가지 경험에 의해 인간의 성격이 수정될 수 있다는 점 또한 인정하였다. 인간발달에 있어서 초기경험의 중요성에 대한 논쟁은 오늘날에도 여전히 계속되고 있다.

3~6세의 유아기에는 스포츠라든가 또래와의 사회적 접촉이 필요하다. 플라톤은 아이들을 벌하는 것은 찬성했으나 모멸감을 주는 것에는 반대하였다. 이 연령에서는 사회성발달이 고려되어야 하고, 유아원 같은 곳에서 보모의 관리하에 또래들과 어울리는 것을 배워야 한다. 그러나 그 나이에 맞는 '자연스러운 오락방식'을 그들 스스로 찾아야 한다고 한다.

플라톤은 6세가 되면 "남자아이들은 남자아이들끼리 놀게 하고, 여자아이들은 여자아이들끼리 놀게 하라"고 하면서 성의 분리를 주장하였는데, 이것은 우리나라 전통 아동교육에서의 '남녀칠세부동석' 개념과 유사하다.

청년기가 되면 최고의 국면인 이성이 비로소 나타나기 시작한다. 이때는 이성적, 비판적 사고를 할 수 있기 때문에, 교육과정을 과학이나 수학으로 대체하는 것이 좋다고 한다.

18세까지는 술을 마시지 못하도록 해야 하는데, 그 이유는 청년들은 쉽게 흥분하기 때문에 "불 위에 불을 더하지 말라"는 것이다. 그들은 열정 때문에 온갖 것에 간섭하고자 할 것이고, 이제 막 지혜의 맛을 보기 시작한 기쁨으로 모든 사람을 논쟁에 휘말리게 할 것이다.

플라톤은 『국가』에서 교육철학의 개념을 발전시켰다. 그는 교육을 환경의 영향을 받는 정신의 발달이라고 해석하였다. 이성적 사고와 비판적 사고는 주로 청년기에 발달한다. 아동기에 음악, 체육과 함께 시작된 훈련은 수학이나 과학 공부와 함께 청년기 동안 지속된다. 이러한 훈련과정을 거치면서 아이들은 진리를 발견하고 진리와 견해를 구분할 줄 알게 된다. 플라톤은 그때 이미 개인차의 중요성을 인정하고, 우리 인간은 각기 다른 능력을 가지고 태어나므로, 각기 적성에 알맞은 일에 종사할 것을 권장하고 있다(Muuss, 1996).

발달이론적 측면에서 플라톤의 또 하나의 중요한 사상은 생득관념(生得觀念)이다. 이것은 태어나면서부터 인간정신에 내재해 있는 관념으로서, 경험에 의하여 획득되는 습득관념(習得觀念)과 대립되는 것이다. 영혼은 인간이 태어나기 전부터 존재한다고 상정한 플라톤에 따르면, 모든 관념은 본래 영혼에 갖추어져 있으나 영혼이 육체와 결합하면서 원래 지니고 있던 모든 관념들을 망각한다. 교육(학습)은 바로 육체로 들어오기 전에 가지고 있던 관념들을 기억하도록 도와주는 과정이다. 플라톤의 생득관념은 오늘날 유전과 환경의 영향에 관한 논쟁의 장을 열게 한 것이다.

## (2) 아리스토텔레스

아리스토텔레스는 플라톤의 제자였지만 스승의 이론에 여러 가지로 도전을 하였다. 그는 육체와 영혼의 분리에 반대하였고, 육체와 정신세계가 일치한다고 생각한 고대 그리스의 사고로 복귀하였다. 그에 따르면, 육체와 영혼은 그 구조와 기능 면에서 서로 관련되어 있다. 육체와 영혼의 관계는 질료와 형상의 관계와 같은 것이다. 즉, 육체가 질료라면 영혼은 형상이다. 아리스토텔레스가 '엔텔러키(entelechy)[2]'라는 말로 표현한 영혼의 삶은 육체가 살아가는 원리이다.

Aristoteles (384~322 B.C.)

우리가 어떤 특정한 사물을 묘사하기 위해 질료와 형상이라는 용어를 사용할 때, 어떤 사물의 재료 자체와 그 재료로써 만들어진 것은 구분해서 생각할 수 있다. 다시 말하면, 어떤 사물의 재료로서의 질료는 그것이 어떠한 사물로 만들어질 때까지 형상을 가지지 아니한 채로 존재하는 것은 아닐까 하는 의문을 가질 수도 있다. 그러나 아리스토텔레스에 의하면, 어느 곳에서도 형상이 없는 질료로서의 사물은 발견할 수 없다. 예를 들어, 대리석으로 비너스의 상을 조각하려는 조각가는 울퉁불퉁한 대리석이나 매끈한 대리석을 선택하여 작업을 한다(사진 참조). 즉, 그는 형태가 없는 대리석을 선택할 수는 없는 것이다. 그가 작업하는 대리석 덩어리는 이미 형상과 질료가 결합되어 있는 대리석의 덩어리인 것이다.

아리스토텔레스는 영혼의 삶의 수준에 관해서는 플라톤의 견해를 수용하였다. 그러나 그는 생물학적 생활형태와 인간본성 간의 유사성을 언급함으로써 진화론에 가까운 생물학적 관점으로 영혼의 구조를 이해하였다. 가장 낮은 영혼의 생활형태는 식

---

2) 質料와 形相을 얻어 완성하는 현실.
　生氣論의 생명력, 활력.

물영혼의 생활형태로, 영양과 생식의 생명 기능을 말한다. 그다음으로 높은 영혼의 생활형태는 동물에게서도 찾아볼 수 있는 감각·지각·운동과 같은 부차적인 기능을 말한다. 영혼의 세 번째 생활형태는 인간에게서만 나타나는 것으로 인간과 동물을 구별하게 한다. 여기에는 이성적 사고를 할 수 있는 능력이 포함된다. 결과적으로 영혼의 삶에는 세 가지의 층―먹이를 공급하는 식물의 영혼, 지각을 할 수 있는 동물의 영혼, 사고를 하는 인간의 영혼―이 있다.

아리스토텔레스는 사고력과 논리와 이성적 힘을 사용하는 것을 인간발달의 목적 또는 인류의 본질로 보았다. 아리스토텔레스는 인간에게는 신체를 제일 먼저 염려해야 하고, 그다음에 영혼을 위한 습관의 교육이 그리고 마지막으로 정신을 위한 이성의 교육이 실시되어야 함을 강조한다.

플라톤과 마찬가지로 아리스토텔레스도 인간발달에는 단계가 있다고 하면서, 인간의 발달단계를 3단계로 나누었다. 생후 7세까지를 유년기로, 7세에서 14세까지를 소년기로 그리고 사춘기부터 21세까지를 청년기로 지칭하였다. 이처럼 인간발달의 시기를 3단계로 구분한 것은 중세를 통해 널리 수용되었으며, 현대의 발달이론의 일각에서도 다시 부각되고 있다.

아리스토텔레스는 유년기까지는 인간이 동물과 유사한 발달단계를 거친다고 보았다. 유아와 동물은 둘 다 쾌락을 추구한다는 점에서 유사하다는 것이다. 단지 아동을 동물과 구별짓는 것은 아동이 동물보다 높은 수준의 발달로 이어지는 잠재력을 가지

고 있다는 점이다. 유년기는 주로 놀이를 통해 충분
히 움직이면서 신체를 튼튼히 하는 시기이다. 이때
에는 아동의 발육이 저하되지 않도록 공부나 노동을
요구하지 않아야 하며, 가정에서 옛날 이야기를 들
으면서 성장해야 하는데, 그 내용이 불경스럽지 않
아야 한다. 또한 어린이가 저속한 언어를 사용하거
나 불경한 행동을 할 경우에는 처벌해야 한다. 그렇
지 않을 경우 어린이들은 자유인답지 못한 언어나
행동을 습득할 수 있기 때문이다.

7세 이후 사춘기까지와 그 후 21세에 이르는 약
14년 동안이 실질적으로 교육이 이루어지는 시기이
다. 7세에서 사춘기까지의 약 7년간은 초등교육에
해당하는 시기로서, 아리스토텔레스가 실용적인 교
과목으로 제시했던 읽기와 쓰기, 미술, 체육 그리고
음악을 익힌다. 읽기와 쓰기 및 미술은 여러 가지 점

사진 설명   플라톤(왼쪽)과 아리스토텔레스(오른쪽)
출처: 라파엘로의 벽화 '아테네 학당' 중에서

에서 일상생활에 관련된 과목이며, 체육은 신체를 단련하고 용기를 기르는 일과 관
련이 있는 과목이다. 음악은 감상능력을 배양하고 전인적 자아형성에 기여하는 과목
으로 단순히 쾌락을 위한 것이 아니다. 음악은 관조하는 삶을 준비하기 위한 여가의
즐거움과 관계된다.

아리스토텔레스는 청년기가 시작될 무렵에는 청년들이 참을성이 없고, 안정감이
없으며, 자제력이 결여된 것으로 보았다. 그러나 21세쯤 되면 대부분의 청년들은 보
다 나은 자기통제력을 갖게 된다고 보았다. 아리스토텔레스는 청년기의 가장 중요한
발달 측면은 자기결정(self-determination)이라고 보았는데, 이것은 오늘날 말하는 독
립심이나 자아정체감과 비슷한 개념이다.

비록 아리스토텔레스가 체계적인 발달이론을 제시한 것은 아니지만, 『수사학
(Rhetorica)』편을 보면, 홀의 저술에서 언급되었을 것 같은 '청년기의 성격특성'이 자세
하게 설명되어 있다. "젊은이들은 강한 정욕을 가지고 있으며, 이를 분별없이 충족시
키려는 경향을 보인다. 육체적 욕망 중에서 그들을 가장 충동하고 자기 통제력을 잃
게 하는 것이 성욕이다"(Aristoteles, 1941a, p. 1403). 청년기의 성욕은 오늘날에도 관심
사이자 교육과 공공정책의 쟁점이 되고 있다. 아리스토텔레스는 청년을 묘사하면서
그들의 불안정성에 대해 논하였다. "그들의 욕망은 가변적이고 변덕스러우며, 그것이
지속되는 동안에는 격렬하지만 이내 잠잠해진다. 그들이 지닌 충동은 강렬하지만 그

Kurt Lewin

뿌리는 깊지 않다"(Aristoteles, 1941b, p. 1403). 현대의 이론가들 중에서 Lewin은 아동도 아니고 성인도 아닌 주변인으로서의 청년의 불안정성을 다루었다. 이 불안정성으로 인해 많은 사회심리적 상황이 불분명하고 애매모호해지며, 결과적으로 청년의 행동은 '불안하고 변덕스러운' 모습을 띤다. "그들은 사랑과 명예 때문에 멸시당하는 것을 참지 못하고, 자신이 불공평하게 대우받는다고 생각하면 격분하게 된다"(Aristoteles, 1941b, pp. 1403-1404). 가정과 학교, 사회에서 일반적으로 '불공평하게 취급되고 있음'에 대한 청년들의 불만은 오늘날 너무나도 보편적인 것이어서 그것에 대해서는 더 이상 설명할 필요가 없다. 아리스토텔레스는 또한 청년의 성공에 대한 욕망, 낙천주의, 신뢰감, 과거보다 미래에 대한 관심, 용기, 동조행위, 이상주의, 우정, 공격성 등에 관해서도 논하고 있는데, 이와 같은 주제들은 오늘날에도 여전히 청년심리학에서 주요한 주제가 되고 있다.

## 2) 중세기

인류가 순간적인 창조의 산물이라는 신학적 견해는 전성설(前成說)의 사고를 불러일으켰다(Ausubel, 1958). 중세 암흑기에는 아동이 성인의 축소판으로 세상에 온다고 믿었다. 어른과 어린이의 차이는 질적인 것이 아니라 오로지 양적인 차이로 여겨졌

사진 설명    아동을 성인의 축소판으로 보는 견해를 반영하는 17세기의 이 그림에서 아동은 성인과 같은 신체비율로 그려져 있고, 크기만 다를 뿐 성인과 같은 옷을 입고 있다.

다. 만일 이와 같은 견해를 받아들인다면 아동과 성인의 생리
적 기능에도 차이가 없다고 할 수 있다. 그러므로 중세의 그림
(사진 참조)에서도 볼 수 있는 것처럼 이 시대의 여자아이들은
크기만 다를 뿐 어른들이 입는 긴 드레스와 코르셋을 착용하
였다. 신체의 형성과 기능 그리고 정신적인 능력에 있어서 질
적인 차이는 무시되었다. 성장이라는 개념은 인간의 육체적 ·
정신적 특성의 질적 증대가 아닌 양적 증대로만 이해되었다.
이것은 플라톤과 아리스토텔레스의 논리적인 이론과 비교해
볼 때 사고의 퇴보라고 할 수도 있다. 전성설에서는 아동이 성
인과 동일한 관심사를 가지고 있으므로, 그에 상응하는 취급
을 받아야 한다고 주장하였다. 이는 성인에 대한 요구가 아동
에게도 똑같이 부과되었고, 엄격한 훈련을 통해 이것이 강행

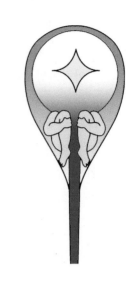

〈그림 1-4〉 정자 속의 축소 인간

되었음을 의미한다. 이 견해에 따르면 아동은 '발달'하는 것이
아니고 이미 형성되어 있는 것이다. 〈그림 1-4〉는 축소 인간의 개념을 설명한 것으
로, 17세기에 과학자들은 정자 안에 '축소 인간'이 이미 만들어져 있다고 생각했다는
것을 나타낸다.

> 작지만 완성된 작은 인간이 정자 속에 있다가 자궁에 착상하면, 만 9개월이 되어 아
> 기가 달 수를 다 채우고 태어날 때까지, 조직이나 기관은 분화하지 않고 단지 크기만
> 자란다고 믿었다(Ausubel, 1958, pp. 23-24).

이 축소 인간에 대한 견해는 현대 과학의 출현과 의학분야의 발전으로 도전을 받게
되었다. 즉, 아동들은 그들만의 질적 · 양적 특성을 가지고 있으며, 성인의 축소판이
아니라는 것을 알게 되었다.

## 3) 17세기 초반

17세기에 와서 아동에 대한 태도에 커다란 변화가 일어났다. 성직자나 인도주의자
들은 아동교육의 중요성을 강조하였으며, 부모들에게 어린이를 어른과 달리 취급하
도록 권고하였다.

이들은 어린이가 가지고 있는 선천적 특성을 강조했는데, 어떤 이들은 어린이는 신
이 부여한 순수함과 순진성을 지니고 이 세상에 온다고 주장하였고, 또 어떤 이들은

이와 반대로 어린이를 선천적으로 '사악한' 것으로 보고 도덕성이 결여된 방종한 존재임을 강조했다.

어린이의 본성을 착한 것으로 보았건 악한 것으로 보았건, 아동에 대한 이 새로운 견해는 아동교육에 대한 관심을 불러일으켰다. 성선설을 주장한 사람들은 이 세계의 나쁜 영향에 대처하기 위해 올바른 교육으로 아동의 타고난 선을 보존하고 강화시키고자 했다. 반면, 성악설을 주장한 사람들은 교육의 필요성에 대해 보다 많은 관심을 기울였는데, 그들은 아동의 비합리적이고 잘못된 버릇을 고쳐줘야 하며, 체벌을 포함한 엄격한 훈련을 시켜야 한다고 주장했다.

## 4) 17세기 말

John Locke (1632~1704)

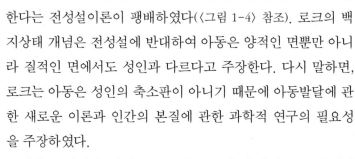

TABULA RASA

전성설(前成說)을 강조한 축소인간론과 스콜라 철학의 기본 원리인 플라톤의 생득관념(生得觀念)[3] 이론은 존 로크에 의해 강력한 도전과 반대에 부딪히게 된다. 로크에 의하면, 관념이란 처음부터 존재하는 것이 아니라 학습되는 것이라고 한다. 로크는 인간은 선천적으로 백지상태(tabula rasa)로 태어난다고 주장하였다(사진 참조). 인간이 획득하는 모든 지식은 경험에 의한 것이다. 다시 말해서 경험은 백지에 글을 쓰는 것과도 같은 것이다. 중세에는 단지 크기만 작을 뿐이지 완전한 형태의 인간이 정자나 난자에 이식되어 양적으로만 성장한다는 전성설이론이 팽배하였다(〈그림 1-4〉 참조). 로크의 백지상태 개념은 전성설에 반대하여 아동은 양적인 면뿐만 아니라 질적인 면에서도 성인과 다르다고 주장한다. 다시 말하면, 로크는 아동은 성인의 축소판이 아니기 때문에 아동발달에 관한 새로운 이론과 인간의 본질에 관한 과학적 연구의 필요성을 주장하였다.

인간은 태어날 때에는 누구나 동등한 상태이므로, 현재의 인간에게서 발견되는 차이점은 모두 환경과 경험 때문이다. 만약 우리 인간의 성격이 로크의 주장처럼 오로지 경험에 의해서 형성되는 것이라면 '착한' 사람이 되거나 '나쁜' 사람이 되는 것은 모두 환경의 영향 때문이다. 자연과 환경의 논쟁에서 로크는 전적으로 환경을 결정적인 요인으로 보

---

3) 경험에 의하여 얻어지는 것이 아니고 나면서부터 가지고 있는 선천적인 관념.

는 입장이다.

이와 같은 가정은 사회이론에 지대한 영향을 미쳤고, 그 사상
의 확산과 함께 민주주의의 초석이 되었다. 태어날 때 각 개인의
마음은 백지상태이므로 모든 사고와 지식은 경험으로부터 유래
한다. 사람들 사이에 존재하는 차이와 불평등은 환경과 경험에
기인하는 것이며, 출생 시에는 모든 것이 전적으로 동등하다. 따
라서 민주주의의 원칙은 부분적이나마 출생 시 아동의 정신(백
지상태)에 관한 철학적ㆍ심리학적 이론에서 파생된 것이다. 로크
는 『시민정부론(Two Treatises of Government)』에서 민주주의에 관
한 자신의 견해를 밝힌 바 있다. 그는 세상에 존재하는 인간의

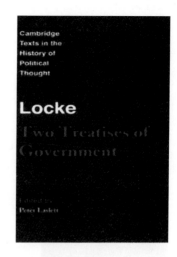

불행을 열악한 교육적ㆍ사회적 환경과 같은 조건 때문이라 탓하고, 좋지 못한 조건에
서 살고 있는 이들에게 희망을 안겨주었다. 이로써 인간 종족의 완전성에 대한 믿음
을 표현한 이론이 출현한 것이다.

선천적으로 타고난 사고란 없으며 인간의 마음은 '백지상태'와 같다는 로크의 주장
은 17세기 이전의 몇몇 발달이론과 뚜렷한 대조를 이룬다. 명백한 예를 제시해보면
다음과 같다(Muuss, 1996).

첫째, 인간의 타락과 원죄에 관한 학설은 인간의 정신에 대한 로크의 새로운 개념
과 반대되는 것으로 보인다. 우리의 정신이 오로지 경험에 의해서만 형성된다면 아동
이 '선'하게 또는 '악'하게 되는 것은 환경적인 경험에 기인한다고 할 수 있다. 로크의
심리학은 유전(nature)보다 환경(nurture)을 강조한다.

둘째, 중세 유럽의 계층 체계는 오늘날 '유전론의 가정'으로 간주되는 것에 기초한
것이었다. 귀족은 그가 지닌 개인적 가치나 자질과 상관없이 태어날 때부터 고귀한
존재이다. 이러한 견해는 "모든 인간은 동등하게 태어난다"는 경험론자들의 가정에
의해 도전을 받았다. 만일 모든 사람이 동등하고 같은 지점에서 인생을 시작한다면
보다 나은 사회적 지위를 얻기 위한 권리와 기회도 동등하게 가져야 한다. 왕과 신하,
부자와 가난한 자 모두가 똑같은 출발점에서 그들의 삶을 시작해야 한다. 따라서 이
이론은 사회계층의 이동을 뒷받침하는 것이다. 비록 이것이 행동주의, 사회학습이론,
문화적 상대론 등과 직접적인 관련은 없지만, 로크의 초기 형태의 환경론은 이들 이
론들의 역사적 전조로 볼 수 있다.

셋째, 선천적 사고에 대한 견해(생득관념론)는 중세기 동안 아동이 성인의 축소판이
며 양적으로만 성장한다는 것을 시사하는 것으로 해석되었다. 이에 반해 로크의 백지
상태 개념은 출생 시 아동은 성인과 양적인 면에서뿐만 아니라 질적으로도 다르다는

것을 시사한다. 만일 사고가 선천적인 것이 아니라면 신생아는 지적 특성에서 어른과 근본적으로 다를 것이다. 로크는 아동의 인성은 성인의 그것과 다르다고 지적하였고, 그리하여 새로운 아동발달이론의 토대를 마련하였다. 그는 또한 인간의 본성에 관한 과학적 연구에도 자극을 주었다. 인간발달은 유년기의 수동적인 정신상태로부터 청년기의 능동적인 정신상태로 점진적으로 이루어진다. 이성의 기능은 이 발달과정이 끝날 무렵에 나타나므로, 그것은 청년기의 특성으로 간주된다.

## 5) 18세기 후반

Jean Jacques Rousseau
(1712~1778)

프랑스의 철학자 루소는 부분적으로는 로크의 사상으로부터 영향을 받았지만 인간의 본성에 관해서는 그 자신의 이론을 전개하였다. 로크는 인간본질의 가장 중요한 측면을 이성으로 본 반면, 루소는 인간의 본질을 감정으로 보았다. 로크가 입헌정치에 관심을 가지고 있었다면 루소는 개인주의와 개인의 자유를 강력히 호소하였고, 사회와 사회제도에 대해 비판적인 공격을 가하였다. 그 또한 모든 사람들을 위한 사회복지에 관심이 있었지만, 다수의사(투표에 의해 공동체 의사를 결정하는 다수의 의사)와 일반의사(사회 구성원 모두를 위해 진실로 최선인 것을 결정하는 전체의 의사)를 구분하였다. 루소는 다수에 의한 지배가 독재만큼 나쁠 수 있다는 것을 두려워했으므로 진정한 민주주의자는 아니었다. 이상적으로는 다수의사와 일반의사가 일치한다. 그러나 이것은 교육을 잘 받은 현명한 사람들에게나 가능한 것이다.

루소는 인간발달의 본질에 관한 사고에 혁신적인 변화를 초래하였으며, 그에 해당되는 교육적 시사점을 제시하였는데, 그 주된 견해는 그의 저서『에밀』에 잘 나타나 있다. 아동기의 교육에 관한 전통적인 접근은 아동을 성인의 관점에서 바라본 것이었다. 루소는 그와 같은 접근이 잘못된 것일 뿐 아니라 위험할 수도 있다고 경고하였다. 그는 아동의 욕구와 흥미로부터 출발하였고, 그의 사상에서 나타나는 바와 같이 인간발달을 사전에 계획된 자연적인 과정으로 보았다. 만일 아이들을 구속이라든가 자연스럽지 못한 제약, 성인세계의 엄격한 규율로부터 벗어나게 한다면 자연은 조화롭고 건강한 발달을 보장할 것이다. 아동은 선천적으로 선하게 태어나지만, 성인 사회의 구속과 열악한 교육으로 말미암아 타락하게 된다. 이를 방지하기 위해 특별히 첫 12년 동안은 거의 규제가 따르지 않는 건전하고 건강한 환경 속에서 자연스럽게 발달하도록 할 것을 주장하였다. 루소는 인간이 선하게 태어난다는 굳은 신념을 토대로 한 자신의 주장을 바탕으로, 교육에 있어서의 개인주의를 가장 강력히 지지한 사람 중의 하나였다.

루소는 교육방법의 변화뿐 아니라 가정과 학교에서 아동들이 받는 대우도 개선해야 한다고 주장하였다. 만일 자연의 법칙에 따라 발달하도록 내버려둔다면 가장 바람직한 결과가 나타날 것이라고 하였다. 루소가 말한 발달의 4단계에는 구체적인 심리학적 특성들이 제시되어 있다. 이러한 특성들을 고려한다면 뚜렷한 교육목표를 세울 수 있고, 그러한 교육목표를 달성함으로써 아동이 성숙을 향해 성장해 나가도록 도와줄 수 있다. 연령별 교육방법, 교육내용, 교육목표는

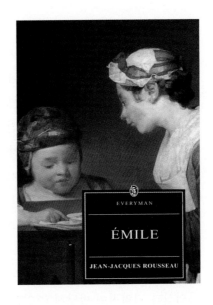

발달수준의 특성에 따라 결정되어야 한다. 아동이 자유를 누리고 자신의 충동과 욕구, 능력에 따라 배우고 자랄 수 있을 때 학습이 가장 효율적으로 이루어질 수 있다.

루소는 축소 인간의 견해에 가장 강력하게 반대하였으며, 어른이 되기 전에 놀고 생활하며 아이답게 행동하는 것이 자연의 계획이라고 주장하였다. "아동기만의 보고 느끼고 생각하는 방식이 있으므로, 그것을 어른의 것으로 대체시키려는 것보다 더 어리석은 짓은 없다"(Rousseau, 1911, p. 54). 루소 자신은 제한된 교육경험과 늘 성공적이지만은 않았던 교육경험을 갖고 있었음에도 불구하고 그의 이론은 18세기 후반과 19세기 전반에 걸쳐 교육에 지대한 영향을 미쳤다. 루소의 사상은 유럽의 페스탈로치, 프뢰벨, 스펜서의 연구에 뚜렷이 나타나 있으며, 미국의 호리스 만과 존 듀이의 접근법에도 반영되어 있다.

루소는 아리스토텔레스와 마찬가지로 특정 단계에서 나타나는 아동의 발달에 주목하였다. 그는 발달단계를 4단계로 규정하였고, 교육과정이 이들 단계별 발달특성과 조화를 이루어야 한다고 믿었다. 루소에 의하면, 이처럼 다양한 단계는 발달과정에서 나타나는 질적인 전환이며, 각각 특별한 성격과 기능에 따라 구별될 수 있다고 한다. 그는 아동이 한 단계에서 다음 단계로 변화할 때 발생하는 변형에 대해 언급한 바 있다. 따라서 루소는 인간발달의 도약이론을 소개한 것이라 할 수 있으며, 이에 따르면 발달의 본질은 다른 시기보다 특정 시기에 갑작스럽게 나타나는 변화로 간주된다. 스탠리 홀과 마찬가지로 그도 사춘기를 '새로운 탄생'이라고 보았다. 루소 이론의 이와 같은 비약적 측면은 그의 기질 자체가 도약적인 경험을 통해 형성된 것에 비추어볼 때 쉽사리 이해될 수 있다.

첫 번째 단계인 유아기는 인생의 첫 4~5년에 해당된다. 아이들은 쾌락과 고통의 감정에 의해 지배된다. 이때는 신체적 욕구나 미분화된 감정의 측면에서 동물과 유사하기 때문에 동물의 단계로 불린다. 이런 생각은 앞서 아리스토텔레스와 이후 프로이트에게서도 표현된 바 있다. 운동협응 훈련, 감각지각, 감정과 같은 교육은 일차적으로 육체적인 것이다. 그는 모든 면에서 자연의 방법에 따라야 한다고 주장하여 다음과 같은 규칙을 제시하였다. "자연을 관찰하고 자연의 이치에 따르라. 자연은 언제나 아이들을 활동하게끔 자극한다. 자연은 온갖 시련을 통해 체력을 단련시킨다. 자연은 일찌감치 고통과 괴로움이 무엇인지를 가르쳐준다"(Rousseau, 1911, p. 59).

두 번째 단계는 루소가 야만인의 단계로 특징지은 시기로 5~12세가 여기에 해당된다. 감각능력이 이 단계의 두드러진 특성이다. 놀이와 운동, 게임을 통해 감각경험이 습득되는데, 이러한 감각을 훈련하는 것이 주된 교육과정이 된다. 이 단계에서는 자의식과 기억력이 발달하고 인간에게 필요한 감각을 활용하는 생활이 시작된다. 이 시기에는 아직 이성적으로 사고할 수 있는 능력이 없고 도덕적 사고도 충분히 깨우치지 못한다. 이 단계에서의 교육은 외적·사회적·도덕적 통제로부터 자유로워야 한다. 독해와 작문을 통한 공식 훈련은 해가 될 수 있으므로 세 번째 단계가 시작될 때까지 미루어야 한다.

환경요인에 의해 개선될 수 없는 선천적인 발달 계획안이 있다고 생각한 루소의 '소극적 교육'[4] 방법은 현대의 성숙이론과 일맥상통하는 바가 있다. 인간발달의 성숙 개념을 지지하는 사람들은 종종 루소와 마찬가지로 아동의 양육을 위해 수용적이고 구속하지 않는 분위기를 주창하고, 육체의 지혜라는 가정을 토대로 아동 자신의 성향에 따르도록 내버려둔다.

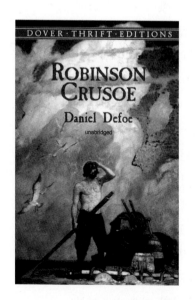

12~15세에 이르는 세 번째 단계는 이성과 자의식이 발달하는 시기이다. 이 시기의 청소년은 엄청난 육체적 에너지와 힘을 소지하고 있다. 호기심을 유발하기도 하는 에너지의 과잉은 학교의 교육과정을 통해서 탐색적 행동이라든가 세상에 대한 진리를 발견하고자 하는 욕구를 격려함으로써 적절히 활용되어야 한다. 루소에 의하면 이 시기에 읽을 만한 책은 『로빈슨 크루소』밖에 없다고 하는데, 루소의 삶 자체가 이 시기의 욕구와 흥미에 비할 만큼 세상에 대한 탐색과 원초적 호기심

---

4) 루소는 교육이란 성인 사회의 사고나 도덕을 아동에게 주입시키는 '적극적인 교육'이 아니라 자연스러운 발달을 보장하는 '소극적인 교육'이어야 한다고 주장하였다.

으로 가득 찬 것이었으므로, 전 청년기의 위대한 모델과 이상을 크루소에서 찾은 것이다. 현대의 교육이론과 같이 루소는 학습의 결과보다 학습의 과정을 더 강조하였다. "그들은 과학을 배워야 하는 것이 아니라 스스로 문제를 해결해야 한다"(Rousseau, 1911, p. 59)는 것이다. 이 시기는 이성의 시기이며 호기심과 개인적 실리가 행동의 주된 동기가 된다. 루소는 이 시기에 사회적 양심과 정서는 여전히 발달되지 않았다고 했는데, 다른 발달이론과는 달리 성격의 이성적 측면이 정서적 측면에 앞서 발달한다고 주장한 것은 흥미로운 일이다. 루소는 정서발달에 큰 비중을 두었는데 그의 이론은 이성주의 철학에 대한 반작용으로 볼 수 있다.

청년기에 해당하는 네 번째 단계는 15~20세에 해당되며, 정서기능이 절정에 달하고 이기심에서 벗어나 사회적인 이해와 자아존중감을 발달시키는 변화가 나타난다. 청년은 더 이상 이기주의에 의해 지배되지 않으며, 다른 사람에 대한 강한 관심과 진실한 애정에 대한 욕구를 보여준다. 이 단계에서는 루소가 '제2의 탄생'으로 간주한 성충동의 출현이 특징적이다. "우리는 두 번 태어난다. 말하자면 한 번은 생존을 위해 그리고 또 한 번은 생활을 위해, 바꾸어 말하면, 한 번은 종(種)을 위해 그리고 또 한 번은 성(性)을 위해서이다"(Rousseau, 1911, p. 193). 이제 양심이 습득되고 도덕과 선행이 가능하다. 이 시기는 이상적으로 성숙에 이르게 되는 시기와 일치하는 결혼을 준비하는 기간이기도 하다.

루소에 의하면, 이 발달단계들은 인류가 겪어온 특정의 발달단계와 일치한다고 한다. 따라서 이는 인류가 동물과 같은 생활의 단계, 야만인의 단계, 이성의 단계를 거쳐 결국에는 사회적·정서적 성숙의 단계로 진행해왔다는 반복이론을 가정하고 있다. 그는 아동 개인의 발달을 설명하기 위해 인류의 역사적 발달을 적용시켰다. 이 가설은 홀과 미국의 아동연구 동향뿐만 아니라 프뢰벨과 질러와 같은 교육자에 의해 더욱 발전되었다.

## 6) 19세기 초반

19세기에 이르러 많은 철학자, 생물학자, 교육학자들이 자신의 자녀를 관찰하고 『아동전기(Baby Biography)』를 발간하였다. 대표적인 예로 다윈이 그의 아들 '도디'의 초기발달을 관찰한 후 그것을 일기로 간행했는데, 그는 아동을 주의 깊게 관찰함으로써 인간의 진화과정을 알 수 있다고 주장하였다.

발달의 본질에 관한 새로운 사고의 조류는 다윈의 『종의 기원(The

Charles Darwin (1809~1882)

Origin of Species)』(1859)의 발간과 함께 등장하였다. 유기체의 성장과 발달은 보다 단순한 형태로부터 보다 복잡한 형태로 이루어진다는 다윈의 진화론적 사고는 인간발달에 대한 가장 혁신적이고 영향력 있는 견해가 되었다.

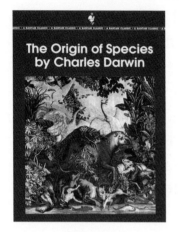

진화란 유기체가 변화하는 환경의 압력에 대한 반응으로서 스스로가 변화하는 복잡한 과정이다. 변화하지 못하고 적응하지 못하는 유기체는 소멸하게 되고, 변화에 성공한 유기체는 더욱 강해지고 보다 적응적인 것이 된다. 간단한 예로서, 인간의 신체구조는 수백만 년에 걸쳐 점차 수직구조로 변하여 직립 보행을 하고, 자기방어를 할 수 있으며, 팔을 자유롭게 하여 도구를 만들어 사용하는 데 보다 적절하게 되었다. 또 다른 예로 목이 긴 기린과 목이 짧은 기린 두 종류를 상상해보자. 높은 나무의 나뭇잎을 먹어야 하는 특별한 환경적 요구에 적합한 목이 긴 기린

은 지금까지 살아남을 수 있었고 그렇지 못한 목이 짧은 기린은 사라졌다(사진 참조). 만약 기린에게 낮은 땅에서 먹이를 얻을 수 있는 환경이 주어졌다면 목이 짧은 기린이 최적의 적응반응을 보이며 지금껏 살아남았을 것이다.

그런데 진화과정의 핵심에는 두 가지 필연적인 요인이 있다. 하나는 부모로부터 자손에게 전해지는 유전자 배합이 무작위 형식으로 일어난다는 것이고, 두 번째는 변화 없이는 생존이 불가능하다는 것이다.

어떤 유기체의 유전구조(혹은 인자형)는 생식을 통해 부모로부터 자손에게 전해지는데, 이 과정에서 새로운 유기체의 유전구조는 어머니와 아버지의 각기 다른 유전인자들의 우연한 배열에 크게 의존한다. 따라서 눈동자 색깔의 경우, 모든 종류의 가능성이 있지만, 자손의 눈동자 색깔은 눈동자 특유의 유전인자가 무작위로 배합됨으로써 결정될 것이다.

어떤 특성, 행동, 외양이 표현될 것인가를 통제하는 모든 유전인자(그리고 염색체)는 조상으로부터 물려받은 것이다. 그러나 어떤 조합이 이루어질지는 알 수 없다. 때로는 이러한 조합은 갈색 눈동자나 키가 큰 자손이 태어나게 하며, 때로는 출생 시 비극적인 결함으로 인해 곧 죽게 되는 것과 같은 비적응적인 돌연변이를 만들기도 한다. 자연은 이러한 바람직하지 못한 특성의 전이를 통제하는 한 방식으로 결함이 있는 유

기체가 오래 생존할 수 없게 만들어 다음 세대로의 유전을 막는다.

진화론은 아동발달의 이론이 아니라 종(種)의 발달과 적응에 관한 이론이지만, 그 자체로서 아동발달이 어떻게 이루어지는가에 관한 매우 유용한 사고의 출발점이 될 수 있다. 사실 다윈은 아동발달의 예리한 관찰자였으며, 그의 아들 '도디'의 성장과 행동을 자세히 기록한 전기는 초기 아동발달연구에서 귀중한 자료가 되고 있다(Vasta, Haith, & Miller, 1995).

진화론은 각 종의 자손의 양적 과잉생산뿐 아니라 모든 유기체 내의 다양성과 적응성을 가정한다. 다윈은 자손의 과잉생산이 종의 생존능력을 위협

다윈이 그의 아들 도디와 함께

한다고 주장하였다. 그 결과는 '생존경쟁'이다. 이 생존경쟁에서 일부가 선택되고 일부가 제거되는 '자연선택 과정'이 이루어지고, 그로 인해 인구의 증가가 억제된다. 약하고, 병들고, 적응력이 떨어지는 종은 소멸하는 반면에 강하고, 건강하며, 빠르고, 면역성이 높으며, 똑똑하고, 신체적으로 잘 적응하는 유기체는 생존하고 번성한다. 시간이 흐르면 이는 '적자생존'의 결과를 가져온다. 그리고 적자생존의 원인으로 작용했던 자질은 자손에게 유전된다. 생존을 위한 조건은 흔히 여러 종류의 환경에 따라 다르므로 유기체 내에 변화가 발생한다. 따라서 선택과정에서 변이, 신종, 신인류 그리고 결국에는 새로운 유기체가 존재하게 된다. 이와 같은 과정은 하나의 세포로 구성된 단순한 유기체로 출발하여, 보다 하등한 유기체의 생활형태로부터 점점 더 복잡한 형태가 발달하게 되었다. 이 생물학적 진화의 마지막 고리는 인간이다. 기후나 지리, 일반적인 생활조건이 달라지기 때문에 진화과정은 영속적인 과정이라 할 수 있다.

이 진화론은 인류의 신성한 창조론과 완전히 대조를 이룬다. 다윈의『종의 기원』이 출간되자마자 과학계는 큰 충격에 휩싸였다. 많은 사람들이 인간은 천지창조의 순간에 창조되었다고 믿고 있는 상황에서 다윈의 진화론은 폭탄선언과도 같았다. 문제는 진화론에 따르면, 결국 인간도 소나 말과 마찬가지로 고도로 진화된 짐승의 한 종류에 불과하다는 귀결에 이르면서 더욱 심각해졌다. 인간은 이제 그 특별한 지위를 상실하게 되었으며, 보다 진보되고 지적인 종일지라도 결국은 유기체계의 일부로 간주될 뿐이다.

## 7) 19세기 말～20세기 초

G. Stanley Hall (1844~1924)

19세기 말이 되어서야 비로소 과학적인 청년연구가 시작되었다. 스탠리 홀은 미국에서 청년에 관한 최초의 체계적 연구에 착수하였으며, 발달심리학 분야의 토대를 구축하였다(Appley, 1986).

스탠리 홀은 독자적인 청년심리학을 발전시키고 과학적인 청년연구방법을 이용한 최초의 심리학자이다. 그는 집단을 대상으로 한 체계적인 연구가 가능토록 하기 위한 새로운 연구방법을 고안했는데, 질문지법(questionnaire)이 바로 그것이다. 이 연구법은 종전의 철학적 접근법이나 전기적(biographical) 접근법보다는 연구방법상 진일보한 것이다. 홀은 과거의 철학적·사변적(思辨的) 접근법과 현재의 과학적·경험적 접근법 사이에 가교의 구실을 했다고 할 수 있다.

스탠리 홀은 아동심리학의 제1세대 교육을 담당하였고, 미국심리학회를 창설하여 초대 회장이 되었으며, 프로이트를 미국에 초청하여 강연하게 함으로써 미국심리학에 정신분석이론을 소개하는 성과를 올렸다.

홀은 또한 "청년심리학의 아버지"로 불릴 만큼 청년에 대해 깊은 관심을 가지고 청년기를 과학적으로 연구하여, 1904년에 『청년기(Adolescence)』라는 두 권의 저서를 출간하였다.

홀은 다윈의 생물학적 '진화론'의 개념을 심리학적 반복이론으로 확장시켰다. 이 이론은 '호모사피엔스(인류)'의 경험적 역사 그 자체가 각 개인이 지니고 있는 유전구조의 일부가 되었다고 가정한다. 반복의 법칙은 인간발달이 이루어지는 동안 각 개인은 인류역사상 발생한 것과 같은 단계를 거친다는 주장이다. 아동의 발달과정은 동물과 유사한 초기 원시시대로부터 야만시대를 거쳐, 성숙으로 특징지어지는 보다 최근의 문명화된 생활양식에 이르기까지 인류의 발달을 재현하는 것이라고 한다. 즉, 인류의 발전과정이 야만사회로부터 문명사회로 발달하였듯이 개인의 발달 또한 유아기로부터 청년기를 거쳐 성인이 된다는 것이다.

홀 역시 루소와 마찬가지로 인간의 발달을 유아기, 아동기, 전청년기, 청년기 등의 4단계로 구분하였다. 홀의 발달단계는 제2장 '청년발달의 이론'에서 좀더 구체적으로 살펴보기로 한다.

## 8) 청년발달연구의 최근 동향

21세기에 들어와서 청년기에 관한 연구가 크게 확장되었다(Susman & Dorn, 2013). 청년발달에 관한 연구결과를 청년들의 현실세계에 적용하는 연구가 크게 증가하였는데, 이러한 연구경향은 청소년의 건강과 복지를 증진시킬 수 있는 방안의 모색과 관련이 있다(Masten, 2013).

오늘날의 청년발달 연구는 중요한 측면에서 과거의 그것과는 매우 다르다. 먼저, 연구의 양이 크게 증가했다는 점을 들 수 있다. 청년기를 연구하는 연구자의 수나 청년기 연구학회(Society for Research on Adolescence)와 같은 새로운 전문학회의 출현, 청년기에 관련된 학회지나 논문, 저서의 수 등의 면에서 증가하는 추세를 보여주고 있다.

Ann Masten

지금까지의 청년기 연구는 극히 미미한 편이었다. 청년기에 대한 과학적 연구를 저해한 요인들로는 인생 초기경험의 중요성에 대한 신념 때문에 유아기나 아동기에 관심이 집중되었다는 점과 청년기에 대한 부정적인 고정관념 등을 들 수 있다(Brooks-Gunn & Petersen, 1984).

그러나 최근에 와서는 청년기에 대한 연구가 꽤 활발하게 이루어지고 있다. 1960년대 말과 1970년대 초에 청년기에 대한 사회적 관심의 고조가 연구의 활성화에 자극이 되었던 것 같다. 국내에서도 1978년부터 유네스코 한국위원회에서 발간된『청년연구』라는 학술지 외에『청소년』『새교육』『한국 청소년』등의 간행물에서 청소년문제를 취급하고 있으며, 그외 학위 논문에서도 많은 연구가 행해지고 있다.

이론적 · 경험적 진보 또한 청년기 연구의 발전에 이바지하였다. 전생애 발달심리학, 전생애 사회학, 사회적 지원, 스트레스와 그에 대한 대처, 인지발달 등과 같은 분야의 연구자들이 청년연구에 관심을 갖게 되었으며, 생의학에서 내분비학과 청년의학이 공헌한 점도 크다. 시청각 기술이나 컴퓨터와 같은 기술적인 진보도 청년기 연구의 발전에 도움이 되었다. 한편, 주요한 종단연구(Baumrind, 1985; Block & Gjerde, 1987)에서의 피험자들이 청년으로 성장하게 된 점 역시 청년연구의 경험적 지식 형성에 기여한 바 있다.

그러나 보다 중요한 것은 청년기 연구의 질적 변화이다. 많은 발달연구에서처럼 청년발달연구에서도 단계지향적 접근에서 과정지향적 접근으로의 변화가 있었다(Keating, 1987). 예를 들면, 2차 성징 발달에서 인지발달에 이르는 많은 발달적 영역이 일련의 불변단계를 포함하는 것으로 개념화되었다. 비록 2차 성징 발달과 같은 몇

몇 영역의 단계 개념의 타당성에 관해서는 문제가 되지 않았으나, 정체감발달을 포함한 다른 영역에서는 타당성 여부의 문제가 제기되었다. 2차 성징과 같은 발달변화에 있어서조차도 기본 과정은 하나의 질적 단계에서 다른 단계로의 전환이라기보다는 매우 연속적이고 진행적인 변화를 수반하는 것으로 가정된다. 더욱이 정체감발달(Marcia, 1980)과 같은 영역에서는 단계를 통한 진행의 증거가 없다.

Richard Lerner

Urie Bronfenbrenner

청년기 발달에 대한 최근 연구의 이와 같은 과정적 접근들은 발달에 관련된 과정들이 개인과 타인 그리고 상황 간의 상호작용을 포함해야 한다는 점을 인식하고 있다(Lerner, 1981). 이처럼 인간과 환경 간의 상호작용을 재인식하게 된 것은 인간발달에 대한 전생애적 시각과 생태학적 관점이 중요한 기여를 하였기 때문이다(Baltes, Reese, & Lipsitt, 1980; Bronfenbrenner, 1979). 심지어 사춘기와 같은 생물학적 발달과정도 이를 충분히 이해하기 위해서는 영양, 운동, 체중 또는 체격 등에 관해 사회적 규범이 광범위한 영향을 미친다는 점을 아는 것이 중요하다(Attie, Brooks-Gunn, & Petersen, 1987). 마찬가지로 인지발달에서 상황이나 환경이 미치는 영향을 수십 년간 간과하였지만, 이제는 발달의 결과를 설명하기 위해 환경적 효과에 관심을 돌리고 있다(Keating, 1987). 사회성발달 같은 영역에서도 가족, 또래 및 광범위한 사회환경의 중요성이 보다 명확해지고 있다. 최근의 청년기 연구는 상황효과에 대한 이 같은 중요성을 반영하고 있다.

최근의 청년기 연구의 또 하나의 특징은 다학문적 성격을 띤다는 점이다. 청년심리학 분야는 생물학, 사회학, 인류학 그리고 의학(특히 정신의학과 소아학)과 같은 응용 분야의 기여에 힘입어 발전하였다. 현재 연구모임이나 저술 등에서 청년기 연구를 위한 학문 간의 활발한 교류가 이루어지고 있다. 요컨대, 청년기 연구는 개인의 발달과정, 사회적 관계 및 개인이 성장한 역사적·문화적 배경을 모두 고려해야 하므로 심리학, 생물학, 사회학, 인류학, 의학, 인구학 등 여러 학문 간에 협력연구를 필요로 한다.

국내에서도 학문 간의 연구가 시도된 바 있다. 예를 들면, 한국 청소년을 대상으로 한 기초자료를 만들기 위해 1991년에 이춘재(심리학), 오가실(간호학), 정옥분(아동학)에 의해 사춘기의 신체 및 생리적 변화와 심리적 변화의 관계에 관한 단기종단적 연구가 이루어졌다.

최근에 와서 청년기에 관해 활발한 연구가 이루어지고 있는 분야는 청년기의 적응과 혼란, 사춘기의 변화, 청년과 가족관계 등이다. 이러한 주제들은 최근에 새로이 부각된 것들은 아니고 오래전부터 연구되어 왔지만, 그 성격 면에서 이전의 연구와는 조금 다르다는 것을 보여주고 있다. 그 부분적인 이유는 기술적인 진보 때문이다. 예를 들면, 사춘기의 생물학적 변화에 관한 연구는 호르몬을 측정하는 기술의 발달로 진일보하였고, 이러한 생물학적 연구결과는 다시 사춘기의 심리적 연구를 자극하였다. 마찬가지로 부모와 청년의 상호작용에 관한 연구는 시청각 기술 및 컴퓨터 기술의 발달로 인해 크게 촉진되었다.

# 제2장

# 청년발달의 이론

좋은 이론처럼 실용적인 가치를 지닌 것은 없다.                                    Kurt Lewin

청년의 주요 과업은 순탄한 변화를 거쳐 청년기를 마무리하는 것이다.          Arthur Koestler

편안하고 성공적인 인간관계야말로 우리 인생의 전부라고 할 수 있다.          H. S. Sullivan

신기한 역설은 나 자신이 있는 그대로의 나를 수용할 때에 내가 변화한다는 사실이다.
                                                                              Carl Rogers

당신의 동의가 없으면 누구도 당신에게 열등감을 갖게 할 수가 없다.          Eleanor Roosevelt

가지를 잘 쳐주고 받침대로 받쳐준 나무는 곧게 잘 자라지만, 내버려둔 나무는 아무렇게나 자
란다. 사람도 이와 마찬가지여서 자신의 잘못을 지적해주는 말을 잘 듣고 잘못을 고치는 사람
은 그만큼 발전한다.                                                              孔子

청춘은 다시 돌아오지 아니하고 하루에 새벽은 한 번뿐이다. 좋은 때에 부지런히 힘쓸지니 세
월은 사람을 기다려주지 않는다.                                                      陶淵明

청춘은 우리의 인생에서 단 한번밖에 오지 않는다.          Henry Wardsworth Longfellow

1. Hall의 반복발생적 청년심리학          2. A. Freud의 청년기 방어기제이론
3. Sullivan의 대인관계이론          4. Erikson의 정체감발달이론
5. Mead의 문화인류학과 청년기          6. 청년기는 과연 질풍노도의 시기인가

많은 이론들이 청년의 발달에 관해 설명하고 있다. 그러나 어느 이론도 청년발달의 복잡하고 다양한 측면을 충분하고 완벽하게 설명하지는 못하고 있다. 하지만 각 이론은 어느 것이나 우리가 청년발달을 이해하는 데 나름대로 중요한 기여를 하고 있다.

이론이라는 것은 이해라는 섬과 삶이라는 육지를 연결하는 다리와 같다고 하는 말이 있다. 청년발달이론에서 섬은 청년기이고 육지는 인간의 전생애이다. 이 장에서는 몇 번에 걸쳐 청년기로의 여행을 할 것이다. 그러나 매번 다른 다리를 지나서 갈 것이다. 하나의 다리만을 건너야 한다면 우리는 많은 것을 보지 못하고 놓칠지 모른다. 그러나 다행히도 청년기로 건너갈 수 있는 몇 개의 다리가 우리 앞에 놓여 있다.

청년기에 대한 관심은 고대 그리스 시대로 거슬러 올라갈 수 있다. 플라톤과 아리스토텔레스는 이미 그 시대에 청년의 본질에 관해 언급하고 있다. 그러나 아동을 성인의 축소판으로 본 중세기 동안에는 대부분의 철학자나 교육자들은 청년기에 특별한 관심을 보이지 않았고, 아동에서 바로 성인이 된다는 견해를 가졌었다. 청년발달에 관한 과학적인 연구는 최근에 와서 이루어졌는데, 19세기 말 청년기에 깊은 관심을 보인 G. Stanley Hall에 의해 비로소 이론적으로 체계화되었다.

청년기는 아동기에서 성인기로 옮겨가는 과도기로서, 이 시기의 청년은 아동도 아니고 성인도 아닌 어중간한 상태에서, 불안정과 불균형으로 인한 심한 긴장과 혼란을 경험하게 된다. 이 때문에 청년기를 흔히 "질풍노도의 시기(A period of storm and stress)"라고 한다.

이 장에서는 Hall, Anna Freud, Sullivan, Erikson 그리고 Mead의 이론을 통해 청년발달을 이해하고자 한다. 특히 청년기를 '질풍노도의 시기'로 보는 관점과 그 반대의 관점을 비교·정리해보고자 한다.

# 1. Hall의 반복발생적 청년심리학

## 1) Hall의 생애

G. Stanley Hall은 1844년에 보스턴의 작은 농장에서 농부의 아들로 태어났다. 부모의 간곡한 희망에도 불구하고, Hall은 농부가 되는 것을 원하지 않았다. Hall은 1878년에 하버드 대학에서 윌리엄 제임스의 지도하에 미국에서 최초로 심리학 박사학위를 받았다. 그 후 독일에서 빌헬름 분트와 함께 연구를 하기도 했다. 1883년부터 존스

G. Stanley Hall (1844~1924)

사진 설명  클라크 대학 캠퍼스 전경

홉킨스 대학에서 교수로 재직하다가 1889년에 클라크 대학의 초대 총장이 되었다. 1892년에 미국심리학회를 창설하여 초대 회장이 되었으며, 1909년에는 자신이 총장으로 있던 클라크 대학에서 Freud를 초청하여 강연하게 함으로써 미국심리학에 정신분석이론을 소개하는 성과를 올렸다(사진 참조).

Hall은 또한 "청년심리학의 아버지"로 불릴 만큼 청년에 대해 깊은 관심을 가지고 청년기를 과학적으로 연구하여, 1904년에 『청년기(Adolescence)』라는 두 권의 저서를 출간하였다. 이 저서는 청년기를 인생에서 특별한 시기로 본 첫 번째 시도로 기념비적

사진 설명  앞줄 왼쪽부터 Freud, Hall, Jung.

인 것이다. 이 책의 목차에서 보듯이 '신장과 체중의 성장' '성적 발달' '청년기의 사랑' '사회적 본능과 제도' '지적 발달과 교육' '청소년 비행, 부도덕성, 범죄' '신체와 정신의 병' 등은 100년이 지난 오늘날의 청년심리학에서도 여전히 주요한 주제가 되고 있다.

Hall은 78세가 된 1922년에 『노년기: 인생의 후반부(Senescence: The Last Half of Life)』를 집필하였다. Hall은 이 저서에서 노년기에도 그 시기 특유의 생리적 변화와 신체적 기능, 감정 및 사고의 특성을 지니고 있다고 주장하였다.

## 2) Hall 이론의 개요

Hall은 다윈, 헤켈, 루소 그리고 라마르크의 영향을 받아 그들의 이론을 종합하였다 (Grinder, 1967). 우선 다윈의 생물학적 진화론의 개념을 인간발달의 연구에 적용하여, 인간의 모든 발달은 유전적 요인에 의해 결정된다고 믿고, 특히 유아기나 아동기의 환경의 영향은 거의 무시하였다. 그러나 청년기에 오면 개인의 발달은 유전과 환경의 상호작용에 의해 이루어진다고 보았다.

헤켈은 인간발달의 기본법칙으로 개체발생(ontogeny)은 계통발생(phylogeny)의 집약된 반복이라고 주장하였다. 쉽게 말해서 태내발달은 인간의 진화과정과 매우 비슷한 발달단계를 거친다는 것이다(Gallatin, 1975). Hall은 이 반복의 원칙(principle of recapitulation)을 출생 후의 발달에도 적용하여, 이러한 반복은 아이가 태어난 후에도 계속된다고 하였다. 즉, 인류의 발전과정이 야만사회로부터 문명사회로 발달하였듯이, 개인의 발달 또한 유아기로부터 청년기를 거쳐 성인이 된다고 설명한다.

Ernst Heinrich Haeckel

습득된 형질도 유전된다는 라마르크의 영향을 받은 Hall은 한 개인의 행동은 그 개인의 구조에 영향을 미치고 이것은 또 유전된다고 보았다. 마지막으로 그는 루소의 자연주의 사상의 영향을 받아, 아동기까지는 방임상태로 두다가 교육이 가능해지는 청년기가 되면 교육자가 개입해서 지도하도록 권장하고 있다.

Hall 역시 루소와 마찬가지로 인간의 발달을 유아기, 아동기, 전청년기, 청년기 등의 4단계로 구분하였다. 유아기는 출생 후 4년까지로, 유아가 기어다니는 것은 우리 인간 종족이 네 발을 사용하던 무렵의 동물적 단계를 반복하는 것으로 보았다. 이 무렵에는 감각의 발달이 우세하고, 유아는 이때 자기보존에 필요한 감각운동의 기술을

Jean Baptiste Lamarck

Johann Wolfgang von Goethe

Johann Christoph von Schilier

습득하게 된다고 한다.

아동기(4~8세)는 고기잡이와 사냥이 주요 활동이던 시대를 반영한다. 이때는 아동이 숨바꼭질 놀이를 하고 총놀이, 활쏘기 놀이 등을 한다. 아동들이 동굴, 오두막, 나무집, 숨을 곳 등을 짓는 것은 선사시대의 동굴주거 문화에 상응한다(사진 참조).

전청년기(8~12세) 동안에는 수천 년 전 미개사회의 단조로운 삶을 반영한다. 이 시기는 일상적인 훈련과 연습을 하는 데 가장 적절한 시기로서 읽기, 쓰기, 셈하기를 비롯한 여러 가지 기술을 익히는 데 황금기라고도 할 수 있다. 이 시기를 놓치게 되면 나중에 이러한 기술을 습득하기가 거의 불가능하다고 한다.

청년기는 사춘기에 시작해서 22~25세 정도에 끝난다. Hall은 청년기를 '질풍노도의 시기'로 묘사하였다. 질풍노도란 말은 이상주의, 열정, 혁명 등에 관한 소설을 쓴 독일의 문학가 괴테와 실러에게서 빌려온 표현이다. Hall은 청년기가 혼란스러운 것은 인간의 진화과정에서의 과도기적 단계의 반영 때문이라고 생각한다. 즉, 아동도 아니고 성인도 아닌 모호한 위치에서 청년은 자아의식과 현실적응 사이의 갈등, 소외, 외로움, 혼돈의 감정을 경험하게 되고, 이로 인한 긴장과 혼란이 이 시기를 '질풍노도의 시기'로 만든다는 것이다. Hall은 또한 청년기를 '새로운 탄생'으로 보았는데, 청년기에 보다 높은 수준의 그리고 보다 완전한 인간 특성이 새로이 탄생하는 것으로 보았다. 청년 후기가 되면 초기 현대문명사회를 반영한다. 이 단계에서 청년은 성숙기에 도달하게 된다. Hall은 인간의 발달과정을 끝없이 계속되는 과정으로 보았다.

Hall의 청년기에 대한 견해는 사회성발달과 청소년 교육에 대해 시사하는 바가 크다. Hall은 생물학적 과정이 사회성발달을 유도한다고 믿는다. Hall에 의하면 사춘기에 일어나는 생물학적 변화가 이성교제와 같은 보다 복잡한 사회적 관계에 영향을 미친다고 한다. 그리고 청소년 교육과 관련해서 Hall은 과학적 사고, 도덕성, 예절교육 등이 15세 이후에 집중적으로 이루어져야 한다고 주장한다.

## 3) 청년기의 발달측면

Hall이 『청년기』(1904)에서 강조하고 있는 발달측면을 몇 가지 살펴보면 다음과 같다(Gallatin, 1975).

### (1) 생물학적 변화

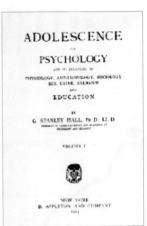

Hall은 『청년기』에서 신체적 성장에 관한 내용을 여러 장(章)으로 나누어 설명하고 있다(〈표 2-1〉 참조). 사춘기가 시작되면 신장과 체중이 급격히 성장하는 청년기 성장급등(adolescent growth spurt)현상이 나타나는데(사진 참조), Hall은 이 현상을 청년기가 매우 특별한 시기임을 증명하는 것이라고 주장하였다. 청년기의 성장급등을 강조하기 위해 Hall은 자신이 관찰한 청소년의 신체발달에 관한 통계자료를 여러 페이지에 걸쳐 제시하고 있다. 마치 생

〈표 2-1〉 Hall의 『청년기』 목차

| 제1권 | |
|---|---|
| 제1장 | 신장과 체중의 성장 |
| 제2장 | 신체기관의 성장 |
| 제3장 | 운동기능의 성장 |
| 제4장 | 신체와 정신의 병 |
| 제5장 | 청소년 과실(비행), 부도덕성, 범죄 |
| 제6장 | 성적 발달, 그 위험과 소년위생 |
| 제7장 | 주기성 |
| 제8장 | 문학, 생물학, 역사 속의 청년기 |
| 제2권 | |
| 제9장 | 감각기능의 변화와 변성 |
| 제10장 | 청년기의 정상적 특성, 진화와 감정과 본능 |
| 제11장 | 청년기의 사랑 |
| 제12장 | 자연에 대한 청년의 느낌과 새로운 과학교육 |
| 제13장 | 성년식, 전통적 규범과 관습, 견신성사 |
| 제14장 | 개종의 청년심리학 |
| 제15장 | 사회적 본능과 제도 |
| 제16장 | 지적 발달과 교육 |
| 제17장 | 청년기 여성과 교육 |
| 제18장 | 인종심리학과 교육 |

출처: Hall, G. S. (1904). *Adolescence* (2 Volumes). New York: Appleton.

물학자가 외딴섬에서 발견한 다양한 종류의 동식물을 하나하나 일일이 세는 것처럼 Hall도 조심스럽게 자신의 주장을 뒷받침해줄 자료를 일일이 기록하였다. 다음 인용문이 그 예이다.

> N. V. Zak이 모스크바 Real-Schools의 학생 1,434명과 체조학교 학생 2,811명의 신장과 가슴둘레를 측정하였다. 그는 신장이 11세에 약간 증가하고, 14세에 크게 증가하며, 18세에 조금 증가하는 것을 발견하였다. 체중은 14세에 가장 많이 증가한다. 어떤 연령에서든지 이 소년들의 신장은 시골 소년들의 신장보다 훨씬 더 큰 것으로 나타났다. 13~14세 사이의 신장 증가율은 영국, 스웨덴, 미국 소년들의 신장 증가율보다 더 높았다. 16세부터 21세까지는 성장률이 둔화되다가, 21세가 되면 성장이 다시 계속되는 경향이 있었다(1904, I, pp. 8-10).

### (2) 성적 발달

아동기 동안 잠복해 있던 성적 충동은 사춘기가 되면서 깨어난다(사진 참조). "청년  초기의 대부분의 범죄와 부도덕한 행위는 맹목적인 성적 충동 때문이다. 이 시기에는 뇌가 생식기관에 신호를 보내기 전에 성적 충동이 먼저 요동친다"(1904, I, p. 284). "정상 청년에게조차 이러한 충동은 너무나 강해 그의 인생을 지배하려고 든다"(1904, I, p. 285). 일단 청년이 생식능력을 갖게 되고 이러한 욕망을 경험하게 되면 그의 존재는 더 이상 그 이전과 같지 않게 된다.

Hall은 청년기의 성적 충동에 대해 분명히 인식하고 있었음에도 불구하고 빅토리아 시대의 사고방식을 그대로 지니고 있었다. 그는 사춘기의 성적 발달에 관해 설명하면서, 성적 무절제가 초래하는 위험에 대해 경고하는 문장을 중간중간에 삽입하였다. 오늘날 남자 청소년에게 지극히 보편적인 현상으로 인식되고 있는 자위행위에 대해서도 Hall은 그것을 매우 사악한 것이라고 경고하고 있다.

### (3) 정서발달

Hall은 앞에서 설명한 바와 같이 청년기의 성욕을 청년기를 '질풍노도의 시기'로 만드는 원인 중의 하나로 꼽는다. 이와 같은 Hall의 관점에는 긍정적인 측면도 있다. 성적 충동의 출현과 더불어 신경계도 일반적으로 민감해진다. 시각, 청각, 촉각이 예민해지고, 사랑할 수 있는 능력도 발달하기 시작한다(사진 참조).

그러나 이런 민감성은 한편으로 정서적 불안정을 초래한다. 정상적 청년들조차 감정의 기복이 심해, 한순간 기분이 붕 떠 있다가 곧바로 다음 순간 절망의 나락으로 떨어진다. 실제로 비정상과 탈선도 청년기에 증가한다. Hall은 청년기 동안에 정신이상과 청소년 비행이 급증한다는 증거를 제시하였다. 다윈의 영향을 받은 Hall은 비행 청소년이나 정신질환자의 경우 유전적 요인이 작용한다고 주장하였다.

### (4) 인지발달

청년기에 와서야 비로소 이성이 싹트기 시작한다고 주장한 루소와 마찬가지로 Hall 또한 성욕의 출현에 이어 인지능력이 발달한다고 보았다. 아동기는 읽기, 쓰기, 셈하기 등의 기초교과를 익히는 기간이지만, 청년기가 되면 비로소 '이성적'으로 사고할 수 있는 능력이 발달한다. Hall은 여기서 또 한 번 개인의 발달과 인류의 발전과정과의 유사성을 지적한다. 그것은 이성적으로 사고할 수 있는 능력이 발달단계에서 비교적 늦게 나타나는 것처럼, 인간의 보다 높은 인지능력도 가장 늦게 발달하는 것 중의 하나인 것으로 보인다는 것이다.

이러한 새로운 능력의 출현과 더불어 청년은 이제 아동기의 인지적 한계를 넘어서게 된다. 순진하고, 얼띠

며, 미신적인 아동과는 달리 청년은 성인과 같은 회의론적 시각을 갖게 되고, 어떤 상황을 여러 각도에서 볼 수 있는 능력을 보이기 시작한다. 아동은 자신의 과거와 미래에는 별반 관심이 없고 그저 현재에만 충실하게 하루하루를 보낸다. 그러나 청년기가 되면 '시간전망'이 가능하다. 즉, 자신의 과거를 인정하고, 미래에 대해 숙고한다. 이것은 50년 후에 Erikson이 청년기에 확고한 정체감을 확립하기 위해서 성공적으로 해결해야 한다고 주장하는 일곱 가지 위기 중의 하나와 유사한 개념이다. 이러한 모든 것을 가능하게 해주는 것이 바로 지적 능력이다.

### (5) 도덕성발달

지적 능력의 발달은 청년으로 하여금 성인처럼 사고하게 할 뿐만 아니라 성인처럼 행동하게 한다. 청년이 되면 사회의 규범과 규제에 대해 확실하게 이해하기 시작하고, 일반복지를 위해 만들어진 사회규범을 준수하려는 욕구가 생겨난다.

Hall은 30년 후에 Piaget가 도덕적 판단에 관해 하였음직한 연구를 인용하고 있다.

6세에서 16세 사이의 남녀 아동과 청소년 1,000여 명을 대상으로 하여 어머니를 기쁘게 해드릴 목적으로 거실 소파에 새 페인트칠을 한 소녀에 대해 어떻게 생각하느냐는 질문을 하였다. 어린 아동들은 대부분 그 소녀에게 매질을 해야 한다고 대답하였다. 그러나 14세 이상부터는 소녀를 매질해야 한다는 대답이 급격히 감소하였다. 어린 아동들의 대부분은 그 소녀가 한 행동이 왜 잘못되었는지를 설명하지 못하였다. 12세의 아동 중 181명이 그 이유를 설명할 수 있었고, 16세 청소년 중 751명이 설명을 할 수 있었다. 체벌을 해야 하는 동기로 어린 아동은 '보복'이나 '앙갚음'을 거론하였고, 나이 든 아동은 같은 행동을 반복하지 못하도록 예방해야 한다고 설명하였다. 연령이 증가하면서 동기와 행위를 구분할 수 있었으며 그 소녀의 '무지'에 대해 인식할 수 있었다. 나이 든 아동만이 그 소녀로부터 다시는 그런 짓을 하지 않겠다는 약속을 얻어내야 한다고 제안하였다. 따라서 사춘기가 되면, 어떤 행위를 결과를 보고 판단하던 것으로부터 동기를 보고 판단하는 것으로 바뀌게 된다(1904, II, pp. 393-394).

## 4) 평 가

Hall은 미국에서 아동연구가 새로운 학문으로 자리 잡는 데 결정적인 역할을 했을 뿐만 아니라, 『청년기』와 『노년기』를 집필함으로써 전생애적 발달의 관점에서 청년발달과 성인발달을 연구한 최초의 학자라는 평가를 받는다.

특히 "청년심리학의 아버지"로 불릴 만큼 청년에 대해 깊은 관심을 가졌으며, 인간발달의 단계 중에서 청년기를 특별한 시기로 보고 청년기를 "질풍노도의 시기" 또는 "제2의 탄생"으로 표현하였다.

한편, 문화인류학자인 Margaret Mead(1950, 1953)는 사모아와 뉴기니 섬에서의 청년연구를 통해, 사모아에서처럼 아동기에서 성인기로의 전환이 순탄하고 점진적으로 이루어지는 문화권에서는, 청년기로의 전환이 반드시 혼란스러운 것은 아니라는 관점을 제시하여, 청년기의 혼란과 갈등의 보편성에 대한 Hall의 가설에 도전하였다.

Hall이 주장한 한 인간의 발달순서는 인간이 진화되어온 과정을 그대로 반복한다는 반복의 원칙(principle of recapitulation) 또한 비판을 받았다. Thorndike(1904)는 2~3세가 되면 유아는 이미 인간의 모든 진화과정을 다 거치기 때문에, 아동의 발달과정은 동물과 유사한 초기 원시시대로부터 야만시대를 거쳐, 성숙으로 특징지어지는 보다 최근의 문명화된 생활양식에 이르기까지 인류의 발달을 재현하는 것이라고 본 Hall의 반복원칙을 부정하였다. 감각운동, 언어, 사회적 행동을 예로 들면, 유아가 3세만 되어도 다른 어떤 종보다도 진화된 상태에 있다는 것이다.

Edward Thorndike

# 2. A. Freud의 청년기 방어기제이론

## 1) A. Freud의 생애

Anna Freud는 1895년 12월 3일 비엔나에서 Sigmund Freud의 여섯 자녀 중 막내로 태어났다. Anna는 일생 동안 어머니와 팽팽한 긴장관계를 벗어나지 못했고, 오히려 일에 파묻혀 점심 때나 휴가 때만 얼굴을 볼 수 있는 아버지와 상당히 친밀했다.

학창시절 그녀는 성적이 매우 우수했으며 배움에 대한 열의가 상

Anna Freud (1895~1982)

사진 설명   Anna가 아버지와 함께

당히 강했다. 하지만 그녀는 학교에서 배운 것보다 아버지 곁에서 보고 들은 것이 더 많았다고 회고하고 있다. Anna는 아버지의 작업내용에 많은 관심을 보였으며, 모르는 개념이 나올 때마다 아버지에게 설명해달라고 졸랐다. 사립고등학교의 졸업시험을 우수한 성적으로 마친 후 몇 년간 교육학을 공부했으며, 1917년부터 1920년까지 자신이 다녔던 학교의 교사로 재직하였다.

그러나 그녀의 관심사는 정신분석에 있었다. Freud는 Anna가 의학을 공부하여 자신의 뒤를 잇고자 하는 계획에 반대했지만 결국 그녀의 뜻을 받아들이고, 당시 비엔나 대학에서 하던 그의 강의를 청강생 자격으로 들을 수 있게 해주었다.

Anna는 아버지로부터 분석교습을 받으면서 정기적으로 비엔나 정신분석학회의 모임에 참석하였다. 1918년에 아버지와 함께 처음으로 정신분석학회에 참석하였고, 1920년에 교사직을 그만두고 아버지로부터 위원회의 반지를 받았다. 이 반지는 Freud가 그때까지 여섯 명의 분석가들에게 결속의 징표로 주었던 것이다. 1923년에 아버지의 집에서 자신의 정신분석 연구실을 열었다. 그녀의 상담실은 아버지의 상담실과 마주 보고 있었다. 그녀는 분석을 시작한 지 채 5년도 안되어 상당한 역할을 수행하는 동료가 되었고, 진료실의 운영도 잘 되어 경제적으로도 독립하게 되었다.

Dorothy Burlingham

1923년 Freud의 목에서 악성종양이 발견되자 그녀는 헌신적으로 아버지를 돌보았으며, 아버지의 비서이자 대변인, 동료, 간호사 등으로서의 역할을 충실히 해냈다. Freud는 이런 딸을 매우 자랑스러워하며 친구에게 보내는 편지에 "내가 다 못한 일을 대신 이루어낼 수 있는 아이"라고 썼다.

Anna의 삶에서 상당한 위치를 차지하는 Dorothy Burlingham을 만난 것은 1925년이었다. Dorothy의 교육활동과 Anna의 분석활동은 공동 프로젝트로 발전하였다. 두 사람은 그들의 교육적 · 분석적 관심과 자질을 이 프로젝트에 모두 쏟아부었다. 1949년에 그들은 '햄스테드 어린이집

사진 설명   프로이트 박물관에 소장된 프로이트의 정신분석용   사진 설명   안나 프로이트 센터
소파

(Hamstead War Nursery)'을 세웠고, 전쟁고아와 일시적으로 부모와 떨어져 살고 있는 아동들을 받아들였다. Anna와 Dorothy는 『전쟁고아』와 『고아원의 아이들』이라는 저서에서 교육과 정신분석 프로젝트를 상세히 설명하였다.

Anna는 1952년에 '햄스테드 아동치료 클리닉'을 설립하여 1982년에 사망할 때까지 이곳에서 일했다. 이 클리닉은 그녀가 사망한 후 '안나 프로이트 센터(The Anna Freud Center)'로 이름이 바뀌었다. 그리고 그녀가 살던 집은 그녀의 소원대로 '프로이트 박물관(The Freud Museum)'으로 바뀌었다.

Anna Freud의 주요 저서로는 『교사와 부모를 위한 정신분석(Psychoanalysis for Teachers and Parents)』(1930) 『자아와 방어기제(The Ego and The Mechanisms of Defence)』(1936) 『아동기의 정상과 병리(Normality and Pathology in Childhood)』(1965) 등이 있다.

## 2) A. Freud 이론의 개요

Anna Freud의 이론은 그녀의 아버지 Sigmund Freud의 정신분석이론과 크게 다를
바 없다. 그러나 Sigmund Freud가 성격형성에 있어서 남근기의 중요성을 크게 강조
하였다면, 그의 딸 Anna Freud는 청년기의 특성을 중요시해서 청년기의 연구에 많은
정열을 쏟았다.

Anna Freud(1958)는 아버지의 이론을 계승하고 발전시켜 청
년기를 폭넓게 이해하려고 하였다. 즉, 청년기에 나타나는 혼
란과 방황은 그 이전에 나타났던 오이디푸스 콤플렉스(사진 참
조)가 다시 출현함으로써 겪게 되는 과정이라는 것이다. 청년
기에 발달된 생리적 · 내분비적 기능의 변화로 말미암아 본능
적 욕구인 원초아는 강해지는 데 반해, 자아가 그 힘을 상실하
여 약화되는 틈을 타고서 잠복기 동안 잠잠했던 오이디푸스
콤플렉스가 재등장하게 된다는 것이다.

Anna Freud에 의하면, 남근기의 성적 갈등은 거세불안과 같
은 외부의 영향에 의해 주로 해결되었지만, 청년기에는 외부
의 영향뿐만 아니라 자아와 초자아 간의 갈등인 내적 차원의
요인이 여기에 더해진다고 한다. 다시 말하면, 청년들이 부모의 처벌을 두려워해서뿐
만 아니라 죄책감이나 자아존중감 상실과 같은 내적 갈등에 의해 성적 충동을 억제하
게 된다는 것이다.

Anna Freud는 청년기를 내적 갈등, 정서적 불안정, 변덕스러운 행동 등으로 특징
짓는다. 청년들은 한편으로는 이기적이고, 자신을 우주의 중심으로 여겨 오로지 자
신에게만 관심을 갖는가 하면, 또 다른 한편으로는 자기희생과 헌신적 행위도 마다하
지 않는다. 한순간에는 여러 친구들과 즐겁게 어울리다가도 바로 다음 순간에는 혼자
있고 싶어한다. 권위에 대한 맹목적인 순종과 이유 없는 반항으로 오락가락한다. 이
기적이고 세속적인가 하면 고결한 이상주의로 충만하기도 하고, 또 어느 순간에는 못
말릴 정도로 낙천적인가 하면 곧바로 염세주의자로 변한다.

이 모든 것은 사춘기의 성적 성숙에 따르는 정서적 불안정과 내적 갈등 때문이다.
사춘기의 가장 큰 변화는 본능적 욕구의 증가이다. 오랫동안 잠복해 있던 구강적 · 항
문적 특성이 재등장한다. 청결한 습관이 사라지고 지저분해지며, 겸손과 동정심은 자
기과시와 잔인함에 자리를 내어준다. Anna Freud는 사춘기의 이러한 본능적 욕구의
증가를 유아기의 성욕이 사춘기에 재등장한 것으로 본다.

　　Anna Freud는 청년기를 질풍과 노도, 즉 혼란과 방황의 시기로 보았으며, 그 원인에 대해서는 생물학적 요인과 발달의 반복적 현상을 가지고 설명하려는 입장을 취하고 있다. 청년기의 이러한 시련은 초자아와 원초아 간의 관계를 자아가 얼마나 적절히 평형을 유지해주는가에 달려 있다고 본다. 이 평형상태는 원초아의 강도, 잠복기에 형성된 성격구조, 자아가 활용하는 방어기제의 성향과 그 효율성에 의해 영향을 받는다. 만약 원초아 · 자아 · 초자아 간의 갈등이 청년기에 해결되지 않으면 정신적 파멸을 초래한다. Anna Freud에 의하면, 이러한 갈등을 해결하기 위해 자아는 온갖 종류의 방어기제를 사용하게 된다고 한다.

　　청년기와 같이 여러 가지 변화가 빨리 일어나는 시기에는 불안이 증가하고 그래서 청년기에 방어기제의 필요성이 증대된다(Conger, 1977). 우리가 이성적인 방법으로 불안에 대처하지 못할 때에는 원초아의 욕망에 대처하기 위해 방어기제를 사용한다. 우리는 일상생활에서 누구나 갈등상황을 피하기 위해 그리고 긴장이나 불안, 좌절로부터 우리 자신을 보호하기 위해 가끔 방어기제를 사용한다. 그러나 외부 세계와의 긴장을 해소하기 위해 특정의 방어기제에만 의존함으로써 적응문제가 발생하거나, 신경증이나 정신병리 현상을 보이면 이때는 문제가 된다.

　　방어기제의 활용은 불안을 감소시키지만 방어기제를 자주 활용하게 되면 학습이나 개인적 성장을 방해하고 인간관계가 만족스럽지 못하게 된다. 왜냐하면 방어기제를 통해 표현되는 태도나 행동은 가끔 방어적이고, 미성숙하며, 비현실적이고, 신경증적인 것으로 평가되기 때문이다(Muuss, 1996).

## 3) 방어기제

　　Sigmund Freud의 주된 업적 중의 하나는 정신분석이론의 가정에 반대하는 전문가들도 폭넓게 인정하고 있는 방어기제에 대한 규명이다.[1] 일각에서는 방어기제의 대부분이 Anna Freud의 작품인 것으로 평가하고 있다. 사실상 Freud는 방어기제에 관한 작업을 그의 딸인 Anna Freud에게 맡겼다. Freud는 Anna가 1936년『자아와 방어기제(The Ego and the Mechanisms of Defense)』를 출간하기 직전에야 "자아가 방어기능을 수행하기 위해 사용하는 방법인 방어기제는 상당히 많다. 아동분석가인 나의 딸이 그것에 대해 쓰고 있다"라고 방어기제에 대해 언급하였다. Anna Freud는 여기저기

---

1) 오늘날의 심리학자들은 S. Freud의 이론 중 성격구조, 심리성적 발달단계를 통한 성격발달 그리고 심리적 문제의 원천에 대해서 많은 비판을 가하고 있음에도 불구하고 '방어기제'에 대해서는 긍정적인 평가를 하고 있으며, 널리 수용되고 있는 개념 중 하나이다.

흩어져 있는 방어기제에 대한 아버지의 이론을 한 권의 책으로 종합하였다.

방어기제는 자아로 하여금 불안이나 좌절, 용납될 수 없는 충동에 대처하도록 해주고, 긴장이나 내적 갈등으로부터 벗어나게 해준다. 대표적인 방어기제의 예는 다음과 같다(Muuss, 1996). Anna Freud(1969)는 금욕주의와 지성화를 청년기에 특히 자주 볼 수 있는 중요한 방어기제로 보았다.

### (1) 합리화(Rationalization)

가장 보편적인 방어기제는 합리화로서, 자신의 행위나 생각을 합리화하기 위해 진짜 이유나 동기는 감추고 그럴듯한 이유를 제시하는 것을 말한다. 이 방어기제는 가끔 '신포도 반응'이라고도 한다. 이것은 이솝의 유명한 우화에서 여우가 맛있는 포도가 달린 포도나무에 손이 닿지 않자, 결국은 포도가 시기 때문에 먹고 싶지 않다고 생각했다는 '여우와 포도' 이야기에서 따온 것이다(사진 참조).

합리화는 이룰 수 없는 것, 불쾌한 것, 용납될 수 없는 것에 대한 구실을 제시함으로써 자아를 돕는다. 특히 용납될 수 없거나 바람직하지 못한 행동으로 비난을 받거나 그에 대한 설명을 요청받았을 때에 이러한 합리화의 방법이 사용된다. 우리는 종종 우리 자신보다 주변의 환경을 탓함으로써 실패를 합리화한다. 그렇게 함으로써 자신의 실패와 역량부족을 인정할 때에 초래될지 모를 불안과 죄책감을 회피할 수 있게 된다.

### (2) 억압(Repression)

억압은 우리 내부의 충동에 관한 것으로, 대부분의 방어기제에는 이 억압의 요소가 있다. 억압은 충격적인 경험, 스트레스를 유발하는 사건 또는 용납될 수 없는 충동을 무의식적으로 거부하는 것을 말한다. 억압은 합리화에 비해 비현실적이다. 그 이유는 충동은 의식으로부터 차단되지만 무의식 속에서 역동적으로 작용하고 있기 때문이다.

### (3) 전이(Displacement)

전이는 어떤 대상에 대한 성적 에너지가 다른 대상으로 전이되는 것을 설명할 때에 긴요한 방어기제이다. 이 설명은 논리적으로는 부적합하지만 무의식적 사고에는 매우 적합하다. 뱀에 대해 지나친 공포를 보이는 여자 청소년의 경우, 이것은 어쩌면

남성의 생식기관에 대한 공포를 전이한 것인지 모른
다. 아무튼 높은 수준의 불안이나 죄책감을 수반하
는 충동에 대한 보편적인 방어기제가 바로 전이인
것이다. 예를 들면, 청년기에 자위행위에 대한 강한
욕망이 강박적으로 손을 자주 씻는 행위로 전이될
수 있다. 얼핏 보기에 두 행위 간에는 관련이 없어 보
일지 모르지만, 손은 자위행위를 하는 신체부위이고
그리고 자위행위는 '불결한' 습관으로 간주되기 때
문에 손을 씻는 행위는 자위행위에 대한 무의식적인
거부일 수 있다. "종로에서 뺨 맞고 한강에서 눈 흘
긴다" "시어머니에게 야단맞은 며느리 부엌 강아지

에게 발길질 한다" 등과 같은 우리 속담은 방어기제 '전이'의 예들이다(사진 참조).

## (4) 동일시(Identification)

동일시는 다른 사람의 태도, 신념, 가치
등을 자신의 것으로 채택함으로써 다른 사
람의 특성이 자신의 성격에 흡수되는 것을
말한다. 오이디푸스 콤플렉스의 성공적인
해결은 동성 부모와의 동일시를 통해서 이
루어진다. 그리고 동일시를 통해서 초자아
가 형성된다. 그러나 청소년기에는 부모에
대한 동일시는 크게 감소하는 대신 영화배
우나 운동선수와 같은 유명인사에 대한 동
일시가 보편적인 현상이다. 이 과정은 부모

로부터 독립하고 개인적인 정체감을 형성하는 데 도움이 된다. 천주교의 성체성사에
서 빵과 포도주를 함께 나누는 것도 동일시의 한 형태이다. 즉, 예수 그리스도의 몸과
피를 함께 나눔으로써 우리가 좀더 예수 그리스도를 닮고자 하는 것이다(사진 참조).

## (5) 반동형성(Reaction Formation)

반동형성은 용납하기 어려운 충동이 의식적으로 억압되어 완전히 반대로 나타나는
것을 말한다(사진 참조). 예를 들면, 10대 미혼모가 아기에 대한 적개심을 지나친 애정
과 과보호로 표현하는 경우가 그것이다. 또 다른 예로 범죄 성향이 있는 사람이 반동

**사진 설명**  한 청년이 계단을 올라가는 할머니를 부축하고 있다. 그러나 청년의 속마음은 할머니를 계단에서 밀어뜨리고 싶다.

형성을 통하여 용감한 경찰관이 되는 경우가 그것이다. "미운 놈 떡 하나 더 준다" "빈 수레가 더 요란하다" "빛 좋은 개살구" 등의 우리나라 속담이 반동형성의 예들이다.

어떤 정서가 반동형성의 산물인지 아닌지 알아보는 몇 가지 특징이 있다. 즉, 극단적인 방어적 정서형태, 방심함으로써 부정적 정서가 나타날 수 있다는 점에서의 비일관성, 터무니없는 과시, 강박증 등이 그것이다.

### (6) 투사(Projection)

투사는 자신의 내부에서 일어나는 용납하기 어려운 충동을 다른 사람의 탓으로 돌리는 것을 뜻한다. 투사는 어떤 면에서 합리화와 비슷한 것이다. 예를 들면, 어떤 청소년은 친구들 아무도 자기를 좋아하지 않는다고 불평하지만, 사실은 그 자신이 자신을 포함한 어느 누구도 좋아하지 않는 것이다. "솜씨 없는 목수 연장 탓한다"라는 속담은 투사의 예이다.

이 방어기제에는 다음과 같은 이중적인 목적이 있다. 첫째, 용납될 수 없고 좌절을 안겨주는 감정으로부터 우리 자신을 해방시킬 수 있다(불안해소). 둘째, 자신의 용납될 수 없는 행동을 다른 사람에게 전가하고 그 사람이 나쁘다고 불평함으로써 긴장과 좌절을 해소하고 자신은 결백한 척할 수 있다.

### (7) 부정(Denial)

부정은 가장 원초적인 방어기제이다. 대부분의 방어기제는 현실을 왜곡하는 것이지만, 부정은 현실을 왜곡할 뿐만 아니라 그 현실 자체를 부정한다. 억압과는 반대로 부정은 외부 세계의 현실에 초점을 맞춘다. 부정의 예로 디킨스의 소설 『위대한 유산(Great Expectations)』에서 볼 수 있듯이 첫날밤에 소박을 맞은 신부 '해비섬'이 그 사실을 부정하고, 노파가 되도록 해진 혼례복을 입고서 신랑을 기다리는 경우를 들 수 있다. 또 다른 예로, 남자친구가 없는데도 '오늘밤 누군가가 나를 불러낼지도 모른다'는 희망을 가지고 금요일 밤마다 초조하게 전화를 기다리는 소녀의 경우를 들 수 있다. 부정의 과정은 무의식적이기 때문에 거짓말과는 다르다. 부정은 우리 기억에서 그 현실을 완전히 차단해버리는 것이다.

### (8) 승화(Sublimation)

승화는 성적 본능이 신경증적인 행동으로 전이되지 않고 오히려 사회적으로 바람직한 행동으로 나타나는 것이다. Freud는 르네상스 시대의 유명한 누드화는 성적 충동이 승화되어 나타난 것이고, 문명의 발달 또한 성적 욕구가 승화의 형태로 나타난 결과라고 주장한다(사진 참조).

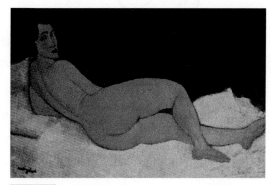

사진 설명    모딜리아니의 누드화, 〈비스듬히 누워 있는 여인〉

### (9) 퇴행(Regresssion)

퇴행은 스트레스를 심하게 받거나 극단적인 곤경에 직면할 때 안정감을 느꼈던 어린 시절로 돌아가고자 하는 방어기제이다. 퇴행은 어린아이가 동생을 볼 때 주로 사용하는 방어기제로, 동생의 출현으로 부모의 사랑과 관심을 잃어버릴까 봐 두려워한 나머지, 손가락 빨기나 오줌 싸기 등의 어릴 적 행동을 함으로써 부모의 관심을 끌려고 하는 경우에 볼 수 있다. 또 다른 예로 초등학교에 입학하여 학교생활에 적응을 잘 못하는 아동들은 울기, 극단적인 의존, 손가락 빨기, 숨기, 선생님에게 매달리기 등과 같은 유아기적 행동에 빠지기도 하는데, 이것은 안전했던 옛 시절로 돌아가기를 원하기 때문이다.

### (10) 보상(Compensation)

보상은 어떤 분야에서 특별히 뛰어나 인정을 받음으로써 다른 분야에서의 실패나 약점을 보충하고자 하는 방어기제이다. 예를 들어, 지적으로 열등하다고 느끼는 사람들은 신체를 단련하는 데 과도할 정도로 에너지를 사용하기도 하며, 사회적으로 무능하다고 느끼는 사람들은 그들의 지적 능력을 개발하는 데 힘쓰기도 한다.

### (11) 금욕주의(Asceticism)

금욕주의는 성욕에 대한 두려움에서 나오는 것으로 철저한 자기부정을 의미한다. 청년기의 금욕은 본능적 욕구에 대한 불신에 기인하는 것이며, 이 불신은 성욕뿐만 아니라 모든 욕망을 억제하고 원초아를 완전히 무시한다.

**사진 설명**    감정과 충동을 억누르기 위해 남자의 머리가 이성이 자리하는 왼쪽으로 기울어져 있다.

### (12) 지성화(Intellectualization)

지성화는 종교나 철학, 문학 등의 지적 활동에 몰입함으로써 성적 욕망에서 벗어나고자 하는 방어기제이다(사진 참조). 청년기의 추상적 사고도 지성화에 도움이 된다. 청년기에 새로이 획득한 추상적 사고를 이용하여, 청년들은 비교적 개인 감정을 드러내지 않는 태도로 성에 관한 토론에 참여한다. 예를 들면, 결혼이냐 동거냐, 동성애냐 이성애냐와 같은 주제로 토론을 하는데, 흥미로운 것은 이러한 논쟁에서 가끔 청년들이 자신의 생각(내적 갈등)과 반대되는 입장에 선다는 것이다.

## 4) 평 가

Anna Freud의 중요한 공헌은 다양한 관찰과 사례연구를 통해 Sigmund Freud의 연구를 확장시켰으며, 자아의 역할에 대한 중요성을 강조하고, 부모의 양육방식의 중요성을 강조했으며, 방어기제에 대한 이해를 높였다는 점이다.

특히 아버지 Freud가 크게 주목하지 않았던 청년기 발달에 대한 재해석과 그에 관한 견해는 Freud의 이론을 확장시키게 되었다는 점에서 긍정적인 평가를 받고 있다. 그러나 청년기를 질풍노도의 시기로 인식함에 있어 오이디푸스 콤플렉스의 발현이라는 Freud식 고찰의 한계를 벗어나지 못했다는 지적을 받고 있다.

Anna Freud는 아버지의 생전은 물론이고 사후에도 아버지의 기본 개념을 수용하고 지지하여 정신분석의 이론적 개념을 확고히 하였다. Anna Freud는 또한 아버지와는 달리 자아의 역할을 강조하였다. 아버지가 강조한 원초아의 중요성만큼이나 자아의 중요성을 강조하였고, 자아의 성장, 발달, 기능 등에 관해 누구나 알기 쉽게 설명하고 분석하였다. 그녀의 자아에 대한 개념은 이후 "자아심리학자"라고 불리는 Erikson의 연구에도 영향을 미친 것으로 평가되고 있다. Anna Freud는 아동과 부모 간의 상호작용에 관심을 가지고, 아동의 특정의 발달선상에서 실제적으로 부모가 해야 할 일들을 알기 쉽게 설명함으로써 부모양육에 대한 중요성과 이해도를 높였다. Anna Freud는 또한 여기저기 흩어져 있는 방어기제에 대한 아버지의 이론을 한 권의 책으로 종합하여, 1936년에 『자아와 방어기제』를 출간함으로써 방어기제에 대한 통합적인 논의를 통해 방어기제에 대한 이해를 높였다는 평가를 받고 있다. 『자아와 방

어기제』는 훗날 정신분석 전문가들의 핸드북이 되었고, 자아의 다양
한 방어기제에 대해 상세히 설명하고 있기 때문에, 임상가들은 환자
의 방어기제가 어떻게 작용하는지를 간파할 수 있게 되었다.

Melanie Klein

　그리고 1930년대에 들어서면서 Anna Freud는 아동의 문제행동을
치료하기 위해 놀이치료요법을 발전시켰다. 이렇게 해서 아동을 대
상으로 한 정신분석은 Melanie Klein을 중심으로 한 클라인 학파와
Anna Freud를 중심으로 한 안나 프로이트 학파가 쌍벽을 이루게 되
었다. 이들은 비의학계 출신으로서 성인의 정신분석에 사용되던 자
유연상법의 대용기법으로서 아동의 정신분석에 놀이치료
요법(사진 참조)을 도입하고 발전시켰다는 점에서 높이 평
가되고 있다.

사진 설명　놀이치료는 아동의 특성을 고
려한 심리치료 방법이다.

　한편, Anna Freud의 이론은 연구방법이 비과학적이고,
그녀가 사용한 관찰과 사례연구들은 주관적인 자료들이라
과학적 검증이 어렵다는 지적을 받고 있다. 또한 연구대상
과 관련해서는, 정상적인 아동들을 대상으로 한 연구도 있
지만, 햄스테드 아동들의 경우는 전쟁고아나 부모가 없는
아동들이었으므로, 정상 가정의 아동들과 다를 수 있어 일
반화가 어렵다는 지적을 받고 있다. Anna Freud는 또한 아버지에 대한 지나친 지지
와 수용으로, 그것이 오히려 자신의 이론을 발전시키는 데 방해가 되었다는 지적을
받고 있다. 한 예로 Anna Freud는 인간관계의 중요성과 이와 관련된 어머니와의 애
착의 중요성을 연구 초기부터 인식했음에도 불구하고, 아버지의 기본적인 개념에 반
대하기를 원하지 않았기 때문에, 후기 작업에 이르러서야 인간관계에 대한 개념과 애
착에 관해 조심스럽게 설명하고 있다.

## 3. Sullivan의 대인관계이론

### 1) Sullivan의 생애

Harry Sullivan (1892~1949)

　Harry Stack Sullivan은 1892년에 뉴욕의 노르위치에서 태어나 뉴
욕 주 북부 변두리의 체낭고 카운티에서 어린 시절을 보냈으며, "시
카고학파"로 불리던 실용주의자들이 미국 지식계와 사회과학계를 지

배하던 무렵에 시카고 의과대학에서 학위를 받았다. 제1차 세계대전 중에 군복무를 마치고는 워싱턴 DC에 있는 성 엘리자베스 병원의 William White 밑에서 근무했다. 그 당시 미국 정신의학계의 거물이었던 White 박사는 정신분열증 환자들에 대한 관심을 촉발시킨 장본인이다.

Sullivan은 그 후 볼티모어의 셰파르 병원과 에녹 프래트 병원에서 정신분열증 환자를 위한 매우 성공적인 특별 병동을 운영하였다. 1920년대 초반의 이 기간에 정신질환은 사회적 요인에 기인한다는 그의 새로운 이론이 탄생하였다.

당시의 미국 정신의학계는 Freud의 임상이론과 기법을 받아들이고 있었다. 그러나 정신분열증의 이론체계에서는 19세기 말과 20세기 초에 활동했던 독일의 정신의학자 Emil Kraepelin의 전통적인 접근법을 따랐다. Kraepelin은 정신분열증을 신체적 원인에서 발생한 신경생리학적 질환으로 보았다. 그에게 있어서 정신분열증은 발병 후 시간이 흐를수록 계속 악화되어 결국은 정신 자체가 완전히 황폐화되는 질병이었다.

Sullivan은 이러한 이론들이 자신이 경험한 정신분열증 환자들에게는 적합하지 않다고 생각하였다. 그가 본 분열증 환자들은 대인관계에 매우 예민하게 반응하였다. 비록 그들의 의사소통이 모호하고 왜곡되었다고 할지라도, 그들은 때때로 아주 고통스러울 정도로 예민하게 다른 사람들을 의식하고 있었다. 이러한 임상경험을 바탕으로 Sullivan은 대인관계이론을 형성하였다. 대인관계의 질과 특성이 Sullivan 이론의 근간을 이루는데, Sullivan에 의하면 정상발달과 병리적 발달은 그 모두가 다른 사람과의 상호작용의 영향을 받는다고 한다. Sullivan은 타인과의 상호작용에 영향을 받지 않는 '독특한 개별적 자아'가 실제로 존재할 수 있을까라는 의문을 제기할 정도로, 대인관계의 결과가 바로 그 개인의 성격이라고 생각하였다.

Sullivan은 미국의 정신분석학회에도 적극적으로 참여하였다. 그러나 그의 이론은

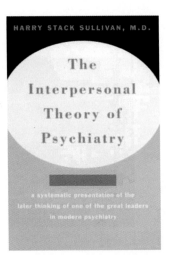

사회학적 사고와 인류학적 사고로부터 가장 많은 영향을 받았다. 그는 정신분석학적 구성개념들이 인간행동을 의미 있게 설명하지 못한다고 생각해서, 이러한 개념들을 그의 이론적 모델에서 종속적 역할로만 취급하였다. 또한 그는 정신분석 개념 중 많은 것들이 과중한 의미를 전달한다고 느꼈기 때문에, 자기 나름의 독특한 용어들(예컨대, 방어기제를 안전수단으로 바꾸는 것 등)을 소개하였다. 반면, 사회학과 인류학, 장이론(field theory)의 영향력 및 용어들이 Sullivan의 저술에 스며들어 있다. 그는 임상적·사회심리학적·장이론적·인지적 요소들을 결합하는 모델을 창안하였다.

아쉽게도 Sullivan의 저서로는 『정신의학의 대인관계이론(The Interpersonal Theory of Psychiatry)』단 한 권이 있을 뿐이다. 그러나 다행히도 그의 수많은 강의들이 녹음되었고 그 녹음과 강의노트를 가지고 몇 권의 책이 동료와 제자들에 의해 편찬되었다. Sullivan은 1949년 국제 정신건강협회에 참석하고 귀국하는 길에 파리에서 사망하였다.

## 2) Sullivan 이론의 개요

Sullivan은 인간발달에 있어서 대인관계와 의사소통의 중요성을 강조하는 사회적 정신의학이론을 제안하였다. Sullivan은 원래 정신분석학파였는데, 나중에 이로부터 탈퇴해 독자적인 이론을 정립하였다. Freud의 성격구조 중 Sullivan이 강조하는 것은 자아이다. Hall이나 Anna Freud가 인간발달의 과정에서, 특히 초기의 발달단계에서 생물학적인 요인을 강조하는 데 반해, Sullivan은 이 요인을 완전히 무시하는 것은 아니나 인간발달에 있어서 다른 사람과 어떠한 관계를 유지하는가가 중요하다고 인식한다. 다른 사람과 상호작용을 하려는 욕구는 사회적 관계를 맺고 살아가는 유기체로서의 인간이 자신의 안정과 정서적 지지를 제공받기 위한 수단이기도 하다. 연령의 변화에 따라 상호작용의 형태는 달라지기 마련이고 그에 따른 욕구대상 또한 달라지지만, 근본적인 관심사는 자신과 밀접한 관계를 가진 사람들과의 상호작용에 있다.

Charles Cooley

Sullivan은 성격의 내적 구성요소는 직접적으로 관찰될 수는 없는 것이고 대인 간 상호작용을 통해서만 관찰될 수 있다고 주장한다. 대인관계에서의 갈등과 긴장에 관한 그의 관심은 개인 문제와 심리치료 문제를 넘어서 국제적 갈등과 편견까지도 그 대상으로 하고 있다. 그는 파리에서 사망하기 직전에 「대인 간의 긴장과 국제 간의 긴장」(Sullivan, 1964)이라는 제목의 국제관계 이해를 주제로 한 논문을 발표하였다.

Sullivan에 의하면, "편안하고 성공적인 대인관계가 인생에서 제일 중요하다." 정신의학은 " … 사회심리학과 동일한 분야를 다루는데, 이는 과학적 정신의학이라는 것이 … 대인관계로 정의되어야 하기 때문이다"(Sullivan, 1953, p. 368)라는 그의 관점은 정신분석에서 출발한 정신역동적 접근과는 매우 다른 독특하고도 미국적인 대인관계의 정신치료법이다. 사회과학자인 Charles Cooley와 George Mead가 Sullivan에게 커다란 영향을 미쳤다. '의미 있는 타자(significant others)'의 반영적 평가를

George Mead

통해 자아가 발달한다는 Mead의 생각이 특히 주목할 만한데, 이것은 Sullivan 이론의 중요한 요소가 되었다. 대인관계가 갖는 영향력의 중요성을 강조한 것과 "모든 인간은 그가 가지는 대인관계 수만큼의 다양한 성격을 지니고 있다"(1964, p. 221)라는 그의 주장은 사회심리학적 통찰력을 예견하는 듯하다.

인간발달을 이루는 주요한 힘을 성욕이나 내적 갈등 혹은 공격성과 같은 생물학적 조건이라고 설명하는 대신, Sullivan은 그 당시 다른 어떤 이론가들보다 더 인간경험의 사회적 맥락에 근거한 발달이론을 구축하고 있다. 인간발달의 사회적 요소는 유아기의 대인관계라는 기본 상태에서 출발하지만, 성인기를 통해서도 그 영향력이 약해지지 않은 상태로 지속된다. 대인관계는 정상적 인간발달에 있어서 필수적 구성요소라고 할 수 있다. 더군다나 그 파괴적, 불안유발적 징후는 미성숙, 일탈, 정신병리에 대한 설명이 된다. 개인은 생물학적 요구 때문이 아니라 사회화의 결과로서 특정 방식으로 행동하고 또 자신의 행동을 수정하는 법을 배운다. 인간은 다른 사람들 없이는 존재하지 않으며, 또 존재할 수도 없다는 Sullivan의 대인관계이론의 주된 주장은 오늘날 다시 되살아나는 주제가 되고 있다.

Sullivan의 정신치료 모델은 '사회적 정신치료'로 알려져 있으며, 어떤 해설자들은 Sullivan은 전공분야가 마침 정신의학인 사회심리학자라고 말한 바 있다. 이런 생각은 또래집단에 대한 동조, 우정형태, 또래압력, 친밀감이라는, 청년기에 대한 현재 우리들의 관심과 잘 부합된다. 또래집단의 영향을 연구하는 몇몇 학자들(Bronfenbrenner, 1986; Kandel, 1986; Youniss, 1980)은 특히 청년기의 효율적이고 의미 있는 또래관계가 건강한 사회심리적 발달을 위한 필수적 전제조건이라는 Sullivan의 이론에 동의한다. 심지어 그 역도 여러 연구에서 지지를 받고 있다. 즉, 좋지 못한 또래관계는 부적응과 우울증을 초래한다. 더군다나 그것은 비행행동, 낮은 학업성취, 학교중퇴, 가출, 약물사용, 조기 성행위, 정신질환, 행동장애 등과도 관련되어 있다.

대인관계의 영향력은 건설적일 수도 있고 파괴적일 수도 있다. Sullivan(1953)에 의하면, 대인관계에서 얻는 이점은 긍정적 피드백의 여하에 달려 있다고 한다. 다른 사람들이 우리를 높이 평가하고 우리를 매력적이고 가치 있는 사람이라고 생각한다는 것을 알게 되면 우리는 안전감을 느끼게 된다. 그러나 대인관계, 특히 유아기와 아동기의 대인관계가 상당한 불안을 초래할 때, 개인이 발전시킨 안전수단(방어기제)이 타인과의 관계를 손상케 할지도 모른다. 따라서 사회적 관계는 본질상 상호적이며, "인간은 자신 속에 있는 것만을 타인에게서 발견할 수 있다"(Sullivan, 1947, p. 22). 이미 자신을 낮게 평가하고 부적절감을 느끼는 청년은 다른 사람들의 친절한 제의를 거부하는 경향이 있으며, 적대적이고 불신적인 태도를 유지하게 된다. 부정적이고, 위협적이며, 불안을 유발하는 경험들이 불안전감을 가져다준다. 반면, '의미 있는 타자 (significant others)'—우리 삶에서 가장 영향력 있는 사람들—와 갖는 긍정적이고, 지지적이며, 긴장감소적 경험은 안전감을 낳게 한다.

인간은 인식할 수 있는 사회적 상호작용이 갖는 유형의 맥락 내에서만 이해될 수 있다. 누구와 상호작용을 하고 있느냐에 따라, 자신을 바라보는 방식과 행동하는 방식에 있어 사람들은 차이를 보인다. 그러므로 청년들은 부모, 교사, 친척, 또래, 소중한 친구 또는 이성과의 상호작용의 형태에서 극적으로 다르게 행동할 수 있으며 실제로도 그러하다. 바꾸어 말하면, 대인관계는 인간행동을 이해하는 가장 중요한 실마리를 제공한다.

## 3) 긴장 · 불안 · 동기

Sullivan에 의하면 성격이란 긴장의 감소를 목적으로 하는 에너지 체계이다. 긴장은 음식, 물, 산소, 수면 등과 같은 기본 욕구에서 생겨나지만, 불안을 야기하는 대인관계상황에서 기인하기도 한다. 긴장증가와 긴장감소의 교호적 작용은 인간발달을 향한 추진력을 창출한다. 긴장의 한쪽 극단은 좀처럼 발생하지 않는 것이기는 하지만 공포상태인 완전한 긴장상태를 의미하는 것으로서, 이것은 인간이 상해나 죽음의 가능성에 갑자기 직면할 때 나타난다. 다른 한 극단은 완전한 안녕감과 행복감으로 충만한, 긴장이 전혀 없는 상태이다. 완벽한 긴장 부재의 예로서 Sullivan은 깊은 수면상태에 있는 유아를 들고 있다(사진 참조). 긴장과 행복감의 관계는 역상관 관계에 있다. 즉, 행복감의 수준이 높을수록 긴장이나 불안수준은 낮고 그 역도 성립한다.

긴장은 유기체에 활동을 위한 잠재력을 제공한다. 어떤 긴장은 생물학적 욕구(예: 산소, 물, 음식 등)로부터 일어난다. 긴장은 그 긴장을 제거하고 정신적 만족감을 창출하는 에너지의 변환을 유도한다.

불안은 다른 욕구의 감소와 만족감의 획득에 항상 방해가 되기 때문에 특히 심각한 긴장이 된다. 우리가 그들의 의견을 존중하는 의미 있는 타자들이 현재 우리의 행동에 대해서 호의적이지 않은 평가를 할 것이라는 예감은 불안을 낳는다. 예상하는 불안은 결코 일어나지 않거나 거의 일어나지 않을지도 모르는 부정적 사건을 예감할 때 생겨나는 감정이다. 이 맥락에서는 공포와 불안의 구별이 중요하다. 물려고 달려드는 개에 대한 공포와 같이 공포의 원천은 알려져 있지만, 불안의 근원은 알 수가 없다. 공포나 불안과 결합된 부정적 감정은 유사하다 할지라도 이들 두 개념을 바꾸어 사용할 수는 없다.

인간은 다른 어떤 상태보다도 안전한 상태를 추구한다. Sullivan은 '불안으로부터의 해방'을 추구하는 노력을 인간의 가장 중요한 동기적 힘이라고 높이 평가한다. 이런 생각은 특히 키르케고르와 같은 실존주의 철학자들에 의해 가장 명확히 표현된 바 있다. '양육자'와의 초기 경험으로부터 대인관계상의 불안이 생겨나며, 불안은 인간의 생애주기에서 가장 뿌리깊은 대인관계적 힘으로 남게 된다. 그 결과도 마찬가지이다. 개인의 안전에 대한 상상적 위협이 불안을 낳는다. 위협이 심할수록 불안도 커진다. 불안은 의사소통을 방해하고 이것이 또다시 불안의 수준을 높이게 된다.

Sören Kierkegaard의 동상

욕구의 감소는 긴장을 없애고 만족감을 가져오는 에너지의 변환이다(Sullivan, 1950). 청년들은 성적 행위에 대한 욕망과 불안에서 벗어나려는 욕구와 같은 다양한 긴장들 간의 충돌을 종종 경험한다. 사회적으로 승인되지 않는 정도의 성적 행동은 불안을 증가시킨다. 그러나 비록 또래집단이 격려를 하는 경우에도, 대인 간의 친밀감과 관련된 불안이나 다른 사건들에 대한 예감(예: 나쁜 평판, 임신, AIDS 등)으로 인한 불안이 유발될 수 있다. 따라서 이러한 불안을 피하는 것은 성적 행동을 피하는 것을 의미한다.

## 4) 자아체계

Sullivan이 자아체계의 개념을 구체적으로 사용하는 것은 대인관계에 대한 전반적인 강조와 밀접한 관련이 있다. Sullivan의 자아체계 관념은 자아발달에 관심이 있는 사회과학자, 특히 Charles Cooley와 George Mead의 영향력을 크게 반영한 것이다. 자아란 원래 사회에 그 기원을 두고 있기 때문에, 그 이론적 탁월성은 Sullivan이 사회적 · 문화적 경험뿐만 아니라 대인관계의 경험에도 부여한 중요성을 반영하는 것이다. 우리의 자아감은 '의미 있는 타자들'이 우리를 바라보고 우리를 대하는 방식에 의해 형성된다. 자아는 우선 타인에 의해 형성되는 사회적 자아이다. 자아체계는 또한 성격의 중요한 부분을 구성하며, 불안을 피하는 데 있어 특히 중요하다. 그러나 자아체계는 성격의 일부일 뿐이지 결코 성격과 동일한 것은 아니다.

자아는 타인에 의해 '반영된 평가'로 이루어진다. 오랜 기간에 걸쳐 의미 있는 타자들이 개인을 평가해온 방식인 '반영된 평가'는 결국 개인이 자기 자신을 평가하는 방식이 되어버린다. 다른 사람들로부터 받는 피드백 외에 다른 자아평가의 기준은 있을 수 없다. George Bernard Shaw의 연극 〈피그말리온〉(사진 참조)에서 엘리자 두리틀은 아래 대사에서 이런 관계를 예리하게 묘사하고 있다. "숙녀와 꽃 파는 소녀가 정말로 다른 점은 그녀가 어떻게 행동하느냐가 아니라 그녀가 어떤 대접을 받느냐예요. 히긴스 교수에게 나는 언제나 꽃 파는 소녀일 뿐이에요. 그가 나를 그렇게 취급하기 때문이죠. … 하지만 당신은 나를 항상 숙녀로 대해주니까 당신에게는 숙녀가 될 수 있어요" 엘

George Bernard Shaw

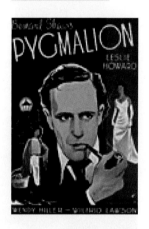

리자의 통찰에 대한 Sullivan식 분석은 그 이상일 수 있다. 엘리자 두리틀은 다른 사람들이 자기를 인식하는 방식에 영향을 받을 뿐 아니라 그러한 인식에 반응하는데, 이것은 그녀를 대하는 다른 사람들에게 영향을 주고 이것이 또다시 그녀에게 영향을 주는 … 관계가 계속된다. 즉, 지속적인 사회적 상호작용의 고리 속에서 그러한 관계가 형성되게 된다.

Sullivan에 의하면, "자아체계의 모든 것은 대인관계에서 형성된다"(1953, p. 200). 가장 먼저 겪는 경험은 '돌보는 이'와의 상호작용과 관련되는데, 이것은 부드럽고 정다운 것이거나 아니면 금지적이고 불안 유발적일 수 있는 그런 경험이다. 발달이 진행됨에 따라 개인이 상호작용하는 사람의 종류와 상호작용의 특성은 복잡해진다. 게다가 자아체계는 이러한 경험들을 조직하고 개인이 사건—특히 자신의 자아평가와 가장 관련이 있어 보이는 것은 무엇이나—을 인식하고 평가하는 여과장치 속에다 이 경험을 통합시킨다. 경험을 여과시키는 자아체계가 없는 인간이란 상상할 수도 없다.

자아체계는 자기보호와 평형유지에 기여하는 정보를 추구한다. 따라서 대인관계의 역동(dynamics)을 이해하는 데는 그것이 가장 중요해진다. 의미 있는 타자들이 우리를 대하는 방식에 의해 최초로 자아체계가 형성될 뿐 아니라 그 역도 성립한다. 즉, 우리의 자아체계는 우리의 관심을 유도하고 우리가 타인을 인식하는 방식에 영향을 준다. 만성적으로 낮은 자아존중감을 지닌 사람들은 타인들도 역시 자신에 대해 비호의적인 생각을 가질 것이라고 예상할 수밖에 없다. 자아체계는 우리 자신뿐 아니라 우리의 사회적 환경을 끊임없이 평가하는 데 사용되는 여과장치가 된다.

건강한 발달이란 미분화되고 종종 불안에 시달리는 유아적 자아체계가 안정되고

안전한 성숙한 성인의 자아로 변형되어가는 과정이다. 상호 만족하는 대인관계는 이러한 전환을 촉진하는 필수적 경험의 기초가 된다(Muuss, 1996).

## 5) 발달의 단계

Sullivan(1953)은 인간발달의 단계를 유아기, 아동기, 소년기, 전청년기, 청년 전기, 청년 후기의 6단계로 나누어 설명하고 있다.

### (1) 유아기

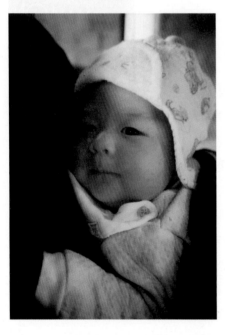

유아기는 출생에서부터 언어를 습득하기 시작하는 시기까지를 말한다. 유아기의 상호작용 욕구는 생명체와의 접촉, 부드러운 것과의 접촉욕구로 나타나는데, 이 욕구는 주로 어머니의 따뜻한 품에 안김으로써 충족된다(사진 참조). 정신분석학파와 마찬가지로 Sullivan 또한 인간의 행동을 유발하는 것은 긴장 감소에 있다고 본다. 그러나 정신분석학파에서는 인간의 모든 동기는 성적 만족에 대한 욕구라 보는 반면, Sullivan은 불안으로부터 벗어나기 위한 욕구라고 본다.

유아기에 있어서 불안의 정확한 근원에 대해서는 분명히 설명하고 있지 않지만, 그것은 어머니와 아기와의 관계에 기인한다고 한다. 예를 들어, 어머니가 행복해 있을 때와 뭔가 걱정스러운 것이 있을 때에 아기를 안아주는 차이를 아기는 감지하게 된다. 즉, 어머니의 몸짓이나 목소리의 음색 또는 행동을 통해 어머니 자신의 불안이 유아에게 전달된다. 그리고 어머니가 가진 불안이라는 긴장이 유아의 불안을 유발한다. 이 과정이 '감정이입'인데, 이것은 유아가 실제로 엄마의 감정을 '읽는다'는 것을 의미한다. 유아의 울음조차도 엄마의 불안을 가중시키기 때문에 불안의 전이는 보다 더 복잡하게 된다. 유아가 불편한 이유를 어머니가 이해하지 못할 경우 더욱 그러하다. 어머니의 증가된 불안은 또다시 아이에게 전달된다. 이러한 감정이입적 연계에 의해 유아의 울음이 유아 자신의 불안에 영향을 미칠 수 있다. '양육자'에게서 겪는 이러한 불안을 유발하는 초기 경험으로부터 시작하여 이후에 긴장과 불안이 대인관계 과정에서 전개되는 것이다.

## (2) 아동기

아동기는 언어를 습득하는 시기부터 놀이친구나 동갑내기와의 상호작용 욕구가 출현하기까지의 기간이다(사진 참조). 이 시기의 주요한 발달적 성취는 상징적 능력이 출현한다는 것이다. 아동은 뜻이 통하는 방식으로 단어와 언어 또는 몸짓을 사용하기 시작한다.

이 단계의 가장 중요한 성취는 대인관계에서 협동을 배우고 지시를 따르며, 불안을 피하기 위해 간단한 심부름을 하는 것이다. 제2단계인 아동기에는 어른들이 어떤 경우에 인정하고 또 어떤 경우에 인정하지 않는지를 이해하게 된다. 어른들로부터 인정받지 못하는 것은 불안을 형성하므로, 이 불안에서 벗어나기 위해 아이는 인정받는 행동을 주로 하게 된다.

## (3) 소년기

Sullivan은 Freud의 제4단계인 잠복기를 매우 중요한 시기로 보고, 이 시기를 소년기와 전청년기의 두 단계로 나누었다. 정신분석이론에서 잠복기는 초자아가 발달하는 시기로 간주되지만, 그 이전이나 이후 단계들보다 주목을 덜 받는다. 반면, Sullivan은 사회적 기술을 배우고, 사회적 민감성을 발달시키며, 사회적 복종과 사회적 적응을 배우고, 학문적·지적 능력을 발달시키는 데 있어서 이 시기가 가장 중요한 시기 중 하나라고 보았다.

소년기는 사회관계와 대인관계의 확대를 특징으로 하는 시기이다. 이 단계에서는 놀이친구에 대한 욕구가 출현하고 발달한다(사진 참조). 연령상으로 볼 때 소년기는 초등학교 저학년의 시기를 포함한다. 성숙으로 인하여 아동이 보다 깊은 사회적 관계를 요구하게 될 때 이 시기는 끝난다. 이때 아동은 깊고 친밀한 대인관계, 대개는 자기와 비슷한 위치의 다른 사람과의 관계를

갈망한다.

Anna Freud는 이 시기를 비교적 조용한 시기로 보나, Sullivan은 오히려 파란만장한 시기로 본다. 이 시기에는 여러 종류의 다양한 인간형태에 대해 알게 되고, 협동심과 경쟁심을 배우게 된다. 이 시기에는 눈부신 지적 성장을 하게 되고, 여러 종류의 사회적 고정관념을 습득하게 된다. 고정관념은 편견적 태도를 포함하므로, 특정 부류의 사람들을 향한 근거 없는 편협함과 두려움, 혐오감, 반감, 불쾌감 등을 조장하고, 개인적 경험을 경시하고 개인차를 무시하도록 부추긴다. 불행하게도 일단 그런 고정관념들이 자아체계에 보다 영구적으로 고정되어버리면 그것들은 잘 변하지 않는다. 그렇게 되면 고정관념화된 부류에 속하는 사람들과의 성공적이고 만족스러운 대인관계 형성은 방해를 받는다. Sullivan은 고정관념의 개인적 측면뿐만 아니라 그것의 사회적·국제적 의미에도 관심을 표명한다.

아동기의 중요한 사건으로는 '감독형태의 학습(learning of supervisory patterns)'을 들 수 있다. 이것은 어린이가 상상적인 인물을 마음속에 간직하고 있어서, 그 상상적 인물이 항상 자신을 감독한다고 느끼는 것이다. 따라서 다른 사람이 보지 않는다 하더라도 이 상상적 인물의 존재 때문에 자기 행동을 통제하게 된다는 것이다.

### (4) 전청년기

Sullivan의 이론에서 전청년기는 비록 시간상으로는 짧은 기간이지만, 굉장히 중요한 시기로 묘사된다. 전청년기는 초등학교 고학년의 시기에 해당된다. 전청년기에는 모든 것을 털어놓고 얘기할 수 있는 '단짝'(사진 참조)이 필요한 시기이다. 소년기가 다른 사람과의 관계를 폭넓게 하는 것이었다면, 이 전청년기의 특징은 그 관계를 깊게 하는 데 있다. 이 시기는 깊이 사귈 수 있는 단짝을 필요로 하는 시기로 자신에 대한 견해를 수정할 수도 있다. 만약 어떤 어린이가 아주 불행한 아동기를 보내고 자신이 보잘것없는 사람이라는 견해를 가졌다 하더라도, 전청년기에 아주 가까운 좋은 친구를 사귀게 되어, 그를 가치 있는 사람으로 평가한다면 이 어린이는 자신에 대한 생각이 바뀔 수도 있다는 것이다. Sullivan은 이 시기를 비교적 문제가 없고 안락한 시기로 보고 '평화와 위안의 시기(A period of peace and comfort)'라고 부른다.

사진 설명    전청년기에는 모든 것을 털어놓고 얘기할 수 있는 '단짝'이 필요한 시기이다.

'단짝 친구'의 이런 교정적 영향력 덕분에 많은 사람들이 심각한 정신장애를 피할 수 있다고 Sullivan은 주장한다. 누군가가 자기를 인정해주고 자기를 매력적이며 가치 있는 사람으로 여긴다는 사실은 스스로를 비하하는 생각이나 다른 사람들에 의해 낮게 평가되는 것을 중화시키는 작용을 한다. 게다가 자신에 관해 사실상 모든 것(전에는 비밀로 간직했던)을 노출시키는 이러한 과정은 때로 병적이고 자기중심적인 사고, 즉 "나는 그 누구와도 전혀 다르다"는 사고를 경감시킬 수 있다. 단짝 친구관계에 대한 몰입이 중요해짐에 따라 전청년기에는 가족과 거리를 두는 경향이 있다. 그들은 가족을 보다 객관적으로, 때로는 비판적으로 바라보기 시작하고 이러한 새로운 인식을 단짝 친구와 공유한다. Sullivan은 이런 관계를 다음과 같이 묘사한다.

자녀를 가진 여러분 모두는 여러분의 자녀가 여러분을 사랑한다고 확신한다. 이렇게 말할 때 여러분은 즐거운 착각을 하고 있는 것이다. 마침내 단짝 친구를 찾게 된 자녀를 자세히 관찰해보면, 그들 관계 속에서 매우 다른 그 무언가를 발견하게 될 것이다. 말하자면, 친구에게 중요한 것이 무엇인가를 알아차리는 진정한 민감성이 당신 자녀에게서 발달되기 시작한다는 것을 말이다. 그리고 이것은 "내가 원하는 걸 얻기 위해서 내가 무엇을 해야 하나"라는 의미가 아니라, 대신 "친구의 행복을 위해서 또 친구의 위신을 세워주기 위해 내가 무엇을 해야 하나"라는 의미이다(1953, pp. 245-246).

### (5) 청년 초기

제5단계인 청년 초기의 상호작용 욕구는 이성과의 애정관계를 형성하는 욕구로 나타난다(사진 참조). 그런데 이 시기에는 생리적 변화가 일어나고, 성적 만족을 얻으려는 새로운 욕구가 나타나며, 이 성적 욕구가 충족될 때 긴장에서 벗어나 안정을 찾게 된다. 그러나 청년의 내부 한편에는 이 성적 욕구에 대한 불안을 해소하려는 욕구가 함께 자리하게 되고, 그래서 청년들은 이 욕망을 의식 밖으로 밀어내려는 노력을 하게 되며 빨리 이 불안에서 벗어나고자 한다.

Sullivan도 Hall이나 Anna Freud처럼 청년기를 질풍과 노도의 시기로 보았다. 청년은 혼란과 곤혹의 시기를 맞아 오랜 기간 갈등과 혼란을 겪어야 한다는 것이다. Sullivan(1953)은 청년기의 질풍노도를 Hall과 같이 인간의 진화과정에서의 과도기적 단계의 반영으로 보거나, Anna Freud처럼 오이디푸스 콤플렉스의 재등장으로 보지는 않았다. 오히려 청년기가 격동적인 것은 이 시기에 매우 중요하고 강력하지만 서로 공존하기 어려운 세 가지 욕구가 충돌하기 때문이라고 한다. 이러한 욕구들이 효과적으로 통합되고 양립하려면 많은 시간이 지난 후에라야 가능하다. 세 가지 욕구란 ① 성적 만족을 얻으려는 새로운 욕구, ② 친밀감에 대한 전청년기 아동의 욕구, ③ 불안으로부터 벗어나려는 개인적 안전에 대한 욕구 등이다. 이 욕구들 간에 충돌이 발생하고, 이 충돌이 청년기를 질풍노도의 시기로 만든다는 것이다.

이 시기에 일어나는 생리적인 변화로 말미암아 청년들은 새로운 욕구를 경험하게 되고, 이 새로운 욕구가 불안에서 벗어나고자 하는 욕구와 적절히 융합이 되어야 하는데 그것이 어려운 문제이다. 왜냐하면 우리는 성적인 것에 관한 것은 될 수 있는 대로 의식 밖으로 밀어내려 하고, 또한 성적 욕망을 처음 경험하는 순간과 그 욕망을 합법적으로 만족시킬 수 있는 순간 사이에는 상당한 기간을 요하기 때문이다. 우리는 흔히 이 시기의 청년들을 "성적 실업자"라고 부른다.

게다가 친밀감의 욕구 또한 안전의 욕구와 충돌할지 모른다. 종종 가족은 이성과의 친밀감 형성을 반대하는 압력을 행사하는데, 이런 압력은 전청년기의 단짝 친구관계에 대해서는 가해지지 않던 것이다. 이러한 압력은 반대에서부터 비판, 잔소리, 위협, 조롱에 이르기까지 다양한 형태를 취한다. 이것은 개인의 안전에 대한 매우 강력하고 엄청난 위협이 될 수 있다. 또한 불안은 불승인의 두려움과 관련되는데, 청년 초기에는 이성으로부터 승인받지 못할까 봐 걱정하는 상상을 많이 한다. 따라서 적합한 이성 파트너를 찾으려는 처음의 매우 어설픈 시도로 인하여 안전의 욕구가 위협받는다. 젊은이들이 친밀감을 원하는 정도보다 거절당할까 봐 두려워하는 정도가 더 높기 때문에, 마음먹고 한 데이트 신청이 더 이상 진전을 보이지 않는 경우가 많다.

마지막으로 친밀감과 성적 욕구 간의 충돌이 있다. 성적 욕구와 친밀감의 욕구를 통합하지 못하면 이러한 동기가 두 개의 분리된 힘으로 나누어질 수도 있다. 이때 그 힘들은 다른 두 종류의 사람들에게로 향하게 된다. 젊은 남자에게 있어서, 이 중 하나는 우정과 사랑, 순수한 친밀감을 줄 수 있는 '착한 여자'이다. 이 여자는 잠재적 결혼 상대로 간주될지도 모른다. 다른 하나는 매춘부나 '섹시한' 여자처럼, 성적 욕구는 만족시키나 친밀감의 욕구는 충족시키지 못하는 '나쁜 여자'이다. 이성은 두 집단으로 구분되는데, 하나는 고독을 극복하고 불안을 감소시키며 친밀감을 제공하는 데 도움이 될 수 있는 집단이고, 다른 하나는 성적 욕구를 충족시킬 수 있는 집단이다.

이성과 친밀감을 이룩하려는 어설픈 시도에서 경험하는 갈등은 '내적' 문제일 뿐만 아니라 대인관계상의 어려움, 고정관념, 의사소통 문제의 결과이기도 하다. 카페테리아나 복도, 또 다른 만남의 장소에 있는 중학생들을 관찰해보면 서로 놀리는 장면을 발견할 수 있다. 이성의 관심을 끌기 위해 서투르고 어색하며 때로는 과장된 시도를 하는 것을 관찰할 수 있다.

### (6) 청년 후기

청년 초기의 혼란은 제6단계인 청년 후기에 와서 어느 정도 안정을 찾게 된다. 이때는 이제까지 발달해온 지적 성장이 활짝 꽃을 피우는 시기이며, 보다 광범위한 시각을 갖게 되어, 주변적이고 지엽적인 문제에서 정치적 · 사회적 문제로 관심을 확장하게 된다. 또한 성적 적응도 어느 정도 이루어져서(때로는 청년 후기에 결혼을 하기도 한다; 사진 참조), 각 욕구 간의 평형을 이루는 등 서서히 안정의 단계로 접어드는 시기가 된다.

또 다른 한편으로는 성격장애, 먹기장애, 우울증, 자살과 같은 심리적 부적응 현상이 이 청년 후기에 나타나기도 한다. 이러한 부적응은 고독감이나 낮은 자아존중감, 불안을 겪는 사람, 혹은 이전 단계에서의 부적절한 대인관계 때문에 적절히 준비되지 못한 채 이 단계로 진입한 사람들의 경우에 더욱 그러하다.

## 6) 평 가

Sullivan의 대인관계이론은 성격발달과 문화 간의 상호작용이라는 사회적 요소를 강조한다. Sullivan은 성격의 내적 구성요소는 대인 간 상호작용을 통해서만 관찰할 수 있다고 주장하는데, 이 점이 바로 성격발달이론에 대한 그의 가장 중요한 공헌이라고 볼 수 있다.

Sullivan(1953)은 또한 청년기의 우정이 갖는 중요성을 강조한 가장 영향력 있는 이론가라는 평가를 받는다. 부모자녀관계의 중요성만을 강조한 다른 정신분석이론가들과는 달리 Sullivan은 아동과 청년의 복지와 발달에 친구가 매우 중요한 역할을 한다고 믿는다. 특히, Sullivan은 친밀감에 대한 욕구는 청년 초기에 강렬해지기 때문에 십대들은 가까운 친구를 찾게 된다고 한다. 만약 청년이 친한 친구를 갖지 못하면 외로움이라는 고통스러운 감정을 경험하게 되고 자기가치감이 저하된다고 하는데, 연구결과(Buhrmester & Carbery, 1992; Buhrmester & Furman, 1987; Yin, Buhrmester, & Hibbard, 1996)도 Sullivan의 이러한 견해를 지지해준다.

다른 많은 발달이론가들과 마찬가지로 Sullivan도 인간발달이 유아기부터 성인기까지의 단계적 순서를 밟아 진행된다고 가정한다. 그러나 Sullivan은 자신의 발달단계들이 서구 사회에 주로 적용될 수 있음을 서슴없이 인정한다. 다시 말하면, 그는 자신의 이론이 문화적 보편성을 갖는다고 주장하지 않는다.

Sullivan은 청년기와 전청년기의 중요성을 강조하는 인간발달의 본질에 관한 체계적인 진술 속에다 다양한 심리학적 · 정신의학적 · 인류학적 · 장이론적 · 사회학적 이론들을 효율적으로 통합할 수 있었다. 그럼에도 불구하고 그의 이론은 그에 걸맞은 주목을 받지 못하고 있는 것 같다. 부분적으로 이러한 무관심은 그의 이론이 매우 복잡하다는 데 있다. 그의 이론은 독창적인 방식으로 임상심리학, 사회심리학, 인지심리학을 통합하고 있으며, 친숙지 아니한 용어들을 사용하고 있다. 게다가 그의 풍부한 사고는 명료하지 못한 그의 문장력으로 인해 빛을 발하지 못하고 있다(Perry, 1982).

Sullivan의 대인관계이론은 또한 남성 중심으로 기술되어 있다는 지적을 받는다. 정신치료를 받기 위해 찾아온 대부분의 환자들이 남성들이었기 때문에, 여성에 관한 자료를 수집할 수 없었던 Sullivan은 남녀 간의 성격발달에는 차이가 있다는 점을 인정하면서도 여성의 성격발달에 관한 설명을 제시하지 못하고 있다.

# 4. Erikson의 정체감발달이론

## 1) Erikson의 생애

Erik Erikson (1902~1994)

Erik Homburger Erikson은 1902년 독일의 프랑크푸르트에서 태어났다. 그의 부모는 덴마크 사람이었으나 그가 태어나기 몇 달 전에 이혼을 했다. 그 후 그의 어머니는 Erikson이 세 살 때 소아과 의사인 Homburger 박사와 재혼하였다.

고등학교를 졸업하고 나서 Erikson은 진로를 결정하지 못하고 망설였다. 그래서 대학에 가는 대신 1년 동안 유럽을 돌아다녔는데, 후에 그는 이 시기를 자신의 유예기라고 불렀다. 유예기(moratorium)란 젊은이들이 자기 자신을 찾고자 노력하는 얼마간의 기간을 말한다.

Erikson은 25세 때 Anna Freud와 Dorothy Burlingham이 세운 비엔나의 신설 학교에서 아동들을 가르쳤는데, 수업이 없을 때면 Anna Freud 등과 함께 아동 정신분석 문제를 연구하였다. 27세 때 Erikson은 캐나다 출신의 동료교사인

무용가 Joan Serson과 결혼을 하고, 1933년에 미국 보스턴에 정착
했으며, 거기서 그 도시 최초의 아동분석가가 되었다. 보스턴에서
3년을 지낸 후 Erikson은 예일 대학에서 강사직을 맡게 되었다.
2년 후 그는 South Dakota의 인디언 보호지역으로 가서 Sioux
족과 함께 살면서 그들에 관해 연구를 하였고, 다른 인디언족인
Yurok 어부들을 연구하러 캘리포니아 해안을 여행하기도 했다.
Erikson은 Freud가 손대지 않았던 미지의 영역을 연구했는데, 그
것은 바로 상이한 문화적 여건에서 자라는 아동들의 생활에 관한
분야였다.

　Erikson은 Anna Freud나 Sullivan처럼 처음에는 Freud의 영향

을 받아 그의 정신분석학적 관점에서 훈련을 받은 사람이다. 그
러나 나중에는 Freud의 심리성적인 측면에서 인간의 발달을 해석하려는 이론에 반기
를 들었다. Erikson은 심리성적 발달이 개인의 인생에 있어서 중요한 요소이기는 하
나 전적으로 그것에 의해서만 인성이 지배되는 것은 아니며, 또 무의식의 세계가 내
면적 성격구조에서 중요한 측면이기는 하지만 그것이 의식세계를 전적으로 지배한다
고는 생각하지 않는다. Freud가 개인의 성격은 남근기에 완전히 형성된다고 믿는 반
면, Erikson은 인생 초기의 경험이 중요하기는 하나 성장과정에서 문화적 · 사회적 경
험이 인격 형성에 중요한 변수로 작용하여 청년기에도 인성은 변할 수 있고, 인간발
달은 일생을 통하여 죽을 때까지 계속되는 과정이라고 본다.

　1960년에 Erikson은 하버드 대학의 교수로 임명되었는데, 생활주기에 대한 그의 강
좌는 학생들에게 대단히 인기가 높았다. 그는 1970년에 은퇴하여 샌프란시스코 교외
에 살면서 저작활동을 계속하다가 92세가 되던 1994년에 사망하였다.

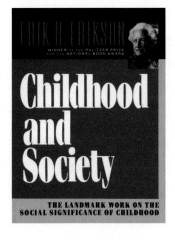

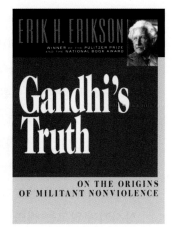

Erikson의 가장 중요한 저서는 『아동기와 사회(Childhood and Society)』(1950)이다. 이 책에서 그는 생의 8단계를 제시하고, 이 단계들이 다른 문화권에서는 어떻게 전개되는지를 보여주고 있다. 그 외 주요 저서로는 『젊은 청년 루터(Young Man Luther)』 (1962), 『자아정체감: 청년과 위기(Identily: Youth and Crisis)』(1968), 『간디의 진리 (Gandhi's Truth)』(1969) 등이 있다.

## 2) Erikson 이론의 개요

Erikson(1950, 1982)은 내적 본능 및 욕구와 외적 문화적 · 사회적 요구 간의 상호작용으로 인해 심리사회적 발달이 전생애를 통해 계속된다고 주장하였다. 그리고 내재된 '기초안(ground plan)'에 의해 발달이 이루어진다고 믿었다. Erikson에게 있어 주요 개념은 자아정체감의 발달이다. 확고한 자아정체감을 확립하기 위해서는 일생을 통해 여덟 가지의 위기(또는 갈등상황)를 성공적으로 해결해야 한다고 하였다.

매 단계마다 갈등상황(또는 위기)은 '신뢰감 대 불신감'이나 '통합감 대 절망감'에서처럼 긍정적인 결과와 부정적인 결과를 초래할 수 있다. 즉, 여덟 개의 발달단계마다 나름대로의 갈등이 있으며, 그 갈등은 양극의 결과를 초래할 수 있다. 후기의 저술에서 Erikson은 갈등을 성공적으로 해결할 수 있는 잠재력(potential strength) 또는 생명력(vital strength)에 대해 언급하고 있다(〈표 2-2〉 참조). '성공적인 해결'은 반드시 긍정적인 측면만을 의미하는 것은 아니다. 최상의 해결책은 긍정적인 측면과 부정적인 측면이 균형을 이루는 것이다.

다른 단계이론가들과는 달리, Erikson은 특정 단계의 과업이나 위기를 완전히 해결하지 않고서는 다음 단계로 진행할 수 없다고 생각하지는 않았다. 위기를 해결하든 해결하지 못하든 일정한 연령에 도달하면 생물학적 성숙이나 사회적 압력에 의해 다음 단계로 진행하게 된다고 보았다. 새로운 단계에서는 새로운 윤리와 새로운 갈등을 만나게 된다. 60세나 70세가 되었을 때에 전 단계에서 해결하지 못한 과업이나 위기는 그대로 남아 있어 자아통합감을 이루고자 할 때 장애가 된다.

Freud의 정신분석이론은 비정상적 심리를 연구함으로써 그리고 비정상적인 발달의 원인이 어디에 있는가를 밝혀냄으로써 정상적 심리에 관해 알 수 있다고 가정한다. 이 접근법을 정당화하기 위한 예로 크리스털의 구조를 알기 위해서는 그것을 깨뜨려보아야 한다고 설명한다. 여기에 대해 Erikson은 인간은 물론 크리스털과 같은 무생물이 아니라 생명이 있고 숨을 쉬는 유기체이며, 또 이 유기체는 구성부분을 손상시키지 않고는 깨뜨릴 수 없다고 반박한다. 그래서 Erikson 이론의 요체는 성격의

〈표 2-2〉 Erikson의 심리사회적 발달 8단계

| 단계 | 발달과업과 위기 | 생명력 또는 잠재력 | 설 명 |
|------|----------------|-------------------|-------|
| 영아기 | 신뢰감 대 불신감 | 희망 | 유아는 양육자와 신뢰관계를 형성해야 한다. 그렇지 않으면 불신감이 형성된다. |
| 유아기 | 자율성 대 수치심과 회의감 | 의지 | 걷기, 잡기, 괄약근 통제를 포함하는 신체적 기술을 발달시키는 데에 에너지가 집중된다. 통제를 제대로 못하게 되면 수치심과 회의감이 나타난다. |
| 아동 초기 | 주도성 대 죄책감 | 목적 | 더 단호해지려 노력하고 주도권을 잡으려고 애쓴다. 이 과정에서 다른 사람에게 상처를 주게 되면 죄책감을 느끼게 된다. |
| 아동 후기 | 근면성 대 열등감 | 능력 | 새롭고 복잡한 기술을 습득해야 한다. 그렇지 않으면 열등감을 느끼게 된다. |
| 청년기 | 정체감 대 정체감 혼미 | 충실 | 직업, 성역할, 정치, 종교를 포함하는 몇몇 영역에서 자신이 누구인가에 대한 정체감을 확립할 필요가 있다. |
| 성년기 | 친밀감 대 고립감 | 애정 | 친밀한 관계를 형성하기 위해 '나'를 '우리'라는 개념 속에 빠져들게 해야 한다. 그렇지 않으면 고립감을 경험하게 된다. |
| 중년기 | 생산성 대 침체성 | 배려 | 다음 세대를 지원하기 위해 생산성의 욕구를 충족시킬 수 있는 방법을 모색해야 한다. |
| 노년기 | 자아통합감 대 절망감 | 지혜 | 앞서 7단계의 위기를 잘 해결하게 되면 있는 그대로의 자신을 받아들이게 된다. |

출처: Erikson, E. H., Erikson, J. H., & Kivnick, H. Q. (1986). *Vital involvement in old age.* New York: Norton.

세 가지 구조, 즉 원초아, 자아, 초자아를 각각 분리하여 연구하기보다는 오히려 성격이 형성되는 방식에 보다 중점을 둔다.

　Erikson(1968)은 인성의 발달을 생물학적 차원, 사회적 차원, 개인적 차원 등 세 가지 차원들 간의 부단한 상호작용의 결과로 본다. 생물학적 차원은 모든 인간이 보편적으로 가지고 있는 공통의 특성으로서, 인간은 출생 시 누구나 욕망과 충동을 가지고 태어나며, 인간의 발달은 미리 정해진 순서대로 진행되고, 부분적으로는 성숙요인의 지배를 받는다고 한다. 사회적 차원은 인간의 발달이 적정 수준에 도달하기 위해 꼭 필요한 것으로(무기력하게 태어난 아기에게는 이 사회적 차원 없이는 생물학적 차원도 무의미하다) 상호적응의 형태로 나타난다. 개인적 차원은 개개의 인간이 가질 수 있는 독특한 측면으로서, 생물학적 환경과 사회적 환경이 비슷하다 하더라도 개개인이 동일한 인성을 갖게 되지는 않는다. 앞의 세 가지 차원을 적절히 통합한 사람은 이른바 심리적으로 건강한 사람이고, 확고한 정체감을 확립한 사람이다.

　　Erikson(1950)은 특별히 청년기의 중요성을 강조하는데, 그것은 이 청년기가 정체감 형성의 결정적인 시기이기 때문이라고 한다. 청년기에 어떤 일이 일어나는가는 성인기의 성격에 중요한 의미를 갖는다. Erikson은 확고한 정체감 확립을 위해 청년기에 이룩해야 할 발달과업과 극복해야 할 위기를 각기 제시하고 있다. 〈표 2-3〉을 보면 대각선은 Erikson의 8단계 이론이고, 수직선은 청년기의 정체감 위기에 앞의 4단계가 어떤 영향을 미치는가를 보여주는 것이다. 앞의 4단계 중 어느 한 단계라도 불행한 경험을 하게 되면 무력감, 역할금지, 고립감, 회의감 등이 너무 커서 정체감발

〈표 2-3〉 Erikson의 청년기 발달과업과 부분위기

| | 1 | 2 | 3 | 4 | 5 | 6 | 7 | 8 |
|---|---|---|---|---|---|---|---|---|
| VIII | | | | | | | | 자아통합감 대 절망감 |
| VII | | | | | | | 생산성 대 침체성 | |
| VI | | | | | | 친밀감 대 고밀감 | | |
| V | 시간전망 대 시간혼미 | 자기확신 대 자의식 | 역할실험 대 역할고착 | 도제수업 대 활동불능 | 정체감 대 정체감혼미 | 성의 양극화 대 양성혼미 | 지도력과 수행 대 권위혼미 | 신념의 실천 대 가치관혼미 |
| IV | | | 근면성 대 열등감 | | 과업동일시 대 무력감 | | | |
| III | | | 주도성 대 죄책감 | | 역할기대 대 역할금지 | | | |
| II | | 자율성 대 수치심과 희의감 | | | 의지·결의 대 회의감 | | | |
| I | 신뢰감 대 불신감 | | | | 상호인지 대 자폐적 고립 | | | |

출처: Erikson, E. H. (1968). *Identity: Youth and crisis*. New York: Norton.

달에 장애를 초래한다. 반면, 청년이 운이 좋다면 앞의 4단계가 긍정적으로 작용하여 상호인지, 의지·결의, 무엇이 되고자 하는 역할에 대한 기대, 과업동일시를 하게 되는데, 이들은 모두 청년의 자아정체감 형성에 기초가 된다. 수평선은 청년기의 위기 그 자체의 여러 가지 측면을 나타내고 있다. 즉, 청년기 이전에 극복해야 할 위기가 청년기에 재출현하고, 성인기의 다른 세 가지 위기가 여기에 더해진다. 따라서 청년기에 극복해야 할 위기는 이 일곱 가지 부분위기(part conflict)를 해결하는 데 있다. 다시 말해서 청년기에 확고한 정체감을 확립하기 위해서는 이 일곱 가지 위기를 성공적으로 해결해야 한다고 한다.

## 3) 후성설의 원리

후성설의 원리(epigenetic principle)는 전성설(前成說)과 대칭되는 개념으로 Erikson 이론의 토대를 형성한다. 후성설의 원리는 태생학적 모델에 근거하는 것으로, 태내발달 동안 일어나는 모든 일들은 특별히 우세한 시기가 있으며, 이에 대한 계획은 유기체의 유전인자에 내재되어 있다는 것이다. Erikson은 후성설(後成設)에 대해 다음과 같이 설명한다. "성장하는 모든 것은 기초안을 가지고 있으며, 이 기초안으로부터 각 부분이 파생하고, 각 부분에는 특별한 상승기가 있으며, 궁극적으로 통합된 전체로 기능하게 된다"(Erikson, 1968, p. 92).

상당히 비슷한 방식으로 다양한 심리적 부분들이 결합하여 전적으로 새롭고 질적으로 독특한 실체를 형성한다. 기능하는 전체는 원래 그를 형성했던 부분들로 더 이상 환원되지 않는다. 그러므로 후성설의 원리는 환원주의적 입장이 아니다. 이에 대한 한 유추로서 건물을 생각해본다면, 완성된 상태의 건물은 단순히 콘크리트, 벽돌, 목재 이상의 존재와 같은 것이다. 한 독특한 실체로서 건물은 작업장소나 생활공간 또는 놀이공간이 될 수 있다. 기능의 단위로서 원래의 단순했던 구성요소들보다 훨씬 복잡한 새로운 수준의 목적을 위해 작용한다. 마찬가지로, 출생 시 존재하는 독립적인 반사들은 이들을 합한 것 이상의 질적으로 다른 행동을 낳는 방식으로 조직화된다.

Erikson에 의하면, 이 같은 시간안(time plan)은 후성설의 원리에 입각한 성숙과정에 의해 통제된다고 한다. Erikson의 심리사회적 모델의 8단계에서 매 단계마다 다른 갈등이 인간발달상 특별한 중요성을 갖게 된다. 이러한 갈등이 간접적으로 성숙과 사회적인 요구 간의 싸움에서 비롯된다면, 자아는 발달과정에서 중요한 중재요소가 된다. Freud는 자아가 출생 이후 원초아의 발달적 부산물로서 형성된다고 믿지만, Erikson은 자아가 미숙한 상태이긴 하나 출생 시부터 존재한다고 생각하였다.

## 4) 청년기 발달과업과 부분위기

청년기에 이룩해야 할 발달과업과 극복해야 할 부분위기 일곱 가지를 간단히 살펴보면 다음과 같다(Gallatin, 1975).

### (1) 시간전망 대 시간혼미(Time Perspective vs. Time Confusion)

자신의 과거를 인정하고 미래에 대해 숙고한다. 성인기의 생활을 계획하기 위해서는 청년 자신이 무엇이 되고자 하는가를 숙고해야 한다. 인생의 목표를 달성하기 위해서 얼마나 시간이 걸릴 것인가를 과거 경험에 기초해서 추정해본다. 이것이 시간전망이다.

그러나 과거와 미래를 통합함에 있어 수많은 기억과 기대 및 가능성으로 인해 시간혼미의 가능성이 다분히 있다. Erikson은 이 부분위기를 유아기에 극복해야 할 위기와 비교하는데, 우리가 시간(time)이라고 부르는 계속성에 대한 아주 초보적인 개념을 유아들은 돌보는 이가 나타나고 사라지는 것에서 얻게 된다. 돌보는 이들이 자신이 원할 때에 어김없이 나타남으로써 '신뢰감'이 형성되고, 돌보는 이들의 나타남과 사라짐이 예측불허일 때에는 '불신감'이 형성된다. 청년기에 와서 자신의 인생의 시간표에 대한 전망은 보다 정교하고 따라서 유아기의 갈등보다 훨씬 더 정교하다.

### (2) 자기확신 대 자의식(Self-Certainty vs. Self-Consciousness)

과거에 대한 동화와 미래에 대한 계획은 자기확신을 심어준다. 젊은이는 그의 지나온 과거는 의미가 있고, 앞으로 자신이 뜻한 바를 성취할 충분한 기회가 있는 것으로 믿어야 한다. 이러한 스스로의 믿음이 자기확신이다. 자기확신은 자기반성을 통해 이루어지는데, 이 자기반성에는 위험이 따른다. 고통스러운 자의식이 그것이다. 자기확신을 성취하기 위해서 청년은 두 번째 단계의 과업인 자율성을 정교화하게 된다. 마찬가지로 자의식은 두 번째 위기인 수치심과 회의감을 반영하는데, 이들은 2단계에서 지나치게 제재를 받거나 엄한 벌을 받음으로써 발생한 것이다.

### (3) 역할실험 대 역할고착(Role Experimentation vs. Role Fixation)

청년들은 어린이보다 훨씬 더 복잡한 세계에서 살게 되고, 따라서 보다 많은 가능성과 대안을 갖는다. 한 가지를 선택하기 전에 가능한 모든 대안에 대해 평가하고, 또많은 역할들을 시도해보는 것이 바람직한데, 이것이 역할실험이다.

이렇게 함으로써 자신의 관심과 재능이 어디에 있는가를 발견하게 된다. 3단계에

서 아동은 증대된 기동성과 언어기술로 인해 주도성을 경험한다. 청년기의 역할실험
은 아동기 탐색의 산물이다. 마찬가지로 3단계의 위기인 죄책감이 역할고착으로 이
어진다. 너무 많은 가능성과 대안으로 인해 당황하게 되면 역할고착을 경험한다.

많은 역할들을 시험해보는 역할실험을 통해서 정체감이 형성된다. 따라서 주도성
을 상실하거나 너무 많은 죄책감을 느끼고, 역할고착을 일찍 경험하는 청년들은 결코
정체감을 확립하지 못한다.

### (4) 도제수업(견습) 대 활동불능(Apprenticeship vs. Work Paralysis)

청년기의 가장 중요한 선택은 직업(일)
과 관련된 것이다. 앞으로 갖게 될 직업은
젊은이가 갖게 될 정체감의 중요한 요소
가 된다. 어떤 직업을 갖느냐에 따라서 자
신에 대한 견해가 달라질 수 있고 사회에
서의 위치도 결정된다. 따라서 하나의 직
업을 선택하기 전에 견습기간을 갖는 것이
바람직하다(사진 참조).

4단계에서의 발달과업은 근면성이다.
앞으로 갖게 될 직업을 탐색하고 숙고함에
있어서 청년은 4단계에서 습득한 기술에
의존하게 된다. 한편, 4단계에서의 위기인

사진 설명    직업학교에 다니는 독일 청년이 전자산업 현장에서
도제(lehring) 수업(修業)을 받고 있다.

열등감은 활동불능을 느끼게 한다. 바꾸어 말하면, 모든 젊은이들이 결국은 어떤 직
업이든 선택하게 되겠지만, 열등감을 가지고 자신은 어떤 직업에도 적당하지 않다고
생각하게 되면 활동불능을 경험하게 된다.

### (5) 성의 양극화 대 양성혼미(Sexual Polarization vs. Bisexual Confusion)

성인기의 발달과업과 극복해야 할 위기는 친밀감 대 고립감이
다. 대부분의 성인에게 있어 가장 친밀한 관계는 이성과의 관계이
다. 미래에 이성과 갖게 될 친밀감을 이해하기 위해 청년기에 성의
양극화에 대한 정의, 즉 '남자' 또는 '여자'에 대한 정의가 필요하다.
그러기 위해서는 남자와 여자의 역할에 대한 명확한 묘사가 중요하
지만, 성의 양극화의 정도는 문화에 따라 상이하다. 자신의 '남성성'

또는 '여성성'에 대한 확신감은 확고한 정체감 형성에 도움이 된다. 남성과 여성의 유사점과 차이점을 가려내는 과정에서 양성혼미를 경험할 수도 있다. 양성혼미의 결과로 자신에 대해 확신을 갖지 못할 수도 있다. 양성혼미는 두 가지 방향으로 표출되는데, 어떤 사람은 일찍부터 육체적 쾌락에 빠져들고(사진 참조), 어떤 사람은 이와 반대로 성적인 것은 모두 피하고 예술적이고 지적인 활동에만 몰입한다.

## (6) 지도력 및 수행 대 권위혼미(Leadership and Followership vs. Authority Confusion)

폭넓은 사회경험, 지역사회 참여 등은 중년기의 생산성 대 침체성의 위기를 어떻게 넘길 것인가를 결정한다. 다양한 역할에 대한 실험, 직업에 대한 견습, 이성과의 친밀감 등은 모두 사회에서의 자신의 위치를 발견하게 하고, 사회에 대한 기여(시민으로서, 직업인으로서, 부모로서)에 도움이 된다.

다른 사람과 함께 일할 수 없는 사람, 반드시 지도자가 되어야만 하는 사람도 없지 않으나 지도자의 책임과 아울러 수행자의 태도도 배워야 한다.

사회접촉의 범위가 넓어짐에 따라 충성의 의무가 다양해진다. 즉, 국가, 부모, 고용주, 애인, 친구 등은 각기 다른 요구를 하며, 이들에 대한 충성의 의무는 다양하다. 그 결과 권위혼미를 경험할지도 모른다. 이러한 혼란을 해결하기 위해서는 다양한 가치와 자신의 가치를 비교하고 개인적인 신념을 형성해야 한다.

## (7) 신념의 실천 대 가치관혼미(Ideological Commitment vs. Confusion of Values)

지역사회에 단단히 뿌리를 내리고, 과거와 현재의 경험을 미래의 열망과 조화시키기 위해서는 신념의 실천을 경험해야 한다. 청년은 자신이 과거에 한 것, 지금 하고 있는 것, 그리고 앞으로 할 일들이 모두 양립할 수 있다는 신념을 가져야 하며, 또한 자신의 목표가 사회에서 의미가 있고, 사회 또한 그의 목표를 인정해주며, 나아가 필요할 때 자신을 지지하고 격려해줄 것이라는 확신을 가져야 한다.

전 단계에서 개인적 신념이 권위혼미를 극복해주었듯이, 이 단계에서는 가치관혼미를 피할 수 있도록 도와준다. 실은 개인의 신념 또는 철학은 젊은이들이 정체감 위기의 모든 부분위기를 해결하는 데 도움이 된다. 정체감 위기의 모든 부분위기를 해결함에 있어서 청년기에 형성된 개인의 신념은 모든 단계의 위기와 연관된다. 노년기의 자아통합감도 비슷한 종류의 통합을 요구한다. 따라서 Erikson은 청년기의 신념의 실천 대 가치관 혼미는 노년기의 자아통합감 대 절망감을 예시한다고 본다.

위에서 본 바와 같이 Erikson은 청년기를 자아정체감 형성을 위한 중요한 시기로 보았지만, 청년기가 특별히 질풍노도의 시기일 이유는 없다고 한다. 물론 청년기에 이룩해야 할 정체감 확립이라는 것이 결코 쉬운 문제는 아니기 때문에, 청년기가 질 풍노도일 가능성은 있다. 그러나 인간은 전생애를 살아가는 동안 매 단계마다 겪어야 할 위기와 이룩해야 할 발달과업이 있으며, 청년기만이 유독 힘들고 넘기기 어려운 격동기가 되어야 할 이유는 없다고 Erikson은 주장한다. 오히려 청년기는 아동기와 성인기 사이의 심리적 유예기간(psychological moratorium)으로서의 의미를 갖는 시기로 볼 수 있다. 즉, 청년기는 진정한 자신을 찾기 위한 노력을 기울이는 시기로서 자신에 대한 결정을 잠시 보류할 수 있는 시기이다. 물론 오랜 기간에 걸친 정체감의 탐색이 고통스러운 것이기는 하지만, 결국 그것은 보다 높은 차원의 인격적 통합을 가능하게 해준다.

## 5) 평 가

많은 사람들은 Freud의 이론보다 Erikson의 이론을 더 선호한다. 그 이유는 인간의 성적 본능을 지나치게 강조한 Freud에 비해 인간의 이성과 적응을 강조한 Erikson의 이론이 훨씬 더 호소력이 있기 때문이다. Erikson은 Freud 이론의 경험적 기초를 확장하여 정신분석이론의 신뢰도와 적용가능성을 증가시켰다. 다시 말하면, Erikson은 심리성적 단계에 심리사회적 단계를, 생물학적 영향에 문화적 영향을, 자아방어에 자아정체감을, 비정상적인 연구대상에 정상적인 연구대상을, 특정한 문화적 시각에 비교문화적 시각을, 아동기에 대한 성인의 회상에서 아동에 대한 관찰을 그리고 아동발달에 성인발달을 첨

Patricia H. Miller

가시켰던 것이다(Miller, 1993). 특히 인간발달에서 전생애발달적 접근을 한 점과 문화적 상대성을 인정한 점은 Erikson의 매우 중요한 공헌이라 할 수 있다.

Erikson은 전 인생의 주기를 망라하는 전생애발달이론을 제시한 최초의 인물이다. 그의 관심이 인간의 성적 본능으로부터 심리사회적 발달이론으로 옮겨지게 된 것은 발달단계의 사회적 기원에 대한 관심이라든가 인류학적 연구에 힘입은 것이다. 자아정체감의 획득이 이 이론의 핵심적 개념이며, 정체감 탐색의 문제는 청년기의 두드러진 특징이 된다.

한편, Erikson 이론의 단점은 다음과 같다. 첫째, 개념정의가 명확하지 못하고, 발달의 원인이 무엇인가에 대한 기술만 있고 설명이 없다는 것이다. 둘째, 그의 단계이론에서 각 단계로의 전환이 어떻게 이루어지는지 그 기제가 명확하지 않다는 점 또한

문제점으로 지적되고 있다. 셋째, 성인발달 단계의 연령구분이 아동기에 비해 모호하고, 다른 문화권 혹은 같은 문화권이라고 하더라도 시대에 따른 차이가 있어 보편적인 적용이 힘들다는 지적이다. 넷째, Freud 이론과는 달리 Erikson의 심리사회적 이론을 지지해주는 연구가 턱없이 부족한 실정으로 이론의 유용성이 Freud보다 낮다는 문제가 제기되고 있다. Erikson은 자신의 이론에 대한 비판에 응답하고, 잘못 이해되고 있다고 생각한 문제를 명료화하면서 계속해서 자신의 이론을 수정하고 확장해나갔다. 뿐만 아니라 경험적 연구로부터 주목할 만한 지지를 받기도 하였다.

# 5. Mead의 문화인류학과 청년기

## 1) Mead의 생애

Margaret Mead (1901~1978)

Ruth Benedict

Margaret Mead는 1901년 12월 16일에 미국 펜실베이니아 주 필라델피아에서 중산층 가정의 다섯 남매의 맏딸로 태어났다. 그녀의 아버지는 펜실베이니아 대학의 경제학과 교수였으며, 어머니는 그 당시 대학원까지 나온 재원이었으나 남편과 다섯 자녀를 뒷바라지 하느라 공부를 계속할 수 없었다고 한다. 이처럼 Mead는 매우 화목하고 학문적인 가정환경에서 행복한 어린 시절을 보냈다.

1919년에 Mead는 아버지가 다녔던 드포우 대학에 입학하였다. Mead는 대학에 들어가면 자신의 지적인 욕구를 마음껏 충족시킬 수 있을 것으로 기대하였다. 그러나 그 당시 드포우의 학생들은 학문적인 관심보다는 클럽활동과 축구경기 그리고 사회적 신분상승에 필요한 친교활동에 몰두하였다. 특히 여학생들은 지적인 관심보다는 유행에 민감할 뿐만 아니라, 훌륭한 배우자를 만나는 데에만 몰두하였다.

Mead는 사교클럽에 가입하지 않았고, 다른 여학생들처럼 유행을 따르지도 않았다. 과에서 제일 좋은 점수를 받았음에도 불구하고 Mead는 유별난 여학생으로 낙인찍혀 따돌림을 받아야 했다. 결국 Mead는 드포우 대학을 떠나, 자신이 하고 싶은 대로 마음껏 공부할 수 있는 버나드 여자대학으로 전학을 했다. Mead는 이곳에서 자신이 꿈꾸어 오던 대학생활을 할 수 있었다. 평소 심리학에 관심을 가졌던 Mead는 미

Cressman과 Mead

Fortune과 Mead

Mead가 Fortune(右), Bateson(左)과
함께

국 인류학의 창시자라고도 할 수 있는 Franz Boas 교수의 강의
를 듣게 되었는데, Boas의 강의는 Mead의 마음을 인류학이라
는 학문으로 강하게 끌어당겼다. 또한 Boas의 조교였던 Ruth
Benedict와 교제함으로써, Mead는 인류학이라는 낯선 학문에
깊이 발을 들여놓게 되었다.

사진 설명   Margaret Mead를
기념하는 우표

Mead는 1923년 그녀의 나이 22세에 Luther Cressman과 결
혼했으나[2) 1928년 Mead가 박사학위를 취득하기 직전에 이혼
했다. Mead의 두 번째 남편은 뉴질랜드 출신의 인류학자인
Reo Fortune이다. Fortune은 Mead가 사모아에서 현지답사를
마치고 돌아오던 중, 배 안에서 만나 1928년 재혼하였으며, 둘은 곧 뉴기니의 여러 부
족연구에 몰두했다. 그러나 Mead와 Fortune은 인류학 연구를 수행하는 데는 좋은 파
트너였지만, 부부로서는 성격과 기질 면에서 서로 맞지 않았다. 결국 Mead는 1935년
Fortune과 이혼하고, 역시 현장조사를 하면서 만난 Gregory Bateson과 1936년에 재
혼을 했다. 원래 Mead와 Fortune 그리고 Bateson은 모두 당시 유명한 인류학자들로
서 세픽에서 함께 연구를 수행하기도 하였다. 세 사람이 함께 찍은 사진(左: Bateson,
右: Fortune)은 세픽에서 공동연구를 수행하기 지전에 서로 정보를 교환하기 위해 1933
년에 시드니에서 만났을 때 찍은 것이다.

Mead는 1925년에 사모아의 청년들을 연구한 결과를 1928년에『사모아에서의 성

---

2) Mead는 평생 세 번의 결혼을 하였다. 첫 결혼은 당시 목사 지망생이었던 Luther Cressman과 하였다.
   Cressman은 훗날 목사가 되었으며, 저명한 고고학자로서도 이름을 날렸다.

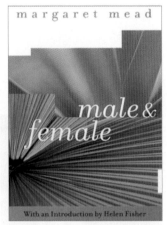

년(Coming of Age in Samoa)』이라는 저서로 출간하였다. 이 책은 16개 국어로 번역되었는데, 지금까지 출판된 인류학 저서 중에서 가장 널리 읽혀지는 책이 되었다. 1926년에 사모아에서 미국으로 돌아온 후부터 사망하기 직전까지 Mead는 미국 자연사박물관(American Museum of Natural History)의 인종부문 관리자로 일했다. 특히 박물관의 3층에 위치한 남태평양 원주민의 방은 Mead가 직접 설계하고 디자인한 곳으로, 자신이 현지조사를 통해 수집했던 수많은 자료들을 기증하기도 하였다. Mead는 1954년부터는 컬럼비아 대학의 인류학과 조교수를 겸임하였다. 1960년에는 미국 인류학회 회장을 역임했으며, 사회·교육평론가로서도 활약하였다. Mead는 Benedict와 함께 미국의 문화인류학 형성에 많은 영향을 끼쳤다. 특히 인격형성 과정에 있어서의 문화적 영향을 중시한 연구와 각국의 국민성에 관한 비교연구에서도 업적을 남겼다. 대표적인 저서로는『사모아에서의 성년(Coming of Age in Samoa)』(1928)『세 부족사회의 성과 기질(Sex and Temperament in Three Primitive Societies)』(1935)『남성과 여성(Male and Female)』(1949) 등이 있으며, 이러한 Mead의 저서는 미국 내 각 대학뿐만 아니라 세계 여러 나라의 대학에서 문화인류학, 사회심리학, 사회학 분야의 전공과목과 교양과목의 교과서로 사용되고 있다.

## 2) 생물학적 결정론 대 문화적 결정론

인간의 본성에 관한 주요한 논쟁은 20세기 초반에 전개되었는데, 이것은 발달이론에 여러 가지 함축적 의미를 지니게 했다. 그것은 문화인류학이 주요 발달이론으로 부상하게 되는 '생물학적 운명' 대 '문화적 운명'이라는 논쟁이다.

생물학적 결정론은 다윈의 진화론에 뿌리를 두고 있는 것인데, Francis Galton경은 '인종개량'에 관한 의도를 가지고 진화론을 인간에게 적용하였다. 거의 같은 시기에 멘델의 유전법칙의 재발견과 Kallikak[3] 가계에 관한 Goddard의 영향력 있는 연구가 당시의 맹렬한 우생학 운동을 촉발했다. 우생학은 선택적 번식을 통한 인종개량을 그 목표로 삼았다. 많은 주에서 실제로 정신 지체자와 이상 성격자에 대한 단종법(斷種法)을 통과시켰는데, 이 법은 강력한 인종적 뉘앙스를 내포하고 있었다. 인종개량에 관한 이러한 인식이 가장 비열하게 표현된 것이 바로 나치 독일의 우생학적 단종법이었다. Galton은 자연(유전)이 양육(환경)보다 5배나 영향력이 크다고 주장했는데, 우생학에 대한 상술한 법적 시도들은 이러한 가정 위에 기초하고 있는 것이다.

심리학에서는 자신의 발달단계들이 모든 문화권에 보편적이라고 주장한 Freud가 생물학적 결정론을 강조하였다. 그리고 Hall의 영향력 있는 청년기 이론 또한 진화론에 근거하고 있다. 신체적·성적 성숙과정의 결과로서 '질풍과 노도' '위기' '혼란' 그리고 '갈등'이 불가피하게 나타나는 시기인 청년기는 생물학적으로 결정된 것이라는 주장이다.

컬럼비아 대학의 인류학 교수인 Boas는 독일의 철학자 임마누엘 칸트의 영향을 받았으며, 생물학 지상주의에 가장 강력하게 반대하였다. 그의 극단적인 문화적 결정론은 "문화적 성취는 인종과 무관하다"라는 가정을 했으며, "생물학적 기제보다 사회적 자극이 월등히 더 중요하다"라고 주장하였다. Boas의 이론은 1917년경 당시 지배적이었던 사고에 대항하는 주요한 지적·이론적 도전이었다. 그러나 Boas의 이론은 경험적으로 검증된 적이 전혀 없었다. 청년기는 문화적 결정론의 타당성을 검증하는 장(場)이 되었다. 구체적으로, Boas가 가정한 바와 같이 적어도 일부 사회에서는 청년기가 평탄하고, 행

Franz Boas

복하며, 근심이 없는 시기라는 것을 입증할 만한 '반대 사례들'을 발견할 수 있을지를 검증해야만 했다. 그 과업은 Boas의 박사과정 학생이었던 Mead에게 주어졌다. Mead는 청년기의 혼란이 사춘기의 보편적 산물이어서 생물학적으로 결정되는 것인가 아니면 문화적 맥락에 의해 수정될 수 있는 것인가를 알아보기 위한 목적으로 1925년에 사모아의 파고파고에 도착하였다. 그녀는 마누아군도의 동쪽 섬들 중 멀리 떨어진

---

3) Goddard는 Kallikak(good-bad라는 그리스어 어원을 가진 가명)의 가계를 조사하였다. 남북전쟁 참전용 사였던 Kallikak은 평판이 '좋지 않은' 술집 여자와의 사이에서 자녀를 낳아 후에 480명의 후손을 보았는데, 그들 대부분이 알코올 중독자나 창녀, 정신박약, 심지어는 범죄자가 되었다. 나중에 그는 존경할 만한, 사회적으로 저명한 '좋은' 여성과 결혼을 했는데, 그 후손들은 뉴저지의 사회적·정치적 지도자들이 되었다. Goddard의 책은 유전에 대한 신념에 커다란 공헌을 하였고, 우생학 운동과 단종법 통과에 심대한 영향을 미쳤다.

작은 섬인 타우에서 주민들의 성장과정을 연구하였다. Mead는 타우를 "사모아의 섬들 중에서 가장 원시적인 곳"으로 보았다. 그녀의 조사결과에 따라 Mead는 문화적 결정론에 관한 기본적 주장, 즉 인간의 행동은 오로지 문화적 조건으로만 설명될 수 있다는 주장을 하였다. 그녀의 연구목적은 인간의 행동이 주로 사회적 유형과 문화적 유형이라는 맥락 속에서 이해될 수 있다는 Boas의 주장을 증명하는 것이었다(Muuss, 1996).

## 3) 사모아 연구

Mead는 문화적 결정론에 대한 Boas의 이론을 검증하기 위해, 즉 Boas가 주장한 것처럼 일부 사회에서는 청년기가 질풍노도의 시기가 아님을 입증하기 위해 1925년에 사모아의 파고파고로 떠났다. 1920년대에 여자 혼자서 미지의 세계로 현장연구를 위해 떠난다는 것은 상상하기조차 어려운 일이었다. Mead는 이곳에서 9개월 동안 머물면서 사모아 청소년들의 일상생활을 관찰하고, 직접 면접을 하여 자료를 수집하였다.

Mead는 사모아에서는 성인기로의 전이가 서구 사회와는 달리 순조롭게 이루어진다고 주장하였다. 그녀는 경쟁심이 없고, 폭력이 적으며, 느긋하고 평화로운 사모아 사회를 통해 '질풍노도의 시기'는 모든 사회에서 청년기에 나타나는 보편적인 현상이 아니라, 갈등이 많고 선택할 상황이 빈번한 사회에서 나타나는 현상으로 보았다.

Mead가 발표한 사모아 청소년들의 사회화과정에 관한 연구는 인류학계뿐만 아니라 발달심리학계에도 큰 충격을 주었다. 비교문화에 대한 기존의 발달심리학 연구들은 서구 문화에서 나온 개념을 기준으로 삼아 이를 다른 문화권에 적용하여 왔다. 그러나 Mead의 사모아 연구는 인간의 발달과정과 그 과정에서 나타나는 심리적 현상들이 문화에 따라 차이가 있을 수 있음을 시사함으로써, 발달심리학자들로 하여금 개체발달의 보편성 이론에 의문을 제기하고, 더 나아가 문화적 환경에 따른 다양한 형태의 발달과정에 관심을 돌리게 하는 데 결정적인 영향을 미쳤다.

Freeman(1983)은 『마가렛 미드와 사모아: 인류학적 신화 만들기와 말소하기 (Margaret Mead and Samoa: The Making and Unmaking of an Anthropological Myth)』라는 저서에서 Mead의 사모아 연구의 연구방법론과 연구결과의 타당성과 일반화에 대해 의문을 제기하였다. 사모아에서 6년을 지낸 호주 출신의 인류학 교수인 Freeman은 "그녀의 주장 중 많은 부분이 근본적으로 잘못되었으며, 어떤 것들은 터무니없이 틀린 것들이다"(1983, p. 288)라고 주장하였다. Freeman은 Mead의 연구결과의 타당성에 의

문을 제기했을 뿐만 아니라 사모아와 사모아 청년들을 Mead와는 정반대로 묘사하였다. Mead가 주장한 것처럼 사모아인들이 느긋하거나 여유롭지 않으며 오히려 서구 사회와 거의 유사할 정도로 폭력과 경쟁, 죄책감과 억압된 성이 만연함을 공문서를 통해 실증적으로 제시하였다. 또한 사모아에서는 순결이 대단히 중시되어, Mead의 설명처럼 별 생각 없이 경솔하게 성관계가 이루어지지 않는다고 주장함으로써, 사모아 청년들의 순결에 대해서도 Mead와 정반대의 의견을 제시하였다.

두 연구 간의 이러한 불일치는 인류학적 연구의 취약성과 지리적 중요성 그리고 40년 동안의 사회적 변화가

사진 설명   Margaret Mead가 사모아의 소녀와 함께

인류학적 관찰에 미칠지도 모르는 영향력에 대해 말해주는 것이다.[4] 어쨌든 Mead와 Freeman의 논쟁(1964년에는 Mead와 Freeman이 호주에서 직접 만나 자신들의 연구상의 견해 차이에 대해 토론하기도 하였다)은 대중 출판계와 학계 양쪽에 대단한 흥미를 일게 했다. 이는 1925년부터 1926년 사이에 타우에서 실제로 일어났던 일 때문이 아니라 '생물학적 결정론 대 문화적 결정론'이라는 이론적 쟁점 때문이었다.

## 4) 뉴기니 세 부족의 성역할 연구

Mead는 남녀 간의 성차가 생물학적 원인에 기인한 현상인지, 아니면 사회문화적 영향에 의한 차이인지를 알아보기 위해 두 번째 남편인 Fortune과 함께 뉴기니(사진 참조)에서 2년 동안 현지조사를 하였다. 그녀는 뉴기니의 서로 다른 세 부족, 즉 아라페쉬(Arapesh)족과 문두그머(Mundugumor)족, 챔불리(Chambuli)족에게서 볼 수 있는 성과 성역할 간의 관계에 연구의 초점을 맞추었다.

---

4) 1920년대에 Mead가 인구 600명의 타우에서 얻은 자료와 비교하여, Freeman은 1960년대에 타우보다 30배나 큰 인구 90,000명의 유폴른이라는 섬에서 주로 자료를 수집하였다.

만일 생물학적 원인 때문에 남녀 간에 차이가 생겨난다면 어느 사회에서나 남성과 여성의 기질은 비슷하게 나타나야 한다. Mead가 뉴기니섬의 세 종족의 원주민을 대상으로 연구한 결과를 보면, 문화에 따라 전혀 다른 성역할발달이 이루어진 것을 보여주고 있다. 이와 같은 Mead의 연구는 남녀의 차이가 유전적 기질이나 생물학적 원인으로 인해 고정되는 것이 아니라는 점을 보여주었다. 여성과 남성의 성역할은 사회와 문화에 따라 규정되며 변화될 수도 있다는 것이다. 이 연구를 통해 나온 책이 그 유명한 『세 부족사회의 성과 기질(Sex and Temperament in Three Primitive Societies)』(1935)이다.

아라페쉬족은 뉴기니의 가파르고 황폐한 불모의 산악지역에 살고 있었다. 가난하고 영양결핍인 그들은 충분한 식량을 생산하기 위해 고군분투해야만 했다. 아라페쉬족의 경우는 서구 사회에서 대개 여성의 성역할과 관련된 특성들을 남녀 모두가 보여주었다. Mead는 아라페쉬 남성과 여성을 협동적이고, 비공격적이며, 평화적이고, 온화유순하며, 타인의 요구에 반응적이라고 묘사하였다.

소년소녀들은 이러한 사회적 가치를 수용하여, 인생에 대해 행복하고, 신뢰적이며, 자신감 있는 태도를 지닌 채 청년기로 진입하였다. 공격성 표현에 있어 남자아이들이 좀더 자유롭고 여자아이들은 좀더 수동적으로 모든 것을 있는 그대로 받아들이도록 배웠지만 청년기 동안에 성차는 거의 없었다.

문두그머족은 뉴기니 밀림지대에 있는 급류인 유아트 강둑에서 살고 있는 식인종이었다. 그들은 식량채집 여행으로 강을 따라 아래로 내려갔는데, 거기서 그들은 더 척박한 땅에 살고 있는 영양실조인 오지민들, 즉 '신선한 고기'를 포획해서 잡아먹었다. 문두그머족은 남성과 여성 모두가 과장된 형태의 남성적 특성을 보여주도록 훈련받는 사회조직의 예가 된다. 남녀 모두가 무자비하고, 싸움을 잘하며, 공격적이고, 독

단적이며, 경쟁적이고, 거만하며, 타인의 요구에 민감하지 못
했다. 의식을 위해서 혹은 공동의 적에 대항하여 잠깐 동안 협
동하는 것을 제외하고 각자는 다른 모든 사람에 대해 적대적
이었다. 문두그머의 사회구조는 모든 구성원들 간의 적의에
기반을 두고 있었다.

문두그머족 아동이 살게 되는 문화는 어머니가 자녀를 거부
하는 적대적인 문화였다. 개체화를 강조하므로 태어난 아기를
다루는 방법이 스파르타식으로 가혹하고 적대적이었다. 젊은
이들은 인생의 성공이란 자신을 방어하고 싸우며 모욕에 보복
할 수 있는 능력이라고 배웠다.

챔불리족은 뉴기니의 세픽 강에 접해 있는 아름다운 챔불리
호숫가에다 집을 지었다(사진 참조). 비록 채소밭이 있기는 했

사진 설명   아기를 안고 있는 문두그
머 여인

지만 그들은 주로 고기잡이와 식
량 교역에 의존하였다. 챔불리족
은 여자들이 대부분의 노동을 감
당하였다. 따라서 챔불리 사회
는 서구 사회에서 전형적으로 발
견되는 성역할이 역전된 예가 될
수 있을 것이다. 챔불리족은 농
사를 짓는 예술적인 부족이었다.
그러나 단호하고, 지배적이며,
무미건조하고, 매우 분주하며,
인정미 없는 여성들이 고기잡이
와 베짜기, 씨뿌리기, 수확, 요리,

사진 설명   챔불리 호수

육아를 담당하였다. 남성에 대한 그들의 태도는 관용적이지만, 여성들이 실제 권력을
지니고 있었다. 호리호리하고, 가냘프며, 복종적이고, 정서적으로 의존적이며, 또 사
소한 험담이나 소문에 주로 관여하는 남자들은 여자들보다 책임감이 적지만 타인의
요구에는 더 반응적이다. 남자들은 집에 머무르면서 새로운 춤을 개발하고, 머리 손
질을 하며, 다양한 형태의 예술적 노력을 하며 의식을 계획한다.

양성이 그토록 다르게 행동하는 챔불리 사회에서 소년 소녀들은 6~7세가 될 때까
지는 그들을 양육하는 여성으로부터 똑같은 대우를 받았다. 소녀들은 여성에게 어울리
는 기술과 책임감을 배우고 곧 자신의 성에 대한 확고한 동일시를 이루었다. 7~12세

의 소년은 명확히 규정된 역할이 없지만, 연령이 증가함에 따라 그들은 플루트를 연주하거나 남성에게 전형적인 다른 예술적 일을 배웠다.

Mead는 이러한 사례분석을 통해 남녀의 성역할 구분은 선천적으로 결정되는 것이 아니라 오히려 그 사회가 만들어내는 것이라고 주장하였다. 일반적으로 남성과 여성의 특성이라고 여겨왔던 것들이 생리적인 차이와는 달리 사회적으로 결정되는 것이며, 성장환경에 따라 변할 수도 있다는 것을 실증적으로 밝혀주었다.

## 5) 교육적 시사점

Mead는 특히 중학교가 성장과 신체상(body image), 또래수용, 적절한 성적 행동 등에 대한 청소년들의 불안과 불안전감을 증가시키는 데 기여해왔다고 보았다. 소녀들은 소년들보다 훨씬 일찍 성숙하기 때문에 늦게 성숙하는 남자들은 특히 불안을 경험하기 쉽다. 그들은 심리적 혹은 생리적으로 아직 준비가 되지 않은 시점에서 이성과의 조숙한 이성교제를 강요받을지도 모른다. Mead와 Sullivan이 강조한 바와 같이, 깊고 친밀한 우정형성 및 동성과의 교제는 자신의 남성정체감을 발달시키는 데 도움이 될 것이다. 이들 이론가들은 청년 초기에 맺는 동성친구 간의 우정이 이후의 이성애적 적응을 위한 전제조건이라고 생각한다. 따라서 Mead는 소년소녀들이 지나치게 일찍 이성교제를 시작하기 때문에 이성과의 '사회적 · 지적 교제'에서 서로를 신뢰하지 못한다고 느꼈다(Mead, 1961). Mead는 너무 이른 이성애적 친밀감 때문에, 청소년 남자들이 이성교제 과정에서 남자친구들을 경쟁자로 여겨 그들을 불신하는 것을 배운다고 생각했다. 중학교는 이성에 대해 일찍 관심을 갖도록 자극하고 또래집단이 이성에 대한 관심을 기대하기 때문에, 이성 간의 부정적 태도와 적대감 발달에 기여할지도 모른다. 중학교는 "소년들 편에서는 여성에 대한 적대감을, 소녀들 입장에서는 남성에 대한 경멸과 함께 결혼에 대한 압력을 유발하는 기초를 만든다"(Mead, 1961, p. 38).

Erikson(1959)과 더불어 Mead도 청년들이 직면하는 주요 과업은 개인적 정체감 탐색이라고 주장하였다. 이 과업은 원시사회에서보다 현대와 같이 다양한 사회에서는 헤아릴 수 없을 정도로 더 어려워진다. 탈산업사회에서는 부모의 행동과 가치가 더 이상 적절한 모델을 제공하지 못하는데, 이는 대중매체에 의해 제공되는 모델과 비교할 때 유행에 뒤지기 때문이다. 또한 연예계나 대중매체의 모델은 젊은이들에게 일시적으로는 상당히 매혹적이지만, 영속적이고 개인적인 정체감을 위한 현실적이고 바람직한 모델을 제공하지는 못한다. 게다가 부모에 대한 의존성으로부터 자유로워지는 과정에 있는 청년들은 부모의 훈계에 무반응할 뿐 아니라 대개 적대적이다. 청년

들은 자신의 행동을 또래의 행동과 비교해서 평가하는 것을 배웠기 때문에, 그들은
흔히 부모의 조언을 무시하며, 부모의 가치를 버리고 친구들의 가치를 취한다. 급속
한 사회변화, 다양한 세속적 · 종교적 가치체계에 대한 노출, 현대적 기술은 포스트
모더니즘의 세계가 청년들에게 압도적인 것처럼 보이도록 만든다. 세상이 너무 복잡
하고, 너무 상대주의적이며, 예측할 수가 없고, 위험해서 미래를 위한 확실한 준거틀
을 제공할 수가 없다는 것이다. 과거에는 사회가 청년들에게 Erikson과 Mead가 '심리
적 유예기'라고 부르는 기간(예컨대, 도제의 신분, 여행, 시험삼아 어떤 일을 해보는 것 등)을
제공했는데, 이 기간 동안 젊은이들은 '성공'에 대한 어떤 압력도 받지 않고 감정적, 경
제적 또는 사회적 수행 없이 다양한 대안들을 시험적으로 실험해볼 수 있었다. 다양한
정체감 문제를 탐색하기 위한 이런 실험기간을 청년이 상실하게 되면 정체감 형성이
더 어려워진다. 오늘날 정체감 형성이 어려운 이유는 교육이 기능적, 의무적, 성공 지
향적으로 되었기 때문이다. 결과적으로 청년의 목표와 가치는 경제적 성공과 안전, 즉
각적인 욕구만족, 동조, 사회적 수용을 지향하고 있어서, "이것 저것 해보거나" "빈둥
거리며 지내거나" 실험, 이상주의, 공상적 이상주의, 개인적 희생을 생각해볼 여지가
거의 없다. 우리의 교육제도와 사회제도를 개선하지 못했기 때문에, 오늘날 젊은이 집
단의 특성인 부정적 정체감이 나타나는지도 모른다고 Mead는 주장한다(Muuss, 1996).

## 6) 평 가

청년기 혼란이 사춘기의 보편적 산물이어서 생물학적으로 결
정되는 것인가 아니면 문화적 맥락에 의해 수정될 수 있는 것인
가를 알아보기 위한 목적을 가지고, Mead는 1925년에 사모아로
가서 사모아의 섬들 중에서 가장 원시적인 곳으로 생각한 타우
에서의 현장연구를 수행하였다. 그 결과 『사모아에서의 성년』을
출간하였다. 여기서 Mead는 사모아에서의 청년기는 결코 '질풍
노도의 시기'가 아님을 강조하였다.

Mead의 이러한 주장을 뒷받침해주는 연구들이 있다. Offer,
Ostrov, Howard 그리고 Atkinson(1988)의 10개국 6,000여 명
의 청년들을 대상으로 한 비교문화연구에서도 대부분의 청년들
이 행복하고, 자신감이 있고, 자기통제력이 있으며, 미래에 대
해 낙관적이고, 가족과의 유대관계가 좋은 것으로 나타나 청년
기에 대한 '질풍노도적' 시각과는 거리가 있는 것으로 보인다.

**사진 설명** 제임스 딘이 주연한 영
화 〈이유 없는 반항〉

Bandura(1964) 또한 청년기가 반드시 '이유 없는 반항'을 하는 시기이거나 '질풍노도의 시기'일 이유는 없다고 한다. Bandura는 청년에 대한 질풍노도적 시각은 단지 규범에서 벗어난 소수의 청년들에게만 적용될 수 있다고 믿는다.

Mead는 또한 뉴기니의 세 부족의 성역할에 관한 연구를 통해 개인의 성역할과 기질이 개인이 속한 문화에 의해 형성된다고 밝혔다. 하지만 이러한 Mead의 연구는 지나치게 문화결정론적 입장을 고수함으로써 생물학적 결정론이 지닌 한계를 동일하게 가지게 되었다. 또한 Freeman이 지적하였듯이 Mead의 연구는 방법론적인 면에서 한계를 지니고 있기 때문에, Mead의 연구를 일반화할 수 있는지에 대해서도 문제가 제기된다.[5]

Mead의 현지 체류기간은 현대 인류학의 기준에서 볼 때 매우 짧을 뿐만 아니라, Mead는 Boas 교수의 문화적 결정론을 입증하기 위한 자료를 찾았다는 데에 문제의 심각성이 있다. 즉, 연구자가 편견을 가진 상태에서 연구를 시작함으로써, 보다 객관적인 자료를 찾는 데 실패하였을 수도 있었기 때문이다.

그러나 이러한 문제에도 불구하고 Mead가 학계와 사회에 미친 영향은 엄청나다. 서로 다른 기질적 특성을 가지고 살아가는 세 부족사회를 대상으로 한 현지조사연구를 통해 남성과 여성의 성이 대부분 타고난 것이라기보다는 특정 사회 속에서 살아가면서 길러진 것임을 입증함으로써, 기존의 성역할에 대한 편견에서 벗어나는 데 크게 기여하였다.

## 6. 청년기는 과연 질풍노도의 시기인가

지금까지 청년발달에 관한 Hall, Anna Freud, Sullivan, Erikson 그리고 Mead의 이론에 대해 살펴보았다. 이들의 이론들을 선정한 이유는 이들 모두가 청년기를 인생에 있어서 특별히 중요한 시기로 보았다는 점과 청년기를 흔히 '질풍노도의 시기'라고 말하는 데 대한 그들의 관점을 비교해보고자 하는 의도에서였다.

청년기의 혼란이 곧 정상적인 건강한 발달을 의미한다는 Hall과 정신분석이론가들의 시각은 청년기의 정신건강에 대한 연구에 광범위한 영향을 미쳤다. 그러나 문화인

---

5) 미국교육재단은 Freeman이 제기한 Mead의 현장연구 자료의 객관성을 평가하기 위하여 Eleanor Leacock을 사모아에 보냈다. 이에 대해 Leacock은 Freeman이 조사한 1960년대 자료를 가지고 Mead의 1920년대 자료를 비판하는 것은 무리라면서, 지난 50년간의 사회적 · 문화적 변화를 무시하려는 Freeman의 주장에 오히려 문제를 제기하였다.

류학자인 Margaret Mead(1950, 1953)는 사모아와 뉴기니 섬에서의 청년연구를 통해, 사모아에서처럼 아동기에서 성인기로의 전환이 순탄하고 점진적으로 이루어지는 문화권에서는 청년기의 전환이 반드시 혼란스러운 것은 아니라는 관점을 제시하여 청년기의 혼란과 갈등의 보편성에 대한 Hall의 가설에 도전하였다.

청년 초기의 혼란성에 대한 가설은 청년 초기의 사회적·생물학적 변화와 관련된 정신건강 발달을 조사하는 일련의 새로운 연구들을 유도하였다(Simmons & Blyth, 1987; Petersen & Ebata, 1987). 연구결과, 비록 청년 초기가 인생에서 도전의 시기이기는 하지만, 인생의 다른 단계보다 혼란과 곤란을 더 많이 겪는 것으로는 보이지 않는다(Ebata, 1987; Gecas & Seff, 1991).

Offer 등(1988)의 비교문화연구에서도 대부분의 청년들이 행복하고, 자신감을 가지게 되며, 자기통제력이 있고, 미래에 대해 낙관적이며, 가족과의 유대관계가 좋은 것으로 나타나 청년기에 대한 '질풍노도적' 시각과는 거리가 있는 것으로 보인다.

이와 같이 청년기를 '질풍노도의 시기'로 보는 시각이 인기를 잃으면서 대신 다른 관점들이 연구의 중심이 되고 있다. 그중 하나가 개인차에 관한 접근방법으로, 정서적 혼란을 겪는 청년들은 누구이며, 그러한 혼란을 초래하는 상황은 어떤 것인지에 초점을 맞춘 연구들이다(Brooks-Gunn & Petersen, 1983, 1991; Lerner & Foch, 1987; Paikoff & Brooks-Gunn, 1991; Steinberg, 1987, 1988).

만약 모든 청년들이 모두 어려움을 경험하는 것이 아니라면 문제가 있는 청년들은 누구인가? 청년기의 정신건강에 대한 규범적 연구들은 많은 청년들이 심각한 심리적 곤란을 겪지 않고 그 시기를 거치며, 자아존중감도 청년기 동안 긍정적이라고 보는 반면(Damon & Hart, 1982), 다른 연구들에서는 청년기에 곤란을 경험하는 경우가 증가하여 자살, 약물남용, 여러 가지 심리적 장애 등이 증가하고 있음을 보여주고 있다(Green & Horton, 1982; Petersen & Hamburg, 1986).

이처럼 청년기의 정신건강 발달에 대한 상반된 연구결과들은 연구대상이 되는 표본의 성격차이에 기인하는 것으로 보인다. 임상적 연구에서는 청년기 혼란의 도전에 대처할 수 없는 청년들을 연구대상으로 하고 있기 때문에, 그들은 우울증으로 어려움을 내면화하거나 비행, 약물남용 등으로 어려움을 외현화한다. 반면, 규범적인 발달연구에서는 청년기의 혼란에 대처할 능력이 있는 청년들을 대상으로 하여 청년기의 긍정적인 발달을 묘사한다. 따라서 임상적 연구와 규범적 연구는 연구대상을 달리함으로써 완전히 서로 다른 두 집단의 청년을 묘사하고 있다. 앞으로의 발달적 정신병리학은 청년기 정신건강에 관한 임상적 시각과 발달적 시각의 통합에 기여할 것으로 보인다(Cicchetti, 1984; Rolf, Mastern, Cicchetti, Nuechterlein, & Weintraub, 1987; Rutter, 1986).

# 청년발달의 연구방법

집이 돌로 지어지듯이 과학은 사실로써 이루어진다. 그러나 돌무더기가 집이 아니듯이 단순히 사실만을 모으는 것 자체가 과학은 아니다.　　　　　　　　　　Henri Poincaré

내가 다른 사람들보다 멀리 볼 수 있었다면, 그것은 내가 거인들의 어깨 위에 서 있었기 때문이다.

　　　　　　　　　　　　　　　　　　　　　　　　　　　　Sir Issac Newton

진실은 진실이 아닌 것을 끊임없이 제거하는 과정을 통해 드러난다.　　Arthur Conan Doyle

모든 것에 대답을 다 하는 것보다는 거기에 항상 또 다른 질문을 던지는 것이 더 낫다.

　　　　　　　　　　　　　　　　　　　　　　　　　　　　　James Terbur

사람에 관해서도 책에 관해서와 같이 연구하고 분석해야 한다.　　　　Baltasar Gracian

책에서 찾을 수 있는 것 이외의 무엇인가를 배우려면 실험을 하고 실수를 하고 피드백을 받아들이고 다시 시도해볼 필요가 있다. 그것이 자전거 타기이건 다른 새로운 일이건 상관없다. 실험과 피드백, 새로운 실험이라는 사이클이 항상 그 안에 있다.

　　　　　　　　　　　　　　　　　　　　　　　　　　　　　Charles Handy

청년발달을 이해하기 위해서는 과학적인 연구가 필요하다. 오늘날 어떤 분야를 막론하고 우리들이 감사해야 할 것은, 상상에서 사실을 분리하고, 우리 주변에서 일어나는 사건들을 이해하려고 노력하면서, 진리를 찾아내기 위해 자신의 생을 바친 이들의 노력이다. 이 같은 모든 노력의 연속이 바로 과학인 것이다.

과학은 그 탐구과정이 시작되기 이전에 존재했던 것과는 다른 어떤 것을 형성하기 위해 사실이나 지식을 하나로 연결하는 방법이다. 과학을 한다는 것은 세상에서 일어나고 있는 단편적인 사건들을 서로 연결시키고 통합하는 것을 의미한다. 하나의 사실 (예를 들면, 사춘기에 2차 성징이 나타난다는 것)을 연구하는 것은 이 사실이 청년의 인생에서 일어나는 다른 사건들과 어떻게 관련이 되는가를 연구할 때만이 의미를 가진다. 과학은 건축가가 각 부분의 단순 합 이상의 어떤 독특한 것을 만들어내기 위해서 각기 다른 부분들이 어떻게 맞추어지는지 이해하기 위해 사용하는 청사진과 매우 비슷한 것이다.

과학은 '어떻게' 사건이 일어나는가를 설명하는 '동적' 특징과 '어떤' 사건이 일어나는가를 묘사하는 '정적' 특징을 갖는다. 과학의 동적·정적 특징들은 부분적으로 서로를 결정하기 때문에 서로 협조한다. 과학을 한다는 말은 결과를 산출해내는 것은 물론 어떤 종류의 문제를 해결하기 위한 논리적 접근을 의미한다.

과학적 연구는 다음과 같은 특성을 갖는다. 첫째, 과학적 연구는 경험적(empirical) 연구이다. 만일 어떤 발달심리학자가 부모와 청년자녀와의 관계를 관찰해봄으로써 청년기가 질풍노도의 시기임을 확인할 수 있을 것이라고 확신한다면, 그 심리학자는 어떻게 해서든 자신의 신념을 객관적으로 검증해보여야 한다. 다시 말해서 그의 신념은 객관적 사실에 비추어 검증되어야 한다는 것이다.

둘째, 과학적 연구는 체계적(systematic) 연구이다. 예를 들어, 어떤 유형의 양육행동이 청년기의 심리적 부적응과 관련이 있는지 알아보고자 한다고 가정해보자. 이러한 목적을 달성하기 위해서 발달심리학자는 청년기의 심리적 부적응에 영향을 미칠 수 있는 가외변인을 모두 통제한 체계적인 연구를 해야 한다는 것이다.

셋째, 과학적 연구는 자기수정(self-correction)의 특성을 갖는다. 다시 말하면, 과학적 연구는 특정 의문에 대한 해답이나 특정 문제를 이해하려는 노력을 개선하도록 돕는 자기수정 과정이다. 과정 그 자체의 본질 때문에 그에 대한 해답은 가치 있는 피드백을 제공한다. 어떤 의미에서, 의문은 끝이 없으며 해답을 찾았는가 하면 또 다른 의문이 재형성되기 때문에, 과학자는 어떤 문제이든 옳고 그름, 즉 정당성을 증명하려 하지 않는다. 대신 과학자는 문제나 가설을 '검증'한다.

이 장에서는 과학적 연구의 과정과 요소, 표집의 문제, 청년발달연구를 위한 자료수집의 방법, 연구의 설계, 청년발달연구의 접근법, 청년발달연구의 윤리적 문제 등에 관해 논의해보고자 한다.

Neil Salkind

# 1. 과학적 연구의 과정

과학적 연구의 과정은 네 단계로 나눌 수 있다. 첫째, 문제를 제기하고, 둘째, 그 문제에 관해 조사할 필요가 있는 요인이나 요소를 찾아내며, 셋째, 문제를 검증하고, 넷째, 본래의 문제가 근거했던 전제를 수락하거나 기각하는 단계들이 그것이다(Salkind, 1985).

## 1) 문제의 제기

Isaac Newton

첫째 단계인 '문제의 제기'는 어떤 문제가 좀더 깊이 연구될 필요가 있는가를 인식하는 단계이다. 이러한 최초의 문제제기는 대체로 실험실에서나 회의석상에서는 이루어지지 않는다. 그러한 장소에서 중요한 문제가 확인되거나 언급될 수는 있지만, 주로 과학적 연구의 발단은 일상적인 경험과 사건에서 촉발된다. 예를 들면, 아르키메데스는 따끈한 목욕통에 앉아서 부력의 기초 원리를 발견했으며, 뉴턴은 나무 밑에 앉아 있다 떨어지는 사과에 맞았기 때문에(사진 참조) 그 유명한 중력의 법칙을 발견할 수 있었다. 아르키메데스와 뉴턴의 예가 다소 과장되었다 하더라도, 세상의 진리나 과학의 원리는 이처럼 일상주변에 널려 있는 것이다. 그러나 모든 사람이 다 동일한 경험에서 중요한 측면들을 찾아내거나 새로운 지식을 유도할 수 있는 종류의 문제를 제기할 수 있는 것은 아니다. 훈련되지 않은 사람들에게는 혼란과 무질서로 보이는 것도 훈련된 사람들은 거기서 중요하고 결정적인 사건들을 선별해낸다. 추려지거나 선별되지 아니한 채 널려 있는 것에서 그 줄기를 찾아내는 것이 바로 과학적 훈련이다.

## 2) 중요한 요인의 발견

과학적 연구과정의 둘째 단계는 중요한 요인들을 찾아내고, 이러한 요인들을 어떤 방법으로 조사할 것인가를 결정하는 단계이다. 이 단계에서 과학자는 중요한 요인들을 조작적으로 정의하고, 변수들 간에 있을지도 모르는 관계를 진술하며, 실제로 연구를 수행하기 위한 방법을 결정한다.

## 3) 문제의 검증

셋째 단계는 문제를 검증하는 단계로서 네 단계 중에서 실제로 연구가 수행되는 단계이다. 이 단계에서 문제를 해결하는 데 필요한 자료들을 수집한다. 수집된 자료가 최초의 단계에서 제기되었던 가설과 일치하는가를 결정하기 위해 통계적 검증이나 객관적 준거와 같은 수단을 적용한다.

## 4) 가설의 수락 또는 기각

마지막 단계는 본래의 문제가 기초로 한 전제를 수락할 것인가, 기각할 것인가를 결정하는 단계이다. 그러나 그 결과가 수락이든 기각이든 과학적 연구의 과정이 여기서 끝나는 것은 아니다. 만약 가설이 수락되면 연구자는 또 다른 질문을 하게 되고, 각 질문은 방금 설명한 단계들을 통해서 거듭 수행된다. 반대로 가설이 기각되면 다시 본래 문제의 전제로 되돌아가서 결과와 일치하도록 재구성한다.

# 2. 과학적 연구의 요소

과학적 연구에서 중요한 요소가 되는 것은 이론, 변수, 개념 그리고 가설이다.

## 1) 이 론

이론은 미래에 일어날 사건을 예측할 뿐만 아니라 과거에 일어났던 사건을 설명할 수 있는 논리적인 진술이다. 이론은 이미 형성된 정보의 조직화를 도울 뿐만 아니라 미래를 탐색하는 길잡이 역할을 한다. 이런 점에서 이론은 책의 목차나 색인 비슷한 역할을 한다. 만약 책에 목차나 색인이 없다면 특별한 정보를 찾는 것이 얼마나 어렵겠는가를 상상해 보라. 이론은 사실을 이해하기 쉽게 하며 문제가 제기될 수 있는 틀을 제공한다.

## 2) 변 수

변수 또한 과학적 연구에서 중요한 요소가 된다. 둘 이상의 수치와 값을 지니는 모든 것이 다 변수(variable)이고, 단일 수치만이 부여될 때에는 상수(constant)라고 한다. 변수의 예로 생물학적 성(남성 혹은 여성), 사회경제적 지위(상, 중, 하) 등이 있다. 어떤 행동을 야기하는 원인이 되는 조건이 독립변수이고, 그 원인으로 말미암아 유발되는 반응이나 결과가 종속변수이다.

## 3) 개 념

과학적 연구에서 또 다른 중요한 요소는 개념이다. 개념은 상호연관이 있는 일련의 변수들을 묘사하는 것이다. 예를 들면, 애착이라는 개념은 부모와 자녀 간의 눈맞추기, 신체적 접촉, 언어적 상호작용과 같이 여러 가지 다른 행동들로 구성된다. 이러한 일련의 행동들은 애정과 같은 다른 용어로 명명될 수도 있다. 그러나 일련의 변수들이 어떻게 명명되느냐에 따라서 개념의 유용성이 결정된다. 개념을 정의하기 위한 용어가 너무 좁은 범위의 매우 제한된 일련의 행동들로 정의된다면, 그 개념은 변수 이상의 아무것도 아니며 그 용도 또한 매우 제한적인 것이 될 것이다.

## 4) 가 설

과학적 연구의 요소 중 최고의 단계는 가설이다. 가설은 변수와 개념들 간에 "~이면 ~이다(if ~ then)"라고 가정하는 '훈련된 추측(educated guess)'이다. 가설은 과학자들이 한 변수가 다른 변수에 미치는 영향력을 좀더 잘 이해하기 위해서 제기하는 문제이다. 예를 들면, "TV 폭력물을 많이 시청하는 청년은 공격성 수준이 높을 것이다"가 그것이다. 가설은 연구문제를 보다 직접적으로 검증할 수 있게 해준다.

과학자는 수립된 가설이 사실로서 수락될 수 있는 것인지 아니면 거짓으로서 기각될 것인지를 어떻게 알 수 있는가? 통계적 검증과 같은 외적 준거를 적용함으로써 과학자는 결과의 신뢰 정도를 알 수 있다. 즉, 연구결과가 가외변인이 아닌 독립변수에

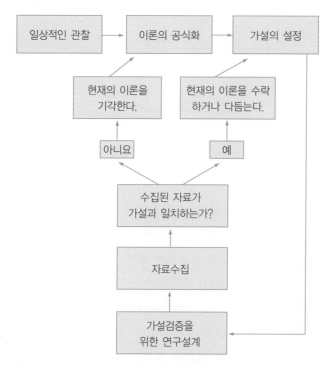

**〈그림 3-1〉 과학적 연구의 과정과 요소**

출처: Sigelman, C., & Shaffer, D. (1995). *Life-span development* (2nd ed.). California: Books/Cole Publishing Company.

의한 것이라고 얼마나 확신할 수 있는가이다. 예를 들면, TV 폭력물의 시청과 청년의 공격성과의 관계의 예에서 폭력물 시청유무(독립변수) 외에 청년의 성격, 지능, 건강, 가정환경 등 가외변인도 청년의 공격성 수준에 영향을 미칠 수 있다. 따라서 연구자가 연구의 결과를 신뢰할 수 있기 위해서는 그러한 가외요인들이 고려되어야 하고 또한 통제되어야 한다(Salkind, 1985).

〈그림 3-1〉은 과학적 연구의 과정과 요소에 관한 도식이다.


## 3. 표집의 문제

우리가 어떤 특정 부류의 사람들(예를 들면, 비행 청소년 집단)을 연구하고자 할 때 그 부류에 속한 사람들을 전부 다 연구할 수는 없다. 대신 전체 비행 청소년들 중에서 표본을 추출하여 연구하게 된다.

표본(sample)이란 연구대상자 전체의 특성을 반영하는 모집단(population)의 대표적

```
모집단  ──── 무선표집 ────▶  표본

       ◀──── 연구결과의 일반화 ────
```

〈그림 3-2〉 모집단, 표본, 표집의 관계

인 일부분이라고 할 수 있다. 따라서 모집단의 특성을 가능한 한 잘 대표할 수 있는 표본을 추출하는 것이 연구자의 중요한 임무이다. 왜냐하면 표본을 대상으로 연구하지만, 여기서 나온 연구결과는 모집단에 일반화하기를 원하기 때문이다(〈그림 3-2〉 참조). 이와 같은 이유로 표집(sampling) 과정은 연구방법론에서 매우 중요한 것이다.

이상적으로는 우리가 연구하는 표본의 특성이 연구결과를 일반화하고자 하는 모집단의 특성과 동일해야 한다. 이런 경우에 우리는 '대표성(representativeness)'이 보장되는 표본을 갖게 된다. 대표성이 보장되는 표본을 추출하는 가장 확실한 방법은 무선표집(random sampling)이다. 무선표집은 모집단의 모든 구성원이 표본에 뽑힐 기회(확률)를 똑같이 갖는 표집방법이다.

예를 들어, 비행 청소년이 1,000명이라고 가정해보자. 무선표집을 하기 위해서는 우선 모집단의 모든 비행 청소년을 확인해서 1번부터 1,000번까지 일련번호를 붙인다. 그리고 나서 난수표를 이용하거나 기타 다른 방법(예: 모자 속에 1,000명의 비행 청소년의 이름을 적은 용지를 넣고, 잘 섞은 다음 특정 수를 끄집어낸다)을 이용하여 표본을 추출한다. 만약 1,000명의 비행 청소년 중에서 100명을 표본으로 뽑는다면 모든 비행 청소년이 표본에 추출될 확률은 각각 $1/10$이 된다.

Alfred Kinsey

그러나 현실적으로는 어떤 연구에서든 무선표집을 하는 것이 거의 불가능하다. 대신에 우리가 손쉽게 구할 수 있는 표본으로 대체하는 경우가 허다하다. 이때 추출된 표본은 물론 대표성이 보장되지 않는다. 그리고 대표성이 보장되지 않을 경우에는 표집상의 문제가 발생하게 된다.

인간성욕에 관한 선구자적 연구로 유명한 Kinsey의 '성보고서'는 표집상의 문제가 있는 연구의 유명한 예이다. 미국 인디애나 대학의 동물학 교수인 Kinsey가 1938년에 대학생을 대상으로 그들의 성행위에 관한 조사연구를 시작할 때만 해도 인간성욕에 관한 과학적인 자료는 전무하였다. Kinsey는 곧이어 5,300명의 남성과 6,000명의 여성을 대상으로 하는 전국적 규모의 연구에 착수하였다. 이 연구에서 Kinsey는 면접법을 사용하여 피험자들에게 동성애, 혼외정사, 자위행위 등에 관한 질문을 하였다. 그 결과 1948년에는 '남성의 성적 행동(Sexual Behavior in the Human Male)' 그리고 1953년에는 '여성의 성적 행동(Sexual Behavior in the Human Female)'에 관한 유명한 성보고서가 이 세상에 나오게 되었다. 보고서에 나타난 여러 가지 연구결과 중에서도 특히 여성의 62%가 자위행위를 하며, 남성의 37%와 여성의 17%가 혼외정사 경험이 있다는 내용에 대해서 여론이 분분하였다.

이에 대한 비판으로 연구방법론적인 결함이 지적되었다. 가장 심각한 문제로서 Kinsey의 표본에 대해 대표성의 문제가 제기되었다. 즉, 연구대상이 무선표집에 의한 표본이 아니고 자발적으로 연구에 참여한 사람들이라는 점이 문제가 되었다. 왜냐하면 성적 행동에 관한 연구에 자발적으로 참여한 사람들의 특성은 모집단의 특성과는 여러 면에서 다를 것이라고 생각되기 때문이다.

## 4. 자료수집의 방법

인간의 행동을 연구하기 위한 자료수집 방법에는 관찰법, 질문지법, 면접법, 사례연구, 검사법, 비교문화연구, 다중측정법 등이 있다(Santrock, 1998).

### 1) 관찰법(Observation)

관찰법은 인간의 행동을 관찰하고, 관찰된 행동을 객관적인 방법으로 기록하는 것으로서 가장 오래된 연구방법이다. 관찰이 과학적이고 효율적이기 위해서는 무엇을 관찰하려는 것인지, 누구를 관찰할 것인지, 언제, 어디서, 어떻게 관찰할 것인지 그리고 어떤 형태로 기록할 것인지 등을 결정해야 한다. 즉, 관찰이 체계적으로 이루어져야 한다는 것이다. 인간의 공격행동을 예로 들어보자. 신체적 공격을 연구할 것인가, 언어적 공격을 연구할 것인가 아니면 그 모두 다인가? 연구대상은 남자 청소년인가, 여자 청소년인가, 아니면 둘 다인가? 대학실험실에서 관찰할 것인가, 학교에서 관찰할 것인가, 가정에서 관찰할

사진 설명　일방경을 이용하여 아동의 행동을 관찰하고 있다.

사진 설명    성인의 공격적인 행동을 관찰한 아동들은 같은 상황에서 공격적인 행동을 그대로 모방하였다.

것인가, 아니면 그 모두인가? 관찰결과를 기록하는 일반적인 방법은 속기나 부호를 이용하는 것이지만 녹음, 녹화, 일방경의 이용 등은 관찰을 보다 효율적인 것이 되게 한다(사진 참조).

관찰법에는 자연관찰과 실험실관찰이 있다. 때로는 관찰연구에서 가외변인을 통제해야 할 필요가 있는데, 이때는 가외변인이 통제된 실험실에서 연구가 이루어진다(Gravetter & Forzano, 2012). 예를 들면, Bandura(1965)는 한 실험에서 아동들을 실험실로 데려와 어른이 성인 크기의 보보인형을 계속해서 때리는 것을 보게 하였다. Bandura는 어른의 공격적인 행동을 아동들이 어느 정도로 모방할 것인지 알아보고자 하였다. 아동들의 모방행동은 놀라울 정도였다(사진 참조).

그러나 실험실관찰에는 몇 가지 단점이 있다. 첫째, 피험자가 자신들이 관찰당하고 있다는 사실을 안다는 것이다. 둘째, 실험실 상황이 자연스럽지 못하기 때문에 부자연스러운 행동을 유발한다는 것이다. 위에서 예를 든 청소년의 공격성 연구에서 보면, 실험실 상황에서는 자신들이 관찰당하고 있다는 것을 지각함으로써 청소년들이 공격적인 행동을 덜 하는 것으로 나타났다. 셋째, 인간발달의 어떤 측면들은 실험실 상황에서 연구하기가 불가능하다는 것이다.

반면, 자연관찰에서는 실제 상황에서 자연스럽게 관찰할 수 있기 때문에 상황을 일부러 조작하거나 통제할 필요가 없다(Jackson, 2011). 자연관찰은 주로 유치원, 학

교, 공원, 병원, 집, 쇼핑센터 같은 데서 이루어진다
(사진 참조).

## 2) 면접법과 질문지법
### (Interview/Questionnaire)

때로는 개인에 관한 정보를 얻기 위한 가장 빠르
고 직접적인 방법이 그들에게 질문하는 것이라 할
수 있다(Madill, 2012). 개인의 경험이나 태도에 관한
것을 알아보기 위해 이따금 면접법이 이용된다. 면
접은 주로 일대일로 얼굴을 맞대고 이루어지지만(사
진 참조), 가끔은 전화면접도 가능하다.
면접법에는 구조적 면접법과 비구조적
면접법이 있다. 정보를 얻는 것을 목적
으로 하는 조사면접이 구조적 면접법이
고, 진단이나 치료 등 임상적 목적을 가
진 상담면접이 비구조적 면접법이다.

구조적 면접법의 경우 질문의 예는
다음과 같다. "지난 2주간 몇 번이나 친
구에게 고함을 질렀는가?" "작년에 얼
마나 자주 학교에서 친구와 싸웠는가?"
비구조적 면접법에서 하는 질문의 예는
"너는 얼마나 공격적인가?" 등이다.

질문지법은 구조적 면접법과 매우 비슷한데, 면접자의 질문에 대답하는 것이 아니
라, 반응자가 질문지를 읽고 자신이 직접 표시하는 것이다. 질문지법의 장점은 많은
수의 피험자들을 한꺼번에 연구할 수 있다는 점이다. 훌륭한 조사연구는 간결하고,
구체적이며, 애매모호하지 않은 질문을 함으로써, 피험자들로부터 믿을 만한 답변을
얻어내는 것이다. 질문지법의 단점은 의도적이든 아니면 기억을 하지 못해서이든 답
변을 왜곡할 가능성이 있다는 것이다. 우리 인간은 유쾌하지 못한 일보다는 기분 좋
은 일을 더 잘 기억하는 편이다.

## 3) 사례연구(Case Study)

사진 설명 Piaget가 아동들을 관찰하고 있다.

사진 설명 Freud와 그의 진찰실

관찰연구가 비교적 많은 수의 피험자의 행동을 연구하는 것이라면, 사례연구는 한 명이나 두 명의 피험자를 깊이 연구하는 것이다. Piaget(1952)가 자신의 자녀들을 관찰함으로써 인지발달의 단계이론을 전개한 것처럼, 사례연구는 정상적인 사람을 연구하기도 하지만, 대부분의 경우 사례연구는 독특한 상황을 경험하거나, 인생에서 어려운 상황에 처해 있거나, 사회적으로 적응하지 못한 사람들을 주의깊게 연구함으로써 인간의 본질에 대해서 알아보고자 하는 것이다.

Freud는 그의 환자 중 가장 흥미 있는 경우를 주의 깊게 관찰하여, 비정상적 심리를 연구함으로써 성격이론의 기초를 마련하였다. Freud의 '어린 Hans'에 대한 사례연구는 고전적인 예가 되는데, Hans는 말(馬)에 대해 비현실적인 공포심을 가진 소년이었다. Freud(1959)는 어린 Hans가 가지고 있는 말에 대한 공포심을 억압된 성적 충동으로 해석하였다.

사례연구의 단점은 매우 제한된 수의 피험자의 경험에 의존하기 때문에, 연구결과를 일반화하기가 어렵다는 점과 관찰의 객관성이 문제된다는 점이다. 예를 들면, Freud의 심리성적 발달이론에서 정신적으로 문제가 있는 몇 사람을 대상으로 연구한 것에 기초하여, 인간발달의 일반이론을 도출해내는 것이 얼마나 타당한가 하는 것이 문제점인 것이다. 그리고 사례연구에서는 연구자가 피험자와 가까이 지내면서 자료를 수집하기 때문에 객관성이 결여될 위험이 있다. 따라서 사례연구는 과학적 결론을 이끌어내기에는 미흡하지만 보다 통제된 연구에 아이디어를 제공하는 데에는 유용하다.

## 4) 표준화검사법(Standardized Test)

표준화검사는 피검자로 하여금 일련의 질문에 답하게 하는 것인데 다음과 같은 두 가지 특징이 있다. 첫째, 개인의 점수가 집단 내 다른 사람들의 점수와 비교해보아 상대적으로 어떠한가를 알아본다(Watson, 2012). 점수는 주로 백분율로 나타내는데, 예를 들어,

사진 설명　청년의 행동은 표준화검사에 의해서도 측정될 수 있다.

어떤 개인이 Stanford-Binet 지능검사에서 92%의 백분율 점수를 얻었다면, 이 개인은 전에 이 지능검사를 받아본 다른 개인들과 비교했을 때 8%의 상위그룹에 속하는 것이 된다.

둘째, 표준화검사는 개인차에 관한 정보를 제공해준다. 그러나 표준화검사에 의해 얻은 정보로 언제나 개인의 행동을 예측할 수 있는 것은 아니다. 표준화검사는 한 개인의 행동이 일관성 있고 안정된 것이라는 신념에 근거한 것이다. 그런데 표준화검사에 의해 자주 측정되는 인성검사나 지능검사는 어느 정도의 안정성이 있기는 하지만 측정되는 상황에 따라서 변할 수 있는 것이다. 표준화된 지능검사에서는 별로 점수가 좋지 않았더라도, 좀더 편안한 분위기에서 검사를 받는다면 보다 높은 지능수준을 보일 수 있다. 이러한 사실은 표준화된 지능검사에서 정신지체로 잘못 판명되는 소수민족 아동들에게서 특히 그러하다. 그래서 비교문화 심리학자들은 대부분의 심리검사가 서구문화에는 적합할지 모르지만, 다른 문화권에는 적합하지 않을지 모른다고 경고한다(Lonner & Malpass, 1994).

## 5) 비교문화연구(Cross-Cultural Research)

다른 문화나 다른 소수민족 사람들의 생활을 연구할 때는 그들에게 의미 있는 측정도구를 사용해야 한다. 공격성을 예로 들면, 공격성은 모든 문화권에서 나타나는 보편적인 현상이지만, 공격성이 표현되는 양상은 문화에 따라 매우 다르다. 예를 들면, 남아프리카의 !Kung 문화에서는 공격적인 행동을 하지 못하게 저지하지만(사진 a 참

(a)

(b)

Richard Brislin

조), 남미의 Yamomamo 인디언 문화에서는 공격적인 행동을 장려한다(사진 (b) 참조). 이곳 젊은이들은 다른 사람을 때리고 싸우고 죽이지 못하면 성인의 지위를 획득할 수 없다.

비교문화연구에서는 에믹(emic) 접근법과 에틱(etic) 접근법을 구별할 필요가 있다(Brislin, 1993). 에믹 접근법의 목표는 다른 문화권과는 상관이 없고 한 문화권의 사람들에게만 중요한 의미를 갖는 행동을 묘사하는 것이고, 에틱 접근법의 목표는 다른 문화권에도 일반화할 수 있는 행동을 묘사하는 것이다. 다시 말하면 에믹 접근법은 특정 문화에 국한된 것이고, 에틱 접근법은 범문화적

인 것이다. 만약 연구자가 에믹 접근법에 의해 질문지를 구성한다면, 그들의 관심사는 연구되는 특정 문화에 국한되는 것이 될 것이고, 에틱 접근법에 의해 질문지를 구성한다면 모든 문화권에 익숙한 개념을 반영하게 될 것이다.

예를 들어, 가족연구의 경우 에믹 접근법과 에틱 접근법은 각각 어떻게 반영될 것인가? 에믹 접근법에서는 연구자들은 연구결과가 다른 소수민족에게 적합한 것인지 또는 일반화될 수 있는 것인지에 상관없이 중산층 백인가족에만 초점을 맞출 것이다. 에틱 접근법에서는 중산층 백인가족뿐만 아니라 하류계층 백인가족, 흑인가족, 아시아계 미국인 가족들도 연구할 것이다. 소수민족을 연구함으로써, 연구자들은 백인미국 가족에게서보다 소수민족에게서 확대가족이 훨씬 더 중요한 지원망이 되고 있다는 것을 발견하게 될 것이다. 따라서 에믹 접근법은 에틱 접근법과는 다른 양상의 가족구성원 간 상호작용을 보여줌으로써, 백인 중산층 가족만을 대상으로 한 연구결과

는 모든 문화권에 언제나 일반화할 수 있는 것이 아니라는 사실을 알 수 있게 해준다.

1992년 "발달연구에서의 인종차별주의"를 주제로 한 미국심리학회 심포지엄에서는, 연구대상에 소수민족들을 보다 많이 참여시켜야 한다고 결론지었다. 지금까지의 연구에서는 소수민족들을 대부분 제외시켰으며, 소수민족의 사람들은 규준이나 평균에서 단지 변이로만 인식되었다. 소수민족들은 연구에서 일종의 소음(noise)으로 인식되어, 수집된 자료에서 의도적으로 제외되었다. 이렇게 오랫동안 연구에서 제외됨으로써, 현실에서는 연구에서 나타난 결과에서보다 많은 변이가 있게 되었다(Lee, 1992).

## 6) 다중측정법(Multimeasure Approach)

모든 연구법에는 제각기 장단점이 있다. 청년에 관한 정보를 얻는 데 직접관찰은 매우 유용한 방법이다. 그러나 도덕적 사고, 내적 감정, 성에 관한 정보를 어디서 얻는지 등에 관한 것은 직접 관찰할 수 없다. 이런 경우에는 면접이나 질문, 사례연구 등이 보다 더 유용하다. 모든 연구방법에는 나름대로 한계가 있기 때문에, 청년발달을 연구하는 데 갈수록 다중측정법을 사용하는 경우가 증가하고 있다.

예를 들면, 청소년들에게 그들의 공격적인 행동이나 비행에 관해 직접 물어보거나, 친구에게 물어볼 수도 있고, 집이나 동네에서 관찰할 수도 있으며, 그들의 부모나 교사와 면담할 수도 있다. 그래서 연구자들은 이러한 다양한 측정법, 다양한 출처(정보원), 다양한 맥락을 통한 정보에 의해 청년발달을 좀더 깊이 있게 연구하고 타당성 있는 측정이 되기를 희망한다.

# 5. 연구설계

연구설계는 연구자가 자료를 수집하고, 분석하며, 해석하기 위한 구체적인 방법이다. 인간의 행동을 연구하는 데 사용되는 연구설계에는 기본적으로 세 가지가 있다. 기술연구, 상관연구, 실험연구가 그것이다.

## 1) 기술연구

인간행동 연구의 첫째 목표는 인간의 사고와 감정 그리고 행동을 기술하는 것이다.

현재의 어떤 상태를 묘사하기 위해 고안된 연구를 기술연구라 하며, 이 연구는 어떤 시점, 어떤 상황에서의 사고나 감정 그리고 행동에 대한 대강의 윤곽(snapshot)을 제공해준다.

기술연구의 한 유형은 조사연구이다. 해마다 실시되는 인구조사가 조사연구의 한 예이다. 기술연구의 또 다른 유형은 자연관찰로서 일상생활을 관찰하는 것이다. 예를 들면, 발달심리학자가 아동들이 운동장에서 노는 것을 관찰하여 그들의 상호작용을 기술한다든지(사진 참조), 생리심리학자가 자연환경에서 동물을 관찰한다든지, 사회학자가 대도시에서 사람들이 어떤 대중교통수단을 이용하는지를 알아보는 것 등이다.

기술연구의 장점은 복잡한 일상사를 간단하게 묘사하는 것이다. 예를 들면, 조사연구는 많은 사람들의 생각을 파악하게 해주고, 자연관찰은 사람이나 동물들의 자연발생적 행동을 묘사해준다. 그래서 기술연구는 현재 일어나고 있는 일에 대한 이해를 도와준다. 기술연구의 단점은 현재의 상황에 대한 이해에는 도움이 되지만, 그것은 아주 제한된 정적인 상황에 대한 이해일 뿐이다(Leedy & Ormrod, 2013).

## 2) 상관연구

상관연구는 둘 또는 그 이상의 변수 간의 관계를 알아보는 연구이다. 예를 들면, 한 연구에서 부모의 양육행동이 허용적일수록 청년의 자기통제 능력이 감소하는 것으로 나타났다면, 이 결과는 부모의 양육행동과 청년의 자기통제 능력이 서로 연관이 있음을 말해줄 뿐이다. 즉, 부모의 양육행동이 반드시 청년의 자기통제 능력의 원인이 된다고 볼 수는 없다. 오히려 청년의 자기통제 능력 부족이 부모로 하여금 손들게 만들어 청년의 행동을 통제하는 것을 포기하게 만들 수도 있다. 유전적 배경, 빈곤, 사회경제적 지위와 같은 제3의 요인이 두 변수 간 상관의 원인이 될 수도 있다(〈그림 3-3〉 참조).

상관연구에서는 두 변수 간 관계의 정도를 밝히기 위해 통계적 분석에 기초한 상관계수를 사용한다. 상관계수의 범위는 −1에서 1까지이다. 양수는 정적 상관을 의미하며, 음수는 부적 상관을 의미한다. 부호에 관계없이 상관계수가 높을수록 두 변수 간의 관계가 강하다고 할 수 있다.

상관연구의 장점은 현재 우리가 가지고 있는 정보로써 미래상태를 예측할 수 있다는 점이다(Heiman, 2014). 예를 들면, 고등학교의 성적, 수능점수, IQ 점수 등으로 대

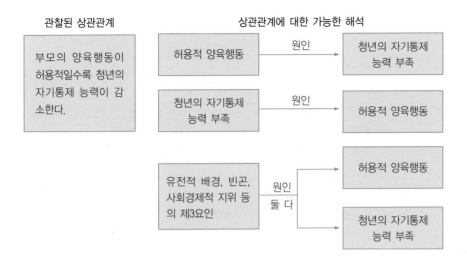

관찰된 상관관계　　　　　　상관관계에 대한 가능한 해석

부모의 양육행동이
허용적일수록 청년의
자기통제 능력이 감
소한다.

허용적 양육행동 ──원인──▶ 청년의 자기통제 능력 부족

청년의 자기통제 능력 부족 ──원인──▶ 허용적 양육행동

유전적 배경, 빈곤, 사회경제적 지위 등의 제3요인 ──원인 둘 다──▶ 허용적 양육행동 / 청년의 자기통제 능력 부족

〈그림 3-3〉 상관관계에 대한 가능한 해석

학에서의 성공여부를 예측할 수 있는 것이다. 상관연구의 단점은 변수 간의 원인과 결과를 파악할 수 없다는 점이다(Howell, 2014; Spatz, 2012).

## 3) 실험연구

상관연구가 단지 두 변수 간의 관계를 말해주는 것이라면, 실험연구에서는 두 변수 간의 원인과 결과를 정확하게 알 수 있다. 실험연구에서는 독립변수를 조작하고 종속변수에 영향을 미칠 수 있는 가외변인을 모두 통제한다. 실험연구는 상관연구가 할 수 없는 두 변수 간의 인과관계를 파악하게 해준다. 이때 독립변수는 원인이 되고 종속변수는 결과가 된다(Kirk, 2013).

예를 들면, 시간관리 강의를 듣는 것이 청년의 학업성적에 영향을 미치는가를 알아보기로 한다면, 시간관리를 듣는 학생과 그 강의를 듣지 않는 학생을 무작위 할당에 의해 두 집단으로 나눈다. 무작위 할당이란 실험집단과 통제집단에 연구대상을 작위적이지 않게 분배함으로써 종속변수에 영향을 미칠지 모르는 가외변수를 모두 통제하는 것을 말한다. 이렇게 함으로써 종속변수에 영향을 미칠지 모르는 연령, 사회계층, 지능, 건강 등에서 두 집단이 서로 다를 가능성을 크게 줄여준다. 이 연구에서 시간관리 강의를 듣는지 안 듣는지가 독립변수가 되고, 학업성적이 종속변수가 된다. 만약 연구결과가 시간관리 강의를 듣는 학생의 성적이 그렇지 않은 학생보다 더 좋은 것으로 나타났다면, 이는 단지 독립변수(시간관리 강의 유무) 때문이다(〈그림 3-4〉 참조).

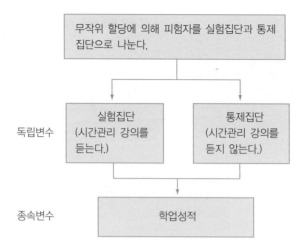

〈그림 3-4〉 실험연구의 예

원인과 결과의 파악이 가능하다는 점에서 실험연구가 상관연구보다는 좋은 것이지만, 다음과 같은 경우에는 상관연구가 보다 현실적인 것이다.

① 연구가 새로운 것이라 어떤 변수를 조작해야 할지 모를 때
② 변수를 조작하는 것이 불가능할 때
③ 변수를 조작하는 것이 비윤리적일 때

Charles Stangor

〈표 3-1〉은 이상 세 가지 연구설계의 특성을 요약한 것이다.

〈표 3-1〉 세 가지 연구설계의 특성

| 연구설계 | 목표 | 장점 | 단점 |
|---|---|---|---|
| 기술 연구 | 어떤 사건의 현재 상태에 대한 대강의 윤곽을 파악한다. | 현시점에서 무슨 일이 일어나고 있는지 비교적 상세하게 알 수 있다. | 변수 간의 관계를 알 수 없다. |
| 상관 연구 | 둘 또는 그 이상의 변수 간의 관계를 알아본다. | 변수 간에 예상되는 관계를 검증하고 예측할 수 있다. | 변수 간의 인과관계를 알 수 없다. |
| 실험 연구 | 독립변수가 종속변수에 미치는 영향을 알아본다. | 변수 간의 인과관계를 알 수 있다. | 모든 변수를 다 조작할 수는 없다. |

출처: Stangor, C. (1998). *Research methods for the behavioral sciences*. Boston, New York: Houghton Mifflin Company.

실험연구의 타당도를 평가하는 데에는 두 가지 기준이 있다. 그중 하나는 내적 타당도이고 또 다른 하나는 외적 타당도이다(Campbell & Stanley, 1963). 내적 타당도(internal validity)는 과연 독립변인이 원인이고 종속변인이 그 결과로서 나타나는가를 알아보는 인과관계(causal relationships)에 대한 것이다. 왜냐하면 독립변인이 아닌 다른 가외변인이 종속변인에 영향을 미쳐서 그러한 결과가 나타날 수도 있기 때문이다. 내적 타당도가 없다면 연구결과를 신뢰할 수 없기 때문에 내적 타당도는 실험연구에서 매우 중요한 것이다.

Donald T. Campbell

외적 타당도(external validity)는 연구결과의 일반화(generalizability) 가능성에 대한 것이다. 다시 말하면, 그것은 연구결과를 다른 모집단과 다른 상황에도 일반화할 수 있는가의 문제이다. 한 연구에서 얻은 결과가 다른 사람이나 다른 상황에 적용할 가능성이 높다면 그것은 그만큼 외적 타당도가 높다고 할 수 있다. 일반적으로 연구자들은 연구결과를 자신의 연구대상과 연구상황을 넘어 다른 모

Julian Stanley

집단과 다른 상황에도 적용하기를 원하기 때문에 외적 타당도 또한 실험연구에서 지극히 중요한 의미를 갖는다.

연구설계는 내적 타당도와 외적 타당도를 모두 갖춘 것이 이상적이지만, 이 두 가지를 모두 갖춘 완벽한 연구설계는 실제적으로는 불가능하다. 왜냐하면 내적 타당도를 높이는 연구설계는 외적 타당도를 낮추게 되고, 그 역도 성립하기 때문이다. 만약 연구결과를 제대로 해석할 수 없다면 그 결과를 일반화하는 데에도 문제가 있다. 따라서 내적 타당도는 외적 타당도의 선결조건이다. 그러나 내적 타당도가 있다고 해서 외적 타당도가 자동적으로 보장되는 것은 아니다. 연구자들은 이 둘 간에 균형을 유지해주는 연구설계를 채택하도록 노력해야 한다.

## 6. 청년발달연구의 접근법

인간의 발달과정을 연구하는 목적 중의 하나는 연령변화에 따른 발달적 변화를 기술하는 것이다. 이때 연구자는 몇 가지 대안을 갖는다. 횡단적 접근법, 종단적 접근

법, 순차적 접근법 등이 그것이다.

## 1) 횡단적 접근법

횡단적 접근법(〈그림 3-5〉 참조)은 각기 다른 연령의 사람들을 동시에 비교연구하는 방법이다. 각기 다른 연령집단(예를 들어, 10세, 15세, 20세)이 IQ, 기억, 또래관계, 부모와의 애착관계, 정체감, 호르몬의 변화 등에 관해 비교될 수가 있다.

이 접근법의 주된 장점은 자료수집이 비교적 짧은 시간 내에 이루어질 수 있다는 점과 피험자가 나이가 들기를 기다릴 필요가 없다는 점이다. 이 접근법은 시간절약이라는 장점에도 불구하고 몇 가지 단점이 있다. 첫째, 개인의 성장곡선의 형태를 밝힐 수 없다. 왜냐하면 평균치로는 청년의 개별적 성장곡선을 알 수 없기 때문이다. 둘째, 어떤 특성의 안정성에 대한 정보를 얻을 수가 없다. 예를 들면, 아동기에 사교적이었던 아동이 사춘기에도 여전히 사교적인지를 알 수가 없다. 셋째, 연령 효과와 출생시기 효과를 구분하여 볼 수 없다. 즉, 횡단적 접근법에서의 연령차이는 연령 그 자체의 영향이라기보다는 동시대 출생집단(cohort) 효과 때문일 수 있다. 동시대 출생집단의 효과는 지능연구에서 특히 중요하다(Schaie, 1994). 횡단적 접근법으로 여러 연령집단에 지능검사를 실시한 결과, 지능은 20세경(청년기)에 절정에 달하며 그 이후에는

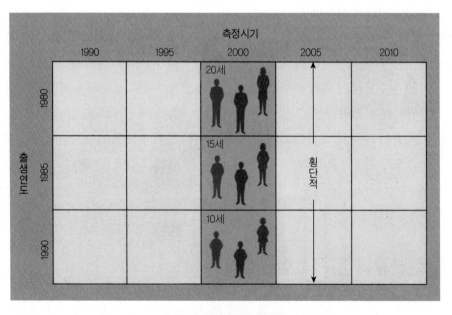

〈그림 3-5〉 횡단적 접근법

출처: Cobb, N. J. (1998). *Adolescence: Continuity, change, and diversity* (3rd ed.). Mayfield Publishing Co.

쇠퇴하는 것으로 나타났다. 그러나 횡단적 연구에서의 이러한 차이는 연령 그 자체의 영향이라기보다는 동시대 출생집단의 차이 때문일 수 있다. 즉, 보다 최근에 태어난 사람들은 보다 양질의 그리고 보다 장기간의 교육을 받았기 때문에 아는 것이 더 많고, 더 많은 기술을 갖고 있을 수 있다. 젊은이의 우수한 지적 수행은 지능이 연령에 따라 감퇴한다기보다 오늘날의 젊은이들이 경험하는 바가 다르며, 따라서 한 세대 전에 태어난 사람들보다 지적 능력을 더 발달시켰다는 의미일 수도 있다.

## 2) 종단적 접근법

종단적 접근법(〈그림 3-6〉 참조)에서는 같은 피험자가 오랜 기간에 걸쳐(보통 수년 또는 수십 년) 연구대상이 된다. 모든 피험자들은 동일한 시기에 출생했고(동시대 출생집단), 동일한 사회문화적 환경에서 성장했으므로, 종단적 접근법은 발달연구에서 규명하려고 하는 연령변화에 대한 정보를 제공해준다. 따라서 횡단적 접근법에서는 알 수 없는, 성장하면서 보여주는 변화까지 알 수 있다는 것이 종단적 접근법의 장점이다 (Cicchetti, 2013).

한편, 종단적 접근법의 단점은 다음과 같다. 첫째, 비용이 많이 들고, 둘째, 시간소모가 많으며, 셋째, 오랜 기간에 걸쳐 연구되기 때문에 피험자의 탈락현상이 있다는

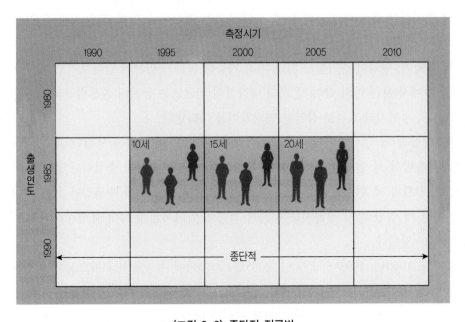

〈그림 3-6〉 종단적 접근법

출처: Cobb, N. J. (1998). *Adolescence: Continuity, change, and diversity* (3rd ed.). Mayfield Publishing Co.

점이다. 따라서 남아 있는 피험자만 가지고 나온 결과를 일반화하는 데 다소 문제가 있다. 넷째, 반복되는 검사로 인한 연습효과가 있다. 피험자들은 한 번 이상의 검사를 받기 때문에, 다음번 검사에서 점수가 높게 나오는 것은 검사상황에 보다 익숙해지거나, 이전 검사에서 비슷한 문제를 어떻게 풀었는지를 기억하는 것과 같은 연습효과를 반영하는 것일 수도 있다. 그러므로 지능이 증가한 것처럼 보이는 것은 능력상의 진정한 향상이라기보다는 수행상의 향상을 반영하는 것인지 모른다.

그러나 어떤 종류의 연구문제는 종단적 접근법에 의해서만 해결될 수 있다. 예를 들어, 인생초기의 경험, 즉 부모의 과보호가 아동의 성격발달에 어떤 영향을 미치는가를 알기 위해서는 종단적 접근법을 사용해야만 한다.

## 3) 순차적 접근법

순차적 접근법은 횡단적 접근법과 종단적 접근법을 절충 보완한 접근법으로서 연령효과와 동시대 출생집단의 효과 및 측정시기의 효과를 분리해낼 수 있다. 여기서 연령효과는 단순히 연령이 증가함으로써 나타나는 효과이고, 동시대 출생집단 효과는 같은 시대에 태어나서 같은 역사적 환경에서 성장함으로써 나타나는 효과이며, 측정시기의 효과는 자료가 수집될 당시 상황의 효과이다.

이 접근법은 몇 개의 동시대 출생집단을 몇 차례에 걸쳐 측정하는 연구방법이다. 어떤 면에서는 순차적 접근법은 몇 개의 종단적 접근법을 합쳐 놓은 것과 같은 것이라 할 수 있다.

예를 들어, 연령이 증가함에 따라 지적 기능에 변화가 있는지 알아보기로 하자. 〈그림 3-7〉에서 보는 바와 같이 세 개의 대각선의 평균들은 동시대 출생집단의 효과뿐만 아니라 측정시기의 효과도 감안한 연령차이를 나타낸다.

제1횡렬의 세 연령집단의 지능을 평균하면 1980년 동시대 출생집단 효과가 나오고, 제2횡렬의 세 연령집단의 지능을 평균하면 1985년 동시대 출생집단 효과가 나오며, 제3횡렬의 세 연령집단의 지능을 평균하면 1990년 동시대 출생집단 효과가 나온다. 이상 세 집단 간의 평균지능은 지적 기능에 있어서의 동시대 출생집단의 효과를 반영하는 것이다.

그리고 1990년, 1995년, 2000년, 2005년, 2010년에 지능을 비교함으로써 측정시기 효과를 알 수 있다. 적절한 통계처리를 함으로써, 우리는 동시대 출생집단 효과와 측정시기의 효과를 배제하게 되어 진정한 연령의 변화를 알 수 있게 된다.

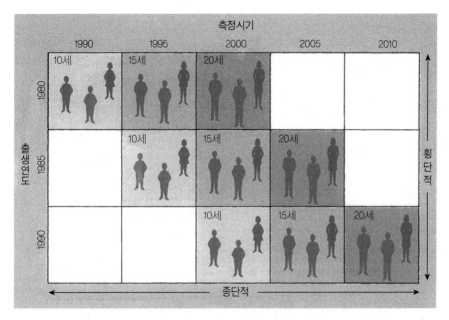

〈그림 3-7〉 순차적 접근법

출처: Cobb, N. J. (1998). *Adolescence: Continuity, change, and diversity* (3rd ed.). Mayfield Publishing Co.

〈표 3-2〉는 이상 세 가지 접근법의 절차, 목표 및 장단점을 요약한 것이다.

〈표 3-2〉 횡단적, 종단적, 순차적 접근법의 절차, 목표 및 장단점

|  | 횡단적 접근법 | 종단적 접근법 | 순차적 접근법 |
|---|---|---|---|
| 절차 | • 각기 다른 연령의 사람들을 동시에 연구한다. | • 동일 연령의 사람들을 오랜 기간에 걸쳐 연구한다. | • 횡단적 접근법과 종단적 접근법의 결합: 각기 다른 연령의 사람들을 몇 번에 걸쳐 연구한다. |
| 목표 | • 연령의 차이를 기술한다. | • 연령의 변화를 기술한다. | • 연령의 차이 및 변화를 기술한다. |
| 장점 | • 연령의 차이를 나타냄으로써 발달의 경향을 일 수 있다.<br>• 시간이 절약되고 경제적이다. | • 시간에 따른 발달의 변화를 알 수 있다.<br>• 이전의 경험 또는 행동과 나중의 경험 또는 행동과의 관계를 알 수 있다. | • 한 동시대 출생집단이 경험하는 발달의 변화가 다른 동시대 출생집단이 경험하는 발달의 변화와 유사한지 어떤지를 알 수 있다. |

| | | | |
|---|---|---|---|
| 단점 | • 연령 효과는 진정한 발달의 변화가 아니라 동시대 출생집단 효과의 반영일 수 있다.<br>• 시간에 따른 개인의 변화를 전혀 알 수 없다. | • 연령 효과는 발달의 변화가 아니라 측정시기 효과의 반영일 수 있다.<br>• 시간과 비용이 많이 든다.<br>• 연구 초기에 개발된 측정도구가 시간이 지나면서 부적합한 도구가 될 수 있다.<br>• 피험자의 탈락현상이 일어날 가능성이 있다. | • 시간이 오래 걸리고 복잡하다.<br>• 가장 효율적인 방법이기는 하지만 발달의 변화를 일반화하는 가능성에 대해서는 의문의 여지가 있다. |

출처: Sigelman, C. K., & Shaffer, D. R. (1995). *Life-span development* (2nd ed.). California: Brooks/Cole Publishing Company.

## 7. 청년발달연구의 윤리적 문제

인간을 대상으로 하는 연구의 어려움 중의 하나는 그들이 연구되고 있다는 사실을 지각함으로써 부자연스러운 반응을 한다는 것이다. 따라서 연구자들은 될 수 있으면 피험자들로 하여금 이 사실을 깨닫지 못하게 해서 자연스러운 반응을 얻어내려고 한다. 그러다 보니 연구자들은 가끔 윤리적 문제에 직면하게 되는데, 때로는 연구내용을 잠시 속이는 경우도 발생한다. 어떤 경우는 피험자들로 하여금 긴장이나 불안감, 부정적 정서를 경험하게 하고 약한 전기충격에 노출시키기도 한다.

물론 연구자들의 이런 행위에는 타당한 이유가 있다. 첫째, 이러한 상황을 연출하는 것이 중요한 어떤 현상을 객관적으로 연구할 수 있는 유일한 방법이라는 것이다. 둘째, 피험자들에게는 대가가 따르겠지만 이 연구로부터 얻어지는 혜택도 크다. 혜택은 이 연구를 통해 얻어지는 인간행동에 관한 지식이다. 셋째, 피험자도 연구에 대한 지식을 갖게 되고, 과학적 연구에 이바지했다는 만족감을 느낄 수 있다. 그러나 어떤 경우에라도 피험자가 연구에 참여함으로써 얻게 되는 혜택이 대가를 능가해야 한다는 사실을 연구자들은 명심해야 한다.

연구의 윤리적 기준에 대해서 학자들 간에도 의견이 일치하지 않을 때가 종종 있다. 하지만 윤리적 기준은 개인적 취향이나 판단의 문제가 아니다. 미국심리학회(APA)와 아동발달연구학회(SRCD)는 인간을 대상으로 하는 연구의 윤리강령을 발표하였는데 그 내용을 요약하면 다음과 같다.

## 1) 피험자를 신체적 또는 심리적 위해로부터 보호한다

아래에 언급된 연구들은 피험자가 신체적 또는 심리적 상처를 받을 가능성이 있는 연구의 예들이다.

① 권위에 대한 복종을 조사한 Milgram(1974)의 연구에서는, 남성 피험자들은 연구자의 지시에 따라 다른 사람에게 전기충격을 가하도록 되어 있었다. 이 연구에서 Milgram은 피험자들이 어느 정도까지 권위에 복종하는지를 알아보고자 하였다. 대부분의 피험자들은 연구자의 지시(권위)에 따라 다른 사람에게 전기충격을 가할 때 커다란 심리적 갈등을 겪었으며, 심한 스트레스를 받은 것으로 보고하였다.

② 자아존중감 손상의 효과를 알아보기 위한 연구(Hull & Young, 1983)에서는, 피험자들에게 지능검사와 사회적 기초능력 검사에서 그들이 실패했다고 속였다.

③ 우울증이 학습에 미치는 효과를 알아보기 위한 연구(Bower, 1981)에서는, 피험자들로 하여금 부정적 정서를 경험하게 하였다.

④ 대학생들이 어떤 상황에서 커닝을 하는지 알아보기 위한 연구(Kahle, 1980)에서는, 시험을 본 후 답안지를 학생들에게 돌려주어 그들로 하여금 채점하게 하였다. 학생들이 자신의 답을 쉽게 고칠 수 있는 상황에서 많은 학생들이 그렇게 하였다. 그러나 학생들은 모르고 있었지만 연구자는 누가 답안을 고쳤는지 알 수 있었다.

## 2) 연구에 참여할 것인지 말 것인지를 자유롭게 선택하게 한다

연구자는 피험자에게 연구의 목적과 연구가 끝났을 때 예상되는 결과에 대해 충분히 설명해주어야 할 의무가 있다. 그리고 피험자들로부터 연구에 참여하겠다는 승낙서(informed consent)를 받아야 한다. 승낙서에 포함되는 사항은 다음과 같다.

① 연구에 소요되는 시간과 연구절차
② 연구에 참여함으로써 예상되는 위험이나 불편
③ 연구로부터 예상되는 혜택
④ 연구에 참여하는 것이 전적으로 자유의사라는 점을 주지시킨다.

다음에 언급된 연구들은 피험자들로부터 승낙서를 받지 않아 문제가 된 예들이다. 1940년 말에서 1970년 사이에 미국정부는 핵전쟁이 일어났을 경우 방사능의 효능을 알아보기 위하여 성인과 아동을 대상으로 방사능 물질을 주사하는 실험을 실시하였다. 1993년 말에 이 연구 사실이 폭로되었을 때, 많은 사람들이 경악을 금치 못하였고, 심지어는 제2차 세계대전 시 나치가 유태인들을 대상으로 행한 '의학적' 실험과 비교하기도 하였다. 일제시대 제731부대에서 일본군이 저지른 '생체실험'의 만행도 이와 유사한 예이다.

James H. Jones

미국정부가 후원한 또 다른 악명높은 연구는 1932년에 매독에 걸린 흑인 청년들을 대상으로 한 40년에 걸친 종단연구이다(Jones, 1981). 1932년 미국 앨라배마 주 '매콘 카운티'에 있는 터스키기(Tuskegee)라는 곳에서 가난한 흑인들 사이에 매독이라는 성병이 급속도로 퍼져나갔다. 매독은 그 증상이 신체적 마비, 실명, 정신이상, 심장질환 등으로 나타나고 끝내는 죽음에 이르는 경우도 있다. 그 당시 매독치료는 안전성이나 효율성 면에서 미심쩍었다. 미국 연방정부와 주정부가 합세하여 매독치료를 받아본 일이 전혀 없는 399명의 흑인 남성들을 대상으로 매독이란 병이 치료를 받지 않을 경우 어떻게 진행되는지 알아보는 연구(Tuskegee 연구라 칭함)에 착수하였다. 매독에 대한 의학적 이해가 불충분했던 당시에는 이 병의 진행경과를 세세히 파악하는 연구가 필요하였다. 혈액검사와 건강진단을 무료로 해주고, 더운 점심을 제공하며, 사망 시 부검을 하되 장례식을 무료로 치러준다고 유혹하여 피험자들로 하여금 고통스러운

사진 설명   간호사 Eunice Rivers가 Tuskegee 연구의 한 피험자인 농부가 일하고 있는 목화밭을 방문하고 있다.

척수천자(spinal taps)[1]를 정기적으로 받게 하였다. 대부분이 문맹인 피험자들에게는 연구의 본질과 목적을 숨기고 척수천자가 매독을 치료하기 위한 것이라고 거짓말을 하였다. 물론 앞으로 매독 치료약이 개발된다고 해도 그 치료에서 이들을 제외한다는 사실도 알려주지 않았다. 그들의 목표는 '피험자들을 사후에 부검하는 것'이었다. 1940년대에 페니실린이 발명된 후에도 그 사실을 피험자들에게 알리지 않았고, 혹 페니실린의 발명 사실을 알고 있는 사람들에게도 주사를 맞지 않도록 유도하였다. 연구자들의 생각에는 이 놀랄 만한 '신약'의 사용이 급증하고 있기 때문에, 치료를 전혀 받지 않은 매독환자들을 연구하기에는 이 Tuskegee 연구가 마지막 기회라고 여겼다. 그러나 실제로는 통제집단(치료를 받은 매독환자 집단)이 없는 것과 같은 방법론상의 결함과 더불어 몰래 치료를 받은 피험자들이 있다는 사실이 그 연구결과를 쓸모없게 만들었다.

Tuskegee 연구에 관한 보고서가 의학전문잡지에 가끔 실렸지만 1960년대 중반까지는 아무도 이에 대해 이의를 제기하지 않았다. 그러다가 1972년에 언론이 이 사실을 폭로하였으며 국회진상조사특위가 구성되어 이 연구를 종결시켰다. 그때까지 살아남았던 이 연구의 피험자들은 국가를 상대로 소송을 제기하여 승소하였다. 그러나 피해자들에 대한 미국정부의 공식 사과는 계속 미루어져 왔는데, 용기를 내어 사과하고 용서를 구한 사람은 바로 미국 42대 대통령 빌 클린턴이다. 그는 1997년 5월, 생존해있던 Tuskegee 연구 참여자 중 5명을 백악관으로 초청하여 사과하였다(사진 참조).

### 3) 피험자의 사생활을 보호한다

행동연구에서 윤리적 문제와 관련된 잠재적 문제는 피험자의 사생활 보호나 익명성 보장에 대한 침해이다. 이 문제는 연구결과가 인쇄되어 피험자의 신분이 노출되는 경우 심각한 것이 된다. 따라서 연구자들은 연구보고서에서 가끔 가명을 사용하기도 한다.

대부분의 경우 자료가 개인 단위로 보고되지 않기 때문에 피험자의 사생활 침해는

---

1) 척수에 주사침을 찔러 척수액을 채취하는 것.

큰 문제가 되지 않지만 성행동이나 음주, 흡연에 관한 개인적인 정보에 관한 연구일 경우는 익명성이 보장되어야 한다.

## 4) 연구의 성격과 이용에 대해 정직하게 알려준다

연구의 성격과 연구결과를 어떻게 이용할 것인지에 대해 피험자에게 정직하게 말하는 것이 중요하지만, 거짓말이 불가피한 경우가 있다. 이타적 행동에 관한 연구를 예로 들면 만약 연구자가 연구를 시작하기 전에 이 연구에 관해 얘기한다면 피험자의 행동은 왜곡될 것이다. 그래서 어떤 종류의 연구에서는 거짓말이 불가피하다. 미국심리학회 윤리강령에서도 거짓말이 불가피한 경우에는 이것을 인정하고 있다.

우리나라의 경우 한국아동학회, 한국인간발달학회, 심리학회의 발달심리분과에서 인간을 대상으로 하는 연구의 윤리적 문제에 대해 자주 논의한 바 있다.

2010년 현재 '한국학술단체총연합회'에서 연구윤리 지침을 마련하고 있는데, 이 지침은 학술연구분야 표절 및 중복게재 등과 관련한 기준을 제시하여 연구윤리에 대한 사회적 의식을 제고하고, 건전한 학문발전에 이바지함을 목적으로 한다.

# 제2부

# 청년발달의 생물학적 과정

청년기의 생물학적 과정은 신체적 변화와 연관이 있다. 부모로부터 물려받은 유전인자, 뇌와 신경계의 발달, 청년기의 성장급등, 내분비선의 변화 그리고 사춘기에 나타나는 호르몬의 변화로 인한 성적 성숙 등은 모두 청년발달에 있어서 생물학적 과정의 역할을 반영하는 것이다.

청년기에서 생물학적 발달의 가장 중요한 측면은 사춘기이다. 사춘기의 변화는 청년기의 보편적 특징이며 출생 후 가장 광범위하고 급속한 변화를 수반한다. 그러나 신체적 변화보다 더 중요한 것은 신체적 변화에 대한 자신과 타인의 반응일 것이다. 청년은 그들 자신의 변화를 예민하게 인식한다.

사춘기에 볼 수 있는 신체변화의 두 측면은 청년의 심리적 기능에 중요한 의미를 지닌다. 첫째는 사춘기 상태(pubertal status)의 문제로서 청년 자신이 겪는 신체적 변화이고, 둘째는 사춘기 시기(pubertal timing)의 문제로서 그러한 신체적 변화의 시기가 또래들과 비교해서 어떠한가 하는 것이다.

사춘기 상태의 효과는 심리적 기능에 직접 영향을 줄 수도 있고, 사춘기 변화가 사회환경 속의 자신이나 타인들의 사회적·심리적 반응에 매개되어 심리적 기능에 간접적인 효과를 줄 수도 있다. 사춘기 시기의 효과는 직접적인 생물학적 원인이 있기는 해도 그러한 효과들은 대개 또래들의 사춘기 시기와 관련된 자신의 사춘기 시기와 더불어 자신과 타인의 심리적·사회적 반응 간의 상호작용의 결과이다.

청년기는 질병으로부터 비교적 자유로운 건강한 시기이다. 하지만 대부분의 청년들은 자신의 건강상태가 양호하기 때문에 건강에 별로 신경을 쓰지 않고, 오히려 좋지 못한 건강습관으로 인해 질병에 노출될 위험이 크다. 청년기의 건강문제는 대부분 청년의 행동 및 생활습관과 밀접하게 관련되어 있다. 좋은 건강습관은 여러 가지 질병으로부터 청년들을 보호해준다.

제2부에서는 먼저 청년발달의 유전학적 기초를 살펴봄으로써 유전이 청년발달에 미치는 영향에 대해 살펴보고, 다음으로 청년기의 대표적인 신체발달의 여러 양상에 대해 알아보고자 한다. 끝으로 청년기의 건강관리와 영향요인, 성격요인과 질병, 영양문제 등에 관해 살펴보기로 한다.

# 청년발달의 유전학적 기초

유전과 환경에 관한 무서운 사실은 우리들 부모가 두 가지를 모두 제공한다는 점이다.

Notebook of a Printer

좋은 유전적 자질을 가진다는 것은 카드놀이에서 좋은 패를 쥔 것과 같지만, 좋은 환경은 그 놀이판에서 이기도록 해주는 것이다.

Walter C. Alvarez

유전은 축적된 환경에 불과하다.

Luther Burbank

인간이 적응할 수 없는 환경이란 없다.

Leo Tolstoy

이 세상에서 성공한 사람들은 일어나서 자신이 원하는 환경을 찾는 사람들이다.
따라서 원하는 환경을 찾을 수가 없다면, 그러한 환경을 스스로 만들도록 하라.

George Bernard Shaw

나는 나와 나의 환경이 합쳐진 존재이다.

Jose Ortega Gasset

신체적 특성뿐만 아니라 성격적 특성까지 인간은 수많은 특성들을 부모로부터 물려받는다. 이러한 특성들은 어떻게 유전되는 것일까? 다시 말해서, 유전정보는 어떻게 한 세대에서 다음 세대로 전해지는가? 모든 종(種)에는 한 세대에서 다음 세대로 그 특성을 전달하는 기제가 있다. 이 기제는 유전의 법칙으로 설명된다. 우리 인간은 부모로부터 물려받은 유전정보를 갖고 있는데, 이 정보는 우리 신체 내의 모든 세포에 저장되어 있다. 인간의 유전정보는 한 가지 점에서 중요한 동일성을 갖는다. 그것은 모든 인간은 인간의 유전정보를 갖고 있다는 점이다. 이로 인해 인간의 수정란은 개나 소 또는 돼지로 성장하지 않고 인간으로 발달하게 되어 있다.

이 장에서는 인간의 생식에 관여하는 생물학적 과정을 살펴보고, 부모로부터 유전정보가 어떻게 자녀에게 전달되는지 알아보고자 한다. 그리고 최근에 와서 크게 주목을 받고 있는 유전자 이상과 유전상담에 관해 살펴본 다음, 유전과 환경이 인간발달에 미치는 영향에 관해서 알아보기로 한다. 오늘날 인간발달학자들의 대부분은 유전과 환경의 상호작용에 의해 인간발달이 이루어진다고 믿고 있지만 그 기제는 매우 복잡하다.

# 1. 유전의 기제

인간의 수정란은 어째서 개나 소와 같은 동물이 아니라 인간으로 발달하게 되어 있는가? 자녀는 어떻게 해서 부모의 특성(예를 들면, 큰 키와 갈색 머리카락 등)을 그대로 물려받는가? 접합체라는 단세포로부터 어떻게 신체의 여러 부분을 형성하는 수십 억 개의 세포가 만들어지는가?

이상의 질문들은 유전이란 무엇인가라는 난제(難題)의 핵심이 된다. 따라서 유전에 관한 기본 지식은 인간발달을 이해하는 데 필수적이다.

## 1) 유전인자

인간의 생식세포를 배우체(gametes)라고 한다. 여성의 배우체를 난자라고 하는데, 난자는 인체에서 가장 큰 세포로서 크기가 0.14~0.2mm 정도이다. 남성의 배우체를 정자라고 하며 그 크기는 난자의 $1/40$ 정도이다. 인간의 생식과정은 난자와 정자가 만나 수정이 이루어지면서 시작된다. 수정을 통해서 형성된 단세포를 접합체(zygote)라고 한다(〈그림 4-1〉 참조).

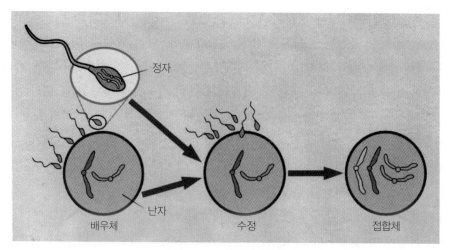

〈그림 4-1〉 배우체와 접합체

정자와 난자가 결합하는 순간 정자로부터 23개의 염색체가 그리고 난자로부터 23개의 염색체가 각각 방출되어 새로운 46개의 염색체 배합이 형성된다. 인간의 모든 유전적 잠재성은 이 46개의 염색체에 의해 결정된다. 23쌍의 염색체 중 22쌍은 상염색체(autosome)이며, 23번째 쌍이 성염색체(sex chromosome)이다. 정상적인 여성의 성염색체는 XX이고, 정상적인 남성의 성염색체는 XY이다(〈그림 4-2〉 참조). 즉, 이 염색체 속에 유전의 기본 단위인 유전인자(gene)가 들어 있다(Dillon, 1987). 이 유전인자는 DNA라고 하는 화학물질로 구성되어 있다. DNA는 부모의 어떤 특성이 자손에게 전해질 것인가를 결정하고, 또한 일생을 통한 성장과 발달을 관리한다.

1953년에 James Watson과 Francis Crick이 DNA 분자의 구조를 발견했는데, 이것은 유전인자의 구조를 이해할 수 있게 해준 현대과학의 개가였다. DNA는 나선형 사다리꼴 모양을 하고 있으며, 마치 지퍼처럼 가운데가 열리게 되어 있다(〈그림 4-3〉 참조).

남성                                              여성

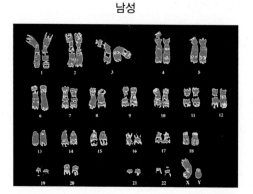
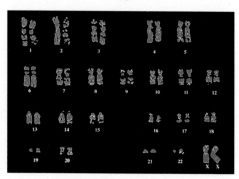

〈그림 4-2〉 정상적인 남성과 여성의 염색체 배열

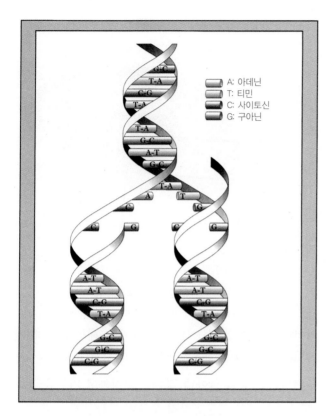

A: 아데닌
T: 티민
C: 사이토신
G: 구아닌

〈그림 4-3〉 DNA의 구조와 복제

James Watson

사진 설명  James Watson과 Francis Crick이 함께 DNA 분자구조를 밝혀냄으로써 1962년에 노벨상을 공동수상했다.

Francis Crick

DNA에 관한 흥미로운 사실은, DNA에 저장되어 있는 정보의 양이 『브리태니커 백과사전』의 모든 판(editions)에 실려 있는 양과 비슷하다는 점이다. 그리고 DNA의 길이는 지구에서 태양까지의 거리에 해당하며, 무게는 $1/2$ g 정도이다.

〈그림 4-4〉와 〈그림 4-5〉는 염색체, 유전인자, DNA에 관한 이해를 돕기 위한 것이다. 유전인자는 유전정보를 내포하는 DNA의 일부분이다. 유전인자는 특정 염색체 내에 지정된 자리가 있다. 최근에 와서 특정 기능과 연관이 있는 유전인자의 특정 위치를 찾아내는 노력에 큰 발전이 있었다. 이러한 발전은 인간게놈 프로젝트(Human Genome Project)의 완성으로 이루어졌다(Brooker, 2015; Cummings, 2014; Mason, Johnson, Losos, & Singer, 2015; Raven, Johnson, Mason, Losos, & Singer, 2014).

인간게놈이란 각 인간세포 속의 DNA를 만드는 약 35억 개의 화학물질인 염기의 정확한 서열을 나타내는 생물학적 지도를 말한다. 게놈 프로젝트는 인간의 특성과 인체운용 프로그램을 기록하고 있는 DNA의 네 가지 염기(아데닌, 사이토신, 구아닌, 티민)

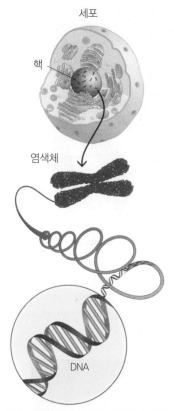

세포

핵

염색체

DNA

(위) 신체는 수십억 개의 세포로 구성되는데, 이 세포들은 생명의 기본 구조 단위이며, 그 가운데에 핵이 있다.

(중간) 염색체와 유전인자는 세포의 핵속에 들어 있다. 염색체는 꼰 실처럼 생긴 구조로 되어 있으며, DNA 분자로 구성되어 있다.

(아래) 유전인자는 유전정보를 내포하는 DNA의 일부분이다. DNA의 구조는 나선형 사다리꼴 모양의 분자로 되어 있다.

**〈그림 4-4〉 세포, 염색체, 유전인자, DNA**

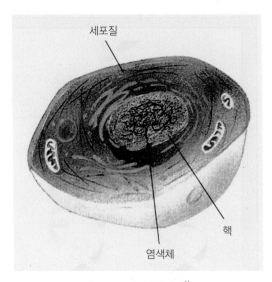

세포질

핵

염색체

**〈그림 4-5〉 핵형(核型)[1]**

의 배열구조를 밝히는 작업이다. 게놈 해독을 통해 인간 유전자를 전체적으로 파악하면 이를 바탕으로 각 유전자의 작용을 알아내 결함을 수정하고 기능을 강화하는 등 다양한 생물공학적 응용이 가능하게 된다.

## 2) 후성유전

John Cloud

최근에 와서 후성유전에 대한 관심이 높아지고 있다(Cloud, 2010). 후성유전이란 DNA 서열을 바꾸지 않으면서 유전자의 표현형 또는 유전자의 발현이 변하는 현상을 말한다. 후성유전학(Epigenetics)이란 바로 이러한 후성유전적 유전자 발현 조절에 관한 모든 현상을 연구하는 학문이다. 이 용어를 처음으로 사용한 Conrad Waddington은 후성유전학을 "발생 과정에서 어떻게 유전형이 표현형을 창출하는가?"를 연구하는 학문이라고 정의하였다. 후성유전학은 DNA에 달라붙는 생화학물질

---

1) 핵을 형태학적으로 연구하여 얻은 염색체의 한 조(組).

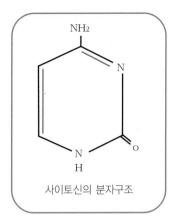

사이토신의 분자구조 　　메틸화된 사이토신의 분자구조

왼쪽 그림은 DNA 염기 서열 중 사이토신의 분자구조이고, 오른쪽 그림은 사이토신 분자에 CH₃ 메틸기가 붙어서 메틸화된 분자구조이다. 후성유전학에서는 DNA 염기 서열에 CH₃ 메틸기의 부착 여부에 따른 유전자 발현 차이를 연구한다.

〈그림 4-6〉 DNA의 메틸화

인 '메틸기'의 패턴에 의해 유전형과는 다른 표현형의 변이가 나타나고 그것이 대물림된다고 본다. 후성유전적 조절을 받은 유전자를 어떻게 가려낼 수 있을까? 유전자에 매달린 특별한 화학적 부착물들이 그 독특한 표지이다. 가장 보편적인 것은 탄소원자 한 개와 수소원자 세 개가 결합한 메틸기(CH₃)를 조합한 부착물이다. 메틸기가 유전자에 붙으면 보통 발현을 억제한다. 〈그림 4-6〉은 DNA의 메틸화에 관한 내용이다. 사이토신(cytosine)에는 원래 메틸기가 붙어 있지 않은데, 메틸화가 일어나면 사이토신에 메틸기가 달라붙는다. 그렇다면 사이토신에 메틸기를 달라붙게 하는 힘은 무엇인가? 그것이 바로 유전자로만 설명할 수 없는 환경의 힘이다. 유전자 입장에서 보면 유전자의 서열 정보는 바뀌지 않은 채로 메틸기가 스위치처럼 붙어서 해당 유전자 발현을 켰다 껐다 하는 역할을 할 수 있도록 변화한 것이다.

후성유전학 연구는 주로 DNA의 메틸화(methylation)[2]에 관한 연구와 관련되어 있다. 일반적으로 메틸화가 많이 되어 있는 염색체 부위는 발현이 줄고, 유전자 발현이 활발한 영역일수록 메틸화가 덜 되어 있다고 알려져 있다. 환경에 적응하기 위해 유전자가 염기서열을 변화시키는 것보다 메틸화를 통해 유전자 발현을 소질하는 것이 훨씬 빠르고 간편한 방법일 수 있다. 즉, DNA의 메틸화는 유전 스위치라고 할 수 있다. 메틸화 여부에 따라 유전 스위치가 켜지고 꺼지기 때문이다(사진 참조).

후성유전학에서 가장 빈번하게 거론되는 사례는 동일한 유전인자를 가지고 태어나

[2] 세포 안쪽을 떠다니는 '메틸기'라는 화학물질이 DNA에 달라붙는 현상을 말한다.

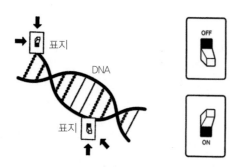

수많은 스트레스원은 히스톤(염기성 단백질의 하나)을 변형시키고, DNA에 메틸기를 부착시킴으로써 후성유전적 표지를 활성화시킨다. 이러한 변화는 유전 스위치를 켰다 껐다 하면서 자손에게 무엇이 유전될 것인가에 영향을 미친다.

는 일란성 쌍생아이다. 일란성 쌍생아들은 동일한 유전자를 지니고 태어났음에도 불구하고 생물학적으로 동일한 형질을 갖지는 않는다. 그 이유가 바로 후성유전체 때문이다. 유전자가 동일할지라도 특정한 메틸기가 유전자 주위에 붙게 되면 그 유전자의 발현을 저해하게 된다. 일란성 쌍생아라도 한쪽은 메틸화가 되어 있을 수도 있고, 다른 한쪽은 메틸화가 되지 않을 수도 있기 때문에 서로 다른 결과가 나타나는 것이다.

후성유전학의 발견은 "획득된 형질은 유전될 수 없다"는 기존 유전의 법칙에 위배된다. 이는 유전자에 의해 운명적인 삶을 살아간다는 생명체의 숙명적 한계에 희망을 주고 있다. 유전자가 모든 것을 결정한다는 기존 관점들이 재고되고 있다. 후성유전학이 흥미롭게 보이는 이유는 라마르크식 '획득형질'을 닮았기 때문이다. 즉, 환경이 유전자에 흔적을 남기고, 흔적이 유전된다. 유전자는 환경의 흔적을 기억한다. 조상이 경험한 환경의 흔적이 후손에게 유전된다. 후성유전으로 달라진 유전자 발현이 다음 세대, 또 그다음 세대까지 이어질 수도 있다. 기존 유전학과 함께 후성유전학 관점에서 인간발달을 연구해야 하는 의미가 바로 여기에 있다.

## 3) 세포분열

수정 후 인간의 성장과 발달은 세포분열에 의해 진행이 되는데, 인체에는 두 종류의 세포가 있다. 하나는 신체세포(body cells)로서 유사분열(有絲分裂: mitosis)에 의해 재생산되며, 골격, 신경, 근육, 소화기관 등을 형성한다. 다른 하나는 난자와 정자를 만드는 생식세포(germ cells)로서 감수분열(減數分裂: meiosis)에 의해 재생산된다.

### (1) 유사분열

유사분열은 염색체가 스스로를 복제(duplication)하는 과정으로부터 시작된다. 복제된 염색체는 모세포의 양쪽 끝으로 옮겨가서 분열을 시작한다. 그리고 분열이 완성되면 모세포와 동일한 23쌍의 염색체를 가진 자세포를 형성하는데, 여기에는 최초의 접합체에 들어 있던 것과 동일한 유전정보가 들어 있다(〈그림 4-7〉 참조). 이 과정은 낡은 세포를 대신해서 새로운 세포가 생성되면서 일생 동안 계속된다. 출생 시 아기는

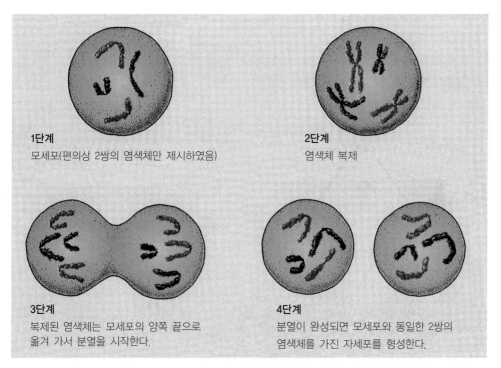

1단계
모세포(편의상 2쌍의 염색체만 제시하였음)

2단계
염색체 복제

3단계
복제된 염색체는 모세포의 양쪽 끝으로
옮겨 가서 분열을 시작한다.

4단계
분열이 완성되면 모세포와 동일한 2쌍의
염색체를 가진 자세포를 형성한다.

〈그림 4-7〉 유사분열

약 10조 개의 세포를 갖고 태어나는데, 성인이 되면 수백 조 개의 세포로 증가한다. 그러나 아무리 많은 세포를 갖게 되더라도 각 세포는 수정의 순간에 접합체라는 단세포에 들어 있던 유전정보를 그대로 전달받게 된다(Johnson, 2012).

### (2) 감수분열

감수분열은 유사분열보다 좀더 복잡하다. 첫째, 생식세포는 46개의 염색체를 복제한다. 둘째, 유전자 교환(crossing-over)이 이루어지는데, 감수분열을 하는 동안 수정란 세포 내의 염색체 간에 유전자가 교환되는 것이다(〈그림 4-8〉 참조). 유전자 교환현상에 의해 유전자 조합의 수는 무한대에 이른다. 이 조합의 수는 지금까지 지구상에 태어난 인간의 수보다 많으므로, 이 지구에는 똑같은 사람이 둘 존재하지 않고(일란성 쌍생아는 제외), 여기에 개인차의 신비가 있다. 셋째, 복제된 염색체는 두 개의 새로운 세포로 균일하게 나누어져서 네 개의 배우체를 형성하게 된다. 이 배우체는 23개의 염색체를 갖게 된다(〈그림 4-9〉 참조).

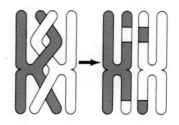

감수분열을 하는 동안 염색체 간에 유전인자가 교환되는 현상

〈그림 4-8〉 유전자 교환(crossing-over)

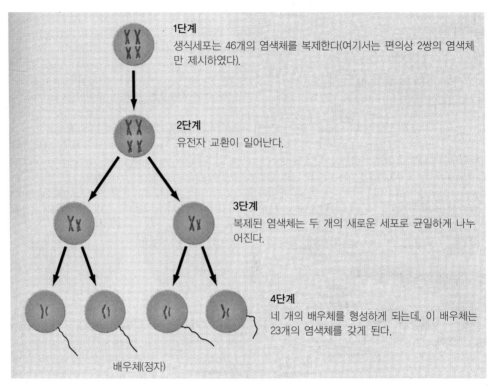

1단계
생식세포는 46개의 염색체를 복제한다(여기서는 편의상 2쌍의 염색체만 제시하였다).

2단계
유전자 교환이 일어난다.

3단계
복제된 염색체는 두 개의 새로운 세포로 균일하게 나누어진다.

4단계
네 개의 배우체를 형성하게 되는데, 이 배우체는 23개의 염색체를 갖게 된다.

배우체(정자)

〈그림 4-9〉 감수분열

인체 내의 모든 세포는 46개(23쌍)의 염색체를 갖고 있는데, 정자와 난자는 이의 절반인 23개의 염색체를 갖는다. 왜냐하면 만약 정자와 난자가 46개의 염색체를 갖게 된다면 이들이 결합할 때 정상적인 염색체의 수인 23쌍이 아니라 46쌍이 되기 때문이다.

Gregor Mendel

## 2. 유전의 법칙

오스트리아의 성직자 Gregor Mendel(사진 참조)은 유전인자나 염색체에 관해 아무것도 알려진 것이 없는 1800년대 중반에, 완두콩을 이용하여 7년간 잡종실험을 계속한 끝에 유전과 관련된 몇 가지 법칙을 발견하였다. 멘델은 1865년 이러한 유전실험의 결과를 『식물잡종에 관한실험』이라는 제목의 글로 발표하였다.

멘델은 황색껍질 완두콩과 녹색껍질 완두콩을 혼성재배(cross-pollination)했는데, 그 결과는 뜻밖에도 모두 황

색껍질 콩이 나온 것이었다. 얼른 보기에는 녹색껍
질 완두콩은 이런 결과에 대해 아무런 영향을 미치
지 않는 것으로 보였다. 그러나 멘델이 이 잡종콩을
다시 교배했더니 $3/4$은 황색껍질 콩, $1/4$은 녹색껍질
콩이 나왔다. 멘델은 자손에게서 좀더 자주 표출되
는 특성을 '우성(dominant)'이라 부르고, 그렇지 않은
것은 '열성(recessive)'이라 불렀다. 그리고 우성인자
의 특성만 자손에게서 표출된다는 우성유전(dominant
inheritance)의 법칙을 밝혀내었다.

오늘날 우리는 인간의 유전법칙이 Mendel이 생각
했던 것보다 훨씬 더 복잡하다는 것을 알고 있다. 여
기서 인간의 특성이 유전되는 방식을 몇 가지 살펴보
기로 하자.

**사진 설명**  멘델의 완두콩 실험은 유전학 연
구의 기초를 마련해주었다.

## 1) 우성유전

부모는 염색체를 통해서 자손에게 유전정보를 전달한다. 염색체의 특정 부위에 어
떤 특성(예를 들면, 머리카락의 색깔)이 서로 다른 표현(예를 들면, 검은색과 갈색)을 하게 되
는 유전인자가 위치하는데, 이것을 대립유전자(alleles) 또는 대립형질이라고 부른다.
이 대립유전자에는 우성과 열성이 있다. 예를 들면, 사람의 머리카락 색깔은 검은색이
우성이고 갈색이 열성인데, 검은색과 갈색은 대립유전자인 것이다. 멘델의 완두콩 실
험에서 황색은 우성이고 녹색은 열성인데, 황색과 녹색은 대립유전자인 것이다. 일반
적으로 우성인자는 알파벳의 대문자로 표현하고, 열성인자는 소문자로 표현한다.

인간은 한 특성에 관해 부모로부터 한 쌍의 대립유전자를 물려받게 된다. 만일 양
쪽 부모에게서 동일한 대립유전자가 전달되면 동질접합(homozygous)이 이루어지고,
상이한 대립유전자가 전달되면 이질접합(heterozygous)이 이루어진다. 예를 들어, 아
버지와 어머니 모두에게서 검은색 머리카락(B)의 대립유전자가 전달되면 자녀의 머
리색깔의 대립유전자는 BB로서 동질접합이다. 반면, 아버지로부터는 검은색(B)의 대
립유전자를 물려받고, 어머니로부터는 갈색(b)의 대립유전자를 받게 되면 자녀의 머
리색깔의 대립유전자는 Bb로서 이질접합이 된다. 이질접합의 경우 단지 한 개의 대
립유전자만 자녀의 특성에 영향을 미치는데, 이것을 우성인자라고 부른다. 그리고 영
향을 미치지 않은 대립유전자는 열성인자라고 부른다.

머리색깔은 우성유전의 한 예이다. 검은색 머리카락(B)의 대립유전자는 우성이고, 갈색 머리카락(b)의 대립유전자는 열성이다. 양쪽 부모로부터 모두 우성인자를 받은 경우(BB)와 한쪽 부모로부터는 우성인자를, 또 다른 쪽 부모로부터는 열성인자를 받은 경우(Bb)는 두 경우의 유전적 구성이 다를지라도 자녀의 머리카락 색깔은 검은색으로 표현된다. 반면, 양쪽 부모로부터 모두 열성인자를 물려받은 경우(bb)에는 열성 특성이 표현되어 자녀의 머리카락 색깔은 갈색으로 나타난다. 이것을 우성-열성 유전법칙(dominant-recessive inheritance)이라 부른다.

머리카락 색깔처럼 우리 눈으로 관찰할 수 있는 특성을 표현형(表現型: phenotype)이라 부르고, 눈에는 보이지 않지만 특수한 유전자의 결합에 의한 유전소질을 인자형(因子型: genotype)이라 부른다. 인자형은 신장이나 체중, 지능 등이 어떻게 표현될 것인지에 대한 아동의 잠재력을 의미한다. 표현형은 신장이나 체중, 지능 등이 실제로 어떻게 표현되는가 하는 아동의 실제 모습과 행동을 의미한다. 표현형은 신장, 체중, 머리카락 색깔과 같은 신체적 특성뿐만 아니라 지능, 창의성, 성격과 같은 심리적 특성도 포함한다. 표현형은 인자형의 잠재력과 그 잠재력이 실현될 수 있는 범위를 설정해주는 환경과의 상호작용에 의한 것이다. 예를 들면, 동일한 신장의 인자형을 가진 두 아동의 경우, 한 아이는 키가 크고, 다른 아이는 키가 작을 수 있다. 반면, 인자형이 다른 경우라도 표현형은 동일할 수가 있다.

## 2) 공우성유전

이질접합에서 인자형이 표현형으로 나타나는 과정에서 우성과 열성이 반드시 절대적인 것은 아니다. 공우성유전(codominance inheritance)은 두 유전인자 간에 우열이 없는 것으로, 이들 두 특징이 합해져서 혼합형으로 나타나기도 한다. 예를 들면, 혈액형 A형과 B형의 대립유전자는 어느 하나가 우성이고, 다른 하나는 열성이고 하는 것이 없다. 즉, A형 대립유전자와 B형 대립유전자를 물려받은 이질접합의 경우 혈액 속에는 똑같은 비율의 A항원(抗原)과 B항원을 갖게 된다. 따라서 만약 자녀의 혈액형이 AB형으로 나타나면 이것은 공우성유전에 의한 것이다.

## 3) 반성유전

인간의 어떤 특성은 성염색체에 위치해 있는 유전인자에 의해 결정되는데, 이것을 반성(伴性)유전(sex-linked inheritance)이라고 한다. 반성유전의 대부분은 X 염색체에 들어 있는 열성인자에 의한 것이다. 적색과 녹색을 구별 못하는 색맹은 반성유전의 한 예이다. 여성의 성염색체는 XX이고 남성의 성염색체는 XY이다. 만약 남성의 X 염색체가 색맹의 열성인자를 갖고 있다면 이 남성은 색맹으로 판명될 것이다. 왜냐하면 남성의 Y 염색체에는 색맹의 대립유전자를 수정해줄 유전인자가 없기 때문이다. 반면, X 염색체가 두 개인 여성의 경우 하나의 X 염색체에 색맹 유전자가 들어 있

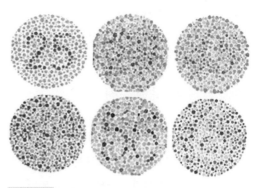

사진 설명    색맹검사

다 하더라도 반드시 색맹이 되는 것은 아니다. 왜냐하면 다른 한쪽의 X 염색체가 정상이라면 우성인 정상유전자가 색맹유전자보다 우세할 것이기 때문이다. 따라서 여성의 경우는 두 개의 X 염색체가 모두 색맹유전자를 갖고 있지 않다면 색맹이 되지 않는다.

혈액이 응고되지 않는 병인 혈우병 또한 반성유전의 예이다. 혈우병은 '왕가(王家)의 병'이라고도 불리는데, 19세기 유럽 왕실에 혈우병 환자가 유독 많았기 때문이다. 이 유전병의 시원(始原)은 영국의 빅토리아 여왕이었다. 여왕에겐 딸이 다섯 있었는데, 그중 두 명이 겉으로는 증세가 없었지만 혈우병의 유전인자를 가지고 있는 보인자(保因者)였다. 이 딸과 손녀들이 독일과 러시아 왕실과 혼인을 하게 되면서 여러 유럽 왕가로 퍼져 나가게 되었다〈(그림 4-10) 참조〉. 그 외 반성유전의 예로는 근육이 점

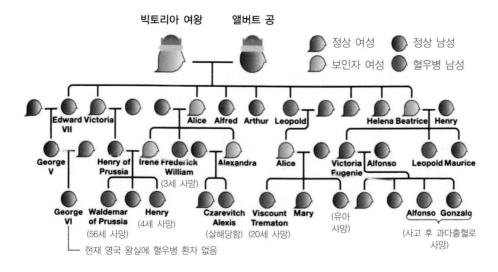

〈그림 4-10〉 '왕가의 병', 혈우병

출처: Kimball, J. W. (1983). *Biology* (5th ed.). Reading, MA: Addison-Wesley.

점 위축되는 병인 근위축증, 망막의 능력이 감퇴하여 밤에는 물건을 식별하지 못하는 증상인 야맹증 등이 있다(Bartel, Weinstein, & Schaffer, 2012; Schulman & Black, 1993).

### 4) 다원유전

지금까지 한 쌍의 대립유전자에 의해 영향을 받는 특성에 관해 살펴보았다. 그러나 인간의 특성은 대부분 여러 쌍의 대립유전자에 의해 영향을 받는데, 이것을 다원(多元)유전이라고 한다. 다원유전(polygenic inheritance)의 예로는 신장, 체중, 지능, 피부색깔, 성격 등 수도 없이 많다(Plomin, 1990). 정확하게 얼마나 많은 쌍의 대립유전자가 신체특성이나 지능, 성격특성 등에 관여하는지 아직 알려지지 않고 있다. 다만 유전인자와 환경의 상호작용에 의해 인간의 많은 특성이 표현되는 것으로 보고 있을 뿐이다.

## 3. 유전인자와 염색체의 이상

신생아의 대부분은 건강한 상태로 태어나지만, 그중에는 선천성 결함을 갖고 태어나는 아기들도 있다. 어떤 결함은 부모로부터 물려받은 유전병에 의한 것이고, 또 어떤 것은 염색체 이상에 기인한다. 여기서는 염색체와 유전인자의 결함으로 인해 나타나는 몇 가지 이상에 관해 살펴보기로 한다.

### 1) 유전인자의 이상

유전인자의 이상에는 우성인자에 의한 결함과 열성인자에 의한 결함이 있다.

#### (1) 우성인자에 의한 결함

일반적으로 정상 유전인자는 비정상 유전인자에 비해 우성이다. 즉, 대부분의 유전병은 열성인자에 의한 것으로, 우성인자에 의한 유전병은 매우 드물다. 우성인자에 의한 유전병의 경우, 보균이 가능한 열성인자에 의한 유전병의 경우와는 달리 반드시 발병하게 되어 있다. 그리고 발병하면 대개의 경우 자녀를 낳을 때까지 오래 살지 못하기 때문에 이 유전자 형질은 영원히 사라지게 된다. 이것이 우성인자에 의한 유전병이 드문 이유이다. 그러나 때로는 이 상황이 뒤바뀌어져서 비정상 특성이 우성인자에 의해 전달되는 경우가 있다. 헌팅턴병이 그러한 경우이다.

헌팅턴병(Huntington's Chorea)은 아동기, 청년기, 성년기까지는 별 문제가 없지만 중년기가 되면 신경세포가 손상되기 시작해서 환각, 망상, 우울증, 성격변화를 포함한 정신장애와 근육이 무력해지는 운동기능장애가 나타난다(Shiwach, 1994). 헌팅턴병 환자는 팔다리를 흐느적거리며 걷기 때문에 마치 춤을 추는 것과 같다하여 헌팅턴 무도병이라고도 부른다. 헌팅턴병은 매우 서서히 진행되지만 점차로 신체적 · 정신적으로 자신을 돌볼 수 없게 되고, 걷는 것이 불가능해지며, 음식물을 삼키지도 못하고, 인지적 기능을 완전히 상실하게 되어 결국에는 사망하게 된다(Berkow, 1987).

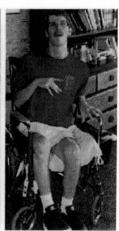

사진 설명  운동선수였던 한 청년이 중년기에 와서 헌팅턴병이 발병한 후의 모습

### (2) 열성인자에 의한 결함

건강해 보이는 사람도 열성인자에 의한 질병의 보유자일 수 있다. 열성인자에 의한 결함은 양쪽 부모로부터 같은 열성인자를 물려받은 경우에만 나타난다. 예를 들어, 한쪽 부모만 결함이 있는 열성인자를 갖고 있는 때에는, 자녀에게서는 그 결함이 나타나지 않는다. 그러나 그 자녀들의 자녀는 그 결함을 나타낼 수도 있고 보유자일 수도 있는 확률이 반반이다.

친척끼리의 결합인 근친혼은 혈통을 보존한다는 의도에서 옛 왕조시대에 흔히 있는 일이었다. 그러나 오늘날에는 근친혼을 지양하고 있다. 그 이유는 같은 조상으로부터 물려받았을지도 모르는 열성인자로 인한 유전병을 줄이기 위한 것이다. 우리 전통사회에서 행해졌던 '백리 밖의 결혼' '동성동본금혼' '월삼성(越三姓)'과 같은 결혼관행들도 열성인자끼리의 결합을 방지하고, 건강한 자녀를 출산하고자 하는 우생학적 목적에 근거한 것이다.

### ① 페닐케토뉴리아(Phenylketonuria: PKU)

열성인자에 의한 유전병 중 가장 보편적인 것이 페닐케토뉴리아이다. 페닐케토뉴리아는 신진대사에 필요한 효소의 결핍으로 인한 유전병이다. 이 효소는 유제품, 빵, 계란, 생선 등에 함유되어 있는 단백질인 페닐알라닌을 아미노산으로 전환해준다. 이 효소가 결핍되면 페닐알라닌이 분해되지 못하고, 그 독성이 신경조직에 축적되어 결과적으로 정신지체를 유발시키는 요인으로 작용하게 된다(Diamond, Prevor, Callender, & Druin, 1997; Mange & Mange, 1990). PKU는 지능장애와 운동신경장애를 동반하는데, 심한 경우 지능지수가 50이하로 떨어지기도 한다. 최근에는 생후 1개월 내 신생아 선별검사로 PKU가 발견되면, 페닐알라닌의 섭취를 제한하는 식이요법을 함으로써 정신지체를 피하게 도와준다(Giovannini, Verduci, Salvatici, Paci, & Riva, 2012).

### ② 겸상적혈구 빈혈(Sickle-Cell Anemia)

겸상적혈구 빈혈은 주로 아프리카인들에게서 발견되는 유전병이다. 다른 지역에서보다 아프리카에서 이 병의 발병률이 높은 이유는 아프리카에는 말라리아가 빈발하는데, 겸상적혈구 빈혈 보균자는 말라리아에 잘 걸리지 않기 때문이다. 바꾸어 말하면, 말라리아에 대한 면역력은 겸상적혈구 빈혈 보균자라는 불이익을 능가하는 유전학적 이점이 있다는 것이다.

일반적으로 적혈구는 원반모양이지만 겸상적혈구 빈혈의 경우 그 모양이 낫(sickle)과 비슷하다(사진 참조). 적혈구 속의 비정상적 헤모글로빈이 적혈구의 모양을 변형시킨 것이다. 이 모양의 적혈구는 정상 적혈구보다 수명이 짧기 때문에 적혈구의 수가 모자라 빈혈의 원인이 되고, 신체로 산소를 운반하지 못하기 때문에 목숨을 잃게 된다(Eckman & Embury, 2011).

사진 설명  겸상적혈구 빈혈 열성인자를 보유한 아프리카 아동들은 말라리아에 잘 걸리지 않는다.

겸상적혈구 빈혈이 있는 경우 아동기에 심장병이나 신장병으로 죽게 되고, 특히 폐렴이나 호흡기 질환에 걸리기 쉽다(Schulman & Black, 1993).

정상 적혈구

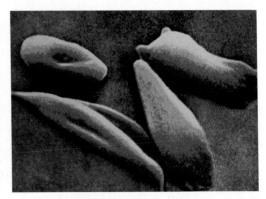
겸상적혈구 빈혈의 적혈구

### ③ 테이색스병(Tay-Sacks)

테이색스병은 주로 동유럽의 후손인 유대인에게서 발견되는 유전병으로 흑내장성가족성치매(amaurotic family idiocy)라고도 불린다. 뇌세포의 지방을 분해하는 효소의 결핍으로 인해 중추신경계가 붕괴되어 경련성 발작을 일으키고 시각장애인이나 청각장애인이 되는 병이다. 테이색스병은 출생 시에는 정상으로 보이지만 6개월부터 발달지체 현상을 보이고, 대개 초등학교에 입학하기 전에 사망한다.

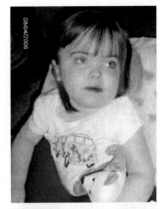

사진 설명   유전병인 테이색스병에 걸린 아이

### ④ 낭포성 섬유증(Cystic Fibrosis)

낭포성 섬유증은 점액, 침, 땀을 생산하는 선(腺, gland)에 이상이 생겨 신체가 너무 많은 점액을 만들어내고, 이것이 폐, 간, 췌장 등의 소화기관에 쌓이게 된다. 낭포성 섬유증 환자는 호흡기 질환에 잘 걸리고, 땀에 염분이 지나치게 많아 쉽게 탈수현상을 일으킨다. 새로운 항생물질의 발견으로 낭포성 섬유증 환자의 수명이 10년 정도 연장되었는데, 이들의 평균예상수명은 30세 정도이다(Wolfson, 1996).

사진 설명   낭포성 섬유증 환자는 호흡기 질환에 잘 걸린다.

## 2) 성염색체 이상

성염색체 이상은 남성의 경우, 여분의 X 염색체를 갖게 되어 XXY 또는 XXXY로 표현되는 클라인펠터(Klinefelter) 증후군과 여분의 Y를 갖게 되어 XYY, XYYY 또는 XYYYY로 표현되는 초웅(Supermale) 증후군이 있다. 여성의 경우는 X 염색체가 하나밖에 없어 XO로 표현되는 터너(Turner) 증후군과 여분의 X 염색체를 갖게 되어 XXX, XXXX 또는 XXXXX로 표현되는 초자(Superfemale) 증후군이 있다. 그리고 X 염색체 결함(Fragile X) 증후군은 X 염색체의 결함으로 인해 발생하는데, 남성과 여성 모두에게서 나타난다.

### (1) 클라인펠터 증후군

클라인펠터 증후군은 남성적 특성이 약하고, 사춘기에 가슴과 엉덩이가 커지는 등 여성적인 2차 성징이 나타난다(사진 참조). 일반적으로 남성의 경우 유방암의 발병률

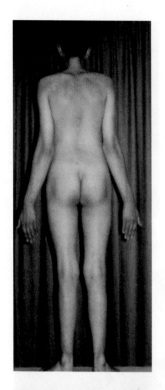

이 매우 낮은 데 비해, 클라인펠터 증후군의 남성은 유방암 발병률이 20배나 높다. 고환이 미성숙하여 정자를 생산하지 못하기 때문에 생식불능이다. 지능이 낮은 경우가 많은데, 특히 언어지능이 떨어진다. 이러한 결함들은 여분의 X 염색체가 많을수록 더욱 현저하다(Ross et al., 2012).

### (2) 초웅(超雄)[3] 증후군

초웅 증후군은 정상 남성보다 키가 훨씬 크고, 특히 치아가 큰 것이 특징이며, 사춘기에 여드름이 심하게 난다. 비정상적으로 적은 수의 정자를 생산하지만 생식능력은 있다. 범죄율이 높고 성인기에 정신분열증의 발병률이 높다. 한때 초웅 증후군의 남성은 지능이 낮고, 폭력적인 것으로 생각되었지만, 연구결과 이러한 가정은 잘못된 것으로 판명되었다(Shafer & Kuller, 1996).

### (3) 터너 증후군

터너 증후군은 난소가 기능을 제대로 하지 못해 여성 호르몬이 부족하고 여성호르몬의 부족으로 사춘기가 되어도 2차 성징이 나타나지 않으며 생식능력이 없다. 언어지능은 정상이지만 공간지각능력은 평균 이하인 경우가 많다. 당뇨병, 연소자형 관절염, 작은 키(단신)가 보편적인 특성이다(Kaur & Phadke, 2012). 갑상선 질환, 결핵성 피부염, 류머티즘성 관절염, 골다공증의 발병률이 높다.

Jeffrey A. Kuller

### (4) 초자(超雌)[4] 증후군

초자 증후군은 외형상으로는 정상적인 여성의 외모를 갖추고 있으며, 생식능력도 가지고 있다. 그러나 지능이 낮으며, 특히 언어적 추론능력이 떨어진다. 이러한 결함은 2세 때에 나타나기 시작하며, 여분의 X 염색체가 많을수록 더욱 현저하다.

### (5) X 염색체 결함 증후군

X 염색체 결함 증후군의 신체적 특징은 얼굴이 길고, 귀가 당나귀 귀 모양을 하고

3) Y 염색체 수가 보통보다 많은 무생식력 웅성(雄性) 생물, 특히 초파리.
4) X 염색체 수가 보통보다 많은 불임자성(不姙雌性) 생물, 특히 초파리.

있으며(사진 참조), 고환이 비대하다. 정신지체, 언어장애, 자폐증 등의 장애가 나타나기도 한다. X 염색체 결함 증후군은 여성보다 남성에게서 발병률이 높다. 그 이유는 남성의 성염색체는 XY인데, 여성의 성염색체는 XX로 X가 두 개이다. 따라서 여성의 경우 결함 있는 X 염색체가 다른 하나의 건강한 X 염색체에 의해 수정·보완될 가능성이 있기 때문이다.

## 3) 상(常)염색체 이상

상염색체(autosomes)는 성염색체를 제외한 22쌍의 염색체를 지칭한다. 상염색체의 결함에서 오는 대표적인 장애가 다운 증후군(Down Syndrome)이다. 다운 증후군은 대부분의 경우, 23쌍의 염색체 중 21번째에 쌍이 아니라 세 개의 염색체가 나타나는 삼체형(trisomy)이다. 그러나 드물게는 21번과 22번 염색체 간의 전위로 인해 발생하는 전위형(translocation)도 있다.

다운 증후군은 신체적 장애와 지적 장애를 동반한다. 신체적 장애로는 뒷머리가 납작하고, 목이 짧으며, 이 외에도 작은 머리, 쭉 찢어진 눈, 납작한 코, 삐죽 나온 혀, 짧고 통통한 사지 등이 그 특징이다(사진 참조). 다운 증후군의 아동은 평균 지능지수가 50 정도로 심한 정신지체 현상을 보인다. 지적 장애가 있음에도 불구하고 다운 증후군의 아동은 속도가 느리기는 해도 정상아동과 비슷한 발달양상을 보인다. 특히 성격이 밝고 사람을 좋아하기 때문에 사교성이 좋다. 백혈병이나 알츠하이머병에 걸릴 확률이 높은데, 흥미롭게도 21번 염색체는 알츠하이머병과 관련이 있는 것으로 밝혀졌다.

다운 증후군은 산모의 연령과 관련이 있다. 즉, 다운 증후군의 발생률은 어머니의 연령이 증가함에 따라 급격하게 증가한다(〈표 4-1〉 참조). 그리고 다운 증후군의 자녀를 출산한 경험이 있는 경우는 발생률이 더욱 증가한다.

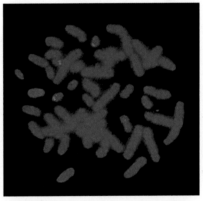

**사진 설명**  핑크색 점들은 21번 염색체가 세 개 있음을 나타낸다.

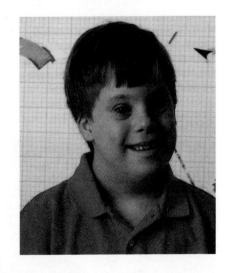

〈표 4-1〉 **어머니의 연령에 따른 다운 증후군의 발생 빈도**

| 어머니의<br>연령 | 다운 증후군의<br>발생 빈도 | 다운 증후군의 자녀를 출산한<br>경험이 있는 경우 |
|---|---|---|
| ~29세 | 1/1000 | 1/100 |
| 30~34세 | 1/700 | 1/100 |
| 35~39세 | 1/220 | 1/100 |
| 40~44세 | 1/65 | 1/25 |
| 45~49세 | 1/25 | 1/15 |

출처: Shafer, H. H., & Kuller, J. A. (1996). Increased maternal age and prior anenploid conception. In J. A. Kuller, N. C. Cheschier, & R. C. Cefalo (Eds.), *Prenatal diagnosis and reproductive genetics*. St. Louis: Mosby.

Peter Benn

노산인 경우, 염색체 이상이 있는 아기를 낳을 확률이 높은 이유는 난자의 노화현상 때문인 것으로 설명할 수 있다. 남성의 경우, 성적 성숙이 이루어진 후에는 계속해서 정자를 생산할 수 있는 반면, 여성은 출생 시 이미 난자를 모두 갖고 태어난다. 따라서 45세 된 여성의 경우, 난자도 45년 동안 환경오염에 노출되거나 단순한 노화현상으로 인해 그 질이 떨어지는 경우가 많기 때문이다. 또 다른 설명으로는 에스트로겐과 감수분열의 관계를 들고 있다. 여성이 폐경기에 접어들면 에스트로겐의 분비가 감소하게 된다. 에스트로겐 분비가 감소하면 감수분열의 속도가 느려져서 염색체가 정확하게 이분되지 않는다는 것이다. 연구결과 어머니의 에스트로겐 분비 수준과 자녀의 다운 증후군 간의 상관관계가 높은 것으로 나타났다(Benn, 1998).

## 4. 유전상담

사진 설명 유전상담을 통해 유전적 결함이 있는 자녀를 출산할 가능성이 있는지 알아볼 수 있다.

유전병의 가능성이 있는 예비부모는 유전상담을 통해서 그 문제를 경감시키거나 피할 수 있다. 가계에 유전병이 있는 경우, 유전적 결함이 있는 자녀를 출산한 경우, 습관성 유산의 경험이 있는 경우, 부모의 연령(특히 어머니)이 많은 경우에는 유전상담이 필요하다.

유전상담은 유전학자나 소아과 의사

를 비롯하여 유전학과 상담분야에 대한 지식이 있는 사람이 주로 하게 된다. 유전상
담은 우선 가계에 유전병이 있는가를 확인하기 위해 부모로부터 가족계보(家族系譜:
pedigree)에 관한 정보를 얻는다. 이 가족계보는 자녀가 유전병을 갖고 태어날 가능성
이 있는지 알아보는 데 유용하다. 그리고 혈액검사, 소변검사, DNA 분석을 통해 예
비부모가 심각한 유전병을 보유하고 있는지 여부를 알아본다. 일단 모든 정보와 검사
결과에 의해 유전병의 가능성이 밝혀지면 유전상담가는 몇 가지 대안을 제시할 수 있
다. 피임을 해서 아기를 낳지 않기로 결정하거나, 건강한 아기를 출산할 가능성도 있
기 때문에 위험을 무릅쓰고 임신을 하기로 결정하는 것이 그것이다. 현대의학은 태내
진단을 통해서 좀더 확실한 것을 알 수 있고, 유전병이 확실한 경우 여러 가지 의학적
처치도 가능하게 해준다.

## 1) 태내진단

양수검사(amniocentesis), 융모검사(chorionic villus sampling: CVS), 초음파검사
(ultrasound 또는 sonography), 태아 MRI(magnetic resonance imaging) 등을 통해 태아의
유전적 결함을 출산 전에 미리 알아볼 수 있다.

### (1) 양수검사

35세가 넘으면 염색체 이상이 급격히
증가하므로 35세 이상의 임부는 양수검
사를 받는 것이 좋다. 양수검사는 주사기
를 가지고 태아를 보호하는 양막의 아랫
부분에서 소량의 양수를 채취하는 방법
이다(〈그림 4-10〉 참조). 양수는 태아의 세
포를 포함하고 있으므로 세포의 염색체
를 분석하여 다운 증후군, 테이색스병, 겸
상적혈구 빈혈, 낭포성 섬유증, 혈우병,
성염색체 이상 등 200여 종의 유전적 결
함을 판별해낼 수 있다(Athanasiadis et al.,
2011; Nagel et al., 2007; Whittle & Connor,
1995). 태아의 성별도 양수검사로 알 수

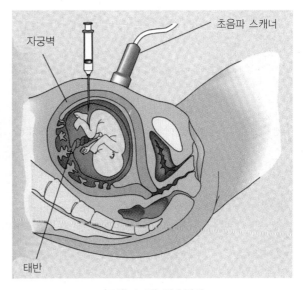

〈그림 4-10〉 양수검사

있는데 이것은 혈우병과 같이 성과 관련이 있는 유전병을 진단하는 데 도움이 된다.

충분한 양의 양수를 얻을 때까지 기다려야 하므로, 최소한 임신 14~16주 이전에는 양수검사를 할 수 없으며, 검사결과는 2주 후에나 알 수 있으므로 태아가 심각한 결함이 있는 경우라도 유산을 하기에는 너무 늦다(Kuller, 1996). 그리고 양수검사를 너무 일찍 하게 되면 자연유산의 위험을 초래할 수도 있다(Saltvedt & Almstrom, 1999).

### (2) 융모검사

양수검사만큼 정확하지는 않지만 임신 8~10주 전에 양수검사의 대안으로 실시하는 융모검사에 의해서도 유전적 결함에 대한 정보를 제공받을 수 있다(〈그림 4-11〉 참조). 융모검사 시 질과 자궁경부를 통해 카테터(Catheter)[5]를 집어넣거나, 배에 주사바늘을 찔러 넣어 태아를 둘러싸고 있는 융모막에서 태아세포를 추출한다. 이를 분석하여 유전병 유무를 알 수 있다(Bauland et al., 2012). 융모막은 임신 2개월간 태아를 둘러싸고 있는 조직층으로서 나중에 태반으로 발달한다. 융모검사의 장점은 임신 2개월 이내에 검사할 수 있다는 점과 결과를 빨리(24시간~1주일 이내) 알 수 있다는 점이다. 융모검사의 단점은 양수검사보다 유산의 위험이 훨씬 높고, 드물게는 사지기형(limb deformities)의 원인이 되기도 한다(Kuller, 1996). 그리고 융모검사는 결과가 확실하지 않은 경우가 많으므로 이때에는 양수검사를 받아야 한다.

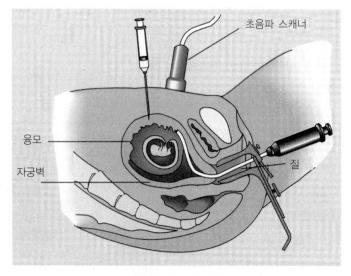

〈그림 4-11〉 융모검사

---

5) 체강(體腔) 또는 공동성장기(空洞性臟器) 내에 삽입하는 데 쓰이는 구멍이 있는 관 모양의 기구.

## (3) 초음파검사

가장 보편적으로 사용되는 초음파검사는 임신 14주 후에 할 수 있으며, 임부의 복부에 초음파를 통하게 함으로써 자궁내부의 사진을 찍어 태아의 영상을 볼 수 있게 해준다(사진 참조). 초음파는 신체기관에 따라 흡수나 방향의 정도가 다르기 때문에 이를 통해 태아에 관한 많은 자료를 제공받게 된다. 정확한 임신기간, 쌍생아 출산의 가능성, 탯줄이나 태반의 위치, 자궁내 이상이나 태아의 사망여부를 알 수 있다. 초음파검사는 많은 부모들로 하여금 자신의 아기를 처음 '만나는' 기쁨을 안겨준다. 일반적으로 초음파검사는 안전한 것으로 생각되지만, 너무 자주 검사를 받게 되면 태아의 성장에 부정적인 영향을 미칠 수 있다(Chitty et al., 2013; Cignini et al., 2010; Newnham, Evans, Michael, Stanley, & Landau, 1993).

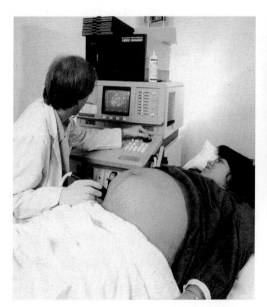
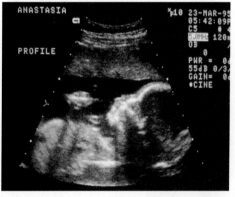

## (4) 태아 MRI

태아의 신체기관과 구조의 영상을 생성하여 기형여부를 진단하기 위해 태아 MRI가 사용된다(Daltro et al., 2010; Duczkowska et al., 2011). 현재 태내진단검사로 초음파검사가 가장 많이 사용되고 있지만 태내 MRI는 초음파검사보다 더 정밀한 영상을 제공해준다. 태반의 이상이나 태아의 중추신경계, 소화기관, 생식기(또는 비뇨기계통) 등의 이상은

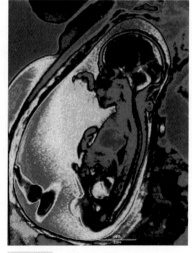

사진 설명    태아 MRI

태아 MRI가 초음파검사보다 더 잘 감지할 수 있다(Baysinger, 2010; Panigraphy, Borzaga, & Blumi, 2010; Sethi et al., 2013; Søensen et al., 2013; Weston, 2010).

## 2) 유전질환 치료

오늘날에는 의학기술의 발달로 말미암아 유전질환을 치료하거나 증상을 완화시키는 것이 가능하다. 예를 들면, 새로운 의학기술로써 자궁내 태아에게 약물치료, 골수이식, 호르몬 치료를 함으로써 유전질환을 치료할 수 있다(Golbus & Fries, 1993; Hunter & Yankowitz, 1996). 그리고 심장, 신경관, 요도, 호흡기 계통의 유전질환을 수술로도 치료할 수 있다(Yankowitz, 1996).

터너 증후군이나 클라인펠터 증후군을 가지고 태어난 아동들에게 호르몬 치료를 하여 이들을 외관상 좀더 정상적으로 보이게 할 수 있다. 혈우병이나 겸상적혈구 빈혈의 경우 정기적으로 수혈을 받아 증상을 완화시킬 수 있으며, PKU의 경우도 페닐알라닌의 섭취를 제한하는 식이요법을 함으로써 증상을 완화시킬 수 있다. 낭포성 섬유증의 경우, 낭포성 섬유증의 유전인자의 위치를 확인하여 유전자 대체치료를 시도해본 결과 장애가 완치된 것은 아니었지만 증상이 많이 완화되었다(Strachan & Read, 1996).

Tom Strachan

유전공학의 발달로 인해 유전자 치료의 가능성도 엿보인다. 유전자 치료는 임신 초기에 결함 있는 유전자를 건강한 유전자로 대체하여 유전결함을 영구히 교정하는 것을 말한다. 동물을 대상으로 한 유전자 치료에서는 몇 가지 유전질환이 성공적으로 치유되었지만, 인간을 대상으로 하는 경우 윤리적인 문제로 인해 인간의 유전자 치료는 아직 실시되지 못하고 있다.

Andrew Read

유전적 질환을 일찍 발견해서 심각한 증상이 나타나기 전에 치료를 받게 된다면, 장애가 있는 많은 아동들이 거의 정상에 가까운 삶을 살 수 있게 될 것이다. 최근에 태아의학, 유전자 지도작성, 유전자 대체치료의 성공에 힘입어 지금까지 불치병으로 여겨졌던 많은 유전질환이 가까운 장래에 치료할 수 있게 되거나 심지어 완치될 수도 있을 것이다.

# 5. 유전과 환경

유전적 요인과 환경적 요인은 아동발달에서 매우 복잡하게 상호작용하기 때문에, 아동의 어떤 특성이 구체적으로 얼마만큼 유전의 영향을 받고 또 얼마만큼 환경의 영향을 받는지를 자세히 밝힌다는 것은 매우 어려운 문제이다. 유전과 환경의 상대적 영향력에 관한 문제는 오랫동안 행동유전학의 주요 주제가 되어 왔다.

Kristen C. Jacobson

행동유전학(Behavior Genetics)은 유전이 인간의 행동특성에 어떤 영향을 미치는가를 밝히는 학문이다(Cherney, 2017; Machalek et al., 2017; Marceau et al., 2012; Maxson, 2013; Pinheiro et al., 2018; Ramaswami & Geschwind, 2018). 일반적으로 행동유전학자들은 인간발달에 미치는 유전의 영향만을 분석하는 것으로 알고 있다. 물론 그들은 유전이 아동발달에 중요한 역할을 하는 것으로 믿고는 있지만, 그들의 관심이 유전에 국한된 것은 아니고 유전과 환경이 어떻게 상호작용하는가에도 관심을 기울인다(Rowe & Jacobson, 1999; Waldman & Rhee, 1999). 행동유전학자와 인간발달학자들이 유전과 환경에 관한 문제를 연구하는 주된 이유는 인간의 성장을 도울 수 있는 바람직한 환경을 제공하기 위해서이다.

Irwin Waldman

## 1) 유전과 환경의 상호작용 모형

유전과 환경이 어떻게 상호작용하는가를 설명해주는 몇 가지 모형이 있는데, 여기서는 반응범위 모형, 수로화 모형, 유전·환경 상호관계 모형에 관해 살펴보기로 한다.

### (1) 반응범위 모형

Gottesman(1974)이 제안한 반응범위 모형은 유전이 어떤 특성이나 행동을 결정하는 것이 아니라, 서로 다른 환경이 아동발달의 가능성의 범위를 결정한다고 주장한다. 즉, 환경이 유전을 제한하는 작용을 한다는 것이다. 여기서 반응범위(reaction range)란 인자형이 표현형으로 나타나는 과정에서, 유전적 특성이 환경조건에 따라 변화될 수 있

Irving Gottesman

Sandra Scarr

는 범위를 말한다. 체격을 예로 들면, 체격은 생물학적 과정에 크게 의존하며 유전의 통제를 받지만 아동의 영양상태(환경)에 따라 그 범위가 달라진다.

행동유전학자인 Sandra Scarr(1984)는 반응범위를 다음과 같이 설명한다. 우리는 모두 일정한 범위의 잠재력을 갖고 있다. 예를 들면, '중간정도 신장'의 유전인자를 가진 사람이 궁핍한 환경에서 자라면 평균보다 신장이 작아지는 경향이 있다는 것이다. 그리고 풍요로운 환경에서 자라 영양상태가 좋으면 평균보다 신장이 커질 가능성이 많다. 그러나 환경이 아무리 좋다 하여도 '단신'의 유전인자를 가진 사람이 평균 신장을 능가하기는 어렵다. Scarr는 지능이나 성격도 이와 유사하다고 믿는다.

한편, 유전은 반응범위에 영향을 미친다. 즉, 어떤 특성의 반응범위가 넓은지 좁은지는 유전에 의해 결정된다. 〈그림 4-12〉는 반응범위 모형에 관한 것으로, 모든 인자형(A, B, C, D)의 경우 반응범위(RR)는 인자형에 의해 결정된다. 반응범위 내에서 아동의 발달수준은 환경요인에 의해 결정된다. 인자형 A의 경우 평평한 곡선은 환경수준의 큰 차이에도 불구하고 반응범위의 폭이 매우 좁다. 인자형 B와 C의 잠재적 발달수준은 환경에 따라 인자형 A보다 폭이 넓다. 그리고 인자형 D는 어느 인자형보다도 그 반응범위가 넓다.

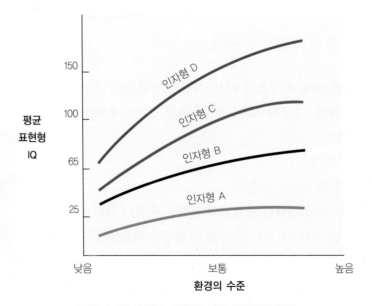

〈그림 4-12〉 환경의 영향에 대한 인자형의 반응

## (2) 수로화 모형

Conrad Waddington(1966)은 수로화(canalization)라는 용어를 사용
하여 왜 어떤 특성은 유전의 영향을 더 많이 받는지 그 이유를 설명
하고 있다. 수로화의 사전적 의미는 운하를 파고 배출구를 만들어 흐
름의 방향을 유도한다는 의미로서, 강하게 수로화된 특성일수록 유
전적으로 설계된 계획을 따르기 때문에 환경의 영향을 거의 받지 않
지만, 약하게 수로화된 특성은 환경의 영향을 많이 받게 된다고 한다
(〈그림 4-13〉 참조).

Conrad Waddington

만약 도로 한복판에 깊게 팬 구덩이가 있으면 폭우가 온 다음에 빗
물은 그 구덩이로 흘러들 것이다. 그러나 도로
양쪽 끝에 수로가 깊이 파져 있다면 빗물은 도
로 한가운데의 구덩이 대신에 수로를 따라 흘러
들어 갈 것이다. 이와 마찬가지로 인간의 특성
도 강하게 수로화된 특성일수록 환경의 영향을
덜 받을 것이라고 한다.

강하게 수로화된 특성 중 한 가지 예가 영아
의 옹알이다. 모든 영아들은, 심지어 농아까지
도 생후 2~3개월이 되면 옹알이를 시작한다.
이처럼 강하게 수로화된 특성에는 환경이 별 영
향을 미치지 못한다. 단지 유전인자에 프로그램
된 성숙계획에 따라 그 특성이 나타날 뿐이다.
반면, 지능, 성격, 기질과 같이 덜 수로화되어 있
는 특성은 유전경로에서 벗어나 다양한 인생경
험에 따라 여러 방향으로 발달할 수 있다.

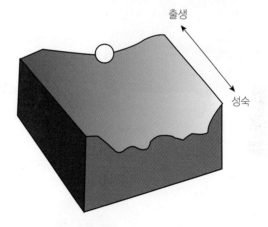

흰색 공은 아동을 의미하며, 아동이 발달하는 여러 방향(실
제로는 이보다 훨씬 더 많다)이 함께 제시되어 있다.

**〈그림 4-13〉 Waddington의 수로화 모형**
출처: Waddington, C. H. (1957). *The strategy of the
genes.* London: Allen & Unwin.

최근에 와서 수로화 개념을 확장하여, 강력한 환경적 영향도 유전적 요인과 마찬가
지로 인간발달을 제한할 수 있다는 주장이 제기되고 있다(Gottlieb, 1991). 예를 들면,
영양과 사회적 자극이 적절하지 못한 초기 환경은 아동의 성장발육을 저해하고, 지적
발달에 장애를 초래한다는 것이다.

결론적으로 수로화 개념을 간단히 정리하면 다음과 같다(Shaffer, 1999). 첫째, 아동
이 발달하는 방향에는 여러 경로가 있고, 둘째, 유전과 환경이 상호작용하여 발달의
방향이 결정되며, 셋째, 유전이나 환경 어느 쪽이든 다른 한쪽이 영향을 줄 수 있는
범위를 제한한다.

### (3) 유전 · 환경 상호관계 모형

최근에 와서 행동유전학자들은 우리가 경험하는 환경의 종류에 유전인자가 영향을 미친다고 주장한다. 즉, 유전적으로 유사한 사람들은 환경을 선택할 때에도 서로 유사한 환경을 선택한다는 것이다(Plomin, Reiss, Hetherington, & Howe, 1994). Scarr(1993)는 유전과 환경의 상호관계를 다음과 같이 세 가지로 설명하고 있다.

#### ① 수동적 유전 · 환경 상호관계(passive genotype-environment correlations)

이 경우는 스스로 환경자극을 선택할 수 있는 능력이 없는 어린 아동들이 부모나 주위의 어른들이 제공하는 환경자극에 수동적으로 노출되는 경우에 해당된다(사진 참조). 예를 들어, 유전적으로 음악적 재능이 있는 부모는 자녀로 하여금 음악에 관심을 갖게 만드는 가정환경을 조성할 것이다. 자녀는 음악적 환경에 노출될 뿐만 아니라 부모의 음악적 재능을 유전적으로 물려받았기 때문에, 유전적으로나 환경적으로나 음악을 좋아하게 된다. 이 경우에 유전과 환경의 영향은 밀접한 관련이 있다.

#### ② 능동적 유전 · 환경 상호관계(active genotype-environment correlations)

이 경우는 아동의 경험이 가족 이외의 학교나 이웃 그리고 지역사회로 확대됨에 따라 자신의 유전적 성향과 가장 잘 맞는 환경을 능동적으로 선택하는 경우에 해당된다. 예를 들어, 운동에 소질이 있는 아동은 특별활동시간에 축구부에 들어 축구연습을 할 것이고, 음악에 소질이 있는 아동은 음악반에 들어가 음악활동을 할 것이다(사진 참조). 외향적 성향의 아동은 친구들과 어울려서 하는 활동을 선호할 것이고, 반면, 내성적인 아동은 혼자서 하는 활동을 선호할 것이다. 이와 같이 유전적 성향이 다른 아동들은 각기 자신에게 맞는 다른 환경을 선택하게 되는데, 이러한 선택은 아동의 사회적, 정서적, 지적 발달에 강력한 영향을 미치게 된다.

③ 유발적 유전 · 환경 상호관계(evocative genotype-environment correlations)

이 경우는 아동의 유전적 특성이 아동에 대한 다른 사람
들의 행동에 영향을 미쳐 특정 환경(물리적 · 사회적 환경)을
유발하는 경우에 해당된다. 예를 들어, 잘 웃고 활동적인 아
기는 뚱하고 수동적인 아기보다 다른 사람의 관심과 사회적
자극을 더 많이 받을 것이다(사진 참조). 아동에 대한 다른
사람들의 반응은 아동의 성격을 형성하는 데 중요한 역할을
하는 환경적 영향이 된다. 여기서도 유전과 환경의 밀접한
상호관계를 엿볼 수 있다.

〈그림 4-14〉는 아동의 연령이 증가함에 따라 이상의 세
가지 유전 · 환경의 상호관계가 어떻게 작용하는가를 보여
주고 있다. 그림에서 보듯이 생후 첫 몇 년간은 유아가 집밖
을 돌아다니고 친구를 선택함으로써 환경을 구성하는 능력
이 없으며, 대부분의 시간을 부모가 만들어주는 환경인 집에서 보내기 때문에 이 시
기에는 수동적 유전 · 환경 상호관계가 특히 중요하다. 그러나 학교에 들어가게 되면
자신의 관심이나 활동 또는 친구를 자유롭게 선택하게 된다. 따라서 나이가 듦에 따
라 점점 능동적 유전 · 환경 상호관계가 중요해진다. 유발적 유전 · 상호관계는 연령
에 상관없이 항상 중요하다. 즉, 개인의 유전적 특성과 행동패턴은 언제나 다른 사람
들의 반응을 유발한다는 의미에서 일생 동안 중요하다는 것이다.

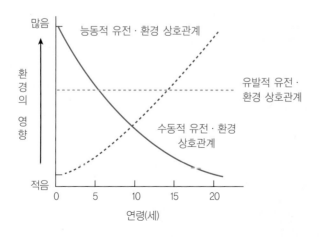

〈그림 4-14〉 연령에 따른 수동적, 능동적, 유발적 유전 · 환경 상호관계의 영향

Francis Galton

Henry Herbert Goddard

## 2) 행동유전학의 연구방법

행동유전학은 행동이 유전과 환경의 상호작용에 의해 결정된다고 가정한다(Goldsmith, 1994). 유전과 환경이 인간발달에 미치는 영향을 연구하기 위해서 행동유전학자들은 혈족 연구(kinship studies), 쌍생아 연구(twin studies), 입양아 연구(adoption studies) 등을 실시한다(Li et al., 2016; Meier et al., 2018; Wahlsten, 2000).

### (1) 혈족 연구

혈족 연구에서는 가까운 혈족끼리 어떤 특성을 얼마나 공유하는가를 연구한다. 어떤 특성에서 혈족 간의 상관이 높으면 유전적 영향이 크다고 볼 수 있다. 혈족 연구의 유명한 예는 Galton의 인종개량에 관한 연구와 Goddard의 Kallikak가계에 관한 연구이다.

Charles Darwin과 사촌간인 Francis Galton은 19세기 말에 여러 분야에서 뛰어난 사람들의 가계를 조사한 결과 많은 경우 그들의 친척들도 우수한 사람들이었음을 발견하였다. 따라서 인간의 지능은 전적으로 유전되는 것으로 보고 영국정부로 하여금 인종개량 프로그램을 실시할 것을 촉구하였다. 다시 말해서 머리가 좋은 사람들이 자녀를 많이 낳음으로써 영국종족이 점점 우수해질 것이라고 Galton은 주장하였다.

거의 같은 시기에 Goddard는 Kallikak[6]의 가계를 조사하였다(사진 참조). 남북전쟁 참전용사였던 Kallikak은 평판이 좋지 않은 술집여자와의 사이에서 자녀를 낳아 후에 480명의 후손을 두었는데, 그들 대부분이 알코올 중독자나 창녀, 정신박약, 심지어는 범죄자가 되었다. 나중에 그는 사회적으로 저명한 훌륭한 여성과 결혼을 했는데 그 후손들은 사회지도자들이 되었다. Goddard의 연구는 유전에 대한 신념에 커다란 공헌을 하였다.

---

6) good-bad라는 그리스어 어원을 가진 가명임.

### (2) 쌍생아 연구

쌍생아 연구에서는 일란성 쌍생아와 이란성 쌍생아를 대상으로 어떤 특성의 유사성이 어느 정도로 상관이 있는가를 비교하게 된다. 일란성 쌍생아는 한 개의 수정란에서 둘로 나누어졌기 때문에 유전인자가 동일하다. 그러나 이란성 쌍생아는 수일 내에 두 개의 난자가 배출되어 서로 다른 정자와 수정된 것이기 때문에 다른 형제자매와 같다고 볼 수 있다. 따라서 일란성 쌍생아가 이란성 쌍생아에 비해 보다 유사한 발달 특성을 보인다면 이는 유전적 영향이 큰 것으로 해석할 수 있다(Bell & Saffery, 2012; Wichers et al., 2013).

### (3) 입양아 연구

입양아 연구에서는 입양아와 양부모 그리고 입양아와 친부모 간의 유사성을 비교한다(Cvijetic et al., 2014; Salvatore et al., 2018). 입양아와 자신의 친부모 및 친형제자매 간에 어떤 특성이 비슷하다면, 이것은 유전의 영향인 것으로 볼 수 있다. 그러나 입양아와 양부모 간에 어떤 특성이 비슷하다면 이것은 환경의 영향인 것으로 볼 수 있다(Kendler et al., 2012).

혈족 연구, 쌍생아 연구, 입양아 연구에서 하나의 가정이 전제되어야 하는데 그것은 비교되는 사람들의 환경이 비슷해야 한다는 것이다. 개인의 발달은 유전적 요인과 환경적 요인의 상호작용에 의해 이루어지므로, 유전적 요인의 영향을 측정한다는 것이 환경적 요인의 영향을 측정하는 것이 될 수도 있기 때문이다. 이러한 문제를 해결하기 위해서 쌍생아 연구와 입양아 연구를 결합시키는 연구가 가능하다. 즉, 같은 집에서 함께 성장한 일란성 쌍생아와 부모의 이혼이나 사망으로 인해 출생 직후 각기 다른 집에서 성장한 일란성 쌍생아를 비교하는 것이다.

## 3) 유전과 환경의 영향을 받는 특성

유전이 얼굴모양, 머리카락의 색깔, 체형 등 신체적 특성에 미치는 영향은 명백하다. 일란성 쌍생아가 각기 다른 환경에서 성장한다 하더라도 그들의 신체적 특성은 별로 차이가 나지 않는다. 한편, 유전이 심리적 특성에 미치는 영향은 신체적 특성만큼 분명하지 않다. 지적 능력, 예술적 재능, 성격적 특성 등이 유전의 영향을 받지만 환경의 영향도 무시 못할 수준이다.

## (1) 신체적 특징

우리가 일란성 쌍생아를 구별하지 못하는 이유는 그들의 신체적 외모가 똑같기 때문이다(사진 참조). 일란성 쌍생아는 신체적·생리적 특성이 같기 때문에 이러한 특성들은 유전의 영향을 많이 받는 것으로 보인다.

머리카락의 색깔, 눈동자의 색깔, 얼굴의 생김새, 피부색, 골격구조 등은 거의 전적으로 유전에 의해 결정된다. 신장과 체중 또한 유전의 영향을 많이 받는 것으로 보인다. 부모가 키가 크면 자녀도 키가 큰 경향이 있고, 부모가 비만이면 자녀도 비만일 가능성이 크다. 그 외 초경연령과 수명도 유전의 영향을 받는다. 왜냐하면 초경, 노화나 죽음도 일란성 쌍생아가 이란성 쌍생아보다 좀더 비슷한 나이에 발생하기 때문이다. 그러나 환경의 영향도 무시할 수 없다. 신장을 예로 들어보자. 한 개인의 신장의 최대치는 유전적으로 결정되지만, 적절한 영양과 건강이 뒷받침되어야만 유전적 잠재력이 최대한으로 실현될 수 있다. 영양실조, 만성질환, 스트레스로 인해 유전적 잠재력에 비해 훨씬 키가 작을 수 있다.

## (2) 지적 능력

유전과 환경의 영향과 관련하여 지적 능력만큼 많이 연구된 주제도 없다. 그 이유는 일반적으로 지능검사에 의해 측정되는 지능은 인간의 핵심적 특성이며, 학업성취와 매우 높은 연관이 있기 때문이다. 많은 연구결과, 유전이 지능에 매우 중요한 역할을 하는 것으로 나타났다(Bouchard, 2018; Cardon & Fulker, 1993; Hill et al., 2018; McGue, Bouchard, Iacono, & Lykken, 1993; Rowe, 1999). 〈표 4-2〉는 가족 간의 지능 상관계수를 보여주고 있다. 〈표 4-2〉에서 보듯이 혈연관계가 가까우면 가까울수록 지능의 상관관계는 높아진다.

유전이 지능에 중요한 역할을 하는 것은 분명하지만 그 영향력에 대해서는 의견이 일치하지 않는다. Jensen(1969)은 지능의 80%가 유전에 의해 결정된다고 주장한다. 반면, 다른 많은 학자들은 유전의 영향력을 50% 정도로 본다(Devlin, Daniels, & Roeder, 1997; Herrnstein & Murray, 1994; Plomin, DeFries, & McClearn, 1990; Weinberg, 1989).

한 가지 명심해야 할 사실은 유전이 지능에 중요한 역할을 하는 것

Richard Weinberg

〈표 4-2〉 가족 간의 지능 상관계수

|  | 함께 자란 경우 | 떨어져 자란 경우 |
| --- | --- | --- |
| 일란성 쌍생아 | .86 | .72 |
| 이란성 쌍생아 | .60 | .52 |
| 형제자매 | .47 | .24 |
| 친부모와 자녀 | .42 | .22 |
| 이복형제 | .31 | |
| 입양부모와 입양아 | .19 | |

출처: Sigelman, C. K., & Shaffer, D. R. (1995). *Life-span human development* (2nd ed.). Brooks/Cole Publishing Company.

은 사실이지만 환경의 영향도 무시할 수 없다는 점이다. 따라서 보다 중요한 것은 지능에 영향을 미치는 요인이 유전이냐 환경이냐를 따지는 것보다 아동의 지적 발달을 최대화하기 위해서 우리가 무엇을 할 수 있느냐 하는 것이다(Bouchard, 1997; Storfer, 1990).

## (3) 기질과 성격특성

신체적 특성이나 지능보다는 영향을 덜 받지만 성격적 특성 또한 유전의 영향을 받는 것으로 보인다. 유아의 성격적 특성은 흔히 기질(temperament)이라는 말로 표현한다. 가장 많이 연구되는 유아의 기질 측면은 쉽게 마음이 산란해지고 스트레스를 잘 받는 정서성(emotionality), 생기와 활기가 넘치는 활동성(activity), 사회적 상호작용을 추구하고 타인에 대해 높은 반응을 보이는 사회성(sociability) 등이다. Buss와 Plomin(1984)의 쌍생아 연구에서 보면 일란성 쌍생아 간에는 정서성, 활동성, 사회성의 상관계수가 모두 .50 이상이었지만, 이란성 쌍생아 간에는 거의 상관이 없는 것으로 나타나 기질도 유전의 영향을 많이 받는 것으로 보인다.

Robert Plomin

아동과 성인을 대상으로 하여 성격특성에서 유전과 환경의 영향을 알아본 연구에서도 비슷한 결과가 나타났다. 수도 많이 연구되는 성격 측면은 내향성-외향성(introversion-extraversion)과 신경증(neuroticism)이다. 내향성-외향성은 수줍음, 암띤 성격, 사교성, 대인관계의 원만성 정도를 가리키는 것으로, 유아기의 사회성 기질과 관련이 있다. 신경증은 성격이 안정되지 못하고, 불안해하며, 쉽게 짜증을 내고, 신경질을 내는 것으로 유아기의 정서성 기질과 관련이 있다. 연구결과, 일란성 쌍생아 간에는 내향성-외향성 및 신경증의 상관계수가 .50 정도였지만, 이란성 쌍생아 간에는 상관계수가 .20 정도로 나타나 유아기의 기질과 마찬가지로 아동기와 성인기의 성격특성도 유전의 영향을 많이 받는 것으로 보인다(Rose, Koskenvuo, Kaprio, Sarna, & Langinvainio, 1988).

### (4) 정신장애

유전의 영향을 가장 많이 받는 정신장애 중 하나가 조현병(정신분열증)이다. 조현병의 증상은 사고가 논리적이지 못하고, 환각이나 환청 등 지각과정의 이상, 적대적이고 충동적인 행동, 현실을 왜곡하는 망상, 변덕스러운 기분, 인간관계의 단절 등이다. 부모가 조현병이면 자녀도 조현병일 확률이 높으며, 이란성 쌍생아(17%)보다 일란성 쌍생아(50%)에게서 발병률이 훨씬 높은 것으로 보아 유전적인 요인이 크게 작용하는 것으로 보인다.

그 외 우울증, 알코올 중독, 유아기 자폐증 등도 유전의 영향을 많이 받는 정신장애이다. 이러한 정신장애는 연령이 증가함에 따라 환경보다 유전의 영향을 더 많이 받는 것으로 보인다(Caspi & Moffitt, 1993; Loehlin, 1992).

Avshalom Caspi

Terrie Moffitt

John C. Loehlin

# 신체발달

청년기에 우리는 무지개로 옷을 해 입고 12궁 성좌(星座)*처럼 화려하다.　Emerson

사춘기는 우리 인생에서 남녀 두 성이 처음으로 만나게 되는 때이다.　Samuel Johnson

젊은 미인의 눈썹이 아무리 아름답다고 한들 그 얼마나 오래 갈 것인가. 잠깐 동안에 백발이 되어 흐트러질 실낱같은 머리털이 되고 말 것을!　古文眞寶

나는 항상 만개한 꽃보다는 피어나려는 꽃봉오리를, 소유보다는 의욕을, 분별 있는 연령대보다는 청소년 시절을 더 사랑한다.　André Gide

만약 내가 신이었다면, 나는 청춘을 인생의 마지막에 두었을 것이다.　Anatole France

모든 것은 젊었을 때에 구해야 한다. 젊음은 그 자체가 하나의 빛과 같은 것이다. 빛이 흐려지기 전에 열심히 구해야 한다. 젊은 시절에 열심히 찾고 구한 사람은 늙어서 풍성하다.
　Goethe

주위 사람들에게서 더 "젊어 보인다"는 말을 듣게 된다면 이미 당신은 젊은 것이 아니다.
　Irving

청년은 노인을 바보 같다고 생각하지만, 노인도 청년을 바보 같다고 생각한다.
　Graham Chapman

* 12개의 별자리: 양자리, 황소자리, 쌍둥이자리, 게자리, 사자자리, 처녀자리, 천칭자리, 전갈자리, 사수자리, 염소자리, 물병자리, 물고기자리

출생 후 첫 2년 동안에도 성장발달은 눈부시게 진행되지만, 청년기 또한 성장의 다른 단계와 쉽게 구별될 수 있을 만큼 급격한 신체적 변화를 보인다. 신장과 체중이 증가하고, 체형이 변화하며, 제2차 성징이 나타나서 이제까지의 소년, 소녀의 모습에서 벗어나 어른이 되어 간다. 이러한 신체적 변화의 중요성은 이에 수반되는 청년기의 심리적 작용으로 인해 더욱 큰 의미가 있다.

청년이 되면 신장과 체중이 급격히 증가하는데, 이것을 청년기의 성장급등이라고 한다. 성장급등 현상은 유전, 영양상태, 인종 등에 따라서 차이가 있으며, 여자가 남자보다 2, 3년 정도 빠르다. 보통 여자의 경우는 11세경에, 남자의 경우는 13세경에 성장급등이 시작된다.

신장과 체중의 증가와 더불어 다른 신체적 변화도 나타나는데, 머리 크기가 신체에서 차지하는 비중이 작아지고, 얼굴모양은 동그란 어린이 모습에서 길쭉한 어른의 모습으로 변화하며, 코와 입이 크고 넓어져 전체적인 얼굴모습이 달라진다. 한편, 신체 각 부분의 성장속도가 달라서 일시적으로 균형을 잃는 수가 있는데, 이는 자연스러운 현상인 것으로 시간이 지나면 균형 잡힌 모습을 갖추게 된다.

대부분의 청년들은 어떤 면보다도 자신의 외모에 더 관심이 많으며, 거울 속에 비친 자기 모습에 불만스러워하는 경우가 많다. 남자들은 큰 키와 넓은 어깨를 원하며, 여자들은 날씬하면서도 볼륨이 있게 되기를 원한다. 너무 큰 코나 지나치게 작은 눈, 많은 여드름 등은 청년들을 고민에 빠지게 한다. 청년들은 남녀 모두 자신의 체중, 피부색, 용모에 대해 걱정하지만, 특히 여자들은 자신의 용모에 더욱 관심이 많다. 이것은 아마도 우리 사회가 여성의 신체적 매력을 더 강조하기 때문일 것이다.

이 장에서는 일반적인 신체발달, 뇌와 신경계의 발달, 내분비선의 변화, 사춘기와 성적 성숙, 성숙의 가속화 현상, 신체변화와 심리적 적응, 사춘기 변화와 행동에 관한 모형 등에 관해 살펴보기로 한다.

# 1. 일반적인 신체발달

출생 후 첫돌까지 신체는 가장 빠르게 변화하지만, 청년의 신체발달도 그에 못지않을 만큼 급격히 진행된다. 신장과 체중이 증가하고, 2차 성징이 나타나서 이제까지의 소년, 소녀의 모습에서 벗어나 점차 어른의 모습으로 변화한다.

## 1) 신장과 체중의 성장

사진 설명    청년기 성장급등은 대체로 여아가 남아보다 2~ 3년 빠른 편이다.

청년기가 되면 신장과 체중이 급격히 성장하는데, 이것을 청년기 성장급등(adolescent growth spurt)이라고 한다. 여아가 남아보다 2~3년 빨라서 대체로 여아의 경우는 11세경에, 남아의 경우는 13세경에 시작해서 4년 정도 지속한다. 여기에는 물론 개인차가 있다(Tanner, 1991).

〈그림 5-1〉은 신장 증가에서의 성차를 보여주고 있다. 여아의 경우는 9세에서 늦게는 15세에 증가를 시작하며, 성장의 절정은 12세 정도이다. 남아의 경우는 10세에서 늦게는 16세에 증가를 시작하며, 성장의 절정은 대개 14세 정도이다(Roche, 1979). 결론적으로 여아가 2년 정도 일찍 성장한다. 이와 같은 성차를 보이는 이유는 여아가 좀더 성숙한 골격구조와 신경구조를 가지고 태어나며, 이와 같은 발달은 아동기를 거치면서 그 성차가 점차 증가하기 때문이다. 남아의 신장 증가는 대부분 21세까지 지속되는 반면, 여아의 경우는 좀더 일찍 증가를 멈

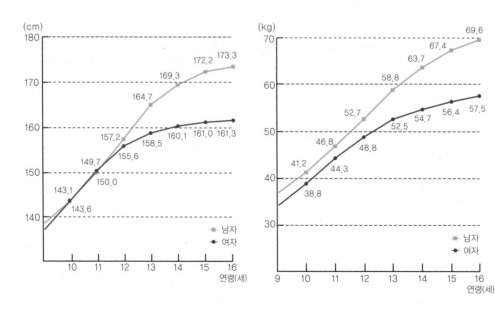

〈그림 5-1〉 청년기의 신장 증가          〈그림 5-2〉 청년기의 체중 증가

출처: 교육부, 한국교육개발원(2020). 교육통계연보 2020. 충북: 한국교육개발원.

춘다. 평균적으로 청년 신장의 98%가 16~17세에 이루어진다(Tanner, 1974).

〈그림 5-2〉는 청년기의 체중 증가를 보여주고 있다. 체중의 증가는 일반 곡선을 나타낸다. 하지만 신장에서와 다른 점은 골격의 성장 외에도 근육, 지방, 그 외 여러 가지 신체기관의 크기 증가도 반영한다. 이것도 역시 남녀 간의 성차를 보여주는 것인데, 평균적으로는 태어나서 7세까지는 여아가 남아보다 가벼우나, 9세경에서 약 14세까지는 여아가 남아보다 체중이 더 나간다. 남아에게는 근육이 체중 증가를 가속화시키며, 피하지방은 여아의 체중 증가를 가속화시킨다. 특히 초경은 체중과 관련이 있는 것으로 보인다. 초경은 여아가 일정한 체중에 도달하면 시작된다고 하는데, 대략 47Kg이라고 한다(Frish & Revelle, 1970). 여자의 월경은 체중의 심각한 손실이나 다른 증상을 초래하는 심리적 이상으로 고통을 겪을 때 일시적으로 중단되기도 한다.

## 2) 그 밖의 신체변화

신장과 체중의 증가와 더불어 다른 신체적 변화도 나타나는데, 남자는 어깨가 넓어지고 근육이 발달하여 남성다운 체형으로 변모하고, 여자는 골반이 넓어지고 피하지방이 축적되어 여성다운 체형으로 변모한다. 또한 머리크기가 신체에서 차지하는 비중이 작아지고, 얼굴모양은 둥근 형에서 길쭉한 형으로 변화하며, 코와 입이 크고 넓어져 전체적인 윤곽이 달라진다(Lloyd, 1985).

Margaret A. Lloyd

외적인 신체변화와 더불어 신체 내부에서도 변화가 일어나는데, 소화기관, 폐, 심장 등에서의 변화가 그것이다. 이들의 변화는 순환, 호흡, 소화, 신진대사에 중요한 영향을 미친다. 예를 들어, 혈류량은 청년기에 증가하는데 특히 남자에게서 뚜렷하며, 혈압은 유아기부터 꾸준히 증가하며 남자가 여자보다 높다. 폐의 크기나 호흡기능에서의 변화는 11세경에 나타난다. 남자는 더 많은 활동을 하는 까닭에 여자보다 폐의 발달이 크게 증가한다. 소화기관에서도 역시 변화가 일어나는데 위가 커지는 것 등이다. 이는 신체의 성장을 지속하기 위해서 더 많은 영양섭취가 요구되기 때문이다(Lloyd, 1985).

그러나 신체의 모든 부분이 다 청년기에 극적인 변화를 겪는 것은 아니다. 예를 들면, 뇌의 발달은 청년기 이전에 거의 완성된다. 즉, 2세 반경에 성인 뇌 무게의 75%가 그리고 10세 이전에 95%가 완성된다(Tanner, 1970).

## 3) 성장속도 곡선

청년기의 신체적 성장과 발달에는 여러 가지 측면이 있지만, 그중 가장 주목을 받는 부분이 신장과 체중, 골격, 생식기관의 발달 그리고 호르몬의 변화 등이다. 이러한 신체적 변화는 모두 같은 성장속도를 갖고 있는 것은 아닌데, 〈그림 5-3〉은 서로 다른 성장속도 곡선을 보여주고 있다.

첫째, 신장과 체중, 간과 신장 등을 포함하는 일반 곡선(general curve)은 처음에는 서서히 증가하다가 12세경에 이르면 급격한 변화를 보인다. 이처럼 청년기에 있어서의 신장과 체중의 급속한 성장을 청년기 성장급등이라 한다. 둘째, 생식기관의 성장 곡선(reproductive curve)은 청년기에 이르면 그야말로 극적인 성장을 보인다. 이와 같은 급속한 발달을 보이는 이유는 청년기에 급격히 증가하는 성호르몬 때문이다. 셋째, 두뇌 곡선(brain and head curve)은 두뇌, 눈, 귀 등의 발달을 포함하는데, 이 부분은 신체의 어느 부분보다도 일찍 성장하여 아동기를 거치면서 거의 발달이 완성된다. 이것은 머리부분이 몸통이나 사지보다 일찍 발달한다는 두미(cephalocaudal)발달 원칙의 영향 때문이다. 넷째, 아데노이드, 림프노이드 등의 임파성 조직 곡선(lymphoid curve)은 매우 독특한 양상을 보이는데, 이것은 청년기 이전에 절정에 도달하여 성인

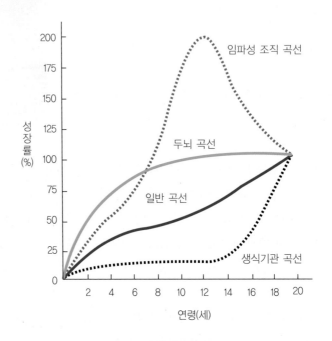

〈그림 5-3〉 성장속도 곡선

출처: Santrok, J. W. (1998). *Adolescence* (7th ed.). New York: McGraw-Hill.

발달의 거의 두 배에 달했다가, 청년기에 이르면 증가하는 성호르몬의 영향을 받아 급격히 감소한다.

## 4) 우리나라 청소년의 신체발육 상황

2019년 우리나라 아동·청소년(만 6~17세)의 체격검사 결과, 17세의 평균 신장은 남학생이 173.8cm, 여학생이 161.2cm로 2018년 남학생 173.6cm, 여학생 160.9cm 와 비교할 때, 남학생은 0.2cm, 여학생은 0.3cm 증가한 것을 볼 수 있다. 우리나라 17세 청소년의 평균 신장을 10년 전인 2009년과 비교하면 남학생은 동일하며, 여학생은 0.1cm 증가하였다.

2019년 연령별 신장의 성차를 살펴보면, 6~9세까지는 대체로 남학생이 여학생에 비해 약 1cm 이상 크지만, 10세부터 11세까지는 여학생이 남학생에 비해 평균 신장이 큰 것으로 나타났다. 이후 12세가 되면서부터 다시 남학생이 여학생에 비해 평균 신장이 2cm 가까이 커지기 시작하여 13~14세가 되면 10cm 가까이 더 커지고, 15세 이후에는 11cm 이상 차이가 나는 것으로 나타났다.

2019년 우리나라 청소년의 체중은 17세 남학생 평균이 71.0kg, 여학생은 57.8kg으로 2018년 남학생 평균 70.8kg에 비해 0.2kg 증가하였으며, 여학생은 평균 57.3kg에 비하여 0.5kg 증가하였다. 2019년 기준 17세 남학생과 여학생의 체중은 평균 13.2kg 차이가 있었고, 10년 전인 2009년에는 남학생은 68.1kg, 여학생은 56.0kg으로 평균 12.1kg 차이가 있었다. 2019년 남학생과 여학생의 체중은 2009년 남학생과 여학생보다 각각 2.9kg, 1.8kg씩 증가한 것으로 나타났다.

2019년 연령별 체중의 성차를 살펴보면, 신장의 성차와는 사뭇 다른 양상을 보여준다. 6세부터 17세까지 계속해서 남학생이 여학생보다 체중이 더 많이 나간다. 6~7세까지는 남학생이 1kg 정도 더 무겁지만 8~11세까지는 2kg 정도 더 무겁다. 12세에는 남학생의 체중이 4kg 정도 더 나간다. 그러다가 13세 이후부터는 남학생이 여학생보다 평균 체중이 6~12kg 이상 많이 나가기 시작해서 17세가 되면 13kg 이상 차이가 나는 것으로 나타났다(여성가족부, 2020; 〈표 5-1〉〈표 5-2〉 참조).

〈표 5-1〉 **우리나라 청소년의 신체발육 상황(성별 · 연령별 신장의 추이)**  (단위: cm)

| 측정 연도 | 6세 | | 7세 | | 8세 | | 9세 | | 10세 | | 11세 | |
|---|---|---|---|---|---|---|---|---|---|---|---|---|
| | 남 | 여 | 남 | 여 | 남 | 여 | 남 | 여 | 남 | 여 | 남 | 여 |
| 2000 | 120.1 | 118.9 | 125.8 | 124.9 | 131.3 | 130.1 | 136.6 | 136.0 | 141.9 | 142.3 | 148.1 | 149.2 |
| 2005 | 120.6 | 119.3 | 126.5 | 125.3 | 132.0 | 131.0 | 137.3 | 137.1 | 143.0 | 143.7 | 149.1 | 150.3 |
| 2006 | 121.7 | 120.2 | 127.1 | 125.8 | 132.6 | 131.5 | 138.7 | 138.3 | 143.5 | 144.4 | 150.0 | 150.9 |
| 2007 | 121.6 | 120.4 | 127.4 | 126.1 | 132.9 | 131.8 | 138.6 | 138.4 | 143.7 | 144.7 | 150.4 | 151.1 |
| 2008 | 122.0 | 120.7 | 127.4 | 126.2 | 133.1 | 131.7 | 138.7 | 138.5 | 143.5 | 144.6 | 150.2 | 151.0 |
| 2009 | 121.9 | 120.6 | 127.7 | 126.2 | 133.0 | 132.0 | 138.3 | 138.0 | 143.9 | 144.7 | 150.5 | 151.0 |
| 2010 | 121.8 | 120.6 | 127.7 | 126.4 | 133.1 | 132.0 | 138.4 | 138.1 | 144.0 | 144.6 | 150.2 | 151.2 |
| 2011 | 121.7 | 120.5 | 127.8 | 126.4 | 133.5 | 132.3 | 138.7 | 138.4 | 143.9 | 144.8 | 150.4 | 151.1 |
| 2012 | 121.6 | 120.2 | 127.8 | 126.5 | 133.4 | 132.3 | 139.1 | 138.5 | 144.1 | 144.9 | 150.6 | 151.1 |
| 2013 | 120.6 | 119.6 | 125.5 | 124.4 | 131.7 | 130.4 | 137.1 | 136.6 | 142.7 | 143.2 | 148.8 | 149.5 |
| 2014 | 120.5 | 119.4 | 125.9 | 124.5 | 131.6 | 130.3 | 137.1 | 136.4 | 142.5 | 142.7 | 148.9 | 149.8 |
| 2015 | 120.5 | 119.4 | 125.7 | 124.5 | 131.5 | 130.5 | 137.1 | 136.5 | 142.9 | 142.9 | 148.9 | 149.8 |
| 2016 | 120.5 | 119.3 | 125.7 | 124.5 | 131.8 | 130.2 | 137.4 | 136.6 | 142.7 | 143.1 | 149.2 | 150.1 |
| 2017 | 120.4 | 119.3 | 125.7 | 124.6 | 131.6 | 130.6 | 137.1 | 136.5 | 142.9 | 143.3 | 149.5 | 150.1 |
| 2018 | 120.9 | 119.8 | 125.7 | 124.6 | 131.7 | 130.5 | 137.4 | 136.6 | 143.0 | 143.2 | 149.6 | 150.0 |
| 2019 | 121.1 | 119.3 | 126.0 | 124.6 | 132.0 | 130.6 | 137.8 | 136.6 | 143.1 | 143.6 | 149.7 | 150.0 |

| 측정 연도 | 12세 | | 13세 | | 14세 | | 15세 | | 16세 | | 17세 | |
|---|---|---|---|---|---|---|---|---|---|---|---|---|
| | 남 | 여 | 남 | 여 | 남 | 여 | 남 | 여 | 남 | 여 | 남 | 여 |
| 2000 | 154.9 | 154.4 | 161.8 | 157.3 | 167.2 | 158.9 | 170.4 | 159.5 | 172.2 | 160.2 | 173.0 | 160.5 |
| 2005 | 156.4 | 154.9 | 163.2 | 157.9 | 168.5 | 159.3 | 171.6 | 160.2 | 172.8 | 160.7 | 173.6 | 161.0 |
| 2006 | 158.1 | 156.1 | 164.2 | 158.2 | 168.7 | 159.5 | 171.8 | 160.4 | 173.0 | 160.7 | 173.9 | 161.1 |
| 2007 | 158.3 | 156.1 | 164.2 | 158.3 | 169.2 | 159.7 | 172.0 | 160.4 | 173.1 | 160.7 | 173.9 | 160.9 |
| 2008 | 158.1 | 155.9 | 164.3 | 158.4 | 169.1 | 159.7 | 172.0 | 160.5 | 173.3 | 160.8 | 173.9 | 161.2 |
| 2009 | 157.8 | 155.7 | 164.3 | 158.0 | 169.1 | 159.6 | 171.9 | 160.4 | 173.2 | 160.7 | 173.8 | 161.1 |
| 2010 | 157.9 | 155.5 | 164.2 | 158.2 | 168.9 | 159.6 | 171.8 | 160.6 | 173.0 | 160.7 | 173.7 | 160.9 |
| 2011 | 158.2 | 155.8 | 164.6 | 158.1 | 168.9 | 159.5 | 171.8 | 160.3 | 173.1 | 160.7 | 173.7 | 161.1 |
| 2012 | 158.2 | 155.7 | 164.3 | 158.0 | 168.7 | 159.3 | 171.8 | 160.2 | 172.9 | 160.6 | 173.6 | 160.9 |
| 2013 | 156.3 | 154.8 | 163.0 | 157.6 | 167.9 | 159.2 | 171.2 | 160.0 | 172.6 | 160.5 | 173.2 | 160.8 |
| 2014 | 156.4 | 155.1 | 163.4 | 157.7 | 168.1 | 159.5 | 171.3 | 160.2 | 172.7 | 160.5 | 173.4 | 160.9 |
| 2015 | 156.6 | 155.4 | 163.7 | 158.1 | 168.4 | 159.4 | 171.5 | 160.4 | 172.7 | 160.5 | 173.4 | 160.8 |
| 2016 | 157.2 | 155.3 | 164.0 | 158.4 | 168.9 | 159.7 | 171.6 | 160.3 | 172.8 | 160.6 | 173.5 | 160.8 |
| 2017 | 157.3 | 155.5 | 164.2 | 158.4 | 168.7 | 159.8 | 171.8 | 160.5 | 172.9 | 160.6 | 173.3 | 160.7 |
| 2018 | 157.2 | 155.5 | 164.3 | 158.4 | 169.1 | 159.9 | 171.8 | 160.8 | 173.1 | 160.9 | 173.6 | 160.9 |
| 2019 | 157.2 | 155.6 | 164.7 | 158.5 | 169.3 | 160.1 | 172.2 | 161.0 | 173.3 | 161.3 | 173.8 | 161.2 |

자료: 교육부 · 한국교육개발원, 교육통계연보(2020).

〈표 5-2〉 우리나라 청소년의 신체발육 상황(성별·연령별 체중의 추이)　(단위: kg)

| 측정 연도 | 6세 | | 7세 | | 8세 | | 9세 | | 10세 | | 11세 | |
|---|---|---|---|---|---|---|---|---|---|---|---|---|
| | 남 | 여 | 남 | 여 | 남 | 여 | 남 | 여 | 남 | 여 | 남 | 여 |
| 2000 | 23.3 | 22.4 | 26.4 | 25.4 | 29.9 | 28.5 | 33.6 | 32.2 | 37.8 | 36.3 | 42.0 | 41.8 |
| 2005 | 24.0 | 22.9 | 27.3 | 26.0 | 31.0 | 29.4 | 34.8 | 33.4 | 39.4 | 38.1 | 44.5 | 43.6 |
| 2006 | 24.5 | 23.2 | 27.7 | 26.4 | 31.6 | 29.7 | 35.8 | 34.0 | 39.8 | 38.6 | 44.7 | 43.7 |
| 2007 | 24.4 | 23.3 | 27.9 | 26.4 | 31.7 | 29.9 | 35.9 | 34.2 | 40.2 | 38.9 | 45.1 | 44.0 |
| 2008 | 24.7 | 23.5 | 27.9 | 26.4 | 31.9 | 29.9 | 36.0 | 34.3 | 40.1 | 38.6 | 45.5 | 44.0 |
| 2009 | 24.7 | 23.5 | 28.2 | 26.6 | 31.7 | 30.0 | 35.9 | 33.9 | 40.6 | 38.8 | 45.9 | 44.0 |
| 2010 | 24.9 | 23.7 | 28.4 | 26.9 | 32.1 | 30.3 | 35.9 | 34.2 | 41.1 | 39.2 | 46.1 | 44.4 |
| 2011 | 24.8 | 23.6 | 28.5 | 26.8 | 32.4 | 30.5 | 36.3 | 34.3 | 40.6 | 39.4 | 46.0 | 44.4 |
| 2012 | 24.7 | 23.5 | 28.4 | 26.8 | 32.4 | 30.4 | 37.0 | 34.9 | 41.0 | 39.6 | 46.2 | 44.2 |
| 2013 | 24.3 | 23.4 | 27.1 | 26.1 | 31.4 | 29.4 | 35.4 | 33.5 | 40.2 | 38.4 | 45.0 | 43.2 |
| 2014 | 24.1 | 23.1 | 27.2 | 25.7 | 30.9 | 29.1 | 35.3 | 33.0 | 39.7 | 37.8 | 45.1 | 43.6 |
| 2015 | 24.1 | 23.2 | 26.9 | 25.8 | 31.0 | 29.4 | 35.3 | 33.2 | 40.2 | 37.8 | 44.7 | 43.5 |
| 2016 | 24.2 | 22.9 | 27.1 | 25.7 | 31.4 | 29.0 | 35.6 | 33.1 | 40.3 | 38.0 | 45.9 | 43.6 |
| 2017 | 24.2 | 23.1 | 27.2 | 25.8 | 31.4 | 29.8 | 35.7 | 33.4 | 40.7 | 38.3 | 46.2 | 44.0 |
| 2018 | 24.4 | 23.6 | 27.4 | 26.1 | 31.9 | 29.6 | 36.0 | 33.5 | 41.0 | 38.6 | 47.0 | 43.8 |
| 2019 | 24.8 | 23.3 | 27.6 | 26.1 | 32.0 | 29.7 | 36.6 | 33.8 | 41.2 | 38.8 | 46.8 | 44.3 |

| 측정 연도 | 12세 | | 13세 | | 14세 | | 15세 | | 16세 | | 17세 | |
|---|---|---|---|---|---|---|---|---|---|---|---|---|
| | 남 | 여 | 남 | 여 | 남 | 여 | 남 | 여 | 남 | 여 | 남 | 여 |
| 2000 | 47.4 | 46.7 | 52.9 | 49.9 | 57.7 | 52.5 | 60.8 | 53.3 | 63.2 | 54.2 | 65.3 | 54.9 |
| 2005 | 50.2 | 47.8 | 55.7 | 51.0 | 61.0 | 53.1 | 64.1 | 54.4 | 66.1 | 55.2 | 68.1 | 56.1 |
| 2006 | 50.7 | 48.0 | 56.6 | 51.2 | 60.5 | 52.9 | 64.3 | 54.2 | 66.5 | 54.8 | 68.2 | 55.4 |
| 2007 | 50.9 | 48.1 | 56.7 | 51.4 | 61.1 | 53.2 | 64.0 | 54.0 | 66.3 | 54.8 | 68.3 | 55.4 |
| 2008 | 50.8 | 48.1 | 56.7 | 51.5 | 61.4 | 53.3 | 63.8 | 53.8 | 65.8 | 54.4 | 67.7 | 55.1 |
| 2009 | 51.9 | 48.0 | 57.0 | 51.2 | 61.5 | 53.3 | 64.2 | 54.3 | 66.5 | 55.2 | 68.1 | 56.0 |
| 2010 | 51.7 | 48.2 | 57.2 | 51.5 | 61.5 | 53.2 | 64.7 | 54.9 | 66.6 | 55.5 | 68.1 | 55.6 |
| 2011 | 52.0 | 48.6 | 57.7 | 51.8 | 61.6 | 53.6 | 64.5 | 54.8 | 66.5 | 55.7 | 68.3 | 56.2 |
| 2012 | 51.7 | 48.7 | 57.6 | 51.7 | 61.6 | 53.7 | 64.9 | 55.1 | 66.6 | 55.9 | 68.4 | 56.2 |
| 2013 | 50.5 | 48.4 | 56.1 | 51.7 | 60.8 | 53.6 | 64.7 | 55.3 | 66.5 | 56.3 | 68.2 | 56.0 |
| 2014 | 50.4 | 48.2 | 56.3 | 51.6 | 60.7 | 53.9 | 64.5 | 55.4 | 67.0 | 56.1 | 68.1 | 56.7 |
| 2015 | 50.6 | 48.2 | 56.8 | 51.7 | 61.3 | 53.9 | 64.8 | 55.4 | 67.3 | 56.5 | 68.9 | 56.9 |
| 2016 | 52.0 | 48.4 | 57.6 | 52.0 | 62.4 | 53.9 | 65.4 | 55.6 | 68.1 | 56.8 | 69.6 | 57.1 |
| 2017 | 52.2 | 48.4 | 57.8 | 51.9 | 62.3 | 54.4 | 66.0 | 55.7 | 68.4 | 57.0 | 70.2 | 57.6 |
| 2018 | 52.4 | 49.1 | 58.6 | 52.3 | 63.3 | 54.8 | 66.6 | 56.4 | 68.8 | 56.8 | 70.8 | 57.3 |
| 2019 | 52.7 | 48.8 | 58.8 | 52.5 | 63.7 | 54.7 | 67.4 | 56.4 | 69.6 | 57.5 | 71.0 | 57.8 |

자료: 교육부·한국교육개발원, 교육통계연보(2020).

## 2. 뇌와 신경계의 발달

두미발달의 원칙에 따라 뇌의 발달은 청년기 이전에 거의 완성된다. 즉, 두 돌이 조금 지나면 성인 뇌 무게의 75%가 그리고 10세 이전에 95%가 완성된다.

지금까지는 청년기 이전에 뇌의 발달이 거의 완성된다고 믿었기 때문에 청년기 뇌의 발달에 관한 연구가 거의 이루어지지 않았다. 그러나 최근에 와서 많은 학자들이 청년의 뇌는 아동의 뇌와는 다를 것이라고 주장한다(Crews, 2001; Keating, 2004; Walker, 2002). 다시 말해서 청년기에도 여전히 뇌의 성장이 이루어진다는 것이다(Blakemore & Mills, 2014; Blakemore & Robbins, 2012; Byrnes, 2012; Forbes & Dahl, 2012).

신경계의 기본 단위인 뉴런은 뇌의 한 부분에서 다른 부분으로, 또는 신체의 한 부분에서 다른 부분으로 정보를 받아들이고 전달하는 역할을 한다. 최근 연구에 의하면 신경계의 발달도 청년기에 계속된다고 한다.

### 1) 뇌의 구조와 기능

청년발달연구에서 뇌의 구조 중 최근에 관심이 집중되고 있는 분야가 대뇌피질이 가지고 있는 네 가지 영역이다. 대뇌피질은 인간고유의 정신기능을 하는 곳으로 뇌 무게의 80% 이상을 차지하고, 뇌구조 중 가장 많은 수의 뉴런과 시냅스를 가지고 있다. 대뇌피질은 계속해서 성장하기 때문에 뇌의 어떤 부위보다도 환경의 영향에 민감하다. 대뇌피질은 네 영역으로 구분되어 각기 세분화된 기능을 담당한다(〈그림 5-4〉 참조). 전두엽(frontal lobe)은 사고와 운동기능을 관장하고, 후두엽(occipital lobe)은 시각, 측두엽(temporal lobe)은 청각을 관장하며, 두정엽(parietal lobe)은 신체감각을 관장한다.

연구에 의하면 대뇌피질이 발달하는 순서는 영아기에 나타나는 여러 가지 능력과 일치한다. 예를 들면, 시각과 청각을 관장하는 피질의 시냅스의 성장과 미엘린의 형성은 시각과 청각의 발달이 급속히 이루어지는 출생 후 3~4개월에 시작해서 첫돌까지 계속된다(Johnson, 1998). 운동기능을 관장하는 피질에서는 머리, 가슴, 팔 등을 통제하는 뉴런이 몸통과 다리 등을 통제하는 뉴런보다 시냅스의 연결이 더 빨리 이루어진다. 언어를 관장하는 피질은 영아가 언어를 습득하는 시기인 영아기 후기부터 학령전기까지 발달이 급속도로 이루어진다(Thatcher, 1991). 시냅스의 연결과 미엘린의 형성이 가장 늦게 이루어지는 부분은 사고와 행동을 통제하는 전두엽이다. 출생 시 미

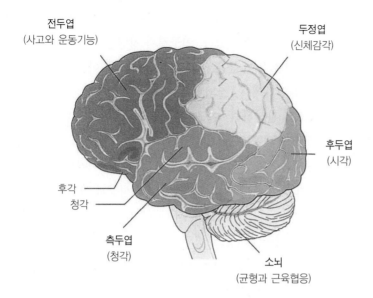

전두엽
(사고와 운동기능)

두정엽
(신체감각)

후두엽
(시각)

후각
청각

측두엽
(청각)

소뇌
(균형과 근육협응)

〈그림 5-4〉 대뇌피질의 구조와 기능

출처: Santrock, J. W. (2005). *Adolescence* (10th ed.). New York: McGraw-Hill.

성숙 상태에 있던 전두엽은 영아기 후반부터 효율적으로 기능을 하기 시작해서 청년기를 지나 성인기까지 성장이 계속된다(Fischer & Rose, 1994; Johnson, 1998). 뇌의 구조 중 또 다른 관심분야는 정서를 관장하는 소뇌편도(amygdala)이다.

지금까지 청년기 뇌의 발달에 관한 연구가 활발하지 못했던 이유는 기술부족에 있었다. 그러나 최근에 와서 자기공명영상(MRI)이나 양전자 단층 촬영법(PET)과 같은 최신 장비의 개발로 인해 청년기 동안의 뇌의 변화를 세밀히 관찰할 수 있게 되었다(Blumenthal et al., 1999; Sowell et al., 2001, 2002). MRI를 사용하여 뇌를 세밀히 관찰한 결과 아동과 청소년의 뇌는 3~15세 사이에 커다란 변화를 겪는 것으로 나타났다(Thompson et al., 2000). 같은 사람의 뇌를 몇 년간 계속해서 조사해본 결과 이 기간 동안에 뇌의 성장급등이 이루어진 것으로 나타났다. 뇌의 어떤 영역은 1년 동안에 거의 2배가 되었는가 하면 불필요한 세포는 소멸됨으로써 어떤 세포조직은 크게 감소하였다. 3~15세 사이에 뇌의 전체적인 크기는 변화가 없었지만 뇌의 가 영역에서는 큰 변화가 있었다.

연구에 의하면 뇌의 성장급등은 영역에 따라 급등의 시기가 다른 것으로 보인다. 3~6세 사이에 가장 빠른 성장은 전두엽에서, 6세부터 사춘기까지는 가장 빠른 성장이 측두엽과 두정엽에서 이루어진다. 또 다른 연구(Baird et al., 1999)에서는 청년기(10~18세)와 성년기(20~40세)에 뇌의 정서에 관한 정보를 처리하는 과정이 서로 다른지 알아보려고 MRI를 사용하였다. 이 연구에서 피험자들에게 MRI 검사를 받는 동안 두려운 표정을 짓고 있는 얼굴사진을 보여주었다. 연구결과 청년들은 정서정보를 처리하는 동안 전두엽보다 소뇌편도의 활동이 높은 것으로 나타났는데, 이것은 성인들을 대상으로 한 연구결과와 정반대의 결과이다. 소뇌편도는 정서를 관장하는 반면 전두엽은 고등 인지기능인 추론과 사고를 관장한다. 연구자들은 이러한 연구결과를 성인들은 정서적 자극에 대해 보다 이성적인 반응을 보이는 반면, 청년들은 감정적인 반응을 보이는 것으로 해석하였다. 연구자들은 또한 이러한 변화는 청년기에 이루어지는 소뇌편도의 성장과 청년기부터 성인기 사이에 이루어지는 전두엽의 성장과 관련이 있는 것으로 결론지었다.

뇌의 발달은 전적으로 생물학적 프로그램에 따른 것이 아니고 환경으로부터 받는 자극의 양과 종류에 의해서도 영향을 받는다(Huttenlocher, 1994). 예를 들면, 영아기의 심한 영양실조는 뉴런의 수, 크기, 구조, 수초화의 속도, 시냅스의 형성에 영향을 미치고, 심각한 뇌손상을 초래한다(Morgan & Gibson, 1991). 또한 지적 자극과 사회적 자극이 풍부한 환경에서 성장한 영아와 이들 자극이 결핍된 환경에서 성장한 영아를 비교해 보면 뇌의 구조와 무게에서 큰 차이를 보인다(Gottlieb, 1991; Kolb, 1995).

〈그림 5-5〉는 양전자 단층 촬영법(PET)을 이용하여 뇌를 촬영해본 결과 나타난 건강한 뇌(왼쪽 사진)와 건강하지 못한 뇌(오른쪽)의 사진이다. 다행히도 인간의 뇌는 환경이 개선되면 그 구조나 기능이 수정될 수 있는 유연성 또는 가소성(plasticity)이 뛰어나다. 심지어 청년기와 성인기에도 손상된 뇌의 기능이 수정될 수 있다.

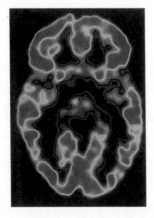 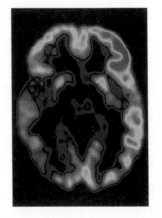

영아의 두뇌를 PET 사진에서 보면 활동적인 부분(붉은색과 노란색)과 그렇지 못한 부분(푸른색과 검은색)이 대비된다.

**〈그림 5-5〉 건강한 뇌와 그렇지 못한 뇌의 사진**

출처: Santrock, J. W. (2005). *Adolescence* (10th ed.). New York: McGraw-Hill.

## 2) 신경계의 발달

신경계는 신경원(neuron)과 신경교(glia)라는 두 종류의 기본 세포로 구성되어 있다.[1] 신경교(神經膠) 세포는 신경원(神經元) 세포에 영양을 공급하고, 신경계를 결합시키는 접착제 역할을 한다. 신경원 세포, 즉 뉴런은 뇌의 한 부분에서 다른 부분으로, 또는 신체의 한 부분에서 다른 부분으로 정보를 받아들이고 전달하는 역할을 한다.

뉴런은 세포체(cell body), 수지상돌기(dendrites), 축색돌기(axon) 그리고 말초신경섬유(terminal fibers)로 구성되어 있다(〈그림 5-6〉 참조). 나뭇가지 모양의 수지상돌기는 신경전류[2]를 받아들이는 역할을 한다. 세포체에 연결되어 있는 관모양의 축색돌기[3]는 세포체로부터 다른 세포로 정보를 전달하는데, 그 길이가 1m나 되며 전선의 절연재처럼 미엘린(myelin)[4]이라 불리는 지방성 물질이 그 둘레에 막을 형성한다(사진 참조). 미엘린은 뉴런을 보호할 뿐만 아니라 신경전류의 전달속도를 증가시킨다(Buttermore, Thaxton, & Bhat, 2013; Van Tilborg et al., 2018). 미엘린은 뇌의 발달에 있어서 매우 중요한 역할을 한다. 미엘린이 파손될 경우 축색돌기는 절연재가 벗겨진 전선과 같아서 신경전류가 흐르지 못하고 주위로 새어나가 버리며, 다발성 경화증(multiple selerosis)[5] 같은 장애가 발생하기도 한다. 축색돌기 끝 부분에 위치해 있는 말초신경섬유는 정보를 전달하는 역할을 한다. 두 개의 뉴런이 연결되는 지점, 즉 뉴런의 말초신경섬유와 또 다른 뉴런

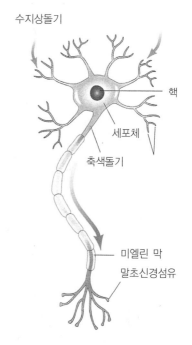

수지상돌기

핵

세포체

축색돌기

미엘린 막
말초신경섬유

〈그림 5-6〉 뉴런의 구조

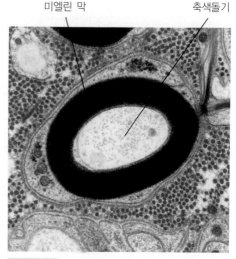

미엘린 막                                    축색돌기

**사진 설명**   수초화된 신경섬유(갈색의 미엘린 막이 흰색의 축색돌기를 둘러싸고 있다.)

---

1) 신경원 세포와 신경교 세포를 구분하지 않고 흔히 뉴런을 신경세포라고 부른다.
2) 신경섬유를 따라 전도되는 화학적 · 전기적 변화.
3) 신경초 속을 지나는 신경섬유.
4) 수초(髓)를 조직하는 지방성의 물질.
5) 만성의 중추신경계 질환: 주요 증세로는 시력장애, 지각장애, 운동마비, 언어장애 등이 있다.

의 수지상돌기가 연결되는 부분을 시냅스(synapse)라고 부른다. 대부분의 시냅스는 출생 후에 형성되며 그 수는 대단히 많다.

영아는 성인보다 더 많은 수의 뉴런과 시냅스를 갖고 있다. 그 이유는 다른 뉴런과 성공적으로 연결되는 뉴런은 그렇지 못한 뉴런을 밀쳐내기 때문이다. 그렇게 해서 뉴런의 약 절반 가량이 소멸된다(Janowsky & Finlay, 1986). 이때 살아남은 뉴런은 수백 개의 시냅스를 형성하는데, 이 과정에서도 역시 뉴런이 적절한 자극을 받지 못하면 소멸된다(Huttenlocher, 1994). 이 과정은 농부가 크고 좋은 과일을 얻기 위해 불필요한 가지를 잘라내는 '가지치기' 작업에 비유할 수 있다. 즉, 불필요한 뉴런이 제거됨으로써 신경계의 효율성이 증대된다. 성장의 그 밖의 측면과는 달리 신경계의 발달은 불필요한 세포의 소멸을 통해 효율적으로 진행된다(Black & Greenough, 1986; Kolb, 1995).

〈그림 5-7〉은 시각을 관장하는 후두엽, 청각을 관장하는 측두엽, 학습, 기억, 추론과 같은 고등 인지기능을 관장하는 전두엽의 전부(前部)의 시냅스의 성장과 '가지치기'에 관한 것이다. 〈그림 5-7〉에서 보듯이 시냅스의 성장과 '가지치기'의 시기는 뇌의 영역에 따라 매우 다양한 것임을 알 수 있다.

흥미롭게도 인간이 평생 갖게 될 1,000~2,000억 개의 뉴런은 뇌의 성장급등기가 시작되기 전인 임신 6개월경에 이미 다 형성된다(Kolb & Fantie, 1989; Rakic, 1991). 뉴런

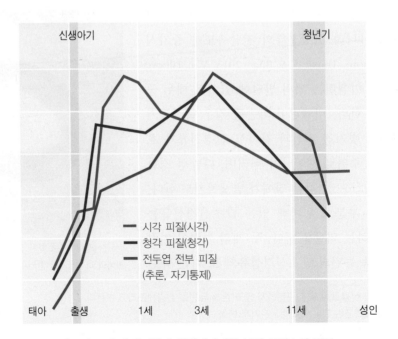

**〈그림 5-7〉 유아기부터 성인기까지의 뇌의 시냅스의 밀도**
출처: Santrok, J. W. (2005). *Adolescence* (10th ed.). New York: McGraw-Hill.

이 출생 후 더 생성되지 않는다고 한다면 뇌의 급속한 성장은 무엇에 의해 이루어지는가? 첫째, 글리아(신경교)라고 불리는 두 번째 신경세포의 발달에 의해 이루어지는 것이다. 글리아는 뉴런의 수보다 훨씬 많으며 일생을 통해 계속 형성된다(Tanner, 1990). 둘째, 글리아의 가장 중요한 기능은 수초화(myelination)인데, 수초화는 미엘린이라 불리는 지방성 물질이 축색돌기 둘레에 막을 형성하는 현상을 말한다. 수초화 또한 뇌의 빠른 성장에 영향을 미친다. 수초화는 영아기에 급속도로 진행되지만, 뇌의 어떤 부분에서는 수초화가 청년기나 성인기까지 완성되지 않는 경우도 있다(Crone, 2017; Fischer & Rose, 1995). 예를 들면, 한 주제에 장시간 정신을 집중하는 능력을 관장하는 뇌부분인 망상체(reticular formation)나 전두피질(frontal cortex)은 사춘기에도 수초화가 완전히 이루어지지 않는다(Giedd, 2012; Tanner, 1990). 이것이 청년이나 성인에 비해 유아나 아동의 주의집중 시간이 짧은 이유이다. 셋째, 뉴런과 뉴런을 연결해주는 시냅스의 형성이 뇌의 성장급등기 중에 급속하게 이루어지기 때문이다 (Janowsky & Finlay, 1986).

Kurt W. Fischer

연구에 의하면, 세포체와 수지상돌기는 청년기에는 크게 성장하지 않지만 축색돌기는 계속해서 발달하는 것으로 나타났다(Pfefferbaum et al., 1994; Rajapakse et al., 1996). 축색돌기의 성장은 미엘린 때문인 것으로 보인다(Giedd, 1998).

Jeri Janowsky

사춘기가 시작되면서 뉴런과 뉴런을 연결하는 시냅스 간에 정보를 전달하는 화학물질인 신경 전달물질의 수준이 변한다(McEwen, 2013). 예를 들면, 전두엽의 앞부분과 대뇌변연계(limbic system)에서 신경전달물질인 도파민이 증가한다(Dahl et al., 2018; Ernst & Spear, 2009; Lewis, 1997). 도파민의 증가는 청년기의 약물남용이나 위험한 행동과 관련이 있는 것으로 나타났다(Gulick & Gamsby, 2018; Spear, 2000; Wahlstrom et al., 2010; Webber et al., 2017). 도파민의 증가는 또한 청년기의 가장 심각한 정신장애인 조현병의 발병과도 관련이 있는 것으로 보인다(Walker, 2002).

Barbara L. Finlay

## 3. 내분비선의 변화

청년기에 일어나는 내분비선의 변화는 청년의 신체적·심리적 발달에 큰 영향을

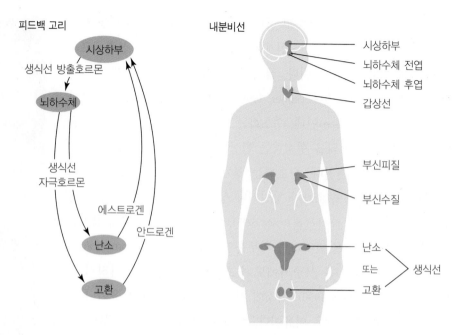

피드백 고리

시상하부

생식선 방출호르몬

뇌하수체

생식선
자극호르몬

에스트로겐

안드로겐

난소

고환

내분비선

시상하부

뇌하수체 전엽

뇌하수체 후엽

갑상선

부신피질

부신수질

난소

또는

고환

생식선

〈그림 5-8〉 주요 내분비선의 위치

출처: Cobb, N. J. (1998). *Adolescence: Continuity, change, and diversity* (3rd ed.). Mayfield Publishing Co.

미친다. 〈그림 5-8〉과 같이 신체 각 부위에 있는 내분비선은 각각 특수한 호르몬을 만들어낸다. 호르몬은 내분비선에 의해 분비되고, 혈류를 통해 신체 각 부분에 운반되는 강력한 화학물질이다. 청년기에 주요한 역할을 하는 내분비선은 뇌하수체, 성선 그리고 부신이다.

뇌하수체는 시상하부(hypothalamus)가 감독하는 내분비선으로서 신체변화를 주관할 뿐만 아니라, 다른 내분비선의 기능에도 영향을 미치므로 주도선(master gland)이라 불린다. 특히 뇌하수체 전엽의 두 가지 기능이 청년기에 영향을 미치는데, 첫째는 신장과 체중의 변화를 조절하는 성장호르몬을 분비하는 기능이고, 둘째는 생식선으로부터 성호르몬의 생성과 유출을 자극하는 기능이다.

생식선은 몇 가지 성호르몬을 분비한다. 사춘기 발달에 중요한 역할을 하는 두 종류의 호르몬은 안드로겐과 에스트로겐이다. 에스트로겐은 주요 여성 호르몬이고, 안드로겐은 주요 남성 호르몬이다. 여성은 난소에서 에스트로겐이라는 호르몬을 분비하는데, 이 호르몬은 여성의 성 특징인 유방의 발달이나 음모의 성장 등을 자극한다. 에스트로겐 중에서도 에스트라디올이 여성의 사춘기 발달에 중요한 역할을 한다. 가슴이 커지고, 자궁이 발달하며, 골격의 변화가 일어나는 것 등이 그것이다. 두 번째 여성 호르몬인 프로게스테론 역시 난소에서 분비되는데, 자궁이 임신을 준비하게 하고, 임신을 유지하게 해준다. 적당한 양의 프로게스테론은 조기 자궁수축에 필요하므로 자연유산의 위험이 있을 때는 이 호르몬을 처방한다.

주요 남성 호르몬인 안드로겐 중에서도 테스토스테론이라는 남성 호르몬이 남성의 사춘기 발달에 중요한 역할을 한다. 남성은 고환에서 테스토스테론을 분비하는데, 사춘기 동안에 증가된 테스토스테론은 몇 가지 신체변화와 연관이 있다. 즉, 신장의 증가, 제2차 성징의 발달과 정자생산 및 청년기 성욕 증가 등이 그것이다.

청년기 이전에 남녀는 거의 비슷한 양의 남성 호르몬과 여성 호르몬을 분비한다. 그러나 사춘기가 되면 남성은 보다 많은 양의 안드로겐을, 여성은 보다 많은 양의 에스트로겐과 프로게스테론을 분비한다. 부신(adrenal cortex)이 여성에게서는 안드로겐을, 남성에게서는 에스트로겐을 분비하게 하는 주요한 원인으로 알려져 있다. 〈표 5-3〉은 사춘기 변화를 초래하는 내분비선과 호르몬에 관한 것이다.

사춘기 내분비선에 관한 가장 흥미 있는 연구는 사춘기를 통제하는 기제를 조사하는 것이다. 4~5세에 이미 가슴이 커지고 음모가 생기는 등의 2차 성징이 나타나는, 이른바 너무 이른 나이에 사춘기를 맞이하는 문제를 다룬 연구(Comite et al., 1987)를 통해서 사춘기의 변화를 통제하는 기제는 태아기 때부터 발달한다는 것을 알게 되었다.

사춘기 호르몬 활성의 영향은 환경사건에 의해 가려질 수 있으며, 그 영향은 양방적일 수 있다. 우리는 시상하부-뇌하수체-성선 체계가 환경적 상황에 매우 민감하다는 것을 알고 있다. 예컨대, 거식증인 여자의 경우에서와 같이 체중감량이 크면 생식선 분비수준이 억제되는데, 그 현저한 증거가 무월경과 무배란이다(Warren, 1985). 식욕부진이나 운동으로 인해 체중이 감량된 일부 청소년의 경우에는 낮은 황체호르

〈표 5-3〉 **사춘기 변화를 초래하는 내분비선과 호르몬**

| 내분비선 | 호르몬 | 기능 |
|---|---|---|
| 뇌하수체 | 성선 자극 호르몬:<br>황체 형성 호르몬(LH)<br>부신피질 자극 호르몬(ACTH)<br>성장 호르몬<br>갑상선 사극 호르몬 | 성선을 자극하여 성호르몬을 생성한다.<br>월경주기 조절(여성)<br>부신을 자극하여 안드로겐을 방출한다.<br>성장<br>갑상선을 자극하여 티록신을 방출한다. |
| 부신 | 안드로겐 | 체모 |
| 갑상선<br>생식선 | 티록신 | 성장급등 |
| 난소 | 에스트로겐 | 생식기관의 발달 및 |
| 고환 | 안드로겐 | 이차성징 |

출처: Cobb, N. J. (1998). *Adolescence: Continuity, change, and diversity* (3rd ed.). Mayfield Publishing Co.

몬(LH) 수준, 낮은 분비량과 같은 사춘기 이전 상태로의 복귀가 나타난다. 이와 같은 변화는 체중 회복에 따라 가역적(可逆的)이 될 수 있다. 한편, 사춘기의 유전적 프로그램은 영양섭취, 체중, 운동의 강도와 같은 환경적 요인에 의해 지배될 수도 있다 (Brooks-Gunn, 1988).

## 4. 사춘기와 성적 성숙

사춘기에 일어나는 여러 가지 변화는 청년들을 매우 곤혹스럽게 한다. 그러나 비록 이런 변화들이 청년들을 불안하고 걱정스럽게 만들지만 대부분의 청년들은 이 시기를 무난히 넘긴다.

그러면 사춘기란 무엇인가? 사춘기는 주로 청년 초기에 일어나는 호르몬의 변화로 인해 급격한 신체적·성적 성숙이 이루어지는 기간을 의미한다(Susman & Dorn, 2013). 사춘기의 결정요인은 영양, 건강, 유전 그리고 체중이다. 초경을 예로 들면, 산업혁명기에는 초경이 일찍 시작되었는데 이것은 향상된 생활수준과 의학의 진보와 연관이 있다. 그러나 사춘기는 단지 환경적인 사건만이 아니고 유전적 요인과도 연관이 있다. 영양과 건강 등의 환경적 요인이 사춘기의 시작과 진행과정에 영향을 미치지만 유전적 프로그램 또한 그러하다(Plomin, 1993).

사춘기가 시작되는 또 다른 요인은 체중이다. 초경은 대체로 체중이 45~47kg일 때 시작되고, 월경이 계속되기 위해서는 체중의 17%가 지방으로 구성되어야 한다. 따라서 거식증으로 말미암아 체중이 지나치게 적게 나가거나, 여자 운동선수의 경우 운동연습을 지나치게 할 경우 월경이 잠시 중단되는 수도 있다. 그리고 출생 시 체중과 유아기 동안의 체중 증가량 또한 사춘기 시작과 관련이 있는 것으로 보인다(Ibanez et al., 2011; Ong, 2010).

사춘기가 되면 난소와 고환이 발달함에 따라 성호르몬 분비가 증가한다. 이 성호르몬은 1차 성징과 2차 성징의 근원이 된다. 1차 성징은 출생 시의 생식기에 의한 신체 형태상의 성차특징을 가리키는 것이고, 2차 성징은 청년기에 들어서서 성호르몬의 분비에 의해 나타나는 신체상의 형태적·기능적인 성차특징을 의미한다.

사춘기에 나타나는 2차 성징을 남녀별로 보면 남자의 경우에는 고환과 음낭, 음경이 커지고, 음모와 액모가 발생하며, 턱수염이 나고, 변성이 되며, 정자의 생산 증가

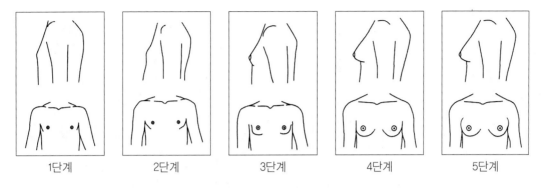

〈그림 5-9〉 여성의 성적 성숙의 단계: 유방의 발달

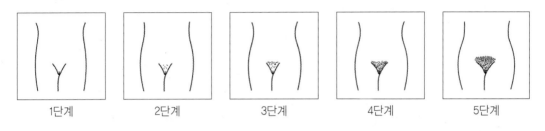

〈그림 5-10〉 여성의 성적 성숙의 단계: 음모의 발생

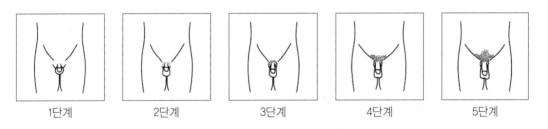

〈그림 5-11〉 남성의 성적 성숙의 단계: 생식기의 발달

출처: Morris, N. M., & Udry, J. R. (1980). Validation of a self-administered instrument to assess stage of adolescent development. *Journal of Youth and Adolescence*, 9, 271-280.

와 몽정이 있게 된다. 여자의 경우에는 유방이 발달하고, 자궁과 질이 커지며, 음모와 액모가 발생하고, 골반이 확대되며, 초경이 시작된다(Tanner, 1978). 〈그림 5-9〉〈그림 5-10〉〈그림 5-11〉은 성적 성숙의 단계에 관한 것이다

성적 성숙의 첫 신호는 여아의 경우 초경으로 나타나고, 남아의 경우는 비교할 만한 분명한 성적 성숙의 표시가 없으나 대략 사정을 할 수 있는 능력이 그 지표가 된다. 그러나 이 무렵에는 성적 발달의 미숙으로 생식기능도 미숙한 단계에 있다. 여성은 초경을 시작한 후 1년 내지 1년 반 동안에는 수태를 할 수 없고, 남성도 사정을 경험하는 초기에는 활동력이 있는 정자를 갖지 못하기 때문에 생식기능이 불완전하다.

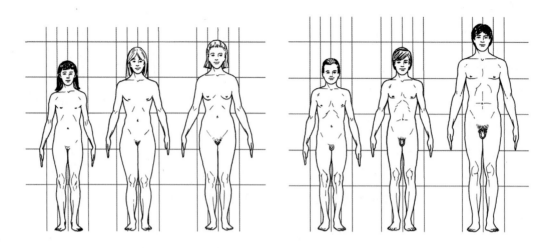

〈그림 5-12〉 사춘기 시기의 개인차

출처: Tanner, J. M. (1973, September). Growing up. *Scientific American*, p. 8.

　다른 신체발달과 마찬가지로 성적 성숙의 시기에도 상당한 개인차가 있다. 대체로 여아는 9세에서 16세 사이에 그리고 남아는 10세에서 18세 사이에 성적 성숙이 이루어진다. 이처럼 성적 성숙의 시기는 다양하므로 이 같은 개인차 때문에 청년들이 걱정을 할 필요는 없다. 〈그림 5-12〉는 성적 성숙 시기의 개인차를 보여준다. 여아의 경우 모두 13세이고, 남아의 경우 모두 15세로 같은 연령임에도 불구하고 성적 성숙의 수준이 매우 다양한 것을 볼 수 있다.

# 5. 성숙의 가속화 현상

사진 설명 Anne Petersen이 청년들과 함께

　오늘날 청년세대는 전 세대보다 빠른 속도로 성장하며 보다 일찍 어른의 신체구조를 갖는다. 1968년 Tanner는 미국을 비롯한 8개국의 비교문화 연구에서 여아가 초경을 경험하는 연령이 점차 낮아지고 있다고 보고하였다. 〈그림 5-13〉을 보면 연령저하의 비율이 국가 간에 다소 차이를 보이지만 과거 100년에 걸쳐 매 10년마다 3~4개월 정도 일찍 초경을 경험하고, 이로 인해 사춘기

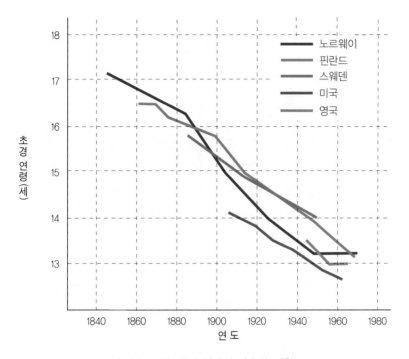

**〈그림 5-13〉 초경 연령의 가속화 경향**

출처: Tanner, J. M. (1968). Earlier maturation in man. *Scientific American*, *218*, 21-27.

의 시작은 100년 전보다 3~4년 정도 빠른 것임을 알 수 있다(Frisch, 1991).

성숙의 가속화 현상으로 인해 2250년경에는 아장아장 걷는 걸음마 아기가 초경을 하게 되지 않을까 우려하는 이도 있지만(Petersen, 1979), 다행히도 그런 일은 일어나지 않을 것이다. 왜냐하면 지난 세기 동안 영양과 건강면에서 성숙의 가속화 현상은 상한선에 도달했기 때문이다(Elks & Ong, 2011). 우리나라의 경우도 여아의 초경 연령이 점점 낮아지고 있는데, 초등학교 고학년이면 상당수의 여아가 초경을 시작한다(〈그림 5-14〉 참조). 1935년에 우리나라 여학생을 대상으로 한 조사에서는 평균 초경 연령이 14.9세였고, 1962년에는 여학생 및 도시 취업여성의 평균 초경 연령이 14.8세였으며, 1968년 여학생의 평균 초경 연령은 14.5세였다. 그리고 1986년 여대생을 대상으로 한 조사에서는 평균 초경 연령이 13.9세였으며, 1992년 초등학교와 고등학교 여학생을 대상으로 한 조사에서는 평균 초경 연령이 13.04세인 것으로 나타나 우리나라 여성들의 초경 연령이 날로 저연령화되고 있음을 알 수 있다(김경자 외, 1993). 그리고 2020년 현재 초등학교 고학년 여학생의 상당수가 초경을 시작하며, 심지어 저학년에서도 초경을 하는 경우가 더러 있다.

10대 여학생을 대상으로 한국인의 초경 연령에 영향을 주는 요인에 관한 연구(최문

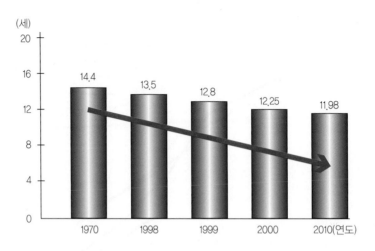

<그림 5-14> 우리나라 여성의 평균 초경 연령 추이

출처: 보건교육포럼.

정, 2011)에서 체질량지수가 높을수록 초경 연령이 낮은 것으로 나타났다. 또한 초경을 빨리 시작한 여성이 초경을 늦게 시작한 여성보다 최종 신장이 작고 체질량지수는 더 낮은 것으로 보인다.

이와 같은 성숙의 가속화 현상은 영양적 요인과 환경적 요인 때문인 것으로 설명할 수 있다. 바꾸어 말하면 예전보다 영양섭취가 개선되었다는 점과 영화나 TV 등의 매체를 통해 쉽게 성적 자극에 노출된다는 점 등이 그 요인인 것으로 보인다.

사진 설명   청년기에는 자신의 신체, 용모에 대해 지대한 관심을 가지게 된다.

# 6. 신체변화와 심리적 적응

신체적 성장이 완만하던 아동기와는 달리 급격한 신체변화를 겪는 청년기에는 여러 가지 혼란이 일어난다. 청년은 자신의 신체, 용모에 대해 지대한 관심을 가지게 되고(사진 참조), 급격히 변화해가는 신체적 특징에 대해 극도로 신경과민이 된다(Murray, Byrne, & Rieger, 2011). 자신의 신체에 지대한 관심을 갖는 것은 청년기 내내 그러하지만 특히 사춘기 때에 더욱 그러하다. 이때에는 자신의 신체에 대해 매우 불만족스러워한다. 특히 여자의 경우는 더 심하다(Brooks-Gunn & Paikoff, 1993; Henderson & Zivian, 1995).

이와 같은 청년기의 정신적 동요의 원인으로는 청년의 신체적 변화가 급격하다는 것, 신체 각 부위의 발달이 동일하지 않아 일시적으로 신체의 균형을 잃게 된다는 것, 발달상 개인차가 크다는 것(조숙과 만숙) 그리고 성적 욕구에 관련되는 것 등을 들 수 있다(장병림, 1985). 여기서 신체변화에 따른 심리적 적응의 세 가지 측면—신체상, 조숙과 만숙, 개인차—에 대해 살펴보기로 한다.

## 1) 신체상

신체상(body image)이라 함은 자신의 신체에 대한 느낌, 즉 청년이 자신의 신체에 대해 얼마나 만족하는가 하는 것을 말한다. 그리고 이것은 자신의 평가뿐만 아니라 다른 사람의 반응에 의해서도 크게 좌우된다. 즉, 신체상은 다른 사람과의 비교를 통한 사회적 거울에 의해 반영된다.

신체상은 신체변화가 급격히 일어나는 청년기에 특히 왜곡되기 쉽다. 일반적으로 여아가 남아보다 더 부정적인 자아상을 갖는다(Brooks-Gunn, 1991; Crespo et al., 2010; Duke-Duncan, 1991; Yuan, 2010). 여아들은 대체로 자신의 체격에 대해 비판적이고, 자신이 덜 매력적이라고 생각하며, 자신의 체중, 체형에 대해 불만족스러워한다. 여아들은 자신의 외모를 부정적으로 평가할 뿐만 아니라 남아보다 외모에 더 많은 가치를 둔다(Abbott & Barber, 2010; Markey, 2010; Wood, Becker, & Thompson, 1996; Yuan, 2010).

우리나라 고등학생 397명을 대상으로 한 연구(구미회, 1999)에서 남학생은 팔이 굵고 가슴이 큰 것이 좋다고 한 반면, 여학생은 팔이나 다리, 허리가 가늘고 피부색이 흰 것이 좋고 이상적이라고 생각했다. 신체에 따른 만족도에서는 남녀 모두 입, 얼굴색, 머릿결 등에 대한 만족도는 높았으나 몸무게, 다리, 배에 대한 만족도는 다른 부위에 비해 낮았다. 그리고 신체적 매력에 있어서 남학생은 얼굴 생김새, 몸매, 입 순으로 나타난 반면, 여학생은 몸매, 얼굴 생김새, 엉덩이와 치아 순으로 중요하게 생각하고 있었다. 한편, 자신의 신체 부위 중 성형을 희망하는 학생은 남학생은 81.3%, 여학생은 84.8%

로 모두 높게 나타났다.

여아들은 특히 체중에 대해 민감한데, 대부분의 여아들이 자신의 체중에 만족하지 못하고 더 날씬해지기를 원한다(Duke-Duncan, 1991). 이것은 우리 사회에서 여성의 매력에 대해 가지고 있는 이상적인 신체상을 반영한 것이다(사진 참조). 반면, 남아들은 대체로 자신의 신체에 만족하는 편이지만, 가끔은 좀더 근육질이 되기를 원한다.

William Sheldon

한 연구(Lerner, Jovanovic, & Lerner, 1989)에서 청년들에게 Sheldon (1949)의 세 가지 신체유형, 즉 내배엽형, 중배엽형, 외배엽형에 관한 그림(〈그림 5-15〉 참조)을 보여주면서 자신이 선호하는 신체유형이 어떤 것이냐고 물어보았다. 내배엽형은 체격이 뚱뚱하고 얼굴이 둥근 경향이 있으며, 중배엽형은 체격이 다부지고 근육이 발달한 형이고, 외배엽형은 키가 크고 마른 편이며, 팔다리가 긴 편이다. 연구결과 특히 남자 청소년들의 경우 중배엽형을 선호하는 것으로 나타났다.

일반적으로 신체상은 자아존중감과 정적인 상관이 있다. 자신의 용모에 만족하는 청년들은 자신에 대해 긍정적인 느낌을 갖는다. 그러나 그 역도 성립한다. 즉, 자신감이 있고, 자신을 가치 있게 여기는 청년들은 자신의 신체에 대해 못마땅한 점이 있더라도 있는 그대로를 인정하는 편이다.

우리나라 청년 600명을 대상으로 한 연구(양계민, 1993)에서, 외모 관련 스트레스는 남자보다 여자가 더 많이 받고 있는 것으로 나타났다. 그리고 자신의 신체적 매력에 대한 인식이 자아존중감과 직접적으로 관련되는 것으로 나타나, 긍정적인 신체상은 자아존중감 발달에 크게 기여하는 것으로 보인다.

내배엽형

중배엽형

외배엽형

〈그림 5-15〉 Sheldon의 세 가지 신체 유형

## 2) 조숙과 만숙

조숙과 만숙은 청년의 성격 및 사회적 행동에 중요한 영향을 미친다. 여러 연구에 의하면, 청년기에 일찍 성숙하는 남자는 자신을 보다 긍정적으로 받아들이고, 교우관계에 있어서도 성공적이다(Mendle & Ferrero, 2012; Negriff & Susman, 2011). 친구나 어른들은 이들을 신체적으로 더 매력 있고, 보다 침착하고, 더 여유가 있어 보이는 것으로 평가하였다

사진 설명　조숙과 만숙은 청년의 성격 및 사회적 행동에 중요한 영향을 미친다.

(Mendle et al., 2010; Mensah et al., 2013). 신체상의 우월감과 그로 인한 운동적 기술에서의 뛰어남은 일찍 성숙한 남자의 위신과 지위를 향상시켜주며, 또래에 의해서 자주 지도자의 역할을 부여받는다. 반면, 늦게 성숙하는 남자는 부정적 자아개념과 계속적인 의존욕구 등을 보이며, 자율성에 대한 반항적 추구와 구속으로부터의 자유를 추구하며 공격적 행동을 자주하는 것으로 보인다(Dorn, Susman, & Ponirakis, 2003; Graber et al., 2004; Jones, 1965; Tobin-Richards, Boxer, & Petersen, 1983).

여자에게서는 조숙과 만숙의 영향이 남자의 경우만큼 명료하지 않다. 남자의 경우 적어도 청년기에는 조숙이 만숙보다 더 유리한 것으로 보인다(Graber, Brooks-Gunn, & Warren, 2006; Petersen, 1987). 그러나 여자의 경우는 연구결과가 매우 복잡한데, 조숙인 경우가 만숙인 경우보다 학교에서 더 많은 문제를 일으키고, 보다 독립적이며, 남자들에게 보다 더 인기가 있는 것으로 나타났다. 청년 초기에는 조숙아가 자신의 신체에 대해 더 만족하지만, 청년 후기에는 오히려 만숙아가 더 그러하다〈(그림 5-16) 참

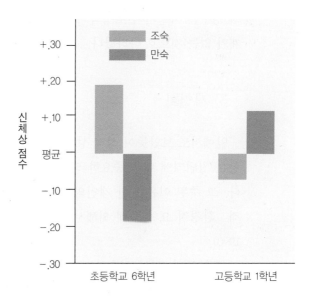

〈그림 5-16〉 조숙아와 만숙아의 신체상에 대한 지각

출처: Santrock, J. W. (2005). *Adolescence* (10th ed.). New York: McGraw-Hill.

Glenn Elder

조). 그 이유는 청년 후기가 되면 조숙한 여아는 키가 작고 땅딸막한 반면, 만숙한 여아는 키도 크고 날씬해지는 경향이 있기 때문이다 (Simmons & Blyth, 1987). 조숙여아는 또한 여러 가지 문제에 노출되기 쉬운데 흡연과 음주, 우울증, 먹기장애, 나이 많은 친구와의 사귐, 일찍 이성교제를 시작하고 그리고 일찍 성경험을 한다(Blumenthal et al., 2011; Brooks-Gunn & Paikoff, 1993; Ge, Conger, & Elder, 2001; Graber, Nichols, & Brooks-Gunn, 2010; Stattin & Magnusson, 1990). 신체는 일찍 발달했는데 사회적 · 인지적으로는 미성숙하기 때문에 조숙 여아들은 나중에 자신의 인생에 어떤 영향을 끼칠지 깨닫지 못하고 쉽게 문제행동에 빠져든다(Copeland et al., 2010; Petersen, 1993). 청소년을 대상으로 한 연구(Negriff, Susman, & Trickett, 2011)에서 이른 사춘기 시기(pubertal timing)는 성적 활동(sexual activity)이나 청소년 비행의 증가를 예측할 수 있는 것으로 나타났다. 그리고 이 양상은 남녀 청소년에게 유사한 것으로 나타났다. 이러한 연구결과는 Brooks-Gunn 등(1994)이 제안한 사춘기 변화와 행동과의 관계를 설명하는 호르몬의 직접효과와 간접효과에 관한 모델과 부합되는 것으로 보인다.

우리나라 청소년들을 대상으로 사춘기 신체성숙의 시기가 심리사회적 발달에 주는 영향을 알아본 연구(이춘재, 오가실, 정옥분, 1991)에서, 남자 청소년의 경우 조숙아들이 만숙아들보다 자기 신체의 변화에 더 만족하는 것으로 나타났다. 한편, 여자 청소년의 경우는 사춘기 신체성숙의 시기와 신체상, 즉 자신의 신체에 대한 만족도 간에 관계가 없는 것으로 나타났다.

## 3) 개인차

앞에서도 보았듯이 성적 성숙의 시기에는 상당한 개인차가 있다. 조숙과 만숙의 영향은 청년기에 매우 중요한 의미를 갖지만, 대부분의 경우 그 영향은 일시적인 것이다. 그 주된 이유는 한 개인의 전체적 발달은 신체적 성장뿐만 아니라 인지적 · 사회적 · 환경적 요인 등에 의해서도 많은 영향을 받기 때문이다(Paikoff & Brooks-Gunn, 1990).

예를 들면, 일찍 성숙하는 여아의 경우 애정적이고 지원적인 가족이 있으면 정서적 · 사회적 성숙도 함께 이루어지지만, 부모의 지원이 부족한 경우는 문제행동을 일으킬 위험이 많다. 늦게 성숙하는 남아의 경우 가까운 친구가 없거나 가족이 화목하지 못할 경우 어려움을 겪을 수 있다. 반면, 지원적인 가족이나 가까운 친구가 있으면 오히려 시간을 더 많이 가지면서 여유 있는 성장을 할 수 있다. 이와 같이 조숙과 만숙의 개인차는 청년 개인의 생활경험과 그에 대처하는 능력에 달려 있다.

사춘기의 심리적 효과를 설명하는 몇 가지 가설이 제시되고 있다. 첫 번째 설명은, 사춘기는 또래집단 내에서의 청년의 위치 변화를 가져옴으로써 심리적 영향을 미친다는 것이다. 또래와 비교해서 훨씬 일찍 또는 늦게 성숙하는 청년들은 또래집단 내에서 양극단에 놓이게 된다. 일반적으로 여아가 남아보다 2, 3년 더 일찍 성숙하므로 일찍 성숙하는 여아가 같은 연령의 남녀집단에서 가장 이례적인 집단에 속하게 된다. 결과적으로 일찍 성숙하는 여아들은 가장 큰 불이익을 당한다. 그다음 이례적인 집단은 늦게 성숙하는 남아들이다 (Petersen & Crockett, 1985).

Lisa Crockett

두 번째 설명은, 일찍 성숙하는 청년들은 아동기의 발달과업을 완성하는 데 시간이 충분하지 않다는 것이다. 조숙아들은 아동기 과업을 완전히 해결하지 않은 채 청년기의 새로운 경험, 기대, 감정에 직면해야 하기 때문에 특히 청년 초기에 어려움을 겪게 된다는 것이다 (Peskin & Livson, 1972).

세 번째 설명은, 조숙과 만숙의 영향은 우리 사회에서 남성으로서 또는 여성으로서 누리는 지위와 관련이 있다는 것이다(Block, 1978). 즉, 우리 사회에서 남성은 여성보다 여러 면에서 유리한 입장에 있다. 따라서 일찍 성숙하는 남자들은 일찍 성인 남성의 유리한 지위를 획득함으로써 혜택을 받을 수 있지만, 일찍 성숙하는 여자들의 경우는 그와 반대가 된다는 것이다.

Jeanne Humphrey Block

# 7. 사춘기 변화와 행동에 관한 모형

사춘기가 청년에게 미치는 영향은 매우 복잡하다. 그래서 사춘기 변화와 청년의 행동을 설명하는 데 몇 가지 모형이 제시되었다. 첫째, 호르몬의 직접적인 영향, 둘째, 2차 성징을 통한 간접적인 영향, 셋째, 사회적 사건과의 연관, 넷째, 사춘기와 사회적 사건 그리고 발달과정과의 관계가 그것이다(Brooks-Gunn, Graber, & Paikoff, 1994).

Jeanne Brooks-Gunn

## 1) 호르몬의 직접 효과

사춘기 변화와 행동과의 관계를 설명하는 가장 단순한 모형이다. 남성 호르몬인 안드로겐과 청년기 남성의 공격성과의 관계는 이미 밝혀진 바 있다(Brooks-Gunn & Warren, 1989; Eccles et al., 1988; Olweus, Mattsson, Schalling, & Low, 1988; Susman et al., 1987). 그러나 사춘기 호르몬과 우울증과의 관계는 그다지 분명하지 않다. 그래서 많은 학자들은 사춘기 변화와 행동을 설명하기 위한 보다 복잡한 또 다른 모형이 필요하다고 생각한다.

## 2) 2차 성징을 통한 간접 효과

호르몬의 변화와 2차 성징을 통해서 측정된 사춘기 변화의 시기가 청년 초기(특히 여성)의 행동과 정서변화를 설명하는 요인이 되기도 한다. 예를 들면, 여아의 경우 일찍 성숙하는 것이 우울증과 관련이 있는 것으로 나타났으나, 늦게 성숙하는 여아의 경우 만숙이 완충역할을 하는 것으로 밝혀졌다(Baydar, Brooks-Gunn, & Warren, 1992; Paikoff & Brooks-Gunn, 1991; Petersen, Sarigiani, & Kennedy, 1991; Rierdan & Koff, 1991).

## 3) 사회적 사건과의 연관

Urie Bronfenbrenner

사춘기 변화와 행동의 관계를 설명하는 또 다른 모형은 사회적 사건의 모형이다. 사회적 요인을 첨가하는 것은 생물학적·심리적 발달이 사회적 맥락에서 일어난다는 사실을 강조하는 것이다(Bronfenbrenner, 1995). 호르몬의 작용, 사춘기의 시작과 상태, 생활사건이 우울증과 공격성에 미치는 영향 등을 알아본 한 연구(Brooks-Gunn & Warren, 1989)에서 학교나 가정, 또래관계에서 발생한 생활사건이 호르몬의 변화보다 부정적 정서와 훨씬 더 많은 연관이 있는 것으로 밝혀졌다. 사회적 사건과 호르몬의 변화를 합쳤을 경우에는 호르몬의 변화라는 한 가지 요인보다 부정적 정서를 더 잘 예측할 수가 있었다.

## 4) 사춘기의 사회적 사건과 발달과정

마지막 모형은 사춘기와 사회적 사건이 서로 연관되어 부정적 정서에 영향을 미친다고 가정하는 것이다. 그런데 그 전제는 사춘기의 경험이 개인으로 하여금 청년기에 긍정적 정서 또는 부정적 정서의 수준을 결정하게 한다는 것이다. 한 연구(Paikoff, Brooks-Gunn, & Warren, 1991)에서, 최초의 호르몬 변화는 우울증 및 공격성과 연관이 있는 것으로 나타났다. 그 관계는 신체적 성숙, 사춘기의 시기와 같은 요인들을 통제했을 때도 마찬가지였다.

청년기의 먹기장애에서도 비슷한 관계가 발견되었다. 몇몇 연구를 통해(Attie & Brooks-Gunn, 1989; Graber, Brooks-Gunn, Paikoff, & Warren, 1994) 사춘기의 상태, 사회적 관계 그리고 먹기장애 간의 관계가 밝혀졌다. 즉, 계속되는 먹기장애를 가진 여아가 더 일찍 성숙하는 것으로 나타났다. 청년 초기에 사춘기는 매우 중요한 역할을 하며, 청년 후기와 성년기의 특정 발달을 결정짓는 주요한 요인인 것으로 보인다. 〈그림 5-17〉은 앞서 설명한 네 모형에 관한 것이다.

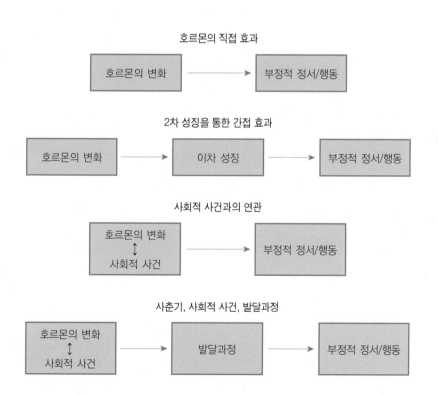

**〈그림 5-17〉 사춘기 변화와 행동에 관한 모형**
출처: Santrock, J. W. (1998). *Adolescence* (7th ed.). New York: McGraw-Hill.

# 건강관리와 질병

| | |
|---|---|
| 건강은 제일가는 재산이다. | Emerson |
| 건강한 육체는 영혼의 객실이고, 병약한 육체는 그 감방이다. | Oscar Wilde |
| 건강을 유지한다는 것은 자신에 대한 의무인 동시에 사회에 대한 의무이다. | Pushkin |
| 정승을 부러워 말고 네 몸이나 건강하게 하라. | 한국 속담 |
| 삶의 질은 우리가 어떤 활동을 하느냐에 달려 있다. | Aristotle |
| 스트레스로부터의 완전한 해방은 죽음뿐이다. | Hans Selye |
| 남자가 술을 마시면 집이 절반쯤 불탄다. 여자가 술을 마시면 온 집이 불타 버린다. | 러시아 속담 |
| 건강과 지혜는 인생의 최대 행복이다. | 그리스 속담 |
| 병을 숨기는 자에게는 약이 없다. | 이디오피아 속담 |
| 학식도 미덕도 건강이 없으면 퇴색한다. | Montaigne |

"재물을 잃는 것은 인생의 일부를 잃는 것이요, 명예를 잃는 것은 인생의 절반을 잃는 것이요, 건강을 잃는 것은 인생의 모두를 잃는 것이다"라는 말이 있듯이 우리 인생에서 건강만큼 중요한 것은 없다. 건강을 잃게 되면 질병으로 인한 고통이나 불편함뿐만 아니라 자율성을 잃게 되고 경제적 안전도 위협을 받게 된다.

청년기에는 대부분의 건강상태가 양호하기 때문에 건강에 별로 신경을 쓰지 않게 되고, 그렇기 때문에 자칫하면 좋지 못한 건강습관에 빠지기 쉽다. 청년기의 흡연이나 음주, 약물남용은 건강을 저해하는 주요 원인이다. 건강은 청년들의 행동이나 생활습관과 관련이 있다. 음식물, 운동, 음주, 흡연, 약물남용, 스트레스에 대한 반응, 치아관리, 안전한 성행위 등은 건강에 영향을 미친다. 좋은 건강습관은 심장질환, 폐질환, 당뇨, 골다공증, 고지혈증, 성병 등으로부터 청년들을 보호해준다.

청년기에 발생하는 건강문제는 대부분 청년의 행동 및 생활습관과 관련이 있으며, 성인기 이후에도 계속되는 경향이 있다. 이것은 특히 흡연이나 음주의 경우 그러하다. 그럼에도 불구하고 많은 경우 청년들은 자신의 좋지 못한 행동이나 생활습관의 부정적인 결과에 대해 과소평가하는 경향이 있다.

청년기는 계속해서 성장하는 시기이므로 청년기 동안의 영양섭취는 매우 중요한 문제이다. 청년기의 가장 보편적인 영양문제는 아침을 거르는 것과 인스턴트식품을 많이 먹는 것이다.

먹기장애는 주로 청년기에 나타나는 발달장애이다. 과체중이나 저체중은 얼른 생각하기에 단순한 신체적 문제인 것 같지만, 청년기에는 정서적 부적응과 관련이 있는 경우가 많다. 바꾸어 말하면, 청년들은 자신의 급격한 신체변화에 신경과민이 되기 쉽고, 자아정체감이라는 중요한 발달과업을 수행해야 하기 때문에 청년기의 체중문제는 자아개념이나 자아존중감과 깊은 연관이 있다.

이 장에서는 청년기의 건강상태, 건강과 영향요인, 건강관리와 질병, 영양, 먹기장애, 성격요인과 질병 등에 관해 살펴보기로 한다.

## 1. 건강상태

청년기의 건강상태는 체력이나 지구력에서 최고조에 달한다. 아동기에 흔한 질병인 수두, 이하선염, 홍역 등에 이제 더 이상 걸리지 않고, 어린 아동이나 성인들에 비해 감기에도 잘 걸리지 않는 편이다. 뿐만 아니라 신체적·정서적 스트레스나 노화와 관련된 질병에도 덜 걸린다. 많은 청년들이 자신의 양호한 건강상태가 영원하리라 믿기 때문에 자칫하면 좋지 못한 건강습관에 빠지기 쉽다. 청년기의 흡연이나 음주, 약물남용은 건강을 저해하는 주요 원인이다.

좋은 건강은 단지 운에 달린 것은 아니다. 건강은 생활양식의 영향을 받는다. 인간은 유전의 수동적인 피해자나 수혜자가 아니다. 인간은 자신의 건강을 증진시키기 위해서 상당한 노력을 해야 한다.

## 2. 건강과 영향요인

세계보건기구(WHO)가 정의하고 있듯이 건강이란 "완전한 신체적 · 정신적 · 사회적 안녕상태이지, 단순히 질병이나 질환이 없는 상태를 말하는 것은 아니다"(Danish, 1983). 사람들은 어떤 활동들을 지속함으로써(예: 잘 먹고 규칙적으로 운동하는 것) 또는 어떤 활동들을 멀리함으로써(예: 과도한 흡연이나 음주) 그와 같은 안녕상태를 확보할 수 있다.

건강은 청년들의 생활양식과도 관련이 있다. 음주, 흡연, 약물남용, 스트레스에 대한 반응, 음식물, 치아관리, 운동 등은 건강에 영향을 미친다. 좋은 생활습관은 심장질환, 폐질환, 당뇨, 골다공증, 고지혈증, 고혈압 등으로부터 청년들을 보호해준다(Porterfield & Pierre, 1992). 물론 좋은 생활습관이 질병으로부터 우리를 완전히 자유롭게 해주지는 못하지만, 그러한 위험을 상당히 감소시킬 수는 있다. 특히 일찍부터 그러한 생활을 시작한다면 더욱 그러하다.

### 1) 음식물

우리 속담에 "식보(食補)가 약보(藥補)보다 낫다"라는 말이 있다. 이 속담은 신체적 · 정신적 건강을 유지함에 있어서 음식물의 중요성을 집약한 표현이다. 우리가 무엇을 어떻게 먹는가는 우리가 어떤 모습으로 보이고, 신체적으로 어떻게 느끼며, 여러 가지 질병을 얼마나 이겨낼 수 있는가를 크게 좌우한다(사진 참조).

비만은 고혈압, 심장질환, 암 등의 성인병

을 유발할 뿐만 아니라 수명을 단축시키기 때문에 심각한 건강상의 문제가 된다. 정상 체중보다 10% 정도 더 나가면 '과체중'이라 하고, 정상 체중보다 20% 이상 초과할 때는 '비만'이라 한다. 청년기에는 비만의 위험이 그리 높지는 않지만 날씬한 것에 가치를 두고 신체적인 매력으로 사람을 평가하는 사회에서는 체중이 많이 나가는 것은 심각한 심리적 문제가 될 수 있다. 가장 효과적인 체중감량법은 식사량을 줄이고, 식습관을 바꾸며, 꾸준히 운동을 하는 것이다.

연구결과 특정의 음식과 암발생률 간에는 함수관계가 있는 것으로 밝혀졌다. 예를 들면, 유방암은 고지방식과 관련이 있고, 식도암과 위암은 절인 생선, 훈제한 생선과 관련이 있는 것으로 보인다(Gorbach, Zimmerman, & Woods, 1984; Willett, Stampfer, Colditz, Rosner, & Speizer, 1990). 암발생률을 낮추는 음식물로는 고섬유질의 과일과 야채 및 곡물, 비타민 A와 C를 함유하고 있는 감귤류와 녹황색 야채, 양배추과에 속하는 야채 등이 있다(사진 참조).

## 2) 운 동

아리스토텔레스는 일찍이 삶의 질은 우리가 어떤 활동을 하느냐에 달려 있다는 점을 강조하였다. 삶의 질을 개선시킬 수 있는 주요 활동 중의 하나가 운동이다.

규칙적인 운동을 하면 여러 가지 이득이 있다. 정상 체중을 유지할 수 있고, 근육을 단련시키며, 심장과 폐를 튼튼하게 하고, 혈압을 낮추며, 심장마비, 암, 골다공증 등을 예방하여 수명을 연장시킨다(Goldfield et al., 2012; Lee, Franks, Thomas, & Paffenberger, 1981; McCann & Holmes, 1984; Notelovitz & Ware, 1983; Sund, Larsson, & Wichstrom, 2011).

운동 중에서도 등산, 빨리 걷기, 달리기, 자전거 타기, 수영 등을 포함하는 유산소 운동이라 불리는 호흡순환기의 산소 소비를 늘리는 운동이 가장 좋다. 운동으로 인한 최대의 효과를 얻기 위해서는 일주일에 3~4번 정도 규칙적으로 하는 것이 좋다. 연구결과(Curfman, Gregory, & Paffenberger, 1985; Paffenberger et al., 1993), 규칙적인 운동
은 심장질환을 예방하는 데 반해, 운동을 하지 않으면 수명을 단축시키고, 심장질환,
당뇨, 암 등 각종 질병에 걸리기 쉽다(Schechtman, Barzilai, Rost, & Fisher, 1991).

## 3) 흡 연

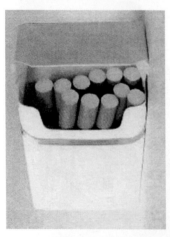

흡연자들은 암, 심장병 등 여러 질병에 걸릴 위험에 스스로
를 노출시킨다. 흡연은 폐암, 후두암, 구강암, 식도암, 방광암,
신장암, 췌장암, 경부암뿐만 아니라 궤양과 같은 위와 장의 질
환 및 심장마비와 관련이 있으며 기관지염, 폐기종과 같은 호
흡기 질환과도 관련이 있다.

담배의 주성분은 니코틴인데 니코틴은 흥분제이면서 진정제
역할을 한다. 그래서 담배를 피우면 정신이 번쩍 나면서 동시
에 긴장이 풀어진다. 그러나 이러한 즐거움은 비싼 대가를 치
르게 한다. 흡연은 고혈압과 심장병을 유발하고, 폐기종, 만성
기관지염과 같은 호흡기 질환을 초래하며, 폐암의 위험에 노출
시킨다. 그래서 어떤 이들은 흡연을 "느린 동작의 자살"이라고
까지 표현하기도 한다(Santrock, 1998).

비흡연자도 '간접 흡연', 즉 자기 주위에서의 흡연의 영향을
받는다. 최근의 연구는 간접 흡연의 해로운 효과에 대해 보고
하고 있다. 가족 중 하루 두 갑 이상 담배를 피우는 흡연자가
있다면 비흡연자는 하루에 한두 개비의 담배에 해당하는 담배
연기를 흡입한다는 것이다(Matsukura et al., 1984). 특히 임신한
여성이 흡연을 하게 되면 자신의 건강뿐만 아니라 태아의 건강
까지 해친다. 임신 중의 흡연은 조산, 저체중, 자연유산, 난산과
관계가 있다. 더욱이 흡연하는 어머니의 자녀들은 폐기능이 저
하되어 폐암에 걸릴 확률이 높다(Correa, Pickle, Fontham, Lin, &
Haenszel, 1983; Tager, Weiss, Munoz, Rosner, & Speizer, 1983).

흡연은 한 번 시작하면 끊기가 무척 힘들다. 많은 사람들이 담배를 끊으려고 애쓰
지만 성공하지 못하는 경우가 많다. 그러나 언제라도 담배를 끊기만 하면 건강상태
는 금세 좋아진다. 금연은 심장질환이나 뇌졸중의 위험을 감소시킨다(Katchadourian,
1987; Kawachi et al., 1993). 한 연구(Rosenberg, Palmer, & Shapiro, 1990)에서, 금연 후 3년

이 지나면 심장발작의 위험은 흡연경험이 전혀 없는 사람과 똑같은 것으로 나타났다. 또 다른 연구(NIA, 1993)에서는, 10년이 지나면 암에 걸릴 위험의 감소도 똑같은 것으로 나타났다.

## 4) 음 주

사람들은 불안을 덜기 위해, 인생에 즐거움을 더하기 위해, 골치 아픈 문제들로부터 도피하기 위해 술을 마신다. 적당한 양의 음주는 인간관계에서 윤활유 역할을 하지만, 양이 지나치면 중추신경에 의해 통제되는 활동이 크게 영향을 받는다. 즉, 자율신경이 마비되어 몸이 마음대로 움직여지지 않고, 반응이 느리며, 판단도 흐려진다. 음주운전은 교통사고로 인한 사망의 주원인이 되고 있다.

과음을 하면 신장과 간을 해치게 되고, 위염이 생기며, 감각장애를 일으켜 기억상실에 걸린다. 더 심하면 혼수상태에 빠지고 죽음에까지 이를 수 있다(Insel & Roth, 1998).

〈그림 6-1〉은 알코올이 청소년의 뇌에 어떻게 작용하는지 보여주고 있다. 왼쪽 사진(a)은 술을 전혀 마시지 않는 15세 청소년의 뇌를 MRI(Magnetic Resonance Imaging) 촬영한 것으로서 기억을 관장하는 뇌의 영역이 효율적으로 기능하는 것을 보여주는 핑크색과 붉은색이 많이 나타나고 있다. 반면, 오른쪽 사진(b)은 술을 많이 마시는 15세 청소년의 뇌로서 붉은색은 전혀 보이지 않고 핑크색만 약간 나타나고 있다.

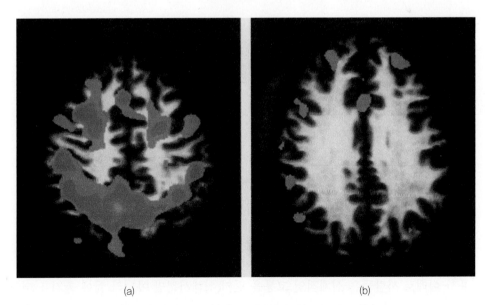

(a)                                    (b)

〈그림 6-1〉 15세 청소년의 음주 유무에 따른 뇌 MRI 사진 비교

술을 지나치게 많이 마시면 알코올 중독자가 될 위험이 있다(사진 참조). 알코올 중독은 자신의 인생뿐만 아니라 주위 사람의 인생도 망친다. 많은 경우, 알코올 중독은 가정폭력을 초래하여 가족해체의 원인이 되기도 한다. 알코올 중독자의 자녀들은 정서발달의 장애를 경험하고 일생 동안 대인관계에서 부정적인 영향을 받는다.

〈그림 6-2〉는 알코올이 신체에 미치는 영향에 관한 내용이다.

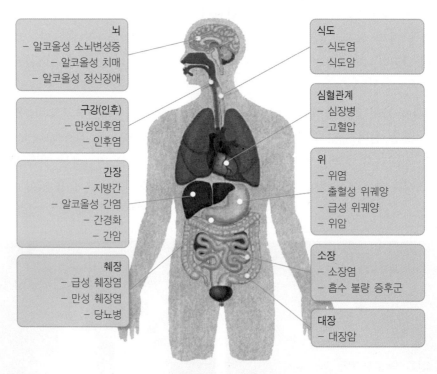

**뇌**
– 알코올성 소뇌변성증
– 알코올성 치매
– 알코올성 정신장애

**구강(인후)**
– 만성인후염
– 인후염

**간장**
– 지방간
– 알코올성 간염
– 간경화
– 간암

**췌장**
– 급성 췌장염
– 만성 췌장염
– 당뇨병

**식도**
– 식도염
– 식도암

**심혈관계**
– 심장병
– 고혈압

**위**
– 위염
– 출혈성 위궤양
– 급성 위궤양
– 위암

**소장**
– 소장염
– 흡수 불량 증후군

**대장**
– 대장암

**〈그림 6-2〉 알코올이 신체에 미치는 영향**
출처: 보건복지부, 국립암센터, 대한의학회.

## 5) 약물남용

유사 이래로 사람들은 신체적인 고통을 덜기 위해서뿐만 아니라 삶에 활기를 더하기 위해서 약물을 사용해왔다. 고대 아시리아인들은 아편정제를 흡입하였고, 로마인들은 2000년 전에 이미 대마초를 피웠다. 그런데 왜 약물사용이 오늘날에 와서 이렇게 문제가 되고 있는가? 주목받는 주요 원인은 많은 사람들이 매우 이른 나이에 약물을 남용하기 시작한다는 점과 십대들의 약물남용이 심각하다는 점이다. 그들 중에는 단순히 호기심을 충족시키기 위해서 또는 또래들의 압력 때문에 약물을 복용하게 되는 경우가 많다고 한다. 약물사용은 마음의 평화를 가져다주기도 하고, 들뜬 기분을 유지하게 해주며, 인생을 만화경처럼 보이게도 한다.

그러나 개인적인 만족을 위해서든 일시적인 적응을 위해서든 간에 약물사용은 비싼 대가를 치루어야 한다. 약물중독이 되어 정상적인 생활이 불가능하거나 때로는 치명적인 병으로 목숨을 잃게 되기 때문이다.

많은 젊은이들이 알코올, 니코틴, 마리화나, LSD, 암페타민, 바르비투르산염, 헤로인, 코카인 등과 같은 약물을 사용하고 있다. 약물은 인체에 미치는 영향에 따라 마약, 환각제, 흥분제, 진정제 등으로 분류된다.

헤로인, 아편, 코카인, 모르핀과 같은 마약(narcotics)은 처음에 강렬한 도취감에 빠지게 하고, 곧이어 평온하고 행복한 상태가 몇 시간 지속된다. 마약은 중독현상이 강하고 내성이 빨리 생긴다. 처음 약을 복용할 때 느끼던 강렬한 쾌감은 계속 복용하면 급격히 떨어져서 같은 효과를 내기 위해서는 양을 늘려야 한다. 일단 중독이 되면 약값이 엄청나기 때문에 약값을 구하기 위해 범죄행위에 가담하기도 한다. 마약은 또한 주로 주사기를 사용하기 때문에 오염된 주사바늘을 사용함으로써 간염, 파상풍, AIDS 등에 감염될 수 있다(Cobb, 1998).

LSD, 마리화나, 메스칼린, 실로시빈과 같은 환각제(hallucinogens)는 기분을 들뜨게 하여 환각상태에 빠뜨리는데 사고와 지각에 주로 영향을 미친다.

그리고 암페타민, 코카인, 카페인, 니코틴과 같은 흥분제(stimulants)는 중추신경계를 흥분시킨다. 흥분제는 힘이 솟게 해서 기분을 들뜨게 하고 자신감을 주지만, 약효가 떨어지면 피곤해지고, 짜증이 나며, 우울해지고, 머리가 아프다. 과다복용은 심장박동을 빠르게 하고 죽음에 이르게도 한다.

알코올, 바르비투르산염, 신경안정제 같은 진정제(depressants)는 중추신경계의 활동을 늦춘다. 진정제는 불안감을 감소시키고, 기분을 진정시키는 역할을 한다.

십대 때에 특정의 약물을 사용하기 시작한 젊은이들은 계속해서 그 약물을 사용하는 경향이 있으며, 마리화나를 포함해서 법으로 금지된 약물을 계속 사용하는 청년들에게는 건강문제, 학업능력 저해, 청소년 비행, 심리적 부적응의 문제가 생기고, 성인이 되어서도 직업과 결혼생활이 안정되지 못하며, 범죄, 특히 절도에 관련되는 경향이 있다(Kandel, Davies, Karus, & Yamaguchi, 1986).

우리나라 청소년에 의해 주로 사용되는 약물의 종류와 관련 법규를 살펴보면 〈표 6-1〉과 같다.

〈표 6-1〉 **약물의 종류 및 관련 법규**

| 약물의 종류 | 성질 | 독성 | 관련 법규 |
|---|---|---|---|
| 대마초<br>(환각제) | 중추신경 흥분제로서 대마초와 그 가공품인 마리화나가 있다. | • 안구충혈, 구강건조 및 환각<br>• 시공간 왜곡으로 인한 사고 발생 | 대마초관리법 |
| 본드<br>(부탄가스) | 중추신경 억제제로서 아세톤, 가솔린, 톨루엔으로 구성된 공업용품을 흡입 | • 간장, 심장 및 뇌기능 장애<br>• 공격적 · 반사회적 행동 | 유해화학물질 관리법 |
| 히로뽕<br>(각성제) | 중추신경 흥분제로서 암페타민계의 약품 | • 불면증, 체중감소<br>• 망상으로 인한 공격적 파괴 행위 | 향정신성의약품 관리법 |
| 마약 | 중추신경 억제제로서 헤로인, 모르핀, 코카인 등의 약품 | • 신체조절 능력의 상실, 지력 및 체중감소<br>• 금단현상 및 호흡마비로 인한 사망 | 마약 |
| 술, 담배 | 술은 중추신경 억제제로서, 담배는 중추신경 흥분제로서 습관적으로 사용 | • 정신적 침해 및 불안증상<br>• 간장, 심장, 폐질환 | 청소년보호법 미성년자보호법 |

출처: 문화체육부(1997). 청소년백서. 서울: 문화체육부 청소년정책실.

## 6) 스트레스

스트레스라는 것은 생활의 변화로 말미암아 심리적 · 생리적 안정이 흐트러지는 유쾌하지 못한 상태로 정의할 수 있다. 따라서 스트레스를 받게 되면 일반적으로 불안해하거나 긴장하게 된다. 스트레스원은 스트레스를 일으키는 원인이 되는 사건이다. 어떤 사건이 스트레스원이 되는지의 여부는 개인이 그 사건을 어떻게 해석하느냐에 달려 있다.

청년들의 삶에서 크고 작은 여러 가지 요인들이 스트레스를 낳는다(사진 참조). 전쟁이나 교통사고, 친구의 죽음이 스트레스를 야기한다. 과중한 학교공부, 원만하지 못한 가족관계, 가난, 질병 또한 스트레스의 원인이 된다. 청년들은 일상적인 스트레스로부터 심각한 스트레스에 이르기까지 많은 스트레스를 경험한다(Kostelecky, 1997).

우리나라의 남녀 고등학생 534명을 대상으로 한 연구(차태경, 1998)에서, 가장 많이 느끼는 스트레스는 학교생활에 관한 문제, 학업문제, 친구문제의 순으로 나타났다. 성별에서는 여학생은 남학생보다 학업문제와 친구문제에서 더 많은 스트레스를 경험했고, 남학생은 여학생보다 학교생활에서 많은 스트레스를 경험하고 있다고 보고했다. 스트레스에 대한 대응행동으로 남학생은 술, 담배, 오락실 가기 등을 하고 있었고, 반면에 여학생은 음악 듣기, 노래 부르기, 독서하기 등을 많이 하는 것으로 나타났다.

스트레스는 물론 모든 사람의 생활에서 피할 수 없는 생활의 한 부분이다. 어떤 스트레스는 피할 수 없는 것이며, 또 어떤 것은 활력을 주는 것이 되기도 한다(Kobasa, Maddi, & Kahn, 1982). 저명한 스트레스 연구자가 말했듯이 "스트레스로부터의 완전한 해방은 죽음뿐이다"(Selye, 1980, p. 128). 그러나 스트레스는 고혈압, 심장질환, 뇌졸중, 궤양과 같은 여러 가지 질병을 일으키거나 악화시키는 요인이 되기 때문에 스트레스에 대한 관심이 점차 높아지고 있다. 〈그림 6-3〉은 스트레스와 질병에 관한 것이다.

사진 설명　청년들의 삶에서 여러 가지 요인이 스트레스를 낳는다.

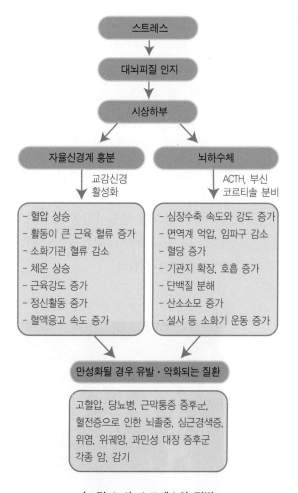

〈그림 6-3〉 스트레스와 질병

출처: 조선일보, 2005. 1. 19.

Holmes와 Rahe(1976)라는 두 명의 정신과 의사가 5,000명의 입원환자들을 대상으로 발병 이전에 있었던 생활사건들을 조사해보았다. 연구결과, 개인의 생활에서 일어난 변화가 많을수록 1~2년 이내에 발병할 확률이 높아진다는 것을 발견하였다. 놀랍게도 환자들이 보고한 스트레스를 주는 사건들 중 몇 가지는 결혼, 뛰어난 개인적 성취와 같이 긍정적으로 여겨지는 것들도 있었다. 인생에서 일어나는 사건은 그것이 좋은 일이든 나쁜 일이든 모두 신체의 평형상태를 깨뜨리고 스트레스를 유발한다(사진 참조). 상쾌한 스트레스(Eustress)는 인생에 흥미, 즐거움, 자극을 제공한다. 반면, 불쾌한 스트레스(Distress)는 불쾌한 상황에 계속해서 노출됨으로써 우리의 심신이 피로하게 되는 것이다. 이런 점에서 스트레스는 신체의 면역체계, 신경계, 호르몬 수준, 신진대사에 영향을 미친다고 할 수 있다. 가장 흔히 보고되는 스트레스의 신체적 증상은 두통, 근육통, 근육긴장, 위통, 피로 등이다. 가장 흔한 심리적 증상은 신경과민, 불안, 긴장, 분노, 짜증, 우울 등이다.

스트레스에 대처하는 전략으로는 접근전략과 회피전략이 있다. 접근전략은 스트레스원을 이해하고자 하는 인지적 시도와 스트레스에 직접 대응하는 행동적 시도를 포함한다. 회피전략은 스트레스원을 부정하는 인지적 시도와 스트레스원으로부터 회피하는 행동적 시도를 포함한다.

연구결과, 접근전략을 사용하는 청년들은 대체로 나이가 많고(청년 후기), 능동적이며, 스트레스를 자신이 통제할 수 있다고 믿고, 더 많은 사회적 지원을 받고 있는 것으로 보인다. 반면, 회피전략을 사용하는 청년들은 고질적인 스트레스원을 가지고 있고, 부정적인 생활사건을 경험하였으며, 쉽게 좌절하는 성격의 소유자로 보인다(Ebata & Moos, 1994). 일반적으로 접근전략이 회피전략보다 더 효율적이며, 청년기의 적응과 연관이 있다.

# 3. 건강문제와 질병

청년기에는 대부분의 건강상태가 양호하기 때문에 청년들이 건강에 별로 신경을 쓰지 않는다. 그러나 청년기에도 만성질환에 시달리는 청년들이 더러 있다. 미국 청년의 10%가 만성질환자이다(Blum, 1992). 가장 보편적인 만성질환이 천식이다(사진 참조). 천식은 꽃가루, 먼지, 동물의 털, 화학약품, 기온이나 기압의 갑작스러운 변화, 과도한 운동, 스트레스 등에 기

관지가 과민반응을 일으키는 질환이다. 천식은 콧물, 기침, 재채기를 유발하며, 때로는 심각한 호흡문제를 일으킨다. 천식은 아동기 말이나 청년기 초기에 저절로 없어지거나 그 정도가 감소하기도 한다. 그 외의 만성질환으로는 시각 또는 청각장애, 신경계장애, 인체면역결핍 바이러스(HIV) 감염, 당뇨병, 결핵성 피부병, 방광 섬유증, 거식증, 심장질환 등이 있다.

청년기는 자율감과 독립심을 고취시키는 기간이다. 그리고 많은 사회적 변화를 경험하는 시기이기도 하다. 이런 시기에 만성질환으로 인해 자율감과 독립심 획득에 장애가 있다면 얼마나 불편하겠는가? 특히 청년 초기에 이런 만성질환을 앓고 있는 청소년들은 우울증에 빠지기 쉽다. 왜냐하면 또래들과 함께 어울리는 것이 매우 중요한 시기에 자신은 함께 어울리지 못하고, 또래들과 다르다고 느끼기 때문이다(Bennett, 1994). 이 시기의 청소년은 자기중심성으로 인해 모든 사람들이 자신을 관찰하고 있다고 생각하는데, 만성질환 청소년의 경우 이런 현상이 더욱 심각하다. 자신을 제외한 다른 모든 사람들로부터 고립되었다고 느끼며, 다른 누구도 이런 기분을 이해하지 못할 것이라고 생각하고 우울증에 빠지게 된다. 이런 경우 유사한 질환을 앓고 있거나 자신과 처지가 비슷한 청소년 모임에 참가함으로써 이러한 고립감과 우울증을 경감시킬 수 있다.

Irwin과 Orr(1991)는 청년기의 건강문제에서 볼 수 있는 세 가지 유형을 확인한 바 있다. 첫째, 청년기에 주로 발생하는 문제로 여드름, 치열교정, 호르몬장애, 부인과문제, 전염성 단구(單球) 증가증,[1] 운동상해, 약물남용, 성병 등이 있다. 둘째, 청년기의 행동과 생활습관으로 인해 청년기에 시작되는 건강문제로서 스트레스장애, 편두통,

---

1) 급성 전염성의 바이러스 감염증으로, 발열과 동시에 경임파절 종창을 수반하고, 혈액에는 단핵세포를 주로 하는 백혈구 증가증이 일어난다.

먹기장애, 우울증, 성병, 약물남용 등을 들 수 있다. 세 번째 유형으로는 청년기 이전에 발생하기도 하지만 청년기에 와서 심해지는 유형으로 발달장애, 충치, 장염, 당뇨 등이 있다.

청년기에 발생하는 건강문제는 대부분 청년의 행동 및 생활습관과 관련이 있다. 청년기에 급증하는 성병을 예로 들어보면, 청년기의 무분별한 성행위와 콘돔을 사용하지 않는 것과 같은 안전하지 못한 성행위와 연관이 있다. AIDS는 1980년 이후로 크게 증가하였는데, AIDS와 그 합병증으로 인한 사망이 청년기 사망 원인 6위를 차지하는 것으로 나타났다(National Center for Health Statistics, 1994). 많은 경우 청년들은 자신의 좋지 못한 행동이나 생활양식의 부정적인 결과에 대해 과소평가하는 경향이 있다. 예를 들면, 18~29세 청년들의 $2/3$가 자신은 AIDS에 걸리지 않을 것이라고 믿고 있었다. 30% 정도는 자신이 AIDS에 걸릴 확률이 매우 낮은 것으로 보고 있었으며, 단지 4%만이 자신도 AIDS에 걸릴 수 있다고 믿는 것으로 나타났다(Youth indicators, 1993).

청년기에 발생하는 건강문제는 성인기 이후에도 계속되는 경향이 있다. 이것은 특히 흡연이나 음주의 경우 그러하다. 예를 들면, 대부분의 흡연가들은 청년기에 처음으로 담배를 피우기 시작한다. 흡연율은 40대 중반까지 계속해서 증가하는데, 40대 중반에 이르면 많은 사람들이 흡연과 관련된 건강문제에 관심을 보이고 금연을 시도한다. 그러나 유감스럽게도 흡연과 관련이 있는 것으로 보이는 심장질환, 폐기종, 폐암 등은 발병하기까지 약 20년이 걸리는 것으로 보인다(American Cancer Society, 1985). 음주도 이와 마찬가지로 간경화, 심장질환, 간암, 폐암 등과 관련이 있다.

## 4. 영 양

건강관련 전문가들은 청년의 건강과 복지 증진을 위해 고심하고 있다. 청년기는 생후 첫 1년간을 제외하고는 그 어느 때보다도 성장이 급속도로 이루어지는 시기이다. 청년기 동안에 체중은 2배로 증가하고, 신장은 청년기 이전 신장의 $1/5$ 이상이 증가한다. 따라서 청년기 동안의 영양섭취는 매우 중요한 문제가 된다(McCoy & Kenney, 1991).

청년기는 계속해서 성장하는 시기이므로 성인보다 단백질을 더 많이 섭취해야 한다. 고기, 생선, 계란, 콩류 등의 단백질 식품은 물론이고 곡류 및 전분류(탄수화물), 채소 및 과일류(무기질과 비타민), 우유 및 유제품(칼슘), 유지 및 당류(지방과 당) 등 다섯 가지 식품군을 골고루 섭취해야 한다. 즉, 건강을 유지하기 위해서는 영양적으로 균형잡힌 식사를 해야 하는데, 모든 영양소가 다 포함된 식품은 없으므로 여러 가지 식품을 골고루 섭취해야 한다.

영양섭취는 신체가 음식물로부터 섭취한 영양소를 소화 흡수하여 영양소를 에너지로 전환하는 과정을 말한다. 청소년이 정상적으로 성장하고 활동하기 위해서는 많은 영양소가 필요한데, 각각의 필요량은 영양소의 종류에 따라 다르다. 영양권장량(Recommended Dietary Allowances: RDA)은 건강한 사람의 95%가 영양결핍이 되지 않도록 하루에 필요로 하는 영양소의 양을 의미하는데, 개인의 성장환경이나 유전, 식습관, 나이, 성별, 활동량, 스트레스 정도 등에 따라 조금씩 차이가 있다. 습관적으로 특정의 영양소를 지나치게 많이 또는 적게 섭취할 경우 청년기뿐만 아니라 성인이 되어서도 영양과 관련된 건강문제가 발생하기 쉽다. 여러 연구결과에서 보면, 십대들은 칼슘이나 철분 등의 특정 영양소 섭취가 많이 부족한 것으로 나타났다. 그 외에 부족한 영양소로는 비타민 A, B-6, C, D, 마그네슘, 아연, 옥소, 판토텐산(비타민 B 복합체의 하나) 등인 것으로 나타났다(McCoy & Kenney, 1991). 〈표 6-2〉는 청년들을 위한 전체 열량, 칼슘, 철분, 단백질의 1일 권장량에 관한 것이다.

청년기에는 근육과 골격의 성장이 가속화하므로 칼슘의 섭취는 매우 중요한 것이다. 특히 여성들의 경우는 칼슘이 부족하면, 나이 들어서 골다공증의 위험에 노출되기 쉽기 때문에 더욱 그러하다. 여성은 남성보다 골질량(bone mass)이 30%나 더 적기 때문에 골다공증은 주로 여성들에게 문제가 된다. 대부분의 여성들은 11~12세가 넘으면 칼슘의 섭취량이 권장량을 밑돌게 된다. 예를 들면, 12~14세 소녀들은 하루에 평균 800mg의 칼슘을 섭취하는데, 이것은 그들이 섭취해야 할 칼슘의 1일 권장량의 $2/3$ 정도밖에 안 되는 양이다(〈표 6-2〉 참조). 아동기와 청년기에 하루 세 번의 식

〈표 6-2〉 **열량, 칼슘, 철분, 단백질의 1일 권장량**

| 성/연령 | 열량(Kcal) | 칼슘(mg) | 철분(mg) | 단백질(g) |
|---|---|---|---|---|
| 여성 | | | | |
| 11~14세 | 2,200(1,200~3,000) | 1,200 | 18 | 46 |
| 15~18세 | 2,100(1,200~3,000) | 1,200 | 18 | 46 |
| 19~22세 | 2,100(1,700~2,500) | 800 | 18 | 44 |
| 남성 | | | | |
| 11~14세 | 2,700(2,000~3,700) | 1,200 | 18 | 45 |
| 15~18세 | 2,800(2,100~3,900) | 1,200 | 18 | 56 |
| 19~22세 | 2,900(2,500~3,300) | 800 | 10 | 56 |

출처: Ensminger, A. H., Ensminger, M. E., Konlande, J. E., & Robson, J. R. K. (1986). *Food for health: A nutrition encyclopedia*. Clovis, CA: Pegus Press.

사 때마다 우유를 마신 여성들의 경우 일생 동안 내내 골밀도가 높은 것으로 나타났다(Freedland & Dwyer, 1991; McCoy & Kenney, 1991). 반면, 흡연이나 음주, 커피나 콜라 등을 지나치게 많이 섭취하면 칼슘의 흡수를 방해하여 골밀도를 낮추게 된다. 칼슘의 저장은 30대 중반에 절정에 달하기 때문에 청년기와 성년기에 칼슘을 너무 적게 섭취한 여성들의 경우 중·노년기에 골다공증에 걸릴 위험이 높다. 우유 및 유제품은 흡수가 용이하기 때문에 최고의 칼슘 공급원이다. 칼슘을 함유하는 다른 식품으로는 브로콜리, 케일, 순무 등의 잎줄기 채소가 있다. 운동이 부족하면 뼈나 치아로부터 칼슘이 빠져나가므로 걷기운동이나 유산소운동 등이 골밀도를 높이는 가장 좋은 방법이다(Balch & Balch, 1990).

청년기에는 철분도 많이 섭취해야 한다. 철분은 헤모글로빈의 생성과 적혈구세포의 산소화 등에 필요한데, 이것들은 건강한 면역체계와 에너지 생성에 매우 중요한 역할을 한다. 청년기에는 근육과 혈액의 양이 크게 증가하기 때문에 철분이 결핍되면 빈혈이 되고 스태미너가 떨어진다. 빈혈이란 혈액 중 적혈구에 들어 있는 헤모글로빈의 농도가 정상보다 감소한 상태를 말한다. 빈혈이 되면 우리 몸속에 산소를 운반하는 능력이 줄어들어 피로하며 안색이 창백해지고, 집중력이 떨어져 학습활동에도 지장을 주는 경우가 많다. 빈혈은 주로 헤모글로빈의 합성에 필요한 영양소가 부족할 때 생기는데, 철분 결핍에 의한 경우가 가장 많다. 철분섭취는 여성들의 경우 특히 중요한데, 매달 월경을 할 때 철분이 손실되기 때문이다. 철분섭취를 증가시키기 위해서는 적어도 하루에 한 번씩은 육류, 생선, 닭고기 등을 섭취해야 한다. 철분을 함유하고 있는 또 다른 식품으로는 계란, 녹황색 채소, 콩, 검은콩, 강낭콩 등이 있다.

청년기의 가장 보편적인 영양문제는 아침을 거르는 것과 인스턴트식품을 많이 먹는 것이다. 우리나라 청소년들을 대상으로 한 연구에서 연령과 성별에 따라 12.2~45.8%에 이르는 청년들이 아침을 거르는 것으로 나타났다. 연령별로는 연령이 증가할수록, 성별로는 남자보다 여자의 비율이 더 높은 것으로 나타났다. 아침을 거르는 이유로는 "늦잠을 자서" "식욕이 없어서" 또는 "시간이 없어서" 등인 것으로 보인다(문화관광부, 2004).

아침을 거르게 되면 주의집중력과 학업능력이 떨어진다. 아침을 먹는 식습관은 아동기에 형성되기 시작해서

사진 설명    심한 영양실조에 걸린 소말리아의 이 청소년은 신체발달뿐만 아니라 인지발달도 순조롭지 못하다.

청년기까지 계속된다(Nicklas et al., 1993). 아침을 거르거나 인스턴트식품, 패스트푸드만으로 식사를 계속하게 되면 비타민이나 칼슘 등 성장기에 반드시 필요한 영양소가 제대로 공급되지 못하므로 건강을 해치고 영양실조에 걸리기 쉽다.

영양실조는 청년의 신체발달, 인지발달, 사회정서발달에 영향을 미친다. 영양실조의 청년은 키가 작고 체중이 덜 나가며, 신체적 성장이 순조롭지 못하다. 과테말라 아동을 대상으로 한 종단연구(Barrett & Frank, 1987)에 의하면, 영양이 좋은 아동은 영양실조인 아동에 비해 긍정적 정서를 나타내었고, 불안수준이 낮으며, 적극적이고 또래 관계에서 더 사교적이었다. 영양과 인지발달과의 관계를 보면, 아프리카의 케냐 아동들이 영양이 좋은 다른 나라 아동들보다 언어능력 검사를 비롯한 인지발달 검사에서 더 낮은 점수를 받았다(Sigman, Neumann, Jansen, & Bwibo, 1989). 또 다른 연구에 의하면, 영양실조는 아동의 호기심과 배우고자 하는 의욕을 꺾어놓음으로써 인지발달에 부정적인 영향을 미치는 것으로 보인다(Brown & Pollitt, 1996; McDonald, Sigman, Espinosa, & Neumann, 1994; Ricciuti, 1993).

# 5. 먹기장애

먹기장애는 주로 청년기에 나타나는 발달장애이다. 먹기장애는 유전적 요인, 생리적 요인, 인지적 요인, 환경적 요인을 모두 포함하는 복잡한 문제이다. 가장 보편적인 먹기장애는 비만, 거식증, 폭식증이다.

## 1) 비 만

정상 체중보다 20% 이상이 초과될 경우를 비만이라 한다. 비만은 일반적으로 과식에서 비롯되지만, 어떤 사람들은 다른 사람들보다 더 쉽게 비만이 되는 위험요인을 가지고 있다.

첫째, 유전적 요인이 비만에 영향을 미친다. 양쪽 부모가 비만인 경우에는 자녀의 70%가 비만이 되고, 한쪽 부모가 비만인 경우에는 50%가, 양쪽 부모 모두 비만이 아닌 경우에는 자녀의 10%만이 비만이 된다(Klish, 1998). 최근에 와서 비만인자가 확인되었는데, 비만인

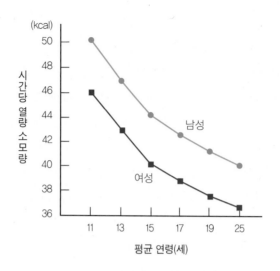

〈그림 6-4〉 청년기의 기초대사량

출처: Santrock, J. W. (1998). *Adolescence* (7th ed.). New York: McGraw-Hill.

자를 통해 렙틴이라는 물질이 생성된다고 한다. 렙틴은 혈류를 통해 뇌의 시상하부로 전달되는데, 시상하부는 식습관에 중요한 영향을 미친다. 비만인 경우 렙틴의 수준이 매우 높은 것으로 나타났다(Considine, Sinha, & Heiman, 1996).

둘째, 기초대사량이 비만과 관계가 있다. 〈그림 6-4〉에서 보는 바와 같이 청년기에는 기초대사량이 급격히 떨어진다. 한 연구에 의하면, 기초대사량이 낮은 경우에는 체중이 증가하는 경향이 있다고 한다(Brownell & Stein, 1989).

셋째, 청년기의 비만에 영향을 미치는 또 다른 요인은 운동부족이다. 생활양식의 변화로 말미암아 현대 사회의 청년들은 운동량이 부족하고, 그에 따른 열량소모가 적다. 요즈음의 청년들은 영양이 좋아 전 세대보다 체격은 좋아졌지만 체력은 저하되었다고 한다. 건강전문가들은 청년의 체력이 허약해진 원인이 TV와 컴퓨터에 있다고 지적한다. 즉, TV 시청은 앉아서 하는 활동으로 친구들과 어울려 놀면서 하게 되는 신체적 활동을 대신한다. 그리고 TV를 시청할 때 칼로리가 높은 스낵을 먹게 되고, TV에서 반복되는 식품광고는 먹고 싶은 충동을 유발하여 청년으로 하여금 음식에 탐닉하게 만든다(Bar-Or et al., 1998; Harrell, Gansky, Bradley, & McMurray, 1997).

넷째, 컴퓨터 사용도 비만의 원인이 될 수 있다. 컴퓨터 스크린 앞에 앉아서 오랜 시간 작업하게 되는 신체적 활동은 기껏해야 마우스로 클릭하는 것이다. 그리고 사이버 공간에서 펼쳐지는 격렬한 운동을 마치 자신이 실제로 한 것으로 착각하는 경우도 있다(사진 참조).

다섯째, 발달 내력 또한 비만과 관련이 있다. 어떤 사람들은 자신의 신체가 배고픔

과 배부름에 관해 시사하는 단서들을 구별할
줄 모른다. 따라서 이런 경우에는 아동기 동
안에 비정상적일 정도로 많은 수의 지방세포
가 발달한다.

비만은 어떤 연령에서든지 심각한 신체
적·의학적 문제를 초래한다. 비만인 사람은
고혈압, 심장질환, 당뇨 등 각종 질환에 걸릴
위험이 높다(Lamb, 1984). 비만 아동의 경우
신체적 문제뿐만 아니라 심리적 문제도 야기
한다. 비만 아동은 또래들로터 놀림과 따돌림
을 당하기 쉽다(사진 참조). 결과적으로 낮은
자아존중감, 부정적 신체상, 우울증과 같은
행동문제가 발생하기도 한다(Israel & Shapiro,
1985; Mendelson & White, 1985). 자아존중감은
자신의 존재에 대한 긍정적 견해로서 자기 존
재에 대한 느낌을 의미하고, 신체상은 자신의
신체에 대한 느낌, 즉 자신의 신체에 대해 얼
마나 만족하는가 하는 것을 의미한다. 신체상
은 이 시기의 청소년—특히 여아—에게 매우
중요하다. 따돌림, 고립, 낮은 자아존중감은
과식, 낮은 활동성을 초래하여 다시 체중증
가, 따돌림으로 이어지는 악순환이 계속된다
(Neumann, 1983).

우리나라 남녀 중학생을 대상으로 한 연구(한우현 외, 1995)에서 그들의 신장과 체중
을 측정한 후 비만도를 산출하였다. 그 결과 11.6%(남학생 12. 4%, 여학생 11.4%)가 비
만으로 나타났다. 그중 추적이 가능한 31명을 대상으로 합병증을 조사한 결과, 고지
혈증이 29.0%로 가장 많았으며, 고혈압, 간효소치의 상승, 당뇨병 순으로 관찰되었
다. 이들의 식습관을 조사한 결과, 열량섭취가 에너지 소모보다 많았으며 섭취한 음
식물의 열량성분 비율 중 지방이 23.3%로 비교적 많은 편이었다.

비만은 순환계의 퇴행성 질환 및 심장질환과 높은 관련이 있을 뿐만 아니라, 십대
비만이 성인 비만으로 이어지는 경우가 많기 때문에, 청년기에 비만이 되지 않도록
각별히 유의해야 한다.

## 2) 거식증(Anorexia Nervosa)

미국의 유명한 대중가수 Karen Carpenter(사진 참조)를 죽음으로 이끈 병은 거식증이었다. 거식증(拒食症)의 주요 특징은 신체상과 체중감소에 강박적으로 집착하는 점이다. 우울증에서 보이는 식욕감소와는 달리 음식에 대해 의도적으로 거부반응을 보인다. 거식증 환자는 자신의 신체에 대해 왜곡된 견해를 가지고 있는데, 뼈만 앙상하게 남을 정도로 말라도 자신이 얼마나 놀랄 정도로 말랐는지를 이해하지 못한다(사진 참조). 그래서 먹기를 계속 거부하고 여성의 경우 그동안 월경은 멈추고 끝내는 죽음에까지 이르는 경우도 있다.

거식증 환자 중에는 엄격한 가정에서 자란 모범생이 많다. 이들은 쉽게 우울증에 빠지고, 같은 행위를 반복하거나 모든 일을 완벽하게 처리하고자 하는 완벽주의자인 경우가 많다. 그들의 가족 역시 표면적으로는 화목한 것 같지만, 사실상 서로의 생활에 지나치게 의존하며 과도하게 간섭하고 갈등에 대처하는 데에 문제가 있다.

거식증의 원인에 대해서는 사회적·심리적·생리적 요인 등으로 설명하고 있다. 여러 학자들은 뇌에서의 심각한 화학적 결함이나 시상하부의 교란에 기인한 신체적 무질서, 또는 우울증과 관련이 있는 심리적 교란, 관심을 끌고자 하는 동기, 지나치게 간섭하는 부모에 대한 반응, 성장에 대한 두려움, 또는 날씬해져야 한다는 사회적 압력에 대한 반응일 수 있다고 말하고 있다(Fisher et al., 1995; Yager, 1982).

사진 설명    거식증 환자는 자신의 신체에 대해 왜곡된 견해를 가지고 있는데, 뼈만 앙상하게 남을 정도로 말라도 여전히 자신이 뚱뚱하다고 생각한다.

거식증 치료의 당면 목표는 다시 먹게 하는 것이지만, 거식증의 원인이 된 감정을 밝혀내지 못하면 체중은 단지 일시적으로 증가할 뿐이다. 거식증 치료에는 영양치료, 행동치료, 인지치료, 개인 및 집단 심리치료, 약물치료, 가족상담 등이 포함될 수 있다.

## 3) 폭식증(Bulimia)

폭식증(暴食症)은 엄청나게 많은 양의 음식을 먹는 것이 보통이고(사진 참조), 이어서 극도의 신체적, 정서적 불쾌감을 느끼게 되며, 속을 비우기 위해 스스로 토하거나 하제를 이용하는 등의 먹기장애인 것이다. 폭식을 하고는 곧바로 토하는 순환적인 행동이 폭식증이 보이는 주요 특징이다.

거식증처럼 폭식증은 십대와 젊은 성인여자에게서 가장 흔하다. 두 경우 모두 지나치게 체중에 관심을 기울인다. 그러나 거식증인 사람이 먹기를 거부하는 것이라면, 폭식증 환자는 지나치게 많이 먹으려는 자신의 충동에 굴복하여 엄청난 양의 음식을 먹게 되고, 이어서 죄책감과 수치심 및 우울증에 빠지게 된다(Lustick, 1985).

최근의 한 연구에서는 Freud 학파의 해석을 빌려와 폭식증 환자는 가족으로부터 받지 못하는 애정에 대한 심리적 굶주림 때문에 음식에 의지하게 된다고 설명하고 있다(Humphrey, 1986). 한편, 거식증의 원인으로 제시된 많은 요인들이 폭식증의 원인으로도 작용한다고 믿는 사람들이 있다(Garner & Garfinkel, 1997).

폭식증은 행동 및 인지치료, 심리치료, 가족치료, 입원치료, 약물치료 등을 포함하는 여러 가지 치료법으로 치료할 수 있다. 우울증이 폭식증의 보편적인 특성이므로, 최근의 연구에서는 항우울제가 효과가 있는 것으로 보고되고 있다(Papalia, Olds, & Feldman, 1989).

Paul E. Garfinkel

## 6. 성격요인과 질병

개인의 성격특성과 특정의 질병과는 상관이 있는 것으로 보인다. 한 연구(Friedman & Rosenman, 1974)에서, 'A형' 행동유형이라 불리는 성격특성과 심장질환은 관련이 있는 것으로 나타났다. 'A형' 행동유형을 지닌 사람들은 참을성이 없고, 경쟁적이며, 공격적이고, 적개심

Meyer Friedman

Ray Rosenman

이 많다. 그들은 실제로 가능한 것 이상을 성취하려고 애쓰며 자신의 분노를 잘 다스리지 못한다. 게다가 그들은 끊임없이 시간과 경주하며 도전에 직면한 듯이 행동한다. 반면, 'B형' 행동유형을 지닌 사람들은 보다 여유 있고, 태평스러우며, 서두르지 않는다. 그들은 보다 현실적으로 대응한다. 즉, 불가능한 것을 시도하지 않으며, 'A형' 유형의 사람들이 하듯이 모든 것(심지어 여가활동까지)을 도전으로 여기지 않는다.

분명히 'A형' 사람들은 그들의 환경을 도전이나 위협으로 받아들이기 때문에, 신체가 사소한 사건도 목숨을 걸고 싸워야 할 것으로 받아들여 노르에피네프린, 아드레날린류의 호르몬을 과다하게 분비시킨다. 이러한 호르몬의 분비는 관동맥의 안쪽을 손상시키며 콜레스테롤의 침전을 촉진시키고, 비정상적인 심장리듬, 심장박동수 증가, 고혈압의 원인이 되며, 심장마비를 일으키는 응혈을 촉진시킨다(Rosenman, 1983).

Friedman과 Rosenman(1974)의 연구에 의하면, 'A형' 사람들은 30~40대에 심장마비를 일으킬 확률이 높은 반면, 'B형' 사람들은 흡연을 하거나 고지방 음식을 먹으며 운동을 하지 않더라도 70세 이전에는

**사진 설명** 'A형' 행동유형의 사람들은 참을성이 없고, 경쟁적이며, 적개심이 많다. 그리고 심장질환에 걸리기 쉽다.

심장마비를 일으키는 경우가 매우 드문 것으로 보인다고 한다.

그러나 또 다른 연구(Williams, 1989)에 의하면, 'A형' 행동유형과 심장질환과의 관계가 Friedman과 Rosenman이 주장하는 것처럼 그렇게 분명하지 않다고 한다. 몇몇 연구(Brannon & Feist, 1992; Dolezal, Davison, & DeQuattro, 1996; Rice, 1992)에 의하면, 'A형' 행동 중 적개심만이 심장질환과 관계가 있다고 한다. 특히 분노, 적의, 다른 사람에 대한 불신으로 특징지어진 냉소적 적개심(cynical hostility)이 건강에 매우 해로운 것으로 보인다. 냉소적 적개심을 가진 사람들은 스트레스에 강력한 생리적 반응을 보인다. 즉, 숨이 가빠지고 심장박동수가 증가하며, 근육긴장 등의 증상을 보이는데 이들은 모두 심장병과 연관이 있다. 연구자들은 이런 적개심은 Erikson의 첫 번째 위기인 신뢰감 대 불신감을 완전히 해결하지 못한 결과라고 본다.

최근에 와서 새로이 주목을 받고 있는 것이 'C형' 행동유형이다. 'C형' 행동유형을 지닌 사람들은 내성적이고, 완고하며, 불안 초조해하는 성격으로 감정표현을 잘하지 않는다. 연구결과 이런 유형의 사람들은 각종 암에 잘 걸리는 것으로 나타났다(Temoshok & Dreher, 1992).

Lydia R. Temoshok

'Z형' 행동유형

제3부

# 청년발달의 인지적 과정

　청년들은 생물학적 존재일 뿐만 아니라 정신적 존재이기도 하다. 청년기에는 인지발달 면에서 상당한 변화가 일어난다. 청년기의 눈부신 인지적 성장으로 인해 청년들은 아동과는 질적으로 상이한 방식으로 생각하고 행동한다. 즉, 청년기에는 추상적 사고, 가설적·연역적 사고, 체계적·조합적 사고, 이상주의적 사고 등을 하게 된다.

　청년발달의 인지적 과정은 개인의 사고, 지능, 언어에서의 변화를 포함한다. 영어 단어를 외우고, 수학 문제를 풀며, 영화배우나 가수가 되는 것을 상상해보는 것 등은 청년발달에 있어서 인지적 과정의 역할을 반영한 것이다.

　청년기의 인지적 과정을 설명하는 데 있어, Piaget는 인지능력 전반에 걸쳐 단계적 발달이론과 문화적 보편성을 주장하고 있다. 반면, Vygotsky는 인지발달의 단계를 설정하지 않고 문화적 특수성을 강조한다. 정보처리이론은 최근에 와서 인간의 인지를 연구하는 주요 접근법이 되었는데, 이 접근법은 특히 기억 쪽에 관심을 갖는다.

　학자마다 청년기의 인지적 과정을 설명하는 바가 상이하더라도, 청년기의 인지발달은 두 가지 방향으로 진행된다는 것에는 의견의 일치를 보인다. 첫째, 청년의 인지는 양적으로 크게 증가한다. 즉, 전 단계인 아동기에 비해 훨씬 빨리 그리고 효율적으로 지적 과업을 성취한다. 둘째, 청년의 인지는 질적으로 변화한다. 구체적 사고에서 탈피하여 추상적 사고, 가설적·연역적 사고, 은유에 대한 이해가 가능해지는 질적 증가를 보인다.

　청년기 동안의 사고와 지적 능력에서 발생하는 변화를 이해하기 위해 제3부에서는 먼저, 청년기 인지발달을 대표하는 Piaget와 Vygotsky의 이론에 대해 살펴보고, 다음에 정보처리과정과 기억발달 및 관련 연구들을 살펴보기로 한다. 마지막으로, 지능과 창의성의 개념과 이러한 능력을 어떻게 평가할 것인가에 대해 기술하도록 한다.

# 제7장

# 인지발달

청년의 사고는 길고도 길다.
Henry Wardsworth Longfellow

나의 생각은 나의 친구이다. 나는 그들을 불러올 수도 있고, 선택할 수도 있으며, 기다리게 할 수도 있고, 떠나게 할 수도 있다.
Walter Savage Landor

어떤 발달단계에 있는 아동이든 지적으로 정직한 방식으로 가르치면 어떤 소재든지 효율적으로 가르칠 수 있다.
Jerome Bruner

아는 것은 어려운 것이 아니다. 어려운 것은 알고 있는 것을 실행하는 것이다.
書經

어언무미(語言無味: 책을 읽지 않는 사람의 말에는 맛이 없다.)
고사성어

우둔한 사람의 마음은 입 밖에 있지만, 지혜로운 사람의 입은 그의 마음속에 있다.
Benjamin Franklin

인간이란 생각하는 것이 적으면 적을수록 많은 말을 지껄여댄다.
Montesquieu

1. 인지란 무엇인가
2. 인지발달이론
3. 청년기의 자기중심성
4. 청년기 이후의 사고
5. 청년기의 사회인지
6. 미디어와 청년

신체적·생리적 발달과 마찬가지로 청년기의 지적 발달과 인지발달 또한 눈부시다. 청년기에 와서 현저한 성장을 보이게 되는 인지발달의 특징은 양적인 면에서뿐만 아니라 질적인 면에서도 증가를 보인다. 양적 증가란 전 단계인 아동기에 비해 훨씬 용이하고 빨리 그리고 효율적으로 지적 과업을 성취하는 것을 말하고, 질적 증가란 인지과정에서의 변화, 이를테면 추상적인 사고, 가설적·연역적인 사고 그리고 은유에 대한 이해가 가능해지는 것 등을 말한다.

청년기의 인지발달을 설명하는 대표적인 두 이론으로는 Piaget의 인지발달이론과 Vygotsky의 사회문화적 인지이론이 있다. 이 두 이론은 청년기의 인지적 성장에 관해 매우 다른 견해를 제시하고 있다. 두 이론의 차이점을 몇 가지 살펴보면 다음과 같다. 첫째, 사회적 맥락의 중요성을 별로 강조하지 않은 Piaget에 비해 Vygotsky는 청년발달의 결정요인으로서 문화적 요인을 강조한다. 다시 말해서 인지발달의 문화적 보편성을 강조했던 Piaget와는 달리 Vygotsky는 인지발달의 문화적 특수성을 강조한다. 둘째, 감각운동기, 전조작기, 구체적 조작기, 형식적 조작기 등 인지발달의 단계를 설정하고 그것을 강조한 Piaget와는 달리 Vygotsky는 인지발달에 있어서 단계를 설정하지 않는다. 셋째, Piaget가 인지가 언어를 지시·감독한다는 견해를 보이면서 인지발달에서 언어의 역할에 별로 관심을 보이지 않은 반면에 Vygotsky는 언어가 청년의 사고발달에 필수적이라는 견해를 보여주고 있다.

이 장에서는 청년기의 인지적 성장을 설명하는 Piaget와 Vygotsky의 인지발달이론, 청년기의 자기중심성, 청년기 이후의 사고, 청년기의 사회인지, 미디어와 청년에 관해 살펴보기로 한다.


# 1. 인지란 무엇인가

인지란 정의하기가 매우 어려운 개념이다. 〈그림 7-1〉은 인지가 무엇인가를 설명하려고 하는 도식이다. 이 그림에 의하면 인지란 블랙박스(Black Box) 속의 관찰할 수 없는 모든 사건들을 일컫는 것이다(Ault, 1977).

따라서 인지발달에 관한 연구는 정신구조가 정신적 성숙과 경험의 상호작용으로 말미암아 연령에 따라 어떻게 변하는가를 알아보는 연구라 할 수 있다. 〈그림 7-2〉는 블랙박스를 보다 자세하게 나타내보인 것으로 다섯 가지 과정을 포함한다.

여기서 인지과정을 하나하나 살펴보기로 하자. 예를 들어, 교사가 칠판에 다음과 같은 방정식을 적었다고 가정하자. "$2x+10=34$일 때 $x$의 값을 구하라." 교사가 칠판에 방정식을 적는 것이 자극이다. 이때 학생은 칠판을 쳐다보고 무엇인가 적혀 있는 것을 알아차리는데 이것이 주의집중이다. 그러고 나서 칠판에 적혀 있는 것은 일련의 숫자와 문자 그리고 부호인데, 이들이 나타내고 있는 것은 "$2x+10=34$일 때 $x$의 값을 구하라"는 것임을 깨닫는다. 이것이 지각이다. 문제를 노트에 옮겨 적는 동안 방금 지각한 것을 기억해야 한다. 그리고 지각과 기억의 산물을 생각하기 시작하는데 "아! 저 것은 방정식이구나. $x$는 미지수이고, 나는 저 $x$의 값을 구해야 하는구나"라고 생각하는 것이 사고이다. 그러고 나서 $2x=34-10$, $2x=24$, $x=12$라고 문제를 푸는데, 이 것이 문제해결이다. 그리고 $x=12$라고 답을 말하는 것이 반응이다.

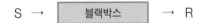

S: 자극(관찰할 수 있는 사건)
R: 청년의 반응
블랙박스: 청년의 마음속에서 일어나는 보이지 않는 사건

**〈그림 7-1〉 인지에 대한 하나의 해석**

출처: Santrock, J. W. (1981). *Adolescense: An introduction*. Dubuque, Iowa: Wm. C. Brown.

**〈그림 7-2〉 인지에 대한 또 하나의 해석**

출처: Santrock, J. W. (1981). *Adolescense: An introduction*. Dubuque, Iowa: Wm. C. Brown.

이 다섯 가지 과정 중 어느 한 과정이라도 놓치게 되면 문제를 풀지 못하게 된다. 예를 들면, 영아는 교사가 칠판에 무엇을 적고 있다는 사실에 관심이 없다. 따라서 첫 번째 과정인 주의에서 실패한다. 네 살 된 아이는 주의는 할 수 있으나 문자, 숫자, 부 호 등을 해독하지 못하므로 지각에서 실패한다. 열 살 난 아이는 주의, 지각, 기억까 지는 가능하나 자신이 수학 방정식을 풀어야 한다는 것, 즉 $x$의 값을 구해야 한다는 것을 이해하지 못한다. 따라서 사고과정에서 실패한다. 마지막으로 열세 살 된 아이 는 앞의 네 가지 과정을 모두 순조롭게 통과했으나 마지막 단계인 문제해결 과정에 서 x의 값을 어떻게 구하는지 모른다. 이것은 문제해결의 실패이다.

# 2. 인지발달이론

정신분석이론이 청년의 무의식적인 사고의 중요성을 강조하는 것이라면, 인지발달이론은 청년의 의식적인 사고를 강조하는 것이다. 인지발달이론에서는 정신구조가 매우 중요한 의미를 갖는다. 이 점에서는 정신분석이론과 별 차이가 없으나 인지발달이론은 무의식적인 사고과정에는 전혀 관심이 없다. 그 대신 합리적인 사고과정을 강조한다.

## 1) Piaget의 인지발달이론

Jean Piaget는 1896년 스위스에서 태어났다. 어려서부터 과학에 깊은 관심을 가져 첫 번째 논문을 10세 때에 발표하였으며, 21세에 박사학위를 받았다. 그는 자신의 세 자녀가 성장하는 과정을 지켜보면서 아동의 사고는 성인의 사고와는 매우 다르다는 것을 발견하였다. Piaget만큼 아동의 인지발달을 이해하는 데 심오한 영향을 준 학자는 없다. Piaget(1952)에 의하면 인지발달은 유기체와 환경과의 상호작용으로 이루어지는 적응과정이며, 여기에는 질적으로 다른 네 개의 단계가 있다고 한다. 1960년대에 와서 Piaget의 인지발달이론에 대한 관심이 높아져서 오늘날 아동의 사고에 관한 연구는 대부분이 Piaget의 이론을 언급하고 있다.

Jean Piaget (1896~1980)

### (1) Piaget 이론의 주요 개념

Piaget의 인지발달이론에서는 도식(schema), 적응(adaptation), 동화(assimilation), 조절(accommodation) 그리고 평형(equilibration)의 개념이 중요한 의미를 갖는다.

도식은 사물이나 사건에 대한 전체적인 윤곽을 말한다. 빨기나 잡기와 같은 최초의 도식들은 본질상 반사적이다. 그러나 이들 반사적 행동조차도 환경의 요구에 따라 변화한다. 예를 들면, 빨기는 유아가 자라 숟가락을 사용하게 되면 형태상 변화한다. 여기서 빨기 도식은 그 구조상으로는 변했지만, 그것을 수행하는 기능면에서는 변한 것이 아니다. 유아는 많은 도식들을 지니고 태어나며, 적응의 과정을 통해서 새로운 도식을 개발하고 기존의 것들을 변화시킨다(사진 참조).

적응은 환경과의 직접적인 상호작용을 통해 도식이 변화하는 과정이다. 동식물

사진 설명   유아는 많은 도식을 지니고 태어나는데, 새로운 물체를 탐색하고 이해하는 데에 그 도식들을 사용한다.

사진 설명   영아는 물체의 모양에 맞게 자신의 입을 조절한다.

의 세계는 적응의 예들로 가득 차 있다. 홍관조 수컷은 선명한 붉은 색인 반면, 암컷은 눈에 잘 띄지 않도록 엷은 갈색조를 띠어 종의 생존에 대한 위협을 줄인다. 봄꽃의 아름다운 색채는 수분(受粉)작용을 통해서 일어나는 봄꽃의 생식과정에 참여하는 곤충을 유인한다. 이와 같이 적응은 개인의 욕구를 충족시키기 위해 이루어지는 개인 또는 환경의 수정을 포함하는 매우 복잡한 과정이다. 적응은 동화와 조절이라는 두 가지 수단을 통해 진행된다.

동화는 새로운 환경자극에 반응함으로써 기존의 도식을 사용해 새로운 자극을 이해하는 것을 말한다. 유아가 음식이든 아니든 무엇이나 입으로 가져가는 것은 동화의 한 예이다. 이것은 환경의 요구에 관계없이 하나의 도식을 사용한다는 것을 나타낸다. 이 경우 유아는 자신의 내적 욕구를 만족시키기 위해 환경을 변화시킨다.

조절은 기존의 도식으로서는 새로운 사물을 이해할 수 없을 때, 기존의 도식을 변경하는 것을 말한다. 아동이 조절을 할 때에는 도식의 형태에 질적인 변화가 일어난다. 아동이 사자를 보고 고양이라고 말할 때, 누군가가 "아니야, 그것은 사자란다"라고 말해줌으로써 잘못을 바로잡을 수 있다. 이때 아동은 '사자'라고 불리는 새로운 도식을 형성하게 된다.

끝으로 평형은 동화와 조절의 균형을 의미한다. 여기서 동화, 조절, 평형이 어떻게 작용하는지 예를 들어보자. 5세 된 아이가 하늘에 날아다니는 물체는 새라고 배웠다고 하자. 하늘에 날아다니는 물체를 볼 때마다 아이는 그 사물이 자기가 가지고 있는 기존체계, 즉 새라는 것에 자신의 생각을 동화시킨다. 그런데 어느 날 아이는 하늘을 날아가는 비행기를 보게 된다. 이 새로운 사물을 보고 아이는 그가 가지고 있는 기존개념인 '새'에 결부시키려고 하나 모양이나 크기 등이 너무 다르다. 그래서 아이는 기존의 체계를 변경하지 않으면 안 되는데 이 과정이 조절이다. 아이는 이제 불평형 상태에 놓이게 된다. 즉, 이 새로운 물체가 새인지 아닌지 만약 새가 아니라면 도대체 무엇인지 알 수 없다. 그래서 어머니에게 저 물체가 무엇인지를 물어본 결과 그것은 새가 아니라 비행기라는 답을 듣는다. 그리고 아이는 새와 비행기의 차이를 알게 되는데, 이것이 평형의 상태이다.

### (2) Piaget의 인지발달 단계

Piaget(1954)는 인지발달에는 네 단계가 있으며(〈그림 7-3〉 참조), 질적으로 다른 이 단계들은 정해진 순서대로 진행되고, 단계가 높아질수록 복잡성이 증가한다고 한다.

인지발달의 첫 번째 단계는 감각운동기(sensorimotor stage)로서, 이 단계는 신생아의 단순한 반사들이 나타나는 출생에서 시작해서 초기의 유아적 언어가 나타나는 상징적 사고가 시작되는 2세경에 끝난다. Piaget는 이 단계에서 독립적이지만 상호관련을 갖는 6개의 하위 단계들을 제시한다. 아동의 행동은 자극에 대한 반응으로서, 이때 자극은 감각이고 반응은 운동이다. 그래서 이 단계를 감각운동기라고 부른다.

두 번째 단계는 전조작기(preoperational stage)로서, 이 단계는 2세에서 7세까지를 말한다. 이때가 되면 아동의 언어가 급격히 발달하고 상징적으로 사고하는 능력도 증가한다. 그러나 이 단계에서는 논리적인 조작이 가능하지 않기 때문에 전조작기라 부른다. '조작'이란 과거에 일어났던 사건들을 내면화시켜 이들을 서로 관련지을 수 있는, 즉 이들을 논리적으로 관계지을 수 있는 것을 뜻한다. 전조작기 사고의 특징은 상징놀이, 자기중심적 사고, 물활론(物活論), 직관적 사고를 하는 것 등이다.

세 번째 단계는 구체적 조작기(concrete operational stage)로서, 7세에서 12세까지가 이 단계에 해당한다. 이 단계에서 아동은 전조작기에서 갖지 못한 가역성(可逆性)이라는 특성을 갖는다. 구체적 조작기의 아동은 조작의 순서는 전환될 수 있고, 조작 전

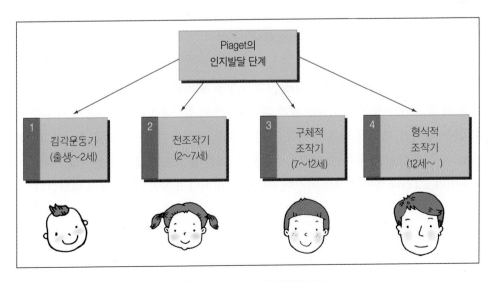

〈그림 7-3〉 Piaget의 인지발달 단계

상황의 특성들이 회복될 수 있다는 것을 이해한다. 구체적 조작기에 나타나는 사고의 특징은 보존개념의 획득, 유목(類目)포함, 분류화와 서열화를 할 수 있다는 점이다.

마지막 단계는 형식적 조작기(formal operational stage)로서 청년기가 이 단계에 해당된다. 형식적 조작기의 특징은 첫째, 새로운 상황에 직면하였을 때에 현재의 경험뿐만 아니라 과거와 미래의 경험을 이용한다는 점이다. 즉, 구체적 조작기의 아동은 현재의 문제만을 다루지만, 형식적 조작기의 청년은 시간을 초월하여 문제를 다룬다. 둘째, 체계적인 과학적 사고가 가능하다는 점이다. 즉, 문제해결을 위해 사전에 계획을 세우고, 체계적으로 해결책을 시험한다. 셋째, 추상적인 사고가 가능하다는 점이다. 구체적 조작기의 아동은 눈에 보이는 구체적 사실들에 대해서만 사고가 가능하지만, 형식적 조작기의 청년은 추상적인 개념도 이해할 수 있다. 넷째, 이상주의적 사고를 한다는 점이다. 청년들은 이상적인 특성, 즉 자신과 다른 사람들에게 이상적이었으면 하고 바라는 특성들에 대해 사고하기 시작한다.

### (3) 청년기 사고의 특성

청년기에는 아동기에 비해 훨씬 효율적으로 지적 과업을 성취하는데, 청년기 사고의 특성을 보면 다음과 같다.

#### ① 추상적 사고

구체적 조작기의 아동은 눈에 보이는 구체적 사실들에 대해서만 사고가 가능하지만, 형식적 조작기의 청년은 추상적인 개념도 이해할 수 있다. 예를 들어, A>B이고 B>C이면, A>C라는 논리적 추론을 살펴보자. 구체적 조작기의 아동은 A, B, C의 구체적 요소를 보아야 문제해결이 가능하나, 형식적 조작기의 청년은 구두제시만으로도 문제를 해결할 수 있다.

또 다른 예로 "머리가 세 개 달린 물고기가 오늘 4km를 날았고, 내일 다시 3km를 난다면 이 물고기는 모두 몇 km를 날게 되는가?"라는 질문을 던지면, 추상적 사고를 할 수 없는 형식적 조작기 이전의 아동은 이 문제를 이해하지 못한다. 왜냐하면 그들은 머리가 세 개 달린 물고기는 존재하지 않으며, 또한 물고기는 날지 못한다고 생각하기 때문이다. 그러나 질문형식을 바꾸어 4+3이 무엇이냐고 물으면 7이라고 대답한다.

#### ② 가설적 · 연역적 사고

변형된 '스무고개' 놀이에서 42개(1줄에 6개의 그림이 있고 모두 7줄로 된 것)의 서로 다른 그림을 보여주고, 실험자가 마음에 두고 있는 그림이 어느 것인지 알아맞혀보라고

〈그림 7-4〉 변형된 '스무고개 놀이' 그림

한다. 이때 청년들은 실험자가 단지 "예" "아니요"라는 대답만 할 수 있는 질문을 해야 한다. 이 놀이는 가능한 한 적은 수의 질문을 해서 답을 맞히는 놀이이다(〈그림 7-4〉 참조).

가설적 사고가 가능한 청년들은 계획을 세워 일련의 가설을 차례대로 시험하면서 정답의 범위를 점점 좁혀 간다. 즉, 자신이 한 질문에 대해 실험자가 "아니요"라는 답을 하면 몇 가지 가능성이 즉시 정답의 범위에서 제외된다. 반면, 구체적 사고를 하는 아동은 아무런 계획 없이 질문을 마구 하여 제한된 스무 번의 기회를 모두 써버린다 (Santrock, 1998).

### ③ 체계적·조합적 사고

청년들은 과학자가 하는 것처럼 사고하기 시작한다. 문제해결을 위해 사전에 계획을 세우고, 체계적으로 해결책을 시험한다. 반면, 아동은 시행착오에 의해 문제를 해결하는 편이다. Inhelder와 Piaget(1958)는 한 실험에서 무색 무

사진 설명  Piaget와 Inhelder

취의 투명한 액체를 담은 1, 2, 3, 4 번호가 붙은 네 개의 플라스크와 무색의 액체를 담은 g라는 작은 플라스크를 보여주고 이 액체들을 마음대로 섞어서 노란색이 나오도록 해보라고 하였다(〈그림 7-5〉 참조). 노란색은 1과 3 그리고 g의 액체를 섞어야 나타나게 되어 있었다. 그런데 이 실험에서 전조작기 아동은 아무렇게나 액체를 섞어 혼란상태를 만들었다. 구체적 조작기 아동은 어느 정도 체계성을 보였다. 1, 2, 3, 4 각 플라스크에 g의 액체를 차례대로 부어 보았는데, 노란색이 나오지 않자 더 이상의 시도를 해보지 않고 그만두었다. 하지만 형식적 조작기의 청년은 모든 가능성에 대해 체계적으로 시험해볼 수 있었으므로 결국은 노란색을 만들어내었다.

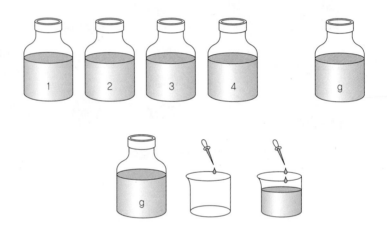

〈그림 7-5〉 Inhelder와 Piaget의 실험

④ 이상주의적 사고

구체적 조작기의 아동은 구체적 사실에 한해서 제한된 사고만을 하는 반면, 청년들은 이상적인 특성, 즉 자신과 다른 사람들에게 이상적이었으면 하는 특성들에 대해 사고하기 시작한다. 그들은 이상적인 부모상에 대해 생각하고, 이 이상적 기준과 자신의 부모를 비교한다. 그리고 자신이 생각하는 이상적인 기준에 맞추어 자신과 다른 사람을 비교하기도 한다. 사춘기의 사고는 미래의 가능성에 대해 상상하고 공상을 한다.

## 2) Vygotsky의 사회문화적 인지이론

Lev Vygotsky는 Piaget와 같은 해인 1896년에 러시아에서 태어났다. 그러나 80세 이상을 산 Piaget와는 달리 37세라는 젊은 나이에 폐결핵으로 요절했다. 그는 모스크바 대학에서 법학을 전공하였으나, 그 후 문학과 언어학을 공부하였으며, 예술심리학으로 박사학위를 받았다.

Vygotsky는 아동발달에서 문화와 사회적 관계를 강조하였기 때문에, 그의 이론은 사회문화적 인지이론으로 불린다. 최근 그 이론이 영어로 번역되어 서구 사회에 알려지게 된 이후, 그의 이론에 많은 관심이 집중되고 있다. Vygotsky가 사망한 지 60년이 지난 지금 그의 사회문화적 인지이론에 대한 관심이 날로 증가하고 있는 이유는 오늘날 아동발달에서 문화적 요인의 중요성에 대한 인식이 재고되었기 때문이다. 아동이 부모, 또래, 교사, 기타 성인과의 상호작용을 통해서 세계를 이해한다는 그의 생각은 매력적일 뿐만 아니라, 아동의 인

Lev Vygotsky (1896~1934)

지발달이 문화적 요인에 의해 형성된다는 비교문화연구의 결과와도 일치한다(Beilin, 1996; Daniels, 1996).

Vygotsky의 사회문화적 인지이론은 특정 문화의 가치, 신념, 관습, 기술이 어떻게 다음 세대로 전수되는지에 초점이 맞추어졌다. Vygotsky에 의하면, 사회적 상호작용, 특히 아동과 성인 간의 대화가 아동이 특정 문화에 관해 적절하게 사고하고 행동하는 법을 습득하는 데 필수적이라고 한다(Wertsch & Tulviste, 1992). 아동이 성장하고 있는 문화적 배경을 고려하지 않고서는 아동발달을 제대로 이해할 수 없다는 것이 Vygotsky의 주장이다.

Vygotsky의 이론은 특히 아동의 인지를 연구하는 데 큰 영향을 미쳤다. 그러나 그의 접근법은 Piaget의 접근법과는 매우 다르다. Vygotsky의 사회문화적 인지이론은 Piaget가 간과했던 사회문화적 요인의 중요성을 강조함으로써 아동의 인지발달을 이해하는 새로운 견해를 제시한다. 인지발달의 문화적 보편성을 강조했던 Piaget와는 달리 Vygotsky는 인지발달의 문화적 특수성을 강조한다.

Piaget에 의하면, 모든 아동의 인지발달은 매우 유사한 단계를 거친다고 한다. 그리고 Piaget는 인지발달에 있어서 아동의 능동적이고 자발적인 노력을 강조하였기 때문에, 성인의 직접적인 가르침이 중요하다고 보지 않았다. 반면, Vygotsky는 모든 아동이 똑같은 인지발달 단계를 거친다고 보지 않았으며, 아동의 인지발달을 사회가 중재하는 과정으로 보기 때문에, 아동발달의 결정요인으로서 문화를 강조한다. 인간은 이 지구상에서 문화를 창조한 유일한 종(種)이며, 모든 아동은 문화의 맥락 속에서 성장하고 발달한다. 문화는 아동의 인지발달에 두 종류의 기여를 한다. 첫째, 아동은 지식의 대부분을 문화로부터 습득한다. 둘째, 아동은 문화로부터 사고과정이나 사고수단(Vygotsky는 이것을 지적 적응의 도구라고 부른다)을 습득한다. 요약하면, 문화는 아동으로 하여금 무엇을 사고하고, 어떻게 사고할 것인가를 가르친다는 것이다.

### (1) 근접발달영역

Vygotsky는 아동의 지적 능력을 근접발달영역의 개념으로 설명하고 있다. 근접발달영역(Zone of Proximal Development: ZPD)은 아동이 스스로의 힘으로 문제를 해결할 수 있는 수준인 실제적 발달수준과 성인이나 유능한 또래로부터 도움을 받아 문제를 해결할 수 있는 수준인 잠재적 발달수준 간의 영역을 말한다(〈그림 7-6〉 참조). 예를 들면, 산수문제를 혼자 힘으로 풀지 못하는 초등학생에게 교사가 옆에서 조언을 해주거나 힌트를 줌으로써 아동이 문제해결을 좀더 효율적으로 수행할 수 있도록 해준다. Vygotsky(1962)는 아동이 혼자 힘으로 문제를 해결할 수 있는 수준을 발달의 '열매'로, 그리고 타인의 도움으로 문제를 해결할 수 있는 수준을 발달의 '봉오리' 또는 '꽃'이라고 불렀다.

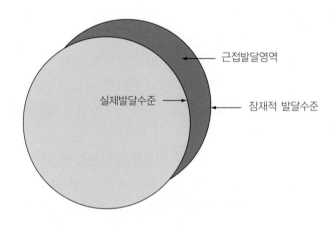

〈그림 7-6〉 근접발달영역

근접발달영역의 개념은 비록 두 아동이 도움 없이 혼자 힘으로 문제를 해결할 수 있는 수준이 비슷하다 할지라도, 도움을 받고 문제를 해결할 수 있는 수준은 크게 다를 수 있음을 암시한다. 즉, 도움에 의해 수행능력이 증가하면 할수록 근접발달의 영역은 더 넓어진다는 것이다(〈그림 7-7〉 참조).

예를 들어, 6세 된 두 아동이 초등학교에 입학할 무렵 수행평가에서 동일한 점수를 얻었다고 가정해보자. 입학 후 첫째 주에 교사가 이 아동들을 따로따로 학습을 시킨 결과, 한 아동은 교사의 도움을 받고 9세 아동이 풀 수 있는 문제를 푸는 반면, 똑같은 도움을 받고서 다른 아동은 7세 수준의 문제해결 능력밖에 보여주지 못했다. Vygotsky에 의하면 이 두 아동의 학습능력은 크게 다른데, 그 이유는 두 아동의 근접발달영역이 다르기 때문이다. 즉, 첫 번째 아동의 근접발달영역은 3년인 반면, 두 번

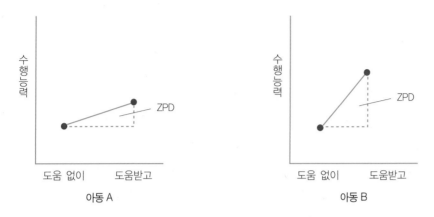

도움 없이 두 아동의 과제수행이 비슷하다 할지라도, 아동 B가 도움에 의해 수행능력이 더 많이 향상되었다. 따라서 더 넓은 근접발달영역을 갖게 된다.

〈그림 7-7〉 도움에 의한 문제해결 수준의 개인차

째 아동의 근접발달영역은 1년이기 때문이다.

### (2) 비계(飛階)

근접발달영역과 매우 밀접한 연관이 있는 개념이 비계(scaffolding)이다. 비계는 아동이 스스로의 힘으로 문제를 해결할 수 있도록 성인이나 유능한 또래가 도움을 제공하는 것을 의미한다. Vygotsky는 아동의 인지발달은 자신이 속한 문화에 의해서보다는 오히려 성숙한 구성원과의 상호작용을 통해 이루어진다고 보았다. 이들은 아동의 인지발달을 위해 비계를 설정하여 아동이 성장할 수 있도록 도와준다. 아동을 가르치는 동안 아동의 현재 수준에 알맞도록 가르침의 양을 조절한다. 아동이 학습하는 내용이 새로운 것이라면 직접적인 지시를 하고, 아동이 따라오게 되면 직접적인 지시 대신에 힌트를 주게 된다.

사진 설명　Vygotsky의 이론에 의하면 성인으로부터 시도를 받는 것은 청년의 문제해결능력에 매우 중요한 요인이 된다고 한다.

비계는 건축학에서 빌려온 용어로서[1] 건물을 지을 때에 발판으로 사용하다가 건물이 완성되면 제거해 버리는 구조물이다. 마찬가지로

---

1) 비계는 건물을 짓거나 수리를 할 때 또는 외벽을 페인트칠을 할 때 발판역할을 해주는 임시 구조물을 뜻한다.

아동이 과제를 수행하는 데 도움을 주다가 일단 아동이 혼자서 문제를 해결할 수 있게 되면 비계는 더 이상 필요 없게 된다.

비계는 즉각적인 문제해결뿐만 아니라 장기적인 안목에서도 아동이 스스로 문제를 해결하는 데 필요한 기술을 가르칠 때 효율적인 것으로 보인다. 즉, 비계는 구체적인 문제해결뿐만 아니라 아동의 전반적 인지발달에도 도움이 된다.

### (3) 언어와 사고

Vygotsky는 언어가 아동의 사고발달에 필수적인 것이라고 믿는다. Vygotsky에 의하면, 아동은 문제를 해결하거나 중요한 목표를 달성하고자 할 때 혼잣말(private speech)을 하는 경향이 있다고 한다. 성인들의 경우 혼잣말은 주로 마음속으로 하는 것이지만, 아동들은 혼잣말을 밖으로 소리내어 한다. 시간이 지나면서 큰 소리로 하던 혼잣말은 속삭임으로 변하고 다시 내부 언어(inner speech)[2]로 변한다.

언어가 사고발달에 유익한 것은 그것이 사회적 상호작용의 매개역할을 하기 때문이다. 직접적인 지시를 하든 일상적 대화를 하든 타인과의 언어적 상호작용은 아동의 현재의 이해 수준을 확장시켜 준다.

Vygotsky는 아동은 의사소통을 위해서뿐만 아니라 자신의 사고과정과 행동을 이끌어가기 위해서 언어를 사용한다고 믿는다. 이러한 자기조절적 또는 자기지시적 목적으로 사용되는 언어가 혼잣말이다. Piaget에게는 아동의 혼잣말이 자기중심적이고 미성숙한 것이지만, Vygotsky에게는 혼잣말이 아동의 사고발달에서 중요한 도구가 된다. Vygotsky는 혼잣말을 많이 하는 아동이 그렇지 않은 아동보다 사회적 능력이 더 뛰어난 것으로 믿었다. 여러 연구결과도 혼잣말이 아동발달에서 긍정적인 역할을 한다는 Vygotsky의 견해를 지지하는 것으로 보인다(Winsler, Diaz, & Montero, 1997).

Vygotsky는 혼잣말을 인지발달에서 자기조절로 향하는 중간 단계로 보았다. 처음에 아동의 행동은 다른 사람의 지시에 의해 조절된다. 아동이 다른 사람

**사진 설명**  아동은 쉬운 과제보다 어려운 과제에서 혼잣말을 더 많이 한다.

---

2) Vygotsky는 개인의 생각(사고)을 내부 언어라고 표현한다.

의 도움 없이 새로운 과제를 해결하고자 할 때, 큰 소리로 혼잣말을 함으로써 자기 스스로에게 지시를 내린다(사진 참조). 따라서 혼잣말은 문제해결에서 자신이 올바르게 하고 있다는 확신을 주는 자기나름의 길잡이 역할을 한다(Behrend, Rosengren, & Perlmutter, 1992).

아동은 쉬운 과제보다 어려운 과제에서 혼잣말을 더 많이 한다. 왜냐하면 어려운 과제에서 더 많은 도움이 필요하기 때문이다. 또한 문제를 제대로 풀었을 때보다 실수를 한 후에 혼잣말을 더 많이 하는 것으로 보인다. 연구결과, 아동이 자신의 행동과 사고를 통제하는 데에는 언어가 중요한 역할을 하고 있는 것으로 밝혀졌다(Berk, 1992).

사진 설명  Laura Berk

Vygotsky(1962)는 언어와 사고가 처음에는 각기 독립적으로 발달하다가 아동기에 점차 통합하게 된다고 주장한다(〈그림 7-8〉 참조). 유아는 단어나 문법적 구성을 흉내내는 경우처럼 사고가 없어도 말을 배울 수 있듯이, 유아의 사

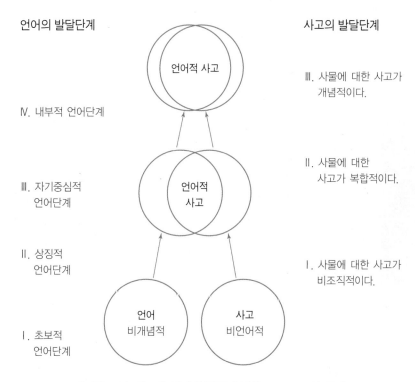

**언어의 발달단계**

언어적 사고

Ⅳ. 내부적 언어단계

언어적 사고

Ⅲ. 자기중심적 언어단계

Ⅱ. 상징적 언어단계

언어 비개념적

사고 비언어적

Ⅰ. 초보적 언어단계

**사고의 발달단계**

Ⅲ. 사물에 대한 사고가 개념적이다.

Ⅱ. 사물에 대한 사고가 복합적이다.

Ⅰ. 사물에 대한 사고가 비조직적이다.

〈그림 7-8〉 사고와 언어의 발달에 관한 Vygotsky의 견해

출처: Thomas, R. M. (2000). *Comparing theories of child development* (5th ed.). Wadsworth Publishing Company.

고 역시 언어가 없어도 발달한다. 아동이 성장하면서 점차 언어와 사고가 부분적으로 통합되나, 성인이 되어도 완전히 합쳐지지는 않는다. 하지만, 언어와 사고가 어느 정도 통합되면서, 그 결과 언어가 사고의 발달을 증진시켜 언어 없이는 가능하지 않은 사고의 형태들이 발달하게 된다.

2, 3세 정도만 되어도 보다 많은 언어적 기술을 습득하게 되고, 이에 따라 아동은 자신의 행동을 조절하는 데에 언어를 사용하게 된다. Vygotsky는 이때의 혼잣말이 아동이 문제를 해결하는 데에 길잡이 역할을 한다고 본다(Miller, 1993).

## 3. 청년기의 자기중심성

형식적 조작기에 도달한 청년은 자신의 생각뿐만 아니라 다른 사람의 사고 또한 체계화할 수 있게 된다. 그러나 청년기의 급격한 신체적·정서적 변화로 말미암아 자신의 외모와 행동에 너무 몰두해 있으므로, 다른 사람들도 자기만큼 자신에게 관심이 있다고 생각하여, 자신의 관심사와 타인의 관심사를 구분하지 못한다. 이것이 청년기의 자기중심성이다.

### 1) 상상적 관중

David Elkind

청년기의 자기중심성 사고를 반영하는 몇 가지 상황을 보면, 청년은 상상적 관중(imaginary audience)을 만들어내어 자신은 주인공이 되어 무대 위에 서 있는 것처럼 행동하고, 다른 사람들은 모두 구경꾼으로 생각한다. 다른 사람들이 자신을 관심의 초점으로 생각한다고 청년은 믿기 때문에 다른 사람들은 관중이지만, 실제적인 상황에서는 자신이 관심의 초점이 아니라는 의미에서 상상적이다. 상상적 관중은 시선끌기 행동, 즉 다른 사람들의 눈에 띄고 싶은 욕망으로부터 나온다. Elkind(1978)는 청소년들이 자의식이 강하고 대중 앞에서 유치한 행동을 하는 것 등은 모두 이 상상적 관중 때문이라고 한다.

청년은 종종 자기비판적이면서, 또한 자주 자기도취에 빠진다. 청년의 유치함, 변덕스러움 그리고 요란한 옷차림 등은 그 상당 부분이 자신이 매력적이라고 믿는 것과 다른 사람들이 매력적이라고 생각하는 것을 구별하지 못하기 때문에 야기된다. 젊은 이들이 흔히 왜 어른들은 자신의 복장과 행동방식을 못마땅하게 생각하는가를 이해하지 못하는 것도 바로 그 때문이다.

자기중심성은 이성에 대한 행동에서도 종종 나타난다. 두 시간 동안 거울 앞에서 머리를 빗질하는 소년은 아마도 소녀들로부터의 열광적인 반응을 상상하고 있을 것이다. 마찬가지로 예쁘게 화장을 하는 소녀는 그녀에게 던져질 찬사의 시선들을 상상하고 있을 것이다. 그러나 이 청년들이 실제로 서로 만났을 때에는 상대방을 관찰하기보다는 자신이 어떻게 관찰되어지는가에 보다 더 관심을 갖는다. 청년들의 모임은 각 청년들이 스스로는 주인공이라고 상상하면서 동시에 다른 사람들에게는 관중이 된다는 점에서 매우 특이하다.

## 2) 개인적 우화

청년기의 자기중심성을 반영하는 또 하나의 상황은 개인적 우화(personal fable)로서, 자신의 감정과 사고는 너무나 독특한 것이어서 다른 사람들이 이해할 수 없을 것이라고 상상하는 점이다. 즉, 자신은 많은 사람들에게 너무도 중요한 인물이라는 믿음 때문에 자신은 매우 특별하다고 생각하는 점이다. 청년은 자신을 주인공으로 생각하고 이것이 자신에게만 통용된다고 상상한다는 의미에서 개인적이고, 현실성이 결여되어 있다는 의미에서 우화인 것이다.

개인적 우화의 예로서 청년이 경험하는 '첫사랑'을 들 수 있다. 어느 누구도 자신과 같이 아름답고, 숭고하며, 뜨거운 사랑을 경험하지 못했을 것이며, 그 사랑이 끝났을 때에 느꼈던 하늘이 무너지는 것 같은 절망감, 암담함, 비참함은 아무도 이해하지 못할 것이라고 생각한다.

또 다른 예로 청년이 다른 사람은 다 죽어도 자신은 영원히 죽지 않으리라는 '불멸(immortality)'의 신념 때문에 위험한 행동을 하다가 크게 다치거나 죽음에까지 이르는 경우를 볼 수 있다(사진 참조). 그리고 10대 소녀의 경우 다른 소녀들은 다 임신을 해도 자신은 임신하지 않을 것이라는 생각에 무모한 짓을 하는 경우를 볼 수 있다(Elkind, 1967).

그러나 청년이 성숙해감에 따라 사회적 상호작용으로 인해 모든 사람은 다 제 나름대로의 관심사가 따로 있다는 것을 이해하게 되고, 상상적 관중이 진짜 관중으로 대체됨에 따라 이러한 자기중심적 사고는 점

차 사라진다. 그리고 특별한 사람과 친밀한
관계를 갖게 되어 가슴속의 얘기를 서로 나
누게 되면서, 자신의 경험이 다른 사람의 그
것과 크게 다를 바 없다는 것을 이해하게 되
고, 그러면서 개인적 우화도 점차 사라지게
된다.

최근에 와서 청년기의 자기중심성에 관한
연구가 증가하고 있다. 연구의 초점은 청년
기의 자기중심성이 언제 가장 많이 나타나
고, 왜 그러하며, 청년기의 문제행동에 어떤
역할을 하는가 등에 맞추어지고 있다. 중학생, 고등학생, 대학생을 대상으로 청년기
의 자기중심성을 연구한 결과, 상상적 관중과 개인적 우화는 청년 초기에 강렬하다가
연령의 증가에 따라 점차 감소하는 것으로 나타났다(Enright, Shukla, & Lapsley, 1980).

청년 초기, 중기, 후기의 남녀 청년들을 대상으로 한 보다 최근의 연구(Schwartz,
Maynard, & Uzelac, 2008)에서는 상상적 관중과 개인적 우화 모두 성과 연령 간의 상호
작용 효과가 있는 것으로 나타났다. 우선 상상적 관중에서 남자의 경우 청년 중기 집
단이 청년 후기 집단보다 상상적 관중 점수가 더 낮은 것으로 나타났다. 그러나 여자
의 경우는 세 집단 간에 차이가 없는 것으로 나타났다(〈그림 7-9〉 참조).

개인적 우화에서도 성과 연령 간의 상호작용 효과가 있는 것으로 나타났다. 즉, 여
자의 경우 청년 후기 집단이 청년 초기나 청년 중기 집단보다 개인적 우화 점수가 더
낮은 것으로 나타났다. 남자의 경우 청년 초기 집단이 청년 후기 집단보다 개인적 우

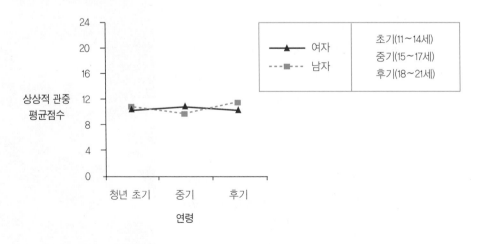

〈그림 7-9〉 상상적 관중: 성과 연령 간의 상호작용 효과

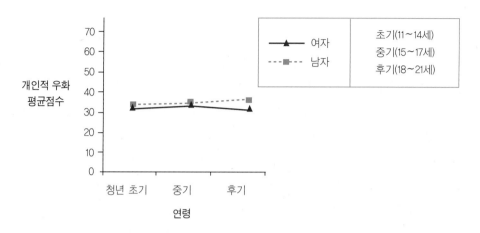

〈그림 7-10〉 개인적 우화: 성과 연령 간의 상호작용 효과

화 점수가 더 낮은 것으로 나타났다(〈그림 7-10〉 참조).

이와 같은 연구결과는 청년이 성숙해감에 따라 상상적 관중과 개인적 우화가 점차 사라지게 되어 자기중심적 사고 또한 점차 사라진다는 Elkind(1967)의 가설에 위배되는 것으로 보인다. 이처럼 청년 후기에 자기중심성이 새로이 출현하는 것은 대학입학과 같은 새로운 상황에 직면했을 때 청년이 효율적인 대처전략(coping mechanism)으로 자기중심성을 드러내보이는 것으로 저자들은 논의하고 있다.

Elkind(1985)는 청년기의 자기중심성은 형식적·조작적 사고의 결과라고 믿는 반면, 다른 이들(Lapsley & Murphy, 1985)은 청년기의 자기중심성이 전적으로 인지적 현상만은 아니라고 주장한다. Lapsley 등은 청년기의 자기중심성이 부모로부터의 심리적 독립에 따른 갈등이 방어적 행동으로 표현된 것이라는 새로운 관점을 제시한다. 그리고 상상적 관중은 가설적으로 사고할 수 있는 능력과 가설적인 상황에서 다른 사람들의 반응을 예측할 수 있는 능력의 산물이라고 주장한다.

우리나라에서도 청년기의 자기중심성을 인지적 발달현상으로뿐만 아니라 보다 포괄적인 발달현상으로 간주한 연구가 있다. 장근영(1992)은 한 연구에서 청년기의 자기중심성은 인지적 능력이 미숙해서 나타난다기보다는 청년기에 증가하는 것으로 보이는 사회적·심리적 압력과 갈등에 대한 반응이라고 해석하였다.

김인경(1993)은 중·고등학생과 대학생을 대상으로 하여 청년기의 자기중심성과 그 관련변인을 연구한 바 있다. 연구결과, 가족구성원 간의 정서적 애착이 클수록 그리고 가족구성원 간의 역할관계에서 자율성이 높을수록 상상적 관중과 개인적 우화의 경향이 높은 것으로 나타났다. 이러한 결과는 청년기의 자기중심성이 부정적 경험에 의한 발달의 부산물이라기보다는 청년기의 보편적 현상이라는 점을 시사해준다.

이 연구에서는 또한 청년기의 자기중심성과 적응성 및 정신건강과의 관계도 알아보았다. 상상적 관중은 부정적 정서상태, 정신병리 그리고 사회적 부적응과 관련이 있는 반면, 개인적 우화는 대처능력, 지도력, 사회적 유능성, 일반적 적응력과 관련이 있는 것으로 나타났다. 이 결과는 개인적 우화가 청년의 부적응 행동이나 스트레스 상황에서 완충요인으로 작용한다는 것을 시사해준다. 반면, 상상적 관중은 고독감, 우울, 정서불안과 관련이 있어 청년기의 부적응 요인과 관련이 있는 것으로 보인다.

기능적 가족관계가 상상적 관중뿐만 아니라 개인적 우화를 증가시킨다는 연구결과와 상상적 관중은 청년기의 사회적 부적응과 관련이 있다는 연구결과는 상충된 것으로 보인다. 따라서 후속연구를 통해 이 점을 보다 분명하게 밝혀야 하리라고 본다.


# 4. 청년기 이후의 사고

청년기 이후의 사고는 어떤 양상을 띨까? Piaget는 청년과 성인의 인지작용에는 차이가 없다고 주장한다. 과연 Piaget의 주장처럼 인간의 인지발달에서 형식적 조작기는 마지막 단계인가?


## 1) Arlin의 문제발견적 사고

Arlin(1975, 1989, 1990)은 이 문제에 대해 성인기의 사고수준은 청년기의 사고수준과는 다르며, 청년기의 형식적 조작기 다음에 문제발견의 단계라는 제5단계가 있다고 주장하였다. 이 단계의 사고의 특징은 창의적 사고, 확산적 사고, 새로운 문제해결 방법의 발견 등이다. 이에 반해 Piaget의 형식적·조작적 사고는 수렴적 사고를 요한다.


## 2) Riegel과 Basseches의 변증법적 사고

Riegel(1973)은 성인기 사고의 특징은 '형식적' 사고가 아닌 '성숙한' 사고라고 주장한다. 성숙한 사고란 어떤 사실이 진실일 수도 있고 진실이 아닐 수도 있음을 받아들이는 것이다. Riegel은 이러한 사고의 모순된 상태를 기술하기 위해 철학에서 변증법적이란 용어

Klaus Riegel

를 빌려와 다섯 번째의 인지발달 단계를 변증법적 사고(dialective thinking)의 단계라고 하였다. 변증법적 사고를 하는 사람들은 비일관성과 역설(모순)을 잘 감지하고, 正(theses)과 反(antitheses)으로부터 合(syntheses)을 이끌어낸다. Piaget에 의하면 형식적·조작적 사고를 하는 사람은 인지적 평형 상태에 도달하지만, 변증법적 사고를 하는 사람은 항상 불평형 상태에 있게 된다고 한다(Basseches, 1984; Riegel, 1973).

　　성인기의 인지발달은 청년기와는 다르게 일련의 갈등이나 위기 혹은 모순과 그 해결로써 설명될 수 있기 때문에, 평형모델을 지향하는 Piaget의 인지발달이론은 성인기의 사고를 완전히 설명할 수 없다는 것이 Riegel의 주장이다.

　　Basseches(1984) 또한 변증법적 사고가 성인의 유일한 추론형태라고 가정하고, 성인기의 인지적 성장은 변증법적 도식의 형태를 취한다고 주장하였다. Basseches에 의하면, 변증법적 도식 중의 어떤 것들은 사고자의 관심을 관계나 상호작용으로 유도하고 어떤 것들은 변화와 움직임에 그리고 또 어떤 것들은 형태나 패턴을 처리하는 데 이용된다. 바꾸어 말하면, 변증법적 도식은 성인들이 사회적 체제나 정치체제에 대해 그리고 대인관계에 대해 추론할 수 있도록 하는 역할을 한다.

Michael Basseches

## 3) Labouvie-Vief의 실용적 사고

　　Labouvie-Vief(1986, 1990)에 의하면, 성인기에는 새로운 사고의 통합이 이루어진다고 한다. 성인기에는 문제를 해결함에 있어 논리적 사고에 덜 의존하게 되고, 현실적인 면을 많이 고려하게 된다. 성인기의 인지능력은 매우 우수하며, 사회물정에도 밝게 된다. 성인기의 인지능력에는 논리적 사고능력뿐만 아니라 현실적응 능력도 포함된다. 예를 들면, 건축가가 건물을 설계할 때에는 구조에 대해 논리적으로 분석하여 설계할 뿐만 아니라 비용, 환경여건, 시간적 측면 등을 모두 고려하게 된다.

Gisela Labouvie-Vief

## 4) Perry와 Sinnott의 다원론적 사고

　　Perry(1970, 1981)는 성인기에는 청년기의 사고와는 다른 중요한 변화가 일어난다고 믿는다. 그는 청년들의 사고는 흔히 흑백논리에 의해 좌우된다고 믿는다. 그러나 성

William Graves Perry Jr.

Jan Sinnott

인이 되면 이원론적 사고(dualistic thinking)에서 벗어나 다원론적 사고(multiple thinking)로 옮겨간다고 한다.

Sinnott(1989) 또한 성인기에는 다차원의 세계와 복잡한 인간관계에 직면하면서 인지발달이 이루어진다고 믿는다. 성인들은 '진리' 또는 '진실'이라는 것을 주관적이고 상대적인 것으로 이해하게 된다. 즉, 지식이란 절대적이고 고정불변의 것이 아니라 여러 개의 타당한 견해 중 하나일 수 있다는 사실을 이해하게 된다는 것이다. 이러한 Sinnott의 견해는 성인기의 인지능력은 절대적인 것이 아니고 상대적이라는 Perry의 견해와 일치한다.

## 5) Schaie의 성인기 인지발달 단계

K. Warner Schaie

Schaie(1977)는 성인기가 되면 형식적·조작적 사고를 넘어서지는 않지만 지식의 습득단계에서 아는 지식을 실생활(직업발달이나 가족발달 등)에 적용하는 단계로 전환하게 된다고 믿는다. Schaie는 성인기의 지능은 양적 증가나 감소보다는 사고하는 방식의 질적 변화가 보다 더 중요하다고 보고, 성인기 인지발달의 5단계를 제시하였다(〈그림 7-11〉 참조).

제1단계인 습득단계에서 청년들은 사회에 참여하기 위해 앞뒤를 가리지 않고 지식 그 자체를 위한 정보와 기술을 습득한다. 그들은 과업 그 자체가 그들의 인생에서 아무런 의미가 없다 하더라도, 자신의 능력을 과시하기 위해 검사에서 최선을 다한다. 제2단계인 성취단계에서 성인들은 이제 더 이상 지식 그 자체를 위해 지식을 습득하지 않는다. 이 단계에서는 스스로 설정한 인생의 목표에 적합한 과업에서 최선을 다한다. 제3단계인 책임단계에서 중년들은 배우자나 자녀의 욕구충족에 대한 책임과 직업인으로서 또는 지역사회의 일원으로서 책임을 지게 된다. 이 단계에서 어떤 중년들의 경우 그 책임수준이 매우 복잡하다. 기업의 대표나 대학의 학장이나 총장, 기타 여러 기관의 장들은 조직의 구조를 이해하고, 장래의 계획을 세우며, 나아가 결정된 정책이 제대로 실행되는지 지켜보아야 한다. 이와 같이 여러 면에서 복잡한 관계를 통합하는 것이 실행단계이다. 제

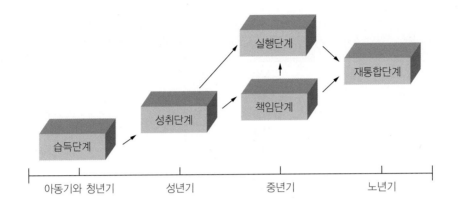

〈그림 7-11〉 Schaie의 성인기 인지발달 단계

출처: Schaie, K. W. (1978). Toward a stage theory of adult cognitive development. *Journal of Aging and Human Development*, 8, 129-138.

4단계인 실행단계는 제3단계인 책임단계의 변이로서 적합한 기술의 발달과 실행이 허락되는 기회를 얼마나 갖느냐에 달려 있다. 제5단계인 재통합단계에서 노인들은 사회적 참여와 책임으로부터 어느 정도 벗어나게 되고, 생물학적 변화로 말미암아 인지기능이 제약을 받기 때문에 자신들이 노력을 기울여야 할 과업에 대해 보다 선택적이다. 자신들이 하는 일의 목적에 관심이 있으며, 자신에게 의미가 없는 일에는 시간을 낭비하려 하지 않는다. 이 단계는 Erikson의 마지막 단계인 자아통합감의 단계와 일치한다.

Schaie는 그후 평균예상수명이 크게 증가한 점을 감안하여 성인기 인지발달 단계를 좀더 세분화하였다. 그는 Willis와 함께 노년기를 다시 세 단계로 나누었는데, 청노년기(young-old), 중노년기(old-old), 초고령노년기(oldest-old)가 그것이다.

Schaie와 Willis(2000)에 의하면 청노년기는 재조직화(reorganizational)단계로서 직업세계와 가족에 대한 책임에서 벗어나 보다 자녀중심적으로 재조직화하는 단계이다. 중노년기는 1978년 모델의 재통합(reintegrative)단계에 해당하며, 초고령노년기는 후손에게 물질적·지적 재산을 전해주는 유산창조(legacy creating)의 단계이다.

〈표 7-1〉은 Piaget, Arlin, Riegel, Labouvie-Vief, Perry와 Sinnott 그리고 Schaie의 성인기 인지발달 단계에 대한 요약이다.

Sherry L. Willis

〈표 7-1〉 **성인기의 인지발달 단계**

| 이론가 단계 | Piaget | Arlin | Riegel | Labouvie-Vief | Perry/Sinnott | Schaie |
|---|---|---|---|---|---|---|
| 청년기 | 형식적·조작적 사고 | 형식적·조작적 사고 | 형식적·조작적 사고 | 형식적·조작적 사고 | 이원론적 사고 | 습득단계 |
| 성년기 | ↓ | 문제발견적 사고 | 변증법적 사고 | 실용적 사고 | 다원론적 사고 | 성취단계 |
| 중년기 | | ↓ | ↓ | ↓ | ↓ | 책임단계 |
| 노년기 | | | | | | 실행단계 재통합단계 |

# 5. 청년기의 사회인지

사회인지는 사회적 관계를 이해하는 능력이다. 즉, 다른 사람의 감정, 생각, 의도, 사회적 행동들을 이해하는 능력을 말한다. 사회인지는 모든 인간관계의 기본이다. 다른 사람이 무슨 생각을 하는지, 어떻게 느끼는지를 아는 것은 다른 사람과 원만한 관계를 유지하고, 그들을 이해하는 데 필수적이다(Feldman & Ruble, 1988; Gnepp & Chilamkurti, 1988). 청년기의 사회인지에 관한 연구는 주로 도덕성발달에 관한 것으로 청년들이 도덕적 갈등상황에 대처하는 인지적 변화의 중요성을 강조하고 있다. 그외에 주로 연구되는 사회인지로는 인상형성(impression formation)과 역할수용(role taking)을 들 수 있다.

## 1) 인상형성

인상형성은 다른 사람에게서 어떤 인상을 받는가, 즉 다른 사람에 대한 판단은 어떻게 이루어지는가 하는 것이다. 우리가 모르는 사람을 처음 만났을 때 그의 옷차림, 용모, 그가 하는 말과 행동을 조금만 보아도 그 사람이 대체로 어떤 사람이라는 인상을 형성하게 된다. 이렇게 상대방의 몇 가지 단편적인 정보(옷차림, 용모, 억양, 몸짓 등)만을 가지고서도 즉각적으로 그에 대한 인상을 형성해낼 수 있다. 이러한 능력은 청년기에 급속도로 발달하는데, 청년기의 다른 사람에 대한 인상형성은 다음과 같은 특징을 갖는다(Hill & Palmquist, 1978).

첫째, 인상형성이 점진적으로 분화된다. 청년은 아동에 비해 자신이나 다른 사람을 묘사함에 있어 보다 구체적으로 그리고 보다 분화된 특성으로 묘사하게 된다. 즉, 아동들의 경우 주로 성이나 연령과 같은 일반적인 특성으로 묘사하는 반면, 청년들은 흥미나 관심과 같은 개인적 특성으로 묘사한다.

둘째, 청년기의 인상형성의 두 번째 경향은 덜 자기중심적이라는 것이다. 청년들은 어떤 사람에게서 받는 인상이 자신의 개인적 견해이기 때문에 다른 사람들과 다를 수도 있다는 것을 깨닫게 된다.

셋째, 인상형성이 보다 추상적이 된다. 즉, 신체적 특징이나 개인적 소유물과 같은 구체적 특성보다 태도나 동기와 같은 추상적 특성으로 다른 사람을 묘사하게 된다.

넷째, 청년들은 다른 사람에 대한 인상형성에서 추론을 많이 사용한다. 아동과 비교했을 때 청년들은 구체적인 정보가 없더라도 다른 사람의 감정을 해석하고, 동기나 신념, 감정을 추론하는 경향이 있다.

다섯째, 청년들의 인상형성은 보다 조직적인 것이 된다. 즉, 청년들은 성격특성과 상황을 연결지어 다른 사람을 판단하는 경향이 있다. 예를 들면, "그 사람은 다른 사람들과 어울려 일할 때에 참을성이 부족하다"라는 것이다.

## 2) 역할수용

역할수용이란 다른 사람의 입장이 되어 그 기분을 이해하는 능력이다. 이것은 인지가 발달함에 따라 증가하는 것으로 보이며, 주로 친사회적 행동이나 감정이입과 관련하여 연구가 이루어지고 있다. 감정이입은 다른 사람이 느끼고 있는 감정을 그대로 느끼는 것을 말한다. 역할수용은 다른 사람이 느끼고 생각하고 지각하는 것을 정확하게 이해는 하지만 반드시 자신도 그와 똑같이 느낄 필요는 없다. 예를 들면, 자신은 슬픔을 느끼지 않으면서도 상대방이 슬퍼하고 있다는 것을 인지할 수는 있다.

청년들의 역할수용 능력은 자신에 대한 이해를 높이기도 하지만 또래관계와 우정의 질에도 영향을 미친다. 한 연구(Kurdek & Krile, 1982)에서 보여주듯이, 또래들 간에 가장 인기 있는 청년은 역할수용 능력이 뛰어난 청년이었다. 역할수용 능력이 뛰어난 청년은 친구의 욕구에 민감하고, 그래서 보다 효율적인 의사소통을 하게 된다. 또 다른 연구(Vernberg, Ewell, Beery, & Abwender, 1994)에서 보면, 역할수용 능력은 청년들의 우정형성에도 중요한 역할을 하는 것으로 나타났다.

Selman(1980)은 사회적 역할수용의 발달을 5단계로 나누어 설명하고 있다. 제1단계는 자기중심적 미분화 단계(3~6세)로서 이 단계의 아동은 자신의 입장과 다른 사람의 입장을 구별하지 못한다. 어떤 상황에서 상대방이 어떻게 느끼겠는가를 물어보면

Robert Selman

그들은 자신의 느낌을 말한다.

제2단계는 주관적 역할수용 단계(5~9세)이다. 이 무렵의 아동은 다른 사람들은 다른 생각을 가질 수도 있다고 깨닫기 시작하지만 왜 그런지는 이해하지 못한다(LeMare & Rubin, 1987). 이제 아동은 의도적 행동과 비의도적 행동을 구분하기 시작하고, 행동의 원인을 생각하기 시작한다(Miller & Aloise, 1989). 그러나 다른 사람의 의도, 감정, 사고는 추론하기 시작하지만, 사람들이 자신들의 진짜 감정은 숨길지도 모른다는 사실은 깨닫지 못하고, 단지 눈에 보이는 사실에 근거해서만 결론을 내린다.

제3단계는 상호적 역할수용 단계(7~12세)로서 전청년기가 이에 해당한다. 이 단계에서는 다른 사람의 관점을 이해하게 된다. 이러한 능력으로 인해 그 누구의 관점도 절대적으로 옳은 것은 아니라는 사실을 깨닫는다. 즉, 다른 사람의 관점도 자신의 관점과 마찬가지로 옳을 수 있다는 것을 이해하게 된다. 그러나 이 단계에서의 상호적 역할수용 능력은 제3자의 입장은 배제된 너와 나의 양자관계의 상호성이라는 특징을 갖는다.

제4단계는 제3자적 역할수용 단계(10~15세)이다. 청년은 이제 자신의 관점, 상대방의 관점 그리고 제3자의 관점까지도 이해할 수 있다. 제3자의 입장에서 자신을 주체로서 그리고 객체로서 바라볼 수 있다. 즉, 제3자의 입장에서 두 사람의 관계를 바라볼 수 있다.

제5단계는 사회관습적 역할수용 단계(12세~성인)로서 청년은 이제 상호적 역할수용이 항상 완전한 이해를 가져오지 않는다는 점을 깨닫게 된다. 따라서 이 단계에서는 모든 사람들이 공유할 수 있는 사회적 · 관습적 · 법적 · 도덕적 관점의 복합적 · 상호적(일반 타자) 역할수용이 필요하다는 것을 깨닫게 된다. 즉, 청년은 이제 상호 간의 이해를 돕기 위해 일반 타자(generalized other) 또는 사회제도의 관점을 고려하게 된다.

## 6. 미디어와 청년

미디어는 다양한 방식으로 청년들에게 영향을 미치고 있다. 오늘날 많은 청년들은 유아기 때부터 TV나 컴퓨터, 스마트폰 등을 사용하고 있다(Lever-Duffy & McDonald, 2018). TV는 계속해서 청년발달에 큰 영향을 미치고 있지만, 최근에 와서 TV나 DVD

의 영향뿐만 아니라 비디오게임, 컴퓨터, 아이패드 등의 과도
한 사용에 대한 경각심을 일깨우기 위해 "스크린 타임(screen
time)"이라는 용어가 사용되고 있다(Bickham et al., 2013; Lissak,
2018; Lloyd et al., 2014; Ngantcha et al., 2018; Poulain et al., 2018;
Yilmaz, Demirli Caylan, & Karacan, 2014). 최근 한 연구(Vernon,
Modecki, & Barber, 2018)에서 야간의 스마트폰 사용은 청년기
외현화 행동문제를 증가시키고, 자아존중감과는 부적 상관이
있는 것으로 나타났다. 또 다른 연구(LeBourgeois et al., 2017)에
서는 장시간의 '스크린 타임' 노출은 청년기 건강문제, 수면문
제, 학업성취, 비만, 공격성, 불안, 우울증과 관련이 있는 것으
로 밝혀졌다.

**사진 설명**  오늘날 미디어는 청년들의
생활에서 큰 비중을 차지하고 있다.

　청년들의 생활에서 큰 비중을 차지하고 있는 미디어는 정
치, 경제, 교육, 사회 등 여러 방면의 정보를 얻을 수 있는 좋
은 정보의 장이다. 하지만 그것이 오늘날에 와서는 무분별하게 난립하면서 청년발달
을 저해하는 측면도 있다.

## 1) 컴퓨터: 이메일과 인터넷

　오늘날 컴퓨터의 사용은 청년들에게 학업을 비롯한 의
사소통, 정보수집, 취미나 여가생활 등의 일상생활에서
필수적인 것으로 자리 잡고 있다(사진 참조). 예를 들면,
대다수의 청년들이 인터넷을 통해 매일 이메일을 체크하
고, 신문이나 방송의 뉴스보다 빨리 정보를 획득하며, 채
팅이나 동호회 등의 공동체 활동을 통해 다른 사람들과
교류하고, 게임 등으로 여가를 즐기고 있다. 또한 청년들
사이에서는 컴퓨터 게임, 컴퓨터 통신, 컴퓨터 응용 프로

그램 운용 등 컴퓨터와 관련된 소재들이 대화에서 주요 주제로 등장하고 있다(Mesch,
2012; O'Keeffe & Clarke-Pearson, 2011; Rideout, Foehr, & Roberts, 2010). 대한민국 게임백
서(2002)에 따르면, 우리나라 청년의 컴퓨터 이용형태는 게임(36.6%), 음악/영화/만
화감상(17.8%), 이메일(16.5%)의 순으로 나타났다.

　최근에 와서 청소년들이 이용하는 사회적 상호작용 매체가 컴퓨터에서 휴대폰(특
히 스마트폰)이나 SNS 이용으로 옮겨가고 있다(Underwood et al., 2012; Valkenburg &

Peter, 2011). 소셜네트워크서비스(Social Network Service: SNS)는 개인의 프로파일을 구성하도록 하고, 타인과 연결을 도모하며, 이러한 연결망을 아우르는 웹기반의 서비스(Boyd & Ellison, 2007)로, 대표적으로 트위터, 페이스북, 카카오톡 등을 들 수 있다. SNS는 소셜미디어라고 불리기도 하는데, 개인은 소셜미디어를 통해 자신의 일상경험과 의견, 정보 등을 자유롭게 나누게 된다. SNS를 통해 생활에 필요한 유용한 정보를 얻기도 하고, 주요 사회적 사건이나 이슈에 대한 뉴스도 접한다. 또한 트위터, 페이스북, 카카오톡 등 소셜미디어를 통해 새로운 친구를 만나고 사귀기도 하며, 직접 만나기 어려운 친구들과 대화를 나누고 사진, 그림이나 글을 통해 필요한 정보를 공유하기도 한다. 이처럼 소셜미디어는 개인의 의견, 감정, 정보, 지식을 교환하고 공유하는 사회적 네트워크가 되고 있다. SNS를 이용하는 사람들이 급격히 증가하면서 일상생활에서도 크고 작은 많은 변화가 일어나고 있다.

최근 들어 SNS가 개인의 일상생활과 사회에 미치는 영향에 대한 연구가 조금씩 이루어지고 있다. 연구결과에 따르면, SNS는 다양한 사람들과 정보를 공유하고, 상호작용을 할 수 있으며, 지속적으로 관계를 유지하는 도구이자, 자신의 정체성을 표현하는 도구가 되기도 하고, 자신의 기분이나 감정을 표출하는 유용한 도구로 사용될 뿐아니라(고상민, 황보환, 지용구, 2010; 이창호, 성윤숙, 정낙원, 2012) 개인의 사회적 네트워크나 지지 기반을 확장시키고, 사회적 참여를 증진시키는 등의 긍정적인 사회적 기능도 담당하고 있다. 반면, SNS는 불명확한 정보 출처에서 비롯되는 유해한 정보의 급속한 확산, 사이버 언어폭력의 증가, 과도한 SNS 사용으로 인한 중독현상(머니투데이, 2012년 3월 15일자) 등과 같은 부정적인 영향도 보고되고 있다.

문자 메시지 주고받기(사진 참조)는 청년들이 친구들과 상호작용하는 주요 매체로 떠오르고 있는데, 면대면 접촉, 이메일, 통화 등을 훨씬 능가하고 있다(Lenhart, Purcell, Smith, & Zickuhr, 2010). 최근 연구(Lenhart, 2012)에서 12~17세 청소년이 하루

에 이용하는 문자 메시지는 평균 60건으로 나타났다. 또한 최근에 성적 문자 메시지나 사진 등을 주고받는 이른바 '섹스팅(sexting)'이 주요 관심사가 되고 있다(Gordon-Meser, Bauermeister, Grodzinski, & Zimmerman, 2013). 한 연구에서 '섹스팅'을 이용하는 성인의 경우 약물남용이나 혼음과 같은 위험한 성행위를 더 많이 하는 것으로 나타났다(Benotsch et al., 2013).

## 2) 비디오 게임

최근 청소년의 비디오 게임 이용률이 급증
하고 있다. 청소년 자녀가 있는 대부분의 가정
에서는 비디오 게임 장치가 있는 것으로 나타
났다. 또한 비디오 게임에서의 기술력이 성장하
면서 동시에 폭력성도 높아졌다(사진 참조). 이
제 가장 인기 있는 비디오 게임의 80%는 폭력적
이며, 21%는 여성에 대한 폭력성까지도 포함하
고 있다(Dietz, 1998). 게임에서 보이는 여성에 대
한 폭력성은 청년들에게 부정적인 성역할과 멍
청한 희생자로서의 여성의 모습을 강화시킨다
(Funk & Buchman, 1996).

많은 심리학자들은 비디오 게임의 내용이
가지고 있는 폭력성에 우려를 나타내고 있다
(Dewall, Anderson, & Bushman, 2013; Hanson,
1999). 폭력성과 관련된 연구들을 좀더 자세히
살펴보면 다음과 같다. 첫째, 아동과 청년을 대
상으로 한 단기간의 연구에서 비디오 게임을 한

후에 게임의 공격성을 모방하는 증거가 있었다(Silvern & Williamson, 1987). 즉, 비디
오 게임은 아동이 게임에서 경험하고 보았던 것을 나타내도록 고무시키는 것으로 보
인다(Schutte et al., 1988). 그리하여 게임에서의 공격적인 행위에 대한 강화는 실제 세
계로 전이되며, 청년들은 문제해결을 위해 공격적인 행동을 한다(사진 참조). 둘째, 청
년의 공격적 사고와 관련이 있다. 대학생을 대상으로 폭력적인 게임을 하는 경우와
그렇지 않은 경우를 관찰한 연구에서, 폭력적인 게임을 한 대학생들이 높은 공격적
사고를 보였다(Calvert & Tan, 1994; Gentile, 2011). 셋째, 폭력적인 비디오는 개인의 성
격특성에 큰 영향을 미친다. 남녀 대학생을 대상으로 한 연구에서 폭력적인 비디오
에 노출된 경우 공격적인 성격특성을 보였다(Anderson, 2000). 넷째, 폭력적인 비디오
게임은 TV를 시청하는 경우보다 심장박동이나 혈압을 높이는 효과가 있다(Kubey &
Larson, 1990). 다섯째, 공격적인 비디오 게임을 하는 십대들은 친사회적 행동을 덜 하
는 경향이 있다(Fraser et al., 2012; Van Schie & Wiegman, 1997). 여섯째, 많은 청소년들
이 비디오 게임에 '중독'되어 있다. 그리고 게임방은 중독성을 배가시킨다.

## 3) 뮤직비디오

뮤직비디오는 1981년 8월 1일 MTV 개국과 함께 공식적으로 시작된 비교적 새로운 예술 장르이다 (Sherman & Dominick, 1986). 뮤직비디오는 음악 가사를 시청각적으로 묘사할 수 있는 비디오 형식을 빌려와 음악을 전달하기 때문에, 가사와 함께 그 이미지가 극대화되는 이점을 가지고 있다(Strasburger, 1995; Zillmann & Mundorf, 1987). 뮤직비디오는 매우 인기가 많은 매체로서, 대학생들을 대상으로 한 연구에 따르면 많은 이들이 MTV 채널을 선호하며, 특히 그들 중 39%는 다른 많은 채널들 중 가장 선호하는 채널이라고 응답했다(Paul, 2001).

사진 설명 MTV나 록 비디오에서 여성은 종종 성적 대상으로 묘사된다.

500개 이상의 뮤직비디오를 분석한 연구에 따르면 다수의 뮤직비디오가 폭력적이며 성적 주제를 담고 있었다(DuRant et al., 1997). 뮤직비디오의 15%가 폭력에 가담하는 모습을 담고 있었으며, 이러한 뮤직비디오 중 80%에서 공격자를 매우 매력적인 인물로 그리고 있었다(Rich et al., 1998). 예를 들면, 많은 록 음악 비디오는 음주, 난잡한 성행위, 여성비하와 부정적인 가정 상황과 함께 보호적이며 준법적인 사회와 직업정신에 대한 반항을 묘사하고 있다(Hansen & Hansen, 1996b). 또한 뮤직비디오는 남성, 여성 그리고 인종에 대한 고정관념적인 묘사로 인해 지속적으로 비판을 받고 있다 (Seidman, 1999; White, 2001). 즉, 뮤직비디오에서 남성은 공격적이고 여성은 공격을 감수하는 모습으로 그려진다. 또한 남성들이 독립적이고 냉철한 반면, 여성들은 의존적이고 수동적이며, 성적 대상이 되는 것으로 묘사된다(Seidman, 1999).

다수의 청년들이 선호하는 미디어 중 하나인 뮤직비디오의 영향은 다음과 같다. 첫째, 선정적인 뮤직비디오를 본 사람은 혼전 성교(Calfin, Carroll, & Schmidt, 1993; Martino et al., 2006)와 공격성의 표현(Hansen & Hansen, 1996a)에 대해 더 긍정적인 시각을 가지게 된다. 즉, 청년들은 성적인 영상과 폭력적이며 반체제적인 주제를 담고 있는 매우 충격적인 뮤직비디오에 노출되었을 때에 보복적인 공격성을 드러낼 가능성이 높았다 (Rehman & Reilly, 1985). 둘째, 위험한 행동과 뮤직비디오 간의 관련성이 보고되었다 (Klein et al., 1993). 많은 뮤직비디오는 거칠고, 난폭하며, 용서할 수 없는 세상 그리고 선정적인 세상을 표현한다. 따라서 이러한 내용을 담고 있는 뮤직비디오에 나타난 이미지는 사회적 환경에 대해 민감하게 반응하는 10대들의 지각을 강화시키고 나아가 위험한 행동을 불러오게 한다(Brown & Hendee, 1989; Strasberger, 1990). 또한 많은 뮤직비디오에서 흡연과 음주하는 장면을 여과 없이 방영함으로써 청년의 흡연과 음주를 부추기는 결과를 낳고 있다(Raloff, 1997).

## 4) TV와 영화

20세기 중반 이후 TV만큼 청소년의 발달에 큰 영향을 미친 것도 없다(Maloy et al., 2013; Sterin, 2013). 거의 모든 가정에서 최소한 1대 이상의 TV를 갖고 있으며, 청소년들은 매주 17시간 이상 TV를 시청하고 있다(Nielsen Media Research, 1998). 영화, 뮤직비디오, 스탠딩 업 코미디, 스포츠 등 각종 프로그램 중에서 특히 영화가 가장 인기가 있는 것으로 나타났다(Walker, 1996).

아동과 청소년들이 TV와 영화에서 무엇을 보고 배우는가와 같은 우려의 소리는 어제 오늘의 일이 아니다. TV와 영화가 청년에게 미치는 영향으로는 첫째, TV와 영화는 다양한 방식으로 공격성에 영향을 미친다(Huesmann et al., 2003; Liebert & Sprafkin, 1988). 즉, TV에서 본 것을 직접적으로 모방하기도 하고, 공격성을 억제하지 못하게 만들며, 반사회적인 행동을 유발

사진 설명   청소년들은 많은 시간을 텔레비전 시청을 하면서 보낸다.

하고, 마지막으로 TV 폭력에 둔감해지게 해서 이를 삶의 자연스럽고 평범한 측면으로 받아들이게 한다(Coie & Dodge, 1998). 둘째, 청년들이 성적인 주제를 빈번히 다루고 있는 TV와 영화를 시청함으로써 특정의 성적 행동을 실제보다 더 흔한 것으로 믿는 등 청년의 전반적인 성행동에 영향을 미친다. 예를 들어, 청년들이 결혼을 하지 않고 성적인 관계를 하는 가상 TV 쇼 프로그램을 반복적으로 시청하게 되면, 이들은 이러한 내용을 덜 보았던 청소년들에 비해 경솔한 성행위를 도덕적으로 덜 나쁘다고 평가한다(Bryant & Rockwell, 1994). 셋째, TV와 영화는 현실과 거의 일치하지 않는 이상화된 모습을 보여준다(Gerbner et al., 1994). 즉, TV시청을 많이 하는 청년은 실생활이 TV 속 세상과 같다고 믿는 경향이 있다(Signorielli, 1991). 따라서 현실세계에서 TV와 영화의 세계와의 불일치를 경험하게 될 때, 제대로 적응하지 못한다. 넷째, 청년의 고정관념을 형성하는 데 기여한다. 예를 들어, TV와 영화 속에 등장하는 청소년들 중

어느 누구도 직업문제와 금전적인 문제로 고민하지 않고, 누구나 호화스러운 옷을 입으며, 매우 완벽한 신체조건을 가지고 있다. 따라서 청년은 잘못된 고정관념을 형성하게 된다. 다섯째, 음향과 시각적인 특성이 조합되어져 있는 TV광고는 직·간접적으로 청년행동에 영향을 미친다. 예를 들면, 인스턴트식품에 대한 과대 TV광고가 청년들의 식이에서 질 나쁜 식사습관을 조장한다. 따라서 연구자들은 청년들이 칼로리가 높은 음식을 섭취하고, 채소와 과일의 섭취는 적은 반면에 고지방식은 많이 섭취하는 등의 영양적인 문제는 광고의 영향 때문인 것으로 믿는다(Farrington, 1999).

그러나 사실상 TV와 영화가 청년발달에 부정적인 영향만을 주는 것은 아니다. 예를 들어, 몇몇 TV쇼와 영화는 AIDS와 10대 임신, 성폭력과 같은 주요 이슈들을 다룸으로써 청년들의 경각심을 일깨웠다. 돌이켜보면 과거 10년 동안 몇몇 프로그램들은 의도하지 않은 임신, 성병을 피하는 방법 등을 방송했으며, 더 책임감 있는 성행위를 하도록 촉구하는 내용 등의 방송을 해왔다.

# 정보처리과정과 기억발달

사람은 누구나 자신의 기억력에 대해서는 불평하지만, 누구 한 사람 자기의 판단에 대해서 탄식하는 이는 없다.

La Rochefoucauld

생각이 깊지 못한 사람은 항상 입을 놀린다.

Homer

無知함을 두려워 말고, 거짓 知識을 두려워하라.

Pascal

우리들 체내의 깊은 마음속에는 어떤 강력한 힘이 있다. 그것은 우리가 의식하는 마음과는 별개의 것으로, 끊임없이 활동을 계속하는 것으로 사고와 감정과 행동의 근원이 되고 있다.

Freud

인간은 아직까지도 컴퓨터 중에서 가장 훌륭한 컴퓨터이다.

Kennedy

청년들은 판단하는 쪽보다는 생각해내는 쪽이 더 어울리고, 타협보다는 실행이 더 적절하며, 안정된 직업보다는 새로운 기획이 더 잘 어울린다.

Francis Bacon

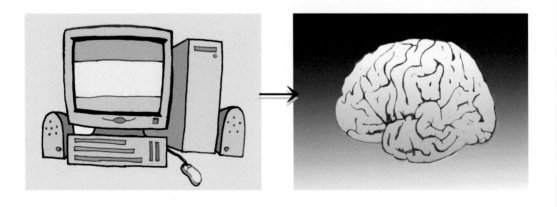

정보처리이론은 인간의 인지과정을 컴퓨터의 정보처리과정과 비교해본 재미있는 이론이다. 이 이론은 최근에 와서 인간의 인지를 연구하는 주요 접근법이 되었는데, 이 접근법은 특히 기억 쪽에 초점을 둔다.

정보처리이론은 청년이 외부 세계로부터 들어오는 정보를 기억과정을 통해 저장하고, 시간의 흐름에 따라 저장된 정보를 전환하며, 또한 정보를 효율적으로 인출하는 정보처리의 과정을 연구대상으로 한다. 외부에서 들어온 정보를 우리 기억 속에 저장했다가 나중에 필요할 때 회상하는 과정은 크게 세 가지 과정을 거치는데, 부호화(encoding), 저장(storage), 인출(retrieval)이 그것이다.

부호화, 저장, 인출의 세 과정을 냉장고에 음식을 저장하는 과정에 비유해보자. 부호화는 냉장고에 음식을 넣을 때 우리가 하는 일과 같다. 즉, 야채는 야채칸에 넣고, 육류는 육류칸에 넣으며, 음료수는 음료수칸에 따로 넣는다. 저장은 우리가 오랫동안 그 음식을 먹지 않을 때 어떤 일이 일어나는가 하는 것이다. 그중 어떤 음식(예를 들면, 마요네즈)은 원상태 그대로 보존될 것이고, 어떤 음식은 곰팡이나 설태가 끼고 부패할 것이다. 인출은 우리가 필요할 때에 원하는 음식을 냉장고에서 꺼내는 과정에 해당한다.

기억의 발달에는 기억용량의 증가, 기억전략의 발달, 상위기억의 발달, 지식기반의 확대 등의 네 가지 요인이 작용하는 것으로 보인다.

이 장에서는 정보처리이론의 개요, 부호화, 저장, 인출 등 세 가지 정보처리의 과정과 기억용량, 기억전략, 상위기억, 지식기반 등 기억의 발달에 관해 살펴보기로 한다.

# 1. 정보처리이론의 개요

20세기에 와서 컴퓨터의 발달과 함께 출현한 정보처리이론은 주의집중, 지각, 기억과 같은 정신과정에 특히 관심을 기울인다. 정보처리이론에 의하면, 컴퓨터와 인간의 사고과정에는 유사점이 있는데, 둘 다 논리와 규칙을 이용한다는 점이다(Belmont & Butterfield, 1971; Klahr, 1992; Siegler, 1996). 이 이론은 컴퓨터의 하드웨어와 소프트웨어의 용어를 사용해서 이들 둘을 비교하고 있다. 하드웨어란 컴퓨터의 물리적 장치를 말하는 것이고, 소프트웨어는 컴퓨터 조작을 위한 프로그래밍을 말한다. 정신활동 역시 하드웨어와 소프트웨어를 가졌다고 볼 수 있는데, 뇌와 신경계를 하드웨어로, 문제해결을 위한 계획이나 책략 등을 소프트웨어로 볼 수 있다(Flavell, 1971).

사진 설명   John Flavell이 아동과 함께

새로운 기술로 말미암아 컴퓨터의 구조와 프로그램이 점점 복잡해지듯이, 인간의 인지과정 또한 아동에서 청년으로 성장하는 동안에 점점 복잡해진다. 예컨대, 여덟 살 난 아이가 열 개의 단어를 외울 수 있을 때, 열네 살짜리가 스무 개의 단어를 외울 수 있는 것은 열네 살 난 아이의 뇌와 신경계가 더 성숙해 있는 것으로 해석할 수 있다. 이것이 하드웨어의 차이이다. 다른 한편으로는 아동기에 갖지 못하는 기억책략을 청년기에 와서 갖는 것으로도 해석할 수 있는데, 이것이 소프트웨어의 차이이다(Kail, 1992; Santrock, 1981).

정보처리이론은 청년이 외부 세계로부터 들어오는 정보를 기억과정을 통해 저장하고, 시간의 흐름에 따라 저장된 정보를 전환하며, 또한 정보를 효율적으로 인출하는 정보처리의 과정을 연구대상으로 한다.

정보처리이론은 인간의 인지를 세 가지 체계로 개념화한다. 첫째, 외부 세계로부터의 정보는 시각, 청각, 미각, 후각과 같은 우리의 감각기관을 통해 인지체계에 투입된다. 둘째, 우리의 뇌는 감각기관에 투입된 정보를 다양한 방법으로 저장하고, 전환한다. 여기에는 정보를 부호화하고, 저장하며, 인출하는 과정이 포함된다. 정보처리에 관한 대부분의 연구가 이 부분에 집중되어 있다. 마지막 체계는 우리의 행동으로 나타나는 산출부분이다.

〈그림 8-1〉은 정보처리 모델에 관한 것이다. 이 모델에 의하면, 청년이 어떤 문제를 풀려고 할 때, 감각기관을 통해 외부환경으로부터 정보를 받아들인다. 이 같은 방법으로 획득된 정보는 감각기록기에 잠깐 동안 머물게 된다. 감각기록기[1]는 마치 사진기로 스냅사진을 찍듯이 정보를 있는 그대로 정확하게 기록한다. 그러나 사진과는 달리 감각기록 내의 정보는 특별한 주의를 기울이지 않으면 순식간에 사라져버린다. 특별한 주의를 기울이는 정보는 단기기억으로 넘어간다. 단기기억은 소량의 정보만 기억할 수 있으며 약 30초가 지나면 단기기억 내의 정보는 잊혀지든지 아니면 장기기억으로 넘어가게 된다. 장기기억으로 넘어간 정보는 영구히 저장된다. 그러기 위해서

---

1) 소량의 일정한 정보를 일시적으로 기억하여 특정 목적을 위해 쓰이는 중앙처리장치 내의 고속 기억부.

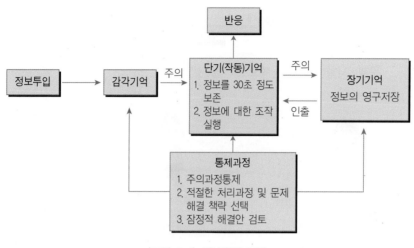

〈그림 8-1〉 정보처리 모델

출처: Atkinson, R. C., & Shiffrin, R. M. (1968). Human memory: A proposed system and its control processes. In K. W. Spence & J. T. Spence (Eds.), *The psychology of learning and motivation: Advances in research and theory* (Vol. 2). Orland, FL: Academic Press.

는 정보를 반복해서 외우거나, 좀더 낯익은 범주로 조직화하는 여러 가지 기억전략을 요한다. 단기기억과는 달리 장기기억은 새로운 정보를 저장하는 용량이 거의 무제한 적이다. 그러나 문제는 정보를 인출할 때 발생한다. 저장된 정보를 필요할 때 꺼내는 과정을 인출이라고 하는데, 정보를 어디에 저장해두었는지 그 위치를 잊어버려 제대로 찾지 못하는 일이 발생한다.

아동이 성장함에 따라 정보를 보다 효율적으로 처리할 수 있는 인지변화가 일어난다. 즉, 아동이 좀더 많은 정보를 습득함에 따라 지식기반이 확장된다. 지식기반의 확장은 새로운 학습을 보다 용이하게 해준다. 왜냐하면 아동으로 하여금 이전에 알던 정보와 새로운 정보를 보다 쉽게 연결시켜주기 때문이다. 가장 중요한 발달적 변화는 정보를 통제하고 분석하는 통제과정(control process)이다. 통제과정은 컴퓨터와 인간의 정보처리 과정이 구별되는 부분으로서 어떤 정보에 주의를 기울이고, 저장과 인출 과정에서 어떤 책략을 사용할 것인지 등을 결정하는 과정이다. 예를 들어, 전화번호를 기억하기 위해 그 번호를 외우거나 기타 다른 책략을 사용하는데, 이것이 바로 통제과정이다. 통제과정은 지식기반으로부터 특정의 정보를 인출하려고 할 때도 사용된다. 아동이 성숙함에 따라 통제과정이 점점 효율적이 되어 문제해결을 효율적으로 하게 된다(Kuhn, 1988; Sternberg, 1988).

어떤 연령에서든지 아동이 문제해결에 필요한 모든 정보를 다 활용하지 못할 경우에는 문제해결에서 과오를 범하게 된다. 〈그림 8-2〉에서는 6세 아동과 10세 아동에

문제: 저울대가 어느 쪽으로 기울 것인가?

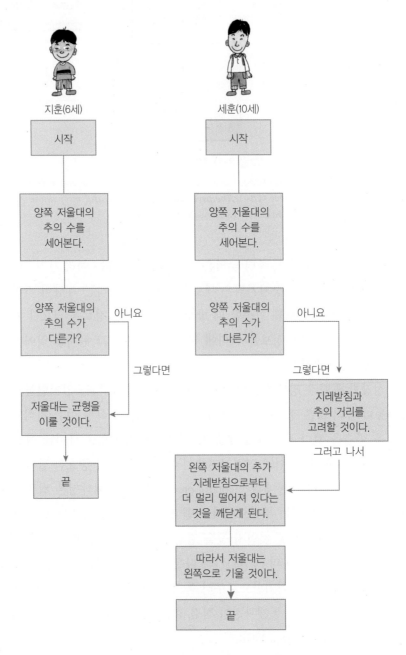

정보처리 이론에서 6세 아동과 10세 아동의 문제해결 과정을 도표로 보여주고 있다.

**〈그림 8-2〉 아동의 문제해결 과정**

게 저울대가 어느 한쪽으로 기울 것인지 아니면 균형을 유지할 것인
지를 질문해보았다. 이 문제를 해결하기 위해서는 각 저울대의 추의
수와 지레받침과 추의 거리라는 두 가지 요소가 중요한 의미를 갖는
다. 그림에서 보듯이 10세의 세훈이는 저울대가 왼쪽으로 기울 것이
라고 답하지만, 6세의 지훈이는 정답을 맞히지 못한다. 지훈이와 세
훈이는 문제해결을 위해 서로 다른 책략을 사용한다. 지훈이는 '무게'
만을 고려하는 단순한 규칙을 적용함으로써, 저울대의 추의 수(무게)
가 같기 때문에 저울대가 균형을 이룰 것이라고 답한 것이다. 즉, 지
훈이는 '거리'라는 요소를 고려하지 못한 것이다. 반면, 세훈이는 '무
게'와 '거리'라는 두 가지 요소를 모두 고려하여, 무게는 같더라도 지
레받침으로부터 더 멀리 떨어진 쪽의 저울대가 기울게 될 것이라고
답한 것이다.

Robert S. Siegler

이상의 예에서와 같이 아동이 문제해결을 위해 사용하는 정보처
리 책략을 면밀하게 검토함으로써, 오답의 원인을 정확하게 밝혀낼
수 있다. 따라서 정보처리이론에서는 아동의 문제해결에 도움을 줄
수 있는 효율적인 방안이 모색된다(Siegler & Crowley, 1992; Siegler &
Munakata, 1993).

Piaget의 이론과 마찬가지로 정보처리이론 또한 아동은 매우 능동
적으로 정보를 탐색하고 처리한다고 본다(Klahr, 1992). 그러나 Piaget
와는 달리 정보처리이론에서는 발달단계를 설정하지 않는다. 즉, 발
달을 연속적이고 계속적인 과정으로 파악한다.

Kevin Crowley

Yuko Munakata

## 2. 정보처리의 과정

정보처리과정에는 부호화(encoding), 저장(storage), 인출(retrieval)이
라는 세 가지 기본적인 과정이 있다. 〈그림 8-3〉은 부호화, 저장, 인
출의 세 과정이 컴퓨터 부품의 기능과 얼마나 유사한지를 보여주고
있다. 즉, 우리가 정보를 입력하는 부호화 과정은 컴퓨터의 자판이
하는 기능에 해당하고, 저장 과정은 정보가 저장되는 하드 드라이브
의 기능에 해당하며, 인출 과정은 정보가 나타나는 모니터 화면의 기
능에 해당한다.

David Klahr

| 부호화 과정<br>정보를 부호화한다. | | 저장 과정<br>정보를 저장한다. | | 인출 과정<br>저장된 정보를 인출한다. |
| --- | --- | --- | --- | --- |
| 컴퓨터 자판 | → | 컴퓨터 하드 드라이버 | → | 컴퓨터 화면 |

〈그림 8-3〉 정보가 처리되는 부호화, 저장, 인출의 세 과정

## 1) 부호화

부호화는 정보를 나중에 필요할 때에 잘 기억해낼 수 있는 형태로 기록하는 과정이다. 우리는 일상생활에서 "정보의 바다"라는 말이 있을 정도로 수없이 많은 정보에 노출되기 때문에 그 모든 정보를 다 받아들일 수는 없다. 결과적으로, 선택적인 부호화를 하게 된다. 즉, 필요한 정보에 주의를 기울이고, 이를 선택적으로 부호화할 필요가 있다.

부호화 과정에서는 여러 가지 자극을 우리가 기억할 수 있도록 시각, 청각, 촉각 등의 방법으로 부호화하게 된다. 우리가 기억재료를 기억하는 이유가 나중에 필요할 때 효과적으로 인출하는 것이라면, 우선 그 정보를 체계적으로 부호화하여 저장할 필요가 있다. 부호화 과정은 서류정리를 할 때 분류체계를 사용하는 것과 비슷하다. 우리가 서류를 정리할 때 체계적으로 분류해두면 나중에 필요할 때에 찾기가 쉽다. 만일 여러 가지 서류와 자료를 들어오는 대로 아무런 체계 없이 저장해두면 나중에 필요할 때에 찾아내기가 어렵다.

## 2) 저 장

저장은 정보를 기억 속에 쌓아두는 과정이다. 저장 과정은 다시 감각기억(sensory memory), 단기기억(short-term memory), 장기기억(long-term memory)의 세 과정으로 나뉜다. 우리가 어떤 전화번호를 기억하려고 하는 경우를 예로 들어보자. 처음 전화번호를 잠깐 쳐다본다면 그것은 감각기억이다. 만약 여기서 더 이상 아무것도 하지 않으면 수초 후에는 그 번호를 기억하지 못할 것이다. 그러나 그 번호를 입속으로 한번 외우면 그 번호를 다시 보지 않고도 다이얼을 돌릴 수 있게 되는데 이것이 단기기억이다. 그러나 단기기억도 얼마 가지 않아 소멸된다. 즉, 몇 분 후에는 그것을 기억하지 못하게 된다. 장기기억으로 저장하기 위해서는 그 전화번호를 여러 번 써보거나 자기가 알고 있는 다른 번호와 연관지어 외우거나 하는 연습을 해야 한다. 여기서 감

각기억, 단기기억, 장기기억을 좀더 구체적으로 살펴보자.

### (1) 감각기억

뇌는 우리가 보고, 듣고, 냄새 맡고, 맛보고, 만지는 것 등의 감각을 통해 들어오는 모든 것을 기록하여, 감각기억이라고 불리는 일시적인 기억 저장소에 정보를 담아두는데, 그곳에서 정보는 매우 짧은 시간 동안(1초 이내)만 머물게 된다. 감각기억은 환경으로부터 얻어진 정보가 잠깐 머무는 정거장으로 개념화할 수 있다(Hoyer & Plude, 1980). 감각기억에 담겨진 심상(心象)은 단기기억으로 바뀌지 않으면 곧 사라지고 만다.

감각기억은 다시 시각(iconic)기억과 청각(echoic)기억으로 나뉜다. 시각기억의 예는 우리가 보는 단어나 문자, 우리가 접촉한 사람들의 얼굴, 우리 눈에 보이는 경치 등이다(사진 참조). 물론 단어는 다른 사람이 특정 단어를 말하는 것을 듣거나 우리가 스스로 어떤 단어를 큰 소리로 반복할 때와 같이 청각기억을 통해서도 받아들이게 된다. 바다와 같은 경치 또한 파도가 철썩이는 소리를 들음으로써 우리 귀를 통해 감각기억으로 들어오기도 한다.

### (2) 단기기억

단기기억은 정보를 조직하는 일시적 단계로서 이때의 정보가 반드시 뇌의 저장영역에 전달되는 것은 아니다. 일시적 저장임에도 불구하고 단기기억은 우리가 새로운 정보를 처리하는 데 있어 매우 중요한 것이다. 우리는 전화번호나 어떤 사람의 이름을 듣고 바로 그 이름이나 전화번호를 사용하고는 곧 잊어버린다. 이 정보를 장기기억 속으로 넘기려면 이 정보를 외우는 노력이 필요하다. 우리가 어떤 정보를 단기기억이 기억힐 수 있는 30~60초 동안만이라도 보유하려고 애쓸지라도 주의가 산만해지면 곧바로 잊어버리게 된다.

단기기억은 다시 일차기억(primary memory)과 작동기억(working memory)으로 나뉜다. 일차기억은 적은 양의 정보(예를 들면, 전화번호)를 잠깐 동안 기억하는 것을 말한다. 전화 안내원으로부터 우리가 필요로 하는 전화번호를 듣게 될 경우, 안내원의 목소리가 처음에 감각기억으로 부호화된다. 그다음 그 전화번호는 우리가 다이얼을 돌

리거나 번호를 받아 적을 때까지 일차기억 속에 저장된다. 일차기억은 매우 적은 용
량을 가지고 매우 짧은 시간 동안에만 저장된다. 만약 우리가 그 번호를 나중에 다시
사용하기 위해 기억해야 할 필요가 있다면, 그 번호는 작동기억 속에 부호화되어야
한다. 작동기억 내의 정보는 기억(회상)하기 쉬운 개념의 형태로 처리된다.

Alan D. Baddeley

Baddeley(1986, 1994, 2010, 2012)가 처음으로 만들어 사용한 작동기
억의 개념은 다음과 같은 것으로 이해할 수 있다. 근무시간에 수많은
새로운 정보(메모, 보고서, 작업요구서)가 계속해서 책상 위에 쌓인다.
이때 우리는 어떤 정보가 가장 중요한 정보이며, 어떤 정보가 신속한
처리를 요하는 것인지, 처리과정에서 어떤 책략을 사용해야 하는지,
어떤 정보가 불필요한 것으로 책상을 어지럽히기만 하는 것인지, 그
래서 어떤 정보는 버리고, 어떤 정보는 보관해야 할지 등을 결정해야
한다. 마찬가지로 작동기억은 어떤 정보는 외워야 하고, 어떤 정보는
무시할 것인지, 어떤 정보가 가장 중요한 것인지, 또 어떻게 하는 것
이 정보를 가장 잘 처리하는 것인지 등을 결정해야 한다.

〈그림 8-4〉는 작동기억이 어떻게 작동하는가를 보여주고 있다. Baddeley의 작동
기억모델에서 작동기억은 엄청난 양의 정보처리가 이루어지는 정신적 작업대(mental
workbench)와 같다. 작동기억에는 세 가지 구성요소가 있는데 언어회로(phonological

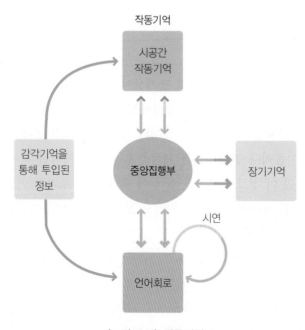

〈그림 8-4〉 작동기억

loop), 시공간 작동기억(visuospatial working memory), 중앙집행부(central executive)
가 그것이다. 여기서 언어회로와 시공간 작동기억은 중앙집행부가 제 역할을 하도
록 보조역할을 해준다. 감각기억을 통해 투입된 정보는 언어정보가 저장되고 시연
(rehearsal)이 이루어지는 언어회로와 시각적 · 공간적 정보가 저장되는 시공간적 작동
기억으로 이동한다. 그리고 중앙집행부가 하는 역할은 어떤 정보를 저장해야 할 것인
지를 결정해서 그 정보를 장기기억 속에 저장하는 것이다.

### (3) 장기기억

우리가 일반적으로 기억이라 할 때 그것은 장기기억을 의미한다. 장기기억은 정보
를 저장하는 큰 용량을 가진 것으로 보이며 오랜 시간 동안 정보를 보유할 수 있다.
장기기억은 서술기억(declarative memeory)과 절차기억(procedural memeory)으로 구분
된다(〈그림 8-5〉 참조).

서술기억은 언어적으로 의사소통이 가능한 특정 사실이나 사건과 같은 정보를 의식
적으로 회상하는 것을 말한다. 예를 들어, 아동이 목격한 어떤 사건을 차례차례 얘기
하거나 수학공식을 설명하는 것이다. 서술기억은 다시 일화적(episodic) 기억과 의미론
적(semantic) 기억으로 나뉜다. 일화적 기억은 특정 시간이나 장소와 연관이 있는 것을
기억하는 것과 관련이 있다. 어떤 특정한 날 무슨 일을 했는가를 기억하거나 약을 언
제 복용해야 되는지를 기억하는 것 등이 그 예가 된다. 의미론적 기억은 지식을 위한
기억을 의미한다. 예를 들면, 영어문법이나 수학공식 등을 기억하는 것이 그것이다.

춤을 추거나 자전거 타기 또는 컴퓨터의 키보드 두드리기와 같은 기술은 우리가 의
식적으로 회상할 수 있는 내용이 그리 많지 않다. 그 이유는 이러한 기술에 대한 지식
을 저장하는 기억체계가 절차적이기 때문이다. 우리가 의식적인 노력 없이도 문법에

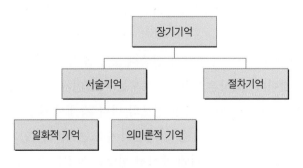

〈그림 8-5〉 장기기억의 분류

출처: Squire, L. R. (1994). *Declarative and non declarative memory: Multiple brain systems supporting
learning and memory*. MIT Press.

맞는 문장을 자연스럽게 말하는 것도 절차기억의 예이다.

지금까지 저장과정에 대해 알아보았다. 〈그림 8-6〉은 한 저장체계에서 다음 저장체계로 전이되는 과정과 세 가지 저장체계에서 발생하는 세 종류의 망각에 대해 설명하는 것이다.

감각기억에서 단기기억으로의 전이(transfer)에는 주의집중이 수반되고, 단기기억에서 장기기억으로의 전이에는 시연을 필요로 한다. 감각기억으로부터의 망각(forgetting)은 단지 시간(1초 미만)이 지나면서 정보가 소멸되기 때문이다. 단기기억으로부터의 망각은 새로운 정보가 낡은 정보를 대체한 결과이며, 끝으로 장기기억으로부터의 망각은 이전에 학습한 지식과 새로운 지식 간의 간섭작용 때문이다. 한 종류의 정보나 지식 때문에 다른 종류의 정보나 지식의 학습이 방해받는 것을 간섭(interference)이라 한다. 그러나 장기기억에서의 망각은 저장의 문제가 아니라 정보가 어디에 있는지 그 위치를 잊어버려 제대로 찾지 못하는 인출의 문제로 보는 연구자들도 많이 있다.

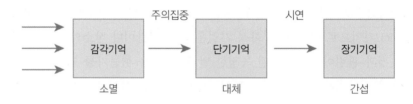

〈그림 8-6〉 기억의 3단계 모델

## 3) 인출

저장된 정보를 필요한 때에 꺼내는 과정을 인출이라 한다. 기억된 정보를 얼마나 쉽사리 인출할 수 있는가는 기억재료들이 얼마나 체계적으로 잘 저장되어 있는가에 달려 있다.

인출 과정에 관한 연구는 두 종류의 인출에 초점을 맞추는데, 회상(recall)과 재인(recognition)이 그것이다. 회상은 "미국의 수도는 어디인가?" "어린이날은 언제인가?"와 같이 장기기억 내에 저장되어 있는 정보의 바다 속에서 해답을 찾아내는 과정이다. 재인은 "보기에 제시된 세 도시 중 스페인의 수도는 어느 것인가?"와 같이 장기기억 내에 저장되어 있는 정보와 보기에 제시된 정답을 짝짓는 것으로 회상보다 용이하다. 우리는 때로 회상은 할 수 없지만 재인은 할 수 있다. 우리가 주관식 문제를 풀 때는 회상을 이용하고, 사지선다형과 같은 객관식 문제를 풀 때는 재인을 이용한다.

## 3. 기억의 발달

연령이 증가하면서 기억능력도 크게 발달하는데, 여기에는 네 가지 요인이 작용하는 것으로 보인다(Shaffer, 1999). 첫째, 정보를 저장할 수 있는 저장공간의 크기, 즉 기억용량(memory capacity)의 증가, 둘째, 정보를 체계적으로 저장하고 인출할 수 있는 기억전략(memory strategy)의 발달, 셋째, 기억과 기억과정에 대한 지식인 상위기억(metamemory)의 발달, 넷째, 연령증가에 따른 지식기반(knowledge base)의 확대가 그것이다.

### 1) 기억용량의 증가

기억용량이 증가한다는 것은 정보를 저장할 수 있는 공간이 증가한다는 것을 의미한다. 기억공간에는 감각기억, 단기기억, 장기기억이 있는데, 감각기억과 장기기억의 용량은 연령에 따른 변화가 거의 없는 것으로 보이기 때문에, 기억용량의 증가는 단기기억 용량의 증가를 의미한다(Bjorklund, 1995).

일반적으로 단기기억의 용량은 기억폭(memory span) 검사에 의해 측정된다. 기억폭 검사는 예를 들어, 숫자를 몇 개 불러준 다음 그 순서대로 말해보도록 하여 정확하게 회상할 수 있는 항목수로 기억폭을 측정한다. 〈그림 8-7〉에서 보는 바와 같이 기억폭은 유아기에 급격히 증가하는 것임을 알 수 있다. 즉, 2세 유아의 기억폭은 2개 정도이고, 5세 유아는 4.5개 그리고 성인의 기억폭은 7~8개 정도이다(Dempster, 1981).

연령에 따른 기억폭의 증가는 Case (1985)의 조작 효율성 가설(operating efficiency hypothesis)로 설명할 수 있다. 이 가설에 의하면, 연령이 증가하면서 정보를 처리하는 속도가 빨라지고 점점 더 효율적이 되기 때문에, 조작공간을 덜 필요로 하고 그래서 저장공간이 증가하게 된

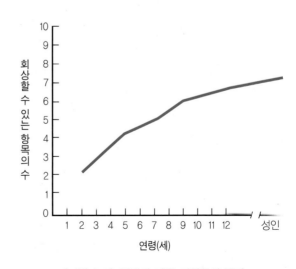

**〈그림 8-7〉 연령에 따른 기억폭의 증가**

출처: Dempster, F. N. (1981). Memory span: Sources of individual and developmental differences. *Psychological Bulletin, 89,* 63-100.

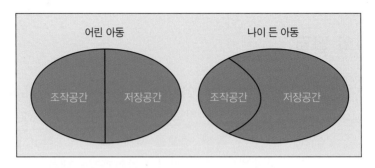

연령이 증가하면서 저장공간이 증가하게 된다.

**〈그림 8-8〉 Case의 조작 효율성 가설**

출처: Case, R. (1985). *Intellectual development: Birth to adulthood*. Orlando, FL: Academic Press.

Robert Kail

다고 한다(〈그림 8-8〉 참조). 즉, 어렸을 때는 많은 시간과 노력을 필요로 했던 문제들이 나이가 들면서 자동적으로 처리되어 시간과 노력을 적게 들이고도 쉽게 답을 얻을 수 있게 된다는 것이다. 곱셈문제를 예로 들면, 아동이 구구단에 숙달되기 전에는 간단한 곱셈문제를 푸는 데도 시간과 노력이 많이 들지만, 일단 구구단을 다 외우고 나면 어려운 곱셈 문제도 쉽게 풀 수 있게 된다.

Kail(1992, 1997)에 의하면, 조작 효율성의 증가는 학습이나 경험의 영향도 받지만 주로 생물학적 성숙에 기인한다고 한다. 즉, 뇌와 신경계의 수초화(髓化)가 증가하고 불필요한 뉴런의 제거가 정보처리를 좀더 효율적으로 해준다는 것이다.

## 2) 기억전략의 발달

기억전략은 정보를 장기기억 속에 저장하고 그 정보가 필요할 때 인출이 용이하도록 해주는 의도적인 활동을 말하는데, 기억술이라고도 한다. 기억전략에는 기억해야 할 정보에 주의를 기울이는 주의집중(attention), 기억하려는 것을 반복연습하는 시연(rehearsal), 관련 있는 것끼리 집단화시키고 유목화하는 조직화(organization), 기억해야 할 정보에 다른 것을 연결시켜 정보가 갖는 의미의 깊이와 폭을 더욱 확장시키는 정교화(elaboration) 그리고 도움이 될 수 있는 단서를 사용하는 인출(retrieval)전략 등이 있다. 기억전략은 유아기에 출현하기 시작하지만, 처음에는 그렇게 효율적이지 못하다. 그러나 청년기가 되면 기억전략은 크게 발달한다.

### (1) 주의집중

우리가 어떤 정보를 기억하기 위해서는 먼저 그 정보에 주의를 기울여야 하는데 유아기에는 주의폭(attention span)이 매우 짧다. 유아는 한 가지 활동에 몰두하다가도 곧 흥미를 잃고 다른 활동에 다시 주의를 기울인다. 유치원 교사는 10~15분마다 활동을 바꾸는데, 그 이유는 유아가 한 가지 활동에 주의를 기울이는 시간이 매우 짧기 때문이다. 심지어 자신이 좋아하는 TV 프로그램을 보거나 장난감을 가지고 놀 때에도 2~3세 유아는 딴 데를 보거나, 왔다갔다 하는 등 주의를 분산시켜 한 활동에 지속적인 주의를 기울이지 못한다(Ridderinkhoff & van der Molen, 1995; Ruff & Lawson, 1990).

K. Richard Ridderinkhoff

주의집중 능력은 중추신경계의 성숙으로 인해 청년기에 크게 증가한다. 즉, 주의집중을 관장하는 망상체(網狀體: reticular formation)는 사춘기가 되어서야 완전히 수초화된다는 것이다. 청년기에 주의집중 능력이 증가하는 또 다른 이유는 주의집중에 필요한 효율적인 전략을 사용하기 때문이다. 청년기에는 과제수행과 무관한 자극은 무시하고 과제와 관련된 자극에만 주의를 집중하는 선택적 주의(selective attention)를 하게 되고, 상황에 따라 융통성 있게 주의집중을 하며, 행동에 앞서 먼저 계획을 세우는 등의 주의전략을 사용한다.

Maurits van der Molen

연령이 증가함에 따라 아동은 계획적이고 체계적으로 정보를 탐색하게 된다. Vurpillot(1968)의 연구에서는 4~10세 아동들에게 〈그림 8-9〉에서 보는 바와 같이 두 그림이 같은지 다른지를 물어보았다. 이 과제에서 4~5세 유아들은 한두 개의 창문만 비교해보고서 두 집이 같다는 틀린 답을 하였다. 반면, 6세만 지나도 아동들은 대응되는 창문을 꼼꼼히 대조해보고 두 집이 서로 다르다는 결론을 내렸다.

대부분의 아동들은 학동기에 주의집중 능력이 크게 향상되지만, 불행히도 어떤 아동들은 주의집중에 큰 어려움을 겪는다. 이 장애를 주의력결핍 과잉행동장애(Attention Deficit Hyperactivity Disorder: ADHD)라고 부른다. ADHD 아동에게서 나타나는 행동적 문제는 청소년기까지 지속되는 경향이 있다(Weiss, 1983).

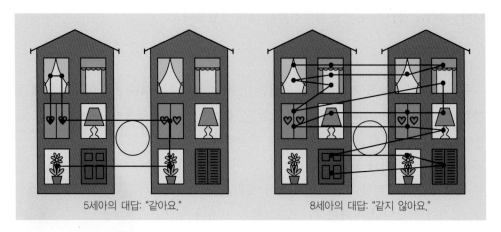

5세아의 대답: "같아요."          8세아의 대답: "같지 않아요."

유아기에는 아동기보다 두 집의 창문을 체계적으로 비교하지 못하기 때문에 종종 틀린 답을 한다.

**〈그림 8-9〉 두 집이 서로 같은가, 다른가?**

출처: Vurpillot, E. (1968). The development of scanning strategies and their relation to visual differentiation. *Journal of Experimental Child Psychology, 6*, 632-650.

### (2) 시연

매우 간단하면서도 효과적인 기억전략이 시연이다. 시연은 기억해야 할 정보를 여러 번 반복해서 암송하는 것을 말한다(사진 참조). 친구의 전화번호를 기억하기 위해 그 번호를 여러 번 반복해서 외우는 것이 그 예이다. 일반적으로 어떤 정보가 단기기억에서 더 많이 시연될수록 그 정보는 장기기억으로 전환되기 쉽다고 한다. 그러나 시연에 의해 더 많은 정보가 저장되는 것은 아니고, 단지 같은 정보를 좀더 오래 기억하도록 해준다. 유아기까지는 스스로 시연을 생각할 수 없지만 아동기나 청년기가 되면 시연을 자발적으로 하게 된다.

Flavell, Beach 그리고 Chinsky(1966)의 연구는 시연의 중요성을 보여준다. 이 연구에서 5세, 7세, 10세의 아동들에게 7장의 그림을 보여주고 나서 그중 3장의 그림을 지적한 후, 아동들로 하여금 3장의 그림을 그 순서대로 지적하게 하였다. 실험자가 그림을 지적한 후 15초 동안 아동들의 눈을 가리고 그 그림을 볼 수 없게 하였다. 그리고 그림의 이름을 외우고 있는지를 입술의 움직임을 통해 관찰하였다. 시연을 하는 비율은 연령과 함께 증가하였는데, 5세 유아는 10%, 7세 아동은 60% 그리고 10세 아동은 85%가 시연을 한 것으로 나타났다.

6세 유아를 대상으로 한 후속연구(Keeney, Canizzo, & Flavell, 1967)에서, 시연을 한 유아들이 시연을 하지 않은 유아들보다 기억을 더 잘하는 것으로 나타났다. 그리고 자발적으로 시연을 하지 않았던 유아들에게 시연을 해보라고 지시한 결과, 자발적으로 시연을 한 유아들과 비슷한 수준까지 기억량이 증가하였다.

좀더 어린 유아들도 초보적인 형태의 시연을 하는 것으로 보인다. 3~4세 유아를 대상으로 한 연구에서 이들에게 장난감 강아지를 세 개의 컵 중 한 개의 컵 아래 숨기는 장면을 보여주었다. 그리고 유아들에게 강아지가 어디에 숨었는지 기억하도록 지시하였다. 이때 유아들은 강아지가 어느 컵 아래 숨겨지는지 주의깊게 바라보고, 손으로 가리키고, 그 컵을 만지는 것과 같은 시연을 하였다(Wellman, Ritter, & Flavell, 1975).

### (3) 조직화

조직화란 기억하려는 정보를 서로 관련이 있는 것끼리 묶어 범주나 집단으로 분류함으로써 기억의 효율성을 높이려는 전략으로 아동보다는 주로 성인들이 빈번하게 사용하는 기억전략이다(Matlin, 1983). 한 번에 기억할 수 있는 정보량에는 한계가 있기 때문에, 조직화에 의해 정보를 체계화하면 보다 많은 정보를 기억할 수 있게 된다. 예를 들어, 아래 목록에 있는 낱말들을 기억해야 한다고 가정해보자.

**목록** 1: 배, 성냥, 망치, 외투, 풀, 코, 연필, 개, 컵, 꽃
**목록** 2: 칼, 셔츠, 자동차, 포크, 배, 바지, 양말, 트럭, 숟가락, 접시

단어 하나하나를 단순히 암기하는 시연 전략의 관점에서 보면 목록 1과 목록 2의 난이도는 비슷하지만, 관련이 있는 것끼리 묶어 범주화하는 조직화 전략의 관점에서 보면 목록 2에 있는 단어들을 외우기가 훨씬 용이하다. 왜냐하면 목록 1에 있는 10개의 단어는 각각 독립적인 범주에 속한 것이어서 관련이 있는 것끼리 묶는 것이 어렵지만, 목록 2에 있는 항목들은 관련이 있는 것끼리 묶어서 기억할 수 있기 때문이다. 즉, 셔츠, 바지, 양말은 '의복'의 범주로 분류하고, 자동차, 배, 트럭은 '탈것'의 범주로 분류하며, 칼, 포크, 숟가락, 접시는 '식기'의 범주로 분류하여 기억하는 것이 훨씬 용이할 것이기 때문이다.

조직화는 상위개념과 하위개념에 대한 이해를 전제로 하기 때문에 시연보다 늦게 나타난다. 9~10세 이전에는 범주화할 수 있는 항목(목록 2)이라고 해서 범주화할 수 없는 항목(목록 1)보다 더 잘 기억하는 것은 아니다. 이것은 유아는 정보를 조직화하는 능력이 없다는 것을 의미한다(Hasselhorn, 1992).

그러나 시연과 마찬가지로 조직화의 초보 형태는 유아기에도 나타난다. 한 연구 (DeLoache & Todd, 1988)에서 M&M 초콜릿과 나무못을 각각 12개의 똑같은 용기에 넣어 유아들에게 주면서 초콜릿이 어느 용기에 들어 있는지 기억하도록 지시하였다. 이 연구에서 4세 유아도 조직화 전략을 사용하는 것으로 나타났다. 즉, 초콜릿이 든 용기를 한곳에 모아놓고, 나무못이 든 용기는 또 다른 곳에 모아놓았는데, 이 전략을 사용함으로써 초콜릿이 든 용기를 정확하게 기억해내었다. 그러나 유아기에는 아직 의미가 같은 것끼리 묶는 의미론적 조직화(semantic organization)는 하지 못하는 것으로 보인다. 집중적인 훈련으로 유아에게 조직화를 가르칠 수는 있지만 별로 성공적이지는 못한 것으로 보인다(Carr & Schneider, 1991; Lange & Pierce, 1992).

그렇다면 아동은 정보를 조직화하는 전략을 어떻게 학습하는가? 아동이 조직화 전략을 발달시키는 데는 학교와 가정에서의 학습경험이 중요한 것으로 보인다. 학교에서 교사의 지시로 서로 관련 있는 항목끼리 범주화해본 경험이나 교사가 학습자료를 조직화된 방법으로 제시하는 것을 관찰한 경험 등이 아동의 조직화 전략의 발달에 영향을 준다(Moely et al., 1992). 학교에서의 경험뿐만 아니라 가정에서 부모와 갖는 학습경험 또한 아동으로 하여금 조직화 전략을 활용할 수 있게 해준다(Carr, Kurtz, Schneider, Turner, & Borkowski, 1989).

청년기가 되면 조직화 전략을 많이 활용하는 것으로 보인다. Smith(1980)는 한 연구에서 20~39세 집단, 40~59세 집단 그리고 60~80세 집단을 대상으로 60단어가 적혀 있는 목록을 암기하기 위한 피험자들의 조직화 전략을 측정해보았다. 연구결과, 모든 연령 집단에서 자신들만의 고유한 조직화 전략을 활용하고 있었는데, 특히 청년층은 다른 집단보다 조직화를 더 잘하는 것으로 나타났다.

Rubin과 Olson(1980)의 연구에서는 대학생들을 대상으로 지난 학기에 같은 과목을 함께 수강한 학생들의 이름을 적어보도록 하였다. 그 결과, 피험자들은 학생들이 속한 학과에 따라서 이름을 분류하는 조직화 전략을 사용하는 것으로 나타났다.

### (4) 정교화

때로는 기억재료를 범주화하는 것이 어려울 때가 있다. 예를 들어, 범주화가 쉽지 않은 단어목록 중에 '물고기'와 '파이프'가 들어 있다고 가정해보자. 만약 여러분이 파이프 담배를 피우는 물고기(사진 참조)를 상상한 다면 여러분은 정교화라는 기억전략을 사용하는 것이다. 정교화란 서로 관계가 없는 정보 간에, 다시 말해서 같은 범주에 속하지 않는 기억재료 간에 관계를 설정해주는 것을 말한다.

정교화를 사용하기 위해서는 기억해야 할 항목을 이미지의 형태로 전환해야 하고, 양자 간의 관계를 설정해야 하기 때문에 정교화는 다른 전략에 비해 늦게 발달한다. 일반적으로 11세 이전에는 정교화 전략을 사용하지 못한다. 일단 아동이 정교화 전략을 사용하기 시작하면 다른 기억전략을 대신할 정도로 그 효율성이 뛰어나다. 11세 이전에는 아동들에게 정교화 전략을 가르치는 것이 별로 효과가 없다. 왜냐하면 11세 이전에는 정적 이미지(static image)를 사용하기 때문에 그것이 기억에 별 도움이 안 된다. 예를 들어, '개'와 '자동차'가 제시되었을 때 그들이 사용하는 이미지는 고작 '자동차를 소유한 개' 정도이다. 반면, 청소년이나 성인들은 좀더 기억하기 쉬운 동적 이미지(active image)를 사용하는데, 예를 들면, "개와 자동차가 경주를 하였다"(Reese, 1977)이다.

유아기에 정교화 전략을 효율적으로 사용하지 못하는 또 다른 이유는 일반적인 지식의 부족 때문이다. 정교화 전략을 사용하기 위해서는 새로 들어오는 정보를 기존의 지식과 관련지을 수 있어야 하는데, 그러자면 여러 종류의 지식을 풍부하게 가지고 있어야 한다.

### (5) 인출전략

주의집중, 시연, 조직화, 정교화가 정보를 효율적으로 저장하기 위해 사용되는 기억전략이라면, 인출전략은 저장된 정보 중에서 필요한 정보를 인출하기 위한 기억전략이다. 우리가 아무리 많은 정보를 장기기억 속에 저장하고 있다 하더라도 그것을 인출해내지 못하면 아무 소용이 없다.

저장된 정보를 인출하는 데에도 적절한 전략이 필요한데, 적절한 인출전략은 정보를 저장할 때 사용했던 전략을 그대로 사용하는 것이다. 즉, 조직화 전략을 이용해서 정보를 저장한 경우는 조직화 전략을 이용하여 정보를 인출하는 것이 효과적이고, 정교화 전략을 이용해서 정보를 저장한 경우는 정교화 전략을 이용하여 정보를 인출하는 것이 효과적이다.

Pressley와 Levin(1980)은 6세와 11세 아동들에게 정교화 전략을 이용하여 18쌍의 항목(구상명사)[2]들을 기억하게 한 후 얼마나 많은 항목을 기억하는지를 검사하였다. 이때 각 연령집단을 반으로 나누어, 한 집단에게는 그 항목들을 기억할 때 이용했던 정교화 전략을 이용하여 회상해보라고 지시하였으나, 다른 집단에게는 그냥 잘 기억해보라고 만 하였다. 연구결과, 11세 아동들은 두 집단 모두 65%의 항목을 정확히 회상하였다. 반면, 6세 유아들은 정교화 전략을 이용하여 회상하도록 지시받은 집단은 42.5%를 회 상하였으나, 지시를 받지 않은 집단은 23%밖에 회상하지 못하였다. 이 결과는 11세 아동은 스스로 정교화 전략을 이용하여 정보를 인출하지만, 6세 유아는 지시를 하지 않으면 정보를 인출할 때 스스로 인출전략을 이용하지 못한다는 것을 의미한다.

저장된 정보를 효율적으로 인출하기 위한 또 다른 전략은 이들 정보를 연상할 수 있 게 해주는 여러 가지 인출단서를 활용하는 것이다. Kee와 Bell(1981)의 연구에서 7세와 11세의 아동 그리고 대학생들에게 동물원, 욕실, 옷장, 냉장고, 장난감통, 식탁의 6가지 범주에 해당하는 항목의 그림을 6개씩 보여주고 모두 36개의 항목[3]들을 기억하게 하였 다. 그리고 각 연령집단을 반으로 나누어 한 집단에게는 인출단서가 되는 그림 6개를 10초간 보여주고, 다른 집단에게는 아무것도 보여주지 않았다. 연구결과, 대학생은 두 집단 간에 차이가 없었으나, 11세 아동은 인출단서를 보여준 집단이 약간 더 기억을 잘 하는 것으로 나타났으며, 7세 아동은 인출단서를 보여준 집단이 훨씬 더 기억을 잘하는 것으로 나타났다. 이 결과는 7세 아동은 스스로 인출단서를 이용하지는 못하지만, 인 출단서를 제공해주면 인출전략을 이용할 수 있다는 것을 보여주는 것이다.

우리나라 유아(5~6세)를 대상으로 한 국내 연구(오선영, 1991)에서는 5세 유아도 초 보적인 인출단서 활용능력이 있는 것으로 나타났다.

## 3) 상위기억의 발달

상위기억이란 기억과 기억과정에 대한 지식을 말한다. 즉, 자신이 정보를 기억하는 데에는 한계가 있으며, 짧은 내용보다 긴 내용이 기억하기 더 어렵고, 어떤 기억전략

---

2) 돌·쇠·나무와 같은 구체적 개념을 나타내는 명사.
   이 연구에서 쌍을 이룬 구상명사의 예는 냄비-오리, 연필-소년 등이다.
3) 동물원(곰, 코끼리, 기린, 사자, 원숭이, 얼룩말)
   욕실(비누, 타월, 칫솔, 치약, 빗, 솔)
   옷장(코트, 원피스, 투피스, 스커트, 바지, 셔츠)
   냉장고(사과, 상추, 햄, 계란, 우유, 치즈)
   장난감통(블록, 인형, 도깨비상자, 팽이, 공, 잭스)
   식탁(컵, 대접, 접시, 숟가락, 젓가락, 냅킨)

을 이용하는 것이 더 효과적인지를 아는 것
등이 상위기억에 관한 것이다(Schneider &
Bjorklund, 1998; Schneider & Pressley, 1997).
상위기억은 상위인지(metacognition)의 일
부이다. 상위인지란 자신의 사고에 관한
지식을 말한다. 즉, 자신의 사고 상태와 능
력에 대해 알고 있는 지식을 의미한다.

유아도 상위기억에 대한 초보적인 지식
을 가지고 있는 것으로 보인다. 3, 4세 유
아도 짧은 내용이 긴 내용보다 기억하기
쉽고, 긴 내용을 기억하려면 더 많은 노력
이 필요하다는 것을 안다(Kreutzer, Leonard,
& Flavell, 1975; Yussen & Bird, 1979). 그러나
유아들은 자신의 기억능력을 과대평가하
는 경향이 있다. 한 연구(Flavell, Friedrichs,
& Hoyt, 1970)에서 4세부터 11세까지의 아
동들에게 10개의 그림을 보여주고 나서 얼
마나 기억할 수 있는지 알아보았다. 11세
아동들은 자신이 기억할 수 있는 그림의
수를 제대로 예측했지만, 4세 유아들은 자
신의 기억능력을 과대평가하여 10개를 모

**사진 설명** 상위기억은 아동기에 급격하게 발달한다. 8세 된 이 아동은 전화번호를 받아 적는 것이 나중에 이 번호를 기억하는 데 효율적인 기억전략이라는 것을 깨닫는다.

두 기억할 수 있다고 대답했으나, 실제로는 3~4개밖에 기억하지 못하였다.

아동기에 들어서면 상위기억에 대한 지식이 급격하게 발달한다. 7~9세 아동은 기
억해야 할 내용들을 가만히 들여다보는 것보다는 시연이나 조직화와 같은 기억전략
이 효율적이라는 것을 깨닫는다. 그러나 청년기가 되어서야 시연보다 조직화가 더 효
율적인 기억전략이라는 것을 이해하고, 정보를 인출할 때도 메모 같은 인출단서를 사
용하게 된다(Justice, Baker-Ward, Gupta, & Jannings, 1997).

## 4) 지식기반의 확대

우리가 학습할 내용에 관해 이미 많은 지식을 가지고 있다면 그 내용을 기억하기가
훨씬 수월하다. 즉, 우리가 이미 알고 있는 주제에 관해 학습을 한다면, 그것은 우리

기억 속에 저장되어 있는 기존의 지식이나 정보와 빠르게 연결될 수 있기 때문에 쉽게 기억할 수 있다.

친숙한 주제와 친숙하지 않은 주제에 관한 글을 읽는다고 가정해보자. 친숙한 주제의 경우에는 우리가 이미 가지고 있는 지식에 새로운 정보를 연결시킴으로써 재빨리 정보를 처리할 수 있다. 즉, 새로운 정보를 조직하거나 정교화하기 위한 도식을 우리가 이미 가지고 있다는 것이다. 그러나 친숙하지 못한 주제를 학습하거나 기억해야 하는 경우, 그 주제와 관련된 지식이 우리 기억 속에 저장되어 있지 않기 때문에 더욱 많은 노력이 요구된다.

David F. Bjorklund

청년은 아동에 비해 세상에 관해 더 많은 것을 알고 있기 때문에, 그들이 기억해야 할 대부분의 정보에 더 친숙하다. 따라서 청년이 아동보다 기억을 더 잘할 수 있다. 이처럼 회상기억에서 연령차이를 보이는 것은 연령증가에 따른 기억전략의 발달과 지식기반의 확대 때문일 수 있다(Bjorklund, 1997; Schneider & Bjorklund, 1998).

Wolfgang Schneider

요약하면, 아는 것이 힘이다! 그러므로 어떤 주제에 대해 많이 알면 알수록 그 주제에 대한 학습과 기억이 그만큼 용이해진다. 일반적으로 청년이 아동보다 대부분의 주제에 대해 더 많은 지식을 가지고 있기 때문에, 청년은 확장된 지식기반을 통해 정보를 더 빨리 처리할 수 있으며, 정보를 범주화하고 정교화할 수 있는 전략들을 획득하게 된다(Bjorklund, 1995).

# 지능과 창의성

이 세상에서 훌륭한 것들은 모두가 독창성의 열매이다.　　　　　John Stewart Mill

세상에는 세 종류의 사람이 있다. 첫째는, 무엇을 창조하는 소수의 사람이요, 둘째는, 무엇이 창조되는지를 구경하는 수많은 사람이요, 셋째는, 무엇이 창조되는지를 모르는 대다수의 사람이다. 우리에게는 무엇을 창조하는 사람이 더 많이 필요하다.

Nicolas Muray Butler

화가는 그림을 완성하는 것보다 그림을 그리는 자체에서 더 큰 기쁨을 느낀다.　　　Seneca

천재는 1퍼센트가 영감이고, 99퍼센트는 노력이다.　　　　　　　　　　　Edison

영원한 존재가 아닌 인간에게는 완전히 모순된 가면(假面) 속에서의 엄청난 모방이 있을 뿐이다. 창조. 이것이야말로 위대한 모방이다.　　　　　　　　　　Camus

예술가는 자신의 마음을 해방시키기 위해서 작품을 만든다. 마치 물이 높은 곳에서 흘러내리는 것처럼 창조란 예술가의 타고난 성질이다.　　　　　　Somerset Maugham

창의성은 자신의 인생 항로가 곤란에 처했을 때에 다른 길로 인도하거나 새로운 길을 찾게 해 준다.　　　　　　　　　　　　　　　　　　　　Leo F. Buscaglia

나는 특별한 재능을 가진 것이 아니고, 단지 굉장히 많은 호기심을 가진 것뿐이다.

Albert Einstein

훌륭하고 영감 있는 것은 그 어느 것이나 자유로운 상태에서 열심히 노력하는 사람에 의해서 창조된다.　　　　　　　　　　　　　　　　　　　Albert Einstein

1. 지능의 본질　　　　　　　　　2. 지능검사
3. 지능에 관한 쟁점　　　　　　　4. 창의성의 개념
5. 청년기 창의성의 평가방법　　　　6. 창의성과 영향요인

우리는 일상생활에서 "누구는 머리가 좋다" 또는 "누구는 머리가 별로 좋지 못하다"는 등 지능에 관한 언급을 많이 한다. 그러면 이 "머리가 좋다" 또는 "머리가 나쁘다"라는 것은 무엇을 의미하는가? 창의성은 지능과 어떤 관계가 있는가? 창의적인 사람의 대부분은 지능이 높은 편이지만 그 역은 성립하지 않는다. 즉, 지능이 높다고 해서 반드시 창의적인 것은 아니다.

지능이란 말은 라틴어 "~ 중에서 선택하다"라는 말에서 나왔다. 그런 의미에서 지능을 현명한 선택을 하는 능력이라고 정의하기도 한다. 지능은 정의하기가 매우 힘든 추상적인 개념이지만, 일반적으로 어휘력이나 독해력 같은 언어능력, 논리적 사고와 건전한 판단을 수반하는 문제해결 능력 그리고 환경적응 능력 등으로 정의된다.

창의성도 지능과 마찬가지로 개념정의가 매우 어려운 것이지만, 일반적으로 창의성은 참신하고 색다른 방법으로 사고하고, 독특한 해결책을 생각해낼 수 있는 능력으로 정의된다. 이 창의성은 흔히 창의력, 창조성, 독창성, 독창력 등과 같은 뜻의 말로 사용되기도 한다.

창의성이란 특수한 재능을 가진 몇몇 사람들에게만 나타나는 것이 아니라, 모든 사람들이 갖고 있는 보편적인 능력이다. 이러한 창의성이 어느 정도 발현되는가 하는 것은 개인이 가지는 내적인 특성과 외부적인 환경요인이 어느 정도 조화를 이루느냐에 따라 달라지게 된다. 창의성발달에 영향을 미치는 요인은 크게 개인적인 요인과 환경적인 요인으로 구분할 수 있고, 개인적인 요인은 다시 인성적 요인과 지적 요인으로 세분화할 수 있다.

이 장에서는 지능의 본질, 지능검사, 지능에 관한 쟁점, 창의성의 개념, 청년기 창의성의 평가방법, 창의성과 영향요인에 관해 살펴보기로 한다.

# 1. 지능의 본질

Binet가 지능검사를 제작할 당시의 기분은 "여태까지 누구도 본 적이 없는 동물을 잡으러 숲 속으로 들어간 사냥꾼의 심정이었다. 그러한 동물이 존재한다는 것에는 의문의 여지가 없었지만 그 동물이 어떻게 생겼는지에 대해 설명할 수 있는 사람은 아무도 없었다"(Cronbach, 1970, p. 200). 더욱이 한 종류의 동물이 아니라 여러 종류의 동물이 있을 것이라는 논쟁이 분분하였다.

지능이 단일 요인인가, 아니면 복합 요인으로 구성되어 있는가에

L. J. Cronbach

관한 논쟁은 1세기가 넘도록 계속되어온 오래된 논쟁이다. Binet는 단일 요인이라고 믿었지만 나중에 사냥에 합류한 다른 '사냥꾼'들은 지능이 복합 요인이라고 주장하였다.

최근에 와서 지능을 다차원적인 것으로 보는 경향이 우세한데 Sternberg와 Gardner가 그 대표적인 인물이다. 이들은 모두 종래의 지능검사로는 중요한 정신능력을 측정하지 못한다고 주장하면서 보다 포괄적인 이론을 제시하였다. Sternberg와 Gardner의 이론적 틀은 정보처리이론에 근거한 것이다.

## 1) Sternberg의 삼원이론

Robert Sternberg

Sternberg(1986a, 2004, 2010, 2011, 2012, 2017, 2018a)의 삼원(三元)이론에 의하면, 지능은 세 가지 요소, 즉 구성적 지능, 경험적 지능, 상황적 지능들로 구성되어 있다고 한다(〈그림 9-1〉 참조).

정보를 얼마나 효율적으로 처리하는가 하는 것이 구성적 지능이다. 구성적 지능은 우리가 일반적으로 지능이라고 부르는 개념과 매우 유사한데, 지능검사는 주로 구성적 지능을 측정하는 문항들로 구성되어 있다. 구성적 지능은 우리가 문제에 어떻게 접근하고, 문제를 어떻게 해결하며, 결과를 어떻게 평가하는가를 말해주는 것이다. 이것은 지능의 분석적 측면인데, 구성적 지능이 높은 사람은 지능검사 점수가 높게 나타나며, 논쟁에서 상대방의 허점을 잘 찾아낸다.

새롭거나 친숙한 과제에 어떻게 접근하는가 하는 것이 경험적 지능이다. 이것은 통

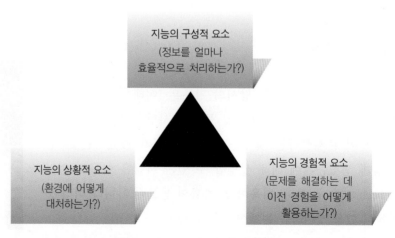

〈그림 9-1〉 Sternberg의 삼원이론

찰력 차원의 지능으로서 새로운 정보를 이미 알고 있는 정보와 비교하여 과거의 경험을 바탕으로 하여 새로운 문제를 해결할 수 있는 능력을 말한다. Sternberg에 의하면 경험적 지능이 높은 사람은 새로운 문제를 신속히 해결할 뿐만 아니라, 익숙한 문제는 기계적으로 해결한다. 그래서 통찰력과 창의력을 요하는 친숙하지 않은 문제에 몰두할 수 있도록 정신을 자유롭게 해준다.

　환경에 어떻게 대처하는가 하는 것이 상황적 지능이다. 이것은 지능의 실제적이고 현실적인 측면으로서 우리가 학교에서 배우지 못하는 실생활에 필요한 중요한 정보를 얻는 능력이다. Sternberg는 우리가 사회에서 성공하려면 교과서에서 배운 지식보다 실용적 지식이 더 중요하다고 한다. 우리는 학교 우등생이 사회 열등생이라는 말을 많이 듣는다.

## 2) Gardner의 다중지능

　Gardner(1983, 1993, 2002, 2016)는 지능검사가 주로 언어능력과 논리적 능력의 두 차원에서 측정되는 것에 반대하면서, 문제를 해결하고 여러 분야에서 생산적인 일을 하는 데 필요한 여덟 가지 지능을 제시한다(〈그림 9-2〉 참조).

Howard Gardner

　언어지능은 작가, 번역가, 편집자 등이 최대한 활용하는 언어 능력을 말한다. 논리적-수학적 지능은 논리력, 수리력, 과학적인 능력으로서 과학자, 의사, 수학자 등의 경우에 이 지능이 높다. 음악적 지능은 음악가, 작곡가, 지휘자 등에서 주로 나타나는 능력이다. 공간지능은 공간세계에 대한 정신적 모형을 만들어 그것을 조절하고 사용하는 능력을 말하는데 화가, 조각가, 건축가, 항해사 등은 공간적 지능이 높다고 볼 수 있다. 신체운동지능은 신체를 이용하여 문제를 해결하고 창조물을 만들어내는 능력을 말한다. 무용가, 운동선수, 외과의사, 장인들의 경우는 이 신체적·운동적 지능이 높다. 대인관계지능이란 다른 사람을 이해하는 능력이다. 교사나 연극배우, 정치가, 성공적인 외판원 등은 대인관계지능이 높다고 볼 수 있다. 자기이해지능은 인간이 자신을 정확하게 판단하여 인생을 효과적으로 살아가는 능력이다. 상담자, 정신과 의사, 시인, 작가 등은 이 지능이 높다고 볼 수 있다. 자연친화지능은 자연환경에 대한 정보와 관련 있는 것으로 예를 들면, 선사시대 인간의 조상들이 어떤 종류의 식물이 식용인지 아닌지를 알아내는 데 자연친화지능이 이용되었다. 동물학자, 농부, 정원사 등이 이 지능이 높다고 볼 수 있다.

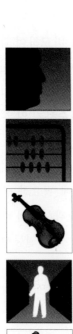

언어지능
문장의 뜻을 이해하고, 효과적인 의사소통을 할 수 있는
능력이다.

논리적-수학적 지능
논리적 사고와 수리능력이 포함된다.

음악적 지능
언어와 마찬가지로 음악 또한 자기표현의 수단이다.
이 재능은 주로 천재들에게서 나타난다.

공간지능
입체적 공간관계를 이해하는 능력이다. 조각가나 화가는
형상을 정확하게 지각하고, 조작하며, 재창조할 수 있다.

신체운동지능
운동신경이 예민하며, 사물을 섬세하고 능숙하게 다룰
수 있는 능력이다.

대인관계지능
상대방의 기분이나 동기 및 의도를 이해하는 능력이다.

자기이해지능
자신의 감정을 잘 이해하여 행동의 길잡이로 삼는 능력
이다.

자연친화지능
자연환경에 대한 정보와 관련이 있는 지능이다.

**〈그림 9-2〉 Gardner의 다중지능의 개념**

이 여덟 가지 영역 중 한 영역에서 지능이 높다고 해서 다른 영역의 지능도 모두 다 높은 것은 아니다. 전통적 지능검사에서는 언어지능, 논리적-수학적 지능, 공간지능 정도가 측정된다. 문장을 잘 이해하고 논리적 사고를 하는 것이 음악적 지능이 뛰어나거나 운동능력이 뛰어난 것보다 더 지능이 높다고 볼 수 없다는 것이 Gardner의 주장이다.

Gardner에 의하면 우리의 뇌를 연구해보면 뇌의 각기 다른 부분이 각기 다른 종류

아인슈타인
(논리적–수학적 지능)

베토벤
(음악적 지능)

김연아
(신체운동지능)

의 정보를 처리하는 것임을 알 수 있기 때문에, 지능은 단일 요인이 아니고 복합 요인(다중지능)이라고 주장한다. 따라서 과학자 아인슈타인이나, 음악가 베토벤이나, 운동선수 김연아는 각기 다른 분야에서 지능이 높다고 말할 수 있다(Kirschenbaum, 1990).

Gardner의 다중지능이론을 적용한 통합교육과정 학습이 초등학생의 다중지능 발달에 미치는 효과를 살펴본 연구(육미수, 2001)에서는, 실험집단의 아동들에게 주당 2시간 이상씩 3개월간 총 40시간에 걸쳐 다중지능이론

사진 설명  어릴 때부터 여러 가지 악기가 내는 소리를 들어봄으로써 음악적 지능이 개발된다고 한다.

을 적용한 통합교육과정을 실시하였다. 그 결과, 다중지능 중 음악적 지능, 신체운동지능, 공간지능, 언어지능, 자기이해지능, 대인관계지능 등의 영역에서 실험집단 아동의 점수가 통제집단 아동과 비교하여 유의하게 증가하였다. 초등학교 6학년 아동 583명을 대상으로 다중지능에 대해 살펴본 또 다른 연구(최희영, 1999)에서는, 남아들의 경우는 논리적–수리적 지능, 공간지능, 신체운동지능이 상대적으로 높게 나타났고, 여아들의 경우는 언어지능, 음악지능, 대인관계지능, 자기이해지능이 높게 나타났다.

만 5세 유아를 대상으로 평가한 다중지능에 대하여 살펴본 연구(김숙경, 2004)에서, 유아의 다중지능을 평가함에 있어서 부모와 교사 간에는 차이가 없는 것으로 나타났다. 만 5세 유아의 지능은 일곱 개 지능이 전반적으로 보통 이상의 완만한 형태로 발

달하며, 각 지능의 상대적 순위는 대인관계지능, 논리적-수학적 지능, 개인이해지능, 언어지능, 신체운동지능, 공간지능의 순으로 나타났고, 개인차는 큰 것으로 나타났다. 또한 성별에 따른 다중지능의 차이는 음악적 지능, 언어지능, 대인관계지능, 자기이해지능에서는 여아가 더 발달하였고, 논리적-수학적 지능에서만 남아가 더 발달한 것으로 나타났다. 그러나 신체운동지능과 공간지능에서는 성별에 따른 차이가 나타나지 않았다. 지능프로파일의 개인차를 보면, 여아의 경우에는 고른 형태가 나타난 반면, 남아의 지능프로파일에서는 개인 간의 편차가 큰 것으로 나타났다. 이러한 결과는 남아의 놀이나 놀이성향과 관련이 있다고 하였다.

## 2. 지능검사

Charles Darwin과 사촌간인 Francis Galton은 인종개량에 관한 사상을 통해 진화론을 인간에게 적용하였다. Galton은 여러 분야에서 뛰어난 사람들의 가계를 조사한 결과, 많은 경우 그들의 친척들도 뛰어난 사람들이었음을 발견하였다. 따라서 인간의 지능은 전적으로 유전되는 것으로 보고, 영국정부로 하여금 선택적 번식을 통한 인종개량 프로그램을 실시할 것을 촉구하였다. 다시 말해서 Galton은 머리가 좋은 사람들이 자녀를 많이 낳음으로써 영국 종족으로 하여금 점점 우수한 종족이 되게 해야 한다고 주장하였다. 그렇다면 머리가 좋은 사람과 그렇지 못한 사람들을 어떻게 구별할 수 있는가? 여기서 지능검사의 필요성이 대두된다.

### 1) Binet의 지능검사

Alfred Binet

1904년에 프랑스의 심리학자 Alfred Binet에게 프랑스 교육부가 정상아와 정신지체아를 구별할 수 있는 지능검사방법을 고안하라는 임무를 부여하였다. 학교당국은 정규학급에서 강의진도를 따라오지 못하는 학생들을 가려내어 특별반을 구성할 계획이었다(사진 참조).

Binet는 정신연령(MA)이라는 개념을 구성해내었다. 지능이 보통인 사람(평균 지능)은 정신연령(MA)과 생활연령(CA)이 일치하고, 지능이 높은 사람은 생활연령보다 정신연령이 높으며, 지능이 낮은 사람은 정신연령이 생활연령보다 낮다는 것이다. IQ라는 말은 1912년 William Stern이 고안해낸 것인데, 그것은 정신연령을 생활연령으로

1900년대 초 프랑스 파리에서 정규학급에서 강의진도를 따라오지 못하는 학생들을 가려내어 특별반을 구성할 목적으로 지능검사가 제작되었다.

나누고 여기에다 100을 곱해서(소수점을 없애기 위해) 나온 값이다. IQ는 평균이 100이며 표준편차가 16인 정상분포 곡선을 보인다(〈그림 9-3〉 참조).

Binet의 지능검사 내용은 학교에서 배우는 내용과 유사했기 때문에 이 지능검사와 학업성취도와는 매우 높은 상관관계가 있는 것으로 나타났다. 1905년에 출판된 Binet의 지능검사는 수개 국어로 번역되었다. 이 중에서도 미국 스탠퍼드 대학의 Lewis Terman에 의해 번역되고 수차례 개정된 Stanford-Binet 검사가 가장 유명하

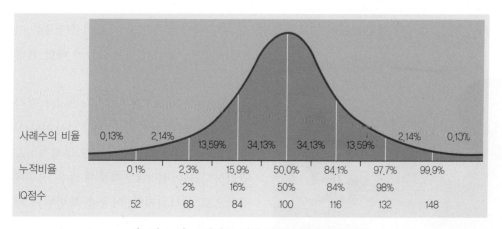

〈그림 9-3〉 스탠퍼드-비네 검사와 정상분포 곡선

출처: Santrock, J. W. (1998). *Adolescence* (7th ed.). New York: McGraw-Hill.

Lewis Terman

David Wechsler

다. Stanford-Binet 검사는 계속해서 폭넓게 사용되는 검사 중의 하나로, 우리나라에서는 고려대학교 전용신 교수에 의해 개발되어 '고대 Binet 검사'로 불린다.

## 2) Wechsler의 지능검사

Stanford-Binet 검사 다음으로 널리 사용되는 것이 David Wechsler가 1939년에 제작한 Wechsler의 지능검사이다. Wechsler 지능검사에는 유아용, 아동용, 성인용 지능검사가 있다.

Wechsler의 지능검사는 11개의 하위 지능검사로 구성되어 있다. 이 중 여섯 개의 검사는 언어능력 검사이고, 다섯 개의 검사는 비언어능력 검사이다. 언어능력을 측정하는 언어성 검사에는 상식문제, 이해문제, 숫자 외우기, 공통성 찾기, 산수문제, 어휘문제 등이 포함되고, 비언어능력을 측정하는 동작성 검사에는 기호쓰기, 빠진 곳 찾기, 블록짜기, 그림차례 맞추기, 모양 맞추기 등이 있다.

우리나라에서도 이창우와 서봉연(1974)이 '한국판 아동용 웩슬러 지능검사(K-WISC)'를 개발하였으며, 박경숙(1987)은 '아동용 웩슬러 지능검사(KEDI-WISC)'를 개발하였다. 그리고 곽금주, 박혜원, 김청택(2002)이 1991년에 개정된 WISC를 한국 아동을 대상으로 표준화한 '한국판 아동용 웩슬러 지능검사 III(Korean-Wechsler Intelligence Scale for Children-III: K-WISC-III)'를 개발하였다. 유아용으로는 박혜원, 곽금주, 박광배(1994) 등이 '한국형 유아 지능검사(K-WPPSI)'를 개발하였다. 〈그림 9-4〉는 웩슬러의 성인용 지능검사의 언어성 검사와 동작성 검사의 예문들이며, 〈표 9-1〉은 한국판 웩슬러 성인용 지능검사(전용신, 서봉연, 이창우, 1963)의 하위검사에 대한 설명이다.

Stanford-Binet 검사와 Wechsler 검사는 개별적으로 실시되는 지능검사이다(사진 참조). 그러나 개별검사보다 경제적이고 편리하다는 이점(利點) 때문에 많은 경우에 집단으로 실시되지만, 아동을 특별반에 배치하는 등 중요한 결정을 해야 할 경우는 반드시 개별검사를 실시해야 한다.

### 언어성 검사

상식문제              타지마할은 어느 대륙에 있는가?

이해문제              "천리길도 한 걸음부터"라는 속담의 뜻을 설명하시오.

산수문제              70달러짜리 구두 한 켤레를 20% 싸게 판다면 구두 값은 얼마인가?

공통성문제            라디오와 텔레비전의 유사점은 무엇인가?

### 동작성 검사

| 1 | 2 | 3 | 4 |
|---|---|---|---|
| ( | ) | : | ~ |

| 1 | 4 | 2 | 3 | 4 | 3 | 1 | 2 | 3 | 1 |
|---|---|---|---|---|---|---|---|---|---|
|   |   |   |   |   |   |   |   |   |   |

기호 쓰기

빠진 곳 찾기

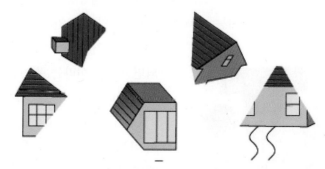

모양 맞추기

**〈그림 9-4〉 웩슬러 성인용 지능검사의 언어성 검사와 동작성 검사의 예**

출처: Feldman, R. S. (1993). *Understanding psychology* (3rd ed.). New York: McGraw-Hill.

〈표 9-1〉 **한국판 웩슬러 성인용 지능검사의 하위검사**

| 언어성 검사<br>(Verbal Scale) | 1. 상식문제(information): 피험자가 얼마나 광범위한 상식을 갖고 있는가를 측정한다. 전문지식이나 학문적 지식은 포함되지 않는다.<br>2. 이해문제(comprehension): 어떤 특정 상황에서의 문제해결 능력 및 판단력을 측정한다.<br>3. 산수문제(arithmetic): 초등학교 산수문제와 같은 간단한 수학능력을 측정한다.<br>4. 공통성문제(similarity): 두 개의 사물을 제시하고 공통점을 말하게 하여 추상적·논리적 사고력을 측정한다.<br>5. 숫자문제(digit span): 숫자를 몇 개 불러준 다음 바로 또는 거꾸로 따라 외우도록 하여 주의력, 기억력을 측정한다.<br>6. 어휘문제(vocabulary): 40개의 낱말을 쉬운 단어부터 제시하여 그 낱말의 뜻을 물어봄으로써 어휘력을 측정한다. |
| --- | --- |
| 동작성 검사<br>(Performance Scale) | 1. 기호쓰기(digit symbol): 어떤 부호와 다른 부호를 결부시켜 이해, 기억, 대치하는 능력을 측정한다.<br>2. 빠진 곳 찾기(picture completion): 중요한 한 부분이 빠진 그림을 보여주고 빠진 부분을 찾게 한다.<br>3. 블록짜기(block design): 몇 개의 블록을 가지고 특정한 모양을 만들게 한다.<br>4. 그림차례 맞추기(picture arrangement): 여러 장의 그림을 주어 이야기가 되도록 순서대로 배열하도록 한다.<br>5. 모양 맞추기(object assembly): 친숙한 사물을 여러 토막으로 나누어 놓고 완전한 모양이 되게 맞추도록 한다. |

## 3) Kaufman의 지능검사

정보처리이론의 발달과 함께 인간의 지능을 정보처리과정으로 이해하려는 관점이 대두되었다. 지능 자체를 구성하고 있는 요인(content)을 측정하기보다는 '어떻게(process)' 처리되는가에 대한 처리과정에 관심이 집중되면서 지능이라는 용어를 인지처리과정이라는 용어로 대치하기에 이른다.

Kaufman 부부가 2세 6개월에서 12세 5개월 사이의 아동과 청소년을 대상으로 개발한 카우프만 아동용 개별지능검사(Kaufman Assessment Battery for Children: K-ABC)는 바로 이러한 맥락에서 개발된 지능검사이다. 이는 지능을 정보처리과정으로 보는 인지이론을

바탕으로 한 처리과정 중심의 능력검사이다.

우리나라에서도 문수백과 변창진(1997)이 한국 아동과 청소년을 대상으로 표준화한 '한국판 카우프만 아동용 개별지능검사(Korean Kaufman Assessment Battery for Children: K-ABC; 사진 참조)'를 개발하였다.

Alan S. Kaufman

이 검사는 지능, 즉 문제해결과정을 측정하는 '인지처리과정 척도'와 후천적으로 획득한 사실적 지식 정도를 측정하는 '습득도 척도'로 나누어져 있으며, 인지처리과정 척도는 다시 연속적, 시간적 순서로 정보를 처리하는 문제해결능력을 측정하는 '순차처리척도'와 한꺼번에 주어진 많은 정보를 통합하는 능력을 측정하는 '동시처리척도'로 나누어져 있다.

이 검사는 동시처리 능력을 측정하는 하위검사 7개, 순차처리 능력을 측정하는 하위검사 3개, 습득도를 측정하는 하위검사가 6개로 총 16개 하위검사로 구성되며, 이 중 연령별 또는 발달수준에 따라 7개에서 13개의 하위검사를 실시하도록 되어 있다.

Nadeen L. Kaufman

## 3. 지능에 관한 쟁점

지능이 유전에 의해 결정되는 것인지 환경에 의해 결정되는 것인지 하는 문제는 오래된 논쟁 중의 하나이다. 지능은 문화에 따라 다르게 표현될 수 있기 때문에 특정 문화권을 대상으로 제작된 지능검사가 다른 문화권의 사람들에게도 적합한가 하는 것이 또 하나의 관심이다. 그 외에도 지능의 안정성과 지능검사의 오용 등이 지능에 관한 또 다른 쟁점들이 되고 있다.

### 1) 유전 대 환경

유전이 지능을 결정한다고 주장하는 대표적인 학자가 Jensen이다. Jensen(1969)은 일란성 쌍생아와 이란성 쌍생아를 비교하는 방법으로 지능에 관한 연구를 수행하였다. 그 결과 일란성 쌍생아는 지능의 상관계수가 .82이고, 이란성 쌍생아는 상관계수가 .60인 것으로 나타났다(〈그림 9-5〉 참조). Jensen은 유전적 요인이 환경적 요인보다 더

Arthur Jensen

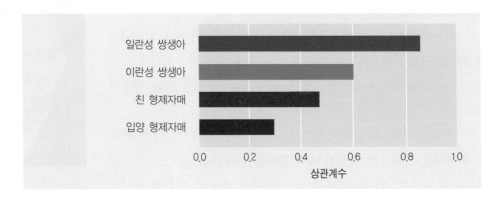

**〈그림 9-5〉 지능과 유전**

출처: Bouchard, T. J., Lykken, D. T., McGue, M., Segal, N. L., & Tallegen, A. (1990). Sources of human psychological differences: The Minnesota study of twins reared apart. *Science, 250,* 223-228.

중요하다는 것을 보여주기 위해서 함께 자란 일란성 쌍생아와 떨어져 자란 일란성 쌍생아를 비교하였는데, 함께 자란 경우는 상관계수가 .89였고 떨어져 자란 경우는 상관계수가 .78이었다. 이 결과에 대해 Jensen은 만약 환경적 요인이 유전적 요인보다 더 중요하다면 이 둘의 차이는 더 커야 한다고 주장하면서 유전의 영향은 80% 정도라고 결론지었다.

그러나 오늘날 많은 학자들은 Jensen이 주장한 정도로 유전이 지능에 큰 영향을 미친다고 보지 않는다. 그들은 유전과 환경의 영향을 반반으로 본다(Plomin, 1993). 이 것은 환경을 개선함으로써 IQ를 향상시킬 수 있다는 것을 의미한다(Weinberg, 1989). 1965년에 미국에서 빈곤 아동을 대상으로 시작된 헤드 스타트 프로그램(Head Start Project)이 그 예이다. 이 프로그램에 참여한 아동들의 지능점수가 평균 10점 정도 향상된 것으로 나타났다(Clarke & Clarke, 1989; Ramey & Ramey, 1990).

환경이 지능에 영향을 미친다고 볼 수 있는 또 다른 예로 옛날에 비해 오늘날 지능지수의 평균이 크게 향상된 점을 들 수 있다. 〈그림 9-6〉에서 보듯이 1932년 IQ 평균이 100인 데 반해 1997년 IQ 평균은 120이다. 1932년 지능이 평균이었던 상당수 사람들의 검사점수가 1997년에는 같은 점수가 평균 이하의 지능에 속하는 것으로 나타났다(Flynn, 1999, 2007, 2011, 2013). 이 같은 지능점수의 증가가 비교적 짧은 기간에 이루어졌기 때문에 이것을 유전의 영향으로 보기는 어렵다(Flynn & Rossi-Case, 2012). 오히려 교육수준이나 경제적 수준의 향상, 좋은 영양 등과 같은 환경의 영향에 기인한 것으로 보인다. 이처럼 짧은 기간 동안 지능지수가 전 세계적으로 향상되는 현상을 이를 발견한 James Flynn의 이름을 따서 '플린 효과(Flynn effect)'라고 부른다.

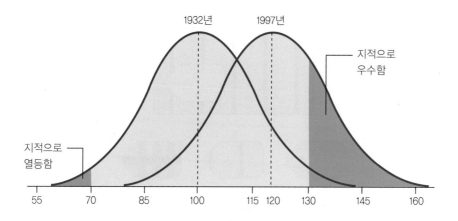

〈그림 9-6〉 1932년과 1997년의 지능점수 차이

## 2) 범문화적 지능검사

서구 중산층을 대상으로 제작된 지능검사가 다른 문화권의 아동들에게도 적합한가 하는 것이 또 다른 쟁점이 되고 있다. 지능검사의 결과를 보면, 문화와 인종에 따라 차이가 있다. 예를 들면, 지능검사에서 흑인은 백인보다 IQ가 평균 10~15점 정도 낮은 것으로 나타난다. 이 결과를 인종적 차이로 해석할 수 있는가? 지능은 문화에 따라 다르게 표현될 수 있기 때문에, 특정 집단에 유리하게 제작된 지능검사를 다른 집단에 적용하는 것은 옳지 못하다. 이러한 문화적 편견을 막기 위해 제작된 것이 범문화적 지능검사이다.

지금까지 두 종류의 범문화적 지능검사가 개발되었다. 하나는 모든 사회계층과 인종배경에 모두 익숙한 문항으로 구성된 검사이다. 예를 들면, 모든 아동이 새와 개에 대해서 다 잘 알고 있다는 전제하에 새와 개의 차이점을 묻는 문항을 포함한다. 또 하나는 지능검사에서 언어적 능력이 많이 반영되므로 언어적 요인을 배제한 검사이다. Raven Progressive Matrices Test가 그 예이다. 〈그림 9-7〉에서 보는 바와 같이 이 검사에서는 언어적 지시가 없더라도 무엇을 요구하는지 금방 알 수 있다.

그러나 문화적 편견을 완전히 배제한 범문화적 지능검사를 개발하는 것은 상당히 어려운 일이므로, 지금까지 개발된 범문화적 지능검사는 그 나름대로의 한계를 지니고 있다.

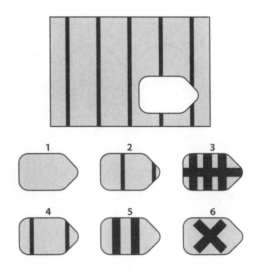

〈그림 9-7〉 Raven Progressive Matrices Test의 예

출처: Raven, J. C. (1983). *Raven Progressive Matrices Test*. San Antonio, TX: Psychological Corporation.

## 3) 지능의 안정성

Nancy Bayley

지능점수의 실용적 가치는 안정성에 있다. 일반적으로 2세 이전의 지능점수는 별 의미가 없으나 유아기나 아동기에 측정된 지능점수는 예측력이 높은 것으로 보인다. 한 연구(Bayley, 1943)에서, Bayley의 영아발달 검사로 측정한 영아의 지능과 Stanford-Binet 지능검사로 측정한 6~7세 아동의 지능과는 아무 상관이 없는 것으로 나타났다. 또 다른 연구(Anderson, 1939)에서는 1세와 5세 유아의 지능의 상관계수는 .05밖에 안 되는 것으로 나타났다. 즉, 영아기의 지능점수는 아동기의 지능점수와 거의 상관이 없는 것으로 보인다. 이런 결과가 나온 이유는 어쩌면 영아기의 지능검사와 아동기의 지능검사의 구성요소가 서로 다르기 때문일지 모른다. 즉, 두 검사가 서로 다른 능력을 측정했기 때문일 수도 있다.

그러나 Honzik와 그의 동료들(Honzik, MacFarlane, & Allen, 1948)의 종단연구에 의하면, 아동기의 지능점수는 상당히 높은 상관이 있는 것으로 보인다. 예를 들면, 8세와 10세의 상관계수는 .88이고, 9세와 10세의 상관계수는 .90인 것으로 나타났다. 심지어 여러 해가 경과한 후에도 지능은 매우 안정적인 것으로 보이는데, 예를 들어, 10세와 18세의 상관계수는 .70 이상인 것으로 나타났다.

지금까지는 집단의 평균을 기초로 하여 지능의 안정성에 관해 살펴보았다. 그러나 지능의 안정성은 개별적 아동을 대상으로 하여 지능이 얼마나 안정적인지 살펴볼 필요가 있다. McCall과 그의 동료들(McCall, Applebaum, & Hogarty, 1973)은 140명의 아동을 대상으로 2.5세부터 17세까지 15년간 17번에 걸쳐 지능검사를 실시하였다. 그 결과 15년간 지능점수가 변하지 않고 안정된 상태로 유지된 아동은 약 절반 정도에 불과했으며, 나머지 반은 지능에 큰 변화가 있는 것으로 나타났다. 즉, 이들 중 $1/3$은 17번의 지능검사에서 최고 점수와 최저 점수의 차이가 30점 이상이었으며, $1/7$은 40점 이상 차이가 났다. 이 연구는 지능검사 점수로 아동의 지적 능력을 평가하는 것이 위험할 수도 있다는 사실을 보여주는 예이다.

### 4) 지능검사의 오용

망치는 예쁜 부엌용 도구를 만드는 데도 사용할 수 있지만 공격용 무기로도 사용할 수 있다. 망치처럼 지능검사는 유용한 도구이지만 오용될 수도 있다. 많은 전문가들이 지능검사가 모든 형태의 지능을 다 포함하지 못한다는 데에 의견을 같이 한다(Neisser et al., 1996). 지능검사에 포함되지 않은 지능의 측면으로는 창의성, 지혜, 실용적 지능, 사회적 민감성 등이 있다. 이러한 능력의 중요성에도 불구하고 이들을 측정하는 방법은 아직 제대로 개발되지 않고 있다.

따라서 우리가 지능검사 결과를 해석하거나 특수학급 편성 등의 용도로 사용할 경우에는 신중을 기해야 한다. 지능검사의 결과 외에 아동의 발달내력, 학교성적, 사회적 능력, 가족배경 등도 함께 고려해야 한다.

## 4. 창의성의 개념

영화 〈아마데우스〉는 '재능'과 '창의성'의 극명한 차이를 보여준다. 모차르트와 살리에리는 18세기 유럽에서 재능이 풍부하고 야심 있는 음악가였다. 그러나 200년이 지난 지금 모차르트의 작품은 여전히 사람들에게 기억되고 큰 사랑을 받고 있지만, 살리에리의 작품은 모두 잊혀졌다. 그 이유는 무엇인가? 그때나 지금이나 모차르트의 작품은 창의적인 것으로 평가받지만 살리에리의 작품은 그렇지 못하기 때문이다.

　　창의성이란 과연 무엇이며, 지능과는 어떻게 다른가? 창의성은 지능과 마찬가지로 개념정의가 매우 어려운 것이지만, 일반적으로 창의성은 참신하고 색다른 방법으로 사고하고, 독특한 해결책을 생각해낼 수 있는 능력으로 정의될 수 있다(Sternberg, 2018a). 이 창의성은 흔히 창의력, 창조력, 독창성, 독창력 등과 같은 뜻을 가진 말로 사용되기도 한다.

　　창의성은 일반적으로 영감을 수반하는 것으로 생각되어지고 있다. 그러나 많은 전문가들은 창의성이 마법의 샘물에서 솟아나오는 그런 것이 아니라는 데에 동의한다. 영감 같은 것은 창의성의 일부분이고, 일생을 통해서 계속되는 꾸준한 노력의 결과가

Joy Paul Guilford

바로 창의적 활동으로 나타난다(Curran, 1997). 즉, 에디슨이 말했듯이 창의성의 1%가 영감이고, 99%는 노력의 결과라는 것이다.

　　Guilford(1967)는 창의적 사고를 지적 능력과 관련지어 설명하였다. 그는 지능의 구조 모형을 제시하면서, 그중 확산적 사고(divergent thinking)가 창의성과 밀접한 연관이 있는 것으로 보았다. 확산적 사고는 하나의 문제에 대해 여러 가지 다른 해답을 할 수 있는 사고로, 하나의 정답을 유도하는 사고인 수렴적 사고(convergent thinking)와 대조를 이룬다. 창의성 검사에서 매우 독창적인 답을 하는 아동들은 확산적 사고를 하는 경향이 있다.

　　수렴적 사고는 문제를 해결하기 위해 사용하는 사고방식의 한 종류로서, 여러 가지 가능한 해결책이나 해답들 가운데서 가장 적합한 해결책이나 해답을 모색해가는 사고를 말한다. 예를 들어, 수학문제를 풀거나 조각그림 맞추기는 수렴적 사고를 요한다. 확산적 사고는 Guilford(1967)가 지능의 구조를 설명하는 모형에서 제시한 개념인데, 문제를 해결하기 위해 다양한 해결책이나 해답을 모색하는 사고를 말한다. 사고의 유연성(fluency), 융통성(flexibility), 독창성(originality), 정교성(elaboration), 지속성(persistence) 등이 확산적 사고에 포함되는 능력이

사진 설명　창의성은 흔히 새로움(novelty)과 적합성(appropriateness)에 의해 평가된다. 여기서 새로움이란 통상적이지 않고 기발하며 독창적인 것으로, 지금까지는 없었던 어떤 요소가 새롭게 나타났는가를 의미한다. 한편, 적합성은 창의적이기 위해서는 그 새로움이 당면한 문제해결에 도움이 될 수 있는 유용하고 가치 있는 것이어야 함을 뜻한다.

다. Guilford에 의하면 창의성은 확산적 사고와 밀접한 연관이 있다고 한다. 확산적 사고는 아동들에게 옷걸이나 신문지의 여러 가지 용도에 관해 질문하거나, 〈그림 9-8〉에서와 같이 동그라미를 이용해 다른 그림을 될 수 있는 대로 많이 그리게 함으로써 측정한다(Kogan, 1983). 이때 답변의 수와 독창성을 가지고 확산적 사고를 평가한다.

Torrance(1959)에 의하면 창의성은 소수의 천재에게만 나타나는 것이 아니라 모든 사람이 지니고 있는 개인적인 특성이며 교육을 통해 개발될 수 있다고 한다. Torrance는 유연성, 융통성, 독창성, 상상력을 창의성의 구성요인으로 보았다.

〈그림 9-8〉 확산적 사고 검사의 예

## 5. 청년기 창의성의 평가방법

창의성은 청년기의 특별한 관심사이다. 청년기에는 인지능력이 발달하기 때문에, 어떤 문제에 하나 이상의 해답이 있을 수 있다는 사실을 깨닫기 시작한다. 또한 특정 주제에 대해 더 많은 지식을 갖게 되고, 주의집중 능력이 향상되며, 추상적 사고가 가능해진다. 그리고 성인기 창의성의 특성인 동기유발과 지속성이 나타나기 시작한다(Olszewski-Kubilius, 2000). 그러나 청년기에는 또래집단의 압력과 동조행동으로 인해 한편으로는 남들과 색다른 방법으로 문제를 해결하기를 원하지만, 다른 한편으로는 남들과 다름으로써 또래집단으로부터 배척당할까 봐 두려워하게 된다. 따라서 청년들이 창의적이 되기 위해서는 남들과 다르게 사고함으로써 야기되는 불안감을 적절히 해결해야만 한다(Sternberg, 2000).

청년기의 창의싱에 대해서는 접근방법이 다양하기 때문에 창의성을 평가하는 방법 또한 다양하다. 청년기의 창의성을 평가하는 방법에는 창의직 산물 검사, 인지·지각 검사, 창의적 성향 검사 등이 있다(최인수, 2000).

### 1) 창의적 산물 검사

창의적 산물 검사는 창의적 산물을 통해서 평가하는 방법으로 Besemer(1998)의

〈그림 9-9〉 창의성 수업시간에 '행복'이라는 주제로 만든 학생들의 콜라주(Collage)

CPSS(Creative Product Semantic Scale)와 Amabile(1982)의 CAT(Consensual Assessment Technique)가 여기에 해당된다.

　Besemer는 20년간의 경험적 연구를 바탕으로 창의적 산물을 평가하기 위해서는 새로움(novelty), 실용성(resolution), 정교성(elaboration)이라는 세 가지 차원의 평가가 필요하다고 보고 있다. CPSS는 창의적 산물을 평가하기 위해서 만든 일종의 형용사 체크리스트인데, 위의 세 가지 차원은 각각 하위 요인들로 구성되어 있고 각 하위요인은 6~9개의 양극 형용사로 구성되어 있다.

　CAT는 영역별로 창의성을 측정할 수 있다고 보고되고 있는데, 가장 많이 활용된 경우가 예술적인 창의성을 보여주는 콜라주[1](〈그림 9-9〉 참조)를 만들도록 한 후에 평가하는 방법이다(Amabile, 1982; Hennessey & Amabile, 1999).

## 2) 인지 · 지각 검사

　Torrance(1984)의 창의적 사고 검사(Torrance Test of Creative Thinking: TTCT)와 Jellen 과 Urban(1986)의 TCT-DP(Test for Creative Thinking Drawing Production) 등이 인지 ·

---

1) 화면에 종이 · 인쇄물 · 사진 등을 오려 붙이고, 일부에 가필하여 구성하는, 초현실주의의 한 수법(광고 · 포스터 등에도 많이 이용됨).

지각 검사에 해당한다.

Torrance는 Guilford의 확산적 사고 이론을 창의성을 측정하기 위한 이론적 배경으로 삼아 TTCT를 개발하였다. TTCT는 정교성, 유창성, 독창성, 융통성, 상상력 등을 평가하는데, 언어 검사(Thinking Creatively with Words, TTCT: Verbal)와 도형 검사(Thinking Creatively with Pictures, TTCT: Figural)로 구분된다.

언어 검사는 여섯 가지 활동(질문하기, 원인 추측하기, 결과 추측하기, 작품 향상시키기, 마분지 상자의 독특한 용도 구상, 가상해보기)으로 구성되며 40분 정도의 시간이 소요된다. 〈그림 9-10〉은 Torrance 의 언어 검사 중 장면에 대한 질문, 원인 및 결과 이야기하기에 사용된 그림이다.

도형 검사는 세 가지의 활동(그림 구성하기, 그림 완성하기, 선 더하기)으로 구성되며 각 활동당 10분의 시간이 소요된다. 이 검사결과는 5개의 요인별 점수(유창성, 독창성, 추상성, 정교성 및 성급한 종결에 대한 저항)와 창의적 강점 점수(정서적 표현, 이야기의 명료성, 운동 또는 행위, 제목의 표현성, 불완전 도형들의 시각화, 경계의 확대 또는 파괴, 유머, 심상의 풍부함, 심상의 다채로움)를 산출하게 되어 있다. 위의 5개 요인별 점수는 점수를 통계적으로 만든 규준표에 맞추어 비교해보고 그에 따라 해석하는 규준참조검사(norm-referenced measure)이다. 창의적 강점 점수는 다른 사람과 비교해본 상대적인 위치와는 상관없이, 절대적으로 보아 어떤 능력이 있는지 없는지를 판단하는 준거참조검사(criterion-referenced measure)이다.

Jellen과 Urban의 TCT-DP는 유럽에서 사용되고 있는 대표적인 창의성 검사로서 창의적 능력과 창의적 성격을 평가한다. 이 검사는 어떤 문제에 대해 정해진 답을 찾아가는 종래의 수렴적 인지검사와는 달리 종이에 그려진 6개의 서로 다른 미완성 도형조각, 반원, 점, 큰 직각, 곡선, 점선, 작은 열린 사각형을 이용해서 피험자들이 자유로운 상상을 하고 해석을 하는 독창적인 사고를 측정하는 검사이다. 이 검사는 유아부터 성인까지 넓은 연령범위에 걸쳐 사용할 수 있으며, 개인 또는 집단으로 실시될

〈그림 9-10〉 TTCT 언어검사의 예

출처: 김영채(1999). 창의적 문제해결: 창의력의 이론, 개발과 수업. 서울: 교육과학사.

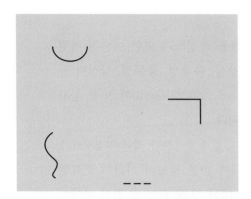

**〈그림 9-11〉 TCT-DP 검사에서 사용하는 도형의 예**

출처: Jellen, H., & Urban, K. (1986). The TCT-DP: An instrument that can be applied to most age and ability groups. *Creativity Child and Adult Quarterly, 3,* 138-155.

수 있고 검사시간은 약 15분이 소요된다. 그리고 11가지의 준거(계속성, 완성도, 새로운 요소의 첨가, 선으로 연결, 주제구성, 사각테두리 안의 도형사용, 사각테두리 밖의 공간사용, 조망/원근법, 유머, 비통상성)에 의해서 평가된다. 〈그림 9-11〉은 TCT-DP검사에서 사용하는 도형의 예이다.

## 3) 창의적 성향 검사

창의적 성향 검사는 개인의 창의적 성격과 태도를 검사하는 것이다. 창의적 인물들의 특성에서 추출한 인성변인들을 검사하는 창의적 성격검사(Gough & Heilbrun, 1983), 창의적 인물들의 생애사적 특징들을 바탕으로 검사하는 생애사(전기자료)검사(biographical inventory)(Ochse, 1990), 창의적 성취와 관련된 태도나 흥미검사(GIFFI I, II)(Davis & Rimm, 1982), 주변에 있는 사람들(부모나 교사)을 통해서 얼마나 창의적인가를 평가받는 평가검사(Runco, Jason, & Bear, 1993) 등이 그 예이다.

청소년의 성격이나 생애사적 정보를 검사하는 도구로서 개발된 GIFFI(Group Inventory for Finding Interests) I, II는 중·고등학생들의 연령에 알맞도록 제작되었다. 이 검사에서 다루는 특성들은 호기심, 다양한 관심, 유머, 모험심, 창의성 활동을 한 정도 등이다. 검사의 장점으로는 여러 나라에서 또한 다양한 부류의 학생들(소수민족학생, 학습장애학생, 영재학생)을 대상으로 해서도 타당도를 검증했다는 것과 실시가 간편하다는 점을 들 수 있다.

Khatena와 Torrance(1976)에 의하면, 인간의 자아는 창의적인 부분과 그렇지 않은 부분으로 나누어지며, 창의적 능력은 그 사람의 성격 안에 사고방식이라든지 사고전략이라든지 혹은 산물을 만드는 것과 같은 식으로 녹아 있기 때문에, 성격을 통해서 그 사람의 창의성을 측정할 수 있다고 한다.

Khatena와 Torrance가 1976년에 이러한 이론적 토대 위에서 만든 인성검사가 바로 Khatena-Torrance Creative Perception Inventory이다. 이 검사는 두 개의 설문지로 구성되어 있는데, 그것이 바로 WKOPAY(What Kind of Person Are You?)와 SAM(Something About

Paul Torrance

Myself)이다. WKOPAY는 다섯 가지 하위요인으로 구성되어 있고, SAM은 여섯 가지의 하위요인으로 구성되어 있다. 이 검사의 하위요인들은 5~12개의 문항으로 구성되어 있다.

최근 우리나라에서 개발된 창의성 검사(최인수, 이종구, 2004)는 창의적 성격 범주, 창의적 사고 범주, 창의적 동기 범주의 세 가지 범주에서 〈표 9-2〉와 같은 12개의 하위요인으로 나누어진다.

〈표 9-2〉 **창의성 검사의 하위요인**

| 창의적 성격 범주 | 창의적 사고 범주 | 창의적 동기 범주 |
| --- | --- | --- |
| ① 철저함, 최선을 다함<br>② 사회적 책임감<br>③ 개방성<br>④ 독립성<br>⑤ 독단적, 충동적, 이기적 성향 | ① 상상력과 환상<br>② 확산적 및 수렴적 사고<br>③ 창의적 사고능력 | ① 내재적 동기<br>② 호기심과 다양한 관심<br>③ 근면<br>④ 용기 |

출처: 최인수 · 이종구(2004). 창의성 검사(창의성 계발을 위한 창의성 검사의 이해와 활용). 서울: 한국가이딘스.

# 6. 창의성과 영향요인

모든 사람들은 잠재적인 창의성을 가지고 태어난다. 잠재적 창의성이 발현되는 정도는 개인이 내적으로 가지고 있는 능력과 외부적인 환경이 어느 정도 조화를 이루느냐에 따라 달라진다. 창의성에 영향을 미치는 요인에는 인성적 요인, 지적 요인, 환경적 요인 등이 있다.

## 1) 인성적 요인

Csikszentmihalyi(1996)는 청년기의 창의성과 관련된 특징으로 사물에 대한 비상한 호기심과 그 호기심을 구체적으로 충족시키기 위한 굳건한 '결단력'을 꼽고 있다. 창의적인 청년들은 일상생활에서 사물과 사건들에 대해 높은 호기심을 가지며 그 호기심을 단순히 궁금증만으로 끝내는 것이 아니라, 실제로 그 호기심을 해결하기 위해 구체적인 방법들을 연구하고 만족할 만한 해답을 얻을 때까지 부단히 노력한다. 이러한 모습들은 자칫 창의적인 사람들을 보통 사람들과

Mihaly Csikszentmihalyi

는 다른 기이한 특성을 지닌 인물로 여기게 만드는 오류를 범하게 만들기도 한다.

　그러나 실제 연구에 따르면, 창의적인 인물들은 심미적 특성에 대해 관심을 보이고, 광범위한 흥미를 가지며, 어려운 문제에 대해 집착을 보이고, 독립적으로 판단하며, 자율적이고, 통찰력과 자신감이 있으며, 개방적이고, 늘 적극적으로 활동한다고 한다(Barron & Harrington, 1981). 또한 Sternberg와 Lubart(1991)는 창의적인 인물들의 성격특성 목록에서 공통적으로 나타나는 몇 가지 목록을 추출하였는데, 창의적인 인물들은 애매모호함에 대한 참을성이 있고, 새로운 경험을 기꺼이 받아들이며, 모험을 즐기고, 자기 스스로에 대한 확신이 있는 것으로 나타났다.

　개인의 기분, 정서, 감정, 동기 또한 창의성에 영향을 미친다. 어떤 일에 대한 호기심, 개인적 흥미, 만족감, 개인적 도전과 같은 내적 동기는 창의적인 사고나 창의적인 행동, 창의적인 산출물을 위한 주요 원동력이 된다. 사람들은 어떤 일 자체에 흥미가 있을 때, 편안할 때, 즐거울 때, 새로운 것에 도전하고 싶을 때, 만족스러울 때 그리고 외부적인 압력이 없을 때 가장 창의적이 된다.

　청년기의 창의성에 관한 여러 연구는 주로 창의적인 청년들의 성격특성에 초점을 맞추고 있다. 〈표 9-3〉은 창의적인 청년들의 성격특성에 관한 내용이다.

〈표 9-3〉 **창의적인 청년의 성격특성**

　1. 자신의 창의성을 잘 인식한다.
　2. 독창적이다.
　3. 독립심이 강하다.
　4. 모험적이며 실패를 두려워하지 않는다.
　5. 열정적인 흥미를 가지고 있으며 활동적이다.
　6. 자신의 일에 몰입한다.
　7. 호기심이 강하다.
　8. 유머감각이 있다.
　9. 환상을 즐긴다.
　10. 복잡성을 즐기고 애매모호함에 대한 참을성이 있다.
　11. 심미적인 요소에 관심을 보인다.
　12. 개방적이다.
　13. 혼자 있는 시간을 즐긴다.
　14. 통찰력이 있다.
　15. 감정과 정서에 민감하다.
　16. 이타적이며 도덕적이다.

출처: Davis, G. A. (2001). *Creativity is forever*. Iowa: Kendall/Hunt.

## 2) 지적 요인

Guilford(1952)는 지적 능력의 하위요인 중 확산적 사고가 창의성과 관련이 있다고 주장한 바 있다. 그러나 창의성과 지능의 관계에 대해서는 의견이 분분하다. 창의성과 지능 간에 높은 상관관계가 있다는 연구결과(Walberg & Zeiger, 1997)가 있는가 하면, 창의성과 지능 간에는 아무런 관계가 없다는 연구결과(Wallach & Kogan, 1967)도 있다. 한편, Davis(2001)는 지능과 창의성 간의 관계를 대상으로 한 연구들을 통해, 창의적이기 위해서는 기본적인 지능수준이 필수적이지만, 지능이 일정 수준(IQ 120 정도) 이상을 넘으면 실질적으로 창의성과 지능 간에는 관계가 없다는 결론을 내렸다.

이와 같이 불일치된 연구결과가 나타난 이유로는 첫째, 각 연구에서 사용된 검사방법과 목적이 각기 다르기 때문이다. 어떤 지능검사는 창의성과 높은 관련을 갖는 지적 능력을 재는 반면, 다른 지능검사는 창의성과 상대적으로 관련이 낮은 지적 능력을 측정하는 것과 같이 지능검사들이 서로 다른 구성개념들을 가지고 있기 때문에 생기는 문제일 수 있다(Lubart, 1994, 2003).

둘째, 학업수행능력을 강조하는 종래의 일반지능 외의 다른 변인이 창의성과 관련되어 있기 때문이다. 즉, 청년기나 성인기의 창의적 활동이나 성취를 위해서는 학업지능보다는 경험적 지능이나 상황적 지능이 더 중요할 수 있고(Sternberg, 1986a), 지능 외에 성취동기, 인내력, 지도력, 정서의 조절능력, 협상능력과 같은 변인들이 더 중요할 수도 있기 때문이다(Terman, 1925).

Wallach와 Kogan(1967)은 지능과 창의성의 관계를 네 범주로 분류하였는데, 각 범주에 속하는 청년들의 인성적 특성은 각기 다르게 나타났다. 첫째, 창의성과 지능이 모두 높은 집단의 청년들은 자신감, 독립심, 통찰력이 있으며, 통제와 자유, 행동표출에서의 어른스러움과 어린이다움을 동시에 표현할 수 있는 특성이 있다. 둘째, 창의성은 높으나 지능이 낮은 집단의 청년들은 심한 스트레스와 갈등을 느끼며, 자신이 무가치하고 부적절하다고 느낀다. 그러나 긴장이 해소된 자유스러운 분위기에서는 자신의 능력을 최대한 발휘할 수 있다. 셋째, 지능은 높으나 창의성이 낮은 집단의 청년들은 학교생활에 적응을 잘 하고, 학교성적은 좋으나 실패에 대한 두려움이 크며, 전통적이고 관습적인 것에 대한 적응력이 높다. 마지막으로, 창의성과 지능이 둘 다 낮은 청년들은 다양한 방어기제를 사용하며, 학교에서의 학업성취 등에는 소극적이나 사회적 행위를 요구하는 상황에서는 성공적인 수행을 위해서 노력하기도 한다.

## 3) 환경적 요인

창의성은 모든 인간이 지니고 있는 보편적인 능력이며 훈련을 통해서 개발될 수 있다는 점을 고려한다면, 환경적 요인의 중요성을 강조하지 않을 수 없다.

청년기의 창의성발달에 영향을 주는 환경변인으로 크게 가족과 가족 외 변인(학교, 사회)으로 나눌 수 있다. 부모는 역할모델로서, 그리고 지적 · 문화적 자극의 제공자로서 청년의 창의성발달에 영향을 미친다. Dacey(1989)는 매우 창의적인 청소년들의 가족특성을 규명하였는데, 창의적인 가정의 부모들은 청소년의 행동을 엄격하게 통제하기보다는 청소년의 모델이 되고, 청소년과 심도 있는 토론을 하며, 잘 정의된 일련의 가치를 설정하고, 그 가치에 따라 행동하도록 도와주었다. 또한 이들 가족들은 유머가 넘치고 행복해하며, 부모는 청소년이 3~4세의 아주 어린 시절부터 다양한 기회와 경험들을 제공해주어 창의적인 특성들을 북돋우고 키워주었다.

이처럼 창의적인 청년들은 가족으로부터 정서적 지지를 받을 뿐만 아니라 가족 외에 이들에게 편안함을 제공해주는 정서적 지지자와 자신의 획기적인 발견의 본질을 이해해주는 인지적인 측면의 지지자가 있다(Gardner, 1993b). 창의적인 인물들은 청년기와 성인기에 자신들에게 지적인 자극과 보살핌을 제공해주고 도전적인 욕구를 북돋우는 '스승(mentor)'이 있다고 하였는데, '스승'은 창의적인 인물들이 심리적으로나 사회적으로 성장하고 성숙하는 데 큰 역할을 하는 것으로 나타났다.

한편, Feldhusen과 Treffinger(1985)는 보다 일반적인 학교 상황에서 청소년들의 창의성을 키워주기 위한 적절한 분위기를 조성하는 방법을 제시하였는데, 그 내용은 다음과 같다. 첫째, 학생들의 독특한 아이디어나 반응을 지지하고 강화하도록 한다. 둘째, 학생들이 창의적인 아이디어를 생각하고 발전시켜 볼 수 있도록 시간을 주도록 한다. 셋째, 학생과 교사 간에 그리고 학생들 간에 상호 존중하고 수용하는 분위기를 조성한다. 넷째, 예술 이외에도 여러 영역에서 창의적일 수 있다는 것을 인식시킨다. 다섯째, 창의성은 누구나 가지고 있는 특성이며 이는 교육에 의해 개발될 수 있다는 것을 인식시킨다.

# 제4부

# 청년발달의 사회정서적 과정

청년기에는 청년들 스스로 '나는 누구인가? 나는 무엇이 되기를 원하는가?' 등의 자문을 하게 된다. 사실상 청년기는 자신을 새로이 창조하는 시기라기보다는 이미 있는 자신을 발견하는 시기이다. 그러므로 무엇보다도 자기를 이해하는 과정이 선행되어야 한다.

자아정체감의 확립은 청년기의 가장 중요한 발달과업이다. 청년기의 신체적·사회적·심리적 변화에 대응하여 자아정체감 형성이 당연히 요구되는 것이기는 하지만, 반드시 청년기가 되어야 정체감 형성이 이루어진다는 의미는 아니다.

정체감은 훨씬 이전에 유아기 애착의 출현에서 시작되고, 노년기에 이르러 인생의 회고와 더불어 통합감을 이룰 때에 그것이 마지막 국면에 접어든다. 정체감발달이 청년기(특히 청년 후기)에 특히 중요한 의미를 갖는 이유는 청년기에 와서 비로소 신체발달, 인지발달, 사회정서발달이 청년으로 하여금 아동기의 정체감을 성인기의 성숙함과 통합시킬 수 있는 수준으로 나아가게 하기 때문이다.

청년의 사회정서적 발달은 청년기의 부모, 형제자매, 교사 그리고 친구들과의 상호작용을 통해서 이루어진다. 특히 청년기의 사회정서적 과정 중 성역할발달은 자신이 속한 문화권 내에서 남자 혹은 여자로서 바람직하다고 여겨지는 행동양식을 습득해나감으로써 형성된다. 뿐만 아니라 청년들은 이러한 상호작용 속에서 사회에서 용납하는 방식을 이해하게 되고, 점차 성숙한 모습의 도덕적 판단, 도덕적 감정 그리고 도덕적 행동을 갖추어 나가게 된다. 또한 청년기는 어떤 직업을 가질 것인지에 대한 의사결정을 해야 하는 결정적 시기이다. 이 시기에 어떤 직업을 선택하느냐에 따라 앞으로의 여생이 크게 좌우된다. 직업선택에 있어서는 부모, 자신이 속한 사회계층, 개인의 지능, 적성, 흥미 등이 영향을 준다. 하지만 청년기에 성공적인 직업선택을 하는 데 있어 가장 주요한 요인은 청년이 가지고 있는 성취동기라 할 수 있다.

제4부에서는 청년기의 자기이해와 정체감을 이해한 후에 사회정서적 과정에 속하는 성역할발달, 도덕성발달 그리고 직업발달과 성취행위에 관해 살펴보기로 한다.

# 자기이해와 정체감의 발달

"너는 누구냐?" 하고 나방이 물었다. "저는 …저는 지금 현재는 잘 모르겠는데요. 적어도 오늘 아침에 눈을 떴을 때만 해도 제가 누군지 알았었는데, 그러나 그때 이후로 벌써 몇 번은 변한 것 같아요"라고 앨리스가 수줍은 듯 대답하였다.

Lewis Carroll, "이상한 나라의 앨리스", 1865

자신을 가치 있다고 여기는 사람은 다른 사람을 비참하게 만들지 않는다.

Abraham Lincoln

생명체는 완전한 것이 되고자 하는 오직 한 가지 목표를 갖는다. 나무는 꽃을 활짝 피우고, 새는 봄에 고운 소리로 노래하며, 호랑이는 죽어서 가죽을 남긴다. D. H. Lawrence

자아정체감은 계속성과 동일성을 갖는 존재로서의 자아를 경험하고 그에 따라 행동하는 능력을 제공한다.

Erik Erikson

인생의 최대 불행은 인간이면서 인간을 모르는 것이다. Pascal

아직도 내 자신의 몇 분의 일도 알지 못하고 있다. 그러므로 산다는 것에 설렘을 느낀다.

James Dean

너 자신을 다스려라. 그러면 당신은 세계를 다스릴 수 있을 것이다. 중국 속담

자신을 알 수 있는 사람이야말로 진정한 賢人이다. Chaucer

청년기는 인간의 전생애에서 매우 특별한 시기이다. 출생 후 첫 1, 2년을 제외하고는 청년기에 가장 큰 신체적 변화와 성숙을 경험한다. 정서면에서도 기복이 심한 시기로 첫사랑에 빠지는 것도 청년기이며, 실연의 슬픔을 맛보게 되는 것도 바로 이 청년기이다.

이 시기에 청년들은 스스로 나는 누구인가? 나는 무엇이 되기를 원하는가? 등의 질문을 하게 된다. 사실상 청년기는 자신을 새로이 창조하는 시기라기보다는 이미 있는 자신을 발견하는 시기라고 할 수 있다.

청년기가 신체적, 성적, 인지적, 정서적으로 급격한 변화가 일어나는 시기임을 고려할 때, 이러한 변화에 적절히 대처하기 위한 자아정체감의 확립이야말로 청년기의 가장 중요한 발달과업이라고 하지 않을 수 없다.

자신에 대한 이해는 자기인식에서 출발한다. 청년의 자기인식은 자아개념과 자아존중감의 발달을 초래한다. 자기인식을 위해서는 어느 정도 수준의 인지발달이 요구되지만 사회적 경험 또한 매우 중요하다.

자아개념은 신체적 특징, 개인적 기술, 특성, 가치관, 희망, 역할, 사회적 신분 등을 포함한 '나'는 누구이며, 무엇인가를 깨닫는 것을 의미한다. 자아개념은 아동에서 청년으로 성숙해가면서 발달하는데, 형식적 조작기 사고의 특징인 추상적 사고가 자아개념의 발달에 중요한 역할을 한다.

자아개념이 자아에 대한 인지적 측면이라면 자아존중감은 감정적 측면이라 할 수 있다. 즉, 자신의 존재에 대해 인지적으로 형성된 것이 자아개념이고, 자기 존재에 대한 느낌이 자아존중감이다. 청년기의 여러 가지 스트레스는 청년의 자아존중감에 큰 영향을 미친다.

청년은 아동기의 구체적 사고에서 벗어나 추상적 사고가 가능한 형식적 사고를 할 수 있다. 이렇게 발달된 인지능력으로 말미암아 자신의 견해뿐만 아니라 타인의 입장에서 자신을 이해하고 평가할 수 있게 된다. 따라서 자신의 신체적 특징, 기술, 희망, 자기가치에 대한 스스로의 견해뿐만 아니라 타인이 자신의 행동과 태도에 대해 갖는 견해도 모두 반영하여, 자신은 여러 타인과 구별되는 유일하고 독특한 존재라는 인식을 갖게 된다. 이러한 과정이 자아정체감의 형성과정이다.

이 장에서는 자아개념, 자아존중감, 자기효능감, 자기통제, 자아정체감의 형성, 자아정체감의 네 범주, 자아정체감과 성차에 관해 살펴보기로 한다.

# 1. 자기이해의 발달

사진 설명   이 여아는 거울 속의 아이가 자기 자신이라는 것을 안다.

자신에 대한 이해는 자기인식(self-recognition)에서 출발한다. 청년의 자기인식은 자아개념과 자아존중감의 발달을 초래한다. 자기인식의 발달은 영아가 다른 대상과 구분되는 독립된 실체로서 자신을 인식하는 것에서부터 시작된다. 자기인식을 위해서는 어느 정도 수준의 인지발달이 요구되지만 사회적 경험 또한 매우 중요하다.

## 1) 자아개념

자아개념(self-concept)은 신체적 특징, 개인적 기술, 특성, 가치관, 희망, 역할, 사회적 신분 등을 포함한 '나'는 누구이며, 무엇인가를 깨닫는 것을 의미한다. 자아개념은 자신이 독특하고 타인과 구별되는 분리된 실체라고 인식하는 데에서 발달하기 시작한다.

Strang(1957)은 자아개념을 네 가지 범주로 분류한다. 첫째, 자신의 능력, 신분, 역할에 대한 전반적인 인식인 전체적 자아개념이다. 둘째, 순간적인 기분에 의해 영향을 받는 일시적 자아개념이다. 예를 들어, 학기말 고사 성적이 나쁘거나 부모로부터 심한 꾸중을 듣고 순간적으로 자신을 가치 없는 인물로 생각하는 것 등이다. 셋째, 다른 사람이 자신을 어떻게 보느냐에 따라 자신을 평가하는 사회적 자아개념이다. 이는 사회학자 Charles Cooley(1902)와 George Mead(1934)가 주장한 사회학적 자아이론에 그 뿌리를 두고 있다. 즉, Cooley는 자기 주위의 인물들과의 관계에서 반영되는 평가인 면경자아(looking glass self)의 개념을 중요시했으며, Mead 또한 개인의 자아개념은

중요한 타자(significant others)와의 사회적 상호작용에서 형성된다고 보았다. 넷째, 자신이 그렇게 되었으면 하고 바라는 이상적 자아개념이다. 이상적 자아가 너무 낮으면 성취욕이 없고, 반면에 너무 높으면 심한 좌절과 자기모멸에 빠지게 된다. Rogers(1974)는 실제적 자아(real self)와 이상적 자아(ideal self) 간의 관계를 강조하는데, 실제적 자아는 실제로 있는 그대로의 자아이고, 이상적 자아는 자신이 그렇게 되었으면 하고 바라는 자아이다. 실제적 자아와 이상적 자아 간의 차이가 크면 개인은 적응을 잘 하지 못하게 되고 심지어는 신경증으로까지 발전한다. 현실적인 자아개념은 자기수용, 정신

Carl Rogers

건강 등으로 이어지고, 현실적 목표를 달성하게 만든다.

유아기에는 자신이 다른 사람과 분리된 실체라는 사실을 깨닫기는 하지만 이때의 자아개념은 매우 피상적이다. 유아들에게 자신에 대해 묘사해보라고 하면 자신이 좋아하는 행동으로 자신을 묘사한다. 예를 들면, "앉아서 TV를 본다" 또는 "어머니가 설거지하시는 것을 도와드린다" 등이다(Keller, Ford, & Meacham, 1978). 즉, 이들은 '영리하다' 또는 '예쁘다'와 같은 보다 안정된 특성으로 자신을 묘사하지 못한다.

아동기가 되면 자아개념에 큰 변화가 일어나는데, 자신이 가진 개인적 특성으로 자신을 묘사하기 시작한다. 일반적으로 아동은 자신의 신체적 특성, 소유물, 활동, 능력과 관련시켜 자신을 규정한다. 자아개념은 성숙해감에 따라 점차 안정적인 것으로 변하며, 추상적이

**사진 설명** 반은 벗고 반은 옷을 입은 피카소의 '거울 앞에 선 소녀상'은 Rogers의 실제적 자아와 이상적 자아의 '쌍둥이' 이미지를 반영한다.

고 분화된 개념으로 발달하게 된다. 아동 초기까지는 주로 자신의 신체적 특성이나 소유물, 좋아하는 놀이활동 등을 통해 자신을 묘사하는 반면, 아동기 말이 되면 심리적 특성이나 다른 사람과의 관계 등을 중심으로 자신을 묘사한다(Montemayor & Eisen, 1977).

자아개념은 아동에서 청년으로 성숙해가면서 더욱 발달하는데, 형식적 조작기 사고의 특징인 추상적 사고가 자아개념 발달에 중요한 역할을 한다. Montemayor와 Eisen(1977)의 연구에서는 아동과 청년을 대상으로 '나는 누구인가'라는 질문에 대한 반응을 비교해보았더니 청년이 아동보다 더 추상적이고 분화된 개념으로 자신을 묘사하였다. 즉, 아동은 주로 자신의 신체적 특징이나 소유물, 놀이활동 등에 의해 자신

나는 스포츠를
좋아한다.

야심 있는

외로운

보수적

을 묘사한 반면, 청년은 개인의 신념, 특성, 동기 등으로 자신을 묘사하였다.

청년 초기는 신체적 · 인지적 변화가 급격한 시기이기 때문에 아동기나 청년 후기에 비해 자아개념이 더 혼란스럽고 변화가 많을 것이라 예상할 수 있는데, 이 가정은 많은 연구에 의해 뒷받침되고 있다. 예컨대, Simmons 등(1973)이 초등학교 3학년에서 고등학교 3학년까지의 학생을 대상으로 연구한 결과, 12세와 13세의 청년 초기의 학생들이 다른 연령층에 비해 더 우울하고, 자의식이 강하며, 자아존중감이 낮고, 부모나 교사 그리고 동성의 또래집단이 자신을 호의적으로 생각하지 않는다고 여겼다.

Marcia(1996) 또한 청년기 동안의 자아개념의 변화는 청년 초기, 중기, 후기로 나누어 생각해보면 훨씬 더 잘 이해할 수 있다고 믿는다. 즉, 청년 초기에는 모순된 자기묘사를 하는 등 자아개념이 혼란스러운 것으로 보인다. 청년 중기에는 자신을 묘사함에 있어서의 모순을 해결하려는 노력을 하며, 청년 후기에는 보다 통합된 자아개념을 발달시킨다는 것이다.

## 2) 자아존중감

자아존중감(self-esteem)이라 함은 자신의 존재에 대한 긍정적 또는 부정적 견해로서, 자아개념이 자아에 대한 인지적 측면이라면 자아존중감은 감정적 측면이라 할 수 있다. 즉, 자신의 존재에 대해 인지적으로 형성된 것이 자아개념이고, 자기존재에 대한 느낌이 자아존중감이다(Simmons & Blyth, 1987).

Nathaniel Branden

자아존중감을 '영혼의 생존'이라고도 하는데, 그것은 인간이라는 존재에 존엄성을 부여하는 요인이다. 자아존중감은 자신이 다른 사람에게 중요하게 여겨지는 인간 상호작용으로부터 싹트고, 작은 성취나 칭찬 또는 성공을 통해서 형성된다.

자아존중감은 인간의 정신건강에 결정적인 역할을 하는 것으로 보인다. Branden(1969)은 자아존중감은 인간의 기본욕구로서 이 욕구의 충족 여부는 생사를 가를 정도로 중요한 문제라고 한다. 그러면서 한 개인의 심리적 적응을 알기 위해서는 개인의 자아존중감을 알아야 한다고 주장한다. Maslow(1965) 또한 개인의 적응력의 한 요인으로서 자아존중감의 필요성을 강조한다. Maslow에 의하면 모든 인간은 자아존중감에 관한 욕구가 있는데, 이 욕구를 충족시킨 사람은 자신감이 있고 자신을 가치 있고 유용한 사람이라고 생각한다. 이에 반해, 이 욕구를 충족시키지 못한 사람은 열등감을 가지고, 자신을 보잘것없는 사람이라고 생각한다. 그리고 이러한 자신에 대한 부정적인 감정은 정신질환을 유발할 가능성이 있다고 한다.

Abraham Maslow

유아기에는 일반적으로 자아존중감이 매우 높은 편이다. 그러나 아동기에 들어서면서 여러 영역에 걸쳐 자신을 객관적으로 평가하게 됨에 따라 유아기 동안 터무니없이 높던 자아존중감은 보다 현실적인 수준으로 조정된다. 이러한 현상은 아동이 점차 그들 자신에 대한 판단을 타인의 견해나 객관적인 수행능력에 맞추어 조정하려는 것으로 설명할 수 있다(Stipek & MacIver, 1989).

학동기 아동은 학업, 신체, 사회성의 세 측면에서 자아존중감을 형성하게 되는데, 이들은 연령이 증가함에 따라 다시 세분된다. 예를 들면, 학업적 자아존중감은 다시 국어, 산수, 기타 다른 과목 등으로 세분화되고, 사회적 자아존중감

**사진 설명**  유아기에는 일반적으로 자아존중감이 매우 높은 편이다. 사진 속의 유아는 부활절 계란을 바구니에 담는 일을 '해내고 나서' 매우 의기양양해 있다.

은 또래와의 관계 및 부모와의 관계로 나누어진다. 그리고 신체적 자아존중감은 다시 외모와 신체적 능력으로 세분화된다(Marsh, 1990). 더욱이 이처럼 분화된 자아존중감은 전반적 자아존중감으로 통합되어(Harter, 1990a), 〈그림 10-1〉에서 보는 바와 같이 위계적인 구조를 형성하게 된다.

우리나라 초등학교 5, 6학년생 308명과 중학생 718명을 대상으로 한 연구(조현철, 2000)에 따르면, 자아개념을 9개의 하위요인, 즉 학업능력, 학업흥미, 국어, 수학, 신체능력, 외모, 친구관계, 대부모 친밀감, 대부모 접촉도로 나누어 살펴보았다. 그 결과, 초·중등학생은 모두가 자아개념에서 학업 자아개념이 차지하는 비중이 매우 높은 것으로 나타났다.

우리나라 초·중등학생 696명을 대상으로 한 연구(박점순, 2003)에서, 부모의 수용적 태도는 성별 그리고 연령별에서 자아개념의 모든 하위변인과 전체 자아개념에 영

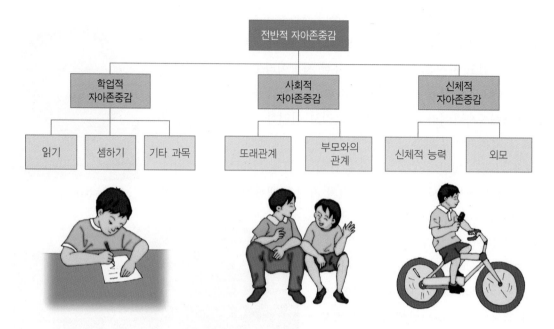

〈그림 10-1〉 자아존중감의 위계적 구조

향을 미쳤다. 반면에 부모의 통제적인 태도는 먼저 성별에서 남학생의 신체적, 성격적, 가정적, 학문적인 자아에 영향을 주었고, 여학생에게는 도덕적, 성격적, 가정적, 사회적 그리고 전체적인 자아개념에 영향을 미쳤다. 또한 연령별로는 초등학생에게는 도덕적, 성격적, 가정적, 전체적인 자아개념에, 중학생에게는 도덕적, 성격적, 가정적인 자아개념에 영향을 주었다.

청년 초기의 여러 가지 스트레스는 청년의 자아존중감에 큰 영향을 미친다(Twenge & Campbell, 2001). 고등학교에 들어갈 무렵이면 자아개념의 변화와 함께 청년들, 특히 여성들의 자아존중감이 많이 저하된다(Simmons & Blyth, 1987). 즉, 사춘기라는 현상이 스트레스원이 되어 여성의 심리적 적응에 부정적인 영향을 미친다. 사춘기 소녀들은 자신의 신체적 매력, 이성교제, 학업성취 그리고 또래집단에서의 인기도 등에 관해 지나치게 신경을 쓰게 되고, 이로 인해 자아

사진 설명   사춘기라는 현상이 여성의 심리적 적응에 부정적인 영향을 미쳐 자아존중감의 손상을 초래한다.

존중감의 손상을 입게 된다(Simmons & Rosenberg, 1975).

많은 청년들이 청년 초기에 자아존중감이 많이 저하되지만 이것은 일시적인 현상으로 청년 후기나 성인기에 오면 자아존중감이 다시 높아진다(Marsh, 1989; O'Malley & Bachman, 1983). 그러나 여기에는 성차가 존재한다. 청년 초기의 청소년을 대상으로 청년 후기 및 성인기까지를 추적조사한 종단연구(Block & Robins, 1993)에서 남자의 경우는 자아존중감이 계속 증가했으나 여자의 경우는 시간이 지나면서 자아존중감이 계속 떨어졌다.

어러 연구결과 청년의 낮은 자아존중감은 약물남용, 먹기장애, 우울증, 자살과 비행 그 외의 다른 적응문제를 낳는 것으로 나타났다(Button, 1990; Fenzel, 1994; Harter & Marold, 1992; Reardon & Griffing, 1983; Robertson & Simons, 1989).

그렇다면 청년의 자아존중감을 높일 수 있는 방법은 없을까? 연구결과 네 가지 방안이 제시되고 있다(〈그림 10-2〉 참조). 첫째, 낮은 자아존중감의 원인을 정확하게 파악한다. Harter(1990b)에 의하면 청년의 자아존중감을 높이기 위한 프로그램에서 자아존중감 그 자체가 목표가 되어서는 안 된다고 한다. 다시 말하면, 청년으로 하여금 단순히 자신에 대해 자신감을 갖도록 격려하는 것은 효율적이지 못하며, 오히려 청년

〈그림 10-2〉 청년의 자아존중감을 향상시키기 위한 네 가지 방안

Susan Harter

이 낮은 자아존중감을 갖게 된 원인을 이해해야 한다고 주장한다. 청년들은 자신이 중요하다고 생각하는 분야에서 능력을 발휘할 때 높은 자아존중감을 갖게 된다. 따라서 그러한 분야가 무엇인가를 알아내는 것이 중요하다.

둘째, 정서적 지지와 사회적 인정이 청년의 자아존중감에 영향을 미친다(Harter, 1990b). 갈등이 많은 가정의 청년이나 학대나 유기의 경험이 있는 청년들은 자아존중감이 낮은 편이다. 한 연구(Robinson, 1995)에서 부모와 또래의 정서적 지지가 청년의 자아존중감과 연관이 있는 것으로 나타났다. 청년 후기에 들어서면 부모의 지지보다 또래의 지지가 훨씬 더 중요한 요인이 된다.

셋째, 성취행위 또한 청년의 자아존중감을 향상시킬 수 있다(Bednar, Wells, & Peterson, 1995). 자아존중감 향상에 있어 성취행위의 중요성을 강조하는 것은 Bandura의 인지적 사회학습이론에서 볼 수 있는 자기효능감의 개념과 유사하다. 자기효능감이란 자신이 어떤 일을 훌륭히 해낼 수 있다는 개인적 신념이다.

넷째, 자아존중감은 또한 청년이 어떤 문제에 직면했을 때 그것을 피하기보다 오히려 정

사진 설명  책임 있는 일을 수행함으로써 자아존중감을 향상시킬 수 있다.

면으로 대응하여 문제를 해결하고자 할 때에 향상된다(Lazarus, 1991). 즉, 문제에 직면하여 현실적으로 대응함으로써 자신에 대해 좋은 느낌을 갖게 되고, 이것이 자아존중감으로 연결된다.

## 3) 자기효능감

자기효능감(self-efficacy)이란 자신이 스스로 상황을 극복할 수 있고, 자신에게 주어진 과제를 성공적으로 수행할 수 있다는 신념이나 기대를 의미한다(Bandura, 1986, 1993, 1997, 2004, 2010, 2012). 높은 자기효능감은 긍정적인 자아개념을 촉진하고, 지속적으로 과제지향적 노력을 하게 하여 높은 성취수준에 도달하게 하지만, 낮은 자기효능감은 부정적인 자아개념을 갖게 하여 자신감이 결여되고 성취지향적 행동을 위축시킨다(Bandura & Schunk, 1981; Scheier & Carver, 1992; Stipek, 2002).

　자기효능감은 일반적으로 청년기에 증가한다. 특정 과제에서 성공 또는 실패한 경험에 비추어, 청년은 이제 특정 영역에서 자신이 얼마나 잘할 수 있는지를 예견할 수 있다. 예를 들면, 인라인스케이트를 처음 타보고 제법 잘 해낸 청년은 앞으로 연습하면 더욱더 잘할 수 있다고 믿는다(사진 참조).

　낮은 자기효능감은 극단적인 경우에 청년으로 하여금 자신은 아무것도 할 수 없으며 실패할 수밖에 없다는 학습된 무력감(learned helplessness)을 갖게 한다. 학습된 무력감은 계속되는 실패의 경험에서 발생하는 것으로, 자신이 아무리 노력해도 성공할 수 없을 것이라고 느끼게 되는 것을 의미한다. 학습된 무력감은 청년으로 하여금 자신의 무능력으로 인해 자신이 실패했다고 느끼게 만들며, 자신의 성공은 단지 운이 좋아서 그렇게 된 것이라고 느끼게 만든다. 결과적으로 어떤 과제가 주어졌을 때 시도도 해보지 않고 일찌감치 포기해버린다. 학습된 무력감을 지니고 있는 청년은 학업성취에 있어서 자신의 잠재력을 거의 발휘하지 못하며, 쉽게 학업을 포기하게 된다(Peterson, Maier, & Seligman, 1993; Seligman, 1988). 대학생을 대상으로 한 연구(Tras, Arslan, & Hamarta, 2013)에서 자아존중감과 자기효능감이 높은 청년이 회복탄력성(resilience) 또한 높은 것으로 나타났다.

　Bandura(1986)에 의하면 자기효능감에 대한 평가는 다음 네 가지 요인에 달려 있다고 한다. 첫째 요인은 실제 수행이다. 어떤 과제를 계속해서 성공적으로 수행하게 되면 자기효능감이 증대되지만, 계속해서 실패하게 되면 자기효능감이 떨어진다. 일단 어떤 일에서 확고한 자기효능감이 확립되고 나면 한 차례 정도의 실패로는 자기효능감이 손상되지 않는다. 이때에도 실패의 원인을 자신의 노력부족이나 잘못된 방법 탓으로 돌리고 재시도를 하게 된다. 그리고 성공하게 되면 자기효능감은 더 한층 높아진다. 둘째 요인은 대리경험이다. 우리는 다른 사람이 어떤 과제를 성공적으로 수행하는 것을 보게 되면 우

Albert Bandura

리 자신도 그렇게 할 수 있다고 생각하는 경향이 있다. 자신과 능력이 비슷하다고 생각하는 사람들일 경우 더욱 그러하다. 셋째 요인은 격려의 말이다. 어떤 일을 함에 있어서 누군가가 우리에게 잘할 수 있다고 격려를 해주면 대부분의 경우 더 잘하게 된

다. 물론 격려의 말을 듣는다고 해서 지나치게 어려운 과제를 언제나 성공적으로 수행할 수 있는 것은 아니다. 그러나 격려의 말은 어떤 일을 할 때 우리로 하여금 더 많은 노력을 기울이게 함으로써 도움이 된다. 넷째 요인은 생리적 신호이다. 우리는 어떤 일에서 피로감을 느끼거나 긴장을 하게 되면 그 과제가 우리에게 너무 어려운 것으로 해석할 수 있다. 같은 생리적 징후에도 사람들은 가끔 다른 반응을 보인다. 예를 들어, 400m 경주에 앞서(사진 참조), 한 소녀는 자신의 불안감을 너무 긴장을 한 탓에 잘 달릴 수 없을 것으로 해석하는가 하면, 또 다른 소녀는 같은 생리적 징후를 '전의가 불타고' 있는 것으로 해석한다. 후자의 소녀는 이미 최선을 다 할 준비가 되어 있는 것이다.

Bandura(1994, 2012)는 최근에 개략적이나마 전생애에 걸친 자기효능감의 발달양상을 제시해주고 있다. 유아는 자신의 환경을 탐색하고, 그것을 통제할 수 있다는 자신감을 갖게 되면서 자기효능감을 발달시키게 된다. 아동이 성장하면서 그들의 사회적 세계 역시 넓혀나간다. 그리고 점차 또래를 자기효능감의 모델로 그리고 사회적 비교 대상으로 삼는다. 10대들은 이성교제를 통해서 자기효능감을 평가한다. 성인들은 사회인으로서 그리고 부모로서의 새로운 역할에 대해 자신의 능력을 평가하며, 노인들은 은퇴에 대한 적응과 새로운 생활양식의 창출을 통해서 자신의 능력을 재평가한다. 자기효능감은 개인으로 하여금 일생 동안 에너지와 생명력을 가지고 앞으로 나아가게 하는 원동력이 된다. 자기효능감이 낮은 사람들의 경우 자신감을 상실하고, 쉽게 포기하며, 우울증에 빠지게 된다.

## 4) 자기통제

자기통제(self-control)라 함은 목표를 달성하기 위해 순간의 충동적인 욕구나 행동을 억제할 수 있는 능력을 말한다. 자기통제 능력은 유혹에 저항하는 능력, 만족을 지연하는 능력, 충동을 억제하는 능력으로 구성되어 있다.

만약 충동을 억제하는 것을 배우지 못한다면, 다른 사람의 권리를 침해하거나 규칙을 위반함으로써 청년은 항상 다른 사람과 마찰을 일으킬 것이며, 장기적인 목표달성에 필요한 인내심을 갖지 못하게 될 것이다.

자기통제의 발달에 관한 많은 이론들(Bandura, 1986; Freud, 1960; Kopp, 1987; Mischel, 1986)은 다음과 같은 두 가지 가정을 하고 있다. 첫째, 아동들의 행동은 거의 전적으로 외적인 감독(부모 등에 의한)에 의해 통제된다. 둘째, 연령이 증가하면서 아동이 자기통제의 가치를 강조하는 규준을 채택하게 되고, 규준을 따르게 해주는 자기규제(self-regulation)의 기술을 습득함에 따라, 자기통제는 점차 내면화되어 스스로 통제할 수 있게 된다는 것이다.

청년이 미래의 성취를 위해 즉각적인 욕구만족이나 충동을 억제하는 일은 성숙한 인간으로 성장하는 과정에서 매우 중요한 의미가 있다. 여러 연구에 의하면, 자기통제 능력은 상당히 안정적인 특성일 뿐만 아니라 청년기 자아존중감을 예측해주는 인지적 능력, 사회적 기술, 자신감 등의 특성과 관련이 있다(Harter, 1990a). 그리고 성인기에는 직업적 성공과 대인관계에서의 성공을 예측할 수 있는 특성과도 관련이 있는 것으로 보인다(Hunter & Hunter, 1984; Newman, Caspi, Moffitt, & Silva, 1997). 따라서 자기통제 능력은 '자아'의 중요한 구성요소이다.

자신의 행동이 만족스러운 수준에 도달했는지의 여부를 평가함에 있어서 청년은 세 가지 정보—자신이 설정한 기준과의 비교, 사회적 비교, 통제의 소재—에 의존한다(Perry & Bussey, 1984).

자신이 설정한 기준과의 비교는 특히 중요하다. 주의 깊은 자기관찰은 자기통제의 중요한 요인이다. 그러나 자신의 행동을 통제하기 위해서 청년이 주의를 기울여야 하는 특정 측면은 구체적인 행동과 상황에 따라 매우 다양하다. 스포츠 상황에서는 속도와 민첩함이 중요하지만, 성취 상황에서는 작업의 양과 질, 독창성이 중요하다. 그리고 대인관계 상황에서는 사교성과 도덕성이 지극히 중요하다.

자신의 행동이나 업적을 평가할 때, 청년은 다른 사람의 행동이나 업적과 비교하게 되는데, 이것이 바로 사회적 비교이다. 다른 청년들은 모두 규칙을 준수하는데 자신만이 그 규칙을 어겼다고 생각할 때, 청년은 심하게 자책을 하였다(Perry, Perry, Bussey, English, & Arnold, 1980).

자기평가는 또한 청년이 자신의 행동의 원인이 무엇인가를 지각하는 통제의 소재(locus of control)와 관련이 있다. 일반적으로 청년은 자신의 행동이 자신의 통제 밖에 있는 외적 요인(외적 통제) 때문이 아니라, 개인적 동기나 기질과 같은 내적 요인(내적 통제) 때문이라고 지각할 때, 더 강력한 자기평가(긍정적이든 부정적이든)를 하게 된다. 예를 들면, 청년이 성취 상황에서 성공요인을 운과 같은 외적 요인이 아니라 자신의 능력이나 노력과 같은 내적 요인 때문이라고 생각한다면, 자신의 성공에 대한 자부심과 기쁨이 더욱 클 것이다. 마찬가지로 자신이 실패한 이유가 내적 요인 때문이라고 믿으면 더욱 낙담할 것이다(Ruble, Parsons, & Ross, 1976; Weiner, 1979). 청년은 또한 자신의 부도덕한 행동이 자신도 어쩔 수 없는 외적 요인 때문이라고 생각하지 않을 때, 자신을 좀더 심하게 벌하는 경향이 있다(Perry et al., 1980).

## 2. 자아정체감의 형성

청년기에 많은 청년들은 가장 근본적이고도 어려운 문제로 고민하게 되는데, "나는 누구인가?"라는 물음이 바로 그것이다(사진 참조). 이 문제는 수세기에 걸쳐 온 인류를 지배해왔으며, 수없이 많은 시나 소설의 주제가 되어 왔지만, 심리학적 관심을 불러일으킨 것은 불과 수십 년 전의 일이다. 문학, 예술, 교육 등 광범위한 분야를 배경으로 하여 Erikson이 이러한 의문에 최초로 정신분석학적 초점을 맞추어 개념정리를 한 것은 결코 우연한 일이 아니다.

Erikson(1950, 1968)은 특히 청년기에 빈번히 제기되는 일련의 의문들, 즉 나는 누구인가? 무엇을 할 것인가? 미래의 나는 어떻게 될 것인가? 어제의 나와 오늘의 나는 같은 인물인가? 아닌가? 등의 자문을 자아정체감을 형성하기 위한 과정이라 하였다.

자아정체감은 그 용어 자체에 여러 가지 함축적 의미를 갖고 있어 한마디로 정의할 수는 없지만, 확고한 자아정체감을 지닌 사람은 개별성, 총체성, 계속성을 경험하게 된다고 한다. 개별성은 가치나 동기 또는 관심을 얼마쯤 타인과 공유했다 하더라도 자신은 타인과는 다르다는 인식, 즉 자신은 독특하고 특별하다는 인식이다. 총체성은 자신의 욕구, 태도, 동기, 행동양식 등이 전체적으로 통합되어 있다는 느낌이다. 계속성은 시간이 경과하여도 자신은 동일한 사람이라는 인식, 즉 어제의 나와 오늘의 나는 같은 사람이라는 인식이다.

정체감 형성은 갑작스럽게 이루어지는 것이 아니고 조금씩, 부분적으로 그리고 점차적으로 이루어진다. 자신의 문제에 관한 결정은 한순간에 단번에 이루어지는 것이 아니라 재삼재사 다시 고려해야 하는 것이다. 이러한 청년기의 결정들은 우리가 정체감이라고 부르는 것의 핵심을 이루게 된다.

정체감 형성은 아동기의 경험과 동일시에 그 뿌리를 두는 것이며, 청년기를 거쳐 성인기에 이르기까지 발달이 계속되는데, 청년 초기보다는 청년 후기에 보다 더 중요한 문제로 대두된다. 청년 초기에는 신체상의 변화가 커서 자신의 관심을 신체에 집중시키고, 또래집단에 의해 인정받고 수용되는 것이 더 중요하기 때문에 청년 후기보다 정체감 확립에 관심이 덜 집중된다. 안정된 정체감을 형성하기 위해서는 신체적 · 성적 성숙, 추상적 사고, 정서적 안정이 필요하며, 동시에 부모나 또래의 영향권에서 어느 정도 벗어나야 하는데, 이러한 모든 조건들이 청년 후기에 와서야 비로소 갖추어진다.

정체감 위기를 성공적으로 해결하지 못한 청년은 정체감 혼미를 경험하게 된다. 정체감 혼미의 개념은 가출소년, 퇴학자 등을 비롯한 문제 청소년을 이해하는 데 도움이 된다. Erikson의 정체감 혼미의 개념이 소개되기 이전에는 이러한 청년들은 비행 청소년으로 낙인찍혔었다. 그러나 정체감 혼미라는 개념이 소개됨으로써 이런 젊은 이들이 안고 있는 문제를 조금은 긍정적인 시각에서 보게 되었다. 비행 청소년뿐만 아니라 사실 모든 청소년들이 정체감 위기를 경험하게 되는데, 단지 어떤 젊은이는 다른 젊은이보다 조금 쉽게 그 위기를 넘길 뿐이다.

정체감발달에 관한 최근 연구(Kroger, 2012; Moshman, 2011; Syed, 2013)에서는 Erikson이 말하는 '위기' 개념보다는 정체감발달이 보다 점차적이고, 덜 격변적이며, 보다 긴 여정을 통해서 이루어진다고 주장한다.


## 3. 자아정체감은 왜 청년기에 문제가 되는가

자아정체감의 형성은 청년기에 와서 시작되는 것도 아니고 청년기에 끝나는 것도 아니다. 자아정체감의 형성은 일생을 통해 이룩해야 할 중요한 과제이다. 그렇다면 왜 자아정체감의 확립이 청년기에 심각한 문제로 대두되는가? 그 원인은 무엇인가? 학자들(서봉연, 1988; Duriez et al., 2012; Marcia & Carpendale, 2004; Schwartz et al., 2013)은 그 이유를 다음과 같이 설명하고 있다.

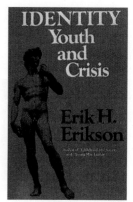

첫째, 사춘기 동안의 급격한 신체적 변화와 성적 성숙 때문이다. 청년들은 급격한 신체변화로 인해 자의식이 강해지고, 성적 성숙으로 말미암아 신체 내부에서 여러 가지 충동들이 일어난다. 특히 일찍이 경험해본 일이 없는 성적 충동은 청년들이 대처해야 할 가장 중요한 문제이다. 사춘기 동안에 발달된 생리적 · 내분비적 기능의 변화로 말미암아 본능적 욕구인 원초아가 강해진다. 이때 자아는 초자아와 원초아 간의 균형을 유지하기 위해 자아확장(strong ego)을 이루어야 한다. 따라서 이 시기의 청년들은 필연적으로 자아정체감 문제에 직면하게 된다.

둘째, 청년기는 아동기에서 성인기로 옮겨가는 과도기로서, 청년은 어린이도 아니고 어른도 아닌 어중간한 존재이기 때문이다. 신체적으로는 이미 성인으로 성장했지만 경제적, 정서적으로는 여전히 부모에게 의존한다. 한편, 나이와 체구에 걸맞게 부모로부터 독립하고, 사회적으로 책임 있는 행동을 할 것이 요구된다. 따라서 이 시기의 청년은 자신의 위치와 역할을 어떻게 규정해야 할 것인지에 대해 고민하지 않을 수 없다.

셋째, 청년기는 선택과 결정의 시기이기 때문이다. 청년들은 진학문제, 전공선택의 문제, 이성문제, 교우관계 등 스스로의 선택이 요구되는 상황에 직면한다. 이전처럼 전적으로 부모나 주위 어른들에게 의존할 수 없는 청년들은 스스로 이러한 선택과 결정을 하기 위해 여러 가지 가능성을 점검해보고, 자기 자신에 대해 진지하게 생각하는 탐색의 시간이 필요하다.

넷째, 청년기에 현저한 성장을 보이는 인지능력의 발달 때문이다. 청년은 구체적 사고에서 벗어나 추상적 사고를 할 수 있고, 그들의 사고는 현실적 구속을 벗어나 가능성의 세계로 확대된다. 청년들의 시간적 조망 또한 현재에 국한되지 않고 과거와 미래로 확장된다. 이러한 인지능력의 발달은 자신의 위치, 역할, 능력 등을 검토해보는 자신에 대한 탐색과정에도 영향을 미친다. 이와 같은 자기 탐색과정은 자아정체감 확립을 위한 필연적인 요인으로 작용한다.

이상과 같은 이유들로 해서 자아정체감의 형성은 일생 동안 계속되는 과정임에도 불구하고 청년기에 보다 중요한 문제로 대두된다.

James Marcia

# 4. 자아정체감의 네 가지 범주

Marcia(1980, 1994, 2002)는 Erikson의 정체감 형성이론에서 두 가지 차원, 즉 위기(crisis)와 수행(commitment)을 중요한 구성요소로 보고, 이 두 차원의 조합을 통해 〈그림 10-3〉처럼 자아정체감을 네 범주로 나누었다. 여기서 위기란 자신의 가치관에 대해 재평가하는 기간을 의미하고, 수행은 계획, 가치, 신념 등에 대해 능동적 의사결정을 내린 상태를 의미한다.

|  | 위기 | |
|---|---|---|
|  | 예 | 아니요 |
| 수행 예 | 성취<br>(위기 해결) | 유실<br>(위기경험 없음) |
| 수행 아니요 | 유예<br>(위기 현재 진행 중) | 혼미<br>(위기경험 없음) |

〈그림 10-3〉 Marcia의 자아정체감의 네 가지 범주

## 1) 정체감 성취(Identity Achievement)

정체감 성취란 자아정체감의 위기를 성공적으로 극복하여 신념, 직업, 정치적 견해 등에 대해 스스로 의사결정을 할 수 있는 상태를 말한다. Marcia는 정체감 성취나 정체감 유실의 경우에만 의사결정을 할 수 있기 때문에, 양자 모두 자아정체감 위기를 해결한 것으로 볼 수 있다고 한다.

재미있는 사실은 한때 정체감 성취로 분류되었던 사람이 후에 정체감 유실로 나타날 수 있다는 것인데, 이 사실은 전생애에 걸친 자아정체감 발달의 이해에 중요한 시사점이 된다(Marcia, 1989). 다시 말하면, 자아정체감은 반드시 한 방향에서 최고의 성숙 단계까지 직선적인 발달 양상을 보이지는 않는다는 것이다. 정체감 성취 상태에서 정체감 유예나 혼미 상태로 퇴행했다가 다시 정체감 성취 상태에 도달하는 경우도 있다(Stephen, Fraser, & Marcia, 1992).

## 2) 정체감 유예(Identity Moratorium)

정체감 유예란 현재 정체감 위기의 상태에 있으면서 자아정체감 형성을 위해 다양한 역할, 신념, 행동 등을 실험하고 있으나 의사결정을 못한 상태를 말한다. 정체감 유예로 분류된 사람이 대부분은 정체감 성취로 옮겨가지만, 그중에는 더러 정체감 혼미 쪽으로 기울어지는 사람도 있다.

Erikson에 의하면 대학생은 인위적으로 청년기가 연장된 상태에 있기 때문에 심각한 자아정체감 위기를 경험한다고 한다. 이러한 Erikson의 견해는 Munro와 Adams(1977)의 연구에 의해 지지를 받았다. 같은 나이의 대학생과 직업청소년을 비교한 이 연구에서, 직업선

Gerald Adams

택에 대한 의사결정에서는 두 집단 간에 차이가 없었으나 정치적, 종교적, 이념적인 면에서는 의사결정을 끝낸 대학생을 거의 찾아볼 수 없었다. 연구자들은 이 결과에 대해 대학이라는 환경과 분위기가 청년들로 하여금 유예 또는 정체감 혼미 상태에 머물게 하여 분명한 의사결정을 하지 못하게 한다고 해석하였다.

### 3) 정체감 유실(Identity Foreclosure)

정체감 유실이란 자신의 신념, 직업선택 등의 중요한 의사결정에 앞서 수많은 대안에 대해 생각해보지 않고, 부모나 다른 역할모델의 가치나 기대 등을 그대로 수용하여 그들과 비슷한 선택을 하는 경우를 말한다. 한 젊은이에게 장래의 희망이 무엇이냐고 물으면 치과의사라고 대답하고, 그 이유를 물으면 "아버지가 치과의사이기 때문"이라고 대답한다. 어떤 개인적 이유도 없으며, 어떤 개인적 탐색과정도 없었던 것처럼 보인다. 위기를 경험하지 않고 쉽사리 의사결정을 하는 사람들이 이 범주에 속한다.

이전에는 정체감 혼미만이 청년기의 심리적 문제, 즉 소외, 부적응 등을 유발하는 것으로 인식되었으나, 최근에는 정체감 유실도 문제가 있는 것으로 지적되고 있다. 비록 자아정체감 형성을 위해서 심각한 위기가 꼭 필요한 것은 아닐지라도, 독립적 사고와 의사결정 등은 자신의 신념, 가치관 등에 대한 고통스러운 의문제시가 없이는 불가능하므로, 성숙되고 통합된 정체감발달을 위해서는 위기를 경험하는 것이 필요하다고 한다.

### 4) 정체감 혼미(Identity Diffusion)

정체감 혼미란 자아에 대해 안정되고 통합적인 견해를 갖는 데 실패한 상태를 말한

다. 이 범주에 속하는 청년은 위기를 경험하지 않았고 직업
이나 이념선택에 대한 의사결정을 하지 않았을 뿐만 아니라
이러한 문제에 관심도 없다. 이런 점에서 유예와 구별된다.
유예는 자아에 대해 통합된 견해를 갖지 못했더라도 자아정
체감과 관계된 갈등은 해결하려고 열심히 노력하고 있는 경
우이기 때문이다. 문학에서 볼 수 있는 정체감 혼미의 고전
적인 예는 셰익스피어의 햄릿 왕자이다(사진 참조).

　　Marcia의 네 범주의 자아정체감에 덧붙여 언급할 수 있는
또 하나의 자아정체감은 부정적 정체감이다. 부정적 정체감
은 부모의 가치관이나 사회적 가치관과 정반대가 되는 자아
개념을 의미한다. 대개 이 부정적 정체감은 개인적인 성공에
대한 부모나 사회로부터의 강화나 지원이 없을 경우에 생기
기 쉽다. '소년범죄자' '불량소년' 등으로 불리는 청소년들이 부정적 정체감을 형성하
는 것으로 보인다. 이들은 사회적으로 용납되는 행위를 내면화할 기회가 없어, 사회
적 가치에 반대되는 태도, 행동 등을 자신의 것으로 수용하여, 그것을 암암리에 드러
내는 등 악순환적 과정을 통해 부정적 정체감을 형성하게 된다. Marcia는 부정적 정
체감을 정체감 유실의 특수한 경우로 간주하였다(Lloyd, 1985).

　　Marcia의 자아정체감의 범주화는 Erikson의 위기와 수행에 대한 개념을 왜곡하고
축소 해석했다는 비판을 받고 있다(Blasi, 1988; Coté, 2009; Lapsley & Power, 1988). 예를
들면, Erikson은 위기와 관련해서 청년들이 자신이 속한 문화에 대한
지각에 의문을 갖는다는 것과 사회에서 독립적인 위치를 찾는다는
것을 강조한다. 그러나 Marcia의 정체감 상태는 이러한 복잡한 문제
들을 단순히 청년이 어떤 문제에 대해 고민해보았는지 그리고 대안
을 고려해보았는지의 정도로만 취급한다.

Sally Archer

　　수행과 관련해서는 그것이 단순히 어떤 문제에 관해서 결정을 하
였는지 여부의 문제로만 해석되기 때문에 Erikson의 원래 의미가 상
실된다. 그러나 Marcia의 정체감의 네 가지 상태가 정체감을 이해
하는 데 상당한 기여를 했다고 믿는 사람도 없지 않다(Archer, 1989;
Marcia, 1991; Waterman, 1989).

## 5. 자아정체감 상태와 관련변인

Erikson에 의하면 정체감의 성취나 유예는 심리적으로 건강한 것이지만 정체감의 유실이나 혼미는 부적응적인 것이다. 정체감의 네 가지 상태와 성격특성과의 관계를 알아본 연구결과도 이 사실을 뒷받침해준다.

정체감 성취나 유예의 상태에 있는 청년은 자아존중감이 높고, 추상적이고 비판적인 사고를 하며, 실제적 자아와 이상적 자아의 차이가 크지 않고, 높은 수준의 도덕적 추론을 한다(Dellas & Jernigan, 1990; Marcia, 1980). 특히 자아정체감 성취자는 자신을 지나치게 의식하지 않으며, 자신을 다른 사람에게 드러내보이는 것을 주저하지 않는다(Adams, Abraham, & Markstorm, 2000).

정체감 유실이나 혼미의 상태에 있는 청년은 적응문제가 있고, 특히 유실자는 독단적이고 융통성이 없으며 아량을 찾아볼 수 없다. 그리고 다른 사람과의 의견 차이를 모두 위협으로 받아들인다(Frank, Pirsch, & Wright, 1990). 자신이 의지하고 있는 사람으로부터 거부당할까 봐 두려워하고, 가족이나 친구로부터 소외당한 유실자 중에는 사이비 종교집단에 빠져드는 청년도 있다.

정체감 혼미가 정체감발달에서 가장 미숙한 수준인데, 정체감 혼미자는 모든 것을 운명에 맡기고 '어떻게 되든 상관없다'는 태도로 다른 사람이 하는 것을 그저 따라한다. 그래서 미래에 대한 아무런 꿈도 갖지 못하고 약물남용에 빠지기도 한다.

Alan Waterman

정체감 상태는 또한 연령과도 관계가 있다(Meilman, 1979). 즉, 청년 초기에는 정체감 혼미나 정체감 유실을 경험하고, 청년 후기가 되어서야 정체감 성취에 이른다. Waterman(1992)의 연구에서, 대학교 상급생 중에서 고등학생이나 대학 1, 2학년생보다 정체감 성취자가 많은 것으로 나타났다. 이러한 현상은 직업선택 분야에서 더욱 그러하다. 종교적 신념이나 정치적 이념 면에서는 성취자가 거의 없고 유실과 혼미가 많은 편이다. 따라서 정체감 형성 시기는 특정 분야에 따라 다른 것으로 보인다.

우리나라 청년 2,030명을 대상으로 한 연구(이차선, 1998)에서, 청년의 자아정체감은 연령이 증가할수록 더욱더 발달하는 것으로 나타났고, 대학교 3학년 때 남녀 모두 자아정체감 점수가 최고조에 도달하였다. 따라서 이 시기에 비로소 자아정체감 형성이 안정되고 있음을 보여준다.

가족이나 사회계층 또한 정체감발달과 연관이 있다. 청년들이 보다 넓은 세계로 나

아가고자 할 때, 가정이 안전기지가 되어주면 정체감 형성에 도움이
된다. 부모와 친밀한 관계를 유지하면서 동시에 자기 의견을 자유롭
게 얘기할 수 있는 청년들은 정체감 성취나 유예상태에 있다(Cooper,
2011; Grotevant & Cooper, 1985; Lapsley, Rice, & FitzGerald, 1990). 정체
감 유실의 경우는 부모와 친밀한 관계를 유지하지만 부모와 떨어지
는 것을 두려워한다. 혼미의 경우는 부모와의 관계가 좋지 못하고 대
화도 부족하다(Papini, Micka, & Barnett, 1989).

Catherine Cooper

우리나라 중 · 고등학생 1,000명과 그들의 부모, 1,000명을 대상으
로 한 연구(이승국, 1999)에서, 청소년의 자아정체감발달에 영향을 미
치는 생태학적 변인들로는 부부관계, 가정의 사회경제적 지위, 친구
관계, 교사와의 관계, 부모의 교육적 기대, 부모의 양육태도, 가족의
지지, 친구의 지지 등으로 나타났다.

사회계층 또한 정체감발달에 영향을 미친다. 한 연구(Adams,
Gullotta, & Markstrom-Adams, 1994)에서, 대학생이 이미 직업을 가지고
있는 같은 또래보다 정치적 · 종교적 정체감의 발달이 뒤떨어지는 것
으로 나타났다. 연구자들은 중산층 가정의 전형적인 특성인 고등교
육이 유예기간을 연장시킨다는 것으로 결론지었다.

Harold Grotevant

우리나라 대학생을 대상으로 자아정체감과 그 관련변인을 알아본
연구(박성옥, 어은주, 1994)에서는, 청년의 개인적 특성(성별, 학년, 종교 유무)보다는 부모
의 양육태도 및 가족 간의 자율감과 친밀감으로 표현되는 가족의 기능도가 청년의 자
아정체감 형성에 긍정적으로 작용하는 것으로 보인다. 즉, 부모의 양육태도가 민주적
일수록, 가족의 기능도가 높을수록 청년의 자아정체감이 안정된 것으로 나타났다.

## 6. 자아정체감발달에서의 성차

자아정체감의 발달은 남녀에 따라 다른 양상으로 나타난다. 청년기 남성의 정체
감 형성에는 이념이나 직업선택이 핵심이 되는 반면, 청년기 여성의 정체감발달에
는 친밀감이나 인간상호관계 등이 보다 중요한 역할을 하는 것으로 보인다(Adams &
Gulotta, 1989; Gilligan, 1982; Rogers, 1987; Toder & Marcia, 1973). 그러나 보다 최근의 연
구(Hyde & Else-Quest, 2013; Sharp et al., 2007)에서는 청년기 여성의 정체감발달에서 직
업선택이 중요한 역할을 함으로써 자아정체감발달에서의 성차는 사라지기 시작하는

Carol Gilligan

것으로 보인다.

　Douvan과 Adelson(1966) 또한 Erikson의 발달단계가 남성과 여성에게 각기 다른 순서로 진행될지 모른다고 한다. 그들은 남성에게는 정체감 형성이 친밀감에 선행하지만, 여성의 경우는 친밀감이 정체감에 선행한다고 믿는다. 이러한 믿음은 여성에게는 대인관계와 정서적 친밀감이 보다 더 중요하고, 남성에게는 자율과 성취가 보다 더 중요하다고 믿는 Gilligan(1990)의 견해와 일치한다.

　Marcia의 자아정체감 범주와 관련해서 청년들의 성격특성을 알아본 연구결과도 뚜렷한 성차를 보여주고 있다. Marcia(1980)는 이 연구에서 정체감 성취로 분류된 남성들은 자신감과 독립심 및 융통성이 있으며, 유예로 분류된 사람 역시 정체감 성취자와 많은 특성을 공유하고 있는 것을 발견하였다. 반면, 유실로 분류된 남성들은 권위주의적이고, 고정관념적이며, 부모의 가치관을 그대로 받아들이고, 자기방어적이었다.

　정체감 성취와 유예의 범주에 속하는 두 집단의 유사점은 모두 위기를 경험했다는 점이다. Marcia는 이 연구결과에 의해 성숙수준에 도달하기 위해서는 남자는 청년 후기에 반드시 위기를 경험해야 한다고 결론지었다.

　한편, 여성의 경우는 그와 다른 결과가 나타났다. 정체감 성취자의 정서적 성숙 수준이 제일 높고, 다음이 정체감 유실, 정체감 유예 순으로 나타났다. 남성의 경우는 유예로 분류된 사람들이 정체감 성취자와 많은 특성을 공유했으나, 여성의 경우 이들은 정체감 혼미자와 비슷하였다.

　정체감 성취와 유실 간의 유사점은 수행이다. 수행은 개인의 현재의 활동과 미래의 기대에 안정성을 가져다준다. 따라서 남성의 정체감발달에 필요한 위기와는 대조적으로 청년기 여성의 정체감발달에서 가장 중요한 것은 안정성이며, 어떤 방법으로 안정성을 찾는가는 문제가 되지 않는 것으로 보인다. 정체감 성취자는 자신의 내적 준거틀에 의해 그리고 유실의 경우는 부모의 신념에 따라 수행을 이루었지만, 어쨌든 양자 모두 자신의 복지에 필요한 것으로 보이는 안정성을 갖게 된 것이다.

　이와 같은 결과에 대해 Gallatin(1975)은 정체감 위기 모델이 여성의 정체감발달을 설명하는 데에는 적합하지 않다고 주장한다. Erikson이 말하는 청년기 정체감 위기의 대부분이 본질적으로 '남성적'인 것이기 때문에 남성의 경우는 위기와 수행을 거쳐 정체감을 형성하는 것으로 보이지만, 여성의 경우는 정체감 확립을 위해 반드시 위기를 경험할 필요가 없는 것으로 보인다.

　사실상 여성의 정체감발달의 개념화는 대인관계라는 측면을 포함해야 한다

(Patterson, Söchting, & Marcia, 1992). 어쩌면 정체감 형성이라는 발달과업은 남성보다 여성에게 더 복잡한 것일지 모른다. 왜냐하면 여성이 남성보다 더 많은 영역에서 정체감을 확립해야 하기 때문이다. 오늘날 여성들에게 선택의 폭이 넓어졌고, 특히 가정과 직업을 성공적으로 병행하고자 하는 여성들에게는 정체감발달이라는 과업이 특히 혼란스럽고 갈등을 낳을 수 있다(Archer, 1994; Josselson, 1994; Streitmatter, 1993).

Stephen J. Patterson

# 성차와 성역할의 발달

우리는 모든 인간의 재능을 필요로 한다. 성, 인종, 사회계층이라는 인위적인 장벽을 이유로 그 어떤 인간의 재능도 소홀히 할 수는 없다.

Margaret Mead, "남성과 여성 중에서", 1949

남녀라는 두 성 간의 차이보다 남성과 여성 자체의 성 내에서의 차이가 더 크다.

Ivy Compton

온순하고, 인내심이 강하고, 재치가 있고, 겸손하고, 명예롭고, 용감하다는 것은 남성적이거나 여성적인 특성이 아니라 인간의 특성이다.

Jane Harrison

사람은 여자로 태어나지 않는다. 여자로 만들어질 뿐이다.

Simone de Beauvoir

남자는 마음으로 늙고 여자는 얼굴로 늙는다.

서양 속담

남성은 여성보다 몸집이 우람하다는 것 외에는 여성보다 선천적으로 뛰어나다고 볼 이유가 하나도 없다고 나는 단언한다.

Bertrand Russell

남자는 망각으로 살아가고, 여자는 추억으로 살아간다.

Thomas Stearns Eliot

남자는 세계가 자신이지만, 여자는 자신이 세계다.

Goethe

1. 성격과 사회적 행동에서의 성차    2. 성역할발달의 이론

3. 성역할발달의 인지적 요소    4. 성역할발달과 영향요인

5. 새로운 성역할 개념    6. 청년기의 성역할 강화

인간을 분류하는 가장 기본적인 범주는 성별에 따른 구분이다. 인간은 태어날 때부터 생리적·해부학적 차이에 의해 남자와 여자로 구분될 뿐 아니라, 어느 사회에서나 남녀에 따라 상이한 역할이 기대된다.

성역할이라는 개념은 한마디로 정의하기가 어려우나, 일반적으로 한 개인이 그가 속해 있는 사회에서 남자 또는 여자로 특징지어질 수 있는 여러 특성, 이를테면 행동양식, 태도, 가치관 및 성격특성을 의미한다.

지금까지 많은 사회에서는 전통적인 성역할을 이상적인 것으로 보고, 성역할에 관한 고정관념을 고수해왔다. 따라서 청년기의 성역할에 관한 대부분의 연구는 이와 같은 전통적인 견해를 바탕으로 해서 이루어졌으며, 성역할의 개념은 남성성, 여성성을 단일차원으로 보고 남성성, 여성성이 각기 양극을 대표한다고 보는 양극개념으로 이해되었다.

그러나 최근에 와서 여성의 사회적 진출과 성의 해방, 여성해방운동 등의 영향으로 이제까지 엄격하게 지켜져 온 전통적인 성역할 개념이 약화되기에 이르러, 성역할을 생리적·해부학적 성과는 독립적인 것으로 보아야 한다는 의견이 대두되었다. 이와 같은 맥락에서 심리학자들은 현대사회에서 인간의 잠재능력을 최대한으로 발휘하게 하고, 또 효과적인 기능을 수행토록 하기 위해서는 성역할의 재구조화가 불가피하다고 주장한다. 그러면서 성역할의 이상적인 모델로서 양성성의 개념을 제시하였다.

양성성이란 하나의 유기체 내에 남성적 특성과 여성적 특성이 공존하는 것을 의미한다. 이것은 한 개인이 남성성과 여성성을 동시에 가질 수 있기 때문에, 상황에 따라서는 남성적 역할과 여성적 역할을 융통성 있게 적절히 수행할 수 있다고 인식하는 보다 효율적인 성역할 개념이라 할 수 있다.

이 장에서는 성격과 사회적 행동에서의 성차, 성역할발달의 이론, 성역할발달의 인지적 요소, 성역할발달과 영향요인, 새로운 성역할 개념, 청년기의 성역할 강화 등에 관해 살펴보기로 한다.


# 1. 성격과 사회적 행동에서의 성차

## 1) 심리적 성차의 실상

남자와 여자는 생물학적인 면에서뿐만 아니라 심리학적인 면에서도 차이가 있다. 일반적으로 남자는 여자보다 근육이 더 발달하고 신장과 체중 면에서 우세한 반면,

여자는 남자보다 오래 살고 많은 질병에 대해 남자보다 저항력이 강하다. 이와 같이 신체적인 차이는 상당히 명백한 데 반해 심리적 측면에서의 성차는 명백하지 않다.

심리적인 성차의 연구에서 널리 알려지고 자주 인용되는 연구자는 Maccoby와 Jacklin으로 이들은 1966년부터 1973년까지 발표된 성차에 관한 2천여 편의 연구를 검토한 뒤, 1974년『성차의 심리학(The Psychology of Sex Differences)』을 출간하였다. 이 책에서 이들은 종전의 연구결과들을 다음의 세 가지로 구분하고 있다.

첫째는 성차가 명확하게 드러난 특성으로, 언어능력의 경우 여자가 남자보다 우세한 것으로 나타나는데, 여자가 언어 기술을 일찍 습득하고 청년기에는 미미하다가 그 후로 많은 차이를 보이게 된다. 반대로 공간지각 능력과 수리력은 남자가 여자보다 우세하나 이것도 언어능력과 마찬가지로 청년기까지는 성차가 별로 뚜렷하지 않다. 또한 신체적 · 언어적 공격에 있어서도 남자가 여자보다 우세하다. 즉, 남자가 여자보다 신체적으로나 언어적으로 더 공격적이다.

둘째는 성차가 있는 것으로 믿어 왔으나 사실이 아닌 것으로 밝혀진 특성인데, 이것은 여자가 남자보다 더 사교적이고 암시에 걸리기 쉬운 반면, 남자는 여자보다 자아존중감이 높고, 보다 분석적이라고 생각해왔으나 이는 근거가 없는 것이다. 또한 여자는 성취동기가 부족하고 단순히 반복하는 과제에서 우세한 반면, 남자는 높은 수준의 인지 과정을 요하는 과제에서 우세하다는 설도 근거가 없는 것이다.

셋째는 연구결과가 애매하거나 증거가 불충분하여 분명한 결론을 내릴 수 없는 특성으로 촉각의 감수성, 공포심, 불안감, 활동수준, 경쟁심, 지배성, 고분고분함, 모성적 행동 등이 있으나 이들에 대한 성차는 증거 불충분으로 아직 분명한 결론을 내릴 수 없는 것이다.

이상과 같은 내용의 Maccoby와 Jacklin의 문헌고찰은 몇 가지 문제점이 지적되고 있다. 가령 종전의 연구물들을 분류함에 있어서 변수상의 문제가 있으며 또한 기존의 연구들을 방법론적으로 우수한 것과 그렇지 못한 것으로 구별하지 않고 모두 포함시켰다는 점과 때로는 청년기 이후에야 비로소 나타나는 성차들에 대해 어린 아동들을 대상으로 한 연구들을 근거로 결론을 내렸다는 점이다. 그러나 이들 연구가 성역할에 대한 중요한 정보를 제공해주었다는 공헌은 인정해야 되리라 본다.

이상 살펴본 바와 같이 일반적으로 두 성 간의 심리적 차이는 많은 사람들이 생각하는 것만큼 그다지 크지 않다. 차이가 있는 경우도 그것은 집단차, 평균차를 의미할 뿐 이것이 곧 모든 남성들이 모든 여성들과 다르다는 것을 의미하는 것은 아니다.

## 2) 놀이유형과 또래관계에서의 성차

아동이 선호하는 장남감이나 활동에서의 성차는 매우 이른 나이에 이미 존재한다. 예를 들면, 돌을 갓 지난 남자아이는 로봇 장난감을 좋아하고 여자아이는 봉제완구를 더 좋아한다. 3, 4세가 되면 선호하는 장난감이나 활동에서의 성차는 더욱 커져서 남자아이는 비행기, 공, 퍼즐, 트럭 등의 장난감을 좋아하고, 여자아이는 크레용, 인형놀이, 그림 그리기, 바느질하기, 전화놀이 등을 좋아한다. 놀이유형에서 남아는 옥외활동 및 또래와 함께 놀기를 좋아하는 데 반해, 여아는 집안에서 부모와 얘기를 하거나 TV를 보거나 자기 방에서 혼자 조용히 논다.

또래와의 놀이에서 보면 남아와 여아는 성을 분리해서 따로따로 논다(사진 참조). 즉, 여아는 여아끼리 놀고 남아는 남아끼리 논다. 이러한 경향은 이미 2, 3세에 시작해서 초등학교까지 지속된다. Jacklin과 Maccoby(1978)의 연구에서 동성끼리 짝을 지어 놀 경우 장난감을 빼앗거나 때리고 밀치는 등의 부정적 행동도 다소 있었지만 장난감을 서로 주고받으며 서로 미소 짓는 등 그들 대부분의 사회적 행동은 매우 우호적이었으며 사회적 상호작용도 많았다. 그

러나 양성이 혼합된 경우 상호작용은 매우 적었다. 여아는 수동적이고 움츠러드는 반면, 남아는 일부러 여아를 무시하는 듯 보였다. 가끔 연구자가 혼합성의 놀이가 보다 평등주의적인 성역할발달에 기여한다는 신념에서 동성끼리의 놀이 상황을 혼합성으로 유도했을 경우 강화가 주어졌을 경우에만 효과적이었다. 강화가 중단되면 즉시 동성끼리의 놀이 상황으로 다시 돌아갔다.

남녀의 경우 우정 형태도 다른 양상을 보이는데 남아는 많은 친구를 사귀거나 그 관계가 피상적인 데 반해 여아는 친구의 수는 적지만 매우 깊은 관계를 유지한다.

## 3) 부모자녀관계에서의 성차

애착관계 형성은 여아가 남아보다 약간 **빠르다**. 여아가 더 많이 미소짓고, 일찍 말하며, 어머니의 언어적 자극에 더 민감하고 사람 얼굴을 바라보는 것을 더 좋아한다.

흔히들 딸보다 아들을 키우는 것이 더 힘들다고 한다. 이러한 현상은 매우 일찍 나

타나는데, 유아기 때부터 이미 남자아이는 더 까다롭고 성가시게 군다. 결과적으로 아들에게 신체적 벌을 많이 가하게 되고 딸에게 언어적 추론 양육방식을 더 많이 사용하게 된다.

결손가정의 경우 남아가 그 영향을 더 많이 받는다. Hetherington, Cox와 Cox(1979)의 연구에서 부모의 이혼 후 남아가 더 공격적이 되고 반사회적 행동을 많이 하는 등 잘못되는 경우가 더 많았다. Block, Block과 Morrison(1981)의 연구에서는 부부가 자녀양육에서 의견이 일치하지 않을 경우 남아의 발달이 장애를 받았는데 지적 기능, 책임감 등이 저하되었다. 이에 대한 정확한 이유는 알려진 바 없으나 아마도 부부간의 조화가 보다 구조화되고 예측이 가능하고 잘 통제된 환경을 조성하는 것으로 보이며 통제결여는 남아에게 더 치명적인 영향을 주는 것으로 보인다. 또한 남아는 보다 확고한 훈육을 요하는데, 부모의 이혼이나 자녀양육에서의 의견 불일치는 남아에게 확고하고 일관성 있는 훈육을 하는 것을 어렵게 하는 것으로 보인다.

## 4) 성취 상황에서의 성차

학문적 성취의 경우 초등학교 때는 여아가 남아보다 공부를 더 잘한다. 그러나 고등학교에서는 많은 과목에서, 특히 수학이나 과학 관련 과목에서 남자가 여자보다 훨씬 뛰어나다. 이러한 성취유형에서의 성차는 어쩌면 여아가 사춘기에 달했을 때 '성공에 대한 두려움'을 나타내면서 성취가 여성으로서의 성역할과 양립할 수 없다는 것을 깨닫게 되는 데 기인하는 것으로 보인다(Horner, 1972).

또 다른 가능한 설명으로는 성취 상황에서 성공이나 실패를 설명하는 방식에서의 차이를 들 수 있다(Dweck & Bush, 1976; Dweck, Davison, Nelson, & Enna, 1978). 여자는

Carol Dweck

성공하면 운이 좋아서이고, 실패하면 그것을 자신의 능력 부족으로 돌리는데 능력 부족에 대해서는 어떻게 해볼 도리가 없다. 따라서 미래 상황에서 성공에 대한 기대가 낮으며 실패할 것 같으면 아예 포기해버린다. 남자는 성공하면 자신의 능력을 확인하는 것으로 해석하며 실패할 경우에는 자신의 노력 부족, 불운, 과제가 지나치게 어렵거나 교사와의 불화 등 외부적 요인으로 돌린다. 따라서 남자는 성공하기를 기대하고, 실패하더라도 기가 꺾이지 않으며, 성공은 단지 자신의 능력을 확인해주는 것으로 해석하고, 따라서 성취동기를 더욱 더 강화시켜 준다.

## 2. 성역할발달의 이론

한 개인이 그가 속해 있는 사회가 규정하는 성에 적합한 행동, 태도 및 가치관을 습득하는 과정을 성역할 사회화라 하며, 이 성역할 사회화 과정을 통해 남성성 또는 여성성이 발달한다. 남성성과 여성성의 발달은 인간발달의 매우 중요한 측면으로 정신건강의 한 척도가 되어 왔다. 즉, 여자는 여성적인 것이, 남자는 남성적인 것이 정신적으로 건강하다는 것이다.

이와 같은 성에 적합한 사회적 역할을 학습하는 과정은 그 기초가 가정에서 이루어지며, 동성의 부모와 동일시하려는 심리적 과정에서 진행된다. Freud의 정신분석이론, Mischel의 사회학습이론, Kohlberg의 인지발달이론, Bem의 성도식이론 그리고 Hefner 등의 성역할 초월이론 등이 성역할 동일시의 발달과정을 설명하고 있다.

### 1) 정신분석이론

Freud(1933)에 의하면, 남자와 여자의 근원적인 차이는 심리성적 발달의 5단계 중에서 제3단계인 남근기에서의 서로 다른 경험에 기인한다고 한다. 이 단계에서 남아는 오이디푸스 콤플렉스를, 여아는 엘렉트라 콤플렉스를 각각 경험하게 되는데, 이러한 콤플렉스를 해결하기 위한 수단으로 성역할 동일시가 이루어진다고 한다. 즉, 이성 부모에 대한 근친상간적 성적 욕망을 현실적으로 실천할 수 없음을 깨닫게 되고, 동성 부모의 보복을 두려워하게 된다. 이때 남아는 거세불안(castration anxiety)을 감소시키기 위해 방어적으로 아버지와 동일시하게 된다. 그러나 여아의 경우는 거세불안을 느낄 필요가 없으

Sigmund Freud

므로, 엘렉트라 콤플렉스를 해결하고자 하는 동기에 대한 Freud의 설명은 불충분하다. 아마도 어머니의 애정을 잃을까 봐 두려워서 근친상간적 욕망을 억압하고, 어머니를 동일시하여 여성성을 강화시키는 것이 아닌가 생각된다. 하지만 거세불안이 없는 만큼 동일시하고자 하는 동기가 남아보다 약하다고 한다.

## 2) 사회학습이론

Walter Mischel

Mischel(1970)은 성역할은 아동이 속한 사회적 환경 내에서 경험하는 다양한 학습의 결과로서, 성역할과 성역할 행동은 다른 모든 행동과 마찬가지로 강화와 모방을 통해서 발달된다고 설명한다. 부모, 교사 또는 친구가 아동의 성에 적합한 행동은 강화하고 성에 적합하지 않은 행동은 벌함으로써 직접학습이 이루어진다. 그리고 이 직접학습에 의해서 남아는 단호하고, 경쟁적이며, 자동차나 총과 같은 장난감을 가지고 놀도록 장려되고, 여아는 얌전하고, 협동적이며, 인형이나 소꿉놀이 장난감을 가지고 놀도록 장려된다. 아동은 또한 관찰을 통해 많은 성역할 행동을 학습한다(사진 참조). 즉, 아동은 부모, 형제, 교사, 친구 또는 다양한 형태의 대중매체를 통해서 자기 성에 적합한 행동을 학습하고, 이러한 행동유형은 강화를 통해서 내면화된다고 한다.

사회학습이론의 중요한 원리는 강화, 벌, 모델링 그리고 동일시이며 이들에 의한 직접적인 훈련이다. 아동이 어떤 행동을 자신의 성에 적합한지 적합하지 않은지 분류하는 하나의 방법은 관찰학습이다. 남성과 여성을 관찰함으로써 아동은 남성에 적합한 행동과 여성에 적합한 행동을 기억하며(Perry & Bussey, 1979), 아동은 같은 성에 적합한 것으로 기억한 행동을 모방하게 된다. 또한 성역할발달을 돕는 중요한 요인으로 강화를 들고 있는데 아동이 단순히 모델의 행동을 관찰함으로써 새로운 행동을 학습할 수도 있지만 그 행동을 실제 수행할 가능성은 후에 그 모델이 행한 행동에 대해 어떤 강화를 받는가에 달려 있다.

## 3) 인지발달이론

Kohlberg(1966, 1969)의 인지발달이론에 의하면 아동의 성역할 행동은 여러 발달단계를 거치는 동안 그가 가지고 있는 이 세상에 대한 인지적 조직화를 통해 발달한다고 한다. 즉, 아동이 구체적 조작기에 달하면 자신이 속한 세계는 성인과 아동, 남자와 여자 등 여러 가지 범주로 나누어진다는 것을 알게 되는데 바로 이런 범주화에 의해 아동은 성에 적합한 행동을 하게 된다는 것이다.

Lawrence Kohlberg

Kohlberg(1966)는 성역할 동일시의 가장 중요한 요인은 아동 자신이 남자다 또는 여자다라는 성별 자아개념을 인식하는 것으로, 이것이 동일시에 선행한다고 주장한다. 즉, "나는 남자다"라는 인식이 먼저이고, 그다음이 "그러므로 남자에게 적합한 행동을 한다"라는 동일시가 나중에 이루어진다는 것이다.

정신분석이론이나 사회학습이론은 모두 같은 성의 부모와 동일시하는 것이 자기 성에 적합한 행동 및 태도를 습득하는 선행조건이라고 보는 반면, 인지발달이론은 같은 성의 부모와의 동일시가 성유형화(性類型化)의 결과라고 본다(〈그림 11-1〉 참조).

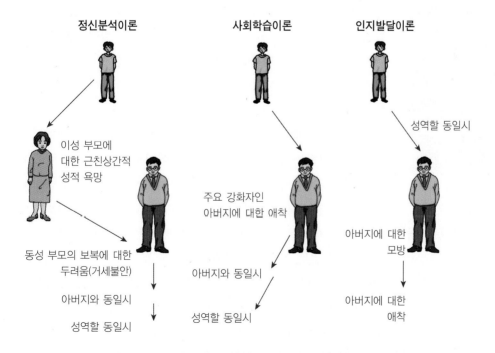

〈그림 11-1〉 Kohlberg가 해석한 심리성적 동일시이론

특히 Mischel과 Kohlberg는 성역할 동일시에 관해 정반대의 입장을 취한다. Mischel은 아동의 행동과 가치는 성역할에 의해서 결정되는 것이 아니고 사회학습의 경험에 의해서 결정된다고 한다. 더구나 견해, 신념, 가치에 대한 인지변화가 행동의 변화를 초래한다는 증거는 거의 찾아볼 수 없고, 반대로 인지와 가치변화는 특별한 행동을 수행한 결과로서 일어난다는 증거는 상당수 있다고 한다.

Kohlberg는 한 인간을 자기 성에 적합한 역할을 하도록 양육하는 것은 자녀의 성별에 따라 부모가 다르게 대하고, 아동이 자기 자신의 성을 인식하는 데에 있으며, 이러한 성에 대한 아동의 인지를 사회적 강화가 바꾸어 놓지는 못한다고 한다. 즉, 이러한 성에 대한 동일시 내지 자각이 결정적인 시기에 인지적으로 확립되면 사회적 강화에 의해서 이것을 변화시키기는 극도로 어렵다는 것이다.

Maccoby와 Jacklin(1974)은 위의 이론을 모두 검토한 후 성역할을 습득함에 있어 강화와 모방이 중요한 역할을 하는 것은 사실이지만 성역할 동일시에 일어나는 발달의 변화를 설명하기에는 불충분하다고 지적한다. 따라서 Kohlberg가 주장한 심리적 과정도 고려되어야 한다고 주장한다.

## 4) 성도식이론

Sandra Bem

Bem(1981, 1985)의 성도식(gender-schema)이론은 사회학습이론과 인지발달이론의 요소를 결합한 것이다. 즉, 성도식이론은 성역할 개념의 습득과정을 설명하는 정보처리이론으로서, 성유형화가 아동의 인지발달 수준이나 사회문화적 요인의 영향을 받지만 동시에 성도식화(gender schematization)과정을 통해 형성된다고 한다. 성도식화란 성도식에 근거해서 자신에 관한 정보를 포함한 모든 정보를 부호화하고 조직화하는 전반적인 성향이다. 여기서 성도식이란 성에 따라 조직되는 행동양식으로서 사람들로 하여금 일상생활에서 남성적 특성 또는 여성적 특성을 구분하게 해준다. 이러한 도식은 사회가 사람과 행동을 어떻게 분류하는지를 봄으로써 아동기에 형성된다.

아동은 어떤 물체나 행동 또는 역할이 남성에게 적합한 것인지 또는 여성에게 적합한 것인지(예를 들면, 여아는 울어도 되지만 남아는 울어서는 안 된다 등)를 분류해주는 내집단/외집단이라는 단순한 도식을 습득한다. 그리고 자신의 성에 적합한 역할에 대한 좀더 많은 정보를 추구하여 자신의 성도식(own-sex schema)을 구성한다. 자신의 성 정체감을 이해하는 여아는 바느질은 여아에게 적합한 활동이고, 모형 비행기를 만

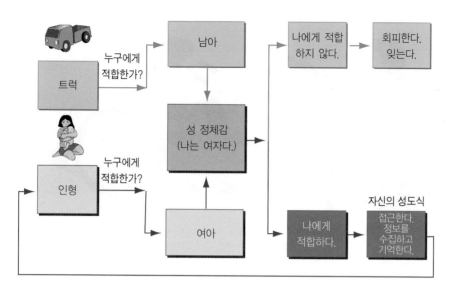

여아는 내집단/외집단 도식에 따라 새로운 정보가 '여아에게 적합한 것'인지 '남아에게 적합한 것'인지 분류한다. 남아의 장난감이나 활동에 관한 정보는 무시하고, 여아의 장난감이나 활동에 관한 정보는 '자신의 성도식'에 첨가한다.

### 〈그림 11-2〉 성 정체감에 의한 성도식 구성

출처: Martin, C. L., & Halverson, C. F. Jr. (1987). The roles of cognition in sex-roles and sex-typing. In D. B. Carter (Ed.), *Conceptions of sex-roles and sex-typing: Theory and research*. New York: Praeger.

드는 것은 남아에게 적합한 활동이라는 것을 학습한다. 그리고 나서 자신은 여아이기 때문에 자신의 성 정체감과 일치되게 행동하기를 원한다. 따라서 바느질에 관한 많은 정보를 수집하여 자신의 성도식에 바느질을 포함시킨다. 그리고 모형 비행기를 만드는 것은 남아에게 적합한 활동이라는 것 이상의 정보는 전부 다 무시해버린다(〈그림 11-2〉 참조).

 이상의 예를 통해 설명한 바와 같이 주어진 정보가 자신의 태도와 일치하고 그에 대한 지식이 많을수록 그것을 보다 잘 기억하고 선호하게 되며, 반대의 경우에는 기억되지 않을 뿐만 아니라 회피하게 된다. 즉, 자신이 가지고 있는 성도식에 근거한 이러한 선택적인 기억과 선호과정을 통해 성역할발달이 이루어진다.

 일단 성도식이 발달하면 아동은 자신의 성도식에 맞지 않는 새로운 정보를 왜곡하는 경향이 있다(Liben & Signorella, 1993; Martin & Halverson, 1983). 예를 들어, 여성은 의사가 될 수 없다고 믿는 아동이 여의사로부터 진찰을 받고 나서 자신을 진찰한 사람은 여의사가 아니고 간호사라고 기억하며, 여전히 여성은 의사가 될 수 없다고 생각하는 것이다. 〈그림 11-3〉은 유아가 가지고 있는 성역할 고정관념의 예이다. 물론 학습된 성도식은 수정될 수 있다. 그러나 이러한 수정은 문화적으로 깊이 스며든 태도

〈그림 11-3〉 성역할 고정관념의 예

를 바꾸는 것을 의미하며, 이러한 변화는 상당한 저항을 받게 된다.

우리나라 3~7세 유아 89명을 대상으로 한 연구(김은정, 1996)에서, 취학 전 유아기에는 남아의 성도식이 여아의 성도식보다 더 발달되어 있는 것으로 나타났다. 또한 유아는 연령이 높을수록 자신의 성별과 일치하는 놀이친구를 더 선호하는 것으로 나타났다. 그리고 5~9세 아동 181명을 대상으로 한 연구(정순화, 정옥분, 1994)에서는 연령이 증가함에 따라 아동의 성역할 지식은 증가하고 성역할 태도에서도 융통성을 보였다. 또한 아동의 성과 등장인물의 성이 일치하는 과제에 대한 기억점수가 불일치하는 과제에 비해, 등장인물의 성과 활동이 일치하는 과제에 대한 기억점수가 불일치하는 과제에 비해 높게 나타났다.

## 5) 성역할 초월이론

Meda Rebecca

Hefner, Rebecca, Oleshansky 등(1975)은 성역할 사회화에 대한 전통적인 견해는 인간의 잠재력을 위축시키고, 성별의 양극 개념과 여성의 열등성을 조장하는 것이라고 주장하면서, 성역할발달에 관한 3단계의 새로운 모델을 제시하였다. 그들의 주요 목적은 인간의 역할을 재정의하고 그렇게 함으로써 성차별의 근원을 제거하려는 것이었다. 그들이 분류한 성역할발달의 3단계는 성역할의 미분화 단계, 성역할의 양극화 단계, 성역할의 초월 단계인데, 마지막 제3단계가 성역할 고정관념을 뛰어넘어 인간의 잠재력을 충분히 발휘하게 되는 단계라고 한다.

제1단계인 성역할의 미분화 단계에서 아동의 사고는 총체성으로 특징지어진다. 즉, 아동은 성역할이나 성유형화 행동에 대해 분화된 개념을 가지고 있지 못하다. 또한 생물학적인 성에 따라 문화가 제한하는 행동이 있다는 것도 깨닫지 못한다.

제2단계는 성역할의 양극화 단계로서 이 단계에 있는 사람들은 자신의 행동을 고정관념의 틀 속에 맞추는 것을 필연적인 것으로 생각한다. 성역할의 양극개념을 강조하는 사회에서는 전생애를 통해 남자는 남성적인 역할을, 여자는 여성적인 역할을 엄격히 고수할 것을 요구한다. 이와 같이 남성적 또는 여성적이라는 양극에 대한 엄격한 고수는 부적응적인 것이고, 역기능적인 것일 뿐만 아니라 오늘날 우리사회에서 많은 성차별을 낳게 하는 원인이 되고 있다.

제3단계인 성역할의 초월 단계에 있는 사람은 성역할의 고정관념에서 벗어나 상황에 따라 적절하고 적응력 있게 행동할 수 있고, 행동적 표현이나 감정적 표현이 성역할 규범에 얽매이지 않는다. 이것이 바로 성역할에 관한 고정관념을 초월하게 하는 것이다. 이러한 성역할 초월성은 융통성, 다원성 그리고 개인적 선택 및 개인이나 사회가 현재의 억압자-피억압자의 성역할에서 벗어나는 새로운 가능성을 의미한다.

# 3. 성역할발달의 인지적 요소

## 1) 성 항상성

Kohlberg(1966, 1969)는 개인의 성은 복장이나 헤어스타일, 놀이 종류에 상관없이 생물학적인 특성에 의해 변하지 않는다는 개념을 성 항상성으로 표현하였다. 인지발달이론에 의하면, 아동은 7세 이전까지는 전조작기에 머무는데 이때까지는 외현적인 특성에 의해 사람을 판단하게 된다. 그러다가 구체적 조작기에 달하면 보존개념이 형성되는데 이 성 항상성은 일종의 보존개념이다.

한 연구(Slaby & Frey, 1975)에 의하면 성 항상성은 네 단계를 거쳐 발달한다고 한다. 그 첫 단계는 자신이 남자다 또는 여자다라고 인식하는 성 정체감에 대한 인식으로서, 2세 반이 되면 대부분 자신이 남자 또는 여자라는 것을 알게 된다. 두 번째는 성 안정성의 단계로 시간

사진 설명 7세경에 아동은 성 항상성 개념을 획득하기 시작한다.

사진 설명  "만약 너의 머리를 여자 아이같이 길게 기르면 너는 여자가 될 수 있니?"와 같은 질문에 의해 성 일관성 개념이 측정된다.

이 지나도 자신의 성이 변하지 않는다는 인식으로서 "너는 커서 엄마가 될래, 아빠가 될래?"와 같은 질문에 의해 성 안정성 개념이 측정된다. 셋째 단계는 성 항상성의 동기적 요소로서 성이란 비록 개인이 원한다 하더라도 바뀌지 않는다는 신념에 기초한다. "만약 네가 정말로 원한다면 남자(여자)가 될 수 있니?"와 같은 질문에 의해 측정된다. 넷째 단계는 6, 7세경에 획득하게 되는 성 일관성으로서 성이란 놀이, 복장, 외모의 변화에도 불구하고 변하지 않는다는 인식이다. "만약 네가 인형을 갖고 논다면 너는 여자가 될 수 있니?" "만약 너의 머리를 여자 아이같이 길게 기르면 너는 여자가 될 수 있니?"(사진 참조)와 같은 질문에 의해 성 일관성 개념이 측정된다.

Eleanor Maccoby

아이들은 자신이 남자 또는 여자라는 사실을 어떻게 아는가? Maccoby(1980)는 아동은 단순히 부모가 일러준 대로 자신이 남자 또는 여자라고 인식한다고 하나, 아동 자신의 경험도 중요한 역할을 한다. 즉, 시간이 지나도, 외모가 변해도, 행동이 달라져도 여전히 같은 성으로 남아 있는 것을 경험을 통해 알게 된다. 대부분의 아이들은 가끔 반대 성의 장난감을 가지고 놀거나 반대 성의 복장을 한 경험이 있다. 그럼에도 불구하고 자신의 성이 변하지 않는다는 것을 깨닫게 된다.

우리나라 3~9세 아동 164명을 대상으로 한 연구(황혜신, 이순형, 1990)에서, 연령이 높은 아동이 낮은 아동에 비해 성 항상성 발달단계가 높은 것으로 나타나 아동의 연령이 증가할수록 성 항상성 발달수준이 점차 높아지는 것으로 보인다. 또한 아동의 연령과 성별에 따라 아동의 성별 특정화된 행동이 구체화된다. 즉, 아동의 연령이 증가하면 장난감 선택행동에서 자신의 성별에 일치하는 장난감보다는 중성적 장난감을 선택한다. 반면, 또래와의 상호작용에 있어서는 더욱 성별 특정화된 놀이행동을 보인다. 이러한 현상은 특히 남아에게서 두드러지게 나타난다.

## 2) 성역할 고정관념의 형성

성역할 고정관념은 성에 따라 승인된 외모, 행동양식, 말씨, 감정을 표현하는 방식 및 다른 여러 가지 특성들에 대한 구체적인 개념들로서 정의된다(Hurlock, 1981). 고정관념이란 한 집단에 소속된 사람들은 모두 일정한 특징을 지니고 있다고 보는 것이므로, 그 집단의 구성원 개개인이 그 특징을 가지고 있지 않을 수 있다는 점을 고려해 볼 때, 대체로 남녀 간의 실제적인 차이를 과장하고 왜곡하는 경향이 있다(Bascow, 1980).

Deanna Kuhn

인간이 전생애를 통해 수행하는 역할 가운데 성역할만큼 초기에 형성되어 오랫동안 지속되는 역할도 없는 것으로 보인다. 성역할 고정관념이 획득되는 시기에 관하여 연구한 Kuhn과 그 동료들(1978)에 의하면, 2세 유아도 성역할 고정관념의 지식을 소유하고 있으며 성을 영속적이고 바뀔 수 없는 면으로 간주할 때 이러한 측면에 긍정적으로 가치를 두기 시작한다. 따라서 유아가 특정한 성에 자신이 소속된 것을 인식함으로써 동성의 부모와 동일시가 이루어진다. 많은 연구결과 성역할 고정관념이 유아기에 형성된다는 것을 뒷받침해주며, 유아가 자신의 성별을 알게 되는 성 정체감 획득을 시작으로 마지막 단계인 성 일관성을 이해하게 되는 일련의 과정은 대개 2~7세 사이에 이루어진다는 것을 알 수 있다.

**사진 설명** 놀이상황에서의 성차는 매우 일찍 나타난다.

## 4. 성역할발달과 영향요인

성역할발달에 영향을 미치는 요인은 다음과 같다.

### 1) 생물학적 요인

성호르몬은 성역할발달에 영향을 미친다(Hines, 2011, 2013). 여성 호르몬인 에스트로겐은 주로 여성의 신체적 특징에 영향을 미치고, 남성 호르몬인 안드로겐은 주로 남성의 생식기와 이차 성징의 발달에 작용을 한다. 한 연구에서 태내 호르몬의 변화가 성역할발달에 미치는 영향을 조사한 바 있다. 몇 사람의 산모에게 남성호르몬을 주사한 일이 있는데, 이들은 유산의 경험이 있는 산모로서 남성호르몬이 그 치료가 되리라 믿었기 때문이다. 남성호르몬 치료를 받고서 태어난 아이들과 치료를 받지 않은 같은 성의 형제를 비교해본 결과, 남성호르몬 치료를 받은 여아는 훨씬 더 활동적이고, 놀이친구로서 여아보다 남아를 선호하였으며, 인형보다는 총이나 자동차 같은 장난감을 좋아했으며, 외모에는 관심이 없었다. 치료를 받은 남자아이들은 그렇지 않은 남자형제보다 훨씬 더 거친 놀이를 하고 놀았다(Santrock, 1981).

또 다른 연구들(Berenbaum & Bailey, 2003; Burton et al., 2009; Knickmeyer & Baron-Cohen, 2006; Mathews et al., 2009)에서 남성 호르몬인 안드로겐이 비정상적으로 높은 수준인 여아의 경우 자신이 여자라는 사실에 매우 불만족스러워하며 남자가 되는 것에 큰 관심을 보이고, 남자아이와 함께 놀이하는 것을 좋아하며, 인형보다는 남자아이들이 좋아하는 장난감을 선호하였다.

성호르몬은 사회정서발달에도 영향을 미친다. 최근 한 연구(Auyeung et al., 2009)에서 양수로부터 측정한 태아의 테스토스테론 수준이 높은 경우 남아든 여아든 6~10세가 되었을 때 전형적인 남아의 놀이를 더 많이 하는 것으로 나타났다.

Margaret Mead

### 2) 문화적 기대

문화 또한 성역할발달에 매우 중요한 역할을 한다. Mead(1935)가 뉴기니 섬의 세 종족의 원주민을 대상으로 연구한 결과는 문화에 따라 전혀 다른 성역할발달이 이루어진 것을 보여주고 있다. 이들 세

종족 중 두 종족에서는 성역할 분화가 거의 이루어지지 않았는데, 한
종족은 남녀 모두 많은 문화권에서 여성적인 것으로 규정된 행동특
성, 즉 순종적이고, 협동적이며, 단호하지 못한 행동들을 나타내었
다. 반면, 다른 한 종족은 많은 문화권에서 남성적인 것으로 규정된
행동들을 나타내었는데, 이 부족은 적대적이고, 공격적이며, 잔인한
것으로 보였다. 끝으로 나머지 한 종족에서는 Parsons와 Bales(1955)
가 정의한 전통적인 성역할이 반대로 나타났다. 즉, 남자는 다른 사
람의 감정에 민감하고, 의존적인 반면, 여자는 독립심이 강하고, 공
격적이며, 의사결정에 있어 중요한 역할을 하는 것으로 보였다.

Talcott Parsons

이와 같이 전통적인 성역할이 대부분의 문화권에서는 보편적인 현
상이지만 남성성과 여성성의 발달은 문화에 따라 상당히 융통성이
있다는 것을 볼 수 있다. 따라서 만약 남녀 간에 신체적 구조에 기인
한 사회적·인지적 차이가 있다면 이들은 문화적 요인에 의해서 상
당히 수정될 수 있다는 것을 알 수 있다.

Robert Freed Bales

## 3) 부모의 역할

부모는 아동이 제일 먼저 그리고 가장 많이 접하게 되는
중요 인물로서 생후 초기부터 자녀의 성역할발달에 지대한
영향을 미친다(Brannon, 2017; Leaper & Bigler, 2018). 부모는
성역할 습득을 위한 훈육자로서 또는 모델로서의 의미를
지니며, 자녀는 이러한 부모를 통하여 성역할을 발달시킨
다(Hilliard & Liben, 2012; Leaper, 2013; Liben, Bigler, & Hilliard,
2014). 부모는 자녀에게 적극적으로 성에 적합한 행동을 권
유할 뿐만 아니라 그러한 행동을 했을 때 보상을 하고, 성에
적합하지 못한 행동을 하였을 때에는 벌을 준다(사진 참조).

정신분석이론과 사회학습이론은 각각 같은 성의 부모와 동일시 또는 모방을 통해
서 성역할 습득이 이루어진다고 설명하고 있다. 이들의 견해가 전적으로 받아들여지
고 있는 것은 아니지만, 부모의 모델적 행동이 자녀의 성역할발달에 주요한 요인임은
주목할 만하다.

우리 사회의 여러 측면에서 전통적인 성역할 개념이 약화되기에 이르렀지만 많은
부모들은 여전히 딸이나 아들과의 상호작용에서 큰 차이를 보이는데, 이러한 차이는

청년기까지 계속된다(Bronstein, 2006; Galambos, Berenbaum, & McHale, 2009).

## 4) 또래와 교사의 역할

사진 설명　인형놀이를 하는 남자아이
는 또래들로부터 조롱을 받는다.

Michael Lamb

또래가 성역할발달에 미치는 영향도 매우 중요하다(Chen, Lee, & Chen, 2018; Martin, Fabes, & Hanish, 2018; Rose & Smith, 2018). 또래의 영향은 특히 유아기에 두드러지게 나타난다. 상당량의 성역할 학습은 성이 분리된 놀이상황에서 일어난다. 이는 같은 성의 또래와의 놀이가 성에 적합한 행동을 배우고 실행해보는 좋은 방법이 될 수 있기 때문이다.

또한 유아들은 성에 적합한 행동은 서로 보상하고, 성에 부적합한 행동은 벌한다(Leaper, 2013, 2015; Leaper & Bigler, 2011; Matlin, 2012; Rubin, Bukowski, & Bowker, 2015). 한 연구(Fagot, 1977)에서 유치원 아이들은 남아의 경우 망치질을 한다든가 모래밭에서 놀 때에 강화를 받았고, 여아의 경우 인형놀이나 소꿉놀이 등을 할 때 강화를 받았다. 또 성에 적합하지 않은 행동을 보일 경우에는 비판적이고 때로는 의도적으로 망신을 주기도 하였다. 이러한 또래들의 보상과 벌은 유아의 행동에 많은 영향을 주기 때문에 더욱 중요한 의미를 지닌다. Lamb과 Roopnarine(1979)은 3세 유아들이 반대 성의 행동을 하다가 또래들로부터 조롱을 받자 하고 있던 행동을 재빠르게 바꾸었으며, 성에 적합한 놀이에 대해 보상을 받았을 때는 평소보다 더 오랫동안 그 놀이를 계속하였음을 발견하였다. 이와 같이 또래들은 매우 어려서부터 성역할 습득을 위한 놀이를 통해 서로 가르치고 자극을 받는다.

또래집단만큼 강하지는 않지만 교사들 또한 유아의 성에 적합한 놀이는 보상을 하고, 성에 적합하지 않은 놀이는 하지 못하도록 한다(Leaper & Brown, 2015; Mullola et al., 2012). 그러나 많은 교사들이 남녀 유아 모두에게 여성적인 특성을 강조하는 경향이 있다. 이러한 경향은 교사가 점차 경험을 갖게 되면서 더욱 증가하는데, 이는 교사가 정숙과 질서를 유지시켜 수업을 잘 이끌어 나가기 위해서는 여성적 특성을 강화하는 것이 효과적이라는 것을 경험을 통해 알게 되었기 때문이다. 그러나 교사가 여성적 특성을 강화하는 것은 남성적 특성을 강조하는 또래집단의 가치와 모순되기 때문에 남아에게 혼란을 가져다주기도 한다. 남아의 이러한 혼란과 갈등은 입학 초기에 남아들이 학교에 가기를 싫어하며, 학업성적이 떨어지는 원인이 될 수 있다.

## 5) 텔레비전의 영향

대중매체가 아동과 청소년의 성역할발달에 미치는 영향에 대한 연구는 주로 텔레비전을 중심으로 이루어져 왔는데, 그 이유는 대중매체 이용률에서 텔레비전이 차지하는 비율이 가장 높기 때문이다. 텔레비전을 통해 묘사되는 남성과 여성에 대한 이미지는 아동의 성역할발달에 지대한 영향을 미치는데, 아동이 성에 대한 가치관이나 태도를 형성하는 데 있어서 텔레비전에서 제시되는 성에 대한 정보에 상당 부분 의존하기 때문이다(Sutton et al., 2002). 이는 Bandura가 언급한 모방학습의 효과로 설명할 수 있으며, 또한 텔레비전을 많이 보는 사람은 자신이 실제로는 텔레비전 속의 세계와 상이한 삶을 살고 있다 하더라도 텔레비전 속의 세계가 실제 삶에 영향을 미치는 반향(resonance)효과로도 설명할 수 있다(Adams, 2012; Bazzini et al., 2015; Gerbner, 1998; Starr, 2015).

사진 설명  텔레비전을 많이 보는 아동은 전통적 성역할을 고수하는 경향이 있다.

텔레비전은 전통적인 성역할을 자주 묘사함으로써 많은 시간을 텔레비전 시청으로 보내는 아동에게는 전통적 성역할을 고수하게 하는 결과를 낳는다(사진 참조). 텔레비전에서 묘사되는 남녀의 역할을 보면 남자가 주인공인 경우가 대부분이다. 그리고 남자는 적극적이고 공격적이며 중요한 의사결정을 하는 인물로 묘사된다. 반대로, 여자는 주로 가정주부나 비서, 간호사 등으로 등장하며, 수동적이고 소극적이며 의존적인 인물로 묘사된다. 따라서 텔레비전을 많이 보는 아동이 텔레비전을 적게 보는 아동보다 훨씬 더 성역할 고정관념을 고수하였다는 결과는 그리 놀라운 것이 아니다.

텔레비전을 통해 방영되는 대부분의 광고내용 또한 전통적인 성역할 특성을 반영하는 것으로 나타났다(Hetsroni, 2007). '텔레토비' '바니와 친구들' 등의 프로그램(사진 참조)에서 성역할 특성에서 다소 변화가 나타나고 있으나 이러한 변화가 남아의 행동에서는 보다 개방적으로 이루어지고 있는 반면, 여아의 경우에는 보다 전통적인 성역할에 대해 강화가 이루어지고 있는 것으로 나타났다.

우리나라 연구에서도 텔레비전 만화영화에서 대체로 남성은 여성에 비해 빈번하게 등장할 뿐 아니라 리더로서의 역할 빈도도 많은 반면, 여성은 추종자 역할에 치중되어 있었다. 또한 남성은 논리적 · 합리적 · 독립적 · 적극적 성향을 보이는 반면, 여성

텔레토비

바니와 친구들

은 감성적 · 희생적 · 순종적 성향으로 뚜렷한 성역할 고정관념을 보이는 것으로 나타났다(김명희, 2003).

그러나 한편으로는 텔레비전에 등장하는 인물들에 대한 묘사가 전반적인 성역할 고정관념에서 점차 벗어나는 경향을 보이고 있다. 광고에 등장하는 인물에 대한 묘사가 전반적으로 성역할 고정관념을 기초로 하고 있으나 여성의 성역할에서는 메시지 제시방법, 역할, 상품 종류 면에서 중립적이거나 비전통적인 성역할 모델이 제시되기도 한다(김광옥, 하주용, 2008).

Edward S. Davidson

텔레비전은 아동이 접하는 매체 중 영향력이 가장 강한 것으로, 전통적인 성역할 개념에서 벗어나 새로운 성역할 개념으로 발전하는 데 매우 중요한 역할을 할 수 있다. 한 연구(Davidson, Yasuna, & Tower, 1979)에서, 5~6세의 아동들에게 비전통적인 성역할을 하는 주인공들을 묘사하는 만화영화를 보여주었더니 아동들의 성역할 개념이 덜 인습적이 되는 것을 볼 수 있었다.

우리나라 유아를 대상으로 전통적 · 비전통적 성역할 VTR 프로그램을 제작하여 유아의 성역할 고정관념에 미치는 효과를 알아본 홍연애와 정옥분(1993)의 연구에서도, 전통적 성역할 VTR 프로그램을 시청한 집단, 비전통적 성역할 VTR 프로그램을 시청한 집단 그리고 통제집단 간에 유의한 차이가 있는 것으로 나타났다. 즉, 비전통적인 성역할 모델의 제시가 유아의 성역할 고정관념을 감소시켰으며, 성역할 VTR 프로그램을 시청한 후에 변화된 성역할 고정관념은 4주 후의 추후검사에서도 여전히 지속효과가 있는 것으로 나타났다.

이상의 연구결과에서 TV는 보다 평등주의적인 성역할 개념을 제시해줌으로써 아동들의 성역할 고정관념을 극복하거나 감소시키는 강력한 매체가 될 수 있음을 알 수 있다.

# 5. 새로운 성역할 개념

## 1) 심리적 양성성

한국 사회를 비롯한 많은 사회에서 전통적으로 남자는 남성적인 것이, 여자는 여성적인 것이 심리적으로 건강하다고 생각해 왔다. 그러나 최근에 와서 이러한 전통적인 성역할 구분은 현대 사회에 더 이상 적합하지 않을 뿐만 아니라, 인간의 잠재력을 충분히 발휘하는 데에 장애요인이 된다고 주장하는 학자들이 많다.

남성성과 여성성에 대한 전통적인 개념에 대한 대안으로서 Bem(1975)은 양성성으로의 사회화가 전통적인 성역할보다 훨씬 더 기능적이라고 주장한다. 양성성이란 그리스어로 남성을 일컫는 'andro'와 여성을 일컫는 'gyn'으로 구성된 용어이며, 하나의 유기체 내에 여성적 특성과 남성적 특성이 공존하는 것을 의미한다. 심리적 양성성의 개념은 한 사람이 남성성과 여성성을 동시에 가질 수 있기 때문에, 상황에 따라서 도구적 역할과 표현적 역할을 수행할 수 있다는 보다 효율적인 성역할 개념을 의미한다.

Carl Jung

한 개인이 동시에 남성적일 수도 있고 여성적일 수도 있다는 가능성은 Bem이 최초로 시도한 개념은 아니고 훨씬 그 이전으로 거슬러 올라갈 수 있는데, 일찍이 1945년에 Jung은 성역할의 이원적 개념을 주장하면서 남자든 여자든 모든 인간에게는 남성성과 여성성의 두 가지 특성이 어느 정도 공존한다고 하였다. 그의 분석이론에서 Jung은 인간의 무의식 속에 존재하는 남성의 여성적인 측면이 아니마(anima)이고, 여성의 남성적인 측면이 아니무스(animus)인데, 이 둘은 모두 정신의 중요한 측면이라고 강조하였다. Bakan(1966) 역시 모든 인간에게는 기능성과 친화성이 어느 정도 공존한다고 하면서 개인이나 사회가 생존하기 위해서는 이 두 가지 특성이 균형을 이루어야 한다고 주장한다. 그러나 남자는 기능성의 경향이 있고 여자는 친화성의 경향이 있으므로 남자와 여자의 발달과업은 다르다고 한다.

사진 설명 아니마와 아니무스

## 2) 성역할 측정도구

Constantinople(1973)의 전통적인 남성성-여성성 척도에 대한 평가는 성역할 분야에 있어서 개념적·방법론적 변화를 가능하게 하였다. 이것이야말로 성역할에 관한 현대적 견해나 태도를 지닌 최초의 시도 중의 하나였다. 그녀의 평가에 의하면 종래의 남성성·여성성 척도들은 남성성과 여성성을 단일 차원으로 보고 남성성과 여성성이 각기 양극을 대표한다고 본다는 것이다. 따라서 남성성(또는 여성성)이 높은 사람은 자동적으로 여성성(또는 남성성)이 낮은 것으로 나타나고, 이러한 단일 차원선상에서 중간쯤에 위치하는 사람은 불행히도 성역할 정체감이 불분명한 것으로 판정을 받아왔다.

Sandra Bem

Janet Spence

이러한 Constantinople의 견해를 많은 사람들이 지지했는데, 그중 Bem과 Spence도 성역할이 양극개념으로 이해되어져서는 안 된다는 신념하에 양성성을 측정할 수 있는 새로운 성역할 측정도구를 개발하였다. Bem (1974)은 Bem Sex Role Inventory(BSRI)를 그리고 Spence 등(1974)은 Personal Attributes Questionnaire(PAQ)를 각기 제작하였다. 이들 두 척도는 종래의 남성성·여성성 척도의 문제점을 해결한 것으로서, 남성성과 여성성을 각기 독립된 변수로 보고 남성성과 여성성을 따로 측정할 수 있도록 남성성 척도와 여성성 척도두 가지를 포함하고 있다. 이 측정도구에 의하면 남성적인 사람이 동시에 여성적인 사람일 수도 있는데, 이것이 바로 양성성이다.

〈그림 11-4〉에서 보는 바와 같이 남성성 척도와 여성성 척도의 중앙치 점수를 계산하여, 남성성과 여성성 점수가 모두 중앙치 이상이면 양성성으로 분류된다. 그리고 남성성 점수는 중앙치 이상인 데 반해, 여성성 점수가 중앙치 이하이면 남성성으로, 이와는 반대로 여성성 점수가 중앙치 이상이고, 남성성 점수가 중앙치 이하이면 여성성으로 분류된다. 마지막으로 남성성과 여성성 점수가 모두 중앙치 이

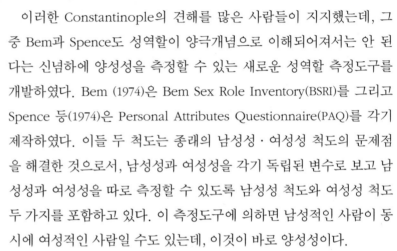

〈그림 11-4〉 독립차원으로서의 남성성과 여성성(양성성, 남성성, 여성성, 미분화 집단)

〈표 11-1〉 한국 성역할 검사의 남성성 척도와 여성성 척도의 문항

| 남성성 문항 | | 여성성 문항 | |
| --- | --- | --- | --- |
| 믿음직스럽다 | 근엄하다 | 섬세하다 | 다정다감하다 |
| 과묵하다 | 의욕적이다 | 어질다 | 차분하다 |
| 남성적이다 | 의지력이 강하다 | 친절하다 | 알뜰하다 |
| 강하다 | 대범하다 | 온화하다 | 유순하다 |
| 자신감이 있다 | 집념이 강하다 | 부드럽다 | 민감하다 |
| 털털하다 | 의리가 있다 | 상냥하다 | 순종적이다 |
| 박력이 있다 | 지도력이 있다 | 감정이 풍부하다 | 꼼꼼하다 |
| 독립적이다 | 결단력이 있다 | 깔끔하다 | 얌전하다 |
| 씩씩하다 | 모험적이다 | 따뜻하다 | 여성적이다 |
| 야심적이다 | 자신의 신념을 주장한다 | 인정이 많다 | 싹싹하다 |

하이면 미분화로 분류된다.

Bem과 Spence 등이 성역할 측정도구를 개발한 이래 우리나라에서도 우리 문화에 적합한 성역할 정체감을 측정하기 위한 도구들이 개발되어 왔다(김영희, 1988; 장하경, 서병숙, 1991; 정진경, 1990). 〈표 11-1〉은 정진경이 개발한 한국 성역할 검사의 남성성 척도와 여성성 척도의 문항들이다.


## 3) 심리적 양성성과 관련연구

양성성 개념이 소개된 이후 이 분야의 연구가 활발하게 이루어졌다. 많은 연구결과에 의하면 양성적인 사람이 성유형화된 사람보다 자아존중감, 자아실현, 성취동기, 결혼만족도가 높고, 도덕성발달과 자아발달도 보다 높은 수준에 있으며, 정신적으로도 더 건강한 것으로 나타났다(Bem, 1974; Bem & Lenny, 1976; Bem, Martyna, & Watson, 1976; Block, 1973; Cristall & Dean, 1976; Schiff & Koopman, 1978; Spence, Helmreich, & Stapp, 1975; Williams, 1979).

Warren H. Jones

위 연구들의 내용을 요약하면 양성적인 사람은 다차원적인 행동을 할 수 있고, 상황에 따라 남성적인 특성과 여성적인 특성의 역할을 적절하게 수행하기 때문에 적응력이 높다는 것이다.

그러나 Jones, Chernovetz 그리고 Hansson(1978)은 일련의 연구를 통하여, 개인의 적응력에 결정적인 역할을 하는 것은 양성성이 아니라 남성성이라고 밝히면서, Bem 등이 주장한 "양성성이 곧 적응

Robert O. Hansson

Geoffrey G. Yager

Susan Baker

성(androgyny equals adaptability)"이라는 가설을 부정하였다. Yager와 Baker(1979)도 여성성과 관계없이 남성성의 존재만이 개인의 적응력에 영향을 미친다고 하면서 "남성성 우월효과(masculinity supremacy effect)"라는 용어를 소개하였다. 그들은 이러한 효과의 배경은 남성적 특성이 미국사회에서 높이 평가되는 데 있다고 설명하면서, 이 남성적 특성을 가진 사람은 성에 구별 없이 일상생활의 적응면에서 유리한 입장에 있다고 하였다.

국내의 연구결과도 양성성 집단이 다른 세 집단보다 자아존중감이 높다는 연구(정옥분, 1986)가 있는 반면, 남성성 집단이 창의성이 가장 높다는 연구(구순주, 1984)도 있다. 또한 양성성과 남성성 집단이 자아존중감, 자아실현, 자아정체감에 있어 차이가 없다는 연구(장재정, 1988; 전귀연, 1984)와 성별에 따라서 다른 양상이 나타난 연구(김희강, 1980)가 있어 연구결과에 일관성이 없다.

성역할에 관한 많은 연구들이 양성성이 가장 융통성 있는 성역할 유형이라고 보고한 반면, 남성성이 보다 효율적인 성역할 유형이라고 하는 연구 또한 상당수 있어 현재로선 단정적인 결론을 내리기가 어렵다. 따라서 이 분야에 관해 앞으로 더 많은 연구가 이루어져야 할 것으로 보인다.

## 6. 청년기의 성역할 강화

이차 성징의 발현은 신체적·생리적인 변화와 기능에 있어서 남성을 남성답게 만들어주고, 여성을 여성답게 만들어주는 성숙의 표시이다. 이차 성징이 나타나면서 일시적으로 성적 반발이나 성적 혐오를 보이지만 점차 청년은 이성을 동경하게 되고 자기 자신이 이성에게 매력적인 존재가 되고자 노력한다. 이로 인해 청년은 신체뿐만 아니라 그들의 태도나 행동이 갑자기 남성다워지거나 여성다워진다(Galambos et al., 2009).

이와 같이 청년 초기에 성역할이 강화되는 현상이 있는데 성역할의 강화는 태도와 행동에서 성역할 고정관념이 증가하는 것을 말한다(Hill & Lynch, 1983). 성역할의 강화는 남녀 모두에게 일어나는 현상이지만 청년기 여성에게 더욱 보편적이다(사진 참조). 아동기 동안에는 여아가 남아보다 성정형화된 행동을 덜 보이지만 청년 초기가 되면 반대 성의 행동이나 활동을 하는 것을 주저하게 된다(Huston & Alvarez, 1990).

성역할의 강화는 왜 일어나는가? 생물학적, 사회적·인지적·요인이 여기에 작용하는 것으로 보인다. 사춘기에는 외모에서 남녀 차이가 증대되고, 십대들은 성차와 관련해서 자신에 대해 많은 생각을 하게 된다. 사춘기 변화는 또한 성역할과 관련된 압력을 많이 받게 된다. 예컨대, 부모들이 아들에게는 경쟁심을 부추기고, 딸에게는 여러 면에서 행동을 제한한다(Block, 1984; Hill, 1988). 그리고 청년들이 이성교제를 시작할 무렵이면 이성에게 더 매력적으로 보이기 위해 성정형화된 행동을 더 많이 하게 된다(Crockett, 1990). 청년기의 인지변화는 다른 사람들이 자신을 어떻게 생각하는지에 신경을 쓰게 하고, 따라서 십대들은 다른 사람들의 성역할 기대에 걸맞은 행동을 하고자 한다.

청년 후기가 되면 성역할 강화현상이 감소하지만 모든 청년이 다 그런 것은 아니다. 성역할이 융통성 있게 되는 데에는 사회환경이 주요한 역할을 한다. 비전통적인 성역할을 시험해보고, 전통적인 성역할이 자신이나 사회에 어떤 의미를 지니는지 생각해보도록 자극을 받는 청년들은 상황에 따라 남성적인 역할이나 여성적인 역할을 선택할 수 있는 양성적 성역할 정체감을 형성하게 된다(Eccles, 1987). 일반적으로 양성적인 청년들이 심리적으로 건강한 편인데 그들은 자신감이 있고, 또래에게 인기가 있으며, 정체감 성취의 상태에 있다(Dusek, 1987; Massad, 1981; Ziegler, Dusek, & Carter, 1984).

Jerome Dusek

# 제12장

# 도덕성발달

도덕적 행위란 그 행위를 한 뒤에 기분 좋은 느낌이 드는 것이고, 비도덕적 행위란 그 행위를 한 뒤에 기분이 나쁜 것을 말한다.

Ernest Hemingway

공중도덕이 없는 사회는 멸망할 것이고, 개인에게 도덕심이 없으면 그 삶은 아무 가치도 없다.

Bertrand Russel

좋은 것과 나쁜 것의 차이는 단지 남에게 도움을 주는 것이냐, 고통을 주는 것이냐의 차이일 뿐이다.

Emerson

받을 능력이 없는 사람에게는 우리가 아무것도 줄 수 없다.

Agatha Christie

양심은 영혼의 소리요, 정열은 육신의 소리이다.

Jean Jacques Rousseau

청소년들의 도덕적 판단 기준은 곧 그 사회에서 통하는 권위와 법률이 된다.

Lawrence Kohlberg

악한 일은 자기를 괴롭히지만 행하기가 쉬우며, 착한 일은 자기를 편안하게 해주지만 행하기가 어렵다.

法句經

최고의 도덕이란 끊임없이 남을 위한 봉사, 인류를 위한 사랑으로 일하는 것이다

Gandhi

1. 도덕성발달의 이론
2. 도덕성발달에서의 성차
3. 도덕성발달과 영향요인
4. 친사회적 행동

인간의 본성에 관심을 가진 사람들에게 있어 도덕성발달은 가장 오래된 관심사 중의 하나이다. 일찍이 어떤 이는 성선설을 주장하고, 어떤 이는 성악설을 주장하였다(사진 참조). 인간의 본성을 착한 것으로 보느냐, 악한 것으로 보느냐 하는 것은 자녀양육에서 상당히 중요한 의미를 지닌다.

성선설을 주장한 사람들은 어린이가 이 세상의 악에 물들지 않도록 올바른 교육으로 그들의 타고난 선을 보존하고 강화해야 한다고 했으나, 성악설을 주장한 사람들은 체벌을 포함한 엄격한 훈련을 통해 그들의 비합리적이고 못된 버릇을 고쳐야 한다고 주장하였다.

오늘날 사람들은 여전히 도덕성발달에 관해 관심을 가지는데, 어떤 행동이 바람직한 행동이며 윤리적인 행위인지 그리고 어떻게 하면 젊은이로 하여금 도덕적인 행동을 하게 할 수 있는지에 관해 고심하고 있다.

도덕성발달은 주로 세 가지 다른 측면에서 언급되고 있다. 첫째, 어떤 행동의 옳고 그름에 대한 평가인 도덕적 판단, 둘째, 사고나 행동에 대한 정서적 반응(죄책감 등)인 도덕적 감정, 셋째, 어떤 행동이 옳은지 알고 있다고 해서 반드시 그렇게 행동하는 것은 아니므로 실제로 어떻게 행동하느냐 하는 도덕적 행동이 그것이다.

청년기의 도덕성발달에 관한 연구는 위의 세 가지 측면 중 그 하나에 초점을 맞추는 경향이 있다. 예를 들면, 학습이론가들은 청년의 도덕적 행동에 영향을 미치는 요인들에 관심을 가지고 학습이론의 원칙이나 개념을 적용하여 청년이 자기통제를 할 수 있는 능력이나 유혹에 저항할 수 있는 힘 등에 관해 연구한다. 반면, 정신분석이론가들은 죄책감, 불안, 후회 등에 더 많은 관심을 가지는데 도덕적 감정의 연구에서는 개인의 양심이나 초자아의 역할이 강조된다. 도덕성발달의 또 다른 구성요소인 도덕적 판단은 주로 인지발달론자들에 의해 연구되는데, 피험자에게 가상적인 도덕적 갈등상황을 제시하고서 피험자가 어떤 반응을 나타내는가에 따라 그 사람의 도덕성 판단의 성숙수준을 측정한다.

이 장에서는 도덕성발달의 이론, 도덕성발달에 있어서의 성차, 도덕성발달과 영향요인, 친사회적 행동에 관해 살펴보고자 한다.

# 1. 도덕성발달의 이론

## 1) 인지발달이론

인지발달이론은 도덕성발달을 설명하는 대표적인 이론으로, 도덕적 판단에 관한 대부분의 이론과 연구는 인지발달이론에서 파생된 것이다. 도덕성발달의 인지적 측면은 Piaget에 의해 최초로 제시되었으며, Piaget의 이론을 기초로 하여 Kohlberg는 그의 유명한 도덕성발달이론을 정립하였다.

### (1) Piaget의 이론

Piaget(1965)는 5~13세 아동들의 공기놀이를 관찰함으로써 규칙의 존중에 대한 발달과업을 연구하였다(사진 참조). Piaget는 아동들에게 "게임의 규칙은 누가 만들었는가?" "누구나 이 규칙을 지켜야만 하는가?" "이 규칙들은 바꿀 수 있는가?" 등의 질문을 하였다. Piaget는 규칙이나 정의, 의도성에 대한 이해, 벌에 대한 태도 등의 질문을 근거로 하여, 아동의 도덕성발달 단계를 타율적 도덕성(heteronomous morality)과 자율적 도덕성(autonomous morality)의 두 단계로 구분하였다.

타율적 도덕성 단계의 아동(4~7세)은, 규칙은 신이나 부모와 같은 권위적 존재에 의해서 만들어진 것으로 믿으며, 그 규칙은 신성하고 변경할 수 없는 것으로 이를 위반하면 벌을 받아야 한다고 생각한다. 이 단계의 아동은 규칙은 변경할 수 없는 절대

**사진 설명** 아동들이 공기놀이를 하고 있다.

적인 것으로 생각하기 때문에, 이들에게 공기놀이에 적용할 새로운 규칙을 가르쳐 주어도 기존의 규칙을 그대로 사용해야 한다고 고집하였다. 또 모든 도덕적 문제에는 '옳은' 쪽과 '나쁜' 쪽이 있으며, 규칙을 따르는 것이 항상 '옳은' 쪽이라고 믿는다. 또한 행위의 의도성에 대한 이해에서도, 어떤 행동의 옳고 그름을 행위자의 의도와는 상관없이 단지 행동의 결과만을 가지고 판단한다. 예를 들면, 어머니가 설거지 하는 것을 도와드리다가 실수로 컵을 열 개 깨뜨리는 것이 어머니 몰래 과자를 꺼내 먹다가 컵을 한 개 깨뜨리는 것보다 더 나쁘다고 생각한다(〈그림 12-1〉 참조). 더욱이 타율적 도덕성 단계의 아동은 사회적 규칙을 위반하게 되면 항상 어떤 방법으로든 벌이 따르게 된다는 내재적 정의(immanent justice)를 믿는다. 따라서 만약 6세 남아가 과자를 몰래 꺼내 먹으려다 넘어져서 무릎을 다쳤다면, 그것은 자기가 잘못한 것에 대해 마땅히 받아야 할 벌이라고 생각한다(Shaffer, 1999).

7세부터 10세까지는 일종의 과도기적인 단계로서 타율적 도덕성과 자율적 도덕성이 함께 나타나는 시기이다. 그러나 10세경에 대부분의 아동은 두 번째 단계인 자율적 도덕성 단계에 도달하게 된다. 이 단계의 아동은 점차 규칙은 사람이 만든 것이고, 그 규칙을 변경할 수 있다고 생각하며, 도덕적 판단에서 상황적 요인을 고려하는 융통성을 보인다. 예를 들어, 응급실에 환자를 수송하기 위해 속도위반을 한 운전기사를 부도덕하다고 생각하지 않는다. 옳고 그름에 대한 판단도 이제는 행위의 결과가 아닌 의도성에 의해 판단하게 된다. 따라서 과자를 몰래 꺼내 먹으려다 컵을 한 개 깨뜨리는 것이 어머니의 설거지를 도우려다가 실수로 컵을 열 개 깨뜨리는 것보다 더 나쁘다고 생각한다. 이 단계의 아동은 또한 규칙을 위반하더라도 항상 벌이 따르지

〈그림 12-1〉 피아제의 도덕적 판단 상황: 행위의 동기와 결과

않는다는 것을 스스로의 경험에 의해 알게 되었기 때문에 더 이상 내재적 정의를 믿지 않는다.

Piaget에 의하면 타율적 도덕성 단계에서 자율적 도덕성 단계로 발달하기 위해서는 인지적 성숙과 사회적 경험이 중요한 역할을 한다고 한다. 인지적 요소로는 자기중심성의 감소와 역할수용 능력의 발달을 들 수 있는데, 도덕적 문제를 여러 가지 각도에서 조망해볼 수 있게 해준다. Piaget가 중요하게 여기는 사회적 경험은 또래와의 대등한 위치에서의 상호작용이다. 아동은 또래와 사이좋게 놀고, 공동의 목표를 달성하기 위해서는 다른 사람의 입장에 서 보아야 하며, 갈등이 있을 때는 어떻게 해야 서로 이익이 되는 방식으로 해결할 수 있는지를 배우게 된다. 따라서 대등한 위치에서의 또래와의 접촉은 좀더 융통성 있고 자율적인 도덕성발달에 도움을 준다.

Daniel K. Lapsley

Piaget의 도덕성발달이론을 검증한 대부분의 연구는 Piaget의 이론과 일치하는 결과를 얻었다. 즉, 어린 아동이 나이 든 아동보다 더 많이 타율적 도덕성의 특성을 보였으며(Jose, 1990; Lapsley, 1996), 도덕적 판단은 IQ나 역할수용 능력과 같은 인지발달과 관련이 있는 것으로 나타났다(Ambron & Irwin, 1975; Lapsley, 1996). Piaget의 이론을 지지하는 많은 연구결과에도 불구하고, Piaget의 이론은 아동의 도덕적 판단능력을 과소평가했다는 지적이 있다. 예를 들어, 행위의 의도성에 관한 이야기에는 다음과 같은 문제점이 있다. 첫째, 이야기 속의 아동이 나쁜 의도로 작은 손상을 가져온 경우와 좋은 의도를 가졌지만 큰 손상을 가져온 경우를 비교함으로써 의도와 결과가 혼합되어

있다. 둘째, 행위의 결과에 대한 정보가 의도에 대한 정보보다 더 명확하게 제시되어 있다.

Nelson(1980)은 이러한 문제점을 해결하기 위해 3세 유아들을 대상으로 재미있는 실험을 하였다. 이야기 속의 주인공이 친구에게 공을 던지는 상황을 설정했는데, ① 행위자의 동기가 좋으면서 결과가 긍정적인 경우, ② 행위자의 동기는 좋지만 결과가 부정적인 경우, ③ 행위자의 동기는 나쁘지만 결과는 긍정적인 경우, ④ 행위자의 동기도 나쁘고 결과도 부정적인 경우의 네 가지가 그것이다. 3세 유아가 행위자의 의도를 이해할 수 있도록 Nelson은 이야기와 함께 그림을 보여주었다(〈그림 12-2〉 참조).

이 연구에서 3세 유아들은 긍정적인 결과를 가져온 행위를 부정적인 결과를 가져온 행위보다 더 호의적으로 평가하였다. 그러나 〈그림 12-3〉에서 보는 바와 같이, 유아들은 행위의 결과에 관계없이 나쁜 의도를 가졌던 행위보다 좋은 의도를 가졌던 행위를 더 호의적으로 평가하였다. 따라서 유아들은 도덕적 판단에서 행위자의 의도를

〈그림 12-2〉 행위자의 의도를 보여주기 위한 그림의 예

출처: Nelson, S. A. (1980). Factors influencing young children's use of motives and outcomes as moral criteria. *Child Development, 51*, 823-829.

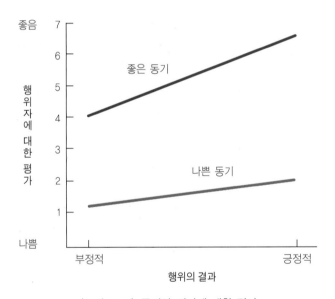

〈그림 12-3〉 동기와 결과에 대한 평가

출처: Nelson, S. A. (1980). Factors influencing young children's use of motives and outcomes as moral criteria. *Child Development, 51*, 823-829.

고려하고 있다는 것을 알 수 있다. 그러나 유아나 아동 모두 다른 사람의 행위를 평가할 때 의도와 결과를 다 고려하지만, 유아는 아동에 비해 의도보다는 결과에 더 비중을 둔다는 점에서 Piaget의 이론이 옳다고 볼 수 있다(Lapsley, 1996; Zelazo, Helwig, & Lau, 1996).

3세와 5세 유아를 대상으로 공격행동에 대한 도덕적 판단과 추론에 대해 살펴본 우리나라 연구(박진희, 이순형, 2005)에서, 3세와 5세 유아는 공격행동의 의도를 긍정적인 것과 부정적인 것으로 구분하여 도덕판단을 할 수 있는 것으로 나타났다. 이들은 이기적 동기나 화풀이로 행한 공격행동보다 이타적 동기나 규칙준수를 위한 공격행동을 덜 나쁘다고 판단하였다. 또한 공격행동에 대한 도덕판단은 결과의 제시 유무에 따라 다르게 나타났는데, 3세와 5세 유아는 상처를 입힌 것과 같은 공격행동의 부정적 결과가 제시된 경우에는 결과가 제시되지 않은 경우보다 더 나쁘다고 판단하였다.

Lawrence Kohlberg

### (2) Kohlberg의 이론

Kohlberg는 1956년부터 10~16세 사이의 아동과 청소년 75명을 대상으로 하여 도덕성발달을 연구하기 시작하였는데, 이 연구는 30년 이상 계속되었다. Kohlberg(1976)는 피험자들에게 가상적인 도덕적 갈등상황을 제시하고서 그들이 어떤 반응을 나타내는가에 따라 여섯 단계로 도덕성발달의 수준을 구분하였다. 그는 이 갈등상황에 대한 피험자의 응답 자체에 관심을 두지 않고 오히려 그 응답 뒤에 숨어 있는 논리에 관심을 가졌다. 즉, 두 응답자의 대답이 서로 다르더라도 그 판단의 논리가 비슷한 경우에는 두 사람의 도덕성 판단수준을 같은 단계에 있는 것으로 보았다. '하인츠와 약사'는 Kohlberg의 도덕적 갈등상황에 관한 가장 유명한 예이다.

## 하인츠와 약사

유럽에서 한 부인이 암으로 죽어가고 있었다. 의사가 생각하기에 어쩌면 그 부인을 살릴 수 있을지도 모르는 한 가지 약이 있었는데, 그 약은 일종의 라듐으로서 같은 마을에 사는 약사가 개발한 것이었다. 그 약은 재료비도 비쌌지만 그 약사는 원가의 10배나 비싸게 그 약을 팔았는데, 아주 적은 양의 약을 2,000달러나 받았다. 그 부인의 남편인 하인츠는 그 약을 사려고 이 사람 저 사람에게서 돈을 꾸었지만, 약값의 절반인 1,000달러밖에 구하지 못했다. 그래서 하인츠는 약사에게 가서 자신의 아내가 죽어가고 있으니, 그 약을 조금 싸게 팔든지 아니면 모자라는 액수는 나중에 갚겠으니 편의를 보아달라고 부탁하였다. 그러나 약사는 그 약으로 돈을 벌 생각이라면서 끝내 하인츠의 부탁을 거절하였다. 하인츠는 절망한 나머지 그 약을 훔치기 위해 약방의 문을 부수고 들어갔다.

피험자는 이 이야기를 다 읽고 나서 도덕적 갈등상황에 대한 몇 가지 질문을 받게 된다. 하인츠는 약을 훔쳐야만 했는가? 훔치는 것은 옳은 일인가, 나쁜 일인가? 왜 그런가? 만약 다른 방법이 전혀 없다면 아내를 위해 약을 훔치는 것이 남편의 의무라고 생각하는가? 좋은 남편이라면 이 경우 약을 훔쳐야 하는가? 약사는 가격 상한성이 없다고 해서 약값을 그렇게 많이 받을 권리가 있는 것인가? 있다면 왜 그런가?

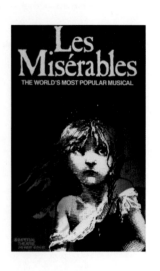

빅토르 위고의 유명한 소설 『레 미제라블』 또한 도덕적 갈등상황에 기초한 작품이다. 장발장은 굶주린 조카들을 위해 빵을 훔쳐야만 했는가? 우리는 왜 장발장이 빵을 훔치거나 또는 훔치지 말았어야 하는지에 대한 많은 이유를 생각할 수 있다.

Kohlberg는 이와 비슷한 도덕적 갈등상황을 몇 가지 더 제시하고 거기서 나온 반응을 분석하여 도덕성발달을 모두 6단계로 구분하였다. 〈표 12-1〉은 Kohlberg의 도덕성발달 단계를 설명한 것이고, 〈표 12-2〉는 '하인츠와 약사' 이야기에 대한 반응의 예를 각 단계별로 제시한 것이다.

Kohlberg 이론의 핵심은 인지발달이다. 각기 상이한 도덕성발달 단계에서는 각기 다른 인지능력이 필요하다는 것이다. 전인습적 수준의 도덕적 판단은 자기중심적이다. 인습적 수준에 도달하고 도덕적 규범을 따르기 위해서는 다른 사람의 견해와 입장을 이해할 수 있어야 한다(Walker, 1980). 그리고 후인습적 수준의 도덕적 추론을 하기 위해서는 형식적·조작적 사고가 필요하다(Tomlinson-Keasey & Keasey, 1974; Walker, 1980). 따라서 구체적 조작기에 있는 사람이 후인습적 도덕수준에 도달할 수는 없다.

역할수용 능력이나 형식적·조작적 사고는 도덕적 성장에 있어서 필요조건이지만 충분조건은 아니다. 다시 말해서 역할수용 능력이 있는 모든 사람이 다 인습적 수준의 도덕적 추론을 하는 것은 아니고, 형식적·조작적 사고를 하는 모든 사람이 다 후인습적 수준에 있는 것은 아니다(Stewart & Pascual-Leone, 1992).

Kohlberg(1976)는 또한 그의 도덕성발달 단계는 1단계부터 6단계까지 순서대로 진행한다고 주장한다. 그러나 모든 사람이 다 최고의 도덕수준까지 도달하는 것은 아니고, 겨우 소수의 사람만이 제6단계에 이를 수 있다고 한다. 청년 후기와 성년기에는 도덕적 판단수준이 안정화되는 경향이 있는데, 대부분의 성인들이 도달하는 도덕적 판단의 수준은 여성의 경우는 대개 3단계이고, 남성의 경우는 그보다

Lawrence Walker

〈표 12-1〉 Kohlberg의 도덕성발달 단계

| 전인습적 수준(Preconventional Level)<br><br>인습적이란 말은 사회규범, 기대, 관습, 권위에 순응하는 것을 뜻하는데, 전인습적 수준에 있는 사람은 사회규범이나 기대를 잘 이해하지 못한다. 이 수준에 있는 아동은 매우 자기중심적이어서 다른 사람의 입장을 이해하지 못하고, 자신의 욕구충족에만 관심이 있다. 9세 이전의 아동이나 일부 청소년 그리고 성인 범죄자들이 이 수준에 있다. | 1단계: 벌과 복종 지향의 도덕<br>이 단계의 아동은 결과만 가지고 행동을 판단한다. 즉, 보상을 받는 행동은 좋은 것이고, 벌받는 행동은 나쁜 것이다. 이 단계에서 아동은 벌을 피하기 위해 복종한다. 예를 들면, 훈이는 부모에게 야단 맞을까 봐 차가 달리는 거리에서 뛰어다니지 않는다. |
|---|---|
| | 2단계: 목적과 상호교환 지향의 도덕<br>자신의 흥미와 욕구를 만족시키기 위해 규범을 준수한다. 이 단계에서 아동은 다른 사람의 입장을 고려하기 시작하지만, 대부분 자신이 원하는 것을 얻기 위해서이다. 예를 들면, 훈이는 어머니가 약속한 상 때문에 찻길에서 뛰어다니지 않는다. |
| 인습적 수준(Conventional Level)<br><br>이 수준에 있는 아동이나 청년은 다른 사람의 입장을 더 잘 이해하게 되고, 이제 도덕적 추론은 사회적 권위에 기초하며 보다 내면화된다. 그리고 사회관습에 걸맞은 행동을 도덕적 행동이라 간주한다. 대부분의 청년과 다수의 성인이 이 수준에 있다. | 3단계: 착한 아이 지향의 도덕<br>다른 사람들의 기대 때문에, 그리고 다른 사람으로부터 인정을 받기 위해 착한 아이로 행동한다. 이 단계에서는 동기나 의도가 중요하며, 신뢰, 충성, 존경, 감사의 의미가 중요하다. 예를 들면, 숙이는 동생 훈이가 자기를 믿기 때문에, 훈이가 담배 피우는 것을 부모님께 말씀드리지 않는다. |
| | 4단계: 법과 질서 지향의 도덕<br>추상적 사고를 할 수 있는 능력으로 인해 청년은 이제 자신을 사회의 일원으로 생각하게 되고, 그래서 사회기준에 따라 행동을 평가하게 된다. 사회질서를 위해 법을 준수하는 행동이 도덕적 행동이라고 생각한다. 예를 들면, 훈이 아빠는 사회의 법과 질서를 준수하기 위해 보는 사람이 없더라도 '멈춤' 표지판 앞에서 차를 멈춘다. |
| 후인습적 수준(Postconventional Level)<br><br>후인습적 수준에 있는 사람은 사회규범을 이해하고 기본적으로는 그것을 인정하지만 법이나 관습보다는 개인의 가치 기준에 우선을 둔다. 일반적으로 <u>20세 이상</u>의 성인들 중 소수만이 이 수준에 도달한다. | 5단계: 사회계약 지향의 도덕<br>법과 사회계약이 "최대 다수의 최대 행복"이라는 전제하에 만들어 졌다는 것을 이해하고, 모든 사람의 복지와 권리를 보호하기 위해 법을 준수한다. 그러나 때로는 법적 견해와 도덕적 견해가 서로 모순됨을 깨닫고 갈등상황에 놓인다. |
| | 6단계: 보편원리 지향의 도덕<br>법이나 사회계약은 일반적으로 보편적 윤리기준에 입각한 것이기 때문에 정당하다고 믿는다. 따라서 만일 이러한 원칙에 위배될 때에는 관습이나 법보다 보편원리에 따라 행동한다. 보편원리란 인간의 존엄성, 인간의 평등성, 정의 같은 것을 말한다. |

〈표 12-2〉 '하인츠와 약사' 이야기에 대한 반응의 예

| 1단계 | 4단계 |
|---|---|
| 찬성: 하인츠는 약을 훔쳐야 한다. 그는 나중에 약값을 지불하겠다고 했다. 처음부터 약을 훔치려던 것과는 다르다. 그리고 그가 훔친 약값은 2,000달러가 아니라 실제로 200달러짜리이다.<br>반대: 하인츠는 약을 훔쳐서는 안 된다. 그것은 큰 범죄이다. 그는 허락을 받지 않고 강제로 침입했다. 그는 가게를 부수고 들어가서 매우 비싼 약을 훔치고 큰 피해를 입혔다. | 찬성: 하인츠는 약을 훔쳐야 한다. 아내를 죽게 내버려두어서는 안 된다. 아내를 살리는 것은 하인츠의 의무이다. 나중에 갚을 생각으로 약을 훔치는 것은 괜찮다.<br>반대: 하인츠가 그의 아내를 살리고 싶어 하는 것은 당연하다. 그러나 남의 물건을 훔치는 것은 나쁜 일이다. 어떤 상황에서도 법을 준수해야 한다. |

| 2단계 | 5단계 |
|---|---|
| 찬성: 하인츠가 약을 훔치는 것은 괜찮다. 그는 그의 아내를 살리기를 원하고, 그러기 위해서 약을 훔치는 것은 어쩔 수 없는 일이다. 그냥 도둑질하는 것과는 다르다.<br>반대: 하인츠는 약을 훔쳐서는 안 된다. 약사가 그리 나쁜 것도 아니다. 그는 다른 사람들과 마찬가지로 이윤을 남기려고 한 것뿐이다. 그것은 사람들이 돈을 벌기 위해 사업을 하는 것과 마찬가지이다. | 찬성: 절도가 도덕적으로 잘못된 것이라고 말하기에 앞서 모든 상황을 고려해야 한다. 물론 약국을 무단침입해서 약을 훔치는 것이 옳은 일은 아니지만 그러한 상황에서 약을 훔치는 것은 정당화될 수 있다.<br>반대: 하인츠가 약을 훔친 것이 전적으로 잘못된 일이라고 말할 수는 없지만, 아무리 극한 상황이라도 범법행위가 정당화될 수는 없다. 아무리 절박한 상황에서도 모든 사람이 다 도둑질을 하지는 않는다. 목적이 수단을 정당화할 수는 없다. |

| 3단계 | 6단계 |
|---|---|
| 찬성: 하인츠는 약을 훔쳐야 한다. 그는 좋은 남편으로서 마땅히 해야 할 일을 했을 뿐이다. 우리는 그가 아내를 사랑하는 마음에서 한 행동에 대해 그를 비난할 수 없다. 약을 훔쳐서라도 그녀를 살리고 싶을 정도로 아내를 사랑하지 않는 것이 비난받을 일이다.<br>반대: 하인츠는 약을 훔쳐서는 안 된다. 만약 하인츠의 부인이 죽는다 해도 그를 비난해서는 안 된다. 약을 훔치지 않았다고 해서 그가 무정한 사람이거나 아내를 사랑하지 않는 것은 아니다. 하인츠는 그가 할 수 있는 최선을 다했다. 약사가 이기적이고 무정한 사람이다. | 찬성: 법을 어기는 것과 한 사람의 생명을 구하는것 사이에서 선택을 해야 할 때 생명을 구하려는 도덕적으로 더 높은 원리가 약을 훔치는 행위를 정당화한다. 하인츠는 생명을 보존하고 존중하는 원리에 따라 행동해야 한다.<br>반대: 하인츠는 그의 아내만큼 그 약을 절실히 필요로 하는 다른 사람도 생각해야 한다. 그는 아내에 대한 특별한 감정에 의해 행동해서는 안 되고 다른 모든 사람의 생명의 가치도 생각하면서 행동해야 한다. |

출처: Kohlberg, L. (1969). *Stages in the development of moral thought and action*. New York: Holt, Rinehart, & Winston.

한 단계 높은 4단계라고 한다.

　Kohlberg의 도덕성발달이론은 인지적 성숙과 도덕적 성숙과의 관계를 제시한 것이었으며, 도덕성발달 연구에 많은 자극이 되었다. 그럼에도 불구하고 Kohlberg의 도덕성발달이론에 대해서는 몇 가지 문제점이 지적되고 있다.

　첫째, Kohlberg의 이론은 도덕적 사고를 지나치게 강조하고 도덕적 행동이나 도덕적 감정은 무시했다는 비판을 받는다(Colby & Damon, 1992; Kurtines & Gewirtz, 1991;

Jonathan Haidt

Daniel Hart

Lapsley, 1993; Turiel, 1997). 일상의 도덕적 갈등상황은 강력한 정서반응을 불러일으키므로, 도덕적 정서나 동기를 간과하는 어떤 이론도 완전하지 못하다는 주장이 있다(Haidt, Koller, & Dias, 1993; Hart & Chmiel, 1992). 더욱이 도덕성 연구에서 우리의 궁극적인 관심은 실제로 어떻게 행동하는가 하는 점이다. 아무리 높은 수준의 도덕적 판단을 하더라도 도덕적으로 옳지 못한 행동을 하면 아무 소용이 없다. 우리는 무엇이 옳은 일인지 알면서도 그렇게 행동하지 않는 경우가 종종 있다.

　둘째, Kohlberg의 도덕성발달이론은 문화적 편견을 보이기 때문에, 그의 도덕성발달 단계는 모든 문화권에서 보편적인 현상이 아니라는 지적을 받는다. 저개발국가, 특히 민주주의를 채택하고 있지 아니한 사회에서는 높은 단계에 도달하는 사람이 거의 없다. 연구결과, 아동이나 청소년은 모든 문화권에서 3, 4단계까지는 순차적인 발달을 하는 것으로 보인다. 문제는 후인습적 사고가 단지 어떤 문화권에서는 존재하지 않는다는 점이다. Kohlberg의 후인습적 추론은 서구 사회의 이상인 정의를 반영하기 때문에, 비서구 사회에 사는 사

어떤 문화에서는 후인습적 사고가 존재하지 않는다.

람이나 사회규범에 도전할 정도로 개인의 권리를 높이 평가하지 않는 사람들에게는 불리하다(Shweder, Mahapatra, & Miller, 1990). 사회적 조화를 강조하고 개인의 이익보다는 단체의 이익을 더 강조하는 사회에서는 정의에 대한 개념이 인습적 수준에 머무르게 된다(Snarey, 1985; Tietjen & Walker, 1985). 대만의 성인을 대상으로 한 도덕적 추론 연구(Lei, 1994)에 의하면, Kohlberg의 5단계와 6단계는 나타나지 않았으며, 우리나라의 연구(강영숙, 1981)에서도 6단계로의 이행은

전혀 나타나지 않았다.

셋째, Kohlberg의 이론은 또한 여성에 대한 편견을 나타내고 있다는 비판을 받는다. 그의 이론은 남성만을 대상으로 한 연구를 기초로 해서 도덕성발달 수준을 6단계로 나누고, 대부분의 남성은 4단계 수준에 그리고 대부분의 여성은 3단계 수준에 머문다고 하였다. Gilligan(1977)은 Kohlberg의 도덕성발달이론은 추상적인 추론을 강조함으로써 남성의 성역할 가치가 크게 평가되고, 상대적으로 여성의 성역할 가치의 중요성은 과소평가되었다고 주장한다. 즉, Kohlberg는

Carol Gilligan

여성의 도덕적 판단에서 나타나는 대인관계적 요소를 평가절하함으로써, 도덕적 추론에서 여성들이 내는 '다른 목소리'를 무시했다는 것이다.

Gilligan(1977, 1982, 1993)에 의하면 남아는 독립적이고, 단호하며, 성취지향적으로 사회화되므로, 도덕적 갈등상황을 해결하는 데 있어 다른 사람의 권리나 법과 사회적 관습을 중시하게 된다. 이것은 Kohlberg의 도덕성발달 중 4단계에 반영되는 견해이다. 반면, 여아는 양육적이고, 동정적이며, 다른 사람의 욕구에 대한 관심을 강조하는 사회화로 인해, 다른 사람과의 관계를 중시하는 도덕적 판단을 하게 되는데, 이것은 주로 Kohlberg의 도덕성발달 중 3단계에 반영되는 견해이다. 결과적으로 남성은 개인의 권리를 존중하는 법과 질서를 우선하는 정의의 도덕성(morality of justice)을 지향하게 되고, 여성은 다른 사람에 대한 책임과 복지가 핵심인 배려의 도덕성(morality of care)을 지향하게 된다고 한다.

### (3) Turiel의 영역구분이론

Kohlberg의 인지적 도덕성발달이론이 갖는 한계점, 즉 문화적 편견 및 도덕적 판단과 도덕적 행위의 불일치 등을 극복하기 위해 대두된 이론이 Turiel의 영역구분이론이다. Turiel(1983)은 도덕적 영역(moral domain), 사회인습적 영역(social-conventional domain) 그리고 개인적 영역(personal domain)으로 구분되는 영역구분 모형을 제시하였다.

Turiel의 이론은 모든 문화권에서 보편적인 도덕적 영역과 각 문화권에서 특수한 사회인습적 영역을 구분함으로써 문화적 편견을 극복할 수 있다는 이론이다. 또한 동일한 사태를 어떻게 개념적으로 규정하느냐에 따라 행위를 정당화할 수 있기 때문에, 도덕적 판단과 도덕적 행위 간의 불일치를 극복할 수 있다고 한다(김상윤, 1990).

영역구분이론에서 도덕적 영역, 사회인습적 영역, 개인적 영역은

Elliot Turiel

사진 설명  사회인습적 영역은 문화적 특수성을 지닌다. 인도의 이 소녀는"아버지가 돌아가신 다음날 닭고기를 먹는 것은 부도덕한 행동이다"라고 말한다. 왜냐하면 인도사람들은 그렇게 함으로써 아버지의 영혼이 구제받지 못한다고 믿기 때문이다.

각기 상이한 내용으로 구성된다(송명자, 1992; Turiel, 1983). 도덕적 영역은 인간의 권리와 존엄성, 생명의 가치, 정의, 공정성 등과 같이 보다 근원적이고 본질적인 도덕적 인식과 판단내용을 포함한다. 따라서 도덕적 영역은 모든 시대, 모든 문화권에서 동일하게 통용되는 문화적 보편성을 지닌다.

사회인습적 영역은 식사예절, 의복예절, 관혼상제의 예법, 성역할 등과 같이 특정의 문화권에서 그 구성원들의 합의에 의해 정립된 행동규범을 의미한다. 그러나 어떤 행동이 일단 인습적 규범으로 정립되면 그 성원들에게 강력한 제약을 가하게 되며 도덕적 성격을 띠게 된다. 사회인습적 영역은 시대, 사회, 문화 등 상황적 맥락에 따라 달라지는 문화적 특수성을 지닌다.

개인적 영역은 도덕적 권위나 인습적 규범의 영향을 받지 않는 개인의 건강, 안전, 취향 등의 사생활에 관한 문제영역이다. 개인적 영역은 자아를 확립하고 자율성을 유지하기 위한 주요 수단이 되지만 사회인습적 규범과 갈등을 일으킬 가능성이 있다.

Turiel의 영역구분이론이 가지고 있는 이론적 논리성과 경험적 근거에도 불구하고 이 이론에 대해 문제점이 제기되고 있는데, 영역혼재 현상(domain mixture phenomenon)과 이차적 현상(secondary order phenomenon)이 그것이다.

동일한 사태가 여러 영역의 특성을 공유함으로써 영역구분을 어렵게 만드는 것이 영역혼재 현상이다. 낙태, 성역할, 혼전순결 등은 영역혼재 현상의 대표적인 예가 된다(Smetana, 1983). 낙태의 경우를 예로 들어보자. 인간의 생명은 수정되는 순간부터 시작되는 것이므로 그 생명을 제거하는 낙태는 도덕적 영역에 속한다. 그러나 낙태를 합법적으로 인정하는 사회도 있으므로, 이 경우 낙태에 대한 도덕적 판단은 사회인습적 영역에 속하게 된다. 그리고 개인에 따라서는 낙태를 개인이 선택해야 할 문제로 인식하는 개인적 영역의 성격도 갖는다(송명자, 1992).

이차적 현상은 최초에는 인습적 성격을 띤 사태가 그 후 도덕적 결과를 낳게 되는 현상을 말한다. 예를 들어, 줄서기, 식사예절, 의복예절 등은 사회질서를 유지하기 위한 인습적 문제이지만, 이를 위반했

Judi Smetana

을 경우 타인의 권리를 침해하거나 타인의 감정을 상하게 하므로 결
국은 도덕적 문제를 야기하게 된다. 이러한 인습적 사태의 이차적 현
상화는 인습에 대한 동조를 강조하는 교사나 부모, 그 외 다른 사회
화 인자에 의해 강화되는 것으로 보인다(Nucci & Nucci, 1982; Nucci &
Turiel, 1978).

Larry Nucci

만일에 모든 도덕적 사태들이 여러 영역이 혼재되어 있는 다면적
사태로 인식된다면, 영역구분이론은 그 설정근거를 상실하게 된다.
특정 문화권에서 도덕적 영역으로 인식된 사태를 다른 문화권에서
사회인습적 영역으로 인식하거나, 반대로 사회인습적 영역을 도덕적
영역으로 인식하는 영역구분의 문화권 간 차이는 영역구분이론에서도 역시 문화적
보편성과 특수성의 문제를 해결하지 못했음을 반영하기 때문이다.

영역구분의 문화권 간 차이는 우리나라의 아동을 대상으로 한 연구(Song, Smetana,
& Kim, 1987)에서도 나타났다. 서구의 아동은 '인사를 하지 않는 것'을 사회인습적인
것으로 지각하는 데 반하여, 우리나라의 아동은
도덕적인 것으로 지각하였다. 즉, 미국 아동들은
'인사'란 본질적으로 도덕적인 것이 아니고, 단지
그러한 규범이 정해져 있으므로 따라야 하는 것
으로 생각하지만, 우리나라의 아동들은 인사를
하지 않는 것은 사회적 관습이나 규칙에 의한 제
재여부를 막론하고 본질적으로 나쁜 것으로 믿고
있었다. 우리 사회는 '경로효친'이라는 한국적 정
서로 인해 어른에게 인사하는 것(사진 참조)이 당
연하다는 의미에서 도덕률에 해당되는 것으로 볼
수 있다.

이상에서 살펴본 바와 같이 영역혼재 현상과 이차적 현상은 영역
구분이론의 타당성을 크게 위협하는 것으로 보인다. 또한 영역구
분이론이 Kohlberg 이론에 비해 각 문화권의 도덕적 특수성을 반
영하는 동시에 모든 문화권에 보편적으로 적용될 수 있다는 Turiel
의 주장도 연구결과 크게 지지받지 못한 것으로 보인다(Nisan, 1987;
Shweder, Mahapatra, & Miller, 1990).

Mordecai Nisan

## 2) 사회학습이론

### (1) 사회학습이론의 개요

도덕적 갈등상황에 직면했을 때 아동이 어떻게 사고하는가를 안다는 것은 매우 중요한 일이다. 그러나 보다 중요한 것은 그들이 과연 어떻게 행동하느냐 하는 것이다. 가령 도덕적 판단은 Kohlberg의 5~6단계 수준에 도달했다고 하더라도 거짓말쟁이, 사기꾼, 범죄자로 행동한다면 아무런 소용이 없다. 그러므로 사회화의 궁극적인 목적은 아동들로 하여금 올바른 행동을 하게 하는 데 있다.

도덕적 행동은 주로 사회학습이론가들에 의해 연구되는데, 다른 모든 행동과 마찬가지로 강화, 처벌, 모방 등으로 설명한다. 법이나 사회관습에 일치하는 행동이 보상을 받으면 아동은 그 행동을 계속하게 되고, 도덕적으로 행동하는 모델에 노출되면 아동 또한 그러한 행동을 채택하게 된다. 반면, 비도덕적인 행동이나 바람직하지 못한 행동으로 벌을 받게 되면 그러한 행동은 하지 않게 된다.

사진 설명 도덕적으로 행동하는 모델에 노출된 아동은 자신도 그러한 행동을 하게 된다.

만약 아동이 규칙을 준수할 것을 배웠다면, 규칙을 위반하고자 하는 유혹에 직면했을 때 그 유혹을 이겨낼 수 있어야 한다. 유혹에 대한 저항을 연구하기 위해 연구자들이 흔히 사용하는 방법은, 우선 어떤 금지행동을 설정한 다음 아동을 방에 혼자 남겨두고 방을 떠남으로써, 위반할 수 있는 기회를 제공하는 것이다. 아동에게 재미있는 장난감을 보여주고 그 장난감을 만지지 못하게 하는 '금지된 장난감(forbidden toy)' 실험은, 아동이 규칙을 준수하고 유혹에 저항하도록 하는 데 가장 효과적인 훈육법이 무엇인지를 알아보는 데 매우 유용하다(〈그림 12-4〉 참조).

Perry와 Parke(1975)의 '금지된 장난감' 실험에서는 아동이 재미없는 다른 장난감을 가지고 놀 때 강화를 했더니, 재미있는 장난감을 만지지 말라는 금지기준을 더 잘 지키는 것으로 나타났다. 이 결과에 의하면 강화는 아동의 도덕성발달에 매우 중요한 역할을 하는 것으로 보인다.

Parke(1977)는 처벌이 자기통제에 미치는 영향을 연구하기 위해 '금지된 장난감' 실험을 사용하였다. 연구결과 벌이라는 것이 언제나 도덕적 통제력을 발달시키는 데 효과적인 것은 아니며, 벌주는 시기, 벌의 강도, 일관성, 처벌자와 피처벌자의 관계의 특성에 따라 큰 차이가 있는 것으로 나타났다. 즉, 약한 벌보다는 강도가 높은 벌이,

실험자와 함께 있는 유아

유아 혼자 있으나 실험자에 의해 비밀리에 관찰된다.

매력 없는 장난감

매력적이나 금지된 장난감

〈그림 12-4〉 '금지된 장난감' 실험

일탈행동을 한 후에 곧바로 하는 벌이, 일관성 있는 벌이 그리고 아동과 따뜻하고 우호적인 관계를 맺은 사람이 주는 벌이 효과가 더욱 큰 것으로 나타났다. 또한 처벌하는 것과 더불어 일탈행위가 왜 잘못되었는지 그 이유를 설명해주면, 유혹에 대한 저항이 더욱 오래 지속되는 것으로 나타났다.

사회화의 주요 목적은 외적인 감독이나 보상 또는 처벌로부터 자유로울 때조차도 사회의 규칙들을 고수하려는 능력과 의욕을 아동들에게 심어주는 것이다. 사회학습 이론가들은 아동들이 외적인 감독이 없을 때에 유혹을 견디는 과정을 기술함에 있어 자기통제라는 용어를 사용하기를 좋아한다. 이것은 정신분석학에서 말하는 내면화라는 개념과 비슷한 것이다. 차이가 있다면, 단지 정신분석학의 경우는 행위로부터 추론하는 감정에 관심을 두는 반면, 사회학습적 견해는 일차적으로 행동에 관심을 둔다는 점이다.

Bandura(1977)는 행위의 도덕적 기준이 학습과 모델링에 의해 설정되면, 개인은 자기평가적 능력을 갖게 된다고 한다. 그러면서 사회화가 제대로 이루어진 아동들은 자기 자신을 위해 하위 목표를 설정하고, 그 기준들에 부합하거나 능가했을 때는 자기 자신을 보상하며, 그 기준에 미달할 때는 자신을 벌한다는 주장을 한다. 이것이 바로 자기통제의 과정이다.

### (2) 도덕적 행동과 도덕적 판단과의 관계

도덕적 행동과 도덕적 판단과는 관계가 있는가? 연구결과에 의하면 가상적 도덕적 갈등상황에서의 도덕적 판단수준과 실제 상황에서의 도덕적 행동과는 관계가 있는 것으로 나타났다. 예를 들면, 6학년 아동(Grim, Kohlberg, & White, 1968)과 대학생 (Schwartz, Feldman, Brown, & Heingartner, 1969)을 대상으로 한 연구에서, 후인습적 수준에 있는 피험자들이 인습적 수준에 있는 피험자들보다 커닝을 덜 하는 것으로 나타났다. 다시 말해서 도덕적 추론의 성숙수준과 도덕적 행동의 성숙수준이 일치하는 것으로 보인다. Kohlberg는 후인습적 수준에 있는 사람들은 이 상황에서 정의(justice)의 측면(신뢰와 기회 불평등의 문제)에 민감하기 때문에 커닝을 덜 하는 것이라는 결론을 내렸다.

Stanley Milgram

그러나 도덕적 판단과 도덕적 행동과의 관계는 커닝 상황에서처럼 그렇게 단순하지 않다. 각기 다른 도덕적 판단수준에 있는 사람들이 각기 다른 추론을 사용하면서도 같은 도덕적 행동을 할 수 있기 때문에, 그 관계는 때로는 모호하고 때로는 복잡하기까지 하다. 예를 들면, 도덕적 추론과 도덕적 행동의 관계에 관한 연구(Milgram, 1974)에서, 남성 피험자들은 연구자의 지시에 따라 다른 사람에게 전기충격을 가하도록 되어 있었다(사진 참조). 이 연구에서 Milgram은 피험자들이 어느 정도까지 권위에 복종하는지를 알아보고자 하였는데, 대부분의 피험자들이 실험자의 지시(권위)에 따라 다른 사람에게 전기충격을 가한 것으로 나타났다.[1]

그러나 Kohlberg(1976)는 이 연구에서 실험자의 지시를 따르지 않은, 다시 말해서 전기충격을 가하지 않은 피험자들의 도덕적 추론 평균점수는 계속해서 전기충격을 가한 피험자들의 평균점수보다 유의하게 높은 것으로 해석하였다. 6단계에 속한 피험자들은 다른 단계에 속한 피험자들보다 전기충격을 덜 가한 것으로 나타났는데, 이

---

1) 실제로는 전원이 연결되어 있지 않기 때문에, 전기충격은 가해지지 않았다.

들은 그 상황에서 실험자의 요구가 정당한 것인지에 대한 결정을 그들 스스로 내려야 하는 것으로 인식하였다. 5단계에 속한 피험자들도 비슷한 생각으로 실험을 중단하기를 원했지만, 이들은 실험 전에 전기충격을 가하기로 한 연구자와의 약속에 초점을 맞추었다. 이들은 결과적으로 6단계의 피험자들보다 전기충격을 더 가했는데, 이들의 행동은 오히려 3, 4단계에 속한 피험자들의 행동과 유사하였다. 그러나 5단계 피험자들의 행동은 권위에 복종하여 계속해서 전기충격을 가한 3, 4단계에 속한 피험자들의 행동과는 질적으로 그 의미가 다른 것으로 보인다. 즉, 3, 4단계의 피험자들은 그 상황에서 외부적 권위에 쉽게 굴복한 데 반해서, 5단계의 피험자들은 오히려 실험자와의 약속을 강조하였다. 따라서 이것은 각기 다른 단계에 속한 사람들의 같은 행동에 대한 추론이 각기 다를 수 있음을 보여주는 것이다.

### (3) 도덕적 행동의 습득

도덕적으로 행동한다는 것은 바람직하지 못한 행동을 억제하고 바람직한 행동을 조장하는 행동상의 통제를 내면화하는 것이다. 여기서 행동상의 통제를 내면화한다는 것은 강화인이 없이도 바람직한 행동을 채택하고, 좋지 못한 행동을 억제하는 것을 말한다. 부모가 옆에 없을 때조차 오빠와 과자를 나누어 먹는 아동의 행동을 그 예로 들 수 있다(사진 참조).

아동이 성장함에 따라 내면화된 통제상황이 서로 상충하는 도덕적 갈등상황이 발생하게 된다. 예를 들면, 다른 사람의 감정을 해치는 것이 나은지, 아니면 악의없는 거짓말을 하는 것이 나은지와 같은 도덕적 갈등상황에 빠지게 되는 경우가 그렇다. 아동이 발달해감에 따라 통제상황뿐만 아니라 여러 통제상황들의 우선 순위를 매기는 상위 통제(meta-controls) 상황노 내면화되이간다. 그리하여 도덕적 갈등상황에 대한 최선의 도덕적 해결책을 찾게 된다.

그렇다면 도덕적 통제의 내면화는 어떻게 일어나는 것일까? 사회학습이론에 의하면, 대부분의 행동은 아동이 경험하는 자극과 강화의 패턴에 의해 통제된다고 한다. 그리고 아동 초기에 이러한 사건의 대부분은 부모의 통제하에 있게 된다고 가정한다. 유아는 자신을 보살피는 사람(주로 부모)에게 정서적으로 애착을 형성하게 된다. 따라서 대부분의 경우 유아는 6~8개월경이면 부모와 매우 강한 정서적 애착을 형성한다.

부모의 존재와 보살핌은 유아에게 득이 되고 만족스러운 것이지만, 부모의 부재는 유아에게 유해한 것이다. 바꾸어 말하면, 부모가 아동을 보상하고 처벌하는 기제가 발달해왔다고 볼 수 있다. 부모의 존재나 부재는 정적 혹은 부적 강화로 작용할 뿐만 아니라, 부모의 존재나 보살핌과 관련된 말이나 미소, 제스처 등은 유아에게 긍정적 영향을 미치지만, 꾸짖음이나 얼굴 찡그리기, 애정철회, 부모의 부재 등은 유아에게 부정적 영향을 미친다.

초기 행동의 사회화는 대부분 조작적 조건형성과 고전적 조건형성을 통해 이루어진다. 바람직한 행동은 관심과 보살핌에 의해 보상을 받고, 바람직하지 못한 행동은 무관심과 애정철회에 의해 억제된다. 그러나 우리가 도덕적 혹은 비도덕적이라고 생각하는 대부분의 행동은 어린 아동의 행동목록에는 어떤 형태로든 존재하지 않는다. 단지 학습과정을 통해서 '규칙'이라는 것을 이해하게 되고, 불쾌한 결과를 초래하지 않기 위해 규칙에 복종하는 것을 학습하게 된다.

규칙과 규칙을 준수하는 행동을 실제로 학습함에 있어서 강화와 더불어 관찰학습, 조형, 대체행동의 발달 등과 같은 다양한 학습기제들이 요구된다(Sieber, 1980). 관찰학습(observational learning)은 아동이 다른 사람의 행동을 관찰하여 모방하는 것을 말한다. 조형(shaping)은 바람직한 행동에 가까운 행동을 강화하는 것을 말한다. 예를 들면, 유아가 말을 배우기 시작할 때 성인의 언어와 유사한 말을 강화해주는 것이다. 대체행동의 발달(development of substitute behaviors)은 바람직하지 못한 행동을 벌하고, 대신 아동에게 수용가능한 행동을 대체하도록 가르치는 것을 말한다. 이것은 매우 중요한 기제이다. 왜냐하면 처벌로 인한 행동의 억제는 단지 일시적으로만 효과가 있으므로 행동의 소멸과는 매우 다른 의미를 지니기 때문이다.

## 3) 정신분석이론

### (1) 정신분석이론의 개요

Freud(1933)는 인간의 성격구조는 원초아와 자아 그리고 초자아로 구성되어 있다고 하면서, 도덕성발달은 초자아의 발현을 통해서 이루어지는 것으로 보았다. 초자아는 남근기에 발생하는 오이디푸스 콤플렉스를 해결하는 과정에서 형성된다. 오이디푸스 콤플렉스의 해결책으로 아동이 같은 성의 부모와 동일시하게 되면, 초자아를 통해서 부모의 행동이나 가치기준을 내면화하게 된다. 이렇게 내면화된 부모의 가치기준이나 외적 규범에 위배되는 행동을 하게 되면 죄책감을 느끼게 된다.

정신분석이론에서는 인생의 초기단계에 아동이 부모의 기준이나 사회의 규범에 적응하게 되면서 도덕성발달이 이루어진다고 보았다. 그리고 도덕성이 발달함에 따라 아동은 사회의 규범을 내면화해서 반사회적 행동을 억제하고, 이를 위반했을 때에는 불안감과 죄책감을 느끼게 된다고 보았다. 따라서 죄책감이 형성되면 아동은 이로부터 벗어나기 위해 더욱더 사회의 규범에 순응하게 되고, 그렇게 함으로써 도덕성발달이 이루어진다는 것이다.

사진 설명   커닝을 하고 나서 청년은 죄책감을 느끼게 될 것이다.

도덕적 감정은 주로 죄책감을 통해서 측정된다. 일탈하고자 하는 유혹에 직면했을 때에 죄책감을 쉽사리 느끼는 아동은 불안감을 피하기 위해 유혹에 저항하게 되지만, 죄책감을 별로 느끼지 않는 아동은 유혹에 넘어가지 않을 이유가 없다. 여기서 죄책감으로 인해 도덕적 행동을 하게 된다는 가설이 성립된다. 그러나 연구결과(Maccoby, 1959; Santrock, 1975) 죄책감과 실제 행동과의 관계는 미약한 것으로 나타났다.

### (2) 초자아의 역할

Freud가 도덕적 행동에 영향을 미치는 내적 갈등의 원인을 설명하는 데 있어서 가장 중요하게 생각한 것이 바로 초자아의 역할이다. 초자아는 개인에게 있어 성(城)을 공격해오는 적을 방어하기 위한 요새적 역할을 하는 것으로, 자아와 원초아를 대체하고 변화시키는 중요한 정신적 기관인 것이다. 그리고 초자아는 외적인 사회적 요인으로서 초기에는 부모에 의해서, 이후에는 교사나 그 밖의 권위 있는 인물에 의해서 아동에게 내려지는 억제 · 구속 · 금지에 관한 기준들이다.

Freud의 심리성적 발달단계를 통한 성적 성숙은 초자아가 성숙하기 위한 필수적인 조건을 제공한다. 예를 들어, 남근기의 아동은 반대 성의 부모에게는 성적 애착을 보이는 반면에, 동성 부모와는 경쟁자 입장에서서 공격성을 나타낸다. 그러나 이와 같은 본능적 충동은 근친상간이라는 사회적 금기로 인해 통제된다. 이를 오이디푸스 갈등이라고 하며, 이는 이성부모에 대한 성적 욕구를 억제하고, 동성부모와의 동일시를 통해서 해결된다. 즉, 동성부모로부터의 동일시를 통해서 아동은 부모의 도덕적 가치와 기준을 받아들이게 된다. Freud에 의하면 부모에 대한 성적 애착의 형

나는 죄책감 콤플렉스가 있는 것 같아! 일식이나 월식을 볼 때마다 그것이 내 탓인 것 같거든….

성은 도덕적 내면화와 관련이 있다고 한다. 왜냐하면 이런 과정을 통해 아동은 본능적 충동과 사회적 요구 사이의 커다란 갈등을 경험하기 때문이다.

Freud(1923/1961)에 의하면 초자아는 두 가지 요소로 구성되어 있다. 하나는 자신의 내면화된 도덕적 가치에 위배될 때 죄책감을 느낌으로써 도덕적 위반에 반응하는 '양심'이고, 또 하나는 자신의 행동이 내면화된 기준과 일치될 때 자부심을 느끼고 만족을 하게 되는 '자아이상'이다. 아동은 부모의 도덕적 기준을 받아들여 자아이상을 달성한다. 자아이상은 모든 종교와 도덕체계들을 진화시킨 바로 그 씨앗이다. 양심은 자아의 행동과 의도에 대한 내면적 감독을 유지하는 초자아의 기능을 말한다. Freud는 아동이 어떻게 양심을 발달시키는가를 설명하기 위해서 오이디푸스 갈등의 해결과 같이 공격적인 본능을 억제하는 점에 관심을 가졌었다. Freud는 공격적인 본능은 없어지지는 않지만 무의식적으로 억제되고 수정될 수 있다고 보았다.

### (3) 도덕성발달의 단계

정신분석이론에서는 Freud의 심리성적 발달단계를 재구성하여 도덕성발달을 설명하고 있다(Tice, 1980). 각각의 발달단계에는 전환점(turning points)이 있는데, 이 전환점은 이전 단계의 발달과업이 성취된 정도만큼 도달할 수 있다. 결국 각 단계의 성취와 전환점은 이전 단계의 영향을 받으며, 동시에 각 단계의 도덕성발달에 새로운 기회를 제공한다.

정신분석학적 입장에서 보는 도덕성발달의 단계를 살펴보면 〈표 12-3〉과 같다. 첫째, 도덕성발달의 첫 번째 단계는 초자아의 형성을 통해 성취된다. 이것은 출생에서부터 첫 번째 전환점인 오이디푸스 콤플렉스에 이르기까지의 전도덕적 단계에 해당한다. 이 시기에는 분리-개별화(separation-individuation) 문제와 초자아 전조(superego precursors)가 중시된다. 둘째, 도덕성발달의 두 번째 단계는 잠복기에 해당하는데, 정교함과 강화의 시기이다. 이 시기는 두 번째 전환점이 되는 시기로서 대개 7세 이후까지 이어진다. 셋째, 도덕성발달의 세 번째 단계는 청년 초기와 중기에 나타나는데, 세 번째 전환점은 사춘기가 시작되는 무렵이 된다. 넷째, 도덕성발달의 네 번째 단계와 전환점은 청년 후기에 접어들면서 시작된다. 그리고 나머지 전환점과 단계들은 노년기와 죽음에 직면하기까지의 성인기 전 기간 동안 개인에 따라 다양하게 나타난다.

Nadine Lambert

〈표 12-3〉 정신분석학적 입장에서 본 도덕성발달의 단계

| 단계와 설명 | 대략적인 연령 |
|---|---|
| 전도덕적 단계 | |
|   분리-개별화 과업성취, 초자아 전조 | 0~3세 |
|   전환점: 오이디푸스 과업성취 | 3~6세 |
| 1단계: 초기의 도덕성 | |
|   최초의 초자아 형성, 후오이디푸스기, 초기 잠복기 | 5~6세 |
|   전환점: 잠복기의 과업성취 | 6~8세 |
| 2단계: 아동기의 도덕성 | |
|   최적의 잠복기, 사춘기 이전 | 8~12세 |
|   전환점: 사춘기의 과업성취: 청년 초기 | 12~14세 |
| 3단계: 청년기의 도덕성 | |
|   두 번째 분리-개별화 시기: 청년 중기 | 14~16세 |
|   전환점: 청년 후기의 과업성취 | 16~20대 초반 |
| 4단계: 성인기의 도덕성 | 10대 후반 |
|   전환점: 성인기의 과업성취 | |
| 5단계 이후: 노년기의 도덕성 | 21~25세부터 사망까지 |
|   노년과 죽음을 맞이함: 세 번째 분리-개별화 시기 | |

출처: Tice, T. N. (1980). A psychoanalytic perspective. In M. Windmiller, N. Lambert, & E. Turiel (Eds.), *Moral development and socialization*. Allyn & Bacon.

## 2. 도덕성발달에서의 성차

### 1) Freud와 Kohlberg의 이론

Freud(1933)는 여성의 도덕성발달은 불완전하다고 주장하였다. 이는 초자아의 형성은 오직 거세불안에 의해서 완전해지는 것인데, 여성에게는 거세불안이 없는 만큼 보다 약한 초자아를 발달시키게 되어, 도덕적인 면에서 남자보다 덜 엄격한 편이라는 것이다. 그러나 이러한 주장은 단순히 Freud 자신의 문화적 고정관념을 반영한 것일 뿐이라는 비판을 받는다. Hoffman(1980)은 남성보다 여성이 도덕적 원리를 보다 더 잘 내면화한다고 하면서, 이는 도덕적으로 옳지 못한 일이 여성에게는 죄책감과 연결되나 남성에게는 탄로와 처벌의 두려움과 연결되기 때문이라고 하였다.

Kohlberg(1976)의 이론 또한 여성에 대한 편견을 나타내고 있다. 그의 이론은 남성만을 대상으로 한 연구를 기초로 해서 도덕성발달 수준을 6단계로 나누고, 대부

분의 남성은 4단계 수준에 그리고 대부분의 여성은 3단계 수준에 머문다고 하였다. Gilligan(1977)은 Kohlberg의 도덕성발달이론은 추상적인 추론을 강조함으로써 남성의 성역할 가치가 크게 평가되고, 상대적으로 여성의 성역할 가치의 중요성은 축소되었다고 주장하였다.

아브라함이 아들 이삭을 제물로 바치려 하고 있다.

솔로몬 왕이 아기의 진짜 어머니가 누구인지 가리고 있다.

## 2) Gilligan의 도덕성발달이론

Gilligan은 많은 도덕성발달이론에 내재하고 있는 남성 편견을 수정하기 위해 새로운 도덕성발달이론을 발전시켰다. 이 이론에서 나타나는 여성의 도덕적 판단의 분명한 특징은 다른 사람들과의 관계에서 도덕문제를 판단하고 자신을 평가한다는 점이다. Gilligan(1990)은 자신의 연구에 근거해서 남자와 여자의 경우는 도덕적 명령이 추구하는 바가 다르다고 보았다. 즉, 여성에게 주어지는 도덕적 명령은 동정이나 보살핌 같은 것이고, 남성에게 주어지는 도덕적 명령은 정의와 같은 추상적 원칙과 다른 사람의 권리를 존중해주는 것 등이다.

Gilligan은 도덕성의 두 가지 대조적인 개념을 극적으로 설명하고 있는데, 그 하나는 Kohlberg의 정의의 도덕성이고, 다른 하나는 Gilligan의 배려의 도덕성이다. Kohlberg의 6단계에서 제시된 관념적 도덕성은, 성경에서 하느님이 믿음의 징표로 아들의 생명을 요구했을 때, 아브라함이 기꺼이 아들의 목숨을 제물로 바치게 한 것에서 볼 수 있다(사진 참조). Gilligan의 인간중심적 도덕성 역시 성경에서 볼 수 있는데, 아기가 다치는 것을 보느니 차라리 가짜 어머니에게 아기를 양보함으로써, 자신이 아기의 진짜 어머니라는 것을 솔로몬 왕에게 입증해보인 여자의 이야기(사진 참조)에서 나타나고 있다 (Papalia, Olds, & Feldman, 1989).

이렇게 상이한 도덕적 명령은 도덕적 문제를 다른 방향에서 보게 하지만, 결코 남성적 방향이 보다 우수하다는 것을 의미하지는 않는다. 오히려 보다 인간적인 도덕

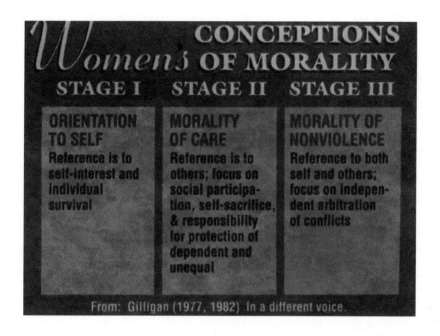

성발달의 개념을 발전시키기 위해서는 남성적 방향과 여성적 방향이 서로 보완적으로 통합될 필요가 있다고 Gilligan은 주장한다. 이러한 주장은 남성적 성역할과 여성적 성역할을 서로 보완·통합하는 양성적 성역할 개념과 매우 비슷하다.

　Gilligan(1982)은 도덕성발달을 이해하는 데 있어 핵심적인 틀로서 인정되어 온 Kohlberg의 도덕성발달이론이 여성에게는 편파적인 것이라고 비판하였다. 즉, Kohlberg의 도덕성발달이론은 추상적인 추론을 강조함으로써 남성의 성역할 가치는 높이 평가하고, 상대적으로 여성의 성역할 가치의 중요성을 축소하였다는 것이다. 정의를 중시한 Kohlberg의 도덕성발달이론은 이성이나 평등, 존엄성, 자율성 등과 같이 남성적 특성을 강조했기 때문에 남성주의적인 것인 반면, 다른 사람들에 대한 배려나 보호, 보살핌 및 책임 등과 같이 여성의 도덕적 판단에서 나타나는 대인관계적 요소를 평가절하함으로써 도덕적 추론에서 여성들이 사용하는 '다른 목소리'는 제대로 반영하지 못하였다는 것이다. 이러한 남성중심적인 도덕성발달이론을 대신하여, Gilligan은 여성의 도덕성을 이해할 수 있는 새로운 기준으로 배려지향적 도덕성발달이론을 제시하였다.

　Gilligan(1982)이 제시하는 배려지향적 도덕성발달 과정은 세 수준과 두 과도기로 구분되는 다섯 단계로 이루어진다. 여기에서 1.5 수준과 2.5 수준은 과도기 과정이다.

### (1) 제1수준: 자기중심적 단계

도덕적 추론의 가장 초보적인 단계로서, 이 단계에서 여성은 스스로의 생존을 위해

지극히 자기중심적이다. 이 단계에서는 다른 사람에 대한 관심이나 배려가 결여되어 있으며, 자신에게 최상의 것이 무엇인가에 의해 최종 결정이 내려진다. 이 단계에서의 배려는 다른 사람을 위한 것이 아니라 오직 자기 자신을 위한 배려이다. 여성의 관심은 오직 자신의 욕구뿐이다.

### (2) 제1.5수준: 이기심에서 책임감으로의 변화

이 단계에서 처음으로 이기심(자신이 원하는 것)과 책임감(자신이 해야만 하는 것)이라고 하는 대립되는 개념이 등장한다. 자신의 판단이나 행동을 이기적이라고 자책하기도 하는데, 이는 자아와 타인 사이의 연계성을 인식하기 시작했다는 사실을 보여준다. 이제는 이기심이 타인을 생각하는 책임감으로 서서히 변하기 시작한다. 그러나 다른 사람들에 대한 관심이 증가했다고 할지라도, 여전히 자신의 행복이 삶의 목적이다.

### (3) 제2수준: 책임감과 자기 희생의 단계

이 단계에서 여성은 다른 사람들에 대한 책임을 강조하게 되며, 자기에게 의존하는 사람들이나 자기보다 열등한 사람들을 보살피고자 하는 모성애적 도덕률을 채택하게 된다. 다른 사람들을 기쁘게 해주려는 욕구, 심지어 자기의 욕구를 희생해서라도 다른 사람이 원하는 것을 해주려는 욕구가 전면에 등장하게 된다.

그러나 배려의 대상이 오직 다른 사람에게만 국한되며, 자기 자신은 배려의 대상에서 제외되기 때문에, 인간관계의 평형상태가 파괴된다. 즉, 이 단계에서 여성은 자기희생을 도덕적 이상으로 간주하지만, 이것은 자기 자신과 다른 사람들 간의 불평등으로 인하여 여성은 혼돈에 빠지게 된다.

사진 설명  Gilligan(가운데)이 면접대상 여성들과 함께

### (4) 제2.5수준: 선에 대한 관심에서 진실에 대한 관심으로의 변화

이 단계에서는 다른 사람의 욕구뿐만 아니라 자기 자신의 욕구도 고려한다. 다른 사람에 대한 책임을 짐으로써 '착하게' 되기를 원하지만, 자기 자신에게 책임을 짐으로써 '정직하게' 되고자 한다. 즉, 책임감의 개념이 자기 자신의 욕구와 이해관계를 포괄할 수 있도록 확대되는 것이다.

이 두 번째 과도기에서는 선에 대한 관

심보다 진실에 대한 관심이 더 증가한다. 이러한 변화는 배려의 도덕성을 뒷받침한다고 생각했던 자기 희생의 논리를 면밀히 고찰하는 과정에서 자아와 타인 간의 관계를 재고하면서부터 시작된다.

### (5) 제3수준: 자신과 타인에 대한 배려의 단계

이 단계에 도달하게 되면 여성은 인간관계가 상호적이라는 것을 인식하며, 자신과 타인의 관계에 대한 새로운 이해를 통해서 이기심과 책임감 간의 대립을 해소한다. 예를 들면, 낙태에 관한 결정에 있어서 자기 자신의 권리를 주장하지만, 동시에 다른 사람들에 대한 책임감도 고려한다. 이 단계의 여성은 더 이상 자신을 무기력하거나 복종적인 존재로 여기지 않는다. 이제는 의사결정 과정에서 적극적이고 동등한 참여자가 되는 것이다. 이 단계에서는 자기 자신도 배려의 대상이 되어야 한다는 것을 깨닫게 되며, 자기 자신에 대하여 책임감을 느끼게 된다.

## 3. 도덕성발달과 영향요인

청년기 도덕성발달에 영향을 미치는 요인은 부모, 또래, 교사, 형제자매나 조부모 등의 다른 가족구성원, 종교집단의 지도자, 대중매체 등이다(〈그림 12-5〉 참조).

〈그림 12-5〉 청년기 도덕성발달에 영향을 미치는 요인들

### 1) 부모의 영향

애정지향적이고 수용적인 양육태도는 자녀의 도덕성발달에 긍정적인 영향을 미치고, 지나치게 엄격하고 통제적인 양육태도는 부정적인 영향을 미친다. 청년들은 부모

에게서 사랑받고 신뢰받음으로써 도덕적 기준을 내면화시키고, 다른 사람에 대한 배려도 하게 된다. 한편, 체벌을 포함한 힘을 사용하는 훈육법은 자녀로 하여금 단지 잘 못을 들키지 않도록 조심하게 함으로써 내적 통제능력을 길러주지 못한다(Hower & Edwards, 1979).

부모의 양육행동 연구에서 논리적 설명(reasoning)이 애정철회나 권력행사보다 자녀의 도덕성발달과 보다 더 관련이 있는 것으로 나타났다(Brody & Shaffer, 1982; Patrick & Gibbs, 2012). 여기서 '애정철회'란 자녀에게 더 이상 애정이나 관심을 보이지 않는 양육행동으로 다음과 같은 예를 들 수 있다. "네가 만일 또 그런 짓을 하면 나는 더 이상 너를 사랑하지 않아"라는 것이 그것이다. '권력행사'는 체벌이나 위협 등 힘을 사용하는 훈육법이고, '논리적 설명'은 자녀의 행동이 다른 사람에게 어떤 결과를 초래하는지를 설명하는 것이다.

도덕성발달이론가인 Hoffman(1970, 1980, 1988)은 애정철회나 힘을 사용하는 훈육법은 청년에게 너무 지나친 자극을 주게 되어 효과적이지 못하지만, 논리적 설명을 사용하는 훈육법은 자녀에게 무조건 부모가 시키는 대로 하라고 하는 대신에 왜 그렇게 해야 하는가를 설명해주고, 또한 자녀의 옳지 못한 행동이 다른 사람에게 어떤 영향을 미치는가를 설명해줌으로써 내면화된 도덕성을 발달시킨다고 한다.

청년기의 도덕성발달에 좋지 못한 영향을 미치는 또 다른 양육태도는 비일관성이다. 일관성 없는 부모의 기대 또는 훈육법은 혼란과 불안, 적의, 불복종을 초래하고 심지어는 청소년범죄 등을 유발한다(Bandura & Walters, 1959).

부모는 또한 도덕성발달에 있어서 역할모델 노릇을 한다. 아동들은 특히 나쁜 행동을 쉽게 모방하기 때문에 자녀에게 좋은 모델 노릇을 하기 위해서는 부모 자신이 도덕적이어야 한다.

우리나라 청소년의 도덕성발달과 가정환경과의 관계를 알아본 연구(허재윤, 1984)에서 부모의 학력, 사회경제적 지위, 문화수준 등 지위요인이 도덕성발달과 관계가 있는 것으로 보인다. 그리고 가족구성원 간의 유대관계가 깊고 일체감이나 공동체의식이 클수록 청소년들의 도덕성발달 수준이 높으며, 부모의 양육태도가 애정지향적이고, 자율적이며, 개방적일 경우 청년자녀의 도덕성발달 수준이 높은 것으로 나타났다.

## 2) 또래의 영향

청년기의 도덕성발달에 미치는 부모의 영향이 지대하지만 또래의 영향 또한 중요하다. 부모의 가치관과 또래의 가치관이 일치할 경우에는 도덕적 가치를 강화하는 데 도움이 되지만, 이들이 서로 다를 경우에 청년은 도덕적 결정을 내리는 데 갈등을 느끼게 된다. 또래집단은 비행집단이나 소외된 청년문화와 같은 탈선적 청년 하위문화의 발달에 중요한 영향을 미치는 것으로 보인다(Lloyd, 1985).

Kohlberg는 자신보다 높은 단계의 도덕적 추론에 접하게 되면 인지적 불평형 상태를 유발하므로 높은 수준으로의 상향이동이 이루어진다고 주장하지만, 연구결과 항상 상향이동만으로 도덕성발달이 이루어지는 것은 아니라는 것이 밝혀졌다. 아동이나 청년은 또래와 함께 있을 때에 반사회적 행동에 대해 불안이나 죄책감을 덜 느끼므로 아주 낮은 단계에까지 퇴행하는 경향이 있다는 것이다(Hoffman, 1980).

### 3) 대중매체의 영향

텔레비전은 부모나 교사와 같은 영향력을 지닌 사회화 인자로서 주목을 받게 되었다. 텔레비전이나 영화에 나오는 역할 모델을 관찰함으로써 태도, 가치, 정서적 반응, 새로운 행동들을 학습한다. 보다 구체적으로, 이러한 모델을 통해서 도덕적 판단이나 도덕적 행동들을 배우게 된다.

청년을 대상으로 한 연구는 거의 없으나 아동을 대상으로 한 연구에서는 텔레비전에서 이타적 행동을 하는 모델을 본 아동들은 보다 이타적이 되고, 공격적 행

사진 설명   TV에 나타나는 폭력은 공격적 행동뿐만 아니라 도덕적 가치나 행동에도 영향을 미친다.

동을 하는 모델을 본 아동들은 더 공격적이 되는 것으로 나타났다(Maloy et al., 2014; Parke et al., 2008; Truglio & Kotler, 2014). 즉, 텔레비전에 나타나는 폭력은 공격적 행동뿐만 아니라 도덕적 가치나 행동에도 영향을 미치는 것으로 보인다(사진 참조).

## 4. 친사회적 행동

오늘날 많은 발달심리학자들은 감정이입, 동정심, 자아존중감 등 긍정적인 감정은 도덕성발달과 정적 상관이 있고, 분노, 수치심, 죄책감 등 부정적인 감정은 도덕성발달과 부적 상관이 있다고 믿는다.

Lawrence S. Wrightsman

초기의 사회심리학에서는 인간발달에서 부정적 측면을 지나치게 강조해 왔다. 그러나 1970년대에 와서는 인간본질의 긍정적인 측면에 관심을 가지게 되었는데, 그 이유는 다음과 같다. 즉, 인본주의 심리학의 성장, 평화운동의 확산, 인권에 대한 관심의 고조, 지구상의 자원에 대한 공평한 분배를 원하는 인간의 욕망 등이 연구의 초점을 반사회적 행동에서 친사회적 행동으로 옮겨놓은 것이다(Bryan, 1975; Hoffman, 1977). 또 한편으로는 반사회적 행동이 사회를 위협하기 때문에 친사회적 행동에 초점을 맞추려는 실용적인 이유도 들 수 있다(Wrightsman, 1977).

친사회적 행동은 다른 사람을 이롭게 하는 행동으로서 친구에게 자기 소유물을 나누어 주거나, 곤경에 처한 사람을 돕거나(사진 참조), 자기 자랑보다는 남을 칭찬하고, 다른 사람의 복지증진에 관심을 갖는 것을 포함한다(Hay, 1994).

친사회적 행동을 설명하는 몇 가지 이론이 있다(Perry & Bussey, 1984; Shaffer, 1994). 동물행동학과 사회생물학에서는 친사회적 행동을 종의 생존을 보장해주는 인간본질의 기본적 구성요소로 본다. 반면, 정신분석이론과 인지발달이론 그리고 사회학습이론에서는 친사회적 행동은 유전적인 것이 아니고 학습된 것이라고 본다. 즉, 정신분석이론은 성격구조의 하나인 초자아가 발달함에 따라 친사회적 행동이 발달한다고 보았으며, 인지발달이론은 친사회적 행동은 인지발달과 마찬가지로 단계적으로 발달하는데, 여기에는 역할수용이라는 사회인지 기술이 결정적인 요인이라고 보았다. 그리고 학습이론은 다른 모든 행동에서와 마찬가지로 친사회적 행동의 발달에서 강화와 벌의 중요성을 강조한다.

Dale F. Hay

우리나라 초등학교 3학년과 6학년 아동 300명을 대상으로 실험한 연구(이옥경, 이순형, 1996)에 의하면, 과제의 부담이 다를 경우 낮은 부담의 과제에서 친사회적 행동이 더 많이 나타났다. 그리고 3학년보다 6학년 아동이 친사회적 행동을 더 많이 하는 것으로 나타났다. 또한 친사회적 도덕추론과 친사회적 행동 간에는 관련성이 있어서, 친사회적 도덕추론 수준이 높을수록 친사회적 행동을 더 많이 하는 것으로 나타났다.

## 1) 이타적 행동

Roger Brown(1925-1997)

　청년들은 종종 자기중심적이고 이기적인 것으로 묘사되지만, 청년들의 이타적 행동의 예는 수없이 많다. 호혜성(reciprocity)이 이타적 행동과 관련이 있는데(Brown, 1986), 호혜성은 다른 사람이 나에게 해주기를 원하는 것을 다른 사람에게 그대로 해주는 것을 말한다.

　친사회적 행동의 동기가 어디에 있느냐에 따라 이타적 행동인지 아닌지를 구분한다. 즉, 같은 친사회적 행동이라 할지라도 그 동기가 자신의 친사회적 행동으로 인하여 자신에게 돌아올 어떤 보상을 기대하지 않을 경우, 그래서 오로지 다른 사람을 이롭게 할 경우에만 이타적 행동으로 간주한다. 그러나 친사회적 행동의 진정한 동기가 과연 무엇인지 우리가 실제로 알 수 없다는 문제가 제기된다. 따라서 동기가 무엇이든 다른 사람을 이롭게 하는 행동이면 모두 이타적 행동으로 간주하기도 한다. 이때의 이타적 행동은 친사회적 행동과 비슷한 개념이다.

　청년의 이타심에는 곤경에 처한 사람에 대한 감정이입적 또는 동정적 정서가 작용하고, 수혜자가 자신과 가까운 사이일 때 그것은 더욱 증가한다(이옥경, 2002; Clark, Powell, Ovelletle, & Milberg, 1987). 곤경에 처한 사람을 위로하고 또 관심을 갖는 행동은 취학 전에도 나타나기는 하지만, 이타적 행동은 아동기보다 청년기에 더욱 자주 발생한다(Eisenberg, 1991; Eisenberg et al., 2018).

Nancy Eisenberg

　Eisenberg-Berg와 Hand(1979)는 도덕적 추론과 이타적 행동에 관한 연구에서 취학 전 아동을 대상으로 다음과 같은 가상적 이야기를 들려주었다.

어느 날 훈이가 친구의 생일잔치에 초대되어 급히 가고 있던 중 한 아이가 넘어져서 다리를 다친 것을 보았다. 그 아이는 훈이에게 자기 집에 가서 부모님께 이 사실을 알려줄 것을 부탁하였다. 만약 그 아이의 부탁을 들어준다면 훈이는 생일잔치에 늦어 맛있는 생일 케이크와 아이스크림을 못 먹게 되고, 재미있는 게임도 다 놓치게 될 것이다.

훈이는 이때 어떻게 해야 할까? 그리고 그 이유는 무엇인가?

연구결과, 나이가 어릴수록 쾌락주의적 추론을 하는 경향이 있고(예: 나는 생일케이크를 좋아하기 때문에 훈이는 생일잔치에 가야 한다), 연령이 증가함에 따라 점점 수혜자의 욕구를 이해하는 경향이었다(예: 그 아이가 다리를 다쳐서 아프니까 훈이는 그 아이를 도와주어야 한다). 그리고 다른 사람의 욕구를 언급하면서 이타적 행동을 정당화하는 사람들은 감정이입 점수도 높았다(Bar-Tal, Raviv, & Leiser, 1980; Eisenberg-berg & Hand, 1979).

## 2) 감정이입

감정이입은 다른 사람이 느끼고 있는 감정을 그대로 느끼는 것을 말한다. 즉, 상대방이 슬퍼하면 자기도 슬프고, 상대방이 행복해하면 자기도 행복하게 느끼는 것을 말한다. 감정이입과 역할수용은 다른 것인데, 역할수용은 다른 사람이 느끼고, 생각하고, 지각하는 것을 정확하게 이해는 하지만, 반드시 자신도 그와 똑같이 느낄 필요는 없다. 예를 들면, 자신은 슬픔을 느끼지 않으면서도 상대방이 슬퍼하고 있다는 것을 인지할 수는 있다.

Hoffman(1987)은 감정이입의 발달을 4단계로 나누어 설명하는데, 매 단계마다 그 단계에서 아동이 획득한 인지능력이 반영된다.

1단계(0~1세)에서는 영아는 자신과 다른 사람의 존재를 구

사진 설명    청년기에는 인지적 성장으로 인해 감정이입이 보다 용이해진다.

분하지 못한다. 따라서 다른 사람의 고통을 자기 자신의 불유쾌한 감정과 혼동한다. 즉, 다른 영아에게 일어난 일이 마치 자신에게 일어난 것처럼 행동한다.

2단계(1~2세)는 인간영속성(person permanence)의 개념을 획득하게 되는 단계로, 자신이 아니라 다른 사람이 고통을 당하고 있다는 것을 이해한다. 그러나 그 고통에 대한 반응으로 그 사람이 자신과 다른 감정이 있다는 것을 이해하지 못하기 때문에 다른 사람의 고통에 부적절하게 반응한다.

Martin L. Hoffman

3단계(2~3세)에서는 유아는 다른 사람은 자신과는 다른 감정을 가질 수 있다는 것을 깨닫고, 이제 다른 사람의 고통의 원인을 찾아 해결하려고 한다. 그러나 이 단계에서는 고통받는 사람의 존재가 자기 눈앞에 보일 때에만 감정이입이 가능하다.

4단계(아동기)에서는 다른 사람이 고통받는 것을 직접 눈으로 보지 않더라도 상상하는 것만으로 감정이입이 가능하다. 즉, 이때의 감정이입은 아동이 직접 관찰한 곤경에 처한 특정인에 국한되는 것이 아니고, 가난한 사람, 장애인, 사회적으로 버림받은 사람 전반에 걸친 것이다. 이러한 민감성은 이타적인 행동으로 이어질 수 있다(Damon, 1988).

William Damon

아동을 대상으로 하여 감정이입 및 역할수용과 친사회적 행동과의 관계를 알아본 연구(Eisenberg, Spinard, & Sadovsky, 2013)에서는 감정이입과 역할수용이 친사회적 행동과 관련이 있는 것으로 나타났다.

제13장

# 직업발달과 성취행위

어떤 일을 잘 해냄으로써 받게 되는 보상은 그 일을 완성했다는 기쁨이다.

Emerson

당신이 할 수 있는 일이나 할 수 있다고 생각하는 일은 무엇이든 당장 시작하라. 배짱이야말로 그 안에 천재성이 있고, 힘이 있고, 마법이 있다.

Goethe

우리를 슬프게 하는 것들 중의 하나가 인간이 하루에 8시간 할 수 있는 것, 그것도 매일 매일 한결같이 할 수 있는 것은 '일'뿐이라는 것이다. 우리는 하루에 8시간씩 음식을 먹을 수 없고, 술도 마실 수 없으며, 사랑을 나눌 수도 없다.

William Faulkner, 1958

만약 우리가 일하는 법과 사랑하는 법을 알게 된다면 우리 인생은 아주 멋진 것이 될 것이다.

Count Leo Tolstoy, 1856

그대들이 일생의 일로서 무엇을 하든 개의치 않는다. 그러나 무슨 일을 하든 제일인자가 되라. 설혹 하수도 인부가 되는 한이 있어도 세계 제일의 하수도 인부가 되라.

John F. Kennedy

만약 A가 성공이라면, 성공의 공식은 A=X+Y+Z이다. X는 일하는 것이고, Y는 노는 것이며, Z는 입 다물고 있는 것이다.

Albert Einstein

나는 우연히 성공한 것이 아니라, 꾸준한 노력으로 성공한 것이다.

Hemingway

성공은 단지 행복의 여러 요소 중 하나는 될 수 있다. 그러므로 성공하기 위해서 그 밖의 온갖 요소를 희생한다면 성공을 너무 비싼 값으로 사는 것이 되는 셈이다.

Bertrand Russell

청년이여 일하라. 좀더 일하라. 끝까지 열심히 일하라.

Bismarck

청년기는 어떤 직업을 가질 것인지에 대한 의사결정을 해야 하는 결정적 시기이다. 이 시기에 어떤 직업을 선택하느냐에 따라 앞으로 남은 여생이 크게 좌우된다. 오늘날과 같이 일 지향적인 사회에서 직업은 정체감의 중요한 측면이 된다.

옛날과 비교하여 오늘날의 젊은이들은 직업선택에 있어 몇 가지 이점(利點)을 가지고 있다. 더 많은 교육을 받을 기회와 직업선택의 폭이 넓어졌고, 더 자유로운 선택을 할 수 있게 되었기 때문이다.

그러나 동시에 산업사회에 접어들면서 직업의 종류가 다양해져서 직업에 대한 지식을 충분히 지닐 수 없으며, 직업에 필요한 기술의 변화가 너무나 급속히 이루어지고 있으므로 직업을 선택한다는 것은 매우 어려운 일이 되었다. 또한 직업이 고도로 전문화 · 세분화되면서 사람들의 일상생활과 직업세계와의 괴리가 심화되어 직업인으로서의 부모를 관찰할 기회가 적으므로 성인의 직업역할에 대해 학습한다는 것이 어렵게 되었다. 이러한 여러 가지 이유로 청년에게 있어서 직업선택이라는 문제는 청년기에 겪어야 하는 중요한 발달과업 중의 하나가 되고 있다.

1950년대 이전에는 직업을 선택한다는 것이 학교를 끝마칠 무렵의 과제일 뿐 어느 시기의 발달과업은 아니라는 견해가 지배적이었다. 그러다가 1951년 Ginzberg 등이 직업을 선택하는 일은 아동 후기부터 청년기를 거쳐 성인기까지의 기간 동안 계속되는 일련의 발달과정이라는 견해를 처음으로 제시하였다. 경제학자, 정신과 의사, 심리학자로 구성된 이 연구팀은 청년들이 어떻게 직업을 선택하는지 그리고 왜 직업을 선택하는지에 대한 발달이론을 체계화하였다.

오늘날 우리 사회의 청년들은 성공을 지나치게 강조하는 성취지향적인 문화 속에서 성장하고 있다. 성공하기 위해서 청년은 다른 사람과 치열한 경쟁을 해야 하고, 또한 성취동기가 있어야 한다. 성취동기라는 개념은 성공하고자 하는 욕구이다. 성취동기가 높은 청년들은 성공에 대한 강한 희망과 어려운 과제에 직면했을 때에 끝까지 대처하는 끈기가 있다.

이 장에서는 직업발달의 이론, 직업선택과 영향요인, 여성과 직업발달, 직업교육과 직업상담, 우리나라 청년실업문제, 성취동기, 불안수준, 통제의 소재 및 자기효능감과 성취행위, 성취행위와 그 외 관련변인 등에 관해 살펴보기로 한다.

# 1. 직업발달의 이론

'커리어'라는 말은 '레이스코스'라는 의미의 프랑스 말에서 비롯된 것이다. 따라서

직업은 우리가 일생 동안 하게 되는 경주의 레이스코스인 셈이다. 일찍이 커리어(career)와 직업(job)이 동의어로 쓰인 적이 있었는데, 이때는 젊은이가 일단 한 가지 일(예를 들어, 목수, 교수, 판매원)에 종사하게 되면 일생 동안 그 직업을 고수하였다. 그러나 오늘날에는 일생 동안 같은 직업에 종사하는 사람들보다는 여러 번 직업을 바꾸는 사람들이 점점 더 늘어나고 있다.

직업발달(career development)이란 직업을 선택하고 직업에 대해 준비하는 과정을 말한다. 이런 과정은 개인의 성격특성과 사회적·경제적·직업적 현실과 조화를 이루는 것이 이상적이다. 아래에서는 직업발달에 관한 몇 가지 이론을 살펴보기로 한다.

## 1) Ginzberg의 절충이론

Eli Ginzberg

Ginzberg(1951, 1990)는 직업선택은 대략 10세부터 21세에 걸쳐 일어나는 하나의 과정이라면서 이 과정은 역행할 수 없고, 욕구와 현실 사이의 절충으로 정점에 이른다고 한다. 이때 욕구와 현실을 중재하는 것은 자아이며, 자아기능에 의해 일어나는 직업발달 과정은 단계와 시기에 따라 다르게 나타난다. 청년 초기에 있어서 직업선택의 근거는 흥미, 능력, 가치 등과 같은 개인의 내적 요인이고, 청년 후기에는 현실에 그 근거를 둔다. 이와 같이 직업선택의 근거가 변하는 것을 기준으로 해서 Ginzberg는 직업발달 과정을 다음과 같은 3단계의 시기로 나누고 있다.

### (1) 환상적 시기(Fantasy Period)

이 시기는 11세 정도인데 직업선택의 근거를 개인적 소망에 두며, 능력, 훈련, 직업기회 등 현실적인 문제는 고려하지 않는다. 이 시기의 아동은 제복, 소방차, 발레화 등과 같이 어떤 직업의 눈에 보이는 측면만을 생각한다(사진 참조). 예를 들면, 은행원의 다섯 살 난 아들이 나중에 커서 순경이 되겠다고 한다. 이 아이에게 경찰관의 제복이나 활동은 눈에 띄지만 은행원이라는 직업은 그렇지 못하다(Ginzberg, 1990).

## (2) 시험적 시기(Tentative Period)

이 시기는 11세에서 18세까지로 자신의 소망과 현실적인 문제를 함께 고려한다. 즉, 직업에 대한 흥미, 능력, 교육, 개인의 가치관, 인생목표 등을 고려하며, 고교 졸업 후에 취업을 할 것인가 아니면 진학을 할 것인가를 결정해야 한다. 처음에는 오로지 직업에 대한 자신의 흥미에만 관심이 집중되지만, 시간이 지나면서 자신의 관심사가 변하며, 흥미나 관심만으로는 직업을 선택할 수 없다는 것을 깨닫게 된다. 그래서 자신이 하는 일이 사회에 얼마나 기여할 것인지, 돈을 많이 버는 것, 자유시간을 갖는 것, 누구에게 간섭받지 않고 자기 일을 할 수 있는 것이 자신에게 얼마나 중요한 일인지 등을 생각하게 되고, 자신의 가치관과 능력에 알맞은 직업 쪽으로 기울게 된다.

## (3) 현실적 시기(Realistic Period)

이 시기는 18세 이후가 되는 시기로 특정 직업에 필요한 훈련, 자신의 흥미나 재능, 직업기회 등을 현실적으로 고려하여 직업을 선택한다. 이 시기에 여성의 경우는 취업이냐, 결혼이냐에 대한 결정도 해야 한다.

발달과정에 관한 연구자료들을 보면 Ginzberg의 직업선택 과정에 관한 서술이 타당하다는 것을 알 수 있다(Flavell, Green, & Flavell, 1986). 즉, 환상적 시기의 아동은 눈에 보이고 손에 잡히는 특성만을 가지고 이 세상을 이해한다. 그러다가 시험적 시기가 되면 청년은 추상적 사고가 가능해지면서 자신의 흥미, 능력, 가치관 등과 같은 심리적 특성을 가지고 자신을 이해하기 시작한다. 현실적 시기에 와서야 비로소 하나의 직업을 선택하게 되는데, 이것은 청년 후기의 정체감 형성에 필수적인 요소라고 할 수 있다.

한편, Ginzberg 이론에 대해서 이러한 단계가 누구에게나 적용되지는 않는다는 비판이 가해지고 있다. Ginzberg의 단계이론은 중산층 이상을 모델로 한 것이다. 하류계층에서는 어린 시절에 직업을 선택해야 하는데, 이런 경우 직업은 흥미나 능력과는 무관하게 선택하게 되며 그 선택의 범위도 한정되어 있다. 또한 어떤 사람은 성인이 되어서도 직업을 바꾸는 경우가 있다. 따라서 청년 후기에만 직업선택이 문제되는 것은 아니라는 것이다.

Ginzberg(1990)는 최근 그의 이론을 수정하여 직업선택에 대한 의사결정 시기를 성인기까지 연장했으며, 직업발달의 단계는 청년기에만 일어나는 것이 아니고 수정된 형태로 일생을 통해서 나타난다고 한다. 예를 들면, 중년기에 직업을 바꾸려는 사람도 새로운 직업에 대해 위의 세 단계를 거친다고 하였다.

## 2) Super의 자아개념이론

Super(1976, 1990)에 의하면, 직업선택은 자아개념의 발달과 밀접한 관계가 있다고 하는데, 자아개념은 연령과 더불어 변한다. 그래서 Super의 이론은 직업선택의 발달이론으로 불린다. Super는 청년기의 직업발달은 욕구와 현실과의 절충이라기보다는 통합이라고 보았다. 즉, 자신의 흥미, 욕구, 능력 등을 포함하는 자아상과 정체감에 일치하는 직업을 선택하게 된다고 한다.

청년기가 직업선택에 있어서 결정적 시기이기는 하지만 직업정체감 확립은 일생을 통해서 이루어지는 과정이다. Super에 의하면 직업선택은 모두 8단계의 발달과정을 거친다고 한다.

### (1) 결정화(Crystallization)단계

이 단계는 청년 초기에 해당되는데, 이때에는 직업에 관해 막연하고 일반적인 생각만을 가지게 된다. 그러다가 점차로 확고한 정체감을 확립함에 따라 직업정체감도 발달하게 된다.

### (2) 구체화(Specification)단계

이 단계는 청년 후기에 해당하는데, 이때 청년들은 다양한 직업과 직업세계에 관해 더 많은 것을 알게 된다. 직업에 대한 생각이 보다 구체화되고 하나의 직업을 선택한다는 것은 또다른 가능성을 배제한다는 것을 인식하게 된다.

### (3) 실행(Implementation)단계

이 단계는 20대 초반에 시작되는데, 이때에 성년들은 한두 개의 초보적인 직업을 시험해보거나 전문직종에 첫발을 들여놓는다. 실제로 직업세계와 직면하면서 최종적으로 어떤 직업을 선택하기 전에 마음을 바꾸는 경우도 있다.

### (4) 확립(Establishment)단계

20대 후반의 성년들은 자신이 선택한 직업분야에서 발전이 이루어지고, 이제 자신의 직업을 자아개념의 일부로 간주하기 시작한다.

#### (5) 강화(Consolidation)단계

확립단계에서 이루어진 전문지식이나 기술에 기초하여 30대 중반에는 강화기로 옮겨간다. 자신의 분야에서 가능하면 더 빨리 더 높은 지위에 오르기 위해 노력한다.

#### (6) 유지(Maintenance)단계

40대 중반에 시작되는 유지단계에서는 자신의 직업분야에서 높은 지위를 획득하게 되고, 전문가가 되고, 고참이 된다.

#### (7) 쇠퇴(Deceleration)단계

50대 후반에 쇠퇴기에 접어들면서 중년들은 이제 은퇴의 시기가 얼마 남지 않았다는 사실을 깨닫기 시작한다. 일의 양을 줄이고, 신체적으로나 정서적으로 직업으로부터 자신을 분리하기 시작한다. 직업에 지나치게 몰두해 있는 경우에는 이 단계에서 곤란을 겪는다.

#### (8) 은퇴(Retirement)단계

이 단계에서는 대부분이 직장에서 은퇴하고, 직업 외에 자신이 만족할 수 있는 새로운 역할을 찾게 된다.

### 3) Holland의 성격유형이론

Holland(1973, 1985)에 의하면, 자신의 성격에 적합한 직업을 선택하는 것이 바람직하다고 한다. 왜냐하면 자신의 성격에 적합한 직업에 보다 쉽게 적응하고, 일하는 데 즐거움을 느끼며, 성공하기가 쉽기 때문이다. Holland는 직업과 관련이 있는 여섯 가지 기본 성격유형이 있다고 믿는다(〈그림 13-1〉 참조).

#### (1) 현실적 유형(Realistic Type)

이 유형은 현실적이고 실제적이며, 추상적이고 창의적인 접근을 요하는 문제보다는 체계적이고 분명하게 정의된 문제를 좋아한다. 대인관계의 기술이 부족하므로 다른 사람과 함께 일하지 않아도 되는 직업을 선호한다. 이런 유형에 속하는 사람들은 기계공, 농부, 트럭운전사, 건설공사 인부, 측량기사 등의 직업에 적합하다.

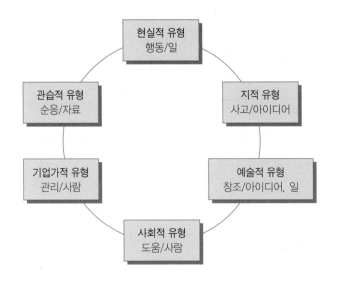

〈그림 13-1〉 Holland의 성격유형 모델과 직업선택

출처: Santrock, J. W. (1998). *Adolescence* (7th ed.). New York: McGraw-Hill.

## (2) 지적 유형(Intellectual Type)

이 유형은 개념적이고 이론적인 성격의 유형으로 이들은 인간관계를 회피하며, 행동가이기보다는 사색가인 편이다. 이들은 창의적이고 분석적인 접근을 요하는 일이나 혼자 일하는 것을 좋아하지만 반복을 요하는 일은 싫어한다. 이런 유형의 사람들은 과학자, 의사, 문필가(작가), 컴퓨터 전문가 등의 직업에 적합하다.

## (3) 사회적 유형(Social Type)

이 유형에 속하는 사람들은 여성적 특질을 보이며, 사람 사귀는 것을 좋아하고, 이해력이 빠르고, 붙임성이 있으며, 모임에서 중심인물이 되는 것을 좋아한다. 어떤 문제에 직면했을 때 이성적인 해결책보다는 감정에 호소하는 방식으로 문제를 해결한다. 이런 유형의 사람들은 언어적 기술이 뛰어나서 사회사업이나 상담, 목사, 교사직에 적합하다.

## (4) 관습적 유형(Conventional Type)

이 유형은 권위나 규칙에 순응하는 유형으로 비구조적인 활동을 싫어하고, 민완하며, 단정하고, 성실하다. 이런 유형의 사람들은 은행원이나 사무원, 회계사, 비서직에 적합하다.

### (5) 기업가적 유형(Enterprising Type)

이 유형은 다른 사람들을 거느리거나 지배하려는 유형으로 대인관계의 기술이 뛰어나고, 자기주장이 강하다. 부동산 중개인, 세일즈맨, 정치가, 법조인, 경영직에 적합하다.

### (6) 예술가적 유형(Artistic Type)

이 유형은 예술적 표현을 통해 자신의 세계와 교감하며 관습적인 것을 싫어하는 유형으로, 독창적이고 창의적이며 상상력이 풍부하다. 이들은 작가나 화가, 음악가, 작곡가, 지휘자, 무대감독 등에 적합하다.

Fred Vondracek

Holland의 성격유형은 너무 단순화되어 있고, 대부분의 사람들이 위의 여섯 가지 성격유형 중 어느 한 가지 유형에 딱 들어맞지 않는다는 지적을 받고 있다. 실제로 사람들은 Holland가 제시한 성격유형보다 더 다양하고 복잡하다. Holland(1987) 자신 또한 최근에 와서 대부분의 사람들이 어느 한 가지 유형에만 속하지는 않는다는 것을 인정한 바 있다.

그러나 자신의 성격에 적합한 직업을 선택하는 것이 좋다는 그의 견해는 인정할 만하며(Vondracek, 1991), 직업상담에서 직업에 대한 선호를 알고자 할 때 널리 사용되고 있는 Strong-Campbell의 흥미측정도구는 Holland의 성격유형이론에 기초한 것이다(Donnay & Borgen, 1996).

## 2. 직업선택과 영향요인

직업선택에 영향을 미치는 요인으로는 부모의 성취동기, 사회계층, 개인의 지능, 적성, 흥미 등이 있다.

### 1) 부모의 영향

부모는 자녀의 직업선택에 여러 가지 방법으로 영향을 미친다(Slocum, 1974; Werts, 1968; Young & Friesen, 1992). 부모가 직접적으로 자신의 직업을 물려받기를 강요하거

나 자신의 직업기술을 전수함으로써 자녀가 자신의 직업을 계승하도록 요구하기도
한다. 또한 부모는 어렸을 때부터 자녀의 흥미나 활동을 제한하거나 장려함으로써 영
향을 미친다. 간접적으로는 자녀가 선택할 직업의 범위를 정해주고, 그 범위 내의 직
업을 선택하도록 유도한다.

또한 직업에 대한 포부는 자녀가 직업에서 얼마나 성공하기를 원하는가 하는 부
모의 성취동기와 관계가 있다. 지능이나 사회경제적 지위가 같을 경우, 부모의 포부
수준이 높을수록 자녀의 포부수준이 높게 나타난다(London & Greller, 1991; Penick &
Jepsen, 1992).

Carole R. Arnold

부모의 영향력은 자녀의 나이에 따라 다르게 나타난다. 한 연구
(Wijting, Arnold, & Conrad, 1978)에서는, 부모와 자녀의 직업관을 비교
해보았는데, 직업관은 특정 직업의 사회적 지위, 직업에 대한 관심,
보다 나은 직업의 추구, 임금, 직업에 대한 긍지 등으로 평가되었다.
연구결과, 중학교 때까지는 동성 부모의 가치관을 닮았으나, 고등학
교 때부터는 남녀 모두 아버지의 가치관과 비슷하다는 것을 발견하
였다. 그러나 어머니가 직업을 가지고 자신의 직업을 자랑스럽게 여
길 경우는 청년기의 자녀에게 보다 큰 영향을 미치는 것으로 보인다.

직업선택에 영향을 미치는 부모의 역할이 항상 긍정적인 것만은
아니다(Penick & Jepsen, 1992). 왜냐하면 직업에 대한 역할모델 노릇을 제대로 못하거
나, 자신들이 이루지 못했던 것을 자녀의 능력이나 적성, 흥미와는 무관하게 자녀에
게 기대함으로써 자녀에게 지나친 부담감을 안겨 줄 수 있기 때문이다.

## 2) 사회계층

Nicholas Lemann

사회경제적 지위는 청년들의 직업에 대한 지식과 이해에 영향을
미친다(Lemann, 1986). 중류계층의 부모는 하류계층의 부모보다 직업
에 관한 지식의 폭이 넓으며, 그 범위도 넓다. 따라서 자녀에게 해줄
수 있는 조언의 폭이 넓을 수 있다. 하류계층의 청년은 직업에 관한
지식과 이해에 도움이 되는 정보가 적으므로 선택의 범위가 좁다.

아버지의 직업수준은 자녀들의 직업선택에 영향을 미친다. 대부분
의 청년들은 부모의 직업과 비슷하거나, 좀더 높은 수준의 직업을 갖
기를 희망한다. 시회계층은 또한 학업성취와도 관계가 있으며 학업
성취에 따라 선택하는 직업의 종류가 달라진다.

## 3) 지능 · 적성 · 흥미

개인의 지능, 적성, 흥미 등도 직업선택에 영향을 미친다. 이러한 인성요인은 여러 가지 사회화 요인들과의 상호작용에 의해 영향을 미치지만, 그 자체도 진로 결정에 영향을 주는 주요한 요인이 된다.

지적 능력은 직업선택에 여러 가지로 영향을 미친다. 첫째, 지능은 개인의 의사결정 능력과 관계가 있다(Dilley, 1965). 지능이 높은 사람은 직업을 선택할 때 자신의 능력, 흥미, 특정 직업을 위한 훈련을 받을 기회 등을 고려한다. 반면, 지능이 낮은 사람은 비현실적이며 자신의 흥미나 능력보다 단순히 멋있어 보이는 직업을 택하거나 부모나 또래의 영향을 크게 받는다. 둘째, 지능은 포부수준과도 관계가 있는데 지능이 높은 사람은 포부수준도 높다(Picou & Curry, 1973). 셋째, 지능은 선택한 직업에서의 성공 여부와도 관계가 있다(Sanborm, 1965).

J. Steven Picou

직종에 따라 요구되는 적성과 능력은 다르다. 어떤 직업은 특별한 적성과 재능을 필요로 한다(Hoyt, 1987). 예를 들면, 어떤 직업은 힘을 필요로 하고, 어떤 직업은 속도를 그리고 어떤 직업은 공간지각 능력이나 음악적인 재능 또는 언어적 기술 등을 필요로 한다. 창의성, 독창성, 자율성이 요구되는 직업이 있는가 하면, 어떤 직업에서는 순응성과 협동심 등이 요구된다.

어떤 특정 직업에서의 성공 여부를 예측하기 위해 여러 종류의 심리검사가 이용되기도 한다. 물론 적성과 능력은 고정불변의 것이 아니므로 직업선택 시에 이런 종류의 심리검사를 이용하는 데에는 한계가 있다.

Kenneth B. Hoyt

흥미는 직업선택에 영향을 미치는 또 하나의 중요한 요인이다. 자신의 직업에 흥미가 크면 클수록 그 분야에서 성공할 확률이 높다. 그러나 어떤 분야에서 성공하기 위해서는 흥미와 관련지어 지능, 능력, 기회, 그외의 다른 요인들이 고려되어야 한다(Prediger & Brandt, 1991). 어떤 사람이 의학분야에 관심이 많다 하더라도 그럴 만한 능력이 없거나 의학공부를 할 기회가 주어지지 않는다면 의사가 될 수 없다. 대신에 실험실 기술자나 물리치료사, 그외의 관련 직종을 고려해볼 수 있다.

## 3. 여성과 직업발달

사진 설명 극소수의 여성만이 전문직에 종사하고, 또 그 분야에서 높은 지위를 얻는 경우도 매우 드물다.

청년기의 여성은 남성보다 직업을 탐색하는 정도가 낮으며 직업 목표도 낮다. 이것은 자신들이 취업할 수 있는 기회가 남자들과 다르다는 것을 인식하고 있기 때문이다. 여성에게는 직업시장이 제한되어 있을 뿐만 아니라 다양한 종류의 직업에서 역할모델을 발견하기도 어렵다. 전통적으로 여성은 선택할 수 있는 직업의 종류와 범위의 제약을 많이 받는다. 이 때문에 여성은 서비스업에 종사하는 경우가 많으므로 여성의 직업은 하위직종에 집중되어 있다(Knudson, 1966).

여성은 남성보다 일반적으로 성공에 대한 기대치가 낮고 성취 열망수준도 낮다. 따라서 극소수의 여성만이 전문직에 종사하고, 또 그 분야에서 높은 지위를 얻는 경우도 매우 드물다(사진 참조). 많은 여성들이 성공에 대한 두려움을 가지고 있는데, 성공한 여자는 여성적이지 못한 것으로 간주되기 때문이다. Mead(1968)는 이와 같은 사회현상에 대해 남자는 실패함으로써 남성적이지 못하고, 여자는 성공함으로써 여성적이지 못한 것으로 간주된다고 비판하였다. 그러나 앞장에서 보았듯이 전통적인 성역할 개념이 도전을 받고 있는 오늘날에는 여성적이지 못하다는 평을 들을까 봐 두려워할 필요 없이 여성이기 이전에 인간으로서 자신의 잠재력을 충분히 발휘함으로써 많은 여성들이 직업에서도 성공할 수 있도록 노력해야 한다.

어머니의 취업 또한 영향을 미치는데 어머니가 직장을 가진 경우, 그 딸들이 더 자율적이고 독립심이 강하며 성취 열망수준이 높은 것으로 나타났다. 그러나 어머니의 취업 여부 자체보다는 어머니 자신의 취업에 대한 태도, 직업에서의 만족 내지 성취, 어머니로서, 아내로서, 또 직업인으로서의 역할을 병행할 수 있는 능력 등이 보다 더 큰 영향을 미치는 것으로 보인다. 한편, 아버지가 여성이 직업을 갖는 것에 대하여 긍정적인 태도를 갖느냐, 아니냐 하는 것도 상당히 중요한 영향을 미친다(Hoffman, 1979).

결혼은 여성의 직업발달에 영향을 미치는 또 하나의 중요한 요인이 된다. 남성에게 있어서는 결혼이나 가족부양이 직업발달에 큰 영향을 미치지 않지만, 여성에게는 결혼 후 가정과 직장생활을 병행하는 것이 큰 문제가 된다. 남자는 가정 바깥에서의 역할을 중시하므로 사회적인 성공이 아버지나 남편으로서의 성공보다 더 중요하다고 생각한다. 따라서 가정에서의 역할과 직업인으로서의 역할이 갈등을 일으키지 않는데 반해, 여자는 결혼하게 되면 아내로서, 어머니로서의 역할과 직업여성으로서의 역할에 대해 큰 갈등을 느끼게 된다(Forisha-Kovach, 1983).

　우리나라의 경우도 여성 취업인구가 증가하고, 청년기 여성이 취업을 희망하는 비율도 증가하고 있다. 그러나 여성에게는 그들의 희망을 충족시켜줄 수 있을 만큼 직업시장이 개방되어 있지 않으므로, 여성의 경우 직업선택 문제는 남자들보다 훨씬 어렵다고 할 수 있다. 이러한 문제는 남녀 간의 심한 임금격차(2019년을 기준으로 여성 임금은 남성 월평균 총액 임금의 67.8%라고 한다. 고용노동부, 고용형태별근로실태조사), 직장에서의 남녀차별 문제와 더불어 하루 속히 시정되어야 할 문제이다.

# 4. 직업교육과 직업상담

　우리 사회도 점차 고도의 기술사회가 되어가고 있으며 급격한 변화로 말미암아 어떤 기술은 상대적으로 필요하지 않아 없어지기도 한다. 그리고 직업은 일상생활의 다른 측면과 유리되어 있으므로 직업을 선택하는 일은 보다 복잡하고 어려운 일이 되고 있다. 학교에서도 직업교육에 중점을 두지 않으므로 학업과 미래의 직업과의 연관성이 별로 없는 것 같다. 이런 관점에서 청년을 위한 직업교육의 필요성이 강조되기도 한다.

　그러나 그와 같은 주장을 비판하는 사람도 있는데, 이들은 현존하는 직업에 맞추어 청년을 교육시키는 일은 매우 근시안적인 것이라고 반박한다(사진 참조). 급격한 사회변화로 말미암아 직업시장이 변하고, 따라서 어떤 직업에 대한 기술은 소용이 없어지기도 하므로 교육목표나 교육과정을 건전한 사고를 지닌 학식 있는 인간양성에 두는 것이 바람직하다고 한다. 읽을 줄 알고, 쓸 줄 알며, 논리적 · 비판적으로 생각할 줄 아는 분별 있는 사람이라면 직업시장이 변한다 하더라도 그에 필요한 새로운 지식과 기술을 습득할 수 있을 것이다. 따라서 이들은 직업교육을 교육기관에만 의존할 것이 아니라 고용주 측에서 고용인에 대한 훈련 및 재훈련을 강화하도록 해야 한다고 주장한다(Grubb & Lazerson,

"여보, 당신 아들이 어떤 직업을 가질지 결정을 했다는구려. 복권에 당첨되어서 세계 일주여행을 하겠다나 뭐라나!"

1975; Lloyd, 1985; Nash & Agne, 1973).

전문적인 상담기관의 상담도 직업을 선택하는 데에 도움이 된다. 그러나 이러한 상담은 직업선택 시의 문제만을 상담하므로 직업에 필요한 교육에는 별 효과가 없다. 또한 이런 상담기관의 견해는 기존의 사회구조 내에서의 보편적이고 관습적인 견해에 지나지 않는다는 비판을 받고 있다(Harway & Astin, 1977).

현재 우리나라 고용노동부에서는 청소년과 구직자의 건전한 직업관 형성과 직업선택을 지원하기 위해 체계적이고 과학적인 직업지도서비스를 다양하게 제공하고 있다(여성가족부, 2013).

청년층을 위한 직업심리검사에는 두 가지가 있는데, 그중 하나는 개인의 직업능력을 측정하여 자신의 적성에 적합한 직업을 제시해주는 '청소년용 직업선호도검사'이고, 또 하나는 개인이 어떤 직업에 흥미와 자신감이 있는지를 알려주는 '청소년용 직업흥미검사'이다. 2011년도에는 156만 명에게 이를 실시하였다. 또한 성인층에 대해서도 '성인용 직업적성검사' '직업선호도검사' 등 각종 직업심리검사를 운영하여 2011년도에는 58만 3천 명에게 이를 제공하였다.

아울러 청소년에 대한 직업지도를 강화하기 위해 1993년부터 중·고등학교 교사로 근무한 경력이 있는 자, 직업지도업무 경력자 등을 명예직업상담원으로 위촉하고 있다. 2003년도에도 명예직업상담원을 지방 노동관서별로 배치하여 청소년 구직자에 대한 직업상담, 직업적성·흥미검사 등을 실시하고 직업지도시범학교를 운영하는 등 청소년에 대한 전반적인 직업지도업무를 수행하도록 하였다.

한편, 정보기술의 급격한 발전과 지식기반사회로의 이행에 따라 직업세계에서 요구하는 직업정보를 종합적으로 수집·관리하고 사용자가 쉽게 접근할 수 있도록「한국직업정보시스템(KNOW)」을 개발하였다. 이 시스템은 2001년부터 2003년까지 실시된 우리나라 대표 직업 실태조사를 기초로 하여 2003년부터 온라인 서비스(http://work. go.kr) 형태로 직업 정보는 물론 직업과 관련되어 있는 학과(전공)정보 및 온라인 진로상담 서비스를 제공하고 있다.

또한 직업에 대한 이해를 높이고 종합적인 직업정보를 제공하기 위해「한국직업전망」「한국직업사전」「학과정보」「신생 및 이색직업」 등 초등학교에서 성인까지의 수요자 맞춤형 직업정보자료도 발간하여 각급 학교 및 공공기관 등에 보급하고 있다. 더불어 입체적인 매체를 통해 생생한 직업정보 확인과 직업탐색이 가능하도록 '내일을

Job아라'와 'Work & Life'를 비롯한 직업 및 취업 지원 동영상을 제작하였다. 이 모든 자료는 각급 학교에 DVD로 배포되는 한편, 방송 송출 및 홈페이지 다운로드서비스 등을 통해서도 제공된다. 또한 이들 매체를 교육자료로 활용하기 위해 각종 지도기법이 소개된 직업동영상 활용 매뉴얼도 함께 제작, 배포하고 있다. 이밖에도 2011년부터 청소년들의 진로선택을 지원하기 위하여 대학 학과정보 동영상을 제작하여 온라인을 통해 제공하고 있다.

# 5. 우리나라 청년실업문제

청년기의 짧은 기간 동안의 실업은 일반적으로 볼 수 있는 현상이다. 왜냐하면 청년 초기에는 직업을 자주 바꾸는 관계로 이때에 짧은 기간 실업 상태에 빠지게 되기 때문이다. 따라서 우리나라에서도 경제위기 이전까지 청년실업문제는 그다지 사회적인 쟁점으로 부각되지 않았다. 즉, 노동시장에서 청년층이 경험하는 높은 실업과 잦은 직장 이동은 청년들이 자신에게 알맞은 일자리를 찾아가는 하나의 과정으로 해석되어졌기 때문이다(신진수, 2003).

실업은 개인의 정신적, 경제적 불안정과 개인의 적극적인 경제활동을 저해한다는 측면에서 경제적 자원의 비효율적 활용이라는 문제를 발생시킨다. 한 연구(Winefield & Tiggemann, 1990)에 따르면, 일반적으로 고용상태에 있는 사람들이 실업상태에 있는 사람들보다 심리적 안녕감이 더 높았다. 하지만 고등학교 졸업 후 2년 정도 실업상태인 청년들에게는 자아존중감이 낮거나 떨어지는 등의 부정적인 심리적 상태는 보이지 않았다. 그러나 졸업 후 실업상태가 3년 이상 계속되는 경우에는 심리적 상태가 악화되었다. 즉, 장기간의 청년실업이 여러 방면에서 문제를 야기시킴을 알 수 있다. 이처럼 청년실업이 심각한 이유는 첫째, 지적 능력과 신체적 능력이 절정일 때, 이를 활용하지 못하는 상황에 봉착하면서 자아상과 자아존중감에 부정적인 영향을 준다. 둘째, 높은 수준의 청년실업률은 소외와 사회불안을 가중시킨다. 셋째, 초기의 실업상태가 향후 계속 실업에 빠질 가능성을 증가시킨다. 또한 미래의 임금에 부정적인 영향을 미칠 수 있다.

## 1) 청년실업의 현황

우리나라 청년(15~29세)실업률(통계청, 2020)을 살펴보면, 2013년 8.0%였다가

2014년 9.0%로 크게 올랐고, 2015년 9.1%였다가 다시 2016년 9.8%로 크게 뛰면서 최고치를 기록하였다. 이후 2017년 9.8%로 같았지만 2018년 9.5%로 0.3%p 줄면서 감소세로 전환하였다. 이후 2019년에도 8.9%로 감소하였으며 2020년 1월 현재 7.7%로 보고되고 있다. 이처럼 청년고용의 여건이 다소 나아지고 있으나 실제적인 취업률과 체감실업률에서는 격차가 확대되고 있다. 청년실업률의 추이에는 일정 부분 착시현상도 나타나고 있다. 청년층의 경제활동 참가율은 비경제활동 전환율을 고려하지 않은 수치로서 공식적인 참가율로 간주하기에는 미흡하다는 주장들이 있다. 즉, 적극적인 취업활동의 결과로 경제활동 참가율이 높아지는 것으로도 해석할 수 있으나 학업지속, 시험준비, 구직활동 포기와 같은 경제활동 참가율 산출범위를 벗어나는 상황이 지속되고 있는 것이다. 특히 주당 시간 이내 단시간 아르바이트에 종사하면서 2~3개의 직업에 종사하거나 자영업을 포함한 특수고용형태의 비정형

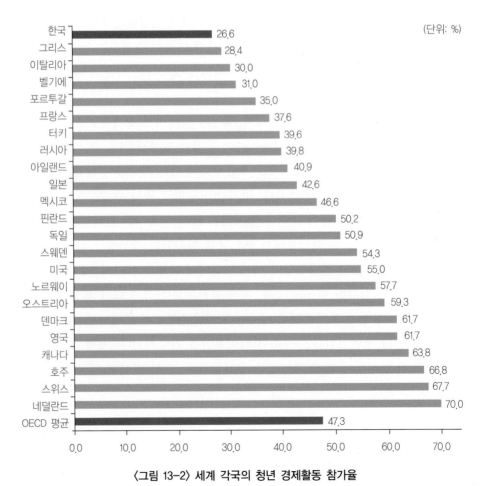

〈그림 13-2〉 세계 각국의 청년 경제활동 참가율

출처: OECD(2014), 「OECD Employment Outlook 2014」.

일자리에 근무하는 청년들이 증가하는 추세도 나타나고 있다(이영민, 박철우, 정동열, 2019).

우리나라 청년들의 경제활동 참가율을 OECD 국가들과 비교해보면 그 비율이 최하위 수준임을 알 수 있다. 2013년 OECD 국가들의 평균 경제활동 참가율은 47.3%로 우리나라보다 20.7%p나 높게 나타나고 있다. 우리나라처럼 낮은 경제활동 참가율을 보여주고 있는 국가는 청소년 실업률이 20%를 넘고 있는 그리스, 이탈리아. 벨기에 정도이다. 네덜란드(70.0%)나 스위스(67.7%), 호주(66.8%), 캐나다(63.8%), 영국(61.7%), 덴마크(61.7%) 등의 국가들은 60%가 넘는 높은 청소년 경제활동 참가율을 보여주고 있다(〈그림 13-2〉 참조).

## 2) 청년실업의 원인

청년실업의 원인으로는 크게 수요와 공급의 측면에서 그리고 구조적 요인과 경기적 요인으로 구분해서 살펴볼 수 있다. 먼저, 수요 측면에서는 기업의 일자리 감소와 경력직 선호가, 공급 측면에서는 대학진학률 증가에 따른 고학력화와 구직자의 눈높이 조정 실패, 청년층의 가족의존성 등이다. 통계청의 경제활동인구 조사(2020)에 따르면, 청년층 고용률은 2013년 39.5%에서 해마다 조금씩 증가하고 있으며, 2019년은 43.5%로 2007년 이후 가장 높은 것으로 나타났다. 그러나 청년층이 노동시장에 진입하고자 하는 욕구는 높고 적극적인 구직활동 또한 매우 활발하게 이루어지고 있으나 이들이 취업을 하는 것은 매우 어려운 상황인데 이는 노동시장의 구조적인 요인에 기인한다(이영민, 박철우, 정동열, 2019).

신진수(2003)는 청년실업의 원인을 구조적 요인과 경기적 요인으로 구분하였는데, 그 내용을 살펴보면 다음과 같다. 먼저, 구조적 요인의 경우 첫째, 인력양성체계와 노동력 수요구조의 불일치로, 즉 대졸 이상 고학력자가 과다 배출된 것에 비해 노동시장 일자리가 제한적으로 창출된 데서 그 원인을 찾을 수 있다. 특히 실업률 상승은 4년제 대학 졸업자에게 집중되는데, 대학 졸업 뒤 1년 이내에 취직하는 비율을 보면 남성의 경우 취업률이 지난 15년간 약 10%포인트 하락했다. 남성 고용 비중이 높은 제조업과 건설업 취업자가 줄면서 졸업 후 장기간 실업을 겪는 청년이 늘어난 것이다. 대졸 고용률이 계속 하락하자 고졸자의 상급학교 진학률이 2008년 84%로 최고점을 기록한 뒤 최근 약 70%로 떨어졌다(한겨레, 2017년 12월 20일자). 둘째, 취업기회의 절대적 감소로 인해 청년층의 하향취업과 불완전 취업 및 실업이 광범위하게 등장하게 되었다. 청년층의 인구감소, 온라인화, 무인화 확산 등 인구 산업구조 변화 속에서 청년층이 취업하기 어려운 실정으로 일자리 창출력 저하, 정년 연장에 따른 퇴직 감소, 에코세대의 청년층 진입, 높은 대학진학률 등 다양한 구조적 요인으로 취업기회가 제한되었다(통계청, 2020). 셋째, 중소기업보다 대기업 취업을 선호하는 등 청년층의 눈높이와 일자리와의 격차에서 그 원인을 찾을 수 있다. 또한 우리나라 청년들은 취업에서도 사무직, 생산직 등 중간 수준의 일자리를 찾는 경향이 많은데 문제는 정보화 혁명으로 이러한 중간 일자리가 빠르게 줄어들고 서비스나 판매직 등 저숙련 일자리가 늘어나고 있다는 점이다. 넷째, 기업의 채용관행의 변화로 보다 많은 기업들이 신규 졸업자보다는 경력자를 선호하고 있다. 또한 기업의 채용은 수시채용으로 전환하고 있는 데 반해 학교졸업은 동절기에 이루어지기 때문에 인력수급의 불일치가 발생하게 된다.

경기적 요인으로는 첫째, 경제위기의 후유증을 들 수 있다. IMF로 인해 대규모의 청년실업이 발생했던 여파가 아직도 노동시장에 영향을 미치고 있어, 기업들은 채용 규모를 늘리는 데 소극적 자세를 취하고 있다. 둘째, 경기둔화의 영향이다. 국제통화기금(IMF)은 세계경제전망에서 2020년 세계 경제 성장률을 3.6%로 추산하였다. 앞으로 지속적인 경기둔화가 불가피하겠지만 2020년엔 다소 회복될 것으로 내다본 것이다. 그러나 미·중 무역갈등 장기화와 영국의 유럽연합(EU) 탈퇴(브렉시트), 이탈리아 재정위기 등 예측불허의 정치적 상황이 세계 경제에 압력을 가하고 있다(매일경제, 2019년 4월 10일자). 이처럼 경제성장이 계속 둔화되면서 더불어 고용증가율이 하락하고 있는 것이다. 특히 청년층 노동시장은 경기변동이나 시장변화에 매우 민감하게 영향을 받아 경제상황이 둔화되면 다른 연령층보다 더 큰 영향을 받게 된다.

## 3) 청년실업의 해결방안

청년층의 고용사정이 좋지 못한 것은 선진국의 경우에도 공통된 현상이다. OECD 국가에서도 청년실업률은 전체실업률의 2배 정도 높게 나타났다(통계청, 2020). 따라서 우리나라를 비롯한 OECD 국가들은 대부분 청년실업이 심각한 사회문제가 되고 있다. 청년실업의 고착화는 개인뿐만 아니라 국가적으로도 성장 잠재력 저하 등 여러 문제를 가져오므로 일반고용 동향과 별도로 관심을 가져야 할 필요가 있으며, 청년실업의 해소를 위한 정책의 수립이 시급한 상황이다.

그 결과 각국 정부는 여러 가지 해결방안을 연구, 시행해오고 있다. 먼저 영국에서는 1998년부터 청년실업 해결책으로 '뉴딜 정책'을 시행 중이다. 6개월 이상 실업상태인 18~24세의 청년과 2년 이상 실업상태인 25세 이상의 실업자를 대상으로 최대 4개월 간 정부가 구직상담과 정보제공 등의 도움을 주는 게이트웨이 프로그램을 제공하고 있다. 독일에서는 1999년부터 실업기간이 3개월 이상 되는 청년들을 대상으로 다양한 자격증 취득을 위한 '청년들의 훈련, 자격증 및 고용을 위한 즉각적인 행동프로그램(JUMP)'을 개발해 실시 중이다. 또한 벨기에에서는 30세 미만의 구직자 전부를 대상으로 정부가 6개월간 고용이나 훈련의 기회를 제공하는 프로그램을 개발했으며, 프로그램실시를 위해서 사기업은 3%, 공기업은 1.5%에 해당하는 일자리를 청년실업자에게 제공하였다(동아일보, 2004년 7월 14일자).

한편, 우리나라에서의 청년실업을 해결하기 위한 방안으로 첫째, 노동시간을 단축하여 대량 실업사태를 방지하고 고통을 분담하는 노력이 요청된다. 예를 들어, 프랑스의 경우 2000년도부터 노동시간을 주당 39시간에서 35시간으로 단축하는 근로시간 단축지도촉진법을 가결하였다. 이 법을 통과시킴으로써 향후 5년간 20만 명의 고용 창출을 도모하였다.

둘째, 이익을 내는 건실한 기업에서 정규직원의 고용을 확대해 나가야 한다. 특히 전체 고용의 82%를 차지하는 중소기업의 신규채용에 있어, 정부에서 신규채용을 하는 중소기업에 대해 보다 실효성 있는 세제 혜택 등을 부여함으로써 고용 창출 효과를 유도하는 것이 바람직하다. 청년들도 모두 대기업, 공공기관만을 선호할 것이 아니라 취업가능성이 높은 건실한 중소기업으로 눈을 돌리는 것도 필요한 시점이다.

셋째, 취업의 범위를 해외로 확대시켜야 한다. 한국산업인력관리공단의 해외취업통계정보(2019)에 따르면, 2013년 1607명에서 2018년 5783명으로 크게 증가하였다. 국가별로 살펴보면, 일본과 미국으로의 취업이 여전히 많지만 2016년 이후 싱가포르, 호주, 베트남, 중동으로 취업하는 경우가 많은 것으로 보고되어 다양한 국가로 진출한 것으로 나타났다. 이와 같이 우수한 인력이 해외에서 일하게 될 때, 개인의 실업해소는 물론 국가 경제발전에 기여할 수 있을 것이다.

넷째, 청년 고용흡수력이 높은 정보통신분야(IT산업), 문화산업 분야, 환경산업 분야 등 성장유망산업을 집중 육성하여 창업지원을 통한 일자리 창출과 함께 해당 분야 직업훈련 프로그램을 개발, 보급시켜야 한다.

다섯째, 학교에서 노동시장으로의 원활한 이행 및 눈높이 취업지원대책으로 기업연수 프로그램 등을 다양하게 개발하여 재학 중 현장체험 기회를 제공하는 노력이 필요하다.

여섯째, 청년실업의 당사자인 청년들의 노력도 요구된다. 무턱대고 3D(Difficult, Dirty, Dangerous) 직종을 기피하는 등의 소극적인 자세는 지양하고, 적극적인 근로 의욕을 발휘해야 한다.

추가로 더 고민을 해야 할 사항은 청년세대의 문제를 고용에만 한정해서 고민할 경우 근원적인 대책을 수립할 수 없으므로 주거, 복지, 교육, 문화 등 다차원적인 고려가 요구되고 인구관점에서 몇 년 안에 해결할 수 있다는 식의 낙관적인 시각은 배제하는 것이 필요하다. 또한 현행 노동법과 노동관행에 근거한 청년문제 진단과 해결책은 현재 진행 중인 4차 산업혁명과 같은 사회변혁에 대응하기 어려우므로 중장기적인 관점에서 청년노동 문제를 바라보고 해결책을 도출하기 위한 정책시스템을 마련하는 것이 필요하다(이영민, 박철우, 정동열, 2019). 종합하면, 청년실업문제의 해결은 정부의 힘만으로는 한계가 있다. 따라서 청년실업문제가 근원적으로 해결되려면 청년, 학교, 기업, 정부 등 모두가 함께 힘을 모으는 노력이 필요하다.

# 6. 성취행위

어떤 직업을 가질 것인지에 대한 의사결정을 해야 하는 동시에 새로운 역할과 좀더 책임 있는 행동이 요구되는 청년기에 성취행위는 매우 중요하다(Elliot, Dweck, & Yeager, 2017; Haimovitz & Dweck, 2017; Schunk & Greene, 2018). 청년들은 이제 어떤 일에서 성공이나 실패를 경험하면서 앞으로 성인세계에서 자신의 미래를 예상해본다.

청년의 성취행위는 청년의 지적 능력과 반드시 일치하는 것은 아니다. 예를 들어, 지적 능력이 매우 뛰어난 청년일지라도 자신의 능력에 확신을 갖지 못하고 문제해결에서 쉽게 포기하면 성취행위가 낮아지는 반면, 지적 능력이 뛰어나지 못하더라도 성취동기가 높고 주어진 과제를 끝까지 완수하려고 하며, 자신의 능력에 자신감을 갖는 청년의 경우 성취행위가 극대화된다(사진 참조).

## 1) 성취동기와 성취행위

성취동기라는 개념은 성공하고자 하는 욕구이다. 성취동기는 청년의 열망수준과 지구력에 의해 측정될 수 있다. 지구력이라 함은 청년이 얼마나 오래 계속해서 노력하는가를 말한다(Atkinson & Raynor, 1974). 성취동기가 높은 청년들은 성공에 대한 강한 희망과 어려운 과제에 직면했을 때 끈기 있게 대처한다.

대학생을 대상으로 한 연구에서 성취동기가 높은 사람이 그렇지 않은 사람보다 성적이 좋았으며, 성취동기가 높은 사람은 또한 사회적 지위가 높은 직업을 추구하였다(McClelland et al., 1953).

청년이 자신의 수행정도를 평가하는 기준이 성취행위를 결정하는 중요한 요인이된다. 어떤 청년들은 성공에 대한 기준이 높은가 하면 또 어떤 청년들은 매우 낮다. 예를 들면, 학기말고사에서 똑같이 B를 받은 두 청년의 반응이 전혀 다를 수 있다. 한 청년의 반응은 너무 실망하여 답안지를 쓰레기통에 버리는 것이고, 또 다른 청년의 반응은 그 결과에 매우 만족하는 것이다. 이 두 청년의 반응이 이렇게 다른 이유는 그들이 설정해놓은 성공에 대한 기준이 다르기 때문이다.

부모, 친구, 형제, 교사와의 상호작용이 청년들이 설정하는 성공의 기준에 영향을 미친다. 사회적 상호작용에서 모델링의 과정은 매우 중요하다(Bandura, 1977). 연구결과, 성공에 대해 매우 너그러운 기준을 가지고 있는 모델에 노출된 청년들은 그 또한 매우 낮은 기준을 채택하고, 엄격한 기준을 가진 모델에 노출된 청년들은 엄격한 기준을 채택하는 것을 발견하였다. 성공에 대한 높은 기준을 설정한 청년들은 그 기준에 맞추려고 더 많은 노력을 하게된다(사진 참조).

## 2) 불안수준과 성취행위

Atkinson(1964)에 의하면 지나치게 높은 수준의 불안은 성취행위에 부정적인 영향을 미친다. 불안은 정의하기 쉽지 않은 개념이지만 심리학에서 널리 사용되는 용어 중의 하나이다. 대부분의 심리학자들은 불안은 무슨 나쁜 일이나 괴로운 일이 곧 일어나리라 생각되는 기분 좋지 않은 상태라는 것에 동의한다(Sarason & Spielberger, 1975).

그러나 불안은 역기능적 역할뿐만 아니라 순기능적 역할도 하기

Charles Spielberger

때문에 청년에게서 성취불안을 완전히 제거하려는 노력은 바람직한 목표가 아니다. 예를 들면, 적정 수준의 불안은 오히려 청년으로 하여금 성취행위를 초래하게 한다. 어떤 철학자들은 심지어 불안이야말로 사회적 진보에 절대적으로 필요한 활력소라고 주장한다.

이와 같이 불안은 성취행위를 조장하기도 하고 저해하기도 한다. 불안과 성취행위와의 관계를 연구하기 위해 Spielberger, Gorsuch 그리고 Lushene(1970)은 특성불안과 상태불안을 측정하는 도구를 개발하였다.

여기서 특성불안이라 함은 시간과 상황에 상관없이 항상 일정 수준의 불안감을 느끼는 것을 의미하고, 상태불안이라 함은 특정 상황에 따라 불안감이 나타났다 사라졌다 하는 것을 말한다. 특성불안은 어떤 상황에 대해 "일반적으로 어떻게 느끼는가"라는 질문으로 측정되고, 상태불안은 어떤 상황에 대해 "바로 지금 어떻게 느끼는가"라는 질문으로 측정된다. 따라서 어떤 청년의 경우 상태불안은 높지만 특성불안은 낮을 수 있다.

연구결과, 특성불안은 청년의 성취행위와 별로 관련이 없지만, 상태불안은 그와 관련이 있는 것으로 보인다(Spielberger, 1966). 상태불안과 성취행위와의 관계는 곡선관계이다. 〈그림 13-3〉에서 보는 바와 같이 불안수준이 중간 정도일 때 성취행위가 극대화되고, 불안수준이 너무 낮거나 높으면 성취행위가 낮아진다.

대부분의 과제에서 불안수준과 성취행동 간의 관계는 곡선관계지만 양자 간의 관계의 정확한 양상은 과제의 난이도에 달려 있다. 가령 초인종을 누르거나 서명을 하는 것과 같은 매우 단순한 과제에서 불안의 적정수준은 〈그림 13-4〉에서 보는 바와 같이 매우 높아야 한다. 반면, 자동차 운전을 처음 배우거나 공장에서 위험한 기계를

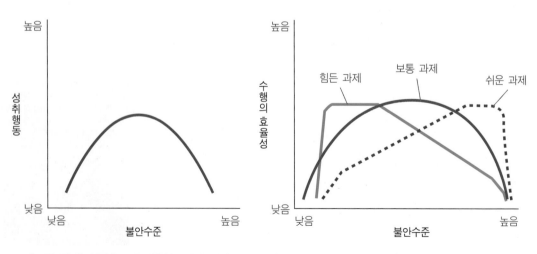

〈그림 13-3〉 불안수준과 성취행동과의 관계     〈그림 13-4〉 과제의 난이도에 따른 불안의 적정수준

조작하는 등의 복잡한 과제에서는 불안의 적정수준이 매우 낮다.

Meichenbaum, Turk 그리고 Burstein(1975)은 불안에 대처하는 책략을 몇 가지 소개하였는데, ① 근육이완과 호흡운동, ② 긍정적 사고를 통한 인지적 통제, ③ 환경을 통제할 줄 아는 사회적 기술의 습득 등이 그것이다.

## 3) 통제의 소재와 성취행위

Weiner(1974, 1986)의 귀인이론에 의하면, 사람들은 자신의 성공이나 실패의 원인을 능력, 노력, 과제의 난이도 그리고 운 때문이라고 생각한다. 여기서 능력과 노력은 내적 요인 또는 개인의 특성이고, 과제의 난이도와 운은 외적 요인 또는 환경적 요인이다. 이 내적 요인과 외적 요인의 차원은 Crandall(1967)이 통제의 소재(locus of control)라고 부르는 성격차원과 유사하다.

B. Weiner

내적 통제(internal locus of control)형의 청년들은 자신의 행동과 그 결과를 자신이 통제할 수 있다고 생각한다. 즉, 실수를 했을 경우, 다른 사람 탓이 아니라 자기 탓으로 생각한다. 그리고 학교에서 열심히 공부하면 좋은 성적을 낼 수 있다고 생각한다. 예를 들어, 기말 리포트에서 A를 받으면 그것은 자신의 뛰어난 문장력이나 열심히 노력한 결과라고 생각한다. 반면, 외적 통제(external locus of control)형의 청년들은 자신의 행동이나 그 결과는 자신의 통제 밖에 있는 것으로 운, 운명, 그 외의 다른 상황 때문이라고 생각한다.

Crandall(1967)에 의하면, 내적 통제의 소재는 성취행위에 도움이 된다. 왜냐하면 내적 통제의 청년들은 성공을 위해서 열심히 노력하면 좋은 결과를 가져올 수 있다고 믿기 때문이다. 반면, 외적 통제의 청년들은 자신의 노력이 결과에 영향을 미친다고 생각하지 않기 때문에 성공하기 위해 노력하지 않는다.

100편이 넘는 연구를 검토한 결과, Findley와 Cooper(1983)는 내적 통제 소재자가 학교성적이 좋고, 학력고사 점수가 높으며, 표준화된 성취검사의 점수가 높다고 보고하였다.

우리나라 청소년의 도덕성발달 수준과 통제의 소재와의 관계를 알아본 연구(안영진, 1987)에서는 도덕적 판단 수준이 높을수록 내적 통제의 경향이 있는 것으로 나타났다.

Dale Schunk

## 4) 자기효능감과 성취행위

자기효능감이란 자신이 어떤 일을 훌륭히 해낼 수 있다는 개인적 신념이다. Schunk(2001, 2004, 2008, 2012, 2016)는 자기효능감의 개념을 청년의 성취행위에 적용하였다. 자기효능감이 낮은 청년들은 어려운 과제를 쉽게 포기하는 반면, 자기효능감이 높은 청년들은 어려운 과제라도 많은 시간을 소요하고 더 많은 노력을 해서라도 그 과제를 해결하고자 한다. 실제로 116명의 중·고등학생을 대상으로 한 연구(Zimmerman et al., 1992)에서 자기효능감은 학업성취와 관련이 있는 것으로 나타났다. 240명의 중·고등학생을 대상으로 한 또 다른 연구(Diseth, Danielsen, & Samdal, 2012)에서도 자기효능감은 학업성취수준과 높은 상관이 있는 것으로 나타났다.

교사의 자기효능감 또한 청년의 성취행위에 영향을 미친다(Melby, 1995; Pintrich & Schunk, 2002). 자기효능감이 낮은 교사는 학급에 문제가 발생했을 경우 스트레스를 받고 곤경에 빠지며 교사라는 직업에 회의를 느낌으로써 청년의 학습의 질에 부정적인 결과를 초래한다.

## 5) 성취행위와 그 외 관련변인

부모의 양육행동은 청년의 성취행위와 관련이 있다. 부모가 애정적·수용적이고, 자녀의 성취에 대해 칭찬해주며, 적절한 통제를 하고, 자녀의 독립심과 자율성을 격려해주는 이른바 권위적 양육행동은 아동과 청년의 학업성취와 관련이 있는 것으로 보인다(Baumrind, 1973; Dornbusch, Ritter, Liederman, Roberts, & Fraleigh, 1987; Grolnick, Gurland, DeCourcey, & Jacob, 2002; Joussmet, Koestner, Lekes, & Landry, 2005; Lamborn, Mounts, Steinberg, & Dornbusch, 1991; Lin & Fu, 1990; Steinberg, Elmen, & Mounts, 1989). 특히 자녀의 수행에 뒤따르는 칭찬이나 벌은 매우 중요하다. 성취동기 수준이 높은 청년의 부모들은 청년자녀가 잘했을 때는 칭찬을 하지만, 실패에 대해서는 지나치게 야단치지 않는다. 반면, 성취동기 수준이 낮은 청년의 부모들은 자녀의 성취를 당연하게 여겨 성공에는 덤덤하게 반응하면서 실패에 대해서는 심하게 처벌하는 경향이 있다(Burhans & Dweck, 1995; Teeven & McGhee, 1972).

우리나라의 중학생 392명을 대상으로 한 연구(민숙정, 1990)에서, 청소년의 성취동기는 남아가 여아보다 높게 나타났다. 그리고 청소년의 성취동기는 부모의 양육태도와 밀접한 상관이 있었다. 먼저 아버지의 양육태도에서 남아의 성취동기는 아버지의 성취지향적, 애정지향적, 합리지향적인 태도 순으로, 여아의 성취동기는 아버지의 애정지향적, 합리지향적, 성취지향적인 태도 순으로 유의한 정적 상관이 있었다. 어머니의 양육태도에서는 남아의 경우, 어머니의 성취지향적, 애정지향적, 합리지향적, 자율지향적인 태도 순으로, 여아는 어머니의 애정지향적, 합리지향적, 성취지향적, 자율지향적 태도 순으로 정적 상관을 보였다.

사회계층 또한 성취행위와 관련이 있다. 서구 사회에서는 보편적으로 한 가족의 사회계층을 측정하기 위해 수입, 부모의 직업과 교육수준을 기준으로 사용하는데, 이것은 그 가족의 현재나 이전의 성취에 근거한 것이다. 이와 같이 사회계층은 명백히 성취와 관련된 것이므로, 중류계층과 상류계층의 자녀들이 일반적으로 성취욕구가 높고, 학교성적이 좋은 것으로 나타났다(McLoyd, 1998; Patterson et al., 1990).

중류계층의 청년들은 만족지연 능력 또한 높은 것으로 보인다(Mischel, 1974). 만족지연이라 함은 지금 바로 보상을 받는 것보다 만족을 지연시켜 나중에 더 큰 보상을 받게 되는 것을 말한다. 예를 들면, 재미있는 텔레비전 프로그램을 시청함으로써 지금 당장 즐거움이라는 보상을 받는 대신에 내일 있을 시험공부를 열심히 함으로써 좋은 성적이라는 더 큰 보상을 받게 된다는 것이다. 또 다른 예로, 청소년들이 순간의 쾌락을 위해 약물남용, 성행위 등의 비행에 빠져들지 않고 당장은 힘들고 괴롭지만 열심히 공부해서 장래 훌륭한 사람이 되는 것 등이다.

출생순위도 성취행위와 관련이 있다. 맏이가 다른 형제들에 비해 성취욕구가 높고, 교육에 대한 열망수준도 높다. 실제로 장남, 장녀 중에 저명인사가 많다(Paulhus & Shaffer, 1981; Zajonc & Mullally, 1997). 이것은 맏이가 부모로부터 직접적인 성취훈련을 받을 뿐만 아니라 부모가 맏이에게 더 높은 성취를 기대한다는 사실로 설명할 수 있을 것이다.

Robert Zajonc

우리 사회가 여성과 남성에게 기대하는 성취수준에도 차이가 있다. 우리 사회에서 여성이라는 '성'은 별로 가치가 없다. 그리고 여성이 지나치게 독립적이고 성취동기가 높으면 '여성적'이지 못한 것으로 간주된다.

성취행위에서 나타난 남녀 간의 성차를 보면 남성과 여성은 성공과 실패에 대해 달리 반응하는 것으로 보인다. 남성은 성공을 자신의 능력 때문으로 생각하고, 실패를 자신의 노력부족으로 생각한다. 반면, 여성은 자신의 실패를 능력부족으로 생각하고, 자신의 성공은 운이나 열심히 노력한 덕분으로, 또는 주어진 과제가 쉬웠기 때문이라고 생각한다(Dweck, 1986, 1989). 이러한 현상은 특히 머리가 좋고 유능한 여성의 경우 더 심하다. 머리가 좋은 여성은 도전을 두려워하고, 자신의 실패를 무능력 탓으로 돌리고, 그래서 실패할 경우 위축된다(Dweck, 1989).

　　많은 성취이론가들은 성취기대의 성차가 가정에서 시작된다고 믿는다. 즉, 부모들이 자녀의 성별에 따라 다르게 양육하며 아들과 딸에 대해 기대하는 성취수준에 차이가 있다는 것이다. 예를 들면, 아들은 의사가 되기를 바라면서 딸은 간호사가 되기를 원한다. 여성들은 종종 전통적으로 남성적인 직업으로 알려진 분야에서 일하려고 하면 주변에서 이를 탐탁지 않게 여기거나 못하게 말리는 것을 경험한다. 여성이 자신의 학업능력을 과소평가하거나 학업성취를 남성에 비해 덜 중요하게 여긴다는 점을 감안한다면, 대부분의 사회에서 소위 성취하는 여성의 수가 적은 것은 놀랄 일이 아니다. 그럼에도 불구하고 여러 분야에서 남성을 능가하는 여성이 적지 않다는 점을 볼 때, 남성과 여성은 성취욕구나 능력이 다르다기보다는 각자 성취해 온 영역이 다르다고 볼 수 있다. 그러나 21세기에 들어오면서 정치, 경제, 의학, 법률, 경영, 행정 등의 분야에 종사하는 여성들의 수가 크게 증가하였으며 성취영역에서의 성차 또한 점차 완화되는 추세에 있다.

# 제5부

# 청년발달과 사회환경

청년발달을 연구하는 학자 중에는 지금까지 청년의 심리적 발달의 결정요인으로 사춘기의 생물학적 변화를 지나치게 강조해왔다고 믿는 사람들이 없지 않다. 아동기에서 청년기로 전환함에 있어서 생물학적 변화는 매우 중요한 측면이기는 하지만, 청년의 심리적 발달에는 사회적 맥락 또한 중요한 역할을 한다. 그리고 이러한 역할이 최근까지는 간과되어 왔다.

청년이 부모와 갖는 관계는 아동기 때에 가졌던 부모와의 관계와는 다르다. 많은 청년들은 부모로부터 독립하고 싶어하는 동시에 여전히 부모와 애착관계를 유지하기를 원한다. 가족이 청년에게 줄 수 있는 위대한 선물 두 가지는 뿌리와 날개라는 말이 있다. 여기서 뿌리는 가족과 청년과의 가까운 유대관계를 의미한다. 누군가로부터 사랑받는다는 느낌을 갖는 것은 청년들에게 매우 중요하다. 날개는 독립을 의미한다. 자율감은 생후 2년째에 나타나기 시작하지만 독립에 대한 욕구는 청년기에 급격히 증가한다.

어떤 연령에서든 친구는 중요하다. 그러나 급격한 신체변화와 성적 성숙, 정서적 변화가 한꺼번에 일어나는 청년기에는 친구의 존재가 더욱 중요하다. 청년들에게 친구는 애정, 동정, 이해의 근원의 장이고, 실험의 장이며, 부모로부터 자율성과 독립을 얻기 위한 후원의 장이다.

청년기는 또한 동성 또래집단에서 이성 또래집단으로 관심이 옮겨가는 시기이기도 하다. 청년은 이성교제를 통해 정상적인 인격형성을 도모할 수 있고, 성인남녀의 역할을 배움으로써 사회적 기술과 예의를 배우게 된다.

제5부에서는 가족환경, 학교환경과 교우관계, 이성교제와 청년기의 성에 관해 살펴보고자 한다.

# 제14장

# 가족환경

부모란 하나의 중요한 직업이다. 그렇지만 여태까지 자식을 위해 이 직업의 적성검사가 행하여진 적은 없다.
George Bermard Shaw

부모의 의무는 언덕 너머까지 멀리 볼 수 있는 사람이 되는 것이다.
James Hymes

우리는 부모가 되기 전에는 우리 부모들의 사랑을 결코 알지 못한다.
Henry Wards Beecher

가정은 나의 대지이다. 나는 거기에서 나의 정신적인 영양을 섭취하고 있다.
Pearl S. Buck

한 부모는 열 자식을 기를 수 있으나, 열 자식은 한 부모를 봉양키 어렵다.　　　　法句經

아버님 날 낳으시고 어머님 날 기르시니 두 분 곧 아니시면 이 몸이 살았을까.
하늘 같은 은덕을 어디다가 갚사오리.　　　　정철, 송강가사 중 '훈민가'

쾌락의 궁전 속을 거닐지라도 초라하지만 내 집만 한 곳은 없다.
John H. Payne, '즐거운 나의 집'

자녀에게 회초리를 쓰지 않으면 자녀가 아비에게 회초리를 든다.　　　　Fuller

요즈음은 부모에게 물질로써 봉양함을 효도라 한다. 그러나 개나 고양이도 집에 두고 먹이지 않는가? 공경하는 마음이 여기에 따르지 않으면 짐승을 대하는 것과 무엇이 다르겠는가?
論語 爲政篇

오늘날 청년기의 가족관계에서 중요한 주제는 자율과 애착이다. 지금까지 청년자녀와 부모와의 관계에서 주된 주제는 독립이었다. 그러나 많은 청년들이 부모로부터의 독립을 원하지만 그 관계가 단절되는 것은 원치 않는다. 그들은 여전히 부모와 강한 유대관계를 맺기를 원한다.

부모와 자녀 간의 유대관계가 아무리 강하다 할지라도 자녀가 청년기에 들어서면 부모와 청년자녀 간의 갈등은 불가피해진다. 일반적으로 부모와 청년자녀 간의 갈등은 청년 초기에 사춘기의 시작과 더불어 증가한다. 사춘기의 생물학적 변화, 논리적 추론과 같은 인지적 변화, 독립과 정체감을 수반하는 사회적 변화 등이 갈등을 유발한다. 지금까지 청년과 부모의 갈등의 근원을 청년기 자녀의 발달상의 변화 때문이라고 생각해왔으나, 부모 쪽의 신체, 인지, 사회적 변화 또한 청년과 부모 간의 갈등에 영향을 주는 것으로 보인다. 청년자녀의 부모들은 자신의 인생에서 결정적인 시기에 접어든다. 그들은 십대자녀의 부모라는 사실을 떠나서라도 그들 스스로도 중년기 위기라는 힘든 시기를 맞이하게 된다.

오늘날의 청년들은 또한 가족구조의 변화로 말미암아 많은 영향을 받는다. 이혼율과 재혼율의 증가로 편부모가족과 계부모가족의 청년들이 많아졌다. 부모의 이혼은 청년에게 여러 가지 부정적 정서를 경험하게 하며, 계부모가족의 청소년은 사춘기에 해결해야 할 과제와 계부모가족에 대한 적응이 겹치기 때문에 무척 힘든 시간을 보내게 된다.

이 장에서는 청년과 부모와의 관계, 청년과 부모와의 갈등, 청년기 자녀의 부모, 청년과 부모의 의사소통, 효율적인 부모역할, 형제자매관계, 조부모와의 관계, 가족구조의 변화 등에 관해 살펴보고자 한다.


# 1. 청년과 부모와의 관계

부모로부터 독립하고 정서적 의존에서 벗어나고자 하는 청년이 부모와 갖는 관계는 아동기 때 가졌던 부모와의 관계와는 다르다. 청년의 급속한 신체적 성장은 부모의 체벌이나 통제를 어렵게 만든다. 그 결과 부모의 권위는 도전을 받게 되고, 지금까지의 부모자녀관계를 수정해야 하는 상황이 초래된다. 또한 형식적·조작적 사고가 가능한 청년은 부모가 설정한 규칙이나 가치관에 대해 논리적 모순을 발견하고 의문을 제기한다. 즉, 증대된 인지적 기술로 인해 청년은 이제 더 이상 무조건 부모가 시키는 대로 따라 하지 않는다. 청년자녀의 비판이나 의문제기에 대해 어떤 부모들은 서로에게 상처를 주며 관계에 금이 가고 있어요.

엄마, 내가 하는 말은 무조건 말대꾸래~.

다 컸다고 부모를 무시해?!

화를 내거나 방어적으로 대한다(사진 참조).

특히 오늘날의 사회변화가 청년과 부모와의 관계를 더욱 어렵게 만든다(Small & Eastman, 1991). 첫째, 청년기의 연장은 자동적으로 부모의 부양책임과 청년의 의존기간을 연장시켰다. 그로 인해 부모들은 더 많은 부담을 느낀다. 둘째, 급격히 변화하는 사회문화적 변화와 방대한 정보와 가치들은 청년들이 성인의 역할을 준비하는 것을 더욱 어렵게 한다. 셋째, 오늘날의 사회에서는 부모들이 청년자녀를 교육하는 데 도움을 받을 수 있는 지원망이 거의 없고, 친척과 친지들로부터 고립된 경우가 많다. 넷째, 흡연, 음주, 약물남용, 십대 임신 등 청소년 비행의 증가는 부모들로 하여금 지나치게 신경을 쓰게 만든다. 다섯째, 대중매체가 청소년문제를 지나치게 부각시키고 그리고 전문가들로부터의 상충된 조언은 부모들을 더욱 혼란스럽게 만든다.

우리가 자손에게 남겨줄 수 있는 불변의 유산은 뿌리와 날개라는 말이 있다. 이 말은 청년기의 성공적인 적응을 위해 필요한 애착과 자율의 중요성을 일깨워주는 것이다. 지금까지는 청년기 동안에 자율만을 강조해왔으나 최근에 와서 청년의 건강한 발달을 위한 애착의 필요성이 강조되고 있다.

최근에 인간발달학자들은 청년기의 부모와의 안정애착에 대해 연구하기 시작하였다. 부모에 대한 안정애착은 청년의 사회적 능력, 자아존중감, 자기통제, 정서적 적응, 신체적 건강과 관련이 있는 것으로 나타났다(Allen & Kuperminc, 1995; Eberly, Hascall, Andrews, & Marshall, 1997; Juang & Nguyen, 1997; Kobak, 1992).

청년기 동안의 부모에 대한 애착은 청년이 새로운 환경에 적응하고, 자신의 세계를

넓혀갈 때에 안전기지로서의 역할을 한
다(Allen & Bell, 1995). 그리고 부모와의
안정애착은 아동기에서 성인기로 넘어
가는 과도기와 관련된 불안, 우울, 정서
적 혼란 등을 완화해주는 역할을 한다
(Papini, Roggman, & Anderson, 1990).

    부모와 청년자녀와의 관계에서 자율
과 애착이 갖는 중요성이 한 종단연구
에 의해 밝혀진 바 있다(Allen & Hauser,
1994). 청년 초기에 부모와 강한 유대감
을 유지하면서 자율감을 확립하는 능력
은 성인이 되었을 때에 친밀감 및 자기
가치감과 관련이 있다.

사진 설명    청년기에 대부분의 청년들은 부모와 친밀한 관계를 유지
한다.

    부모와의 안정애착은 또한 또래관계 및 가족 이외의 다른 사람과의 관계에서도 자
신감을 갖게 한다. 한 연구에서 부모와 안정애착을 이룬 청년들은 친구, 데이트 상대
그리고 배우자와도 안정애착을 이루는 것으로 나타났다(Armsden & Greenberg, 1984;
Hazan & Shaver, 1987). 또 다른 연구(Fisher, 1990; Kobak & Schery, 1988)에서는 부모와
안정애착을 이루지 못한 청년들이 친구와의 관계에서 질투, 갈등, 의존, 불만족을 나
타내었다.


## 2. 청년과 부모와의 갈등

    많은 부모들은 어릴 때 고분고분하게 말을 잘 듣던 자녀가 청년이 되자  버릇없이
굴고, 부모가 설정한 기준에 따르지 않으면 실망하고 당황해한다. 마치 부모들은 자
녀가 성인이 되려면 십여 년의 세월이 필요하다는 사실을 잊어버리고, 하룻밤 사이에
성숙한 어른이 될 것으로 기대하는 것처럼 보인다.

    많은 청년들은 부모로부터 독립하고 싶어하는 동시에 자신이 실제로 얼마나 부모
에게 의존하고 있는지를 깨달으면서 끊임없이 갈등을 느낀다. 청년들의 이러한 양면
적인 느낌은 종종 부모들 자신의 양면성과 일치한다. 자녀가 독립하기를 원하는 동시
에 그들이 계속해서 의존해주기를 바라기 때문에 부모들은 종종 십대자녀들에게 '이
중적인 메시지'를 전달한다.

Brett Laursen

일반적으로 부모와 청년자녀 간의 갈등은 청년 초기에 사춘기의 시작과 더불어 증가한다(Juang & Umana-Taylor, 2012; Weng & Montemayor, 1997). 사춘기의 생물학적 변화, 논리적 추론과 같은 인지적 변화, 독립과 정체감을 수반하는 사회적 변화 그리고 중년기 위기를 포함하는 부모 쪽의 신체, 인지, 사회적 변화 등이 청년과 부모 간의 갈등의 증가원인이다.

부모와의 갈등은 청년 중기에 안정되다가 청년 후기가 되면 감소한다(Laursen & Ferreira, 1994). 이 감소는 성인기로의 진입을 반영하는 것이라 볼 수 있다.

부모와 십대자녀 간의 갈등은 주로 학교성적, 친구문제, 귀가시간, 용돈사용, 부모에 대한 불복종, 형제와의 갈등, 청결, 정리정돈, 자질구레한 집안일과 같은 일상적인 일에 관한 것이다. 이러한 갈등들은 자녀의 독립하고자 하는 욕구의 반영일 수도 있고, 부모의 입장에서 보면 자녀가 사회규범을 따르도록 가르치려는 부모의 노력을 반영한 것일 수도 있다. Montemayor(1982)는 이와 같은 사회화 과업이 어느 정도의 긴장을 낳는 것은 불가피한 것이라고 한다.

그러나 부모와 청년자녀 간의 갈등은 감소될 수 있는 것이다. 갈등이 발생하면 많은 부모들이 힘을 행사함으로써 갈등을 해결하려고 하지만, 대개의 경우 이 접근법은 역효과를 가져온다. 갈등을 해결하는 보다 효율적인 접근법은 가족의 중요한 의사결정에 청년을 참여시키고, 그들의 의견을 존중해주며, 합리적이고 일관성 있는 규율을 적용하고, 그리고 십대들이 하는 일에 관심을 보이고 지원해줌으로써 부모와 청년자녀 간의 갈등을 최소화할 수 있다.

사진 설명  부모와 청년자녀 간의 갈등상황

한국, 중국, 일본 등 동양 세 나라의 청소년을 대상으로 그들이 부모와 어느 정도의 갈등을 경험하고 있는지 조사한 연구가 있다(문화체육부, 1997). 이 연구에서 부모의 간섭 정도, 부모에 대한 반항, 가출충동, 체벌경험에 관한 문항을 구성하여 청년과 부모의 갈등 정도를 조사하였다. 연구결과, "부모로부터 간섭을 많이 받고 있다고 느끼는가?"라는 질문에 한국 청소년의 경우, 전체 응답자의 64.4%가 "그렇다"고 대답해 일본(50.2%)과 중국(27.5%)에 비해 월등히 높은 것으로 나타났다.

## 3. 청년기 자녀의 부모

일반적으로 청년자녀의 부모는 중년기 성인들이다. 흔히 정서적 위기와 연결된다고 생각되는 두 시기, 즉 청년기와 중년기에 있는 사람들이 한 식구로 산다는 것은 무척 힘든 일이다. 청년과 부모는 각기 자신의 인생에서 결정적인 시기에 있지만 서로 반대방향에 있다. 청년들은 흔히 인생의 '황금기'라는 성인기의 문턱에 서 있지만, 부모들은 이제 인생의 절반을 보내고 내리막길로 접어들고 있다. 바꾸어 말하면, 청년들의 경우는 빠른 신체적 성장과 성적 성숙, 신체적 매력과 성적 매력이 증가하지만, 부모들은 중년기와 관련된 신체변화, 건강문제, 에너지 감소, 신체적·성적 매력 감소, 생식능력의 감퇴를 경험한다. 이때 청년과 부모 모두가 일종의 정체감 위기를 경험한다(Atwater, 1996).

많은 연구에 의하면 부부의 결혼만족도는 중년기에 가장 낮다고 한다. 이것은 어쩌면 결혼기간이나 중년기의 변화 때문일 수도 있고, 또 어쩌면 십대 청년자녀의 존재 때문일 수도 있다. 그리고 이때는 청년자녀의 교육비 등으로 경제적 부담 또한 제일 큰 시기이다.

어떤 부모들은 자녀가 성인기의 문턱에 서 있는 것을 보면서 그들의 시대가 얼마 남지 않았다는 것을 절감한다. 그리고 직업에서의 자신의 성취를 재평가하게 되고, 젊어서 설정한 목표에 얼마나 도달했는지 검토해보고, 앞으로 얼마나 시간이 더 남았는지도 생각해보게 된다.

중년기 부모들이 극복해야 할 또 다른 문제는 있는 그대로의 자녀(부모가 희망하고 꿈꾸는 모습이 아닌)를 인정하는 것이다. 이러한 현실과 타협하는 데 있어서 그들이 자녀를 자기 마음대로 할 수 없으며, 부모의 복사본이나 개선된 모델로 주조해낼 수 없다는 사실을 직시해야 한다. 많은 부모들이 이 같은 사실을 인정하는 것은 너무 힘든 일이고, 많은 청년들은 빗나가려는 욕구가 너무 강해서 청년기는 가족 모두에게 어려운 시기가 될 수 있다.

어느 시대에나 세대차이는 존재한다(사진 참조). 부모들은 청년들을 무책임하고 제멋대로 행동한다고 생각하는 반면, 청년들은 부모를 시대에 뒤떨어졌다고 생각하는 경향이 있다. 부모를 구식이라고 생각하는 청년들은 부모와의 대화를 기피함으로써

세대차이

세대차이에 대한 왜곡된 견해를 가지게 된다. 흥미롭게도 청년과 부모의 견해차이는 세대차이에 대한 그들의 지각에서도 나타난다. 부모들은 자녀와의 세대차이를 과소평가하는 반면, 청년들은 부모와의 세대차이를 과대평가한다. 그러나 부모와 청년자녀의 견해차이는 그리 심각하지 않다.


## 4. 청년과 부모의 의사소통

의사소통에는 말하기, 듣기, 읽기, 쓰기 이외에 감정의 교환이나 상대방과의 공감 등 다양한 내용이 포함된다. 이러한 의사소통에는 언어적 의사소통과 비언어적 의사소통이 있다. 언어적 의사소통은 말이나 글로 의사를 전달하는 것이고, 비언어적 의사소통은 표정이나 몸짓, 행동, 옷차림 등 언어를 포함하지 않는 의사전달을 말한다.

의사소통에서 중요한 것은 태도요인으로서 상대방에 대한 신뢰, 감정이입, 자신의 생각이나 감정을 자유롭게 표현할 수 있는 분위기, 다른 사람의 생각이나 느낌을 진지하게 듣는 자세 등이다.

## 1) 의사소통

가족마다 독특한 의사소통망이 있다. 가장 보편적인 의사소통망은 수레바퀴형이
다. 〈그림 14-1〉(a)에서 보듯이 중심이 되는 인물(주로 어머니)이 가운데 위치하고, 그
밖의 다른 가족원은 모두 수레바퀴의 바퀴통으로서의 역할을 한다. 더 바람직한 유형
은 완전통로형으로서 〈그림 14-1〉(b)에서와 같이 이러한 유형이 가족구성원 모두에
게 만족스러운 의사소통망이라 할 수 있다.

비효율적인 의사소통은 부정적이고 방어적인 경향이 있다. 이러한 의사소통은 부
모의 우월감, 지나친 통제, 독단, 욕하기, 비난 등을 포함한다. 부모들은 자녀를 지나
치게 비판함으로써, 자녀의 죄책감을 유발한다. 결과적으로 청년들은 낮은 자아존중
감과 고립감을 경험한다.

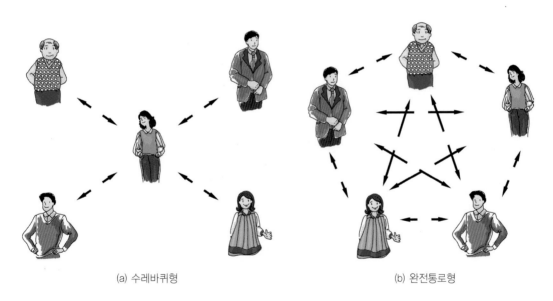

(a) 수레바퀴형                    (b) 완전통로형

〈그림 14-1〉 의사소통망

출처: Galvin, K. M., & Brommel, B. J. (1982). *Cohesion and change*. Scott & Foresman.

## 2) '나 전달법'

부모와 청년의 의사소통을 원활히 하는 방법으로 '나 전달법'을 사용할 수 있다. '나
전달법'은 상대방을 방어적으로 만들지 않고서 나의 생각이나 감정을 정직하게 표현

하도록 한다.

'나 전달법'에는 네 가지 구성 요소가 있다. 첫째, 상대방의 행동에 대한 객관적이고 비판적이지 않은 묘사, 둘째, 그 행동이 나에게 미치는 눈에 보이는 확실한 영향, 셋째, 내가 그것에 대해 느끼는 기분, 넷째, 그래서 상대방이 그 점에 대해 어떻게 해주기를 바라는가 하는 것이다. 〈표 14-1〉과 〈표 14-2〉에는 부모와 청소년이 사용할 수 있는 '나 전달법'이 각각 예시되어 있다.

〈표 14-1〉 **부모가 청소년에게 하는 '나 전달법'의 예**

| 상대방의 행동에 대한 비판적이 아닌 묘사 | 나에게 미치는 영향 | 나의 기분 | 상대가 해주기를 바라는 사항 |
|---|---|---|---|
| 1. 네가 약속한 시간에 집에 오지 않으면 | 네가 어디 있는지 나는 알 수 없고 | 그래서 걱정이 된다. | 만약 늦을 것 같으면 집에 전화를 해주었으면 좋겠다. |
| 2. 네가 맡은 집안일을 언제나 미루기만 하면 | 너를 얼마나 믿어야 할지 알 수 없고 | 그리고 나는 화가 난다. | 네가 맡은 일을 언제까지 할 것인지 확실하게 정하고 그리고 그것을 지켰으면 좋겠다. |
| 3. 학교 숙제를 하는데, 내 도움이 필요하면 마지막 순간까지 미루지 마. | 나는 그 순간에 다른 일로 바쁠 수가 있기 때문에 | 몹시 좌절을 느끼고 화가 난다. | 내 도움이 필요하면 사전에 이야기해주었으면 좋겠다. |

〈표 14-2〉 **청소년이 부모에게 하는 '나 전달법'의 예**

| 상대방의 행동에 대한 비판적이 아닌 묘사 | 나에게 미치는 영향 | 나의 기분 | 상대가 해주기를 바라는 사항 |
|---|---|---|---|
| 1. 학교 서클 활동을 한다고 야단치면 | 유일한 취미 활동을 방해 받는 것 같은 생각이 들고 | 스트레스를 풀지 못해 신경질이 나게 된다. | 나를 믿고 나의 취미 활동을 인정해주고 지켜봐주셨으면 좋겠다. |
| 2. 친구들과 쓸데없이 다닌다고 화를 내면 | 무시한다는 생각이 들고 | 잔소리가 듣기 싫어 밖으로만 맴돌게 된다. | 나를 하나의 독립된 인격체로 생각하고, 나의 생활을 존중해주셨으면 좋겠다. |
| 3. 하루 일과에 대하여 지나치게 꼬치꼬치 물으면 | 매사에 감시받는다는 생각이 들게 된다. | 그래서 반항하고자 오히려 말을 하지 않거나 거짓말을 하게 된다. | 지나치게 관여하지 말고, 내가 먼저 말할 수 있는 기회를 주셨으면 좋겠다. |

## 3) 원활한 의사소통 지침

청년기가 청년이나 부모 모두에게 시련의 시기일 수는 있지만, 부모와 청년이 서로를 이해하려고 노력만 한다면, 가정이 꼭 싸움터가 될 이유가 없다. 어떻게 하면 부모와 청년이 이 어려운 시기를 슬기롭게 넘길 수 있을까? 다음은 미국 국립정신건강연구소에서 나온 지침인데 우리에게도 도움이 될 것으로 보인다.

### ♥ 부모가 할 수 있는 일

- 자녀가 대화를 원할 때에는 진지하게 귀를 기울인다.
- 자녀의 행동이 늘 탐탁하지 않더라도 그들의 감정을 이해하려고 노력한다.
- 어떤 주제에 대해서도 마음을 열고, 의논 상대가 될 수 있는 부모가 된다.
- 자신이 선택한 활동에 참여하도록 격려해줌으로써 자신감을 갖도록 돕는다.
- 자녀들이 가족의 의사결정에 참여하고, 부모와 함께 가족문제를 해결해나가도록 격려한다.
- 자녀들을 자주 칭찬해준다.

### ♠ 청년이 할 수 있는 일

- 비록 그 표현방식이 마음에 들지 않더라도 누구보다도 부모가 자신을 사랑하고 있음을 헤아린다.
- 부모도 그들 나름대로 불안, 욕구, 감정을 가진 인간이라는 것을 이해하려고 노력한다.
- 마음을 열고 부모의 말에 귀를 기울이며, 부모 입장에서 상황을 보려고 노력한다.
- 부모와 자신의 느낌을 서로 이야기함으로써 부모가 자신을 좀더 이해할 수 있도록 한다.
- 자신이 필요로 하고 원하는 종류의 독립을 인정받을 수 있도록 가정과 학교에서 책임을 다한다.

## 5. 효율적인 부모역할

자녀가 청년이 되면서 나타나는 생물학적·인지적 변화는 청년의 행동에 영향을 미치고, 그로 인해 부모 또한 부모역할에 중요한 변화를 맞게 된다. 부모역할의 변화를 이해하기 위해서는 우선 청년자녀에게 일어나는 변화를 이해해야 한다.

첫째, 청년기에는 신체적 변화와 호르몬의 변화가 있고, 이 변화는 청년의 행동에 영향을 미친다. 둘째, 청년기의 정체감발달은 청년의 행동에 중요한 시사점을 준다. 특히 청년의 이상주의와 부모의 실용주의가 마찰을 빚을 때 더욱 그러하다. 셋째, 청년기의 인지변화는 부모들이 가끔 오해하게 되는 청년의 행동을 설명해주는 것이 된다.

### 1) 애정과 통제

Diana Baumrind

Baumrind(1991, 2012)는 애정과 통제라는 두 차원에 의해 부모의 유형을 네 가지로 나누어 설명하고 있다. 여기서 애정 차원은 부모가 청년자녀에게 얼마나 애정적이고 지원적이며, 얼마나 민감한 반응을 보이고, 얼마나 관심을 갖고 있는가 하는 것을 말한다. 통제 차원은 청년에게 성숙한 행동을 요구하고, 청년의 행동을 통제하는 것을 말한다.

애정과 통제 차원이 둘다 높은 경우는 '권위있는(authoritative)' 부모, 통제 차원은 높지만 애정 차원이 낮은 경우는 '권위주의적(authoritarian)' 부모, 애정 차원은 높은데 통제 차원이 낮은 경우는 '허용적(indulgent)' 부모 그리고 마지막으로 애정과 통제 차원이 다 낮은 경우는 '무관심한(neglectful)' 부모로 명명되었다(〈그림 14-2〉 참조).

|  | 낮음 ← 통제 → 높음 | |
|---|---|---|
| **높음** | 허용적 부모 | 권위있는 부모 |
| **애정** | | |
| **낮음** | 무관심한 부모 | 권위주의적 부모 |

〈그림 14-2〉 애정과 통제의 두 차원에 의한 네 가지 부모유형

사진 설명 '권위주의적 부모'는 자녀의 행동을 엄격하게 통제하지만 논리적인 설명을 하지 않는다.

사진 설명 '권위있는 부모'는 애정적·반응적이고 자녀와 항상 대화를 갖는다.

많은 연구들(Fuligni, & Eccles, 1993; Kurdek & Fine, 1994; Smetana & Berent, 1993; Steinberg, Lamborn, Darling, Mounts, & Dornbusch, 1994)이 부모의 유형과 청년의 사회적 행동과의 관계를 보고하고 있다(〈표 14-3〉 참조).

〈표 14-3〉 부모의 유형과 청년자녀의 사회적 행동

| 부모의 유형 | 특성 | 청년자녀의 사회적 행동 |
|---|---|---|
| 권위있는 부모 | 애정적·반응적이고 자녀와 항상 대화를 갖는다. 자녀의 독립심을 격려하고 훈육 시 논리적 설명을 한다. | 책임감, 자신감, 사회성이 높다. |
| 권위주의적 부모 | 엄격한 통제와 설정해놓은 규칙을 따르도록 강요한다. 훈육 시 체벌을 사용하고 논리적 설명을 하지 않는다. | 비효율적 대인관계, 사회성 부족, 의존적, 복종적, 반항적 성격 |
| 허용적 부모 | 애정적·반응적이나 자녀에 대한 통제가 거의 없다. 일관성 없는 훈육 | 자신감이 있고, 적응을 잘하는 편이나, 규율을 무시하고, 제멋대로 행동한다. |
| 무관심한 부모 | 애정이 없고, 냉담하며, 엄격하지도 않고, 무관심하다. | 독립심이 없고, 자기통제력이 부족하다. 문제행동을 많이 보인다. |

초등학교 2학년과 6학년을 대상으로 부모의 양육행동과 아동의 자기효능감을 살펴본 연구(김원경, 권희경, 전제아, 2006)에 따르면, 부모의 온정적·수용적 양육행동이 2학년과 6학년 아동 모두의 자기효능감에 직접적인 영향을 미쳤으며, 2학년의 경우에만 부모의 거부·제재적 양육행동이 아동의 자기효능감에 긍정적인 영향력을 미치는 것으로 나타났다. 이러한 결과는 고학년이 될수록 자율성이 발달하고 또래관계

가 확장되면서 부모의 통제 개입에 따른 영향력이 줄어 든다는 것을 보여준 것이기 때문에 자녀의 연령이 증가할 수록 자율성을 최대화시켜주고 통제력을 최소화시켜주는 양육행동이 아동의 발달에 긍정적인 영향을 줄 것으로 보인다.

미국 대학생 297명을 대상으로 부모의 양육행동 중 자녀의 자율과 독립심을 격려하는 양육행동과 자녀의 행동을 지나치게 통제하는 양육행동(헬리콥터형이라고 함; 사진 참조)에 관한 연구(Schiffrin et al., 2014)에서 헬리콥터형 부모의 자녀들은 우울증과 불안수준이 높고, 심리적 안녕감과 생활만족도는 유의하게 낮은 것으로 나타났다.

## 2) 자애로움과 엄격함

우리나라에서도 청소년 상담원(1996)에서 이와 비슷하게 자애로움과 엄격함이라는 두 차원에 의해 부모유형을 네 가지로 나누었다(〈그림 14-3〉 참조). 여기서 자애로움은 자녀를 신뢰하고, 따뜻하고 관대하게 대하는 것을 말하고, 엄격함은 확고한 원칙을 가지고, 정해진 바를 일관성 있게 밀고 나가는 것을 말한다.

| 높음 | | |
|---|---|---|
| 자애롭기만 한 부모 | 엄격하면서 자애로운 부모 |
| 엄격하지도 못하고 자애롭지도 못한 부모 | 엄격하기만 한 부모 |

낮음 ─── 엄격함 ─── 높음

〈그림 14-3〉 자애로움과 엄격함의 두 차원에 의한 네 가지 부모유형

부모의 유형에 따른 부모의 특성 및 청년자녀의 특성은 〈표 14-4〉와 같다.

〈표 14-4〉 **부모의 유형과 청년자녀의 특성**

| 부모의 유형 | 부모의 특성 | 청년자녀의 특성 |
|---|---|---|
| 자애롭기만 한 부모 | • 자녀의 모든 요구를 다 들어준다.<br>• 단호하게 자녀들을 압도하기보다는 양보한다.<br>• 말은 엄격하나 행동으로 보여주지 못한다.<br>• 때로는 극단적으로 벌을 주거나 분노를 폭발하여 스스로 죄책감을 느낀다.<br>• 벌주는 것 자체를 잘못이라고 생각한다 | • 책임을 회피한다.<br>• 쉽게 좌절하고 그 좌절을 극복하지 못한다.<br>• 버릇없고, 의존적이며, 유아적인 특성을 보인다.<br>• 인정이 많고, 따뜻하다. |
| 엄격하기만 한 부모 | • 칭찬을 하지 않는다.<br>• 부모의 권위에 의문을 제기하는 것을 허락하지 않는다.<br>• 자녀가 잘못한 점을 곧바로 지적한다.<br>• 잘못한 일에는 반드시 체벌이 따라야 한다고 생각한다. | • 걱정이 많고, 항상 긴장하며, 불안해한다.<br>• 우울하고, 때로 자살을 생각하기도 한다.<br>• 책임감이 강하고, 예절이 바르다.<br>• 지나치게 복종적, 순종적이다.<br>• 부정적 자아이미지, 죄책감, 자기비하가 많다. |
| 엄격하면서 자애로운 부모 | • 자녀가 일으키는 문제를 정상적인 삶의 한 부분으로 생각한다.<br>• 자녀에게 적절하게 좌절을 경험케 하여 자기훈련의 기회를 제공한다.<br>• 자녀를 장점과 단점을 아울러 지닌 한 인간으로 간주한다.<br>• 자녀의 잘못을 벌할 때도 자녀가 가진 잠재력은 인정한다.<br>• 자녀의 장점을 발견하여 키워준다. | • 자신감 있고, 성취동기가 높다.<br>• 사리분별력이 있다.<br>• 원만한 인간관계를 유지한다. |
| 엄격하지도 자애롭지도 못한 부모 | • 무관심하고 무기력하다.<br>• 칭찬도 벌도 주지 않고 비난만 한다.<br>• 자식을 믿지 못한다(자녀가 고의적으로 나쁜 행동을 한 깃으로 생각한다). | • 반사회적 성격으로 무질서하고, 적대감이 많다.<br>• 혼란스러워하고, 좌절감을 많이 느낀다.<br>• 세상 및 타인에 대한 불신감이 짙다. |

출처: 청소년 상담원(1996). 자녀의 힘을 북돋우는 부모. 청소년 대화의 광장.

이상 네 가지 부모유형 중에서 가장 바람직한 유형은 '엄격하면서 자애로운 부모'이고, 제일 바람직하지 못한 유형은 '엄격하지도 자애롭지도 못한 부모'이다. 우리나라에서 요즘 가장 많은 유형은 '자애롭기만 한 부모'이다.

우리나라 부모의 양육행동 유형을 알아본 연구(정옥분 외, 1997)에서 엄부자모가

30.4%, 엄부엄모가 8.2%, 자부엄모가 15.1% 그리고 자부자모가 46.3%로서, 전반적으로 자부자모 유형이 가장 많은 것으로 나타나 우리의 전통유형인 엄부자모 유형에서 많이 벗어나 있음을 알 수 있다.

자녀의 발달단계에 따른 차이를 보면 초등학생과 중학생의 부모는 자부자모가 많고, 고등학생의 부모는 엄부자모가 다소 많은 것으로 나타났다. 이 결과는 부모의 연령이 젊을수록 자부자모의 유형이 많은 것으로 해석할 수 있다.

## 3) 부자자효의 12덕목

한국아동학회에서는 서양의 발달이론과 연구결과들을 우리문화에 그대로 적용할 때의 한계점을 지적하면서 '이제는 우리의 것을 찾을 때이다'라는 움직임이 있었다(정옥분, 1994). 그 일환으로 '아동학 특별연구회'가 구성되어 "세계화를 위한 '효' 가치관 정립과 자녀양육 방향모색"이라는 연구과제가 학술진흥재단의 지원으로 수행된 바 있다.

〈표 14-5〉와 〈표 14-6〉은 본 연구에서 상정된 부자자효(父慈子孝)[1]의 가정교육 지침 중에서 청년기 부분을 발췌한 것이다.

〈표 14-5〉  **청소년기 부모의 부자(父慈)에 관한 가정교육 지침**

| 덕목 \ 지침 | 청소년기 부모의 실천 지침 |
|---|---|
| 수 신 | • 자녀에게 지나친 기대를 하지 않는다.<br>• 가정의 화목을 위해 노력한다.<br>• 자녀와 배우자 앞에서 몸가짐과 행동을 바르게 한다.<br>• 청소년 세대를 이해하도록 노력한다. |
| 모 범 | • 가정형편과 분수에 맞는 생활을 한다.<br>• 먹자, 놀자가 아닌 건전한 가족문화를 만든다.<br>• 웃어른으로서의 권위를 갖춘다.<br>• 자녀에게 올바르게 사는 모습을 보여준다.<br>• 가정과 사회에서 성실히 일하는 태도와 자세를 보여준다. |

1) 본 연구에서는 전통적인 효(孝)의 개념과 본질을 규명하고, 효사상의 현대적 의미를 고찰하여, 이를 토대로 현대적 적용을 위한 효의 하위덕목을 추론하였다. 즉, 부자(父慈)에서 12가지 덕목(德目)을 추출하였고, 자효(子孝)에서 12가지 덕목(德目)을 추출하였다. 여기서 부자자효(父慈子孝)는 부모와 자녀 사이의 호혜적 관계의 상징으로서 부모자녀관계와 가족관계뿐만 아니라 모든 인간관계와 사회적 관계, 나아가 자연과의 관계 등 우주의 섭리를 인간답게 실현하는 지배원리를 말한다.

| 책 임 | • 가족의 공동목표를 성취하도록 노력한다.<br>• 가정의 질서와 올바른 가치관을 정립한다.<br>• 가족 부양자로서의 책임을 다한다. |
|---|---|
| 정 성 | • 자녀의 건강에 대해 배려한다.<br>• 자녀를 돌봄에 정성을 다한다.<br>• 자녀와 함께 보내는 시간을 귀하게 여긴다.<br>• 자녀의 급격한 신체적, 심리적 변화를 이해하기 위한 대화시간을 갖는다. |
| 희 생 | • 자녀를 낳고 기르고 가르치는 데 있어서 부모의 희생적 정신이 그 밑바탕이 되도록 한다. |
| 인 내 | • 화나는 일이 있어도 자제한다.<br>• 자녀에게 즉각적인 해결책을 제시하는 것을 자제한다.<br>• 지나친 훈계를 삼간다. |
| 엄 친 | • 자녀를 꾸짖더라도 '정'을 끊는 말을 하지 않는다.<br>• 엄격하면서도 자애롭게 자녀를 대한다. |
| 존 중 | • 가족생활의 질서를 위한 규칙과 기준을 세운다.<br>• 가족 각자의 개인차를 인정하고 존중한다.<br>• 자녀의 개성과 독립적 사고를 존중한다. |
| 관 심 | • 자녀의 목표를 인정해준다.<br>• 자녀와 친밀한 관계를 형성하기 위해 시간을 투자한다.<br>• 자녀의 이야기를 적극적으로 들어주고, 터놓고 이야기할 수 있게 한다. |
| 가르침 | • 자녀의 잘못된 생각과 행동을 알게 하고, 바른 도리를 가르친다.<br>• 자녀가 지나치게 편한 것만을 추구하지 않도록 가르친다.<br>• 욕이나 거친 말을 사용하지 않도록 가르친다. |
| 관 대 | • 규칙준수와 질서를 가르친다.<br>• 가족의 가치관을 가르친다.<br>• 타인을 존중하도록 가르친다.<br>• 자신감과 자율감을 길러준다.<br>• 가족에 대한 자부심을 키워준다.<br>• 변화하는 사회에 적응할 수 있도록 가르친다.<br>• 다른 사람에게 폐를 끼치지 않도록 가르친다.<br>• 자녀의 교우관계에 관심을 갖고 지도한다. |
| 믿 음 | • 젊은 세대의 변화를 아량을 갖고 관대하게 대한다.<br>• 장점이 없어 보여도 관용을 베푼다.<br>• 자녀를 믿는다. |

〈표 14-6〉 **청소년기 자녀의 자효(子孝)에 관한 가정교육 지침**

| 지침<br>덕목 | 청소년기 자녀의 실천 지침 |
|---|---|
| 감 사 | • 가족 모두에게 늘 감사하는 마음을 갖는다.<br>• 감사한 마음을 말이나 행동으로 표현한다. |
| 수 신 | • 위험한 행동(약물 복용, 본드 흡입 등)을 하지 않는다.<br>• 자신의 잘못을 인정한다.<br>• 꾸지람을 듣더라도 원망하지 않는다.<br>• 자신의 분노를 다스리는 방법을 익힌다. |
| 봉 양 | • 부모에게 자신의 문제를 의논한다.<br>• 부모와 함께 보내는 시간을 갖는다. |
| 안 락 | • 외출시간과 행선지를 알려 부모에게 걱정을 끼쳐 드리지 않는다.<br>• 부모의 마음을 편안하게 해 드린다.<br>• 부모의 마음을 헤아린다.<br>• 부모를 나보다 우선으로 생각한다. |
| 공 경 | • 내 부모뿐만 아니라 남의 부모도 공경한다.<br>• 자신을 존중하고 타인을 공경한다.<br>• 부모가 허락하지 않는 일은 하지 않으려고 애쓴다. |
| 충 간 | • 부모의 꾸지람이 잘못되었더라도 그 자리에서 곧바로 해명하지 않는다. |
| 승 지 | • 부모가 원하시는 것을 존중한다.<br>• 부모의 뜻을 이어받아 훌륭하고 값진 삶을 살도록 노력한다.<br>• 부모의 뜻과 내 뜻이 다르더라도 부모의 뜻에 따르도록 노력한다. |
| 입 신 | • 맡은 일을 충실히 하여 자기의 원하는 바를 이룬다.<br>• 나의 일을 충실히 하여 사회와 국가에 필요한 사람이 된다. |
| 추 모 | • 돌아가신 조상의 이야기를 듣는 기회를 갖는다. |
| 절 제 | • 물건을 아껴쓰고 저축하는 습관을 기른다.<br>• 외제물품 사용을 자제한다.<br>• 나의 욕망을 절제하고 남을 배려하는 마음을 갖는다. |
| 예 의 | • 부모, 조부모께 항상 공손한 태도를 취한다.<br>• 인사를 잘한다.<br>• 존댓말을 사용한다.<br>• 사회질서와 공중도덕을 잘 지킨다.<br>• 지하철이나 버스에서 어른에게 자리를 양보한다. |
| 우주조화 | • 쓰레기를 구분하여 버리고 물품을 재활용한다.<br>• 공공시설물을 아낀다.<br>• 조상의 문화적 유산을 귀하게 여긴다.<br>• 자연사랑과 환경보존으로 후손에게 좋은 환경을 물려준다. |

# 6. 형제자매관계

　가족관계에서 형제자매는 매우 독특한 위치에 있다. 형제들은 서로의 친구가 되고 함께 우애를 나눈다. 형제들은 같은 세대이므로 학교문제, 친구문제, 성문제 그리고 부모와의 관계에서는 금지된 주제 등에 관해 적절한 조언을 한다. 손위 형제는 동생들의 역할모델 노릇을 하고 때로는 대리부모 역할도 한다.

　형제관계는 부모자녀관계에 비해 상호적이며 보다 평등한 관계이다. 형제간의 상호작용은 또래집단 간의 상호작용과 상당히 유사하여, 빈번한 상호작용이 이루어지고, 솔직한 정서표현, 상호간의 관심과 애착의 증거를 볼 수 있다(Berndt & Bulleit, 1985). 형제관계에서는 상호작용을 통해 서로를 모방하려는 경향이 강하게 나타나며, 특히 동생이 형을 모방하는 정도가 더욱 심하다. 동생은 손위 형제와의 상호작용에서 지적·사회적으로 자극을 받는다. 동생은 자신의 생각이나 상상하는 것에 대해 손위 형제에게 이야기하고 질문을 하게 된다.

　동시에 이들은 상호간에 긍정적인 감정뿐만 아니라 부정적인 감정을 공유하는 모호한 특성을 갖는다. 이들은 서로 경쟁적인 동시에 협동적인 관계를, 서로 싸우면서 서로 돕는 독특한 관계를 형성하고 있다(Campione-Barr & Sonetana, 2010).

　형제관계에는 애정뿐만 아니라 갈등도 있다. 부모, 교사, 친구, 그 누구와의 관계에서보다 형제관계에서 갈등이 많다(Buhrmester & Furman, 1990). 그럼에도 불구하고 대부분의 경우 형제간의 우애는 갈등을 능가한다.

　동생이 태어나면 첫 아이의 입지는 다소 도전을 받게 되며, 부모의 관심을 끌기 위해 경쟁을 해야 한다. 그 결과 형제간의 상호작용에서 적대감을 나타나게 되며, 특히 손위 형제가 동생에 대해 더욱 그러한 경향을 보인다. 형제간에는 이 같은 적대감이니 경쟁심도 나타나지만(사진 참조), 대부분 형제 간의 상호작용은 우호적인 것이다. 서로에게 애착을 형성하고, 놀이상대로서 서로를 좋아하는 것과 같은 긍정적인 측면이 더욱 강하게 나타난다(Hetherington & Parke, 1993).

　형제관계는 터울에 따라 다소 상이하게 나타난다. 터울이 가까운 경우 아동은 이유 없이 자신을 질투하

사진 설명    형제자매 간의 경쟁은 부모가 드러내 놓고 형제들을 비교하거나, 누구를 특히 편애할 때 더욱 심해진다.

는 사람과 많은 시간을 보내야 한다는 어려움이 있다. 이러한 경우 손위 형제로부터의 적대감이나 공격성이 발달에 손상을 입힐 수 있다. 반면, 가까운 터울로 인한 친밀감이나 동료의식이 또래 간의 경쟁에 대처하는 방법을 가르쳐준다는 이점이 있다. 그러나 형제간 터울이 커지면 손위 형제는 또래보다는 부모나 교사와 같은 역할 모델의 기능을 수행하게 된다.

형제의 성별 구성에 있어서도 손위 남아는 그들의 동생에게 신체적 힘에 근거한 방법을 많이 사용하는 반면, 여아는 동생에게 보다 수용적이고 말로 설명하는 친사회적인 경향을 보인다. 따라서 손위 남아는 형제관계에서 쉽게 조화를 이루지 못하는 반면, 여아는 비교적 원만한 관계를 유지하며, 동생을 잘 보살핀다.

형제관계가 경쟁적인 상대로 발전하는가 혹은 긍정적인 관계를 유지할 수 있는가는 터울이나 형제자매의 구성보다는 어머니의 양육방식이나 아동의 성격에 의해 더 많은 영향을 받는 것으로 볼 수 있다. 어머니가 첫 아이에게 덜 민감하고 무관심하며, 명령적인 경우에는 형제간에 대결상황을 마련해주게 된다. 반면, 동생이 태어나기 전부터 첫 아이에게 충분한 관심을 보이고 미리 준비를 함으로써 이를 완화시킬 수도 있다. 손위 형제에게 새로 태어난 아이의 욕구나 감정에 대해 솔직하게 이야기하고, 자녀양육에 대한 의사결정이나 토론에 참여시키는 경우, 형제간에 밀접하고 우호적인 관계를 형성하게 된다. 새로 태어난 아이에게 지나친 관심을 보이지 않는 태도가 바람직하며 아버지의 개입도 효과적이다. 또한 아동의 성격특성에서도 주도적인 성격을 가진 아동은 어머니와 솔선해서 대화를 시도하며 원만한 상태를 유지하고자 노력하나, 회피적인 아동은 어머니로부터 물러남으로써 상호간의 친밀감을 상실하게 된다.

출생순위도 성격형성에 영향을 미친다. 자녀는 부모를 중심으로 하여 일종의 경쟁관계를 형성하고 있으며, 출생순위는 이들의 심리적 위치를 이해하는 데 중요하다. 최근 독자 가정이 점차 증가하고는 있으나, 형제가 있는 가정에서 이들 간의 관계는 서로에게 큰 영향을 미친다(Paulhus, 2008).

일반적으로 맏이는 부모로부터 가장 많은 기대와 관심 속에 성장하게 되며, 지적 자극이나 경제적인 투자도 가장 많다. 그 결과 맏이는 이후에 태어나는 아이에 비해 성취지향적이며, 인지발달이나 창의성이 뛰어나고, 친구들 간에 인기가 있는 편이다.

부모는 맏이에게 많은 관심을 보이지만 애정적으로는 엄격하다. 양육경험 부족으로 불안하고 과보호적인 태도를 보이게 되어 다소 의존적이고 불안한 특성을 보이기도 한다. 또한 첫째라는 위치 때문에 책임감이 강하며 다소는 권위적인 태도를 보이게 된다.

둘째는 출생 후 손위 형제의 존재로 인해 무력감과 좌절감을 느끼게 된다. 자신보다 우월한 형의 존재는 경쟁심을 유발시켜, 그 결과 보다 사교적이며 손위 형제와는 다른 특성을 보임으로써 자신의 위치를 확보하려 한다. 또한 동생이 출생할 경우, 맏이와 막내에게 자신의 권리를 빼앗기는 느낌을 받게 되어 불공평함을 경험하기도 한다.

막내는 불리한 위치에서 출생하지만 폭군이 될 수도 있다. 애교를 부리거나, 귀엽고, 약하고, 겁많게 보임으로써 자신의 위치를 이용하여 모든 가족구성원에게 자기를 시중들도록 요구할 수 있다. 어수룩하게 보이거나 드러내놓고 반항함으로써 자신의 위치를 확보할 수 있다. 그 결과 막내는 독자적으로 무엇을 할 수 있는 기회가 적어 미성숙한 성격특성을 보이는 경향이 있다.

외동이의 성격특성은 종종 부정적인 측면에서 부각되고 있다. 자신이 특별하다거나 무엇이든지 마음대로 할 수 있다고 생각하며, 과보호로 인해 이기적인 성향을 보이기도 한다. 수줍음을 타거나 무기력하게 될 수도 있다. 그러나 이에 대한 연구는 다소 상반된 결과를 보여준다. 기존의 통념과는 달리 지적 능력이나 성취동기, 사교성 등에서 맏이와 유사한 성격특성을 갖는 것으로 나타나고 있다. 독자인 경우 부모로부터 보다 많은 관심을 받게 되고, 자기보다 유능한 사람들 속에서 성장하므로 지적인 경향이 있으며, 성인과 같은 행동특성을 보인다고 한다(Falbo & Poston, 1993; Jiao, Ji, & Jing, 1996; Thomas, Coffman, & Kipp, 1993).

형제관계는 시간이 지나면서 변한다. 아동기 때보다 청년기에는 형제간의 갈등이 적다. 이것은 어쩌면 친구와 함께 보내는 시간이 증가하므로 형제가 함께 보내는 시간이 적어지기 때문이기도 하고, 형제관계에서 권력구조의 변화 때문이기도 하다(Buhrmester & Furman, 1990). 즉, 아동기 때에는 손위 형제가 대장노릇을 하면서 동생들을 지배하려고 들지만, 동생들이 나이가 들면서 서로 평등한 관계를 유지하게 된다.

아동기 때 긍정적인 유대관계를 맺은 형제들은 청년기 때에도 여전히 애정과 관심을 보이고, 성인이 되어서도 친하게 지낸다(Dunn, Slomkowski, & Beardsall, 1994). 그리고 부모가 애정적이고 지원적일수록 청년들은 형제와 긍정적인 관계를 유지한다(Brody, Stoneman, & McCoy, 1992).

# 7. 조부모와의 관계

조부모와 함께 사는 가정에서는 손자녀가 핵가족의 경우와는 다른 경험을 하게 된다. 조부모는 부모보다 자녀양육에 관한 경험이 많으므로, 손자녀에게 정서적 안정감을 제공해줄 수 있고, 손자녀에 대한 직접적인 의무감이나 책임감이 없기 때문에 순수하게 애정적인 관계에서 유대감을 형성할 수 있다.

일반적으로 부모는 자녀에 대한 지나친 기대와 교육에 대한 책임감 때문에 훈육 시 잔소리가 많아지고 감정적이 되기 쉽다. 반면, 조부모는 연륜에 의한 지식과 지혜, 사랑과 관용으로 손자녀를 소중하게 여기고 손자녀의 생각과 요구를 귀담아 들을 여유가 있다(McMillan, 1990; Strom & Strom, 1990).

또한 오늘날 한 자녀만 있는 핵가족 형태 가정의 아이들은 낯가림이 심한데, 이것은 친척이나 이웃과의 접촉이 과거처럼 빈번하지 않아 오직 부모하고만 애착이 형성되기 때문이다. 그러나 조부모와 함께 사는 아이들은 보다 폭넓은 인간관계로 인하여 애착형성이 다양하게 이루어지고 사회성도 발달한다. 조부모는 부모보다 자녀양육에

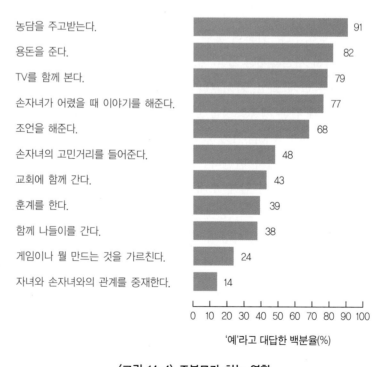

〈그림 14-4〉 조부모가 하는 역할

출처: Cherlin, A. J., & Furstenberg, F. F. (1986). *The new American grandparent*. New York: Basic Books.

관한 경험이 많아 실제 양육에 있어서도 부모보다 능숙하고, 바쁜 부모 대신 손자녀에게 정서적인 안정감을 제공해줄 수 있으며, 놀이친구로서의 역할도 한다(〈그림 14-4〉 참조). 이와 같이 조부모와 함께 사는 청년들은 조부모와의 관계를 통해 여러 가지 긍정적인 도움을 받을 수 있다.

현대사회에서는 맞벌이의 증가로 어머니 혼자서는 양육을 담당하기 어려운 실정에 있다. 보건복지부(2020)에 따르면 2019년 12월 현재 보육시설에서 보육 중인 아동은 136만 5,085명이라고 한다. 나머지는 가족, 친지 등의 도움을 받아 양육되는데, 가장 보편적인 것은 조부모의 도움이다. 따라서 아직 자녀가 어려 보육기관에 맡기지 못하는 가족들의 경우, 상당수의 조부모가 부모를 대신하여 손자녀를 양육하고 있다. 부모를 대신하여 조부모가 손자녀를 양육하는 것은 우리나라뿐만 아니라 전세계적으로 보편화된 현상이다. 스페인에서 6~16세의 학생 4,000명이 그린 그림과 이들이 쓴 글을 분석한 결과, 조부모가 아이들과 가장 많은 시간을 보내고 있으며, 아이들은 조부모를 가장 좋아하는 어른으로 꼽았다(세계일보, 2001년 6월 19일자). 이처럼 조부모는 현대사회에서 자녀의 실제적인 양육자로서의 역할을 담당하고 있다.

조부모 역시 손자녀를 통해 자신의 존재가치를 확인할 수 있다. 노화로 인해 사회와 가정에서 한발 물러선 조부모들에게 있어 손자녀를 돌보는 일은 상실감을 극복할 수 있는 하나의 계기가 된다. 하지만 모든 조부모들이 손자녀 양육에 긍정적인 반응을 나타내는 것은 아니다. 자녀 세대의 기대와 달리 이제 '손자 보기가 유일한 낙'이라고 생각하는 노인은 거의 없다. 특히 가사 노동과 육아에 매달려 젊은 시절을 보낸 50~60대 여자노인들은 노년에 얻은 자유를 포기하고 싶어 하지 않는다. 그들은 손자녀와 잠깐씩 즐거운 시간을 보내기를 원할 뿐(사진 참조) 자신의 여가생활을 위해 손자녀양육을 전적으로 책임지기를 원하지 않는다.

손자녀가 지각한 조모와의 심리적 친밀도에 관한 연구(서동인, 유영주, 1991)에 따르면 우리나라의 조모역할은 훈계자 역할, 물질적 제공자 역할, 대리모 역할, 가계역사의 전수자 역할, 손자녀후원자 역할, 생활간섭자 역할인 것으로 나타났다. 이상의 역할 중에서 손자녀의 발달과업과 관련된, 삶의 기본이 되는 철학이나 형제간의 우애와 예절 등에 관한

교육적 역할에 특히 초점을 두고 있는 것으로 나타났다. 그리고 외조모가 손자녀후원자 역할, 훈계자 역할, 대리모 역할, 물질적 제공자 역할을 많이 하는 것으로 손자녀가 지각할수록, 또 손자녀의 생활을 간섭하지 않는 것으로 지각할수록 손자녀의 외조모에 대한 심리적 친밀도가 높아지는 경향을 보여주었다.

## 8. 가족구조의 변화

20세기 말이 되면서 나타난 주요한 사회변화는 가족구조의 변화일 것이다. 이혼율의 증가로 많은 청소년들이 편모 또는 편부가정에서 생활하며, 부모의 재혼으로 인해 계부모와 함께 살기도 한다. 맞벌이 부부의 증가로 학교에서 돌아오면 아무도 없는 빈집에 혼자서 문을 따고 들어가야 하는 청소년들이 많아졌다(사진 참조). 그리고 다문화가정 청소년의 수가 크게 증가한 것도 한국사회 가족구조의 변화이다.

### 1) 이혼가정의 자녀

사진 설명  부모의 이혼으로 남아가 여아보다 부적응 행동을 더 많이 보인다.

오늘날 이혼은 전 세대에 비한다면 비교적 빈번한 현상이므로, 아동이 부모의 이혼으로 인해 어떤 낙인을 찍히는 경험은 하지 않는다. 친구들도 비슷한 경험들을 하기 때문에 자신의 감정을 호소할 수 있는 친구집단이 자연스럽게 형성된다. 그럼에도 불구하고 부모의 이혼은 청년에게 여러 가지 부정적 정서를 경험하게 한다.

이혼 후 함께 살기로 한 부모의 성과 자녀의 성이 부모의 이혼에 반응하는 주요한 요인이 된다. 주로 부모의 이혼 후 어머니와 함께 사는 경우가 많으므로, 특히 남아의 경우 남성모델의 부재로 고통을 당한다. 결과적으로 학교에서는 적응을 잘하지 못하고, 비행을 저지른다(Hetherington,

Anderson, & Hagan, 1991). 여아의 경우 어머니의 존재와 지원 때문에 부모의 이혼에 적응을 잘하는 편이지만 항상 그런 것은 아니다. 어머니와 갈등이 있는 경우 학교에 서는 공부를 잘하지 못하고(McCombs & Forehand, 1989), 남아보다 부모의 이혼 후 훨씬 더 오랫동안 분노를 경험한다. 이 분노는 주로 아버지에게로 향한 분노이다. 흥미로운 사실은 아들, 딸 모두 어머니가 이혼을 청구한 경우라도 어머니보다 아버지를 더 많이 원망한다는 것이다. 아버지에 대한 분노는 딸의 경우 특히 더 심하다 (Kaufmann, 1987).

부모 자신의 이혼에 대한 반응 또한 주요한 요인이 된다(Forehand, Thomas, Wierson, Brody, & Fauber, 1990). 이혼은 부모 자신의 자아존중감과 자아가치감에 손상을 입힌다. 많은 사람들이 이혼을 단지 부부관계에서의 실패로 보지 않고 인생 전반에서의 실패로 보기 때문에 이혼 후에 우울증에 빠져든다. 그리고 부모 스스로가 자신의 문제에 빠져 있는 상태이기 때문에, 부모의 이혼에 적응하려고 애쓰는 자녀의 욕구에 제대로 반응을 하지 못한다. 따라서 이혼 직후에는 부모 역할을 제대로 하지 못하게 된다. 그러나 2, 3년이 지나면 부모와 자녀는 정서적 안정을 되찾게 된다.

Rex Forehand

우리나라의 아동과 청소년을 대상으로 하여 부모의 이혼에 따른 자녀들의 적응을 알아본 연구(정현숙, 1993)에 따르면, ① 이혼 이후 기간이 길수록, ② 스스로 다양한 문제해결방식을 많이 이용할수록, ③ 양육부모의 재혼여부나 성에 관계없이 친권부모와 긍정적인 대화를 통한 상호작용을 많이 하고 부정적인 상호작용이 적을수록 ④ 비친권부모와 접촉을 많이 할수록 자녀들은 부모의 이혼 후의 생활에 잘 적응하는 것으로 나타났다. 또 다른 연구(채선미, 이영순, 2011)에서는 부모의 이혼을 경험한 자녀들의 정서적 적응이 이혼을 경험하지 않은 가정의 자녀들에 비해 낮은 편이며, 침울한 경향이 있고, 분노와 절망감을 주위에 방출하는 경향이 있는 것으로 나타났다.

## 2) 한부모 가정의 자녀

부모의 이혼이나 사별로 인해 편부가정이나 편모가정에서 자라는 청년의 수가 많아졌다. 우리나라의 경우 남성의 재혼율이 여성의 재혼율보다 훨씬 높기 때문에 편모가정의 수가 편부가정의 수보다 훨씬 많다.

편모가족의 가장 큰 어려움은 경제적 곤란이다. 편모가족의 절반 이상이 절대 빈곤 수준 이하의 생활을 한다. 그래서 때로는 자녀들이 경제적 책임을 지고 일을 해야 하

부모의 이혼이나 사별로 인해 편모 가정에서 자라는 청소년의 수가 많아졌다.

는 경우가 있다. 그러나 자녀들이 가족의 의사결정에 적극적으로 참여하고, 독립심이 증가된다는 긍정적인 측면도 있다(Hetherington, Anderson, & Hagan, 1991). 그리고 여성이 직업을 갖는 것에 대해 긍정적인 태도를 갖게 되고, 가정에서 보다 융통성 있는 성역할을 한다. 특히 딸들은 어머니를 경제적, 사회적 독립을 성취한 긍정적인 역할모델로 본다. 아들의 경우는 딸보다 적응을 잘하지 못하고 반사회적 행동을 하기 쉽다(Bank, Forgatch, Patterson, & Fetrow, 1993). 특히 부모가 이혼한 경우는 청소년들이 또 다른 변화를 겪게 된다. 이사를 해야 하는 경우가 많기 때문에 새로운 이웃, 새로운 학교에 적응해야 하고 새로운 친구를 사귀어야 한다.

많은 수는 아니지만 편부가족도 점점 증가하는 추세에 있다. 편부가족의 어려움은 아버지가 자녀를 돌보고, 집안일을 해야 하며, 직장일까지 병행해야 하는 데서 오는 부담이 크다는 점이다. 그러나 대부분의 편부가족이 잘 해내고 있지만, 어머니가 집을 나간 경우 아버지는 버림받았다는 생각에 자신감을 잃고, 혼자서 자식을 키우는 데서 스트레스를 많이 받는 것으로 보인다.

## 3) 재혼가정의 자녀

사악한 계모의 부정적인 이미지는 〈백설공주〉 같은 동화에서 비롯된다.

이혼율의 증가와 더불어 재혼율도 증가하고 있다. 따라서 계부모와 함께 사는 아동의 수가 많아졌다. 계부가족과 계모가족의 비율이 10 : 1 정도인 서구사회에 비해(Hamner & Turner, 1996), 우리나라는 대부분이 계모가족이다. 계모라는 단어는 어릴 적에 들은 〈콩쥐팥쥐〉나 〈장화홍련전〉 〈백설공주〉 〈헨젤과 그레텔〉 같은 이야기로부터 사악하고 잔인한 이미지를 연상시킨다(사진 참조). 이런 이미지는 계부모가 계자녀와 좋은 관계를 맺으려는 노력에 장애요인이 된다.

계부모가족은 양쪽의 부계, 모계 친척뿐만 아니라 전 배우자, 전 인척 및 헤어진 부모를 포함하는 조연 배역들이 너무 많다. 한마디로 계부모가족은 친 가족보다 훨씬 무거운 부담을 안고 있다.

계부모가족은 아이들과 어른 모두가 경험한 죽음이나 이혼의 결과 로 인한 상실로부터 오는 스트레스를 극복해야 하는데, 그러한 스트 레스는 믿고 사랑하는 것을 두려워하게 만든다. 이전의 친부모와의 유대가, 혹은 헤어진 부모나 죽은 부모에 대한 충성심이 계부모와의 유대를 형성하는 데 방해가 될 수 있다. 그리고 아동기의 자녀를 둔 아버지가 아이를 한 번도 가져보지 않은 여성과 결혼한 경우 인생경 험의 차이에서 오는 어려움이 크다(Visher & Visher, 1989).

Emily B. Visher

특히 사춘기 자녀가 있는 경우, 계부모가족이 힘든 이유는 자녀가 사춘기에 해결 해야 할 과제와 계부모가족에 대한 적응이 겹치기 때문이다(Hetherington, Anderson, & Hagan, 1991). 이러한 적응문제가 적절히 해결되지 않을 경우, 부모의 이혼에서 경험 하는 것과 비슷한 부정적 반응이 나타난다. 즉, 음주, 약물남용, 비행, 성문제를 일으 킨다. 그리고 계부모가족의 자녀들은 특히 유기, 신체적 학대, 성적 학대의 희생물이 되기 쉽다.

이상과 같은 문제들은 부모와 계부모가 이러한 도전에 직면하여 적절히 준비를 한 다면 감소될 수 있는 것이다. 그에 관한 성공적인 전략은 다음과 같다(Atwater, 1996; Visher & Visher, 1989). 첫째, 앞으로 계부모가 될 사람이 어떤 사람인지 알 기회를 사 전에 충분히 갖는다. 둘째, 현실적인 기대를 갖는다. 계부모가족의 구성원은 원래의 친가족과는 다르다는 것을 인정해야 한다. 계부모와의 친밀한 관계를 강요하지 말고 시간적 여유를 가지고 자연히 이루어지도록 기다린다. 셋째, 자녀들의 감정을 이해한 다. 어른들이 새로운 인생을 함께 설계하며 행복해 하는 그때에 자녀들은 불안하고, 상처받고, 화가 난다는 것을 이해해야 한다. 넷째, 생모나 생부와 비교되는 것은 불가 피한 일이므로, 계부모는 자신의 새로운 역할이 도전받을 것을 각오해야 한다. 끝으로, 계부모가 족의 구성원은 다른 모든 가족과 마찬가지로 가 족이 제대로 기능하도록 그 구성원이 각자 노력 할 때 성공적이라는 사실을 명심해야 한다.

한 종단연구(Hetherington, 2006)에서 단순 계부 모가족(계부 또는 계모만 있는 경우)의 아동 · 청소 년은 복합 계부모가족(계부 또는 계모 외 이복형제 등이 있는 경우; 사진 참조)이나 이혼은 하지 않았지

만 갈등이 많은 가족의 아동·청소년보다 적응을 더 잘하는 것으로 나타났다.

또한 교사나 또래 및 주변 사람들로부터 받은 사회적 지지도 청소년들이 계부모가족에 적응하는 데에 영향을 미치게 된다(고은영, 서영석, 2012).

### 4) 맞벌이 가정의 자녀

노동시장에서 여성의 비율이 증가하고 있다. 1960년대에는 자녀가 있는 여성의 $1/3$만이 취업을 했으나 1988년에는 유아기 자녀가 있는 여성의 55%가 취업을 하고 있고, 유치원 자녀를 둔 여성의 61%가 취업을 했다. 세계적으로 40%의 여성이 경제활동을 하고 있는데(United Nations, 1991), 이 비율은 앞으로도 계속해서 증가할 것으로 보인다.

우리나라에서도 기혼여성 취업률은 1991년에 48.7%, 1995년에 49.3%, 1997년에 51.1%로 계속 늘고 있는 추세였다. 이 비율은 1998년에 계속되는 경제불황으로 인해 47.6%로 떨어졌었지만 이는 경제난으로 일자리가 줄어든 탓이었다. 그리고 2000년에 37.7%, 2005년에 39.4%의 취업률을 보였다(〈그림 14-5〉와 〈그림 14-6〉 참조).

직업을 갖는 여성의 수가 증가하면서 맞벌이 부부의 가정이 늘고 있다. 맞벌이 부

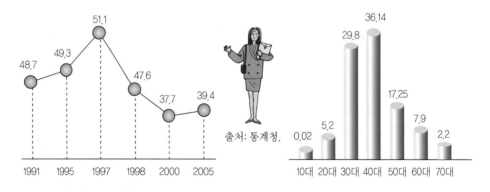

출처: 통계청.

〈그림 14-5〉 기혼여성 취업률 추이　　〈그림 14-6〉 기혼여성 취업자 연령별 구성(2005년)

부의 주요 장점은 물론 경제적인 것이다. 그로 인해서 얻게 되는 유리한 점은 비단 경제적인 것만이 아니다. 남편과 아내가 보다 동등한 관계를 유지함으로써 여성의 자아존중감과 통합감이 증진된다. 아버지와 자녀 간에 보다 긴밀한 관계를 유지할 수 있으며, 남편과 아내가 일과 가족역할 모두에서 직분을 다하고 성숙해질 가능성이 높다.

맞벌이 부부의 단점은 시간과 에너지 부족, 일과 가족역할 간의 갈등, 자녀양육문

제 등이다. 자녀양육문제는 부부가 모두 전문직인 경우에도 자녀를 돌보는 쪽은 아내이다. 특히 자녀가 취학 전일 경우 주된 양육자는 대개의 경우 어머니이다. 최근에 와서 자녀양육문제로 직장을 그만 두는 여성은 별로 없지만, 아이를 돌봐 줄 사람을 찾지 못하면 아이 가 초등학교에 입학할 때까지 잠시 직장을 쉬기도 한다.

Lois W. Hoffman

일반적으로 어머니의 취업이 아동과 청년발달에 부정적인 영향 을 미친다는 증거는 없다(Hoffman, 1989; Moen, 1992). 자녀와 함께 보 내는 시간의 양보다는 어머니와 자녀가 어떻게 시간을 보내느냐 하 는 것이 더 중요하다. 사실 취업모의 자녀들은, 특히 딸의 경우, 어머 니를 역할모델로 삼을 수 있고, 더 독립적이며, 높은 교육적 · 직업적 목표를 세우고, 남자와 여자의 역할에 대해 고정관념을 적게 가진다 (Goldberg & Lucas-Thompson, 2008; Hoffman, 1989).

Phyllis Moen

다행히도 대부분의 맞벌이 부부들은 주말에 더 많은 시간을 자녀 들과 함께 함으로써 부모자녀 간의 상호작용을 보완할 수 있다(Nock & Kingston, 1988). 비록 바쁘고 스트레스를 받기는 하지만 자녀의 발 달에 손상을 주지 않고 일하는 즐거움을 누릴 수 있다.

요컨대 맞벌이 가정의 행복과 성공은 남편이 아내가 직업을 갖는 것에 대한 태도와 크게 관련이 있다. 아내의 직업을 인정하고, 집안 일을 분담하며, 자녀양육에 도움이 되고, 정서적 지원을 해주면 맞벌이 가정의 많은 문제가 극복될 수 있을 것이다.

## 5) 다문화가정의 자녀

국가 간 인구 이동이 일상화, 보편화되면서 세 계는 이주의 시대를 맞이하였다(Castles & Miller, 2009). 한국도 예외가 아니어서 한국에 거주하는 외국인은 행정자치부 자료에 의하면 2019년 말 기 준 252만 4,656명으로, 본격적으로 외국인 200만 시대를 훨씬 넘어섰다. 이들 외국인의 다수를 차 지하고 있는 구성원은 외국인 노동자와 국제결혼 이주여성들로 나타났다. 그 결과, 한국인 아버지 와 외국인 어머니 사이에서 태어난 다문화가정 아

사진 설명　다문화가정의 부모와 자녀

동의 수도 크게 증가하고 있다. 다문화가정의 만 18세 미만의 아동은 2006년도 2만 5,000명에서 2019년에는 13만 7,225명으로 5배 이상 급증하였다(통계청·여성가족부 보도자료, 2020). 이와 같이 다문화가정 아동의 수는 앞으로도 급속히 증가할 것으로 예상되며, 이들이 한국 사회에 어떠한 영향을 미칠 것인지에 대해 주목받고 있다.

다문화가정 아동에 대한 대부분의 연구(김미진, 2010; 서현, 이승은, 2007; 양순미, 2007; 오성배, 2007; 이영주, 2007; 이진숙, 2007)에서, 다문화가정 아동은 한국 사회에 적응하면서 많은 어려움을 겪는 것으로 보고되었다. 다문화가정 아동의 17.6%가 집단따돌림을 경험했으며, 따돌림의 이유는 '엄마가 외국인이어서'가 가장 높은 것으로 나타났다(보건복지부, 2005). 또한 다문화가정 아동은 한국인과 다른 외모로 인해 또래로부터 놀림을 받는 경우가 많았다. 이에 따라 다문화가정 아동은 일반가족 아동과 다르다는 이유로 따돌림받는 것을 두려워하여 자신이 다문화가정 아동임을 숨기는 경우가 많으며, 일반가족 아동과의 관계에서 적절한 감정표현이 부족하고 소극적인 것으로 나타났다(김미진, 정옥분, 2010).

다문화가정 아동이 성장하면서 가족, 특히 어머니의 지지를 받는 것이 필요하지만, 다문화가정 아동과 외국인 어머니 간의 의사소통이 그리 원만하지 않은 편이다. 그 이유는 외국인 어머니의 한국어 구사능력이 다문화가정 아동의 한국어 능력에 미치지 못하기 때문이다. 국제결혼 이주여성 대부분이 언어적응과 한국의 가부장적인 문화로 인해 적응에 어려움을 겪고 있다. 이주여성의 더딘 적응은 다문화가정 아동에게도 부정적인 영향을 줄 수 있다. 어머니의 문화적응과 자녀와의 상호작용 수준을 살펴본 McLoyd, Cauce, Takeuchi와 Wilson(1992)의 연구에 따르면, 문화적응 수준이 높았던 어머니가 자녀와 더 긍정적으로 상호작용을 한다고 보고하였다. 또한 어머니의 문화적응은 자녀의 사회적 유능감에도 영향을 미치는 것으로 나타났다(Kim, Han, & McCubbin, 2007). 이와 같이 부모자녀 간의 문화적응에서의 차이는 이주가족의 갈등에서 중요한 문제이며(Merali, 2002), 어머니의 문화적응과 자녀의 적응에 있어서 차이가 나는 것은 잠재적으로 자녀양육의 어려움이 커질 수 있다는 점에서 심각하다(Buki, Ma, Strom, & Strom, 2009).

Vonnie C. McLoyd

다문화가정 아동이 자신이 처한 환경에서 받는 스트레스를 극복하고 적응하기 위해서는 친구와 교사로부터 사회적 지지를 받는 것이 중요하다. 실제로 농촌지역 다문화가정 아동을 대상으로 학교생활 적응을 살펴본 양순미(2007)의 연구에서도, 다문화가정 아동의 적응에 또래수용과 같은 관계적 요인이 중요하게 작용하는 것으로 나타났다. 따라서 다문화가정 아동의 원활한 적응을 위해서는 또래관계를 향상시켜 줄 수 있는 노력이 필요하다. 그러나 현재 다문화교육은 다문화가정 아동만을 대상으로 실시되고 있는 경우가 대부분이다. 그러므로 일반가족 아동도 함께 참여할 수 있는 다문화교육 프로그램을 개발하는 것이 절실하다. 또한 부모 이외의 가까운 성인과의 관계가 스트레스를 겪고 있는 아동을 보호해 주는 요인임을 고려해 본다면(Hetherington, 1999), 교사의 역할이 매우 중요함을 알 수 있다. 따라서 현장의 교사뿐만 아니라 예비교사들을 대상으로 다문화가정 아동을 지지해 줄 수 있고 다문화적인 교육현장에 적용이 가능한 교사교육이 필요할 것이다.

Mavis Hetherington

현재 한국의 다문화사회에서 유의할 점은 외국인에 대한 관심, 다른 문화에 대한 태도는 세계화가 내포하는 권력구조에 따라 선진국 중심으로 형성되어 있다는 것이다. 이러한 상황에서 단순히 외국에 대한 관심의 증대만을 목표로 하는 문화적 다양성의 강조는 오히려 선진국 지향성과 문화자본 중심적 태도만을 강화시킬 가능성이 크다(황정미, 김이선, 이명진, 최현, 이동주, 2007). 한국 사회의 다문화 현상이 심화되어감에도 불구하고 일반인들이 다문화가정에 대해 계속 편견적이고 차별적인 태도를 유지한다면 사회적 갈등을 일으킬 수 있는 심각한 문제가 될 수 있다. 따라서 특정 국가로만 편향된 교과내용보다는 한국 사회에서 실제로 전개되고 있는 다문화특성에 맞추어 일반인들을 대상으로 다양성의 차이를 가치 있는 것으로 수용할 수 있는 정책과 교육이 선행되어야 할 것이다.

우리나라 부모의 양육행동이 아동의 다문화 수용성에 미치는 영향에 관한 연구(설은정, 정옥분, 2012)에서, 아동이 부모의 온정적 · 수용적 양육행동을 높게 지각할수록 아동의 다문화 수용성은 높게 나타났으며, 아동이 부모의 허용적 · 방임적 양육행동과 거부적 · 제재적 양육행동을 높게 지각할수록 아동의 다문화 수용성은 낮은 것으로 나타났다.

또한 다문화가정 어머니의 양육스트레스와 양육행동이 아동의 학교준비도에 미치는 영향에 관한 연구(정해영, 정옥분, 2011)에서, 아동의 학교준비도는 다문화가정 어머니의 학습기대와 관련된 양육 스트레스와 부적 상관이 있는 것으로 나타났으며, 한계 설정 양육행동과는 정적 상관이 있는 것으로 나타났다.

# 학교환경과 교우관계

가르침의 기술은 단지 젊은이들이 가지고 있는 호기심을 자연스럽게 일깨우는 데 있다.

Anatole France

학습의 목적은 성장이다. 육체와는 달리 우리의 정신은 생명이 있는 한 계속 성장할 수 있다.

Mortimer Adler

교육은 생활이며, 성장이고, 계속적인 경험의 재구성이며, 사회적 과정이다

John Dewey

십대들은 친구들과 똑같은 차림을 하면서도 그들과는 달라지기를 열망한다.

Anonymous

일생에 친구 하나면 족하다. 둘은 많고, 셋은 불가능하다.　　　　　H. B. Adams

오만한 가슴에는 우정이 싹트지 않는다.　　　　　　　　　　　Shakespeare

어떠한 경우에도 함께 해주는 것이 참된 친구이다.　　　　　　　Solomon

만물은 제각기 같은 것끼리 붙는다. 물은 습지로 흐르고 불은 마른 것에 불붙어 탄다.
군자에게는 군자의 벗이 있고 소인에게는 소인의 벗이 있다.　　　　孔子

우정은 성장이 더딘 식물이다. 그것이 우정이라는 이름을 얻으려면 몇 번의 고통을 이겨내야
한다.　　　　　　　　　　　　　　　　　　　　George Washington

열매 맺지 않는 과일 나무는 심을 필요가 없고, 의리 없는 벗은 사귈 필요가 없다.

明心寶鑑

그 사람됨을 알고자 하면 그의 친구가 누구인가를 알아보라.　　　더키속담

1. 학교환경　　　　　　　　2. 교우관계
3. 우 정　　　　　　　　　4. 또래집단

학교는 가정과 더불어 가장 중요한 사회화 기관이다. 우리는 흔히 학교를 공부만 하는 곳으로 생각하기 쉽지만, 학교는 청년들에게 매우 중요한 사회적 활동의 장(場)이기도 하다.

오늘날 학교의 영향은 전 세대에 비해 더 강력하다. 즉, 현대사회에 들어오면서 가정의 교육적 기능이 약화됨에 따라 학교는 청년들의 사회화 과정에 중요한 역할을 하게 되었다. 뿐만 아니라 청소년들의 90% 이상이 학생이기 때문에 청년기의 대부분을 학교에서 보내게 됨에 따라 학교는 청년기의 성장과 발달에 절대적인 영향을 미치는 곳이 되었다.

어떤 연령에서도 친구는 중요하다. 그러나 많은 변화가 한꺼번에 일어나는 청년기에는 특히 그러하다. 급격한 신체변화를 겪고 있는 청년들은 비슷한 변화를 겪고 있는 다른 사람들과 함께 하는 데에서 위안을 얻는다. 신체적, 정서적 성숙을 향한 거센 파도로 인해 청년들이 기성 세대의 가치에 의구심을 가지게 될 때, 그들은 같은 처지에 있기 때문에 서로 이해해주고 공감할 수 있는 친구들에게 자문을 구할 수 있다는 것은 마음 든든한 일이다.

청년이 새로운 가치나 생각들을 시험해보고자 할 때에는, 부모나 그 외의 어른들과 함께할 때보다 비웃음이나 윽박지름을 덜 받는 친구들과 함께하는 것이 더 편하다. 친구들은 애정, 동정, 이해의 근원의 장이며, 실험의 장이며, 부모로부터 자율성과 독립을 얻기 위한 후원의 장이다. 친구는 작게는 청년으로 하여금 가족 바깥 세상으로 첫발을 내딛게 다리를 놓아주는 역할을 하고, 크게는 성인으로서의 사회적 역할을 하도록 도와준다.

청년들은 친구와 많은 시간을 함께 보낸다. 친구들과 함께 있으면 자유롭고 솔직해지며 몰두할 수 있고 재미있기 때문에 친구들과 가장 즐거운 시간을 보낸다. 따라서 그들이 가장 함께하고 싶은 사람이 친구라는 것은 놀라운 일이 아니다. 청년들은 친구와 함께할 때 가장 행복하고 가장 편안하다.

이 장에서는 학교환경과 관련하여 교사의 영향, 열린 교육, 학부모의 참여, 학교폭력, 우리나라 교육의 문제점 등을 살펴보고, 청년과 교우관계에서 청년기의 우정, 또래집단의 기능, 또래집단과 인기도, 또래집단의 압력과 동조행동 등에 관해 살펴보고자 한다.

# 1. 학교환경

사진 설명    학교에서의 사회적 상호작용은 청년기 자아
정체감발달에 큰 영향을 준다.

학교는 때로는 청년들에게 있어서 가정보다도 더 중요한 의미를 갖는다. 많은 청년들이 청년기의 대부분을 학교에서 보내게 됨에 따라 학교는 청년기의 성장과 발달에 큰 영향을 미치는 곳이 되었다. 오늘날 학교의 영향은 그 이전 세대에 비해 더 강력하다. 즉, 현대사회에 들어오면서 가정의 교육적 기능이 약화됨에 따라 학교는 청년들의 사회화 과정에 중요한 역할을 하게 되었다.

## 1) 교사의 영향

일생을 통해서 교사만큼 청년의 사회화 과정에 큰 영향을 미치는 사람도 드물다. Erikson(1968)은 훌륭한 교사는 청년으로 하여금 열등감 대신 근면성을 갖도록 만

든다고 믿는다. 훌륭한 교사는 청년이 가진 특수한 재능을 알아보고 격려할 줄 안다. 또한 청년으로 하여금 자기 자신에 대해 기분좋게 느낄 수 있는 상황을 설정할 줄 안다. 심리학자와 교육자들은 훌륭한 교사의 특성으로 다음과 같은 것들을 열거한다(Jussim & Eccles, 1993). 훌륭한 교사는 위엄이 있고, 열의가 있으며, 공정하고, 적응력이 있으며, 따뜻하고, 융통성이 있으며, 학생들의 개인차를 잘 이해하는 것 등이다.

미국의 전국 표본조사 연구에서 16만 명의 청소년들을 대상으로 훌륭한 교사의 특성을 알아보았다. 그 결과 훌륭한 교사는 공정하고, 실력이 있으며, 수업에 열의가 있고, 학생들을 좋아하며, 위엄이 있는 것으로 나타났다(Norman & Harris, 1981). 또 다른 연구들(Aptekar, 1983; Carter, 1984; Teddlie, Kirby, & Stringfield, 1989)에 따르면, 학생들은 자신감이 있고, 관대하며, 정서적으로 안정되고,

사진 설명    학생들은 자신감이 있고, 관대하고, 따뜻하며, 신뢰할 수 있는 교사를 좋아한다(조선일보 DB 사진).

친절하고, 따뜻하며, 신뢰할 수 있고, 학생들로 하여금 열등감을 느끼지 않도록 만드는 교사를 좋아하는 것으로 나타났다. 학생들은 또한 청년의 발달과업을 이해하고, 청년에게 관심을 가지고 청년들의 적응문제를 이해하는 교사, 지나치게 권위적이거나 학생과 친구처럼 어울리려는 교사보다 합리적인 규제를 하고, 자연스럽게 권위를 행사하는 교사를 좋아하는 것으로 나타났다. 교사의 학생들에 대한 태도와 기대는 학생들의 성취행동에 중요한 영향을 미친다. 학생들의 능력에 대해 높은 기대수준을 설정해서 긍정적인 피드백을 주고 학생들과 자주 대화를 갖는 교사가 가장 효율적인 교사이다(Solomon, Scott, & Duveen, 1996).

최근 우리 사회에 '트롯 열풍'이 불고 있다. 그 일환으로 '트바로티' 김호중(사진 참조)과 그의 스승 서수용 교사에 관한 이야기는 우리에게 큰 감동을 주고 있다.

청소년 시절에 불우한 환경으로 인해 '질풍노도의 시기'를 온몸으로 겪어내고 있던 김호중을 아버지의 마음으로 따스하게 품어 안으시고 일찌감치 그의 재능을 알아보시어 훌륭한 성악가[1]로 키워내신 서수용 교사는 Erikson이 말하는 훌륭한 교사의 표본이 아닌가 한다. 교육철학이 '감동'과 '기다림'이라고 말하는 그의 말에는 큰 울림이 있다.

어느 날 느닷없이 김호중이 '트롯가수'가 되겠다고 했을 때 서운한 마음을 접어두고, 우리 사회에서 성악가로 살아가기에는 생활에 많은 어려움이 있다고 이해하는 한편, "호중이가 나의 인생에 귀한 선물"이라고 말하면서, 장르 불문하고 '노래하는 사람'으로 오래도록 사랑받기를 바란다는 서수용 선생님이야말로 이 시대에 보기 드문 참 스승이라고 할 수 있다.

사진 설명　트바로티 김호중　　사진 설명　서수용 교사와 김호중 가수　　사진 설명　김호중과 서수용 교사가 실제 주인공인 영화 '파파로티'

---

1) 2009년 대한민국 인재상 수상
　2009년 전국수리음악콩쿠르 1위
　2008년 세종음악콩쿠르 1위
　2020년 골든디스크어워즈 신인상 수상

## 2) 열린 교육

**사진 설명**  학생들이 '열린 교실'에서 수업을 받고 있다.

많은 인본주의 교육자들은 학교가 지식의 전달, 교사중심의 전통적 교육에서 탈피하여 학생중심의 '열린 교육'을 해야 한다고 주장한다.

전통적 교실에서 학생들은 여러 줄로 늘어앉아 교탁과 칠판을 사이에 두고 강의하는 교사와 마주보고 있으며 교과과정은 매우 구조화되어 있다. 일반적으로 모든 학생들은 같은 과목을 공부하고 급우끼리보다는 교사와 상호작용한다. 이때 교사는 모든 학생들과 골고루 상호작용하기가 어렵다. 〈그림 15-1〉에서 보는 바와 같이 주로 앞자리나 가운데 자리에 앉은 학생들은 교사의 눈에 비교적 잘 띄므로 교사의 지명을 받아 토론에 참여하기가 쉽다. 반면에 이러한 '활동영역(zone of activity)' 밖에 앉아 있는 학생들은 수업진행에서 도외시될 가능성이 크다(Adams & Biddle, 1970).

반면에 열린 교실에서는 학생들의 대부분이 각기 다른 활동을 하게 된다. 여기서는 흔히 학생들이 교실의 여기저기에 흩어져 앉아 혼자서 또는 몇 명이 작은 집단을

교사

전통적 교실에서는 '활동영역'(음영이 진 부분) 내의 학생들이 교사들의 주의를 끌기가 쉽고, 따라서 학급 내의 여러 가지 활동에 참여하기가 쉽다.

**〈그림 15-1〉 전통적 교실과 활동영역**

이루어 공부를 하는데, 책을 읽거나 수학문제를 풀거나 공작을 하거나 과학실험 등을 한다. 그리고 교사는 학급의 중심인물 역할을 하지 않고 교실을 돌아다니면서 학생들이 하고 있는 활동에 조언자의 역할을 할 뿐이다.

'열린 교육' 접근법은 영국의 교육제도에 기초한 것으로, 조직적인 학급 내에서 학생의 수준에 적합하게 학습하도록 고안된 것이다. 그러나 미국의 많은 학교에서 '열린 교육'을 잘못 적용하는 바람에 교실의 벽을 허물고, 학생들이 원하는 것은 무엇이든지 할 수 있게 하는 것이 '열린 교육'인 줄 오해하여 결과적으로 '열린 교육'에 대한 강한 반발을 불러일으켰다.

최근 미국에서는 '기초교과 중심으로 돌아가자는 운동(back-to-basics movement)'이 많은 인기를 얻고 있다. 이 운동의 주창자들은 중등학교에서 선택과목이 지나치게 많아 학생들로 하여금 기초교육을 받지 못하게 한다고 주장한다. 이들은 학교는 지식전달에만 관심을 가져야지 아동의 사회적, 정서적 생활에는 신경을 쓸 필요가 없다고 믿는다. 또한 수업시간과 수업일수를 늘리고, 숙제를 더 많이 내어주며, 시험을 더 자주 치르고, 학생들에게 엄한 규율을 적용해야 한다고 주장한다. 이 운동은 1970년대의 '열린 교육'의 시대풍조에 대한 반작용인 것으로 해석할 수 있다.

전통적 교실과 열린 교실을 비교할 때, 전반적인 효과보다는 구체적으로 열린 교실의 어떤 측면이 청년발달의 어떤 측면과 관련이 있는가를 알아보는 것이 중요하다. 이와 같은 연구(Giaconia & Hedges, 1982)에서 개인에게 적합한 학습속도, 교수법, 학습자료, 소집단 학습 등의 개별학습과 학습에 어느 정도 능동적으로 참여하는가 하는 청년의 역할이 청년의 자아개념과 정적인 상관이 있는 것으로 나타났다.

우리나라에서 '열린 교육' 교수방법이 아동의 창의성과 학업성취에 미치는 효과를 알아본 몇몇 연구(김선희, 1995; 송현석, 1996; 장정순, 1996)에 의하면, '열린 교육' 교수방법이 교사중심의 교수방법보다 아동의 학업성취와 창의성(개방성, 유창성, 융통성, 독창성 등의 하위영역)을 증진시키는 데 효과가 있는 것으로 밝혀졌다. 이와 같은 연구결과에 따라 김선희(1995)는 다음과 같은 결론을 내리고 있다. 첫째, 정보화 시대에 필요한 창의적인 인간을 육성하기 위해서는 아동중심의 개별학습이 이루어지는 열린 교육이 실시되어야 한다. 둘째, 아동들이 적극적으로 학습활동에 참여하여 자율적인 소집단 수업이 이루어지는 열린 교육을 교과목의 특성을 고려하여 확대함으로써 학업성취를 높일 수 있다.

한편, 많은 일선 교사와 교육전문가들은 오늘날 우리 사회에서 만연하고 있는 '학교붕괴' 현상에 대해 '지식중심'과 '반복학습'의 전통 교육법 대신 '수요자 중심 교육'을 기치로 내건 '열린 교육'에 그 원인이 있다고 지적한다. '열린 교육'의 이념은 아동중심의 진보주의 교육철학에 뿌리를 두고 있으며, 아동을 '여유롭고 자유롭게' 교육시키는 것이 그 목표이다. 물론 '학교붕괴'의 원인을 어느 한두 가지로 성급히 단정할 수는 없지만, 우리의 미래를 좌우할 교육의 기본 철학과 방법론에 대해서는 좀더 심도 있는 연구가 있어야 할 것이다.

### 3) 학부모의 참여

학교교육에 대한 부모의 참여는 아동기와 마찬가지로 청년기에도 여전히 중요하지만 자녀가 일단 중·고등학교에 들어가면 부모의 관심은 크게 줄어든다.

Epstein(1990)은 청년의 학교교육에 학부모의 참여를 높이기 위한 방안을 소개하였다. 첫째, 부모는 청년의 건강과 안전에 대한 책임이 있다. 많은 부모들이 청년기의 특성인 정상적 변화에 대한 지식이 없다. 따라서 학교와 부모 간의 연계 프로그램을

사진 설명  학부모들의 학사 참여 www.sgt.co.kr

개발하여 청년발달의 정상적 과정에 대해 부모교육을 시킨다. 학교는 또한 청년기 우울증, 약물남용, 청소년 비행, 먹기장애, 성병을 포함한 청년의 건강문제에 관한 프로그램을 제공한다.

둘째, 학교는 교과과정을 비롯한 학교 프로그램 및 청년의 개별적 발달에 대해 부모에게 알릴 의무가 있다. 중·고등학교에서는 교사와 부모가 접촉할 기회가 별로 없다. 따라서 보다 직접적이고 개별적인 부모와 교사 간의 의사소통 프로그램이 필요하다.

셋째, 일일교사와 보조교사 등의 방법을 통한 부모의 적극적인 참여가 필요하다.

넷째, 부모 재교육 프로그램 등을 통해 가정에서 청년의 학습을 도울 수 있게 격려한다.

다섯째, 학부모-교사 협의회 등을 통해 학부모가 학교의

의사결정에 참여하도록 유도한다(사진 참조).

끝으로, 청년의 교육 경험을 폭넓게 하기 위해 지역사회의 여러 기관들과 자매결연을 맺고, 특별강연 등의 기회를 통해 앞으로 청년의 직업세계에 대한 통찰력을 길러 준다.

한 연구(Epstein & Dunbar, 1995)에서 중등교육에 학부모의 적극적인 참여를 유도한 프로그램이 청년들의 학업성취에 긍정적인 효과가 있는 것으로 나타났다.

## 4) 학교폭력

최근 한 워크숍에서 현직 교사가 발표한 학교폭력의 실체가 드러나면서 우리나라 사회 각계각층에서 학교폭력에 대한 관심이 고조되고 있다.

학교폭력은 그 형태나 정도가 다양하므로 한 마디로 정의하기가 어렵다. 심응철(1996)에 의하면, 협의의 학교폭력은 가해자나 피해자가 모두 학생이고 폭력이 교내에서 발생하는 경우를 말하고, 광의의 학교폭력은 교내에서뿐만 아니라 학교 주변에서의 폭력까지 포함하여 학생이 당한 모든 피해를 의미한다고 한다. 박경아 (2003)는 학교 안이나 학교 주변에서 학생 상호 간에 발생하는 개인이나 집단에 의한 신체적 폭행(사진 참조), 괴롭힘, 따돌림, 금품갈취, 위협이나 협박, 폭언이나 욕설 등을 통틀어 학교폭력으로 보고 있다. 간단히 말해서 학교폭력은 학교 안팎에서 발생하는 신체적·심리적·언어적 위해를 가하는 행위라 할 수 있다. 이와 같이 학교폭력은 학교를 중심으로 하루 중 많은 시간을 함께 보내는 동일집단 내의 인간관계에서 발생하고 반복·지속된다는 특성 때문에 그 사회적 의미와 후유증이 매우 심각하다.

청소년을 대상으로 학교폭력의 원인을 조사한 연구(김정옥, 박경규, 2002)에 의하면, 부모로부터 신체적·언어적 학대나 유기를 많이 경험할수록 그리고 부모 간의 폭력 행사를 많이 목격할수록 학교폭력을 많이 행사하는 것으로 나타났다. 임희복(2003)의 연구에서도 가정폭력의 목격이나 경험이 청소년의 학교폭력 가해 측면에 영향을 미치는 것으로 나타났다. 따라서 학교폭력을 근절하기 위한 방안으로는 가정에서의 화목유지와 기강을 바로잡는 일이 무엇보다 시급한 것으로 보인다.

산업화 이후 급격한 사회적 변화와 맞물려 학교폭력은 점점 그 정도가 흉포화하고 있으며, 지능화, 저연령화, 집단화되고 있기에 그 문제의 심각성은 매우 크다고 할 수 있다. 초등학교 아동의 폭력 성향에 관한 연구(이충원, 2000)에 의하면, 가해자가 한 명인 경우보다 두 명 이상인 경우가 2배 정도 높게 나타나는 것을 볼 수 있는데, 이는 오늘날 집단따돌림, 즉 왕따 현상이 만연해 있음을 통해서도 확인할 수 있다.

지금처럼 온 국민이 학교폭력에 관심을 기울이게 된 시점이야말로 정부와 학교가 실효성 있는 대책을 수립할 수 있는 좋은 기회라 할 수 있다. 누구나 학교폭력의 직접 혹은 간접 피해자가 될 수 있으므로 더 이상의 희생자가 발생하지 않도록 가정과 학교와 정부가 협력·연계하여 함께 노력해야 할 것이다.

## 5) 우리나라 교육의 문제점

사진 설명 입시위주의 교육은 많은 학생들로 하여금 공부에 취미를 잃게 한다.

이재창(1988)은 우리나라 교육의 문제점을 다음과 같이 지적하고 있다. 첫째, 교육이 출세의 수단으로 인식되면서 우리나라의 학교교육은 대학입시 준비교육으로 전락해버렸다. 이러한 입시위주의 교육으로 말미암아 학생들은 학교생활에 보람을 느끼지 못하고, 학교생활을 즐기지 못하는 것으로 보인다.

둘째, 입시위주의 교육은 또한 청년들의 정신질환에도 심각한 영향을 미치는데, 최근에 와서 학교문제로 인한 정신질환 발병률이 증가하고 있다(이길홍, 1983). 입시위주의 학교교육은 학생들에게 오직 공부만을 강요하게 되고, 학생도 공부에 의해서 평가받기 때문에 많은 학생들이 공부에 취미를 잃고, 청소년 비행을 저지르게 된다.

셋째, 우리나라 교육의 또 다른 문제점은 교육시설의 부족과 설비의 부족현상이다. 냉·난방 시설이 제대로 갖추어져 있지 않고, 교실의 조명도 충분하지 못하며, 옛날에 비해 평균 체격이 훨씬 더 커진 학생들에게 수십 년 전의 책걸상을 그대로 사용하게 하고 있다. 운동장이 없는 학교가 많을 뿐만 아니라 운동이나 여가를 활용할 시설도 턱없이 부족하다. 이러한 학교환경에서는 청소년들의 건전한 성장을 기대하기가 어렵다.

넷째, 학교주변의 유해환경 또한 우리나라 교육의 문제점 중의 하나이다. 학교주변에는 각종 유흥업소와 비교육적인 업소가 범람하고 있다. 이러한 유해환경은 감수성이 예민한 청소년들로 하여금 올바른 가치관을 형성하는 데 부정적인 영향을 미치고, 많은 청소년들의 비행의 온상이 되고 있다.

## 2. 교우관계

자신이 친구들에게 어떻게 보여지는가 하는 것은 청년들의 삶에서 매우 중요하다. 어떤 청년들은 친구들의 집단에 속하기 위해 무슨 일이든지 한다. 왜냐하면 따돌림당한다는 것은 스트레스와 좌절 그리고 슬픔을 의미하기 때문이다.

친구는 인간발달에 있어서 필요한 존재인가? 한 연구(Suomi, Harlow, & Domek, 1970)에서, 함께 자라던 원숭이를 떼어놓았더니 그 원숭이들은 우울증에 걸렸다. 인간을 대상으로 한 연구(Freud & Dann, 1951)에서도 사회성발달에서 친구의 중요성을 강조하고 있다. Anna Freud는 제2차 세계대전에서 부모를 잃은 후 함께 지내던 여섯

Stephen Suomi

명의 아이들을 연구하였다. 그들은 서로에게 강한 애착을 갖고 있었고 서로에게 의지하면서, 다른 사람들에게는 냉담하였다. 그들은 부모의 보살핌 없이도 비행 청소년이 되지 않았고 정신병에도 걸리지 않았다.

정상적인 사회성발달을 위해 청년들에게는 좋은 교우관계가 필수적이다. 사회적 고립은 청소년 비행에서 음주문제, 우울증에 이르기까지 여러 가지 문제행동 및 부적응과 연관되어 있다(Hops, Davis, Alpert, & Longoria, 1997; Kupersmidt & Coie, 1990). 한 연구(Ryan & Patrick, 1996)에서, 좋은 교우관계가 사회적 적응과 정적인 관계가 있는 것으로 나타났다. 아동기와 청년기의 교우관계는 그 이후의 발달과도 연관이 있다. Roff, Sells 그리고 Golden(1972)의 연구에서는, 아동기에 교우관계가 원만하지 못하면 청년 후기에 학교를 중퇴하고, 비행 청소년이 되는 경향이 있음을 보여주고 있다. 또 다른 연구(Hightower, 1990)에서는, 청년기의 좋은 교우관계는 중년기의 정신건강과 정적인 상관이 있음을 보여주었다.

친구의 영향은 긍정적인 측면도 있고 부정적인 측면도 있다(Choukas-Bradley & Prinstein, 2013; Rubin, Bowker, McDonald, & Menzer, 2013; Rubin, Bukowski, & Parker, 1998; Wentzel, 2013). Piaget(1932)와 Sullivan(1953)은 아동과 청년이 인간관계에서 '상

호성'을 배우는 것은 친구와의 상호작용을 통해서라고 강조하였다. 아동들은 친구와 의견이 서로 맞지 않을 때에 해결하는 과정을 통해서 정의와 공평성의 원리를 배운다. 청년들은 친한 몇 사람과의 친밀한 교우관계를 통해서 상대방의 욕구에 민감하고 능숙한 파트너가 되는 것을 배우게 된다. Sullivan에 의하면, 이러한 기술은 나중에 이성교제와 부부관계의 기초를 마련하는 데 도움이 된다고 한다.

반면, 친구가 아동과 청년에게 미치는 부정적인 영향도 만만치 않다(Haggerty et al., 2013; Larson et al., 2013; Van Ryzin & Dishion, 2012). 또래는 청년들에게 술과 약물, 문제행동들을 소개하기도 하고, 또래에 의해 거부되고 무시당하는 것은 청년을 외롭게 만들고 적개심을 불러일으킨다. 나아가서 그러한 거부와 무시는 정신건강을 해치고 범죄행위와도 연관이 있다.

## 3. 우 정

우정은 인생의 그 어느 시기보다도 청년기에 보다 강렬한 것 같다. 친한 친구와 깊숙한 속마음과 느낌을 공유할 수 있는 능력은 인지발달에 기초한다. 청년들은 어린 아동들보다 자신이 생각하고 느끼는 것을 더 잘 표현하며, 덜 자기중심적이기 때문에 친구들이 자신과 나누는 생각이나 느낌들에 대해 보다 민감하다.

청년들은 어떻게 친구를 선택하는가? 첫째, 유사성의 차원을 들 수 있다. 유사성의 차원은 흥미나 행동 그리고 태도에서의 유사성을 말하는데, 이 차원은 우정관계를 형성하는 데 매우 중요하다. 즉, 청년들은 자신과 비슷한 사람을 친구로 선택하고, 친구가 되면 서로 영향을 끼쳐 더욱 비슷하게 된다. 둘째, 서로 도와주거나 지지해주며 서로의 의견이나 행동을 이해하고 받아들이는 자세를 말하는 상호성의 차원은 상호

간의 신뢰감에 바탕을 둔다. 셋째, 양립 가능성의 차원은 별다른 다툼이나 갈등 없이 서로 잘 어울릴 수 있으며, 함께 있으면 마음이 편안하고 서로 좋아하는 정도를 나타낸다. 넷째, 역할모델의 차원으로 친구를 나 자신의 행동모델로 삼는 측면이다. 다섯째, 구조적 차원은 우정관계의 질적인 것과는 상관없이 가까운 동네에 사는가, 얼마나 오랜 기간 친구로 사귀어 왔는가 그리고 서로 친구가 됨으로써 유리하거나 편리한 점 등을 말한다(Lowenthal, Thrunhur, & Chiriboga, 1976).

David Chiriboga

## 1) 설리반의 우정에 관한 이론

Sullivan(1953)은 청년기의 우정이 갖는 중요성을 강조한 가장 영향력 있는 이론가이다. 부모자녀관계의 중요성만을 강조한 다른 정신분석이론가와는 달리 Sullivan은 아동과 청년의 복지와 발달에 친구가 매우 중요한 역할을 한다고 믿는다. 복지와 관련해서 우리는 모두 기본적인 사회적 욕구가 있는데 그것은 안정애착에 대한 욕구, 재미있는 동반자, 사회적 승인, 친밀감, 성적 욕구 등이다. 이러한 욕구의 충족 여부가 우리들의 정서적 복지를 결정한다. 예를 들면, 재미있는 동반자 욕구가 충족되지 않으면 우리는 심심해지고 우울해진다. 그리고 사회적 승인을 못 받게 되면 우리의 자아존중감이 떨어진다. 발달적 측면에서 보면 청년기에 이러한 욕구를 충족시키는 데 친구는 매우 중요하다. 특히 Sullivan은 친밀감에 대한 욕구는 청년 초기에 강렬해지기 때문에 십대들은 가까운 친구를 찾게 된다고 한다. 만약 청년이 친한 친구를 갖지 못하면 외로움이라는 고통스러운 감정을 경험하게 되고 자기가치감이 저하된다.

연구결과도 Sullivan의 이러한 견해를 지지한다. Buhrmester와 Furman(1987)의 연구에서, 청년들이 아동들보다 자신의 신상에 관한 정보를 친구들에게 더 솔직히 털어놓았으며, 동반자, 자기확신, 친밀감에 대한 욕구를 충족함에 있어 부모보다 친구에게 더 많이 의존하였음을 보여주고 있다. 또 다른 연구(Buhrmester & Carbery, 1992)에서는 친구 또는 부모와 의미 있는 시간을 얼마나 보내는지 알아보기 위해 13~16세의 청년을 5일간 매일 면접한 결과, 부모와는 하루에 28분이지만 친구와는 130분을 함께 보냈다. 피상적인 친구관계나 아예 친구가 없는 십대들은 외로움, 우울증 그리고 낮은 자아존중감을 호소하였다(Yin, Buhrmester, & Hibbard, 1996). 청년 초기의 우정은 성인기의 자아존중감을 예측하는 중요한 요인이었다.

Duane Buhrmester

Sullivan은 또한 정서적 후원자로서의 친구의 역할을 강조한다. 가까운 친구가 자신의 불안이나 두려움에 대해 털어놓을 때 청년들은 자기가 '비정상'이 아니며 "부끄러워하지 않아도 되는구나" 하고 안도감을 느끼게 된다. 청년은 또한 부모와의 해결되지 않은 문제나 이성문제로 고민할 때 친구로부터 정서적 지원, 충고, 정보를 제공받는다.

## 2) 청년기 우정의 발달

우정의 의미와 질은 청년기 동안 줄곧 변한다. 청년 초기의 피상적이고 활동중심이던 우정관계에서 청년 후기의 친밀하고 보다 정서적인 상호관계로 우정은 전개되어 간다.

청년 초기(10~13세)의 우정은 개인적인 특성보다는 태도나 행동, 관심분야의 유사성에 기초한다. 이때의 우정은 보다 피상적이고, 활동중심으로 동성의 친구가 대부분이다. 자기노출이나 친구에 대한 신의는 이제 막 나타나기 시작한다(Berndt, Hawkins, & Hoyle, 1986).

청년 중기(14~16세)의 우정은 정서적으로 강렬하고 관계중심적이다. 십대들은 이제 친구의 개인적인 특성을 고려하는데, 특히 신뢰할 수 있고 비밀을 털어놓을 수 있는 친구를 찾게 된다. 이때의 친구는 자기 자신을 상대방에게 노출시키고, 남의 소문을 이야기하고, 비밀을 서로 나눈다. 이때의 우정은 뜨거워졌다 차가워졌다 하는 갑작스러운 변화를 겪으며, 친구와 헤어지는 것, 배신당하는 것에 상당히 민감하다. 이때는 특히 친구가 뒤에서 자기 욕을 할까 봐 걱정하고, 자기 비밀을 남에게 얘기할까 봐 두려워한다(Frankel, 1990). 그리고 우정에 금이 갔을 때 큰 상처를 입는다. 이 무렵 이성교제가 시작되지만 여전히 동성친구가 이성친구보다 더 중요하다.

청년 후기(10대 후반~20대 초반)의 우정은 상호성과 친밀감이 특징이며 보다 안정된 관계가 된다. 이성친구가 보다 보편적이지만 동성친구를 대신한다기보다 보완적인 것이다. 이때에는 신뢰감, 상호노출, 의리를 포함하는 친밀감이 증대한다. 결과적으로 친구들은 서로 많이 나누고 주는 관계가 된다. 십대들은 일상적인 관심사에 관해 부모보다 친구와 의논하고 지원을 받는다(Youniss & Smollar, 1986). 청년 후기에는 친구와의 사귐에서 많은 경험을 쌓기 때문에 친구에게서 무엇을 기대해야 하는지에 대해 보다 아량이 넓어지고, 그들이 자신과는 다르다는 점을 인정한다. 따라서 이때의 우정은 성인들의 우정처럼 정서적으로 친밀하고 안정된 관계가 된다.

### 3) 청년기 우정의 성차

흔히 여성의 우정과 남성의 우정은 다르다고 한다(Bukowski, Buhrmester, & Underwood, 2011; Kenney, Dooley, & Fitzgerald, 2013; Rubin et al., 2013). 우정이 남성, 여성 모두에게 다 중요하지만 우정의 의미는 다르다. 즉, 여성들의 우정에는 정서적 친밀감과 신뢰감이 중요한 역할을 한다(Buhrmester & Furman, 1987; Bukowski & Kramer, 1986). 여성들은 동성친구와의 관계에서뿐만 아니라 이성친구와의 관계에서도 높은 수준의 친밀감을 형성한다(Gorrese & Ruggieri, 2012). 여성들은 자신의 감정을 이야기하고 나눔으로써 친밀감이 형성된다. 여성들의 우정에서 강렬한 감정과 친밀감의 강조로 인해 여성들은 친구관계에서 긴장, 질투, 갈등을 경험한다. 이러한 긴장과 갈등은 친구로부터의 거부와 배신에 대한 두려움에서 나온다(Miller, 1990). 그래서 여성이 남성보다 더 작은 규모의 배타적인 우정망을 형성한다(Hartup & Overhauser, 1991).

Willard Hartup

반면, 남성들은 운동경기를 함께하거나 관람하는 등 같은 활동을 함으로써 친밀감을 형성한다. 여성보다 자신에 대한 노출이 적고 자신의 감정을 이야기하고 나누는 것도 덜하다(Camerena, Sarigiani, & Petersen, 1990). 남자아이들은 어려서부터 자기 감정을 노출하는 것이 남자답지 못한 것으로 배워 왔다(Maccoby, 1991, 2002). 사실 한 연구(Jones & Dembo, 1989)에서, 남성의 우정에서 친밀감은 성역할 정체감과 관련이 있는 것으로 나타났다. 즉, 남성적인 남자는 동성친구와의 교우관계에서 친밀감이 별로 없었지만, 양성적인 남자는 여자와 마찬가지로 높은 수준의 친밀감을 형성하였다.

**사진 설명**  여아들은 자신의 감정을 이야기하고 나눔으로써 친밀감이 형성되는 반면, 남아들은 같은 활동을 함께함으로써 친밀감을 형성한다.

## 4. 또래집단

또래란 비슷한 연령 또는 비슷한 성숙수준에 있는 아동과 청년을 일컫는 말이다. 청년은 또래집단에 소속됨으로써 사교성이 증진되는가 하면, 지도력이나 복종적 태도를 스스로 체득하기도 한다. 그리고 외로움에서 벗어날 수 있으며 가족구성원 간의 갈등으로 고통을 받을 때에도 또래들로부터 위안을 얻을 수 있다.

### 1) 또래집단의 기능

또래집단의 기능을 몇 가지 살펴보면 다음과 같다(Atwater, 1996). 첫째, 또래집단은 사회적 지원과 안정감을 제공해준다. 지금까지 부모에게 의존하던 관계에서 이제 청년은 부모로부터 독립하기를 원하지만 엄청난 스트레스와 갈등을 경험한다. 이때 친구의 존재는 자신도 유사한 갈등을 겪고 있다는 동정적인 피드백과 정서적 안정감을 제공함으로써 청년의 스트레스와 긴장해소에 도움을 준다.

둘째, 또래집단은 준거집단으로서의 역할을 한다. 인간은 자기와 비슷한 사람끼리 비교하는 경향이 있기 때문에 어떤 연령이든 준거집단이 필요하다. 급격한 변화를 겪는 청년기에는 자신의 경험과 행동을 판단하는 데 기준이 되는 준거집단이 특히 더 필요하다. 부모와의 갈등, 여러 가지 학교문제로부터 오는 스트레스는 비슷한 경험이 있는 친구들의 이해를 받음으로써 훨씬 가벼워질 수 있다.

셋째, 또래집단은 보다 성숙한 인간관계를 형성할 기회를 제공한다. 청년은 친구관계에서 무엇을 기대하고 무엇을 기대하지 말아야 하는지를 배우게 된다. 성적 성숙으로 말미암아 청년은 이성친구와도 어떻게 사귀어야 하는지 배워야 한다. 여러 형태의 또래집단에 참여함으로써 상호성, 협동심의 가치를 배우게 되고, 권위-복종이 특징이던 부모와의 관계로부터 보다 상호적이고 평등한 관계로 옮겨가는 것을 배운다.

넷째, 자신의 정체감을 추구하는 과정에서 또래집단은 중요한 역할을 한다. 새로운 역할을 시험해보고자 할 때 또래와의 상호작용을 통해 격려를 받을 수 있고, 그래서 청년으로 하여금 긍정적인 자아상을 발견하게끔 도와준다. 그러나 또래집단의 기능이 반드시 긍정적인 것만은 아니다. 좋지 못한 또래집단에 소속될 경우 청년은 부정적 정체감을 형성하게 될 수도 있다.

## 2) 또래집단과 인기도

모든 인간이 다 그렇듯이 청년 역시 다른 사람으로부터 인정과 사랑을 받기를 원한다. 따라서 친구들 간의 인기는 모든 청년의 관심거리이다. 어떤 요인들이 청년으로 하여금 또래들 사이에서 인기가 있는 것으로 만드는가? 솔직하고, 긍정적이며, 사교적이고, 자연스러우며, 다른 사람에게 관심을 가지고 있고, 자신감이 있으나 거만하지 않은 성격특성, 신체적 매력, 우수한 지적 능력 등이 인기의 요인으로 알려져 있다.

### (1) 또래집단에서의 인기도

또래집단에서의 인기도는 주로 교우측정도(sociogram)에 의해 측정된다. 즉, "어떤 친구를 제일 좋아하는가?" "어떤 친구가 제일 싫은가?" "생일에 누구를 초대하고 싶은가?" 등의 질문을 통해 인기도가 측정된다(〈그림 15-2〉 참조). East(1991)는 또래집단에서의 인기도를 가지고 청년을 다음과 같은 다섯 가지 유형으로 분류하고 있다.

Patricia East

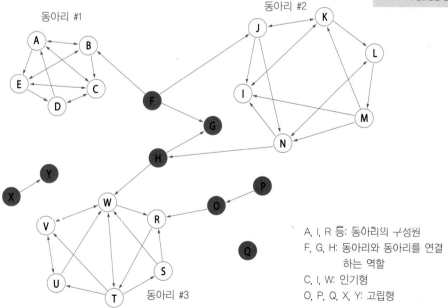

A, I, R 등: 동아리의 구성원
F, G, H: 동아리와 동아리를 연결
　　　하는 역할
C, I, W: 인기형
O, P, Q, X, Y: 고립형

**〈그림 15-2〉 청년기의 우정 패턴**

출처: Ennett, S. T., & Bauman, K. E. (1996). Adolescent social networks: School, demographic, and longitudinal considerations. *Journal of Adolescent Research, 11*, 194-215.

① 인기형(popular): 가장 인기 있는 청년은 일반적으로 신체적 매력이 있고, 머리가 좋으며, 사교적이고, 행동적이며, 지도력이 있다. 그들은 자아존중감이 높고, 여러 종류의 다양한 친구들과 어울린다. 유머감각이 뛰어나고, 그래서 그들과 함께 있는 것이 즐겁다.

② 보통형(acceptable): 청년의 반 정도가 이 유형에 속하는데, 친구들이 특별히 좋아하지도 않고 특별히 인기 있는 것도 아니지만 그렇다고 친구들이 싫어하는 유형도 아니다. 이들은 집단에 무난히 어울리는 보통 청년들이다.

③ 고립형(isolated or neglected): 고립되거나 무시당하는 청년은 친구들의 관심 밖에 있기 때문에 친한 친구로 지명되지도 않거니와 싫어하는 친구로 지명되지도 않는다. 이들은 수줍음을 잘 타고 위축된 성격으로 말미암아 낮은 자아존중감, 불안, 우울증 등 내적인 문제가 있는 경우가 많다(사진 참조).

④ 거부형(rejected): 친구들이 가장 싫어하는 유형이다. 신체적·언어적 공격을 많이 하고, 교실에서 수업분위기를 망치며, 학업성적도 좋지 못하다. 역시 인기가 없는 청년들과 친구가 되며, 자기보다 어린 아이들과 어울린다. 이들 중에는 약물남용, 청소년 비행과 같은 외적인 문제가 있는 경우가 많다.

⑤ 혼합형(controversial): 친한 친구로 뽑히기도 하고 싫은 친구로 뽑히기도 하는 혼합형은 공격적이고 파괴적인 면이 있는가 하면, 자기주장이 강하고 지도력이 있다. 이들은 또래집단에서 눈에 띄지만 이들을 좋아하는 사람도 많고 싫어하는 사람도 많아 친구들로부터 복합적인 반응을 유발한다.

연구결과(Dishion & Spracklen, 1996), 거부형의 청년은 무시당하는 청년보다 나중에 더 심각한 적응문제가 있는 것으로 나타났다. 공격성과 충동성, 파괴성이

사진 설명    또래들로부터 거부당하는 청년은 여러 가지 문제 행동에 노출되기 쉽다.

거부의 주요원인이 되기는 하지만, 거부형의 청년이 모두 다 공격적인 것은 아니고 그들 중에는 수줍어하는 사람도 많다(Cillessen, van Ijzendoorn, Van Lieshout, & Hartup, 1992).

무시당하는 청년을 어떻게 하면 또래와 효율적으로 상호작용할 수 있도록 도울 수 있겠는가? 또래로부터 주의를 집중시키고, 다정하고 따뜻하게 친구의 말을 들어주고, 친구의 관심분야와 연관시켜 자신의 얘기를 하고, 또래집단에 효율적으로 참여하는 것 등이 효과가 있는 것으로 보인다.

M. H. van IJzendoorn

거부당하는 청년을 훈련시키는 프로그램의 목적은 친구와의 상호작용을 주도하는 대신에 친구들이 얘기하는 것을 잘 듣도록 하는 데 있다. 이들은 또래집단에서 이미 진행되고 있는 활동의 내용을 바꾸려 하지 말고 조용히 참여하는 훈련을 받는다. 거부당하는 청년의 또래관계를 개선시키는 프로그램에서 그들의 친사회적 기술(감정이입, 주의깊게 듣기, 대화기술)을 개선시키는 데 초점을 둘 것인지, 아니면 공격적이고 파괴적인 행동을 감소시키고, 자기통제력을 증진시키는 데 초점을 둘 것인지가 쟁점이 되고 있다(Coie & Koeppl, 1990).

친사회적 기술의 증진이 공격적이고 파괴적인 행동을 자동적으로 제거해주지는 않는다. 공격성은 친구들을 굴복시키게 만들기 때문에 가끔 강화를 받는다. 그래서 친사회적 기술을 가르치는 것 외에 공격적인 행동을 제거하는 데에도 신경을 써야 한다. 그리고 자주 공격적인 행동을 하는 청년에 대해 또래의 견해가 바뀌는 것은 쉬운 일이 아니기 때문에 또래관계에서 긍정적인 지위를 획득하는 데는 꽤 오랜 시간이 걸린다(Coie & Dodge, 1998).

## (2) 친구 사귀기의 효율적인 책략

한 연구(Wentzel & Erdley, 1993)에서, 친구를 사귀는 데 적합한 책략은 친사회적 행동 및 또래의 승인과 상관이 있고, 부적합한 책략은 반사회적 행동과 상관이 있는 것으로 나타났다. 〈표 15-1〉은 친구를 사귈 때의 적합한 책략과 부적합한 책략의 예들이다.

Kathryn Wentzel

〈표 15-1〉 **친구를 사귈 때의 적합한 책략과 부적합한 책략**

| 적합한 책략 | |
|---|---|
| 상호작용을 시작한다. | 친구에 대해 알고(이름, 나이, 좋아하는 활동), 자신을 소개하고 대화를 시작한다. 무슨 일을 함께 하자고 제안한다. |
| 친절하라. | 친절하고 상냥하고 사려 깊게 행동한다. |
| 친사회적 행동 | 다른 사람에 대한 존경과 좋은 매너 및 공손하고 정중한 태도를 보이고, 다른 사람의 말을 경청한다. 긍정적인 태도와 성격으로 솔직하고, 자연스럽게 행동한다. 좋은 평판을 얻도록 노력하고 단정한 차림을 한다. |
| 사회적 지지 제공 | 도움을 준다. 친구에게 조언을 하고, 관심을 보이며, 공부나 놀이 등의 활동에 함께 참여한다. 옆자리에 앉고, 같은 집단에 소속되며, 다른 사람을 칭찬한다. |
| **부적합한 책략** | |
| 심리적 공격 | 나쁜 매너, 편견, 사려 깊지 못하고, 다른 사람을 이용하며, 욕하고, 무례하게 행동한다. 비협동적이고, 친구를 무시하며, 따돌리고, 도와주지 않으며, 배타적으로 행동한다. 친구를 나쁘게 말하고 감정을 상하게 한다. 험담하고, 나쁜 소문을 퍼뜨리며, 난처하게 만들고, 비판한다. |
| 부정적인 자기표현 | 거드름 피우고, 샘내며, 자랑하고, 자기중심적이며, 심술궂고, 잔인하며, 적의를 보이고, 토라지며, 까다롭고, 항상 화를 내며, 어리석게 행동하고, 성질을 부리며, 문제를 만들고, 자기 평판을 나쁘게 만든다. |
| 반사회적 행동 | 신체적 공격(싸우고, 침뱉고, 몸에 상처를 내게 한다), 언어적 공격(고함지르고, 괴롭히고, 싸움을 걸고, 조롱하고, 욕을 하고, 으스대고, 부정직하다), 배신(거짓말하고, 훔치고, 속이고, 약속을 지키지 않고, 남의 비밀을 이야기한다), 학교규율 안 지키기(무단결석, 음주, 약물남용) |

### (3) 집단따돌림

'집단따돌림'은 '왕따'라고도 하는데, '왕따'는 '왕따돌림'의 준말로 청소년들 사이에서 은어로 소통되고 있다. 이를 일본에서는 '이지메'라고 표현하며, 오늘날 '집단따돌림'은 '집단괴롭힘' '또래괴롭힘' '또래따돌림' 이라는 용어로도 통용되고 있다.

집단따돌림은 두 명 이상이 집단을 이루어 특정인을 그가 속한 집단 속에서 소외시켜 구성원으로서의 역할수행에 제약을 가하거나 인격적으로 무시 혹은 음해하는 언어적·신체적 일체의 행위를 지칭한다(구본용, 1997). 박경숙(1999)은 한 집단의 구성원 중 자기보다 약한 상대를 대상으로 또는 집단의 암묵적인 규칙을 어긴 자를 대상으로 여럿이 함께 또는 개인이 돌아가며 신체적·심리적 공격을 지속적으로 가하여 반복적으로 고통을 주는 행동을 집단따돌림이라고 정의한다. 이와 같이 집단따돌림은 가해자가 두 명 이상의 집단을 이룬다는 특징을 보이며, 또한 자기보다 약한 상대를 집단으로부터 배제시키고, 신체적·심리적 위해를 가하는 행위로 볼 수 있다(사진 참조).

한국청소년개발원(1995)에 의하면, 우리나라 청년들은 신체에 대한 힘의 행사뿐 아니라 언어적 폭력이나 집단에서의 고의적인 소외인 따돌림 등 심리적인 불쾌감까지도 폭력으로 생각하고 있다고 한다. 또한 Olweus(1993)는 괴롭힘(bullying)의 유형을 직접적인 것과 간접적인 것으로 나누며, 직접적인 괴롭힘은 피해대상에 대해 물리적으로 공격행동을 하는 것을, 간접적인 괴롭힘은 사회적 소외, 즉 집단으로부터 축출하는 것을 의미한다고 한다. Crick과 Grotpeter(1996)는 관계상의 괴롭힘, 명백한 괴롭힘, 친사회적 행동의 박탈 요인으로 또래괴롭힘의 유형을 분류한다. 관계상의 괴롭힘은 고의로 다른 아동에게 해를 주거나 또래관계에 손상을 입히기 위하여 사회적 관계를 이용해 괴롭히는 것을 의미하고(예: 나쁜 소문 퍼뜨리기, 사회집단으로부터 고의로 소외시키기), 명백한 괴롭힘은 의도적으로 신체적·언어적 방법으로 다른 아동에게 해를 입히는 것을 말하며(예: 때리기, 차기, 밀기, 욕하기, 별명 부르기, 언어적 위협), 친사회적 행동의 박탈은 도움을 받아야 하거나 사회적, 정서적 어려움에 직면해 있을 때 또는 친구를 사귀어야 할 때 또래들이 고의는 아니지만 이를 해결하는 데 있어 실질적인 도움을 주지 않고 정서적으로 지원하지 않으며 그대로 방치하는 것을 의미한다. 이와 같은 폭력과 괴롭힘을 대표하는 공격성은 직·간접적으로 이루어지는 행동을 모두 포함하며, 신체적·언어적으로 행해질 뿐 아니라 관계상의 소외를 경험하는 것으로도 나타난다.

Nicki R. Crick

Jennifer K. Grotpeter

우리나라 청소년들이 집단따돌림 피해경험을 조사한 연구에 따르면 집단따돌림을 당한 경험이 있는 청소년은 조사대상자의 19.3%인 것으로 나타났고, 집단따돌림의 피해 정도는 '한두 번'이 11.0%, '가끔'이 6.5%, '일주일에 한두 번'이 0.7%, '일주일에 여러 번'이 1.2%로 나타났다(한준상, 2002). 중학생을 대상으로 한 설문조사에서 "학교생활 중 가장 힘든 점이 무엇인가?"에 대한 물음에 남학생의 경우는 '학교 내 폭력'이 35.3%로 가장 높게 나타났고, 그다음으로 '성적 경쟁'이 25.6%, '친구들의 따돌림'이 21.1%, '체벌'이 10.5%로 나타났으며, 여학생의 경우는 '친구들의 따돌림'이 35.5%로 가장 높게 나타났고, 그다음으로 '성적 경쟁'이 30.6%, '체벌'이 21.4%, '학교 내 폭력'이 1.3%로 나타났다((주)가우디, 1999). 이러한 결과를 가지고 볼 때, 또래 간 따돌림은 청년이 학교생활에 적응하는 데 있어 남녀 학생 모두에게 높은 비율로 영향을 미치고 있음을 알 수 있다. 또한 고등학생을 대상으로 한 설문조사에서 "어떤 친구를 왕따시키는가?"라는 물음에 '잘난 척하는 친구'라는 반응이 76.0%로 가장 높게 나타났고, '엄마의 치맛바람이 심한 친구'라고 답한 경우가 32.5%, '오버하는 친구'가 32.0%, '왕자병 공주병'이 22.5%로 나타났다((주)가우디, 1999).

소셜네트워크서비스(SNS)가 청소년들의 대표적인 의사소통 수단으로 자리 잡으면서 SNS상에서 집단 따돌림이나 괴롭힘을 가하는 '사이버 불링(Cyber Bullying)' 피해가 늘고 있다. 한꺼번에 수백 명이 카카오톡 채팅방에서 특정인에 대한 욕설과 험담을 올려 피해자가 내용을 보지 않으려 해도 휴대전화 알람이나 진동이 수시로 울려댄다. 휴대전화 배터리가 방전될 정도이다. 채팅방을 나가도 다수 이용자가 끊임없이 다시 초대하기 때문에 채팅방에서 탈출할 수 없는 이른바 '카톡감옥'에 갇힌 것이다.

한국청소년연구원이 2014년 전국 중·고등학생 4,000명을 조사한 결과 응답자의 27.7%가 사이버 불링 피해를 당한 것으로 나타났다. 하지만 이를 목격했을 때 교사나 경찰에 신고하는 비율은 5.2%에 불과했다. 오프라인에서 학교폭력은 줄고 있지만 SNS에선 오히려 더 심각해지고 있는 것이다(중앙일보, 2014년 9월 1일자).

### 3) 또래집단의 압력과 동조행동

말레이 속담에 이런 것이 있다. "코끼리 무리에서는 코끼리처럼 나팔 같은 소리를 내고, 수탉들과 함께 있을 때에는 수탉처럼 울고, 염소 떼와 함께 있을 때에는 염소처럼 '매애' 하고 울어야 한다." 이 속담은 청년들이 또래와 함께할 때 청년의 행동에 그대로 적용된다. 예를 들어, 다른 친구들이 수탉처럼 울 때 자기 혼자만 염소처럼 '매애' 하고 우는 것은 큰 대가를 치르게 된다.

동조행동은 다른 사람의 압력 때문에 그들의 태도나 행동을 채택하는 것을 말한다. 물론 동조행동은 청년기에만 국한되는 것은 아니다. 어떤 연령에서도 동조행동은 있기 마련이다. 예를 들어, 옷이나 음식 그리고 여가선용에서의 어떤 유행은 15세 청소년뿐만 아니라 50세 중년들에게서도 흔히 볼 수 있는 현상이다.

그러나 동조행동에 대한 또래의 압력은 청년기에 가장 강력하다. 또래의 압력은 청년의 삶에서 빼놓을 수 없는 중요한 주제이다. 그 힘은 청년행동의 모든 면 ― 옷의 선택, 음악, 언어, 가치관, 여가활동 등―에서 나타난다. 또래에 대한 동조행동은 청

년 초기(약 12~13세)에 절정에 달하고 청년 중기부터 감소하기 시작
한다(Camarena, 1991; 〈그림 15-3〉 참조).

　이러한 현상은 청년기의 인지변화로 설명할 수 있다. 즉, 상상적
관중에서처럼 청년은 다른 사람들의 반응에 민감하기 때문에, 다른
사람들로부터 인정받기 위해서, 적어도 바보 같이 보이지 않기 위
해서 동조행동을 하게 된다. 한편, Berndt(1979)에 의하면 반사회적
행동에 대한 동조행동은 청년 중기(14~15세)까지 계속 증가한다고
한다.

Thomas J. Berndt

　또래압력에 대한 동조행동은 긍정적일 수도 있고, 부정적일 수도
있다. 십대들은 여러 종류의 부정적인 동조행동에 참여한다. 즉, 속어나 비어를 사용
하고, 훔치고, 기물을 파괴하고, 부모나 교사를 조롱한다. 그러나 또래에 대한 동조행
동이 반드시 부정적인 것만은 아니다. 어려운 사람을 돕기 위해 함께 모금운동을 하
거나, 자원봉사를 하는 등의 친사회적 행동도 한다.

　또래압력에 대한 동조행동이 특히 문제가 되는 것은 또래집단이 반사회적 행위를
강요함으로써 비행 청소년이 될 가능성이 많다는 점이다(사진 참조). 극단적인 예로서,
어떤 또래집단은 구성원들에게 우수한 학업성취를 비웃고, 낙제를 바람직한 행동으
로 받아들이기를 강요하기도 한다. 이와 같이 또래집단과의 관계에서 야기된 갈등이

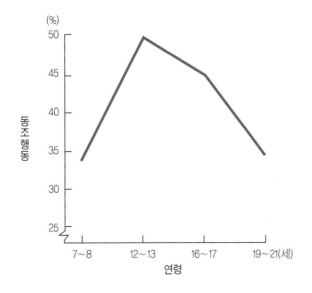

〈그림 15-3〉 연령에 따른 동조행동의 변화

출처: Camarena, P. M. (1991). Conformity in adolescence. In R. M. Lerner, A. C. Petersen, & J. Brooks-Gunn
　　(Eds.), *Encyclopedia of adolescence* (vol. 1). New York: Garland.

나 긴장은 청년들에게 고통과 혼란을 주며, 부모와 청년 사이에도 긴장이 조성된다.

그러나 대부분의 청년은 부모와 긍정적인 유대관계를 맺고, 부모의 견해는 청년들이 인식하는 것보다 더 중요하게 작용한다. 또래는 옷 선택과 같은 일상적인 문제에 더 많은 영향을 주고, 부모는 어떤 직업을 가질 것인지 또는 도덕적 갈등상황에서 어떻게 할 것인지와 같이 보다 근본적인 문제에 더 많은 영향을 준다(Frey & Rothlisberger, 1996; Wintre, Hicks, McVey, & Fox, 1988).

또래와 부모의 영향을 좀더 구체적으로 살펴보면, 그 양상은 연령에 따라 달라진다. 즉, 초등학교 저학년일 때에는 부모의 영향이 또래의 영향보다 더 크다. 초등학교 고학년에서는 상황에 따라 부모 또는 또래가 더 큰 영향을 준다. 중학생이 되면 또래에 대한 동조행동의 증가로 인해, 특히 또래집단의 반사회적 기준을 따름으로써 부모와 청년의 갈등이 심화된다. 이때 청소년이 부모로부터 독립하고자 하는 마음이 절정을 이룬다. 고등학생이 되면서 부모와 또래의 영향권에서 벗어나기 시작하고, 자신의 의사결정에 보다 많이 의존하게 된다.

모든 청년들이 다른 사람들의 의견에 무조건 따르는 것은 아니다. 또래집단 내에서 높은 지위에 있거나 자신감이 있는 청년들은 또래집단의 영향을 덜 받는다(Harvey & Rutherford, 1980; Marcia, 1980). 자아존중감과 자아정체감도 청년의 동조행동에 영향을 미치는 요인이다. 자아존중감이 높은 청년들은 동조행동을 별로 하지 않고, 청년 후기에 정체감이 발달되면 자율성이 높아지고 따라서 동조행동을 덜하게 된다(Hartup, 1983).

Catherine Cooper

부모의 양육행동 또한 청년의 동조행동과 관련이 있다. 가정에서 책임 있는 의사결정에 참여하게 하고, 자녀훈육 시 논리적 설명을 하는 권위있는 양육행동은 청년으로 하여금 긍정적인 자아개념과 높은 자아존중감 및 확고한 자아정체감을 갖게 하고, 사회적으로나 도덕적으로 성숙하게 만들어 또래의 압력에 별로 동조하지 않게 한다(Baumrind, 1991; Cooper, Grotevant, & Condon, 1983). 반면, 지나치게 엄격하거나 지나치게 허용적인 양육행동은 청년의 동조행동을 증가시킨다(Fuligini & Eccles, 1993).

# 이성교제와 청년기의 성

사랑은 자연이 제공하는 캔버스에 상상이라는 수를 놓는 것이다.　　　　Voltaire

우리 인간은 두 번 태어난다. 한 번은 인간으로서, 또 한 번은 여자와 남자로서 다시 태어난다.
　　　　　　　　　　　　　　　　　　　　　　　　Jean Jacques Rousseau

사랑은 여자에겐 일생의 역사요, 남자에겐 일생의 일화에 불과하다.　　　A. Stael

20대의 사랑은 환상이다. 30대의 사랑은 외도이다.
사람은 40세가 되어 처음으로 참된 사랑을 알게 된다.　　　　　　　　Goethe

사랑에는 치료약이 없다. 사랑을 더하는 것밖에…….　　　　　　　　Thoreau

결혼 전에는 눈을 크게 뜨고, 결혼 후에는 눈을 반쯤 감아라.　　Benjamin Franklin

결혼이란 단 한 사람을 위해서 나머지 사람들을 전부 단념해야 하는 행위이다.
　　　　　　　　　　　　　　　　　　　　　　　　　　　George Moore

남자란 말을 하며 접근할 때에는 봄이지만 결혼해 버리면 겨울이다.　Shakespeare

남에게 천생배필이 나에게는 악연이 될 수도 있다.
무엇보다 자신에게 걸맞은 짝을 골라야지 남의 시선을 의식해 고르다 보면 결국 후회막급이
된다.　　　　　　　　　　　　　　　　　　　　　　　　　작가 미상

싸움터로 나가기 전에 한 번 기도하라. 바다로 나간다면 두 번 기도하라.
그러나 결혼생활에 들어가기 전에는 세 번 기도하라.　　　　　　러시아 속담

청년이 인생에서 겪게 되는 현저한 변화 중의 하나는 동성친구와의 친밀한 우정에서 이성에 대한 우정과 낭만적인 애정으로의 이동이다. 관심이 동성 또래집단에서 이성 또래집단으로 옮겨가는 것은 성인기로 가는 과정에서 정상적이고 건전한 진행이다. 청년은 이성교제를 통해 성인남녀의 역할에 접하게 되고 적응도 용이해질 뿐만 아니라 배우자를 선택할 기회와 아울러 안목도 키우게 된다.

사랑은 어떤 인간, 어떤 상황에서도 싹틀 수 있는 것이며, 인간사회의 속성으로서 모든 사람이 직면하는 과제이다. 사랑은 우리 인생에서 매우 중요한 요소이며, 사랑의 경험은 인간에게 있어 가장 강렬한 경험이 될 수 있다. 사랑은 시인이나 소설가들이 오랫동안 즐겨 다루어온 주제이기도 하다.

혼인은 인륜지대사(人倫之大事)로 배우자 선택은 인생에서 가장 중요한 의사결정이다. 어떤 사람을 배우자로 선택하느냐에 따라 일생의 행·불행이 결정된다고 해도 과언이 아니다. 인생의 반려자로서의 배우자를 신중히 선택해야 한다.

오늘날 우리사회는 급격한 성개방 풍조로 인해 많은 청년들이 분별없이 너무 이른 나이에 성경험을 한다. 불건전한 성관계는 십대 임신이나 성병 감염의 위험을 초래하기도 한다. 그리고 성에 관한 정보는 범람하지만 왜곡된 정보가 너무 많다. 우리의 청소년들을 성적 탈선 및 성범죄로부터 보호하기 위해 성교육의 필요성이 절실하다.

이 장에서는 이성교제, 청년기의 사랑, 배우자 선택, 청년의 성에 관한 태도와 행동 그리고 성교육에 관해 살펴보고자 한다.

# 1. 이성교제

이성교제는 배우자 선택이라는 중요한 역할을 할 뿐만 아니라 이성교제를 통해 인격의 정상적인 발달이 이루어질 수 있다. 즉, 이성교제를 함으로써 사랑의 본질과 기쁨을 알고, 예의에 벗어남이 없이 이성에 대한 관심을 표현히며, 서로의 개성과 인격을 존중할 줄 알고, 나아가서는 배우자 선택이나 앞으로 결혼생활을 원만히 해나갈 수 있는 기초적 자질을 키울 수 있는 기회를 갖는다.

Elizabeth Paul

## 1) 이성교제의 기능

이성교제의 기능을 살펴보면 다음과 같다(Paul & White, 1990). 첫

**사진 설명** 이성교제는 청년기의 성적 발달에 매우 중요한 역할을 한다.

째, 오락적 기능으로서 서로 기쁘고 즐거운 시간을 가질 수 있다(사진 참조). 청년은 영화나 음악감상, 파티, 여가선용을 함께함으로써 재미있는 시간을 가진다. 둘째, 데이트 상대의 근사한 용모나 또래 간의 인기를 통해 성취감을 느낀다. 셋째, 이성교제를 통해서 자신의 장단점을 알게 되며, 자기반성을 함으로써 정상적인 인격형성을 도모할 수 있다. 넷째, 이성교제는 청년기의 사회화 과정의 일부로서 다른 사람과 어울리는 법을 배우고, 예의범절을 익히며, 사회적 기술을 터득한다. 다섯째, 이성과 의미 있는 관계를 가짐으로써 친밀감 형성에 대해 배운다. 여섯째, 이성교제는 성적 탐구의 장(場)이 될 수 있다. 일곱째, 이성교제를 통해 같은 활동을 함께하고 상호작용을 함으로써 동반자 역할을 익힌다. 여덟째, 이성교제의 경험은 정체감 형성과 발달에 기여한다. 아홉째, 이성교제의 궁극적 목적인 배우자 선택의 기회로 활용한다. 결혼의 행·불행은 자기가 선택한 사람에 의해 크게 영향을 받으므로, 이성교제를 통해서 서로 어울리며 사랑할 수 있는 배우자를 선택하는 것이 매우 중요하다.

이처럼 다양한 이성교제의 여러 기능 가운데 오락적 기능이나 배우자 선택의 기능에 비해 사회화의 기능이나 이성과의 친밀감 형성, 자신의 인격형성 기능 등은 덜 중요시되고 있는 실정이다. 이는 남녀 간의 차이에서 비롯되는 의사소통, 성행동의 문제, 가치관의 차이로 인해 성숙한 관계를 발전시켜 나가는 데 어려움이 있기 때문이다.

청년기의 이성교제는 처음에는 여러 사람과 자유롭게 교제하는 것이 특징이며, 오락적 목적이 주가 된다. 그러다가 점차 한 사람에게 열중하게 되어 두 사람만의 시간을 가지기를 원하게 된다. 그러나 청년기의 이성교제가 결혼을 목적으로 하거나 배우자 선택의 언질을 반드시 내포하는 것은 아니다.

한 연구(Roscoe, Dian, & Brooks, 1987)에서, 이성교제가 갖는 기능의 발달적 변화를 조사한 바 있다. 청년 초기, 중기, 후기의 청년을 대상으로 이성교제의 목적과 데이트 상대를 선택하는 기준에 대해 질문을 하였다. 초기와 중기 청년은 자기중심적으로 이성교제의 목적이 주로 오락적 기능인 데 반해, 후기의 청년은 이성교제에서 상호성을 강조하였다. 즉, 친밀감 형성이 주된 기능이고 동반자, 사회화, 오락적 기능은 그다음 순이었다. 그리고 청년 초기에는 데이트 상대의 근사한 용모나 또래 간의 인기를 통해(예: 킹카나 퀸카) 자신을 과시하려는 목적으로 상대를 선택하는 경향이 있지만, 청년 후기에는 미래지향적으로 장래문제를 고려하는 경향을 보여주었다.

우리나라 남녀 청소년 300명을 대상으로 한 청소년의 성 의식에 관한 조사연구(이선옥, 2003)에서, 이성교제에 대해서 남녀 학생 73.2%가 찬성한다고 응답하였다. 이성교제를 찬성하는 이유는 자연스러운 성장과정과 이성을 알 수 있는 기회이기 때문이라고 하였다. 반면 이성교제를 반대하는 이유는 성적이 떨어질 것 같아서가 주된 이유였다. 이성교제의 기준은 마음씨와 외모가 압도적이었으며, 이성에 대한 호감의 표현은 '이메일 또는 타인을 통해서 전달한다'와 '마음으로만 간직한다'에 주로(61.6%) 응답하였다.

## 2) 데이트 폭력

최근 빈번하게 발생하고 있는 데이트 폭력(dating abuse, dating violence)은 이성교제의 심각한 문제로 대두되고 있다. 데이트 폭력은 이성교제 과정에서 한쪽이 가하는 폭력이나 위협을 말하는데, 성적인 폭력뿐 아니라 과도한 통제, 감시, 폭언, 추행, 상해, 갈취, 감금, 납치, 살인 등 복합적인 범죄로 나타날 수 있다.

최근에 와서 데이트 폭력은 그 발생빈도가 지속적으로 증가하고 있으며, 연인이라는 각별한 관계라는 점에서 데이트 폭력이 발생해도 사적인 문제로 생각하여 가볍게 넘어가는 인식 때문에 더 큰 피해를 불러일으키기도 한다. 그리고 연인이라는 친밀한 관계의 특성상 지속적, 반복적으로 발생하고 재범률 또한 매우 높은 편이다.

한국여성의 전화(2016)에서 실시한 데이트 폭력 실태조사에 의하면 데이트 폭력에서 가장 빈번하게 나타나는 유형은 상대방에 대한 통제이며, 그 다음으로 성폭력, 언어적·정서적·경제적 폭력인 것으로 보인다(〈그림 16-1〉 참조).

이러한 데이트 폭력에 영향을 미치는 대표적인 요인으로는 어린 시절 폭력을 목격한 경험 또는 폭력의 직접적인 피해경험 등을 들 수 있다(김보라, 정혜정, 2009; 손혜진, 전귀연, 2003; 정혜정, 2003). 또한 폭력을 다른 형태의 애정표현으로 간주하여 심각하게 다루지 않는 인식의 문제도 주요 원인으로 작용한다. 따라서 데이트 폭력은 연인들 간의 '사랑싸움'으로 치부해버리는 경향에서 벗어나 피해자에게 심각한 고통을 주는 범죄라는 것을 인식해야 한다.

전통적으로 데이트 폭력의 피해자는 남성보다 여성이 더 많은 것으로 인식되고 있

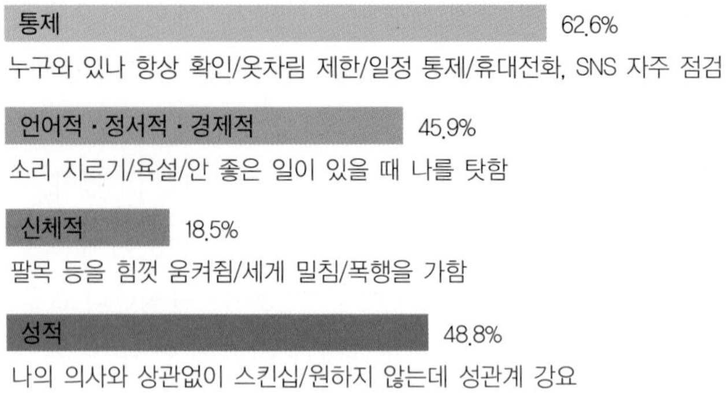

| 통제 | 62.6% |

누구와 있나 항상 확인/옷차림 제한/일정 통제/휴대전화, SNS 자주 점검

| 언어적 · 정서적 · 경제적 | 45.9% |

소리 지르기/욕설/안 좋은 일이 있을 때 나를 탓함

| 신체적 | 18.5% |

팔목 등을 힘껏 움켜쥠/세게 밀침/폭행을 가함

| 성적 | 48.8% |

나의 의사와 상관없이 스킨십/원하지 않는데 성관계 강요

**〈그림 16-1〉 데이트 폭력 실태 조사**

출처: 한국여성의전화(2016).

다. 데이트 폭력의 가해자인 남성은 여성을 자신의 소유물이나 부속물로 취급하는 경우가 많으며, 여성에 대한 의심이나 여성의 거절을 이유로 폭력을 행사한다.

데이트 폭력 가해자의 대부분이 남성이지만, 여성에 의해 가해지는 데이트 폭력 또한 심각한 문제가 될 수 있다. 남성이 피해자가 될 경우 사회적 인식에 반하기 때문에 잘 드러나지 않을 뿐 폭력의 유형 중 심리적인 폭력은 상호적인 것으로 파악되고 있다(Cyr, McDuff, & Wright, 2006). 국내연구(김보라, 정혜정, 2009; 윤경자, 2007)에서도 폭력피해의 심각성에 있어서 남학생이 여학생보다 성폭력을 제외한 폭력에서 더 많은 피해를 입은 것으로 나타났다. 이처럼 남녀 모두가 데이트 폭력의 피해자가 될 수 있으므로 데이트 폭력에 대한 인식의 전환과 이를 사전에 예방하기 위한 노력이 필요하다.

실제로 대학생을 소집단으로 나누어 남녀의 차이와 관련된 단기과정 프로그램을 실시한 결과, 참가자들은 남녀의 차이에 긍정적으로 대처할 구체적인 방법을 습득함으로써 이성교제에서 갈등은 감소시키고 친밀감은 증진시킬 수 있었다(이재림, 옥선화, 이경희, 2002). 또한 이성교제에서 직면하는 문제에 대해 한 사람에게 일방적으로 책임을 돌리기보다는 공동으로 해결하기 위해 노력하는 자세가 필요한 것으로 보인다.

## 2. 청년기의 사랑

사랑이 무엇인지 모르는 사람은 없지만 사랑에 대해 명확한 정의를 내릴 수 있는 사람 또한 드물다. 이처럼 사랑은 정의하기가 매우 어려운 개념이지만 우리 인생에서 매우 중요한 관계의 기초가 된다.

우리는 누군가를 사랑하기를 원하며 그리고 누군가로부터 사랑받기를 원한다. 그러나 사랑의 양면성으로 인해 사랑에는 위험부담이 따른다. 사랑으로 인해 극도의 황홀감을 맛보기도 하지만 극심한 고통을 경험하기도 한다. 그럼에도 불구하고 대부분의 사람들은 기꺼이 이러한 위험을 감수하려고 든다.

## 1) 사랑의 이론

### (1) Sternberg의 세모꼴이론

Sternberg(1986b)에 의하면, 사랑에는 세 가지 구성요소가 있는데 친밀감, 열정, 책임이 그것이다. 친밀감(intimacy)은 사랑의 정서적 요소로서 누군가와 '가깝게 느끼는 감정'이다. 친밀감은 상호이해, 격의 없는 친밀한 대화, 정서적 지원 등을 포함한다. 친밀감은 물론 남녀 간의 사랑에서뿐만 아니라 친한 친구 사이나 부모와 자녀 간에도 존재한다.

열정(passion)은 사랑의 동기유발적 요소로서 신체적 매력, 성적 욕망 등을 포함한다. 열정은 일반적으로 사랑을 느끼는 순간 맨 처음 나타나는 사랑의 구성요소이지만, 오래된 관계에서는 맨 먼저 사라지는 요소이기도 하다. 열정은 남녀 간의 사랑에서만 존재한다.

책임(commitment)은 인지적 요소로서 관계를 유지하기 위한 약속이며, 관계를 지속시켜야 한다는 책임감이다. 열정은 나타났다가 사라졌다가 하는 것이며, 모든 관계는 만족스러울 때도 있고, 불만스러울 때도 있다. 우리가 결혼서약에서 "즐거울 때나 괴로울 때나, 건강할 때나 아플 때나 평생 신의를 지키며 상대방을 사랑하겠느냐?"는 질문에 "예"라고 대답하는 것이 바로 이 책임이다.

Sternberg(1986b)는 그의 이론을 사랑의 세모꼴이론이라고 부른다. 〈그림 16-2〉는 Sternberg의 사랑의 세모꼴을 나타낸 것이다. 〈그림 16-3〉은 친밀감, 열정, 책임의 정도에 따라 서로 잘 어울리는 쌍과 그렇지 못한 쌍의 예들이다. (a)에서는 두 남녀의 친밀감, 열정, 책임의 수준이 비슷함을 알 수 있다. 따라서 이 두 남녀는 아주 잘 어울리는 쌍이다. (b)는 비교적 잘 어울리는 경우이고, (c)는 약간 어울리지 않는 경우이다. (d)는 전혀 어울리지 않는 경우로서 남녀 모두 같은 정도의 책임수준을 보여주고 있다. 하지만 여자의 경우가 남자보다 친밀감과 열정수준이 훨씬 더 높다.

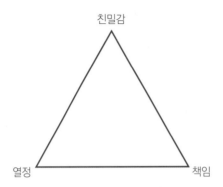

〈그림 16-2〉 Sternberg의 사랑의 세모꼴

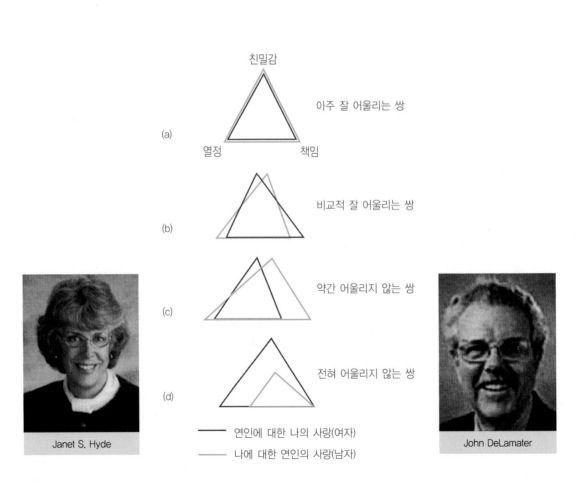

〈그림 16-3〉 잘 어울리는 쌍과 잘 어울리지 않는 쌍들의 예

출처: Hyde, J. S., & DeLamater, J. (1997). *Understanding human sexuality* (7th ed.). New York: McGraw-Hill.

## (2) 사랑의 애착이론

John Bowlby

출생 초기의 부모와의 애착관계를 통해서도 사랑을 개념화하기 위한 시도가 이루어졌다. 이러한 시도에서는 우리 인간이 최초로 경험하는 사랑의 형태인 부모와의 애착관계에 초점을 맞추고 있다. 애착이라는 개념은 영아기의 부모자녀관계에만 적용되는 것이 아니라, 성장 후 이성과의 애정관계 및 다양한 인간관계에 영향을 미친다. 출생 초기의 애착이 전생애에 걸쳐 계속적으로 영향을 미친다는 관점은 Bowlby(1969)의 내적 작동모델 (internal working model)에 그 근거를 두고 있다. 내적 작동모델은 영아가 양육자에 대한 반응성과 접근가능성을 바탕으로 자신과 타인에 대해 형성한 정신적 표상을 의미한다. 자신에 대한 표상은 자신이 가치 있고 사랑받을 만한 사람인가에 대한 것이며, 타인에 대한 표상은 도움이 필요한 상황에서 자기가 애착을 형성한 대상이 의지하고 믿을 만한 사람인가에 대한 표상이다. Bowlby는 어린 시절 부모와의 관계를 통해 어떠한 유형의 애착관계를 형성하였는가에 따라 상이한 내적 표상이 형성될 것이고, 이는 이후의 애착관계 형성에 기초가 된다고 보았다. 나아가 일단 형성된 내적 표상은 이후의 애착관계에 지속적으로 영향을 미쳐 내적 표상을 확신시켜주는 사회적 관계를 형성하게 되고 배우자를 선택하게도 된다는 것이다.

Mary Ainsworth

Hazan과 Shaver(1987)는 유아기 애착에 대한 Ainsworth(1979)의 애착유형 연구에 근거하여 성인기의 애착양식을 세 가지 유형으로 분류하였다. 첫째, '안정애착' 유형은 자신이 사랑받을 만한 가치가 있고 자신이 원할 때 도움을 줄 수 있는 외부 세계를 가지고 있다는 내적 표상이 형성된 유형이다. 이들은 쉽게 타인과 친밀한 관계를 유지하고 상호의존적이며 상대방으로부터 버림받을까 두려워하지 않는다. 반면, '회피애착' 유형은 자신의 가치와 필요힐 때 도움 을 줄 외부 세계에 대한 내적 표상이 불확실한 유형을 의미한다. 이들은 타인과 너무 가까워지는 것을 두려워하고, 쉽사리 상대방을 믿거나 의지하지 못한다. 세 번째 유형인 '불안애착' 유형은 자신이 사랑받을 만한 가치가 없고 필요할 때 타인으로부터 도움을 받을 수 없다는 내적 표상이 형성된 유형이다. 이들은 자신은 상대방과 가까워지기를 간절히 바라지만 상대방은 그에 상응하지 못한다고 생각한다. 그래서 상대방이 자신을 진심으로 사랑하지 않을까 봐 걱정하며 관계에 자신이 없다.

Cindy Hazan

Phillip Shaver

이처럼 상이한 애착 유형에 따라 사랑을 경험하는 방식에서도 차이를 보이게 된다. 안정애착 유형은 자아존중감이 높고 타인에게도 긍정적인 생각을 가지고 있으므로 상호간에 친밀하고 신뢰로운 관계를 형성하는 반면, 회피애착 유형은 친밀감에 대한 회피나 공포반응을 보이는 것으로 나타났다. 또한 불안정애착 유형은 정서적으로 의존적이고 상대방에게 강박적으로 몰두하는 경향을 보였다(Feeney & Noller, 1990; Hazan & Shaver, 1987).

한 연구(Hazan & Shaver, 1987)에서 성인의 53%가 안정애착, 26%가 회피애착 그리고 20%가 불안애착의 유형인 것으로 나타났다. 그리고 354명의 연인들을 대상으로 성인의 애착 유형을 조사해본 연구(Kirpatrick & Davis, 1994)에서는 반 이상이 두 사람 모두 안정애착 유형이었고, 10%의 경우는 한 사람은 안정애착의 유형이지만 또 다른 사람은 회피애착의 유형이었으며, 10%는 안정애착과 불안애착의 유형에 해당하는 연인들이었다. 두 사람 모두 회피애착의 유형 또는 불안애착 유형인 경우는 한 쌍도 없었다.

### (3) 사랑의 생물학적 이론

Fisher(2004)는 이성교제와 관련된 인간의 뇌구조는 갈망(lust), 끌림(attraction), 애착(attachment)의 3단계로 진화해 왔으며(〈그림 16-4〉 참조) 각 단계마다 분비되는 화학물질도 상이하다고 하였다. 갈망은 서로에게 강한 성적 욕구를 느끼고 이끌리는 감정으로, 이 단계에서는 테스토스테론과 에스트로겐이 분비된다. 끌림은 강한 낭만적 사랑의 감정으로, 이 단계에서 분비되는 노르에피네프린, 세로토닌과 도파민으로 인해 가슴이 뛰고 잠을 못 이루며 온통 연인에 대한 생각으로 가득 차 있게 된다. 도파민은 쾌감을 느끼게 하는 화학물질이고, 노르에피네프린은 심장을 뛰게

| 갈망 (lust) | 끌림 (attraction) | 애착 (attachment) |

〈그림 16-4〉 사랑과 관련된 뇌 구조의 진화

하고 땀이 나게 한다. 세로토닌은 도파민과 노르에피네프린을 조절하여 너무 흥분하거나 불안하지 않게 평온한 사랑의 감정에 빠져들게 한다. 애착은 장기적으로 굳건한 유대감을 형성해 나가는 감정으로, 이 단계에서 분비되는 옥시토신과 바소프레신의 영향으로 결속력을 더욱더 강하게 발전시켜나가게 된다. 사랑은 이 세 가지 감정 가운데 어느 한 가지에서 시작할 수 있다. 어떤 경우에는 성행위가 먼저 이루어지고 이후 사랑의 감정을 느끼기도 하며, 어떤 경우에는 먼저 사랑의 감정을 느끼고 이후 성행위가 이루어지기도 한다. 이 가운데 Fisher는 사람들은 상대방이 잠자리를 거절하였다고 해서 우울증에 빠지거나 자살을 시도하지는 않으며, 낭만적인 감정의 거절에 보다 고통을 받는다는 사실에 근거하여 낭만적 사랑의 동기가 성적 사랑의 동기보다 더 강하다고 하였다. Marazziti와 Canale(2004)도 사랑에 빠졌을 때 나타나는 호르몬의 변화에 대한 연구에서 사랑에 빠진 집단에서는 코르티솔 수준이 유의하게 증가하였으며, 남성의 경우에는 테스토스테론 수준이 낮아진 반면, 여성의 경우에는 테스토스테론 수준이 높아진 것으로 나타나는 등 호르몬의 변화가 나타난다고 하였다.

또한 Fisher(2004)는 격렬하게 사랑에 빠진 남녀의 뇌 MRI 자료를 근거로 성별에 따라 활성화되는 뇌 부위도 상이하다고 하였다. 일반적으로 남성의 경우 시각적 자극의 통합과 관련된 뇌 영역이 보다 활성화되는 반면, 여성은 기억회상과 관련된 영역이 보다 활성화된다고 하였다. 따라서 여성은 직접적인 시각적 정보보다 과거 남성의 행동이나 성취 등 어떤 남성이 자신의 배우자 혹은 자녀들의 아버지로 적절한지 아닌지를 판단하려는 경향이 강하다.

이후 도파민이나 세로토닌과 같은 신경전달물질과 사랑의 유형 간의 관계에 대한 보다 구체적인 연구가 이루어졌다. Marazziti와 동료들(Marazziti, Akiskal, Rossi, & Cassano, 1999)의 연구에서는 열렬하게 사랑에 빠져 있는 끌림 단계에 있는 커플들의 뇌의 기제가 강박신경증장애(obsessive-compulsive disorder: OCD) 환자와 유사하며, 따라서 혈소판의 세로토닌(5-HT) 수송체 밀도도 이들과 마찬가지로 낮다고 하였다. Langeslag(2009)도 사랑에 푹 빠져 있는 사람들은 그들의 관계에 대해 집중해서 생각하는데, 이러한 집중현상이 강박신경증장애 환자기 보이는 증상과 유사하다고 하였다. 즉, 격렬한 낭만적 사랑은 낮은 세로토닌 수준과 관련되며, 나아가 스토킹(stalking)도 이와 관련이 있다고 하였다. Emanuele과 동료들(2006)도 낭만적인 끌림을 유발하는 생화학적 근거를 연구하였으며 그 결과, 사랑에 빠지게 하는 핵심적인 생화학 물질을 규명하였다. 이들 신경전달물질과 Lee(1998)의 사랑의 유형과의 관련성에 대한 연구에서, 에로스 유형은 도파민 수용체와, 마니아 유형은 세로토닌 수용체와 관련이 있다고 하였다(Emanuele, Brondino, Pesenti, Re, & Geroldi, 2007). 이러한 연구결과는 사랑의 유형에도 생물학적 요인이 영향을 미친다는 사실을 말해준다.

### (4) 사랑의 화학적 성분

'첫눈에 반한다'라는 사랑의 요소는 무엇인가? Liebowitz (1983)와 Fisher(1992)에 의하면, 그것은 신체의 생화학적 성분이라고 한다. 열정적인 사랑은 마치 마약에 취한 상태에서 기분이 황홀해지는 것과 같은 것인데, 사랑이나 마약은 모두 우리 신체의 특정 신경화학물질을 활성화시킨다. 이로 인해 활기가 넘치고, 행복감에 도취하며, 상대방을 미화하고, 의기양양해지는데 Liebowitz는 이 모든 것이 페닐에틸아민이라는 화학물질 때문이라고 한다. 사랑에 눈이 멀어 판단이 흐려지는 것도 바로 이 화학물질 때문이다.

이 이론에 의하면 열정적인 사랑에 의해 생성되는 또 다른 화학물질이 엔도르핀이다. 엔도르핀은 평온, 안정, 충족감을 가져다준다. 세 번째 화학물질은 옥시토신인데 오래된 관계에서 나타난다. 이것은 신체접촉으로 자극을 받고 쾌감, 만족감으로 이어진다.

사랑의 생화학적 성분에 관한 가설을 직접적으로 검증한 연구는 별로 없지만, 이것은 수없이 많은 시나 소설에서 표현된 바 있고, 사회과학에서 관찰된 내용과도 일치하는 바가 있다.

## 2) 사랑의 유형

사랑에는 여러 가지 유형이 있다. 남을 위해 희생하는 이타적 사랑, 청년기의 낭만적 사랑, 부부 간의 동반자적 사랑 그리고 성적 사랑 등이 그것이다.

### (1) 이타적 사랑(Altruistic Love)

이타적 사랑이란 사랑하는 사람의 행복에 역점을 두는 사랑이다. 즉, 타인에게 무엇인가를 제공해주는 것이 자신의 안락을 위한 것보다 더 큰 만족을 준다고 생각하고, 그로 말미암아 기쁨을 느끼는 사랑이다. 이타적 사랑에서는 자기희생이 중요한 요소가 된다. 부모(특히 어머니)의 자식에 대한 사랑은 거의 전적으로 이타적 사랑이다.

모파상의 『여자의 일생』의 주인공인 쟌느의 헌신적인 행동이 이타적 사랑의 본보기라 할 수 있을 것이다. 이타적 사랑은 불평 없이 사랑하는 사람에게 봉사하고, 어떤 어려운 경우를 당하더라도 헌신(희생)하는 마음으로 견디어낸다. 이와 같이 이타적 사랑의 가장 큰 특징은 희생하고 봉사하면서도 이 모든 것에 대한 대가를 요구하지 않는다는 것이다.

### (2) 낭만적 사랑(Romantic Love)

사랑연구가 Ellen Berscheid(1988)에 의하면, 우리가 누군가와 "사랑에 빠졌다"고 할 때의 사랑이 바로 낭만적 사랑을 의미한다고 한다. 청년기 사랑의 특징은 낭만적 사랑으로서 『로미오와 줄리엣』처럼 첫눈에 반하는 사랑이 이 유형에 속한다. 로미오와 줄리엣의 사랑의 비극은 양가의 반목이라는 운명적 요인도 있지만, 그보다 더 직접적인 요인은 그들의 낭만적 성격에 있다. 낭만적인 사랑은 첫눈에 반하는 것으로 시작되며, 걷잡을 수 없는 격정을 불러일으킨다(부산대학교 여성연구소, 1997).

낭만적 사랑의 특징은 다음과 같다. ① 이성보다 감정이 우위인 사랑으로 서로의 사랑이 숙명적, 운명적이라고 생각한다. ② 상대방을 미화한다. ③ 소유욕이 강하며 상대방에게 많은 요구와 기대를 한다. ④ 사랑 그 자체를 먼저 사랑하고, 그 다음에 사랑의 대상을 사랑한다. 이처럼 낭만적 사랑은 비현실적이고 이상적이기 때문에 결혼생활에서의 낭만적 사랑은 환멸과 불행만을 초래할 뿐이다.

### (3) 동반자적 사랑(Companionate Love)

동반자적 사랑이란 친구와 같은 반려자적인 감정을 갖는 사랑으로시, 바람직한 부부관계는 동반자적 사랑을 필요로 한다. 두 남녀가 처음 만나 사랑에 빠질 때에는 열정적 사랑으로 시작하지만, 관계가 지속되면서 점차 동반자적 사랑으로 옮겨간다. 열정적 사랑이 '뜨거운' 것이라면 동반자적 사랑은 '따스한' 것

사진 설명　부부간의 동반자적 사랑을 그린 영화, 〈황금 연못 (Golden Pond)〉

이다(Cimbalo, Faling, & Mousaw, 1976; Driscoll, Davis, & Lipetz, 1972).

동반자적 사랑의 특징은 이성적이고 감정을 억누를 수 있으며, 상대방에 대한 요구가 과도하지 않고, 현실을 그대로 받아들여 서로 협조하고 보완한다(Hatfield & Rapson, 1993). 즉, 상대방이 완벽하기를 기대하지 않고, 사랑이 모든 문제를 다 해결해주리라 믿지 않는다.

### (4) 성적 사랑(Sexual Love)

"사랑의 궁극적인 목표는 성적 만족이다"라는 말이 있듯이 성적 사랑은 사랑을 확인하는 방법이 될 수 있다. D. H. 로렌스의 『채털리 부인의 사랑』의 두 주인공의 관계는 서로의 성적인 경험이 깊어질수록 정신적으로도 깊어진다. 이 작품은 육체의 소중함을 일깨워 정신과 육체의 조화를 진정한 사랑의 의미로 보았다고 할 수 있다(부산대학교 여성연구소, 1997).

그러나 성적 사랑은 결혼한 부부 간에만 허용되는 것이므로 사회적 문제를 일으키기도 한다. 사랑이 없는 성생활이나 성이 없는 결혼생활은 바람직하지 않다. 사랑과 성이 공존하는 결혼생활이 이상적인 것이다.

## 3. 배우자 선택

예로부터 혼인은 인륜지대사(人倫之大事)라 하였다. 혼인은 개인뿐 아니라 가족 모두에게 중대사로 인식되었고, 배우자 선택에서도 개인보다는 가족이 더 큰 권한을 갖고 있었다. 현대에 들어와 이러한 경향은 점차 개인의 선택을 중시하는 경향으로 변화하고 있다. 어떤 형식을 취하든 혼인을 할 배우자를 선택하는 문제는 이후 인생의 행복이나 안정성을 결정하는 가장 중요한 의사결정과정이다. 배우자 선택의 중요성을 인식하고 인생의 반려인 배우자를 신중하게 결정하기 위해 배우자 선택의 기준과 그 과정 그리고 배우자를 선택할 때에 고려해야 할 점에 관해 알아보기로 한다.

## 1) 배우자 선택의 유형

과거에는 배우자를 선택할 때 중매혼이 주류를 이루었으나 오늘날에는 자유혼, 중매혼, 절충혼의 세 가지 유형을 통해 배우자를 선택한다. 자유혼은 배우자 선택에서 개인의 의사가 가장 중요시되며, 배우자 선택 조건으로는 사랑이 가장 강조되는 유형이다. 자유혼에서는 가장 중요한 조건이 사랑이지만 자유혼이 보편화된 사회에서 이혼율도 높게 나타난다는 사실은 많은 시사점을 주고 있다. 사랑이 가장 중요한 조건이었기 때문에 상호간에 사랑이 식으면 결혼생활을 더 이상 지속할 이유가 없어지게 된다는 것이다. 이는 배우자 선택과정에서 사랑을 기반으로 하되 동시에 다른 기준도 고려해야 함을 의미하기도 한다.

중매혼은 결혼을 개인과 개인의 결합이 아니라 가문과 가문의 결합으로 보기 때문에 배우자 선택에서 개인의 의사보다는 부모의 의사가 존중된다. 배우자 선택조건에서는 사회경제적 지위가 가장 중요한 역할을 한다. 자유혼과는 달리 상호간에 이성교제의 과정을 거치지 않으므로 중매인이 중요한 역할을 하게 된다. 우리 전통사회의 배우자 선택 유형이 이에 속하며, 친족관계가 약한 서구사회를 제외하고는 가장 널리 성행한 형태이다.

절충혼은 개인의 자유의사로 배우자를 선택하고 이후에 부모의 동의를 얻거나, 중매로 배우자를 선택한 후 자유로운 이성교제를 거쳐 결혼에 이르는 형태이다. 이는 자유혼과 중매혼의 장점을 절충한 제도이지만, 부모와 자녀 간의 의견이 불일치할 경우 최종 선택권이 누구에게 있느냐에 따라 자유혼적인 성격이 강해지기도 하고, 중매혼적인 성격이 강하게 나타나기도 한다.

우리나라에서 전반적으로 배우자 선택에서 부모의 결정권은 점차 약화되는 경향을 보이고 있으며, 본인이 결정을 한 후에 부모의 동의를 받는 것이 압도적이다. 결혼방식에 대한 조사결과(선우리서치, 2001) 자유혼(연애결혼)이 48.2%, 중매혼이 46.9%로 비슷한 비율로 나타나고 있으며, 연령별로는 40대와 50대는 중매혼이 각각 57.4%, 78.8%로 높게 나타난 반면, 20대와 30대는 자유혼이 80.5%, 57.0%로 나타나, 점차 결혼방식이 중매혼에서 자유혼으로 변하고 있음을 알 수 있다.

## 2) 배우자 선택의 범위

배우자 선택을 개인의 문제가 아니라 가족의 문제 나아가 사회의 문제로 보았던 전통사회에서는 배우자 선택기준을 일정 범위 안이나 밖으로 한정하는 일종의 사회적 규제가 있었다.

### (1) 내혼제

내혼제(endogamy)는 특정 집단이나 일정 범위 안에서 혼인상대자를 선택하는 제도로, 동일한 민족(인종), 종교, 계층 간의 혼인을 이상적인 것으로 생각한다. 연령차이가 많거나 사회적 신분, 사회계층, 종교, 인종, 피부색, 정치적 신념 등에서 불일치하는 결혼을 대부분의 사회는 제한하거나 금기시한다. 고려조까지의 성골, 진골 간의 계급내혼제나 조선조의 양천불혼(良賤不婚)원칙, 미국 남부 주에서 백인과 흑인 간의 결혼을 인정하지 않았던 것, 유태교에서 타종교인과의 결혼을 인정하지 않는 것, 인도의 카스트 제도 등이 그 대표적 예이다.

### (2) 외혼제

외혼제(exogamy)는 특정 집단이나 일정 범위 밖에서 혼인상대자를 선택하도록 하는 제도로 근친 간이나 동성동본 간의 금혼제도[1]가 그 예이다. 모든 사회는 결혼을 하기에 너무 가까운 친족 간의 결혼에 대한 근친상간의 금기를 가지고 있다. 그러나 어디까지를 가까운 혈연관계로 보는가는 문화에 따라 차이를 보인다. 혈연관계가 없어도 사돈과 같은 특정한 친족과의 결혼도 금기시한다.

일반적으로 내혼의 원리는 보다 큰 범위의 집단을 규정하는 것이고, 외혼의 원리는 좁은 범위의 집단을 규정하고 있다. 이러한 규정은 급격히 변화하는 현대 사회에서 점차 완화되고 있는 추세이며, 최근에는 배우자 선택에서 개인의 자유로운 의사가 보다 존중되고 있다. 그러나 아직도 배우자의 선택은 이러한 배타적인 기준의 제약을 받아 그 사회에서 바람직하다고 생각되는 기준들의 결합에 의해 이루어지며, 그 결과 배우자 선택 관행은 각 사회의 문화적 특성을 반영하게 된다.

---

1) 우리나라의 경우 1997년 7월 16일 헌법재판소가 동성동본금혼법을 헌법 불합치 법률이라고 결정함으로써 600여 년간 지속되어온 동성동본금혼제가 종지부를 찍게 되었다.

## 3) 배우자 선택의 기준

배우자 선택에서의 사회문화적 규제와는 별도로 우리사회에서는 배우자 선택과정에서 어떤 요인은 동일하거나 유사하기 때문에, 반대로 어떤 요인은 다르고 이질적이기 때문에 보다 쉽게 선택되고 선택받을 수 있다.

### (1) 동질혼

혼인은 서로 다른 환경에서 자란 두 사람이 부부가 되어 공동생활을 영위하는 것이기 때문에 공통적인 기반을 갖는다는 것은 중요한 의미를 갖는다. 동질혼에서는 이러한 공통적인 기반이 안정감을 부여해주며, 서로에게 매력을 느끼게 해 주므로, 상호간에 동질적인 요인이 많을수록 배우자로 선택할 가능성이 높아진다는 것이다.

사회계층은 중요한 동질적 요인으로 작용한다(김미숙, 김명자, 1990). 직업이나 수입이 유사한 사회계층은 생활방식이나 가치관을 공유하므로 상호간에 배우자로 선택하고 선택받을 가능성이 높다. 결혼적령기의 남녀에게는 교육상의 성취와 계획이 미래의 직업 및 사회적 지위를 예측하는 가장 중요한 요인으로 작용한다. 일반적으로 남성보다 여성이 결혼을 통한 지위향상을 더 원하는 경향을 보이므로, 여성은 교육수준이 자신과 같거나 다소 높은 남성과 결혼하려는 경향을 보인다(김양희, 1992).

연령도 중요한 동질적 요인 가운데 하나이다. 특별한 경우를 제외하고는 연령차이가 많이 나는 것보다 동일한 연령집단 내에서 배우자를 선택하려는 경향을 보인다(정기원, 이상영, 1992). 동일한 연령집단 내에서의 배우자 선택은 상호간에 공감대를 형성하는 데 용이하며 세대차의 문제도 적게 경험한다.

종교도 중요한 동질적 요인 가운데 하나이다(김미숙, 김명자, 1990). 종교가 다른 경우 결혼을 꺼리는 경향이 있으며, 실제로 종교가 다른 경우 같은 경우보다 이혼율도 높게 나타났다. 즉, 연령차이나 학력차이가 적고, 종교가 일치하고, 사회계층이 유사할수록 배우자로 선택할 가능성은 높아지며 결혼에서의 안정성도 높게 나타난다(이경애, 1993).

대부분의 사람들은 성공하고, 잘생겼으며, 사회적 능력이 있고, 장래가 촉망되며, 매너 있는 사람과 결혼하기를 희망한다(사진 참조). 그러나 이러한 기대와는 달리 대부분의 사람들은 자신과 여러 가지 조건이 유사한 사람과 결혼하게 되며, 이러한 동류혼적 원리

는 누구도 손해보았다는 느낌을 덜 받는 가장 안정되고 균형잡힌 배우자를 선택하게
한다.

### (2) 이질혼

동질혼과는 달리 이질혼에서는 서로의 성격이나 욕구가 다르다는 것이 보완적 역
할을 하여 서로에게 매력을 느끼고 배우자로 선택하게 된다. 지배적인 성격을 가진
사람이 순종적인 배우자를 선택하고, 성취동기가 높은 사람이 대리성취욕구가 강한
배우자를 선택하는 것처럼 서로 반대되는 이질적 요인에서 상호간에 매력을 느끼고
배우자로 선택하게 된다. 인간은 자아결핍에 대한 끊임없는 보상심리가 있기 때문에,
서로 반대되는 이질성에서 상대방에게 매력을 느끼게 된다.

배우자를 선택하는 데 있어서 유사성은 중요한 부분이다. 생활수준이나 성장환경
등 여러 측면에서 너무 다르다면 서로를 이해하는 데 어려움이 생길 수 있다. 이는
원자들이 서로 부족한 전자를 공유하여 전자쌍을 안정되게 형성하는 '공유결합'과도
같다. 반면 지나치게 닮은 것도 결합력이 약해진다. 혼자였을 때나 함께 있을 때나 별
차이가 없다면 밋밋해질 수밖에 없다. 그러므로 적당한 정도의 상호의존적인 부분이
필요하다. 이는 한쪽은 남는 전자를 내어 주고 한쪽은 부족한 전자를 받아들여 안정
되는 '이온결합'에 비유할 수 있다. 일반적으로 배우자는 서로 공감할 수 있는 유사성
과 서로 자극을 받을 수 있는 이질성을 함께 지니는 것이 이상적이라고 한다.

## 4) 배우자 선택의 과정

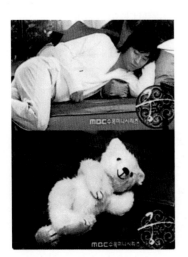

배우자 선택은 사회적 규제범위나 특정한 요인을 근거로 하여 즉흥적으로 이루어
지는 것이 아니다. 배우자 선택과정에서 각 개인은 자신에게
가장 적합한 최상의 배우자를 선택하기 위해 복잡한 심리적
의사결정 과정을 거치게 된다. 배우자 선택의 의사결정 과정
에서 어떠한 과정을 거치는가에 대한 통합적인 설명은 불가능
하지만, 이를 설명하고자 시도했던 여러 이론적인 관점을 살
펴보면 다음과 같다.

### (1) 동질성이론(Homogamy Theory)

동질성이론에서는 배우자 선택에서 가장 큰 영향을 미치는
요인은 상호간의 유사성(사진 참조)이라고 한다. 연령이나 교육

수준, 사회계층, 종교, 인종, 가치관 등에서의 유사성이 배우자 선택에 영향을 미친다는 것이다.

가장 중요한 사회적 결합으로 간주되는 결혼의 경우, 사회적 지위에서 차이가 많이 나는 남녀일수록 그들의 결혼 가능성은 낮아진다고 볼 수 있다. 그 결과 사회적 지위에 따라 선택혼이 이루어지며, 전반적으로 한국 사회에서는 동질혼이 주류를 이루고 있다.

### (2) 보완욕구이론(Complementary Needs Theory)

보완욕구이론에서는 비슷한 특성보다는 서로 보완해줄 수 있는 특성이 배우자 선택에서 가장 큰 영향을 미치는 요인이라고 한다. 특정 분야에 높은 성취욕구를 가지고 있는 사람은 그렇지 않은 대리성취형의 상대를 배우자로 선택하는 경향이 있으며, 지배적인 성격은 의존적인 성격의 소유자를, 외향성의 성격을 가진 사람은 내향성의 성격을 가진 상대를 선택하는 경향이 있다.

그러나 기혼자들을 대상으로 하여 자신과 배우자의 성격의 유사성과 보완성에 대해 연구한 결과, 성격이 유사한 경우(57.1%)가 다르다고 한 경우(42.9%)보다 더 많은 것으로 나타났다(정민자, 1987).

### (3) 교환이론(Exchange Theory)

배우자 선택은 일종의 교환과정으로 설명할 수 있다. 사람들은 배우자 선택과정에서 비용(cost)보다는 더 많은 이득(benefit)을 얻으려 하는 경향이 있으며, 그 결과 자신에게 가장 많은 보상을 주는 사람을 배우자로 선택하게 된다는 것이다. 교환과정에서 비용이나 보상은 시대나 사회에 따라 차이가 있지만, 일반적으로 사회계층이나 신체적 매력, 직업, 학벌 등에서 자신이 가진 자원이나 자질이 많다고 생각하는 사람은 자신과 유사한 가치를 가진 상대를 선택하려 한다는 것이다. 재벌가 상호간의 혼인이나, 전문직을 가진 남성에게 혼수로 열쇠 몇 개라는 우리의 혼인 풍속은 바로 결혼이 두 집안 사이의 거래라는 관념이 크게 작용하는 교환의 한 예로 볼 수 있다.

또한 여성은 주로 배우자 선택에서 남성의 경제적 능력을 중요한 보상요인으로 생각하고, 남성은 여성의 외모를 중시하는 것도 경제적 능력과 외모의 교환으로 설명할 수 있다. 배우자 선택 시 남녀 모두 성격을 가장 중요시하는 것으로 나타났으나 성격 다음으로 중요하게 생각하는 요인으로는 남성은 외모를, 여성은 경제적 능력을 꼽아 결혼에 관한 고전적인 도식이 여전히 성립되고 있음이 드러났다.

최근 결혼정보회사의 관행도 이에서 크게 벗어나지 않는다. 결혼정보회사는 많은 사람을 회원으로 가지고 있으면서 그들 간에 희망하는 요소를 갖춘 사람끼리 연결시켜준다는 만남 주선 프로그램이다. 이처럼 결혼을 원하는 남녀를 소개시켜주는 과정에서 학벌, 재산, 외모 등의 기준에 의해 노골적으로 사람을 점수화, 정형화하여 상품성이 낮은 회원과 높은 회원으로 구분하여 차별 대우를 하는 것은 바로 이러한 교환가치에 근거한 것으로 해석할 수 있다.

### (4) 여과이론(Filter Theory)

배우자 선택의 과정을 일련의 여과과정으로 보는 심리학적 접근법도 있다. Kerchoff와 Davis(1962)는 배우자 선택이 단순히 사회적 배경의 유사성이나 보완욕구에 의해 결정되는 것이 아니라 일련의 여과망을 거치면서 이루어진다고 보았다. 이러한 관점을 보다 발전시켜 하나의 모형을 제시하고 있는 Udry(1971)는 두 사람의 관계에서 시작하여 결혼에 이르기까지 여섯 개의 여과망을 거치면서 대상이 좁혀져 배우자를 선택하게 된다고 하였다(〈그림 16-5〉 참조).

첫째, 근접성(propinquity)의 여과망을 통하여 가능한 모든 대상 가운데 지리적으로 가깝고, 만날 기회와 상호작용의 가능성이 많은 사람들로 그 대상이 제한된다. 둘째, 매력(attractiveness)의 여과망을 통하여 상호매력을 느끼고 끌리는 사람들로 그 대상

Richard Udry

가능한 모든 대상자

근접성 여과망

가까이 살거나 만날 기회가 많은 남녀

매력 여과망

서로 매력을 느끼고 호감이 가는 남녀

사회적 배경 여과망

사회적 배경이 유사한 남녀

일치 여과망

태도나 가치관이 유사한 남녀

상호보완성 여과망

상호보완적인 남녀

결혼준비 상태 여과망

결혼한 부부

〈그림 16-5〉 배우자 선택의 여과이론

출처: Udry, R. (1971). *The social context of marriage*. New York: Lippincott.

은 다시 좁혀진다. 매력을 느끼는 요인은 개인차가 있지만 성격, 외모, 능력 등이 주요 요인이 된다. 셋째, 사회적 배경(social background)의 여과망을 통하여 인종, 연령, 종교, 직업, 교육수준 등의 사회적 배경이 유사한 사람들로 더욱 범위가 축소된다. 이 과정은 당사자보다는 부모에 의해 더욱 강조된다. 넷째, 상호일치(consensus)의 여과망을 통하여 인생관이나 결혼관 등 주요 문제에 대하여 동일한 가치관이나 견해, 태도를 가진 사람들만 남게 된다. 다섯째, 상호보완(complementarity)의 여과망을 통하여 상호 간의 욕구와 필요를 서로 충족시켜줄 수 있고, 단점을 보완해 줄 수 있을 때 결혼가능성은 높아진다. 마지막으로 결혼준비 상태(readiness for marrigae)의 여과망을 통과함으로써 비로소 결혼에 이르게 된다. 결혼에 대한 부모나 사회의 압력, 결혼에 대한 욕구 등이 결혼준비 상태에 영향을 주게 되며, 병역을 마치거나 취직을 하는 등 결혼에 적절한 준비가 갖추어져야 실제적으로 결혼준비 상태에 이르게 된다.

〈그림 16-5〉에서 나타난 바와 같이 이러한 여과과정의 초기에는 유사한 특성이 보다 중요하며 후기로 갈수록 상호보완적인 요인의 영향을 크게 받는다는 것을 알 수 있다. 그러므로 유사한 사회적 특성을 갖지 못한 남녀는 초기에 관계가 형성되기 어렵고 상보적 요인을 갖지 못한 경우에는 궁극적으로 이루어지기 어렵다.

## (5) 자극-가치-역할이론(Stimulus-Value-Role Theory)

Murstein(1970)은 Kerchoff와 Davis(1962)의 여과이론을 기초로 하여 배우자 선택과정에서 자극-가치-역할이론을 제시하였다.

자극 단계는 상호간에 서로 매력을 느끼는 단계로 이는 상대방의 신체적·사회적·정신적 속성들과 관련이 있다. 우리가 배우자감을 만나면 외모나 직업, 사회계층과 같은 외적 특성에 기초하여 서로가 잘 맞을지를 검토하게 된다. 서로가 가진 자극 속성들이 공평하게 균형을 이룬다고 판단하게 되면 서로에게 끌리고 관계가 지속된다. 자극 단계를 거쳐 가치 단계로 옮아가면 서로의 태도나 가치가 일치하는지를 판단하게 된다. 직업, 종교, 생활방식, 자아실현 등에 대한 상

Bernard Murstein

대방의 태도나 가치를 탐색하여 서로의 가치가 일치하면 다음 단계로 진전된다. 가치의 일치는 결혼의 필요조건은 되지만 충분조건은 될 수 없기 때문에 다음 단계에서는 역할의 조화(role fit) 여부를 판단하는 과정이 필요하다. 역할 단계에서는 상호 간에 역할에 대한 기대가 자신의 욕구나 성향과 일치하는가를 점검하게 된다. 상호 간에 역할기대가 일치하고 이를 수행할 능력이 있다고 생각되면 결혼으로 발전되며, 그렇지 못한 경우 관계는 종결된다. 이상의 세 단계는 연속적으로 단계적으로 이루어지

기도 하지만 반드시 순서대로 진행되는 것만은 아니며 동시에 세 단계가 이루어질 가
능성도 있다.

## 5) 배우자 선택과 영향요인

배우자 선택과정에서 나타나는 이러한 심리적 과정과는 별도로, 실제로 배우자를
선택할 때 가장 중요하다고 생각하는 기준으로는 미혼 남녀 모두 1순위로는 성격을
꼽았으나 2순위로는 남자는 외모, 여자는 능력을 선택하였다. 그러나 우리나라 결혼
정보회사의 조사자료(선우리서치, 2001)에 따르면 실제 배우자 선택에서 일차적으로
고려하는 요인은 연령, 학벌, 직업, 가정배경, 장래성, 외모 등이며, 이러한 조건에서
벗어나면 아예 만남 자체가 이루어지지 않는다고 보고하고 있다. 이러한 만남을 통
해 어느 정도 상대방에 대해 호감을 갖게 되면 그 이후에 성격이나 기타 부모나 친구
의 지지, 출신지역이나 취미 등의 요인들이 영향을 미치게 된다고 한다. 이는 막연하
게 생각하던 배우자의 선택기준이 실제로 선택을 해야 할 시점에서는 보다 구체화되
고 교환론적인 관점이 상당한 영향을 미치고 있음을 보여주는 것이다.

성격은 결혼을 직접 눈앞에 두지 않은 대학생 집단에서는 가장 중요한 요인으로 간
주되지만 이는 일단 중요한 요인들 간에 일치가 이루어진 경우에 한정된다. 중요하
게 비중을 둔 요인들에서 벗어나면 성격은 고려할 기회도 갖지 못하는 것이다. 그러
나 다른 조건이 모두 적합하다고 판단되는 경우에 마지막으로 배우자를 선택하는 데
있어 성격은 결정적 요인으로 작용한다(이동원, 1988; 홍달아기, 2003). 남녀 모두에게서
성격이 배우자 선택에서 제1의 조건임은 공통적으로 나타나는 현상이지만 이는 평가
가 쉽지 않다는 점에서 문제가 된다.

다음으로 경제적 능력은 교육수준과도 밀접한 관련이 있다. 교육정도는 이후의 사
회경제적 지위를 예측할 수 있는 중요한 변수로서 일반적으로 남성
은 자신과 동등하거나 낮은 수준의 배우자를 선택하고 여성은 자신
과 동등하거나 높은 교육수준의 배우자를 선택하려는 경향이 있다
(김경신, 김오남, 윤상희, 1997). 그러나 최근에는 남녀 모두 배우자의
교육수준을 '자신과 같은 수준'으로 응답하는 비율이 높게 나타나고
있다. 이는 현대사회가 여성의 사회활동을 장려하고 남성도 맞벌이
를 원함에 따라 과거에 비해 배우자의 능력을 중시하는 것으로 볼 수
있다(홍달아기, 2003). 이러한 현상은 Toffler(1980)의 견해와도 일치하
는 것이다. Toffler는 자신의 저서 『제3의 물결(The Third Wave)』에서

Alvin Toffler

제1의 물결시대에서는 배우자 선택에서 건강이 최우선시되었지만, 제2의 물결시대에서는 가정의 기능이 상당 부분 사회로 이전됨에 따라 심리적 기능이 보다 중시되어 사랑이 가장 중요한 요인이라고 하였다. 제3의 물결시대에서는 두뇌의 명석함, 성실, 책임감이 배우자 선택에서 가장 중요한 요인이 될 것이라고 예측하였다. 또한 여성보다 남성의 경제적 능력이 보다 중요시되는 요인이라는 점은 아직도 남성과 여성의 역할에 대한 전통적 기준이 적용되고 있음을 보여주는 예이다.

남성의 경제적 능력만큼 여성의 외모는 배우자 선택에서 중요한 영향요인 가운데 하나인 것으로 나타나고 있다. 외모는 첫눈에 반한 감정을 불러일으킬 수 있는 단일 요인으로서 배우자 선택을 설명할 수 있는 가장 강력한 요인이 되기도 한다.

## 6) 배우자 선택 시 고려할 점

행복한 결혼생활을 위해 배우자 선택에서 고려해야 할 요인들은 무엇일까? 여러 학자들이 배우자 선택에서 고려해야 할 여러 가지 사항들을 제시하고 있는데, 이러한 관점들을 종합해보면 다음과 같다.

### (1) 자신에 대해 알기

자신과 어울리는, 조화를 이루는 사람을 선택하기 위해서는 무엇보다도 먼저 자신이 어떤 사람인가에 대한 인식이 선행되어야 한다. Stinnett과 동료들(1984)은 배우자 선택에서 고려해야 할 가장 중요한 요인은 자신에 대해 잘 아는 것이라고 했다. 자신의 결혼동기가 무엇이며 결혼을 통해 얻고자 하는 것은 무엇인지를 알아야 한다. 자신의 성장환경, 부모와의 관계에서 경험했던 여러 가지 문제들은 배우자 선택에 영향을 미칠 수 있다.

어려서부터 우리는 무수한 정보를 통해 자신에 대한 인상(impression)을 형성하게 되고, 이러한 인상은 자신이 어떤 유형의 사람이며, 어떤 종류의 생활을 해야 하고, 타인과 어떻게 관계를 가져야 하는가에 대한 정보를 계속적으로 전달해 준다. 개인의 인생은 이러한 과거의 기록에 의해 프로그램된다고 볼 수 있다.

우리 모두는 자신이 걸어가는 인생행로에 대한 각본을 가지고 있다. 자신의 인생각본(life scripts)을 근거로 형성된 결혼각본(marriage scripts)에 비추어 자신이 어떤 사람이며, 자신에게 적합한 배우자는 어떤 사람인지를 판단해 보는 것은 필요한 과정이다.

## (2) 자신과 조화를 이루는 사람

결혼각본은 상호작용의 본질에도 영향을 미치며, 실제로 이에 따라 자신에게 적합한 결혼상대자를 고르게 된다. 정상에 오르고자 하는 야망이 있는 남자는 자신이 그곳에 오르도록 도와줄 수 있는 여성을 결혼상대자로 선택하며, 여성도 마찬가지로 자신의 각본에 부합되는 남성을 선택하게 된다. 이러한 각본이 일치하지 않으면 아무리 노력해도 관계는 개선되지 않는다(Stinnett et al., 1984).

생활의 여러 측면에서 자신과 어울리는 사람, 조화를 이루는 사람과 결혼하는 것은 중요하다. 여가활동, 성생활, 역할분담, 가치관, 의사소통, 직업적·가정적 생활목표, 신체리듬과 같은 생활의 여러 영역에서 조화를 이루는 것은 결혼생활에 만족감을 주는 중요한 요인이다. 전통적인 역할관계에서는 남편은 직장에서 확고한 지위를 획득하고 부인은 가정에서 성실한 안주인의 역할을 수행함으로써 조화를 이룰 때에 보다 성공적인 결혼생활을 영위할 수 있었다. 그러나 현대사회에서는 보다 평등한 관계를 원하는 여성이 많아져 평등한 태도를 가진 남성과 결혼했을 때 성공적인 결혼생활이 가능해지는 경우가 많아졌다. 그러므로 결혼과 가정생활에서의 성공은 이러한 요소들이 상호 간에 얼마만큼 조화를 이루는가에 달려 있다.

## (3) 자신이 필요로 하는 사람

결혼생활의 조화와 만족은 주로 정서적인 안정을 가져오지만 건강, 경제적 능력 그리고 학력 등의 요인들도 결혼생활에 큰 영향을 미친다. 현대사회의 특성 가운데 하나는 갈등상황에서 부부를 연결시켜 주는 외적 지원체계가 빈약하다는 것이다. 결혼을 유지하는 책임이 전적으로 당사자에게 맡겨져 있어 두 사람이 가진 문화적 거리가 멀어질수록 결혼관계의 유지는 더욱 어려워진다. 결혼 초기에는 사랑하는 감정에 치우쳐 이러한 차이점들이 뒷전으로 밀려나지만 시간이 지나면서 큰 영향을 미친다.

배우자보다 월등하게 지성적인 사람은 상대에 대해 지루하고 귀찮은 감정을 가질 수 있으며, 상대방은 열등감을 가질 수 있다. 경제적 차이도 마찬가지이며, 좋지 못한 건강도 싫증을 느끼게 할 수 있다. 이러한 요인들은 정서적 불화를 심화시킨다. 청년들은 대개 사랑이라는 감정 때문에 다른 요인들을 직시하지 못하는 경우가 많다. 그러나 결혼은 분명 현실이다. 결혼은 가족을 돌보아야 하는 책임감을 필요로 한다. 연인 간에는 상호 간에 경외심을 갖지만 부부간에는 반드시 그렇지만은 않다. 결혼 후에는 여러 수준이 비슷하지 않으면 한쪽이 속았다는 느낌을 받게 되며, 동시에 상대방은 이에 적응해 나가느라 스트레스를 받게 된다. 사랑이라는 감정에 근거하여 서로를 선택하지만, 이러한 사랑의 감정이 사라지면 공통적인 요소가 서로에 대한 관심을 유지시켜 나가는 데 도움이 된다.

### (4) 사랑하는 감정

전통사회와는 달리 현대사회에서는 당사자의 의견이 중심이 되고, 사랑은 배우자 선택의 중요한 요인이 된다. 사랑과 성을 포함해서 결혼생활에는 지속적인 로맨스의 기분이 있어야 한다. 사랑의 감정은 결혼의 필수조건이다.

이와 동시에 열정적 사랑을 잘 처리해 나가는 것도 필요한 과정이다. 열정적 사랑은 신체접촉에 대한 욕구를 포함하므로 신중하게 행동해야 한다. 결혼에 대한 확고한 결정을 내리기 전에는 관계가 진행되는 속도를 조절할 필요가 있다. 두 사람만의 친밀한 관계가 형성되는 과정에서 신체적 접촉을 통한 만족감이나 자극수준은 그 이전의 수준으로는 충족되기가 어렵기 때문에 확실한 한계를 설정하여야 한다. 또한 성적 접촉을 통한 자극이나 만족감으로 인해 자신들의 관계를 이성적으로 냉정하게 직시하지 못하는 경우도 많다.

### (5) 부모나 친지, 친구의 지지

배우자 선택에서 부모나 친구의 지지도 고려해야 할 요인이다. 배우자는 자신이 선택하지만 얼마나 지혜로운 선택을 하는가는 상대방에 대해 얼마나 정확하게 알고 있는가에 좌우된다. 그러나 낭만적인 감정에 빠져있는 두 남녀가 상대방에 대해 정확한 판단을 한다는 것은 거의 불가능하기 때문에 부모나 친구의 지지를 받는 것은 중요한 의미가 있다.

동시에 배우자 선택에서 부모나 친지의 지나친 간섭과 진정한 도움에 대해 일정한 한계를 설정하는 것이 필요하다. 대체로 부모는 자기 자녀에 대해 객관적인 평가가 어렵고 이로 인해 자녀가 선택하는 배우자에 대해 실제로는 거의 만족하기 어려운 기준을 갖고 있다. 자신의 판단과 이들의 판단이 불일치할 경우에는 가능한 한 개방적인 태도를 유지하고, 적절한 시간적 여유를 갖고 서두르지 않는 것이 중요하다.

## 4. 청년의 성에 관한 태도와 행동

오늘날의 청년은 이전의 세대들보다 훨씬 더 성에 대해 개방적이고, 성을 경험하기 시작하는 연령도 계속 낮아지고 있다. 청년들은 영화나 텔레비전 그리고 비디오를 통해서 무수히 많은 성적 묘사에 접하게 된다. 이로 인해 때로는 너무 이른 나이에 성관

계를 경험하기도 하는데, 불건전한 성관계는 십대 임신이나 성병 감염의 위험을 초래
하기도 한다.

　청년들이 이른 나이에 성관계를 갖는 데 대해 사랑, 호기심, 성적 욕망, 남자친구를
붙잡아두는 수단을 그 이유로 들고 있다. 부정적인 자아개념도 청년의 성행위와 관련
이 있는데, 열등감이 많은 청년은 성을 통해 자신을 증명해보이려 한다. 그러나 이와
같은 방법의 성행위는 오히려 자신에 대해 더 부정적인 느낌을 갖게 한다.

　우리나라 청년을 대상으로 한 연구(홍강의, 1996)에서도, 많은 청년들이 분별없이 너
무 이른 나이에 성경험을 하는 것으로 나타났다. 성관계를 이른 나이에 갖게 되는 이
유는 성의 개방화와도 관련이 있지만, 청년들의 자제력 결핍과 도덕성의 결여와도 관
련이 있는 것으로 보인다. 일부 청소년들은 부모에 대한 반항의 의미로 성관계를 갖
기도 하고, 또 다른 청소년들의 경우는 부모로부터의 관심이나 애정결핍에 대한 보상
으로 이른 나이에 성경험을 한다.

　서울 시내 12개 대학교 학생과 네티즌 등 1,254명(남 636명, 여 618명)을 대상으로 성
의식 조사를 실시한 '2014년 대학생 성의식 리포트'(중앙일보, 2014년 5월 21일자)에서
45.6%가 성경험이 있다고 보고하였다. 〈그림 16-6〉은 연령대별 성경험 비율이다.
성경험자 중 59.4%는 20세 미만에 처음 성경험을 한 것으로 나타났다. 〈그림 16-7〉
은 처음 성경험을 한 연령에 관한 내용이다.

　많은 사회가 혼전 성관계에 대해서 네 가지 기준을 가지고 있다. 첫째, 이중 기준으
로 남자가 혼전 성관계를 갖는 것은 무방하지만 여자는 안 된다는 것이다. 둘째, 애정
이 있으면 혼전 성관계를 허용해도 괜찮다는 것으로 결혼할 상대나 사랑하는 사이라
면 무방하다는 것이다. 셋째, 서로 육체적으로 매력을 느낀다면 혼전 성관계는 허용
해도 좋다는 것이다. 넷째, 어떤 경우라도 혼전 성관계는 허용되어서는 안 된다는 기

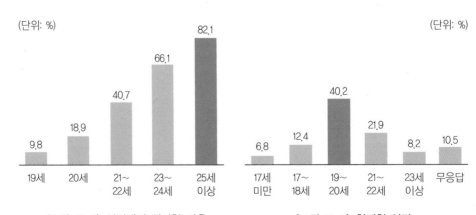

〈그림 16-6〉 연령대별 성경험 비율　　　　　〈그림 16-7〉 첫경험 연령

준으로 혼전순결은 반드시 지켜야 한다는 것이다.

우리나라에서 많은 지지를 받고 있는 기준은 "혼전순결은 반드시 지켜야 한다"는 것이다. 많은 사람들이 혼인 전에는 절대로 성관계를 가져서는 안 된다는 태도를 보이지만, 실제 행동에서도 이러한 믿음이 지켜지는가는 또 다른 문제이다. 혼전 성관계에 관한 한 연구(홍강의, 1996)에 의하면, 점차 혼전 성관계가 증가하고 있으며, 혼전순결의 신화는 깨어지고 있는 것으로 보인다.

우리나라 중학생 763명을 대상으로 한 청소년의 성윤리관 및 성교육에 관한 연구(전순호, 2001)에서, 먼저 성윤리관에 있어서는 남녀 모두 순결을 지켜야 한다는 것에 남학생 68.8%, 여학생 87.6%가 응답하였고, 순결을 지켜야 하는 이유에 대해 여학생은 자신을 보호하기 위해서, 남학생은 성은 소중한 것이기 때문이라는 응답이 있었다. 그리고 만일 원하지 않는 임신을 했을 때 어떻게 하겠는가에 대한 질문에 남학생의 3.5%, 여학생의 41.3%가 낙태를 하겠다고 대답하였다. 성교육에 있어서는 남녀 학생 모두 성교육이 꼭 필요하다고 인식하고 있는 것으로 밝혀졌다. 특히 여학생이 남학생보다 12.4% 더 많은 필요를 느끼고 있었다. 성교육에 적합한 기관으로는 남녀 학생 모두 학교라고 답하여, 학교 교육과정에서 성교육이 비중 있게 다루어져야 함을 시사하였다. 그리고 성지식이 부족할 때 나타날 수 있는 문제로는 성폭력, 가출, 임신, 매춘, 성비행이라고 응답해, 성지식 부족의 결과가 심각한 사회문제와 연결될 수 있음을 알 수 있었다.

## 1) 자위행위

청년기에는 성적으로 성숙하고 강한 성적 욕구를 느끼게 되지만, 결혼하지 않은 미성년 남녀가 성관계를 통해 성적 욕구를 충족시키기는 어려운 일이다. 따라서 많은 청년들이 자위행위를 통해 성욕을 해결하고자 하는데, 자위행위는 생식기의 자기자극에 의해 오르가슴에 도달하는 방법이다.

과거에는 성병에서 정신이상까지 그 원인을 모두 자위행위 탓으로 돌렸지만, 요즘은 옛날에 비해 자위행위에 대한 사회적인 오명도 덜하고, 자위행위를 자연발생적인 것으로 보는 사람도 많다(Hyde & DeLamater, 2011).

그러나 자위행위는 성욕 해결의 정상적인 방법이 아닐 뿐더러 자위행위를 자주 반복하면 건강을 해치게 된다. 대부분의 청년들도 자위행위를 수치스러운 것으로 여기며 죄책감을 느끼기 때문에 심리적으로도 문제가 된다. 특히 청년들의 통제할 수 없는 과도한 자위행위는 성에 대해 지나친 관심을 갖도록 유도한다. 의학적으로는 자위

사진 설명    취미 활동이나 스포츠 등을 통하여 성적 에너지를 다른 곳으로 전환시키는 것이 좋다.

행위가 무해한 것이라 하더라도, 이것이 지나칠 경우 자위행위 자체가 아니라 자위행위에 집착하게 되는 원인 때문에 심각한 문제가 될 수 있다. 따라서 지나치게 자위행위를 하는 청년의 경우, 취미활동이나 스포츠 등을 통하여 성적 에너지를 다른 곳으로 전환시키는 것이 좋다(사진 참조).

한 연구(Leitenberg, Detzer, & Srebnik, 1993)에서, 남녀대학생을 대상으로 자위행위를 조사해보았다. 연구결과 여성보다 2배나 많은 남성이 자위행위의 경험이 있고, 여성보다 3배 더 자주 자위행위를 한 것으로 나타났다(〈그림 16-8〉 참조). 우리나라의 청소년을 대상으로 한 연구(이문희, 정옥분, 1994)에서도 상당수가 성적 충동을 해소하기 위

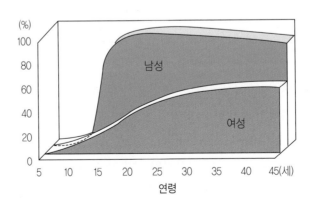

〈그림 16-8〉 성과 연령에 따른 자위행위의 빈도

출처: Hyde, J. S. (1990). *Understanding sexuality* (4th ed.). San Francisco: McGraw-Hill.

한 방법으로 자위행위를 하는 것으로 나타났다. '2014년 대학생 성의식 리포트'에 의하면 남성 92.3%, 여성 29.8%가 자위행위를 하는 것으로 보인다(중앙일보, 2014년 5월 21일자).

## 2) 동성애

동성애의 문제는 역사적으로 오랜 기간 있어왔던 문제이나, 공공연하게 논의가 이루어지고 이에 대한 연구가 행해진 것은 최근의 일이다. 역사적으로 동성애는 경멸과 혐오의 대상이었는데, 이러한 생각의 근저에는 종교의 영향이 크게 작용하고 있다. 영어로 남색(男色)을 의미하는 'Sodomy'는 창세기에 나오는 타락의 도시 소돔에서 유래했으며, 성경에도 "남자와 한 자리에 드는 남자가 있으면 피를 흘리고 죽어야 마땅하다"라고 기록되어 있어 동성애에 대한 부정적인 입장을 드러내고 있다. 이후에도 동성애는 정치적인 탄압과 동시에 일종의 정신질환으로 규정되어 동성애자들은 수난을 당하였다.

그러나 1950년대에 Kinsey의 성보고서가 발표되면서 동성애에 대한 인식의 전환을 이루는 계기를 마련하였으며, 1970년 미국 정신병리학회는 동성애를 정신질환의 항목에서 삭제함으로써 동성애의 인권운동이 본격적으로 일어나게 되었다. 현재 덴마크와 노르웨이는 법적으로 동성 간의 결혼계약을 허용하고 있으며, 미국은 동성애자 간의 성행위가 불법이라고 규정하는 것은 위헌이라고 밝혔지만, 캘리포니아 주에서만 동성애자 간의 결혼을 인정하고 있다. 우리나라에서도 1995년 결혼식을 통한 레즈비언 커플(Lesbian Couple)이 최초로 탄생하였으며, 2004년에는 게이 커플(Gay Couple)이 공개적으로 결혼식을 통해 부부관계임을 사회적으로 선언하기도 했다. 우리나라의 동성애자 수는 약 10만 명 정도로 추산되고 있다.

최근에는 많은 사람들이 공공연하게 자신을 동성애자로 선언하게 되면서 동성애자에 대한 부정적인 사회적 인식은 상당히 완화되었다(사진 참조). 인터넷의 영향으로 동성애자들이 자신들의 권리를 나름대로 공론화하고 있으며, 교육부에서 발행하는 교과내용에서도 동성애가 불건전한 성문화라는 이미지를 수

정한 바 있다. 또한 국가인권위원회에서도 성적 지향에 대한 차별금지를 주장하면서 동성애로 인한 직장에서의 불이익 등과 같은 차별을 금지하고 있다. 하지만 동성애자에 대한 시각은 상당히 완화되었지만 동성애자들 간의 결혼을 인정하는 문제는 아직도 부정적이다. 인터넷의 동성결혼에 대한 설문조사에서도 찬성 27%, 반대 65%로 나타나 아직까지 동성결혼을 받아들이기에는 이르다는 생각이 지배적이다.

Ritch Savin-Williams

대부분의 동성애자들은 사춘기에 이미 같은 성의 친구를 더 좋아하게 되고 이성과의 데이트를 거의 하지 않으며 청년 중기나 후기가 되면 자신이 동성애 성향이 있다는 것을 인식하게 된다고 한다(Diamond, 2003; Savin-Williams & Diamond, 2004).

동성애 성향의 원인은 무엇인가? 최근 많은 연구자들(D'Augelli, 2000; Herek, 2000; Quinsey, 2003; Swaab et al., 2002)이 어떤 사람들이 동성애자가 되는지 그 원인을 밝히려고 노력하고 있지만 아직까지 분명한 해답을 얻지 못한 것으로 보인다. 즉, 어느 한 가지 요인만이 여기에 작용하는 것이 아니라 호르몬 수준, 유전적 · 인지적 · 환경적 요인들이 서로 상호작용하는 것으로 보인다(Mustanski, Chivers, & Bailey, 2003; Strickland, 1995). 지금까지 밝혀진 한 가지 분명한 사실은 동성애자의 자녀가 그들의 부모와 마찬가지로 동성애자로 성장할 가능성은 동성애자가 아닌 부모를 둔 자녀와 유의한 차이가 없다는 것이다(Bigner & Bozett, 1990; Patterson, 2000, 2002; Strommen, 1990). 그리고 한때 유행했던 가설―지배적인 어머니와 약한 아버지에 의해 양육된 남성이 동성애자가 된다거나 남성이 되고 싶어하는 여성이 동성애자가 된다는 가설―은 과학적으로 입증되지 않았다.

## 3) 십대 임신

우리나라에서도 십대 임신이 증가하고 있다. 십대 임신이 증가하는 원인을 살펴보면 다음과 같다. 첫째, 오늘날 좋은 영양과 건강 때문에 생식기관의 성숙연령이 낮아졌다. 둘째, 오늘날의 청년은 이전 세대보다 훨씬 더 성에 대해 개방적이다. 셋째, 청년이 성관계를 경험하는 연령이 낮아지고 있다. 넷째, 부모와 청년자녀 간의 대화가 부족하다.

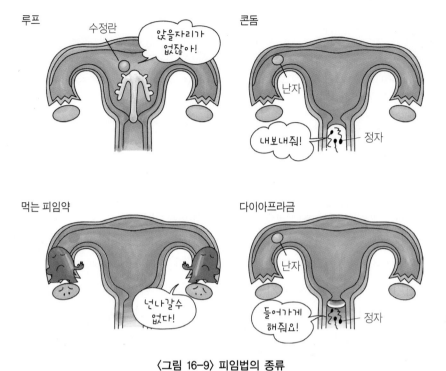

〈그림 16-9〉 피임법의 종류

다섯째, 사회적 요인으로 낮은 수준의 성취동기, 가난, 미래에 대한 꿈이 없는 것 등이다. 여섯째, 심리적 요인으로 낮은 자아존중감, 부정적인 자아개념 등이 있다. 일곱째, 피임방법을 모르거나 피임을 하지 않는 것이다. 〈그림 16-9〉는 피임법의 종류에 관한 것이다.

이상 열거한 요인 중에서 많은 십대들이 임신을 하게 되는 가장 명확한 이유는 그들이 피임법을 사용하지 않는다는 것이다. 십대들이 피임하지 않고서 성관계를 갖는 주된 이유는 피임을 준비할 여유가 없이 성행위가 예기치 않게 일어났기 때문이라고 한다.

그 외 빈번히 지적되는 다른 이유는 피임에 대한 지식의 부족이나 피임기구를 구할 수가 없어서, 피임기구를 구하는 데 따른 당혹스러움이나 부모들이 자신이 성관계

**사진 설명**  한 청소년이 피임법에 관한 설명을 듣고 있다.

를 갖는다는 것을 알게 되는 것이 두려워서 그리고 자신은 임신하지 않을 것이라는 믿음 때문이라고 한다. 마지막 이유는 청년기 자기중심성에서 설명한 개인적 우화의 한 예이다.

⟨표 16-1⟩  **청년기 여성의 피임도구 사용 실태**

| | 첫 관계 시의 연령 | | |
|---|---|---|---|
| | 15세 이하 | 15~17세 | 18~19세 |
| 피임도구를 사용하지 않음 | 70% | 57% | 53% |
| 피임약 | 14 | 21 | 31 |
| 콘 돔 | 44 | 44 | 38 |
| 생리주기 이용 | 5 | 4 | 7 |
| 질외사정 | 30 | 25 | 15 |
| 피임용 페서리 | 0 | 1 | 2 |

출처: Santrock, J. (1998). *Adolescence* (7th ed.). New York: McGraw-Hill.

성행위를 시작하는 연령이 또 다른 위험요인이다. 처음 성관계를 가진 연령이 낮을수록 피임기구를 사용하지 않을 가능성이 높은 것으로 나타났다(Tanfer & Horn, 1985). ⟨표 16-1⟩에서 보듯이, 15세 미만의 70%의 여성이 첫 관계에서 피임도구를 사용하지 않았고, 18~19세 사이의 53%가 사용하지 않았다. 십대들은 성행위를 하면서 1년이나 그 이상까지도 피임에 관한 조언을 구하지 않는다. 성관계를 시작한 나이가 어릴수록 피임방법을 강구하기까지 더 오랜 시간이 걸린다.

그리고 혼전 성관계를 갖는 데 대해 죄의식을 더 많이 느낄수록 효과적인 피임법을 사용하지 않는 것으로 보인다(Herold & Goodwin, 1981). 죄의식을 느끼는 여자아이는 피임상담소에 가는 것과 내진받는 것을 난처해하며, 죄의식을 느끼지 않는 여자아이들보다 자진해서 피임관련 책자를 읽지 않는 편이다.

십대 임신은 다음과 같이 여러 가지 문제를 일으킬 수 있다. 먼저, 인공 임신중절(낙태) 수술을 선택할 경우의 문제점을 살펴보면, 건강을 해칠 뿐만 아니라 정신적 고통과 함께 나중에 결혼해서 불임이 되는 등 그 후유증도 심각하다.

다음은 아기를 낳을 경우의 문제점을 살펴보면, 첫째, 건강문제로서 생식기관이 완전히 성숙되지 않은 십대에 임신과 출산을 하게 되면 미숙아 등 건강하지 못한 아이가 태어날 가능성이 많으며, 태아와 산모의 사망률도 높아지게 된다. 둘째, 사회·경제적 문제로서 미혼모들은 임신이나 출산으로 인해 학교를 도중에 그만두게 되어 저학력으로 인해 취업의 기회가 줄어들게 된다. 셋째, 아이의 아버지에게 정신적·경제적 도움을 받게 되는 경우가 거의 없으며, 90% 이상이 버림받게 되어 정신적 고통을 겪게 된다. 넷째, 아기를 낳게 되면 입양을 시키거나 자신이 기르게 되는데, 입양도 문제지만 자신이 기를 경우에도 개인적 문제, 가족적 문제, 사회적 문제가 심각하게 뒤따르게 된다(사진 참조).

라디오와 텔레비전에서 성문제에 관한 책임 있는 묘사와 피임기구의 선전이 십대 임신을 막을 수 있듯이, 부모와 자녀 간에 좀더 솔직한 대화를 나누고 보다 효율적인 성교육을 실시하는 것이 십대 임신을 막는 데 도움이 될 것이다(Harris, 1988).

Gordon과 Everly(1985)는 십대 임신을 예방하기 위해 젊은이들에게 다음과 같은 메시지를 전하고 있다.

① 누군가가 "나를 진심으로 사랑한다면 성관계를 갖자"라고 말하더라도 그것을 경계해야 한다.
② 성행위는 결코 사랑의 담보가 아니다.
③ 피임법을 사용하지 않고 성관계를 갖는 것이 낭만적인 것은 아니다. 그것은 어리석은 짓이다.
④ "안 돼"라는 말은 입으로 하는 완벽한 피임법이다.
⑤ 남자들이 자신감을 갖기 위해 이용하는 남성우월주의는 사람들에게 상처를 입히고 남을 착취하는 수단이다.
⑥ 십대 여자를 임신시킨 남자의 대부분이 결국에는 그들을 버린다.
⑦ 남자의 사랑을 받지 못한다면 자신은 아무것도 아니라고 생각하는 여자들은 사랑을 받은 후라고 해서―만약 받는다고 할 때―대단해지는 것은 아니다.
⑧ 남녀관계에서 가장 중요한 요소는 사랑, 존경, 보살핌, 유머감각, 상대방의 몸과 마음을 구속하지 않는 정직한 대화이다.

## 4) 성폭력 문제와 해결책

성폭력이란 상대가 원하지 않는데도 일방적으로 성욕구를 충족하기 위해 강제적인 성 행위를 하는 것이지만, 여기에는 성적으로 가해지는 모든 신체적·언어적·정신적 폭력이 포함된다(사진 참조).

2019년 한국성폭력상담소 상담통계현황을 보면 성폭력은 '아는 사람'에 의한 피해가 779건(87.6%)으로 가장 많았다. 피해 연령별로 살펴보면, 성인은 직장 내 아는 사람에 의한 피해가 274건(39.6%)으로 성인 피해의 $1/3$ 이상을 차지하는 가장 높은 수치

를 보여주었다. 그리고 데이트 상대나 배우자 등 친밀한 관계에 의한 피해가 80건(11.6%)으로 두 번째로 높았다. 한편, 청소년은 학교나 학원 등에서 아는 사람에 의한 피해가 24건(23.5%)으로 가장 많았고, 다음으로 친족에 의한 피해가 15건(14.7%)으로 뒤를 이었다. 어린이와 유아의 경우 친족, 친인척에 의한 성폭력 피해가 각 28건(45.2%)과 16건(72.2%)으로 압도적으로 높았다.

성폭력 피해는 많은 후유증을 초래한다. 부상, 임신, 낙태, 성병 등으로 인한 육체적 고통이 뒤따르기도 하고, 공포와 우울증, 불안, 좌절과 죄의식, 수치심, 가해자에 대한 혐오감 등으로 정신병으로 발전할 수 있으며, 심할 경우에는 자살을 할 수도 있다.

성에 대해 가장 민감한 청소년들이 영화, 만화, 잡지, PC 음란물 등을 자주 접하게 되면 성적 욕구를 조절하기가 매우 힘들어진다. 또한 그릇된 가치관과 왜곡된 성 의식을 심어 주게 되고, 환상을 추구하는 현실 도피적 태도를 가지게 된다.

이러한 사회ㆍ문화적 환경 속에서 자신의 성충동, 성적 공상, 성적 행동을 바르게 조절하는 방법을 배우지 못할 경우, 성적 문제행동을 일으키는 가해자가 되기도 하고, 피해자가 될 수도 있다.

## 5) 성 병

성병이란 성적 접촉을 통해서 걸리는 병이다. 히포크라테스는 일찍이 성병(임질)은 사랑의 여신인 '비너스와의 지나친 사랑'이 그 원인이라고 믿었다. 그래서 성병을 'Venereal Disease(Venus에서 따옴)'라고 부른다. 청년들이 주로 감염되는 성병은 임질, 매독, 클라미디아, 헤르페스, AIDS 등이다. 많은 청년들은 몸을 청결히 하고 깨끗한 옷을 입으면 성병에 걸리지 않는다고 믿는다. 그러나 성행위를 하는 청년들은 그 누구도 성병으로부터 안전하지 않다. 청년이 성병에 걸리는 위험요인은 첫째, 너무 일찍 성행위를 시작하고, 둘째, 여러 사람과 성관계를 맺고, 셋째, 피임기구(콘돔)를 사용하지 않으며, 넷째, 약물을 남용하는 것 등이다.

성병은 쉽게 드러나지 않는 질병이기 때문에 정확한 감염사례를 파악하기 어려운 실정이다. 우리나라의 의료보험 관리공단의 '통계연보'에 의하면, 십대는 물론 대부분의 연령에서 매년 성병이 증가하고 있음을 알 수 있다. 성병건강진단은 전염병예방법 제8조 및 위생분야종사자 등의 건강진단규칙 제3조 및 제5조의 성병건강진단대상자에 대한 보건소 또는 지정 의료기간에서 정기적인 검진 및 상담을 실시하고 있다.

### (1) 임질

임질은 가장 오래된 성병으로 구약성서 레위기 15장(약 3,500년 전)에 이미 그 증상이 묘사되어 있다. 그리고 그것은 가장 흔한 성병 중의 하나인데, 입, 목, 질, 자궁경부, 자궁, 항문 등의 점막에서 자라는 임균 박테리아가 그 원인이다. 이 박테리아는 감염된 점막을 통해 다른 사람에게로 옮는다. 그래서 모든 형태의 성적 접촉을 통해 감염될 수 있다. 여성은 질의 점막면적이 넓기 때문에 남성보다 감염률이 2배 정도 높다.

임질의 증상은 남성의 경우 감염 후 3일에서 한 달 사이에 나타나는데, 그 증상은 다음과 같다. 배뇨 시 통증과 더불어 요도를 통해 피나 고름이 나오고, 성기에 통증이 있으며, 샅부근의 림프선이 붓는다. 임질은 감염 초기에 페니실린이나 그외 다른 항생제로 완치될 수 있다. 그러나 여성의 경우는 불행히도 80%가 감염 초기에는 아무런 증상이 없다. 그래서 치료를 받지 않으면 2개월 이내에 생식기관으로 감염되는데 나팔관을 손상시켜 불임의 원인이 되기도 한다(Hook & Handsfield, 1990). 또한 관절을 손상시켜 관절염을 일으키기도 하고, 심장판막에 영향을 미쳐 심장병의 원인이 되기도 한다.

특히 청년 초기의 여성은 자궁이 성숙하지 않기 때문에 임질균에 약하다. 그리고 임질에 한 번 감염되면 자궁암에 걸릴 위험이 높기 때문에 임질에 걸린 적이 있는 여성은 정기적으로 자궁암 검사를 받아야 한다(Brookman, 1988; Strong, Yarber, Sayad, & DeVault, 2009).

### (2) 매독

매독은 파상균과에 속하는 매독균 박테리아에 의해 감염되는 성병이다. 온습한 환경에서 생존하는 파상균은 성기나 구강, 항문 등을 통해 감염된다. 일반적으로 성적 접촉에 의해 감염되지만 수혈에 의해서도 감염될 수 있다. 그리고 임신 4개월 후에 임부로부터 태아에게 감염되기도 한다. 임부가 임신 4개월 이전에 페니실린으로 치료를 받으면 매독균은 테아에게 감염되지 않는다. 매독의 발병률은 다른 성병에 비해 낮은 편이지만 그 후유증은 매우 심각하다.

매독은 4단계로 진행된다. 1단계에는 감염된 부위가 따끔따끔한 것이 그 증상인데 이 증상은 4~6주가 지나면 사라진다. 그러나 치료받지 않으면 2단계로 진행된다. 2단계에는 발진, 발열, 목이 따갑고, 두통, 식욕부진, 머리카락이 빠지기도 한다. 이 단계의 증상은 흔히 감기로 오인될 수 있다. 매독은 1단계나 2단계에서 페니실린 등으로 치료를 받으면 완치될 수 있다. 치료를 받지 않고 그대로 두면 2단계 증상이 몇 개월 계속되다가 3단계(잠복기)로 넘어간다. 3단계에서는 매독균이 전신으로 퍼지고, 감염된 사람의 50~70%는 이 단계에서 매독균이 수년간 그대로 잠복해 있게 된다. 그리고 30~50%는 마지막 단계로 진행되는데 이 단계에서는 매독균이 심장, 척추, 눈, 뇌에 영향을 미쳐 실명, 마비, 정신이상 그리고 죽음으로까지 이어진다(Strong & DeVault, 1997).

### (3) 클라미디아

클라미디아는 임질이나 매독보다 덜 알려져 있지만 가장 흔한 성병으로 박테리아나 바이러스가 원인이다. 이 성병은 감염률이 매우 높은데 여성의 70%가 한 번의 성관계로 이 병에 감염될 수 있다. 남성은 감염 후 1~2주 내에 증상이 나타나는데 배뇨 시 통증과 고름이 나오는 등 그 증상이 임질과 비슷하다. 그러나 임질의 경우가 배뇨 시 통증이 더 심하고 고름이 더 많이 나온다. 여성은 증상이 거의 없기 때문에 치료를 받지 못하고 클라미디아균이 골반으로 옮겨가면 불임, 자궁외 임신, 조산, 미숙아를 낳는 원인이 되기도 한다(Weinstock, Dean, & Bolan, 1994). 가끔은 남성도 증상이 없는 경우가 있다(Stamm & Holmes, 1990).

### (4) 헤르페스

헤르페스는 여러 종류의 다양한 바이러스에 의해 감염되는 성병이다. 성병이 아닌 수두나 전염성 단구증가증도 이 균주[2]에 의해 발생한다. 주로 성적 접촉에 의해 발병하지만 좌변기, 사우나 의자, 타월 등에 의해서도 감염된다(Strong & DeVault, 1997). 헤르페스에 감염된 사람과 성관계를 가지면 약 75%가 발병한다.

헤르페스의 증상은 성기 부근에 수포가 생기는 것이 특징인데 그외에도 발열, 두통, 허리 아랫부분(성기, 넓적다리, 엉덩이 등)의 통증이 수반된다. 수포가 없어진 후에 바이러스는 잠복해 있다가 또다시 나타난다. 사실 이 수포는 일생 동안 계속해서 나타났다가 사라졌다 한다. 바이러스가 신체에 잠복해 있는 동안 수포나 통증은 약해지지만 뇌나 신경계로 옮아갈 수 있다. 신경계로의 전이는 드문 일이기는 하지만, 만약 그런 일이 발생하면 기면성 뇌염이나 실명의 위험이 있다.

헤르페스는 임부로부터 태아에게 감염되어 뇌손상이나 유아사망의 원인이 되기도 한다(Corey, 1990). 헤르페스에 감염된 여성은 그렇지 않은 여성보다 자궁암에 걸릴 확

---

2) 본래의 세균과 성질이 약간 다른 균.

률이 8배나 높기 때문에 1년에 두 번 정기적으로 자궁암 검사를 받아야 한다. 자궁암
은 초기에 발견되면 완치될 수 있다(Hatcher et al., 1993; Strong & DeVault, 1997). 그리고
헤르페스에 감염된 사람은 수포가 터질 때 인체면역결핍 바이러스(HIV)에 감염될 위
험이 많다(Mertz, 1993).

아시클로비어 같은 약이 증상을 완화시키기는 하지만 아직까지 헤르페스를 완치
시키는 약은 개발되지 않고 있다. 헤르페스에 감염된 사람들은 신체적 고통과 더불어
심한 정서적 고통을 경험한다. 즉, 이 병으로 인한 낙인 때문에 심한 고립감과 고독감
을 느낀다(Jadack, Keller, & Hyde, 1990).

### (5) 후천성 면역결핍증(AIDS)

1981년에 로스앤젤레스의 한 내과 의사가 몇 사람의
동성애 남성들에게서 발견된 이상하고도 무서운 신종
병을 보고하였다. 그리고 이 병은 몇 년 내에 놀라울 정
도의 빠른 속도로 확산되었다.

최근에 AIDS만큼 우리의 경각심을 불러일으킨 성병
도 없다(사진 참조). AIDS는 인체면역결핍 바이러스(HIV)
에 의해 감염되는 성병으로 HIV에 감염되면 몇 단계의
과정에 걸쳐 진행되는데 마지막 단계가 AIDS이다. 이
바이러스에 감염되면 면역체계가 파괴되기 때문에 일
단 병에 걸리면 죽게 된다.

AIDS는 성교, 주사바늘, 수혈을 통해서 감염되고,
매독과 마찬가지로 임부로부터 태아에게 감염되기도
한다. AIDS 발병환자의 90%가 동성애 남성과 정맥주
사 사용자이지만, 최근에 와서 여성, 청소년, 이성과의
성관계에서도 발병률이 크게 증가하고 있다(Strong &
DeVault, 1997). AIDS로부터 안전한 사람은 아무도 없으
며 AIDS로부터 안전한 유일한 방법은 금욕뿐이다.

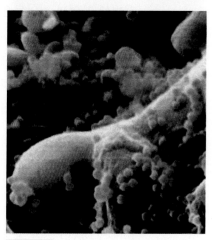

인체면역결핍 바이러스(HIV)는 면역체계 내의 T세포
를 공격하는데 T세포의 수가 감소하면 우리 인체는 감
염에 매우 약하게 된다. 혈액 내의 T세포의 수로 초기,
중기, 후기로 나눈다. 초기(HIV 감염 또는 양성반응자로 판
명되는 단계)에는 T세포의 수가 충분해서 감염될 위험이

**사진 설명** AIDS 바이러스(구슬 모양 입자)가
인체면역세포인 백혈구를 공격하고 있다.

사진 설명 　전자현미경으로 본 T세포의 모습. 지름이 5μm(마이크로미터 · 1μm는 100만분의 1m)보다 조금 큰 수준이다. T세포는 몸속에 침입한 바이러스나 병원균을 죽이는 면역세포이다.

적고 증상도 거의 없다. 증상은 없지만 다른 사람에게 감염시킬 수는 있다. 이 단계에서 20∼30%가 5년 내에 발병한다. 중기에는 T세포의 수가 반으로 줄고 다음과 같은 증상이 나타난다. 림프선이 부어오르고, 쉽게 피로하며, 체중이 줄고, 설사, 발열, 진땀 등의 증세가 있다. 후기(AIDS 발병단계)에는 T세포의 수가 격감해서 면역체계가 정상적인 기능을 하지 못하고 폐렴과 같은 질병에 걸리게 되면 AIDS 환자는 면역성이 없기 때문에 결국에는 죽게 된다.

AZT, DDI, DDC, D4T 등이 HIV의 증식을 억제하는 데에 어느 정도 효과가 있기는 하지만 아직까지 AIDS를 완치시키는 치료약은 개발되지 않았다(Cohen, 1996; Ezzell, 1996; Flasker & Ungvarski, 1992).

어떻게 하면 청년들을 성병으로부터 보호할 수 있을까? 안전한 성관계(safe sex)가 그 해답이다. 가장 안전한 방법은 절제와 금욕이다. 금욕이야말로 모든 성병을 예방하는 가장 효율적인 방법이며, 청년의 금욕은 도덕적으로도 옳은 일이다. 그러나 금욕이 도저히 불가능한 경우에는 성병에 걸리지 않은 한 사람과만 성관계를 하고 콘돔을 사용하도록 한다. 자신이 성병에 걸린 사실을 알면 곧바로 성관계를 가진 사람에게 알려야 한다. 자신의 건강을 돌보는 것도 중요하지만 상대방의 건강에도 책임을 져야 한다.

성병에 감염된 청년들은 몇 가지 이유로 치료를 잘 받지 않는다. 자연적으로 증상이 없어질 것이라고 믿기 때문에, 어디서 어떻게 치료를 받아야 할지 몰라서 그리고 부모들이 이 사실을 알게 될까 봐 두려워한 나머지 혼자 고민하고 괴로워하다가 치료시기를 놓치는 경우가 많다. 그러므로 청년을 위한 성교육은 피임방법은 물론 성병에 대한 정보도 포함해야 한다.

## 5. 성교육

Kinsey 성연구소의 소장인 June Reinisch(1990)에 의하면, 미국 시민들은 자신의 자동차가 어떻게 기능하는지보다 자신의 성적 기능에 대해서 더 잘 모른다고 한다. 청

년들에게 성에 관한 정보는 범람하지만 그
중 대부분은 그릇된 정보이다. 15~17세
의 미국여성을 대상으로 한 연구(Loewen &
Leigh, 1986)에서, $1/3$의 여성이 임신할 위험
이 가장 높은 시기가 언제인지를 알지 못
했다. 또 다른 연구(Zelnik & Kantner, 1977)에
서 대부분의 청년들이 여성의 생리기간 동
안에 임신할 위험이 가장 높다고 믿었다. 그
리고 또 다른 연구(Hechinger, 1992)에서는
12%가 피임약이 AIDS를 예방해줄 것이라
생각했고, 23%는 누가 AIDS에 감염되었는
지 보기만 해도 알 수 있다고 믿었다.

Alfred Kinsey(오른쪽에서 두 번째)가 동료들과 함께

성에 관한 지식은 거리에서, 잡지에서, 미디어나 친구들로부터 얻지만 부모로부터
는 거의 얻지 못한다. 그 이유는 대부분의 부모들이 자녀와 성에 관해 이야기하는 것
이 어색하고 불편하다고 생각하기 때문이다. 한 연구에서 부모와 성에 관해 자유롭게
솔직하게 얘기하는 청년들은 성행위를 별로 하지 않았으며, 여자 청소년의 경우는 피
임기구의 사용이 증가하였다(Leland & Barth, 1993).

거리에서의 성에 관한 정보는 잘못된 것이 많을 뿐 아니라 가정에서의 성교육 부재
현상 때문에 학교에서의 성교육의 필요성이 절실하다. 많은 부모들 또한 학교에서의
성교육을 선호한다.

우리나라도 지금까지 유교적 전통과 윤리관으로 말미암아 성에 관한 언급은 금기
시 되다시피 해왔다. 그러다가 최근에 와서 서구문명의 영향으로 인한 급격한 성개방
풍조는 성에 관한 한 중도가 없는 극과 극의 성가치관을 형성하기에 이르렀다.

이로 인해 대다수의 청년들은 성
장하고 변화해가는 자신의 신체
외 그에 따른 의문이나 불안을 해
결할 만한 정확한 지식 또는 적절
한 조언을 얻을 수 있는 기회가 없
는데다 범람하는 왜곡된 성에 관한
정보 및 주위환경으로 인하여 십대
들의 성적 탈선과 성범죄 등이 증
가하면서 체계적인 성교육의 필요

**사진 설명**  학생들이 학교에서 성교육을 받고 있다.

성 연구가 Virginia Johnson과 William Masters

성이 강조되기 시작하였다.

김정옥(1992)은 "성교육이란 성에 대한 과학적 지식과 바람직한 태도에 근거하여 책임 있는 성행동을 할 수 있도록 가정, 학교, 사회가 협력하여 인간완성을 지향하는 인간교육인 동시에 인격교육이다"라고 정의하였다.

성교육은 초등학교에서부터 시작하여 연령에 알맞도록 진행되어야 한다고 믿는 사람이 많다(Masters, Johnson, & Kolodny, 1989). 성교육 교사는 주로 생물학, 건강교육, 가정학, 체육전공의 교사들이다. 성교육 교사는 '인간의 성' 분야의 박사학위까지는 필요없다 하더라도 적어도 '인간의 성'에 관해 폭넓은 지식과 훈련을 받은 사람이어야 한다. 그리고 성에 관한 지식뿐만 아니라 성에 관해 자연스럽게 이야기할 수 있게끔 청년의 정서를 효율적으로 다룰 수 있어야 한다.

성교육 프로그램은 대부분 인체생리, 성병, 임신, 부모역할 등을 다룬다. 그러나 성교육의 내용은 성에 관한 실제 지식 이상의 것, 즉 성행위의 정서적·사회적 측면, 책임 있는 의사결정을 할 수 있는 능력, 또래의 압력에 저항할 수 있는 사회적 기술 등

"나는 네가 '성교육' 과목에서 A를 받은 것이 마음에 안 들어!"

을 포함해야 한다(Ku, Sonenstein, & Pleck, 1993).

청년에게 생식기제, 피임, 인공유산 등에 관해 가르치는 것은 성행위를 장려하기 때문에 성교육의 주된 목표는 절제와 금욕이어야 한다고 주장하는 사람들이 증가하고 있다. 이들의 견해는 금욕이야말로 AIDS를 예방하는 가장 효율적인 방법이며, 모든 혼외 성관계(부부 이외의 성행위)는 그릇된 행동이기 때문에 금욕은 도덕적으로도 옳은 접근이라는 것이다(Elmer-Dewitt, 1993). 이에 대한 반대 의견은 금욕이나 절제가 청년 초기에는 가능할지 모르지만 청년 후기에는 비효율적이고 너무 순진한 발상이라는 것이다. 따라서 성에 관한 것은 무엇이든 솔직하게 가르치되, 청년에게 적절한 시기가 될 때까지 기다리도록 지도해야 한다고 주장한다(Gibbs, 1993).

우리나라 도시 청소년의 성의식 및 성문제와 성교육에 관한 조사연구(이문희, 정옥분, 1994)에서, 84%의 학생들이 성교육이 필요하다고 응답하였다. 성교육이 필요한 이유를 묻는 항목에서는 17%가 "올바른 성지식을 배우고 성가치관을 정립하기 위해서"라고 응답하였으며, 9%가 "성적 피해 예방을 위해서"라고 대답하였다.

성교육을 어디서 받기를 원하는가를 물어본 결과, 54%가 "학교에서 체계적으로 교육받기"를 원하였고, 23%가 "학교와 가정 모두에서 교육받고 싶다"고 응답하여 대다수의 학생들이 학교 성교육을 원하고 있는 것으로 나타났다.

원하는 학교 성교육의 방법으로는 전체 응답자 중의 과반수 이상인 55%가 시청각 교재를 통한 특별강의를 원하고 있으며, 21%가 관련교과에서, 20%가 정규 학과목으로 체계적 교육을 받기를 원하는 것으로 나타났다. 학교 성교육의 실시시기를 물어본 결과, 대다수가 초등학교 교육의 시작과 함께 성교육도 병행되어지기를 희망하는 것으로 나타났다.

원하는 학교 성교육의 교사로는 응답자 중의 50%가 특별 초빙강사를 원했으며, 19%가 양호교사, 18%가 관련교사로부터 성교육 지도를 받기 원하는 것으로 나타나 과반수의 학생들이 성교육을 특별한 지도방법으로 배우고 싶어함을 알 수 있다.

부모의 성교육 태도를 묻는 문항에서는 전체 응답자 중의 72%가 성에 대해 부모에게 질문한 적이 없으며, 17%가 '친절히 설명해주신다', 10%가 '대답을 회피하신다'라고 응답하였는데, 이것은 대다수의 학생들이 부모에게 성에 관한 질문을 하거나 대화를 나누고 있지 않는 것으로 해석힐 수 있다.

제6부

# 청년기의 부적응

청년기는 흔히 '질풍노도의 시기'라고 일컬어진다. 앞에서 살펴본 바와 같이 청년기는 아동기에서 성인기로 옮겨가는 과도기로서 인생에서 매우 특별한 시기이다. 청년기에는 급격한 신체변화와 성적 성숙을 경험하게 되고 인지적, 정서적으로도 큰 변화를 겪게 된다. 청년기는 이와 같이 신체적, 성적, 인지적, 정서적으로 급격한 변화가 동시에 일어나는 시기이기 때문에, 청년들이 이러한 변화에 적절하게 대처하지 못하게 되면 심리적 부적응이나 문제행동을 일으키기도 한다.

청년기의 부적응은 그 범위가 상당히 넓은데 청년의 발달수준, 성 그리고 사회계층에 따라 다양하게 나타난다. 어떤 부적응은 일시적이고, 또 어떤 부적응은 상당히 오래 간다. 발달수준과 관련해서 보면 싸우고 다투는 등 폭력행위는 주로 청년 초기에 나타나는 부적응 현상이고, 우울증, 무단결석, 약물남용 등은 주로 청년 후기에 나타나는 부적응 현상이다.

사회계층과 관련해서는 일반적으로 하류계층의 청년들에게서 문제행동이 더 많이 발생한다. 그리고 하류계층의 청년들은 기물파괴나 폭력행사 등 외현적 문제행동을 많이 보이는 반면, 중류계층의 청년들은 불안, 우울증 등 내면적 문제행동을 많이 보인다.

제6부에서는 주의력결핍 과잉행동장애, 품행장애, 학습장애, 불안장애, 우울증, 자살, 성격장애, 조현병(정신분열증) 등 발달장애 현상과 약물남용, 음주, 흡연 등 청소년 비행에 관해 살펴보고자 한다.

# 제17장

# 청년기의 발달장애

인생의 행로에는 힘들지 않은 길이 없다.　　　　　　　　　　Walter Savage Landor

나는 폭풍우를 두려워하지 않는다. 항해하는 법을 알고 있으니까.　　　Louisa May Alcott

자살이란 어떤 의미에서는 마치 멜로드라마 속에서와 같이 고백을 하는 것이다. 그것은 인생에 패배했다는 것을 혹은 인생을 이해하지 못한 것을 고백하는 것이다.

　　　　　　　　　　　　　　　　　　　　　　　　　　　　Albert Camus

근심은 고통을 빌려가는 사람들이 지불하는 이자이다.　　　　　　G. W. Ryan

우리가 두려워하는 공포는 종종 허깨비지만, 그럼에도 불구하고 실제로 고통을 초래한다.

　　　　　　　　　　　　　　　　　　　　　　　　Friedrich von Schiller

인생을 해롭게 하는 비애를 버리고 명랑한 기질을 간직하라.　　　　Shakespeare

다른 아무런 이유 없이 자기 마음대로 자살하는 것은 나쁜 일이다.　　Dostoevski

1. 주의력결핍 과잉행동장애　　　　2. 품행장애
3. 학습장애　　　　　　　　　　　4. 불안장애
5. 성격장애　　　　　　　　　　　6. 우울증
7. 자 살　　　　　　　　　　　　8. 조현병

청년기의 혼란이 곧 정상적인 건강한 발달을 의미한다는 Hall과 정신분석이론가들의 견해는 청년기의 정신건강 연구에 큰 영향을 미쳤다. 그러나 몇몇 연구들은 그러한 견해에 맞서 적어도 어떤 청년들은 심리적 어려움을 별로 겪지 않는다고 보고하였다.

한편, 청년기에 나타난 어려움이 성인기까지 계속되는 경우도 있다는 연구결과도 있는데, 이 연구에서는 이러한 어려움이 가끔 심각한 정신질환으로 발전한다고 보고하였다. 따라서 청년기의 발달장애가 정상이라거나 누구든지 겪어야 한다는 가정은 잘못된 것으로 보인다. 대부분의 청년들은 심각한 어려움 없이 청년기를 쉽게 헤쳐 나가지만, 어떤 청년들은 새로운 변화에 적절히 대처하지 못하고 발달장애 현상을 보이기도 한다.

일반적으로 어떤 기준에서 벗어난다고 생각되는 행동들을 발달상 문제행동이라고 본다. 여기서 기준이라는 것은 문화적 가치나 상황적 요인, 성별에 따른 규범, 연령에 따른 발달 규준 등에 따라 달라진다. 따라서 발달상 문제행동의 유무를 판단하거나 그 유형을 범주화할 때는 이러한 점들을 고려해야 한다.

청년기의 발달장애는 다양한 형태로 나타난다. 구체적으로 발달장애가 어떤 형태로 나타나는가는 개인적인 특성과 사회적 · 경제적 · 문화적 요인 등 환경적 요인에 좌우된다. 청년기에 흔히 나타나는 발달장애 현상은 주의력결핍 과잉행동장애, 품행장애, 학습장애, 불안장애, 우울증, 자살, 성격장애, 조현병 등이다. 이러한 부적응 행동은 청년으로 하여금 정상적인 기능을 하지 못하도록 함으로써 청년의 성장, 성취, 복지증진에 장애가 된다.

청년기의 발달장애는 크게 외현화 장애(externeralizing disorder)와 내재화 장애(internalizing disorder)로 나눌 수 있다. 과잉행동장애나 품행장애에서와 같이 바람직하지 않은 행동을 밖으로 표출하는 것이 외현화 장애의 두드러진 특징이고, 불안이나 우울증과 같이 발달장애가 내면화된 상태로 표현되는 것이 내재화 장애가 갖는 특징이다.

발달장애의 분류기준은 학자들에 따라 다양하지만, 가장 보편적으로 사용되는 것은 DSM(Diagnostic and Statistical Manual of Mental Disorders) 분류기준이다. 현재 개발되어 사용되고 있는 DSM-5(미국 정신의학협회, 2015)에서는 기존의 DSM-IV에서 분류되어 사용된 '유아기, 아동기, 청년기에 진단되는 장애'라는 범주 대신 신경발달장애(neurodevelopmental disorders)라는 명칭 하에 여러 가지 아동기의 발달장애를 분류하고 있으며, 그 외에도 불안장애, 외상 및 스트레스 관련장애, 급식 및 섭식장애, 배설장애, 파괴적, 충동조절 및 품행장애 등 다른 진단군에 몇 개의 장애를 포함시켜 분류하고 있다(〈표 17-1〉 참조).

〈표 17-1〉 **발달장애의 분류**

| 장애범주 | 하위 유형 |
|---|---|
| 신경발달장애 | 지적 장애, 자폐스펙트럼장애, 의사소통장애, 주의력결핍 과잉행동장애, 특정학습장애, 운동장애(발달성 협응장애, 상동증적 운동장애, 틱장애 등) 등 |
| 불안장애 | 분리불안장애, 선택적 함구증 |
| 외상 및 스트레스 관련장애 | 반응성 애착장애, 탈억제성 사회적 유대감장애, 외상후 스트레스장애, 급성 스트레스장애, 적응장애 |
| 급식 및 섭식장애 | 이식증, 되새김장애, 회피적/제한적 음식섭취장애, 신경성 식욕부진증, 신경성 폭식증, 폭식장애 |
| 배설장애 | 유뇨증, 유분증 |
| 파괴적, 충동조절 및 품행장애 | 적대적 반항장애, 간헐적 폭발장애, 품행장애 |

출처: 미국정신의학협회(2015). 정신질환의 진단 및 통계 편람(5판). 권준수 외(역). 서울: 학지사.

# 1. 주의력결핍 과잉행동장애

주의력결핍 과잉행동장애(Attention Deficit Hyperactivity Disorder: ADHD)도 신경발달장애의 한 범주로 분류된다. 주의력결핍 과잉행동장애는 동등한 발달수준에 있는 아동에게서 관찰되는 것보다 더 빈번하고, 심하며, 지속적으로 부주의 또는 과잉행동이나 충동성을 보이는 것을 의미한다. 이러한 증상들은 대개 7세 이전에 발견되며, 적어도 아동이 소속되어 있는 두 가지 이상의 상황(가정, 학교, 유치원 등)에서 나타나야한다(미국정신의학협회, 2015).

주의력결핍 과잉행동장애를 보이는 청년은 몸을 한시도 가만히 있지 못하고, 하는 일에 집중하지 못하며, 충동적으로 행동하는 경우가 많다. 즉, 특정 기간 동안 (a) 주의력결핍, (b) 과잉활동성, (c) 충동성 중 하나 이상의 특징을 지속적으로 나타내

는 경우를 주의력결핍 과잉행동장애(Attention Deficit Hyperactivity Disorder: ADHD)라고 한다. 주의력이 결핍된 청년은 타인의 말에 귀를 기울이지 않고, 어느 한 가지 일에 열중하는 것을 힘들어 하며, 어떤 일을 하다가도 몇 분 이내에 곧잘 싫증을 내는 경향이 있다. 과잉활동적인 청년은 안절부절 못하고 과도하게 신체를 움직이며, 거의 항상 움직이고 한시도 가만히 있지를

못한다. 충동적인 청년은 생각없이 행
동하고, 자기 순서를 기다리지 못하
고, 질문에 대한 답을 생각해보기도
전에 불쑥 말해버린다(Santrock, 2001).

청년들이 이와 같은 특징을 어떻
게 나타내는가에 따라 주의력결핍 우
세형 ADHD, 과잉행동 · 충동 우세
형 ADHD, 복합형 ADHD로 나뉜다
(American Psychological Association:
APA, 1994). 하지만 흔히 함께 나타나
는 주의력결핍과 과잉행동이 각기 별
개의 문제인지 하나의 문제인지에 대
해서는 여전히 논란이 일고 있다. 그
러나 대부분의 학자들은 이 증후군이

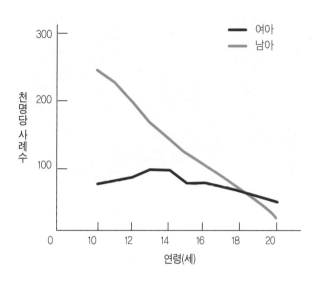

〈그림 17-1〉 아동과 청소년의 성과 연령에 따른 ADHD의 발생률
출처: Sarason, I. G., & Sarason, B. R. (1996). *Abnormal psychology.*
NJ: Prentice-Hall.

각각으로도 나타날 수 있다는 데 동의하고 있다. 보통 학동기 아동의 3~5% 정도가
주의력결핍 과잉행동장애를 보이는데, 남아가 여아보다 발생률이 훨씬 높다. 〈그림
17-1〉에서 보는 바와 같이 10세 이후에는 발생률이 줄어들지만, 18세까지는 남아에
게서 ADHD가 더 많이 나타난다(Barkley, 1990; Taylor, 1994).

ADHD는 다른 장애들과는 다르게 여러 가지 장면에서 일관된 증상을 보이지 않는
경우가 많다. 시간이나 장소에 따라, 또는 상호작용하는 사람에 따라 그 증상이 상이
하게 나타나 하나의 도구만으로 ADHD를 진단하는 것은 어렵다.

ADHD의 징후는 보통 유아기에 나타나는데, 이러한 유아들은 전반적으로 또래에 비
해 미성숙하고 서투른 경향이 있다. 그 징후가 유아기부터 나타날지라도 ADHD로 진
단되는 것은 보통 초등학교 시기이다(Pueschel, Scola, Weidenman, & Bernier, 1995). 공식
적인 학교교육이 시작됨으로써 학업적 · 사회적 요구가 증가하고, 행동통제에 대해 보
다 엄격한 기준을 적용하게 되기 때문이다. 교사들에 따르면, ADHD 청년들은 수업시
간에 독립적으로 작업을 하거나 앉아서 하는 작업을 잘하지 못하고, 가만히 있지 못하
며 행동이 매우 산만하다고 한다. ADHD 청년들은 친구가 없으며, 교우관계 측정도에
서 친구들이 가장 싫어하는 유형으로 나타나기도 한다(Henker & Whalen, 1989). ADHD
청년의 부모들은 양육 스트레스를 더 많이 경험하는 것으로 보인다(Fisher, 1990).

학습문제를 동반한 주의력결핍 과잉행동장애 아동의 특성을 분석한 연구(김미경,
1996)에 따르면, 연구대상인 ADHD 아동 26명 중 12명의 아동이 학습문제를 동반한

ADHD 아동(오른쪽)은 사회적 규칙을 무시하고, 충동적으로 행동하며, 과제에 집중하지 못하고, 급우(짝)의 학업을 방해한다

ADHD 아동으로 나타났다고 한다. 또한 학습문제를 동반하는 ADHD 아동들은 일반 ADHD 아동들에 비해 인지과정상의 결함이 더 전반적이고 심각한 수준으로 나타났으며, 실제 학업수행력도 떨어지는 것으로 나타났다고 한다.

ADHD 아동에게서 나타나는 행동적 문제는 청소년기까지 지속되는 경향이 있다(Sibley et al., 2012; Weiss, 1983). 가정환경이 긍정적이고 품행장애 증상이 나타나지 않으면 보다 성공적으로 적응하게 되는 것으로 보인다(Campbell & Werry, 1986). 사실 비행의 유무는 매우 중요한 문제이다. 한 연구(Moffitt, 1990)에서 비행을 하지 않는 ADHD 남아들은 언어적 IQ나 읽기 능력이 부족하지 않았고, 청년 초기에 반사회적 행동으로 인해 크게 힘들어하지 않았다. 반면, ADHD와 비행을 동시에 보인 남아들은 ADHD만 보인 남아나 비행만을 보인 남아와 비교하여 그 예후가 훨씬 나빴다고 한다.

신경학적·생화학적·사회적·인지적 요인들에 대해 많은 연구가 행해졌음에도 불구하고, ADHD의 원인은 아직 잘 알려져 있지 않다. 유전적 요인과 환경적 요인이 모두 영향을 미치는 것으로 보인다. 즉, 일란성 쌍생아 중 하나가 ADHD이면 다른 하나도 ADHD일 가능성이 높고, 부부관계가 원만하지 못하고 가족 간의 갈등이 심한 경우 자녀가 ADHD일 가능성이 크다(Bernier & Siegel, 1994; Biederman, Faraone, Keenan, Knee, & Tsuang, 1990).

약물치료가 단기적으로는 도움이 될 수 있을지 모르나 장기적으로 ADHD를 치료하지는 못하는 것으로 보인다(Weiss, 1983). 약물치료와 더불어 적절한 학업적·사회적 행동을 강화해주는 중재 프로그램이 가장 효과적인 방법인 것으로 보인다(Barkley, 1990; Evans et al., 2001).

## 2. 품행장애

품행장애(conduct disorder)는 파괴적, 충동조절 및 품행장애의 한 범주로 분류된다. 품행장애는 '청소년 비행(juvenile delinquency)'이라는 용어로 사용되다가 1990년대에 들어와서야 품행장애라는 용어를 사용하게 되었다.

품행장애의 증상은 타인의 기본적 권리를 침해하거나 사회적 규범이나 규칙을 위반하는 행동을 지속적이고 반복적으로 나타내는 것이다. 즉, 6개월 이상 지속적으로 도둑질, 강도행위, 방화, 만성적 무단결석, 물건 파괴, 혹은 빈번한 육체적 싸움과 같은 행동들 중 최소 세 가지 이상을 행하는 경우이면 품행장애로 진단한다(Newcombe, 1996).

보통 10세 이전에 나타나는 아동기 발병형과 그 이후에 나타나는 청소년기 발병형으로 나뉜다. 아동기 발병형은 주로 남아에게 많고, 대개 타인에게 신체적 공격을 가하며, 또래관계에 문제가 있다. 또한 아동기에 발병한 경우가 청소년기에 발병하는 경우보다 더 지속적이고 이후 반사회적 성격장애로 이어질 가능성이 높다(American Psychiatric Association: APA, 1994).

품행장애를 공격적 행동(예를 들면, 싸움, 물건 파괴 등)과 비행 행동(예를 들면, 거짓말, 도둑질, 무단결석 등)으로 나누는 경우도 있다(Achenbach, 1993). 일반적으로 공격적 증후군이 비행 증후군보다 유전적 영향을 많이 받는다(Edelbrock, Rende, Plomin, & Thompson, 1995). 또한 이 두 종류의 증후군은 발달양상에서도 차이를 보인다. 공격적 증후군은 10세 이후에는 계속적으로 감소하나, 비행 증후군은 오히려 증가하는 경향이 있다(Stanger, Achenbach, & Verhulst, 1997).

Thomas M. Achenbach

또한 품행장애 행동을 명백한(overt) 반사회적 행동과 은밀한(covert) 반사회적 행동으로 나누고 여기에 파괴적-비파괴적 행동 범주를 추가하여 분류하는 경우도 있다(〈그림 17-2〉 참조).

일반적으로 유아기에는 품행장애를 보이는 남아와 여아의 비율이 별로 차이를 보이지 않으나, 아동기와 청년기에는 남자가 여자보다 신체적 공격성이나 그 외 외적인 행동 문제를 나타내는 비율이 훨씬 높다(Keenan & Shaw, 1997). 〈그림 17-3〉은 연령과 성에 따른 품행장애의 비율에 관한 것이다. 일반적으로 남아가 여아보다 품행장애를 더 많이 보이지만, 남아의 경우에는 10세에 가장 높은 비율을 보이고 그 후로는 줄어든다. 반면, 여아의 경우에는 10대 중반에 가장 높은 비율을 보인다.

많은 연구에서 품행장애와 빈곤, 스트레스, 부부갈등, 청년학대와 같은 가정환경 간에 관련이 있는 것으로 나타났다(Dishion, French, & Patterson, 1995; Earls, 1994; Eron & Huesmann, 1990; Farrington, 1995; Rutter, 1997; Werner & Smith, 1992; Yoshikawa, 1994). 그 외에도 또래의 영향이나 모방학습, 비행행동을 했을 때의 보상을 통한 학습이 품행장애에 영향을 미치는 것으로 보인다.

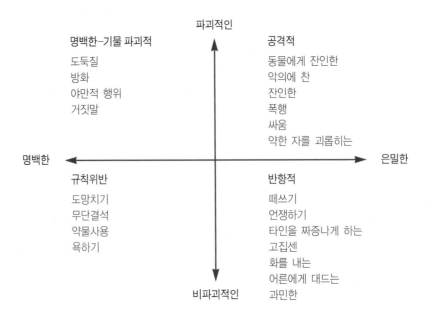

〈그림 17-2〉 두 가지 범주를 이용하여 정의한 품행장애 행동의 종류

출처: Frick, P. J. (1998). Conduct disorders. In T. H. Ollendick & Herse, M (Eds.), *Handbook of child psychopathology* (3rd ed.). NY: Plenum Press.

Hirokazu Yoshikawa

〈그림 17-3〉 연령과 성에 따른 품행장애의 비율

출처: Sarason, I. G., & Sarason, B. R. (1996). *Abnormal psychology*. NJ: Prentice-Hall.

품행장애에 대한 가장 효과적인 치료는 예방적인 치료로서 이는 발병 후의 처치보다 훨씬 더 효과적이다. 예방적인 노력으로 가정환경의 변화, 교육과 지원을 통한 부모자녀관계 형성 등이 필요하다(Yoshikawa, 1994). 또한 이미 품행장애를 나타내는 청년들에게는 잘못된 행동에 대한 억압보다는 사회적 문제해결 기술과 사회적 능력을 증진시켜 주는 것이 중요하다(Rutter & Giller, 1984).

## 3. 학습장애

　학습장애(learning disabilities)는 듣기, 생각하기, 말하기, 읽기, 쓰기, 철자법, 셈하기 등에서 문제가 있는 경우를 말한다(Raymond, 2004; Spear-Swirling & Sternberg, 1994). 일반적으로 지능검사로 측정되는 지적 능력과 성취검사로 측정되는 실제 수행 간에 큰 차이가 있으면 학습장애로 간주된다(Coleman, Levine, & Sandler, 1991). 즉, 학습장애아들은 평균 이상의 지능을 가지고 있으면서도 그들의 실제 수행은 또래와 비교했을 때 약 2년 정도 뒤떨어진다.

Louise Spear-Swerling

　학습장애 청년은 읽기나 셈하기와 같은 특정 분야에서 곤란을 겪거나, 많은 분야에서 필요한 주의집중과 같은 일반적 기술이 부족하다. 하지만 이러한 원인이 시각장애나 청각장애와 같은 감각장애나 정서장애, 정신지체 또는 신경장애로 인한 경우는 학습장애로 분류하지 않는다(Swanson, 2014).

　학습장애가 가장 흔하게 나타나는 학업분야는 읽기, 쓰기 및 셈하기이다(Hallahan & Kaufmann, 2000; Kirk et al., 2012). 먼저 읽기장애는 개인의 생활연령, 측정된 지능, 나이에 비추어 기대되는 정도보다 읽기 성적이 현저하게 낮게 나타나는 경우이다. 이처럼 읽기분야에서 어려움을 나타내는 경우를 '난독증(dyslexia)'이라고도 한다. 난독증인 청년들은 음운론적 기술에 문제가 있다. 즉, 읽거나 철자를 기억하는 능력이 심하게 손상된 경우이다. 난독증은 학습장애 중 가장 흔한 형태로, 학습장애 청년의 약 80% 정도가 이에 해당된다(Shaywitz,

Daniel P. Hallahan

1998). 보통 초등학교 2학년 정도가 되면 난독증 여부를 분명하게 판명할 수 있다(Nevid, Rathus, & Greene, 2000). 난독증을 보이는 청년들은 쉽게 우울해지거나 학업분야에서 자신감이 낮은 경향을 보인다. 또한 또래들에 비해 주의력결핍 과잉행동장애의 징후를 보이는 경향이 높다(Boetsch, Green, & Pennington, 1996).

　쓰기장애는 일반적으로 문장 내의 문법이나 구두점의 잘못, 문단 구성의 빈약함, 철자법 실수, 지나치게 형편없는 필체 등으로 표현된다. 따라서 쓰기장애가 있는 청년들은 종종 글씨를 쓰거나 철자를 기억할 때 혹은 작문을 할 때 어려움을 느낀다. 다른 학습장애에 비해 쓰기장애와 그 치료법은 상대적으로 덜 알려져 있으며, 특히 읽기장애 없이 쓰기장애만 단독으로 나타나는 경우에는 더욱 그러하다. 쓰기장애가 심한 경우는 초등학교 2학년 정도만 되어도 판명이 되나, 약한 경우는 5학년이나 그 이

Jeffrey S. Nevid

Beverly Greene

후에 가서 판명되는 경우도 있다(Nevid, Rathus, & Greene, 2000).

셈하기장애에는 여러 가지 다른 기능상 문제가 포함된다. 즉, '언어적' 기능(예: 산술용어, 공식, 개념을 이해하고 명명하기, 글로 쓰여진 문제를 산술적 부호로 바꾸기), '지각적' 기능(예: 수의 상징이나 산술부호를 인식하거나 읽기, 사물을 집합하기), '주의집중' 기능(예: 숫자와 모양을 정확히 그리기, 덧셈에서 더해 가는 숫자를 기억하기, 공식 기호를 관찰하기), 그리고 '산술적' 기능(예: 순서에 따라 계산하기, 사물을 세기, 구구단을 학습하기)의 문제들이 있다(APA, 1994). 이러한 문제들은 이르면 초등학교 1학년 정도에서도 나타나지만, 일반적으로 3학년이 되기 전에는 잘 판명되지 않는다(Nevid, Rathus, & Greene, 2000).

학습장애아는 교내와 교외에서 여러 가지 문제에 직면한다. 학교에서는 주의집중력이 부족하고, 토론학습에 잘 참여하지 못하며, 숙제를 잘 해내지 못한다(Owings & Stocking, 1985). 그리고 대부분의 학습장애아들은 공부습관이 좋지 못하고, 숙제를 거의 안 하며, 시험을 치르는 기술도 없다(Lovitt, 1989).

학습장애 청년의 문제는 여기서 끝나지 않는다. 사회적 기술의 부족으로 인해 다른 사람의 기분을 제대로 파악하지 못하고, 부적절하게 반응한다. 그리고 자신의 행동이 다른 사람에게 어떤 영향을 미치는지 제대로 이해하지 못한다. 놀이에서도 규칙을 제대로 이해하지 못하고, 자기보다 어린 아이들과 어울려 논다(Lovitt, 1989).

전통적으로 학습장애아들은 특수학급에 편성되어 학습장애 전문의 특수교사에게서 각 개인에게 적합한 교육을 받았다. 그러나 이러한 특수교사들은 여러 가지 교과과정에서 전문성을 다 갖출 수는 없으며, 학습장애아들에게 보통 학생들과 같은 기준을 적용하지 않는다는 문제점이 있다. 그래서 최근 많은 학교에서 학습장애아를 정규학급에 참여시키는 통합교육(mainstreaming)을 채택하게 되었다. 통합교육에서는 학습장애아들이 정규학급에서 수업을 받고, 성적평가 시에 약간의 조정이 이루어진다. 그리고 특수교사가 배치되어 정규교사와 함께 학습

사진 설명    학습장애를 보이는 소년(가운데 손을 들고 있는 학생)이 정규학급에서 통합교육을 받고 있다.

장애아들의 학습에 대해 논의한다.

　초기의 통합교육은 1960년대 후반 '주류화(mainstreaming)'라는 용어로 사용되다가 이후에는 1970년대 후반 '통합(integration)의 개념이 반영된 통합교육'으로 변화되었으며, 1990년대 이후부터 지금의 '포함(inclusion)의 개념이 반영된 통합교육'으로 사용되고 있다.

## 4. 불안장애

　불안감은 정상적인 사람들도 가끔 경험하는 것으로 그 정도가 심하지 않으면 문제가 되지 않지만, 그 정도가 지나치게 심할 경우에는 부적응으로 본다. 불안증상은 무슨 나쁜 일이 곧 일어날 것 같은 두려움과 초조감이 주요 증상이지만, 가슴이 답답하고 숨이 가빠지고 심장이 두근거리는 등의 신체증상이 함께 나타나기도 한다.

사진 설명　시험에 대한 불안감

　불안은 정의하기 쉽지 않은 심리학 용어 중 하나인데, 불안장애(anxiety disorder)와 비슷한 용어로 공포장애가 있다. 공포장애란 어떤 사람이나 사물 및 상황에 대해 이유 없이 두려움을 느끼는 것을 말한다.

　청년들은 여러 종류의 공포장애를 경험하게 되는데, 그중 하나가 학교공포증이다. 학교공포증은 아동들에게 있어 더 보편적인 현상이지만 청년기에 나타나는 학교공포증은 더욱 심각하다. 학교공포증(school phobia)은 집을 떠나 등교하는 것에 대해 심한 불안감을 느껴 등교를 기피하는 것으로서 시험에 대한 불안(사진 참조), 교우관계, 교사와의 관계, 부모가 자기를 버리지 않을까 하는 두려움 등 여러 가지 원인에서 발생할 수 있다. 정신분석적 관점에서는 어머니에 대한 과도한 의존이 학교공포증의 원인이라고 본다. 학교에 가기 싫은 것이 아니라 어머니와의 분리를 두려워한다는 것이다.

　학교공포증이 있는 청년은 흔히 아침을 먹는 시간에 토할 것 같다거나, 머리가 아프다거나, 배가 아프다고 말한다. 억지로 학교에 가더라도 집에 무슨 일이 일어나지

않을까 걱정하느라 공부도 제대로 못하게 된다.

또한 그들은 자신의 능력에 대해 전반적인 불안감을 가지고 있으며, 그들의 능력을 검사하는 과제에 대해서도 불안감을 보인다. 성취와 관련된 공포를 가진 청년은 대중 앞에서 말하는 것, 시험, 질문받는 것 등을 두려워한다. 어떤 청년은 지나칠 정도로 학업적 성취에 대해 두려움을 가진 나머지 두려움으로 마비되어 아무것도 할 수 없는 경우도 있다. 이들은 좋지 못한 학업평가를 받는 것에 대해 두려움을 가지고 있는 완벽주의자인 경우도 있다.

학교공포증은 사회적 공포와도 관련이 있다. 이는 또래집단이나 대중 앞에서 말하는 것에 대한 두려움에서 비롯되기도 한다. 이들은 모욕을 당하거나 당황함을 느끼는 상황에 대해 극도의 공포심을 갖는다. 또한 다른 사람의 판단에 지나치게 집착한다. 특히 그들에게는 또래집단의 판단이 큰 비중을 차지한다. 실제로 사회적 공포는 11~12세경 아동이 서로에게 모욕을 가하고 괴롭힐 때 시작되며, 이는 예민한 아동에게 심각한 영향을 미치게 된다(Brooks, 1991).

신체적 특성, 인지적 능력이나 성격적 요인은 또래집단으로부터 괴롭힘을 당하는 중요한 원인이 된다. 이처럼 또래집단과의 문제는 학교환경을 적대적으로 만드는 중요한 원인이 되고 있으며, 점차 그 연령이 낮아져 최근에는 유치원 아동에게서도 나타나고 있다. 학교에 대해 두려움을 보이는 청년의 어머니는 자신도 학교공포증을 경험한 경우가 많다. 이처럼 건강하지 못한 의존성의 사이클이 다시 그들의 자녀에게서 재현된다.

Porges(2003, 2004)는 아동과 청소년이 새로운 상황에 직면했을 때 그것이 안전한 상황임에도 불구하고, 과잉반응으로 방어체계를 작동하는 것(예: 불안장애, 반응성 애착장애)이나 위험한 상황임에도 불구하고 방어체계를 작동하지 않는 것(예: 윌리엄스 증후군) 모두 불안장애를 비롯한 여러 가지 발달장애의 원인이 될 수 있다고 본다.

신경계는 환경으로부터 감각정보 처리과정을 통해 위험을 감지하고 평가하게 된다. 위험에 대한 이러한 신경계의 평가는 의식적인 사고를 요구하지 않기 때문에 Stephen Porges(2004)는 '신경지(neuroception)'라는 새로운 용어를 만들어 내었다. 신경지(神經知)는 인지(認知)와는 다른 자율신경계의 무의식적인 반응으로 안전이나 위험을 감지하는 것을 의미한다. 만약 신경지에 문제가 발생하면 자폐증, ADHD, 불안장애, 반응성 애착장애 등의 발달장애가 나타날 수 있다.

일반적으로 불안이나 공포의 치료에는 체계적 둔감법의 사용이 권장된다. 이 방법은 불안을 주는 상황에 노출되는 시간을 점차 늘려감으로써 일상적인 생활 속으로 융화되어 가게 하는 것이다. 이는 또래집단이나 시험에 쉽게 익숙해질 수 있도록 도와

사진 설명  ISSBD 국제학회에서 저자가 Stephen Porges 교수와 함께

줄 수 있는 효과적인 방법이다. 또한 학교출석에 대해 보다 확고한 규칙을 설정하고 규칙적인 아침시간표를 계획함으로써 청년이 불안이나 학교와 관련된 공포로부터 벗어나게끔 도와줄 수 있다.


# 5. 성격장애

성격장애(personality disorder)는 본인보다는 주위의 다른 사람들에게 더 큰 피해를 준다는 점에서 특이하다. 따라서 전문적인 도움을 받기를 거부하는 경우가 많다. 자기도취적 성격장애와 반사회적 성격장애가 보편적인 성격장애의 형태이다(Atwater, 1996).

자기도취적 성격장애자는 지나칠 정도로 잘난 체 하지만 때로는 열등감이 수반된다. 자신의 재능이나 성취에 대해 과장하고, 특별한 사람으로 인정받기를 원한다. 또한 다른 사람들의 평가에 대해 지나치게 민감하고, 비판에 대해 거만하게 반응한다. 그들은 자신이 너무나 특별하기 때문에 오로지 특별한 사람들만 자신을 이해할 수 있다고 믿는다.

이 성격장애의 원인에 대해서는 몇 가지 설이 있다. 정신분석이론에 의하면 자기도취적 성격장애는 아동기 때 애정과 인정을 받지 못한 것에 대한 반작용이라고 설명한다. 부모의 애정부족으로 자아존중감이 낮고, 심한 열등감에서 벗어나기 위해 대신 과장된 자아상이 형성된다. 반면, 인지적 사회학습이론은 자기도취적 성격장애를 아동이 자신의 재능을 과대평가한 나머지 나중에 성인이 되었을 때 무엇을 할 수 있는 가에 대한 과장된 기대의 산물이라고 본다. 그 원인이 무엇이든 간에 자녀에 대한 과대평가, 청년들의 과장된 기대, 텔레비전의 영향, 소비성향 등으로 인해 오늘날 우리 사회에서 자기도취적 성격장애가 조장되고 있다.

가장 골치 아픈 성격장애가 반사회적 성격장애이다. 반사회적 성격장애자들은 상습적으로 반사회적 행동을 하는데 대개 15세 이전에 시작된다. 다른 사람의 권리를 무시하고, 닥치는 대로 무엇을 훔치는 등 충동적으로 분별없이 행동하기 때문에 종종 법적인 문제를 일으킨다. 이들은 정상적인 양심이 없는 사람들로서 배신을 잘하고, 무책임하며, 죄책감 없이 다른 사람들을 이용하고 그리고 무정하다. 이들은 부모 스스로가 반사회적 행동을 자주 하고 체벌을 많이 하는 등 애정이 결핍된 가정의 출신이 많다.

독특한 형태의 뇌파가 반사회적 성격장애의 원인일 수도 있고, 우리 사회가 명성과 성공을 지나치게 강조한 나머지 어떤 면에서 반사회적 행동을 조장한 결과일 수도 있다(Bootzin & Acocella, 1988).

## 6. 우울증

우울증(depression)은 청년기에 비교적 흔하게 나타나는 증상이다. 청년기의 우울증은 견딜 수 없을 정도의 울적한 기분이 그 주요 증상인데 대인관계의 위축, 권태감, 무력감, 수면 및 식사문제 등이 수반된다.

아동들도 우울증상을 보이는 경우가 있지만, 사춘기를 전후해서 우울증이 급격히 증가하여 성인기의 우울증 발생빈도보다 약간 높은 경향이 있다(Graber & Sontag, 2009). 특히 여아의 경우 남아보다 우울증상을 보이는 비율이 청소년기 이후 매우 높아진다는 것을 알 수 있다(〈그림 17-4〉 참조). 때로는 우울증에 빠진 청년의 자아가 지나치게 손상되어 반

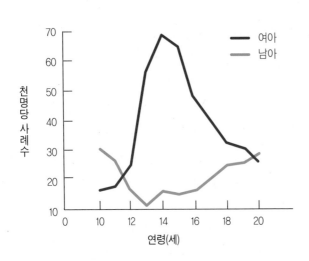

〈그림 17-4〉 연령과 성에 따른 우울증의 발생률

출처: Sarason, I. G., & Sarason, B. R. (1996). *Abnormal psychology*. NJ: Prentice-Hall.

사회적 행동을 하게 된 결과, 더 깊은 우울증과 죄책감에 빠지게 되어 끝내 자살로 이어지는 경우도 있다.

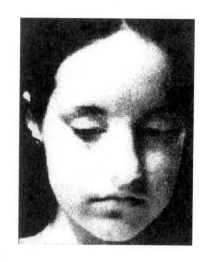

우울증에 걸린 청년들은 부정적인 자아개념을 가지고 있을 뿐 아니라 자기비하를 하는 경향이 있다(Jaenicke et al., 1987). 우울한 청년들은 슬픔과 같은 주관적 느낌 외에 사회적으로 위축되고, 자아존중감이 낮으며, 집중력이 부족하고, 학업수행능력도 떨어진다. 또한 즐거움을 상실하고, 다른 심리적 장애(불안장애, 품행장애 등)나 신체적 질병을 호소하는 경우가 있으며, 생리적 기능(수면, 섭식, 배설 등)에 변화가 생기기도 한다(Garber, 2010; Whalen et al., 2015; Wicks-Nelson & Israel, 2000).

청년기 우울증을 이해하려면 아동기와 청년기에 어떤 경험을 했는지를 알아야 한다고 믿는 학자들이 있다. 예를 들면, Bowlby(1989)는 유아기 때의 모자녀 간의 불안정한 애착, 애정이 부족한 자녀양육행동, 그리고 아동기 때 부모를 잃는 것 등이 부정적인 인지적 도식을 초래하여 마침내 청년기의 우울증으로 연결된다고 믿는다.

또 다른 인지적 견해는 발달초기의 자기비하나 미래에 대한 확신부족 등의 인지적 도식이 우울증과 연결된다고 주장한다(Beck, 1976). 이러한 습관적인 부정적 사고가 청년기의 우울증을 초래하고, 우울증은 다시 자신에 대한 부정적인 느낌을 갖게 하는 악순환이 계속된다.

청년기 우울증을 이해하는 데 중요한 또 다른 요인은 학습된 무력감이다. 학습된 무력감은 자신이 통제할 길이 전혀 없는 스트레스를 오랜 기간 동안 받거나 계속되는 실패의 경험에서 발생하는 것으로, 이러한 경험은 상황을 개선하기 위해 자신이 아무것도 할 수 없다는 무력감을 낳는다. 즉, 우울증에 빠진 청년들은 자신이 아무것도 통제할 수 없다는 생각 때문에 매사에 냉담하고 무관심하게 된다. 학습된 무력감의 개념을 최초로 제시한 Seligman(1989)에 의하면, 오늘날 청년기와 성인기에 우울증이 보편적인 이유는 우리 사회가 개인이나 독립심을 지나치게 강조하고, 가족이나 종교, 다른 사람과의 관계를 지나치게 무시한 결과 때문이라고 한다.

Martin Seligman

가족요인 또한 청년기 우울증과 관계가 있다(Morris et al., 2013). 부모가 우울증이 있으면 아동기나 청년기의 자녀가 우울증에 빠지기 쉽고, 부모의 이혼이나 부모가 정서적인 지지를 못해주거나, 부부갈등에 빠져 있거나, 경제적 문제가 있으면 청년자녀가 우울증에 빠지기 쉽다(Graber, 2004; Marmorstein & Shiner, 1996; Sheeber, Hops, Andrews, & Davis, 1997). 그리고 가족의 응집력이 낮거나 가족 간의 의사소통이 제대로 이루어지지 않는 경우도 청년기 우울증과 관련이 있다(이윤정, 1999; 임영식, 1997).

교우관계도 청년기 우울증과 관련이 있는데 가까운 단짝 친구가 없거나 친구들과 친밀한 관계를 맺기 힘든 경우, 그리고 친구들에게 인기가 없거나 또래들로부터 거부를 당하는 것 등은 청년기 우울증을 증가시킨다(Platt, Kadosh, & Lau, 2013; Vernberg, 1990).

한 연구(Garber, Kriss, Koch, & Lindholm, 1988)에 의하면, 청년기에 경험하는 우울증 증상이 성인기에 가서 유사한 증상으로 나타난다는 것이 밝혀졌다. 이것은 청년기 우울증이 시간이 지나면 자동적으로 없어지는 것이 아니기 때문에, 청년기의 우울증이 진지하게 다루어져야 한다는 것을 의미한다(Brooks-Gunn & Graber, 1995).

우울증은 치료하지 않으면 매우 지속적으로 나타나거나, 사라졌다가 다시 나타나는 경향이 있다. 항우울제가 청년의 우울증 치료에 가끔 사용되지만, 최근에는 대인관계 심리치료와 인지치료가 청년기의 우울증 치료에 효과적인 것으로 나타났다(Beardslee et al., 1996; Clark, Jansen, & Cloy, 2012; Mufson, Moreau, Weissman, & Klerman, 1993; Stark, Rouse, & Livingston, 1991). 대인관계 심리치료는 청년으로 하여금 대인관계의 문제해결 기술을 익히도록 도와줄 뿐만 아니라 자신의 감정을 분명하게 표현하는 방법을 익히도록 한다. 인지치료는 자신에 대한 생각을 바꿈으로써 기분을 변화시키는 방법을 가르치는 것을 말한다.

최근에 와서 가면성 우울증이 주목을 받고 있다. 가면성 우울증이란 겉으로는 웃지만 마음속으로는 우울감을 겪는 우울증의 일종이다. 가면을 쓰고 있는 것처럼 겉으로 드러나지 않는다고 해서 '가면성 우울증'이라고 하는데, '미소 우울증, 스마일 마스크 증후군(사진 참조)' 등으로 불리기도 한다. 겉으로는 웃고 있기 때문에 드러나지 않지만, 억지웃음으로 인해 심리적인 불안정 상태가 야기되어, 식욕이 감소하고, 매사에 재미가 없으며, 의욕이 떨어진다. 피로감, 불면증 같은 증세가 나타나며, 심하면 자살까지 생각하게 된다. 억지 미소를 지으며 감정을 억누르는 것이 지속되면 나중에는 본인이 어떤 감정을 느끼는지를 모르는 상태가 될 수 있으며, 정신적으로 감정적 무감각, 거짓 자아, 자기 모멸감 등이 나타난다.

우울감을 극복하기 위해서는 규칙적인 운동과 기분전환을 할 수 있는 취미생활을 하거나 비타민과 물을 충분히 섭취하는 것도 도움이 된다. 이와 같은 방법으로 극복이 되지 않고 우울감이 수 개월간 지속되면 전문적인 치료를 받아야 한다(헬스조선, 2014년 6월 10일자).

# 7. 자 살

청년기의 자살(suicide)이 점점 증가하고 있으며 자살시도는 15~24세에 절정을 이룬다. 〈그림 17-5〉에서 보는 바와 같이 전체인구의 자살률은 크게 변화가 없지만 청년기의 자살률은 크게 증가하였다. 특히 청년기의 자살은 유명인의 자살을 뒤따르는 모방자살의 경향, 이른바 '베르테르 효과'가 뚜렷하다. 베르테르 효과란 19세기 독일 문호 괴테의 소설 『젊은 베르테르의 슬픔』에서 주인공 베르테르가 권총으로 자살한 내용을 읽은 유럽의 젊은이들이 유행처럼 자살하게 된 데서 비롯된 용어이다.

무엇이 그렇게 많은 젊은이들로 하여금 인생을 견딜 수 없게 만드는가? 청년기에 겪게 되는 불안과 좌절에서 벗어나기 위해 자살이라는 극단적인 행동을 한다고 주장하는 사람이 있는가 하면, 오늘날 우리 사회의 경쟁적인 분위기—좋은 성적을 얻어야 하고, 좋은 대학에 들어가야 하고, 좋은 직장을 얻어야 하는 등(사진 참조)—가 청년들에게 커다란 압박감으로 작용한다고 주장하는 사람도 있다.

일반적으로 자살을 기도하는 사람들은 대체로 외롭고 소외되었으며 따돌림을 받는다고 느끼고 부모와 친구들로부터 사랑받지 못한다고 생각한다. 많은 경우 자살기도는 정말로 죽기를 원해서가 아니라 자신의 괴로움을 극적인 방법으로 표현하는 것이라고 볼 수 있다. 자살기도는 관심과 도움을 구하는 필사적인 탄원인 것이다. 그러나 원래의 의도보다 더 성공하는 바람에 또는 전략상 오산으로 인해 종종 도움을 받기도 전에 죽게 된다.

청년기 자살은 몇 가지 위험요인과 관련이 있다(Antai-Otong, 2003; Consoli et al., 2013; Lipschitz et al., 2012; Rhodes et al., 2012; Thompson et al., 2012; Yen et al., 2013). 우

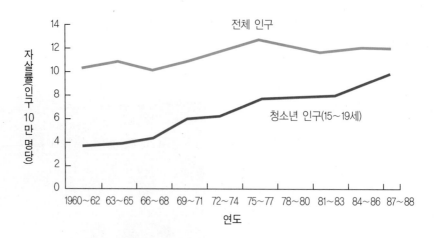

<그림 17-5> 전체 인구와 청소년 인구의 자살률(인구 10만 명당)

출처: Garland, A. F., & Zigler, E. (1993). Adolescent suicide prevention: Current research and social policy implications. *American Psychologist, 48*, 169-182.

울증, 약물남용, 절망감, 자살시도 경험, 화목하지 못한 가족관계, 부모와의 사별, 사랑하는 사람과의 이별, 오랜 기간의 적응문제, 문제해결력 부족, 낮은 자아존중감, 반사회적 행동, 젊은 스타의 자살을 미화시키는 대중매체, 총이나 흉기를 쉽게 구할 수 있는 것 등이 다 위험요인이다(Harter & Marold, 1992; Seroczynski, Jacquez, & Cole, 2003). <그림 17-6>은 청년기 자살과 관련이 있는 위험요인, 보호요인, 촉진요인에 대해 설명하고 있다.

자신의 생명을 스스로 끊으려는 십대들을 방지하기 위해 우리는 무엇을 할 수 있는가? 자살을 시도하는 사람은 아무도 모르게 조심스럽게 자살을 계획하지만, 대부분의 경우 행동으로 옮기기 전에 여러 가지 위험신호를 보낸다. 다음은 자살기도에 앞서 흔히 나타나는 자살경보 신호이다(Papalia, Olds, & Feldman, 1989).

① 가족이나 친구들로부터 멀어지고 혼자 고립되어간다.
② "죽고 싶어" "죽었으면 좋겠어"와 같은 말을 많이 한다.
③ 아끼던 물건을 남들에게 나누어 준다.
④ 학업성적이 떨어진다.
⑤ 몸에 이상이 없는데도 신체적 이상을 호소한다.
⑥ 무력감, 좌절감, 불안감, 우울증에 시달린다.
⑦ 평상시보다 훨씬 적게 혹은 훨씬 많이 먹거나 많이 잔다.
⑧ 지나치게 외모에 무관심하다.

위험요인　　　　보호요인　　　　촉진요인

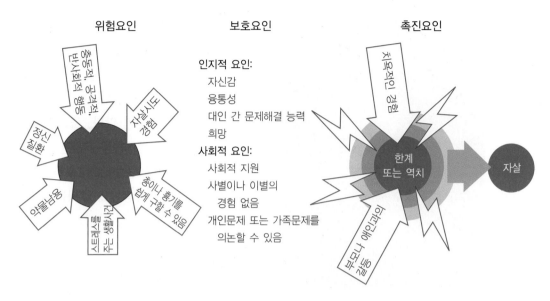

**〈그림 17-6〉 청년기 자살 관련요인: 위험요인, 보호요인, 촉진요인**

출처: Blumenthal, S. J., & Kupfer, D. J. (1988). Overview of early detection and treatment strategies for suicidal behavior in young people. *Journal of Youth and Adolescence, 17*, 1-23.

이상과 같은 위험신호가 보이면 다음과 같은 특별한 주의가 필요하다(Santrock, 1998).

① 경보신호를 무시하지 않는다.
② 만약 자살이라는 주제에 관해 이야기하기를 원한다면 피하지 말고 조용히 들어 준다.
③ 기겁을 한다든지, 비난을 한다든지, 혐오스러운 반응을 보이지 않는다.
④ "모든 일이 다 잘될 거야"와 같이 거짓 확신을 준다든가, "매사에 감사할 줄 알아 야지"라는 진부한 소리를 늘어놓지 않는다.
⑤ 전문적인 도움을 청하도록 설득한다.

# 8. 조현병

청년기의 심리적 부적응 중 가장 심각한 형태로 나타나는 것이 조현병(schizophrenia) 이다. 대부분의 조현병은 청년 후기나 성년기에 발병한다. 조현병의 증상은 사고가 논리적이지 못하고, 환각이나 환청 등 지각과정의 이상, 적대적이고 충동적인 행동,

사진 설명 조현병은 청년기의 심각한 심리장애이다.

현실을 왜곡하는 망상, 변덕스러운 기분, 인간관계의 단절 등이다.

청년기에 흔히 나타나는 자아변화가 조현병 초기증세와 비슷하기 때문에 청년기의 조현병을 진단하기란 쉽지 않다. 즉, 조현병인 청년들은 혼자 있기를 좋아하고, 안절부절못하며, 부모에게 버릇없이 굴고, 우울증에 깊이 빠졌다가 금세 행복감에 도취되는 등 기분이 오락가락한다. 그러나 이러한 모든 행동패턴은 정상적인 청년들에게서도 흔히 나타난다. 단지 차이점은 건강한 청년들의 행동은 지나치게 극단적이지 않고, 현실에 뿌리를 내리고 있다는 점이다.

조현병의 원인은 무엇인가? 유전학적 요인과 환경적 요인의 두 가지를 생각해볼 수 있다. 부모가 조현병이면 자녀도 조현병일 확률이 높으며, 이란성 쌍생아보다 일란성 쌍생아에게서 동시 발병률이 훨씬 높은 것으로 보아 유전적인 요인이 크게 작용하는 것으로 보인다. 그러나 유전적으로 조현병의 경향을 지니고 태어났다고 하더라도 모두 다 조현병 환자가 되는 것은 아니므로 환경적 요인 또한 배제할 수 없다. 〈그림 17-7〉은 유전적 관계의 정도에 따라 조현병이 발병할 위험률이다.

조현병으로부터 회복이 되느냐 안 되느냐 하는 것은 다음과 같은 몇 가지 요인에 달려 있다고 할 수 있다(Atwater, 1996).

① 부모의 죽음과 같은 충격적인 사건에 의해 발병했다면 회복할 가능성이 많다.
② 갑작스럽게 발병할수록 회복할 가능성이 많다.
③ 발병 시 연령이 높을수록 회복할 가능성이 많다. 10세 이전에 발병한 경우 예후가 좋지 않다.
④ 우울증을 포함한 정서불안은 회복할 가능성이 높다.
⑤ 환상이나 망상이 자책감을 동반하는 경우에는 잘못을 다른 사람 탓으로 돌리는 경우보다 예후가 더 좋다.
⑥ 과대망상적 조현병으로 진단받은 경우는 회복될 가능성이 가장 크다.
⑦ 가족들이 이해하고 후원적일수록 회복 가능성이 높다.

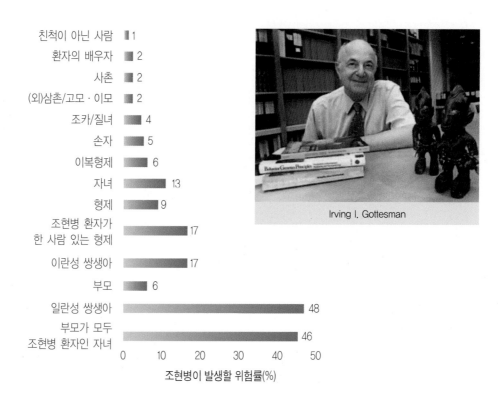

친척이 아닌 사람 ▮ 1
환자의 배우자 ▮ 2
사촌 ▮ 2
(외)삼촌/고모 · 이모 ▮ 2
조카/질녀 ▮ 4
손자 ▮ 5
이복형제 ▮ 6
자녀 ▮ 13
형제 ▮ 9
조현병 환자가
한 사람 있는 형제 ▮ 17
이란성 쌍생아 ▮ 17
부모 ▮ 6
일란성 쌍생아 ▮ 48
부모가 모두
조현병 환자인 자녀 ▮ 46

0    10    20    30    40    50
조현병이 발생할 위험률(%)

Irving I. Gottesman

**〈그림 17-7〉 유전적 관계에 따른 조현병의 발생률**

출처: Gottesman, I. I. (1991). *Schizophrenic genesis: The origins of madness.* New York: Freeman.

조현병 치료에는 항정신병약물이 성인에게보다는 효과가 적지만 사춘기 이전의 환자에게도 효과가 있다는 주장이 있다(Campbell, 1983). 그 외에도 개인 및 집단심리치료, 가족심리치료, 행동수정 프로그램도 치료에 도움이 된다.

# 청소년 비행

술은 만물의 방부제이다. 단지 뇌만을 제외하고는.                    Mary Pettibone Poole

우리는 누구나 제정신이 아닐 때가 가끔 있다.                        Battisa Mantuanus

흡연은 느린 동작의 자살이다.                                    Anonymous

화가 나면 열을 세어라. 그래도 풀리지 않는다면 백을 세어라.            Jefferson

풍랑은 항상 능력 있는 항해자 편이다.                              Gibbon

죄는 취소될 수 없다. 용서될 뿐이다.                              Stravinsky

모든 죄의 기본은 조바심과 게으름이다.                            Kafka

가장 훌륭한 기술이면서 가장 배우기 어려운 기술은 세상을 살아가는 기술이다.
                                                            Anne Sullivan Macy

잔잔한 바다에서는 좋은 뱃사공이 키워지지 않는다.                    영국 속담

폭력이 짐승의 법칙이라면 비폭력은 인간의 법칙이다.                  Gandhi

청년시절의 불장난은 노년기의 화근이 된다.                          Joseph Juvelt

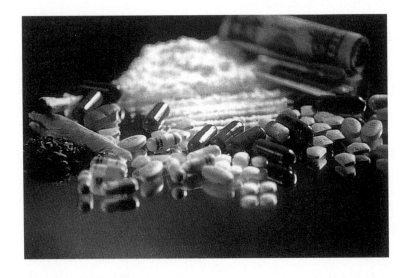

청소년 비행이라는 용어는 가출이나 성행위 같은 사회적으로 용납되지 않는 행동에서부터 강도나 절도, 살인과 같은 범죄행위에 이르기까지 그 범위가 상당히 넓다. 법적인 관점에서 청소년 비행은 두 가지 범주로 나뉜다. 한 가지 범주는 우범 소년(status offender)이다. 우범 소년은 무단결석, 가출, 성행위, 부모님 말씀 안 듣기 등 미성년자에 의해 행해지는 것이 아니라면 범죄로 간주되지 않는 행위를 하는 젊은이다. 마크 트웨인 소설의 주인공 허클베리핀(사진 참조)이 오늘날 살아서 활동한다면 이 범주에 들 것이다.

두 번째 범주는 비행 청소년이다 (사진 참조). 비행은 절도, 강간, 살인 등과 같이 누가 하든 범죄로 간주되는 행위를 말한다. 미성년 범죄자는 보통 성인 범죄자와는 다르게 취급된다. 재판 절차는 원칙적으로 비공개로 진행되고 처벌도 보다 관대하다.

우리나라에서는 청소년 비행을 범죄행위, 촉법행위, 우범행위의 세 범주로 나눈다(문화관광부, 1996). 범죄행위는 14세 이상 20세 미만의 소년이 형사법령에 저촉되는 행위를 하는 경우를 말하고, 촉법행위는 형사법령을 위반하였으나 형사미성년자(14세 미만)의 행위라는 이유로 형사책임을 묻지 아니하는 행위를 말한다. 우범행위는 12세 이상 20세 미만의 소년이 그 자체는 범죄가 아니지만 범죄를 저지를 우려가 있다고 인정되는 행위를 하는 경우를 말한다. 우리나라도 소년법 등에서 청소년 비행을 일반 범죄와는 달리 처리하는 규정을 두고 있다.

이 장에서는 청소년 비행의 원인, 비행 청소년의 특성, 비행 청소년의 가족, 우리나라 청소년 비행의 현황, 기타 청소년 비행, 청소년 비행의 예방 프로그램 등에 관해 살펴보고자 한다.

# 1. 청소년 비행의 원인

청소년 비행의 원인을 규명하는 이론은 크게 두 가지로, 청소년 개인의 특성에 초점을 맞춘 이론과 청소년과 사회 간의 관계에 초점을 맞춘 이론으로 구분된다. 청소년 개인의 특성에 초점을 맞춘 이론에는 생물학적 이론과 심리학적 이론이 있으며, 청소년과 사회 간의 관계에 초점을 맞춘 이론에는 사회학적 이론이 있다(Shoemaker, 1984).

## 1) 생물학적 이론

Cesare Lombroso

비행에 대한 생물학적 견해는 수백 년 전부터 이미 시작되었으며 (Fink, 1938), 특히 20세기 이전에는 비행행동의 직접적인 원인으로 생물학적 요인을 강조하였다. 초기 생물학적 이론에서는 먼저, 사람의 성격과 행동이 신체모양 및 구조와 밀접히 관련된다고 보았다. 예를 들어, 외형적인 모습과 범죄와의 관련성을 학문적으로 처음 연구한 19세기 후반 외과의사이자 정신과의사인 Cesare Lombroso(1911)에 의하면, 범죄자는 큰 턱, 튀어나온 광대뼈, 손잡이 모양의 귀 그리고 문신[1]과 같은 신체적 특징이 있다고 했다. 또한 인간의 전체적인 신체구조상의 특징을 의미하는 체형과 비행과의 관계에 관한 연구에서 Sheldon(1949)은 모든 인간의 체형은 둥글고, 부드럽고, 뚱뚱한 내배엽형, 근육질이고 단단한 중배엽형 그리고 마르고 연약한 외배엽형으로 나누어질 수 있다고 보았다. 이 중 중배엽형의 사람들이 다른 체형의 사람들보다 비행과 더 긴밀한 관련을 갖는 것으로 보였다(Glueck & Glueck, 1956). 마지막으로 유전적 입장에 의하면 행동은 태어날 때부터 존재하는 모습뿐만 아니라 부모로부터 자녀에게로 유전되는 것에 의해 결정된다고 본다. 대표적인 연구로는 Richard Dugdale에 의한 19세기 후반 뉴욕의 Jukes 가문에 대한 연구를 들 수 있다(Dugdale, 1888). 이 연구의 결과를 보면, 7대에 걸친 Jukes 가문의 사람들 1,000명 중에서 살인범 7명, 절도범 60명, 잡범 140명, 창녀 50명, 걸인 280명 그리고 성병환자 40명으로 나타났다. 이를 토대로 Dugdale은 비행과 유전이 관계가 깊다는 주장을 하게 되었다.

---

1) 사실상 문신은 태어날 때부터 가지고 있는 것은 아니지만 Lombroso는 신체적인 것으로 간주함.

이처럼 예전의 생물학적 이론은 단순하게 신체적 특성, 체격과 유전 등을 통해 개인의 비행행동을 설명한 반면, 최근의 생물사회학적 (biosocial) 이론에서는 개인적 소질과 환경의 상호작용이 개인의 행동에 영향을 미친다고 주장한다. 즉, 개인의 신체적·정신적 비정상이 환경과 상호작용하면서 부조화와 여러 가지 문제들을 만들어내게 되고, 이것이 바로 비행행동으로 연결된다는 것이다. 따라서 이 이론에서는 식습관이나 영양소 결핍에 따른 신체적 화학작용 과정과 같은 생화학적 요인이나 신경계의 기능장애 그리고 학습무능력 등의 요인을 보다 중시하고 있다.

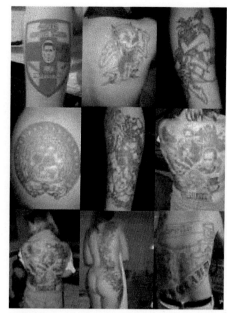

사진 설명  여러 종류의 문신

먼저, 식습관이나 영양소 결핍에 따른 내부 화학적 결함 또는 불균형과 같은 생화학적 요인은 직접적으로는 범죄와 비행행동에, 간접적으로는 학습능력의 감소나 사회적 규칙에 대한 불복종 등의 행동에 영향을 미친다. 즉, 비타민 결핍과 다른 화학적 성분의 불균형은 정신질환과 반사회적 행동에 영향을 준다는 연구가 있다(Bonnet & Pfeiffer, 1978; Wunderlich, 1978). 예를 들어, 아동의 반사회적 행동의 중요한 원천은 저혈당증 때문인 것으로 나타났다고 한다. 특히 비타민 B 복합체의 부족은 아동의 과잉활동성과 밀접한 연관이 있다는 증거도 있다고 한다(Hippchen, 1978). 둘째, 중앙신경체계의 화학적, 호르몬 활동에 있어서의 부조화가 반사회적 행동이나 약물남용과 관련이 있으며(Fishbein, Lozosky, & Jaffe, 1989), 뇌신경계의 장애가 있는 경우 낮은 지능점수나 인지상의 손상 등으로 인해 비행행동이 야기될 수 있다고 한다(Beckwith & Parmelee, 1986). 셋째, 학습무능력을 보이는 청소년들은 학업수행능력과 학교적응능력이 떨어지면서 좌절감을 경험하게 되고, 이러한 좌절감이 부정적인 자아상 형성에 기여함으로써 비행을 저지르게 된다고 본다(Hirschi & Hindelang, 1977).

오랜 기간 범죄 행동에 있어 생물학적 요인이 영향을 미친다는 연구들이 진행되어 왔다(Shah & Roth, 1974; Mednick & Christiansen, 1977). 하지만 비행의 생물학적 이론에 대한 많은 논란도 간과해서는 안 될 점이다. 먼저, 통제집단을 대상으로 한 일련의 연구에서 신체모습과 범죄 간에는 직접적인 관련이 없다는 연구(Goring, 1913)가 있으며, 둘째, 가계혈통(family tree) 조사법(〈그림 18-1〉 참조)은 과학적 증거와 논리가 매우

〈그림 18-1〉 Family Tree의 예

빈약하고, 셋째, 연구방법론상의 문제 때문에 생화학적인 요인과 비행행동과의 관계에 대한 여러 학자들 간의 합의도 도출되기가 어려운 상황이다(Fink, 1938; Hooton, 1939).

## 2) 심리학적 이론

심리학적 이론은 비행의 원인이 본질적으로 심리적인 것이라고 주장한다. 즉, 청소년들은 자신의 마음속에 내재되어 있는 심리적인 문제로 인해 폭력행위, 절도, 성적 비행 등의 문제행동들을 하게 된다는 것이다. 심리학적 이론은 비행 청소년의 정신을 중심으로 그 원인을 찾고자 하는 정신분석이론, 과거에 한 학습경험의 자연적인 발전이라고 해석하는 학습이론 그리고 인지발달 정도에 따라 비행의 원인을 규명하는 인지발달이론 등으로 구분된다.

### (1) 정신분석이론

Freud(1961)는 인간의 성격은 원초아(id), 자아(ego), 초자아(superego)로 구성되어 있다고 한다. 일반적으로 원초아와 초자아는 서로 상반된 목적을 추구하기 때문에 본능적 원초아와 이를 억제하려는 초자아 간에 긴장이 발생한다. 이때 즉흥적인 충동을 억제하고 현실을 고려하도록 하는 자아의 중재역할이 요구된다. 비행행동은 이처럼 세 요소가 갈등상태에 놓이게 될 때, 원초아의 힘이 자아나 초자아의 통제범위를 넘어섰을 때 생기는 것으로 간주한다. 즉, 본능적이고 쾌락의 지배를 받는 원초아를 자아와 초자아가 적절히 통제하지 못하게 되면 비행이 발생하게 된다는 것이다. 따라서 비행을 예방하기 위해서는 자아가 본능과 충동의 근원인 원초아의 동기를 억제할 수 있도록 초자아가 발달되어야 한다. 초자아 발달의 시작은 오이디푸스 갈등의 해결과 관련된다.

Freud(1927)는 오이디푸스 갈등이 제대로 해결되지 못할 경우, 심각한 성격문제와 문제행동이 나타날 수 있다고 했다. 예를 들어, Alexander와 Healy(1935)는 어떤 청소년은 자신의 어머니에 대한 성적 욕망 때문에 반복된 도둑질을 했다고 한다. 또한 Aichhorn(1925)의 연구에서는 17세 소년이 아버지의 목공소에서 빈번하게 도둑질을

하고, 빈병에 소변을 보는 등의 부정적인 행동을
한 원인을 조사한 결과, 젊은 계모의 애정을 얻고
자 하는 데에 아버지를 장애가 되는 라이벌로 인
식하면서 아버지를 향한 공격적 행동을 하는 것
이라고 했다. 이처럼 청년기에 도덕성을 의미하
는 초자아가 발달하지 못한 경우에는, 옳고 그름
의 판단력의 미비로 인해 즉각적인 만족을 추구
하거나, 공격적이고 충동적으로 행동하고 그리
고 타인을 배려하는 마음이 부족하게 된다. 한편,
Freud의 이론을 계승한 Erikson(1968)은 정체감
과 비행과의 관련성을 주장하였다. 그는 청년들

이 자신의 내부에서 일어나는 갈등에 직면하는 정체감 위기를 겪게 될 때(사진 참조),
비행행동을 일으킨다고 보았다.

### (2) 학습이론

　학습이론에 의하면 청년의 행동 변화는 세 가지 기본 원칙, 즉 강
화, 벌 그리고 모방에 의해 조정된다고 한다.
　Skinner(1953, 1971)는 청년의 본질을 이해하기 위해서는 청년의 사
고나 감정이 아닌 그들의 행동을 연구해야 한다고 주장한다. 그는 내
적 결정요인을 연구하는 것은 행동의 진정한 결정요인을 발견하는
데 장애가 된다고 믿는다. 행동의 내적 결정요인을 연구하는 것을 반
대하는 것은 내적 결정요인이 존재하지 않기 때문이 아니라 그것들
은 단지 자극과 반응 간의 관계에 상관이 없기 때문이다.

B. F. Skinner

　Skinner에 의하면 자극과 반응이 연결되는 한 가지 방법은 조작적
조건형성을 통해서 이루어지는 것이다. 즉, 행동은 조작적 조건행동의 결과에 의해서
결정된다. 청년의 어떤 행동이 강화를 받게 되면 그 행동이 다시 발생할 확률이 높고,
어떤 행동이 처벌을 받게 되면 그 행동이 다시 발생할 확률이 감소한다. 예를 들어,
비행 청소년의 경우 그가 훔친 물건으로 보상을 받거나, 또래들로부터 주목을 받음으
로써 강화를 받게 된다. 그럴 경우 결과적으로 비행행동을 되풀이하게 된다.
　Bandura(1977)의 사회학습이론에 의하면, 다른 사람을 관찰함으로써 학습이 이루
어진다고 한다. 관찰학습(모델링 또는 모방)을 통해서 우리는 다른 사람의 행동을 인지
적으로 마음속에 그려 보고 그리고 어쩌면 우리 스스로도 그 행동을 채택할지도 모

른다. 예를 들면, 청년이 TV에서 방영되는 공격적인 프로그램의 주인공 모습을 반복해서 관찰한 경우, 자신의 친구나 동생에게 TV에서 보았던 공격성을 그대로 보일 수도 있다.

### (3) 인지발달이론

인지발달이론은 도덕적 판단력이 인간의 인지발달에 따라 내면화하는 과정을 통해서 비행의 원인을 밝히고자 한다. 내면화란 사람이 사건이나 신념을 수용하고 그것을 자신의 사고의 일부로 만드는 것을 말한다. 따라서 어떤 사람은 사회적 기대를 쉽게 내면화하는 반면, 어떤 사람은 그렇지 못하다. 비행 청소년의 경우는 후자의 경우로서, 그들은 사회의 규제를 내면화하는 데 어려움을 호소하는 사람들이다(Bartol, 1980). Kohlberg(1976)에 의하면, 도덕성발달 단계 중 일반 청소년들은 3~4단계에 속하는 반면, 비행 청소년들은 1~2단계에 머문다고 하였다. 그리고 도덕성발달의 상위 단계들은 청소년 비행과 양립할 수 없는 정직성, 관대성 그리고 비폭력과 깊은 관련이 있는 것으로 나타났다(Henggeler, 1989).

인지발달이론에서는 지능수준과 비행과의 관계를 중시하였다. 20세기에 들어와서 Binet와 Terman 등의 지능검사가 소개되면서 비정상적 행동의 특별한 정신적 상태에 관심을 가지게 되었다. 대표적인 연구로 Goddard(1912)에 의한 Kallikak 가계 연구(〈그림 18-2〉 참조)가 있다. Kallikak은 전쟁 중에 정신박약자인 창녀를 만나 자녀를 두었고, 전쟁 후에는 덕망 있는 가문의 좋은 여자를 아내로 맞이하여 자녀를 두

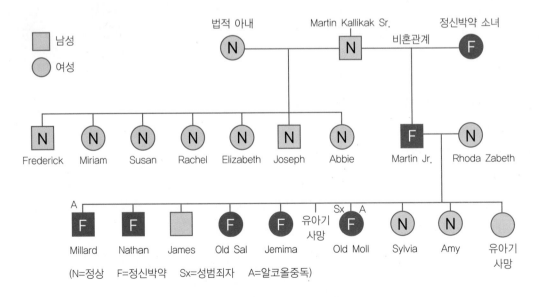

〈그림 18-2〉 Kallikak의 가계도

었다. 그 결과 창녀와의 사이에서는 정신박약자, 사생아, 알코올 중독자, 간질병자 그리고 범죄자 등의 후손을 두게 된 반면, 후자의 경우에는 교육자, 의사, 변호사 등의 후손을 두게 되었다. 또한 Goddard(1914)는 16개 소년원의 수감자를 대상으로 한 지능검사를 통해, 이들의 상당수가 정신박약상태라고 보고하였다. Goddard에 의한 일련의 연구를 통해 비행행동과 지능이 밀접한 관련이 있음이 밝혀졌다.

또한 지능과 비행행동에 관한 연구는 크게 두 가지로 구분된다. 먼저 초기연구에서는 낮은 지능이 범죄행동과 직접적인 관련이 있는 것으로 본다. 왜냐하면 지능이 떨어지는 경우 옳고 그름을 판단하는 능력도 저하되면서, 지능은 직접적으로 비행행동에 영향을 미치기 때문이다. Farrington(1992)의 연구에서도 낮은 지능지수와 비행행동은 직접적인 관련을 가진다고 보았다. 즉, 낮은 지능을 가진 청년들은 자신이 처해 있는 상황과 다른 사람의 몸짓을 잘못 파악하고, 바보같은 행동을 하며, 모두에게 해로운 비행행동을 할 가능성이 훨씬 높다고 했다. 둘째, 또 다른 연구에서는 지능이 비행에 간접적으로 영향을 미치는 것으로 생각한다. 왜냐하면 다른 요인들이 지능보다 더 직접적인 관련성을 가지기 때문이다. Hirschi와 Hindelang(1977)의 연구에 의하면, 낮은 지능지수는 학업능력을 통해 간접적으로 비행에 영향을 미친다고 한다. 즉, 낮은 지능지수를 가진 청년들은 학업성취의 부진과 학교생활의 부적응을 가져오면서 비행행동을 보다 많이 보였다.

## 3) 사회학적 이론

청소년과 사회 간의 관계에 초점을 맞춘 사회학적 이론에는 사회해체론, 아노미이론, 하위문화이론, 통제이론, 낙인이론 등이 있다.

### (1) 사회해체론(Social Disorganization Theory)

비행행동에 대한 사회해체론적 입장은 다음과 같다. 급격한 산업화, 도시화와 이민의 증가로 인해 효율적인 사회통제력이 감소되면서 비행지역이 발생하게 되고, 비행지역에서는 높은 비행률이나 범죄나 비행의 가치를 자연스럽게 받아들이는 현상이 생겨나게 된다는 것이다.

이러한 사회해체론은 Shaw와 Mckay에 의해 주장된 이론으로서, 이들 학자들은 시카고의 특정 지역[2]에서 왜 범죄율이 높은지를 설명하려고 했다. 이를 위해, Burgess

---

2) 19세기 중엽부터 외국인 노동자와 남부지역 농촌 출신자들이 시카고로 대거 유입되면서, 이들은 시내의 중심부에 있는 주거비가 적게 드는 오래된 낡은 주거지역에 거주하게 되었다.

(1967)와 같은 도시생태학자들이 제시한 동심원이론에 따라 시카고 지역을 5개 지역으로 구분하였다. 먼저, 제1지역은 도시의 중심부인 중심 상업지구로 공장, 상가, 유흥업소가 많고, 제2지역은 공업과 상업에 의해 번창해가고 있는 전이지역으로 이민자와 가난한 사람들이 거주하고 있으나 적합한 거주지로서의 매력은 상실하고 있는 지역이다. 제3지역은 노동자 계급이 거주하는 지역이며, 제4지역은 중류층의 거주 지역으로 그곳에는 단독주택과 좀더 격식 있는 아파트들이 있으며, 마지막으로 제5지역은 교외지역으로 불리며, 도시 외곽에 위치한 위성도시로 주로 상류층이 거주하고 있다.

이처럼 도시환경을 5개 지역으로 구분한 후 Shaw와 McKay(1942, 1969)는 도시환경이 어떻게 일탈을 일으키는가에 관심을 갖고 연구한 결과 첫째, 학교 무단결석률이 높은 생태학적 지역은 비행과 성인범죄의 비율이 높았으며 둘째, 도심에서 멀어질수록 비행률이 낮아지는 현상을 보였다. 즉, 첫 번째와 두 번째 지역의 비행률이 다른 지역에 비해 높았다. 셋째, 거주자들의 사회적·인종적 구성이 변해도 일부 생태학적 지역에서는 높은 비행률이 지속되는 현상이 나타났다. 다시 말해서 비행률은 인종, 피부색 또는 국적과 같은 그 지역의 인종적 구성보다는 지역 그 자체임이 밝혀지면서, 당시 우세하던 우생학적 경향에 반발하는 이론적 근거를 제시하게 되었다. 마지막으로 비행률이 높은 지역은 낮은 평균수입, 낮은 주택소유율, 높은 비율의 정부 구호대상 가족들로 구성되어 있는 등 조직해체의 지표들이 나타났다.

따라서 사회해체론에 의하면 청소년 비행은 일반적으로 저소득층, 결손가정 및 소수민족, 학교 중퇴자, 황폐화되고 과밀한 주택사정으로 특징지어지는 지역, 즉 해체지역에서 높게 나타나게 된다.

## (2) 아노미이론(Anomie Theory)

사회해체론과 아노미이론은 밀접하게 서로 관련성을 가지고 있으나, 사회해체론의 경우 지리적 조건을 강조하는 것이라면 아노미이론은 보다 큰 사회적 조건을 강조하는 이론이다. 따라서 어떤 면에서는 사회해체론은 아노미이론의 한 부분에 속한다고 볼 수 있다.

아노미란 사회적 조건과 사회 내에서의 개인의 성장, 성취 그리고 재생산에 대한 기회들 사이의 불일치로 인해 발생한다. 즉, 아노미 상태란 사회 내에서 개인이 좌절감이나 불화 등을 경험하게 될 때를 말한다. 아노미이론은 Merton(1938)에 의해 체계화되었는데, 아노미이론에 따르면 한 사회에서 추구하는 목표가 있을 때, 그 목표를 달성하기 위한 수단은 계층에 따라 다르게 나타난다고 한다. 예를 들어, 부나 성공의

Robert King Merton

목표를 달성하는 데 있어 일정한 교육수준이나 직업이라는 수단이 요구된다고 할 때, 중산층 이상은 이러한 제도적 수단이 있어 노력만 하면 목표를 달성할 수 있다. 반면, 하류계층은 이러한 수단확보가 어렵기 때문에 목표달성을 하기가 힘들어진다. 이처럼 사회적 목표에 쉽게 도달하지 못하는 사람들은 목표를 달성하기 위한 수단을 획득하지 못한 것으로 보고, 이로 인해 심리적으로 불안과 갈등을 느끼게 되는 것을 아노미 상태라고 하였다. 따라서 이러한 아노미 상태는 비행과 범죄를 일으키는 데 주요 원인이 된다는 것이다.

아노미이론의 대표적인 학자인 Merton(1957)은 아노미 상태의 반응 또는 적응은 사회에 따라 다양하게 나타날 수 있다고 보았다. 그리고 이러한 반응들은 사회 내의 범죄와 일탈의 유형을 묘사하는 데 관련된다고 보았다. 따라서 이러한 반응들을 사회적 목표 또는 수단을 통해 다음과 같이 설명하고 있다

먼저, 동조형(conformity)은 문화적 목표를 수용하고 사회적으로도 제도화된 수단을 통해서 목표를 추구하는 양식으로 이는 비행이나 탈선행위와 관계가 없다. 혁신형(innovation)은 목표는 수용하지만 제도화된 수단을 거부하는 것으로 목표를 달성하기 위해 부정적인 방법을 선택하는 유형이다. 따라서 전형적인 탈선양식으로 볼 수 있다. 관습형(ritualism)은 문화적 목표는 때로 거부하지만, 제도화된 수단에는 철저하게 복종하는 행동양식을 보이는 것을 말한다. 은둔형(retreatism)은 문화적 목표와 제도화된 수단 모두를 거부하고 도피해 버리는 행동양식을 말한다. 마지막으로 반란형(rebellion)은 문화적 목표와 제도화된 수단을 모두 거부함과 동시에 새로운 목표와 수단으로 대치하고자 하는 행동양식이다. 따라서 Merton은 동조형을 제외한 모든 유형이 일탈적이며, 특히 비행과 관련이 있는 유형은 혁신형이라고 보았다.

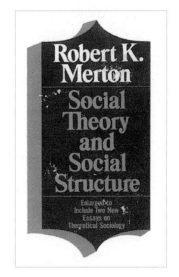

### (3) 하위문화이론(Lower-Class-Based Theory)

하위문화이론은 사회적 조직 및 청소년 또래들 사이에서 증가하고 있는 폭력을 설명하기 위한 이론으로 1950년대 이후부터 계속해서 연구되고 있다. 하위문화이론에서는 하류계층 청소년들이 지배적인 문화와는 다른 문화 속에 속함으로써, 그러한 다른 문화 속의 가치와 신념에 따라 행동하다 보니 자연스럽게 비행을 많이 저지르게 된다고 본다. 하위문화이론에는 Cohen의 비행하위문화이론과 Cloward와 Ohlin의

차별기회이론 그리고 Miller의 하류계층문화이론이 있다.

먼저, Cohen(1955)에 의하여 처음 주장된 비행하위문화이론(middle-class measuring rod theory)은 집단비행의 하층 계급적인 측면에 초점을 두고 비행집단과 그 집단이 가지고 있는 특이한 하위문화를 계급적 긴장과 갈등이라는 사회구조적 기반과 관련하여 설명하고 있다. 비행하위문화이론은 하류계층의 청소년들이 학교에서 중산층의 가치에 의해서 평가되는 상황에 직면해서 자신의 지위를 획득하는 데 문제가 발생하게 될 때, 이러한 문제에 대한 집단적인 해결책으로 비행을 하게 된다고 주장한다.

Cloward와 Ohlin(1960)의 차별기회이론(theory of differential opportunity structure)에서는 Cohen의 비행하위문화이론과 달리 여러 하위문화를 제시하고 있다. 즉, Cloward와 Ohlin에 의하면 차별기회이론은 세 가지 차원, 즉 범죄하위문화, 갈등하위문화 그리고 은둔하위문화에 따라 비행이 일어난다고 보았다.

범죄하위문화는 하류계층 내의 성인 범죄는 조직화되어 있으며, 이것은 비행 청소년들의 성공적인 모델이 된다는 것이다. 따라서 이는 대대로 범죄기술이 전수되어 재산범죄를 수행해 나가면서 생계를 해결하는 등 불법적 범죄기회 구조가 확고한 하위문화를 말한다. 절도, 공갈, 사기와 같은 재산범죄와 관련성이 높다. 갈등하위문화는 주로 거리의 폭력배들에게서 발견되는 것으로 체계적으로 전수되는 범죄기술은 없다. 단지, 불법적 범죄기회는 없으나 폭력을 수용하는 하위문화로, 주로 폭력범죄와 관련이 깊다. 마지막으로 은둔하위문화는 어떤 사람들은 성공의 목표를 달성하지 못한 긴장상태로 인해 불법적 기회를 학습할 기회도 갖지 못했고, 그렇다고 폭력을 수용하지도 못하여 재산범죄자도 혹은 폭력군도 되지 못하는 이중 실패자가 되는 것을 말한다. 은둔하위문화는 특히 약물남용과 알코올중독과 같은 비행행동과 관련된다.

Miller(1958)의 하류계층문화이론(theory of lower-class culture and delinquency)에는 다음과 같은 두 가지 기본 가정이 있다. 첫째, 하류계층은 다른 계층과는 뚜렷이 구별되는 독자적인 가치와 문화를 가지고 있으며 둘째, 하류계층에서는 여성 가구주가 많다는 것이다. 즉, 하류계층에는 본래부터 존재하는 비행 가치와 문화로 인해 여기에 속하는 청소년들은 비행행동을 보다 많이 하게 된다. 또한 하류계층에는 편모슬하의 청소년들이 많은데, 특히 남자 청소년들은 아버지 부재를 대신할 수 있는 동성 친구와의 교류를 통해 남성성을 찾으려고 노력하는 과정에서 비행행동이 보다 많이 일어나게 된다는 것이다.

## (4) 통제이론(Control Theory)

통제이론에서는 인간의 본성을 본질적으로 반사회적인 것으로 가정한다. 따라서 인간이 비행을 행하는 것은 비행행동을 하게 하는 어떤 특정한 요인 때문이 아니라 비행을 억제할 수 있는 통제력이 부족하기 때문이라고 본다. 통제이론에는 대표적으로 Reckless의 봉쇄이론과 Hirschi의 사회유대이론이 있다.

Reckless(1961)의 봉쇄이론(containment theory)에 의하면 비행은 부정적 자아개념의 결과라고 한다. 봉쇄이론은 비행의 원인을 내적 방출요인, 외적 유인요인 그리고 압력요인으로 설명하였다. 내적 방출요인(pushes)은 불만족, 불안감, 개인적 긴장 정도, 두려움, 공격성, 증오심 등과 같은 개인으로 하여금 비행이나 죄를 유발하는 개인 각자의 생물학적·심리학적 요소를 말한다. 둘째, 외적 유인요인(pulls)은 개인으로 하여금 정상적인 삶을 벗어나도록 이끄는 조건들로, 좋지 못한 친구, 동료들, 범죄나 비행을 저지르는 하위문화들, 범죄를 일으키는 조직단체, 건전하지 못한 대중매체 등이 있다. 마지막으로 압력요인(pressures)은 개인이 만족스럽지 못한 상태가 되게 하는 조건으로, 좋지 못한 생활조건, 가족들 간의 갈등, 낮은 사회적 지위, 성공할 수 있는 기회의 박탈 등이 있다.

이 중에서 비행과 가장 많이 관계되는 것은 내적 방출요인으로 자신에 대해 긍정적인 생각을 가지고 있는 청년은 친구들이나 동료들의 꾐에 빠지지 않을 뿐만 아니라 유해환경으로부터 멀어지려고 노력하지만, 자신에 대해 부정적인 생각을 갖는 청년은 외부적 요인에 쉽게 굴복해서 비행행동을 하게 된다(사진 참조).

또 다른 통제이론으로 Hirschi(1969)의 사회유대이론(social bond theory)이 있다. 이 이론은 비행행동의 동기가 인간 본성의 한 부분이며 모든 인간들은 무방비 상태에

사진 설명 자신에 대해 부정적인 생각을 가지고 있는 청년들은 쉽게 비행행동을 하게 된다.

서는 자연적으로 비행을 저지르게 될 것이라는 전제를 가지고 있다. 따라서 모든 사람들은 비행행동이나 범죄행동을 할 가능성을 가지고 있기 때문에 비행문화, 비행동기 등과 같은 동기를 밝히는 것보다 왜 비행을 하지 않는가를 연구해야 한다고 주장한다.

Hirschi는 사람들이 비행을 하지 않는 이유는 바로 사회적 유대를 통한 통제 때문

Travis Hirschi

이며, 이 유대가 약화될 때 비행 또는 범죄행위가 일어난다고 본다. 이러한 사회적 유대는 크게 애착, 헌신, 참여, 신념이라는 네 가지로 구분할 수 있다. 먼저, 애착(attachment)은 개인이 맺고 있는 중요한 주위 사람이나 단체, 조직 등에 대한 애정적인 결속을 말한다. 즉, 부모에 대한 애착, 교사에 대한 애착, 학교에 대한 애착 등으로, 이러한 애착이 강할수록 비행을 덜 저지르게 된다고 한다. 헌신(commitment)은 개인이 사회에서 혹은 단체 내에서 헌신하는 정도를 나타내는데 이는 무엇인가를 하고자 하는 열망이 크다면, 이러한 열망으로 인해 나쁜 결과가 생기지 않도록 하기 위해서 비행을 하지 않는 것을 말한다. 즉, 사람들이 사회성이 높은 목표에 집착하여 이를 꼭 달성하려고 노력하면 비행을 덜 저지르게 된다는 것이다. 참여(involvement)는 헌신의 결과로서 구체적으로 실제 참여하는 정도를 나타낸다. 즉, 사람들이 너무나 바쁘기 때문에 비행을 저지를 시간적 여유를 갖지 못하기에 비행이 일어나지 않는다는 것이다. 마지막으로 신념(belief)은 법이나 사회적 규범을 받아들이는 정도를 말하며, 사회의 인습적 규범과 가치를 내면화하여 내면적 통제력을 가지는 것을 의미한다.

따라서 사회유대이론에 따르면, 사회에 대한 애착이 강하고, 헌신하며, 참여하고 그리고 법이나 사회적 규범 등을 내면화하는 청년들은 그렇지 않은 청년들보다 비행을 덜 저지르게 된다고 한다.

### (5) 낙인이론(Labeling Theory)

Edwin Lemert

낙인이론은 Lemert와 Becker에 의해 연구된 것으로, 어떤 비행행위가 어떤 과정을 통해 낙인이 찍히게 되고, 그것이 개인에게 주는 효과를 분석하는 것이 사회학적 연구에서 가장 중요시되어야 한다는 점을 강조하는 이론이다. 낙인이론가들은 비행행위 자체에 관심을 두기보다는 비행을 지속적으로 행하는 경력 비행자에 관심을 두며, 비행의 원인이 오히려 사법기관의 낙인, 즉 가만히 두면 아무런 심각한 일도 없었을 것을 낙인을 찍음으로 인해 심각한 비행자가 될 수도 있다는 점을 강조한다. 따라서 Lemert(1951)와 Becker(1973)는 공공연하게 일탈자로 낙인찍히는 것은 사회적으로 오점을 남기는 것이며, 또한 일탈의 가능성을 더욱 높이게 되는 것이라고 주장했다.

또한 낙인이론가들은 일탈자로서 찍힌 낙인이 자기 충족적 예언(self-fulfilling prophecy)을 낳는다고 한다(Elliott & Ageton, 1980; Hindelang, Hirschi, & Weis, 1981; Williams & Gold, 1972). 예를 들어, 어떤 학생이 비행 청소년으로 낙인이 찍히게 되면 계속되는 주위의 기대대로 비행을 저지르게 된다는 것이다. 즉, 좋지 못한 쪽으로 낙인이 찍히게 되면 부정적인 자아가 형성되어 계속해서 이 부정적 자아가 행하는 대로 비행을 한다고 한다.

따라서 청소년들을 교육하는 데 있어 특정 청소년을 '문제학생' 또는 '못된 학생' 등으로 낙인찍음으로써 자아개념에 영향을 미치고, 결국 청소년들을 경력 비행자로 만들어 점점 더 비행에 빠져들게 한다는 낙인이론은 청소년 교육에 시사하는 바가 큰 이론이라고 할 수 있다(신창희, 2001).

## 2. 비행 청소년의 특성

Erikson(1968)은 청소년 비행을 청년이 역할정체감을 성공적으로 해결하지 못한 결과로 본다. 유아기, 아동기 또는 청년기에 자신의 행동이 사회기준이나 부모의 기대에 미치지 못함을 깨달으면 부정적 정체감을 형성하게 되어 비행 청소년의 길로 접어들게 된다. 따라서 Erikson은 청소년 비행은 비록 그것이 부정적인 정체감일지라도 정체감을 형성하려는 시도로 본다.

청소년 비행은 자기통제 능력의 부족과도 관련이 있다. 대부분의 젊은이들은 허용되는 행동과 허용되지 않는 행동을 구별하지만 비행 청소년은 그렇지 못하다. 혹 구별한다고 하더라도 충동적인 성격으로 인해 자기통제력이 부족하다. 이들은 자신의 나쁜 행동에 대해 별로 죄책감을 느끼지 못하고, 때로는 자신의 행동 때문이 아니라 자신이 붙잡혔기 때문에 처벌을 받는다고 믿는다(Arbuthnut, Gordon, & Jurkovic, 1987). 비행 청소년은 자신뿐만 아니라 다른 사람들에게도 엄청난 피해를 주기 때문에 이들의 존재는 일종의 재앙이라고 할 수 있다. 또 다른 연구(Chen & Jacobson, 2013)에서는 충동성 또한 청소년 비행과 관련이 있는 것으로 나타났다.

사회경제적 요인 또한 청소년 비행에 중요한 역할을 한다. 저소득층의 청년들은 교육의 기회, 좋은 직장을 얻을 기회가 적기 때문에 자신의 불우한 환경에 좌절하게 되어 마침내 비합법적인 수단으로 자신이 원하는 것을 얻고자 한다(Kennedy, 1991). 이외에도 학업성적(Perlmutter, 1987), 언어능력(Quay, 1987), 문제해결 능력(Hains & Ryan, 1983), 자아존중감(Henggeler, 1989), 사회적 기술(Kupersmidt & Coie, 1990), 만족지연 능

력(Ross, 1979) 등이 청소년 비행과 관련이 있다.

한 연구(Offer, Ostrov, & Marohn, 1972)에서는, 비행 청소년을 네 종류로 분류하고 있다. 첫째, '충동적인' 비행 청소년은 아무 생각 없이 행동하고 자제력이 없으며, 둘째, '감정이 메마른' 비행 청소년은 수동적이고, 무감각하며, 고독한 사람이다. 셋째, '자기도취적인' 비행 청소년은 자기 자신에게만 관심이 있고, 자신이 상처받았다고 느끼며, 자아존중감을 지키는 유일한 방법은 자신에게 상처를 입힌 사람에게 보복하는 것이라고 여긴다. 넷째, '우울한' 비행 청소년은 자신의 내적 갈등의 고통에서 벗어나기 위해 범죄를 저지른다.

## 3. 비행 청소년의 가족

Gerald R. Patterson

부모의 몇 가지 특성이 자녀의 비행과 연관이 있다. 일반적으로 지나치게 허용적이거나, 지나치게 엄격하거나, 지나치게 권위적인 양육행동은 청소년 비행과 연관이 있다. 몇몇 연구(Laird et al., 2003; Patterson & Stouthamer-Loeber, 1984)에 의하면 청년들의 반사회적 행동은 부모가 자녀를 훈육하는 능력과 밀접한 관련이 있다고 한다. 즉, 비행 청소년의 부모들은 자기 자식이 어디에서 어떤 친구들을 사귀며, 어떤 행동을 하는지 관심이 없는 것으로 보인다. 이들 연구자들은 또한 비행 청소년의 부모들은 자녀가 규칙을 위반한 데 대해 설교나 위협보다 더 엄한 처벌을 하지 않는다고 보고하였다. 가족 간의 불화, 특히 적대적인 형제관계 또한 청소년 비행과 관련이 있는 것으로 나타났다(Capaldi & Shortt, 2003; Chen & Jacobson, 2013; Conger & Reuter, 1996; Slomkowski et al., 2001).

우리나라 비행 청소년 전문교육기관에 있는 남학생 202명을 대상으로 비행 청소년의 심리적 가정환경과 비행성향 및 자살충동과의 관계를 알아본 연구(김두식, 2000)에 의하면, 심리적 가정환경이 비성취, 폐쇄, 거부, 타율적이면 비행성향이 높았다고 한다. 따라서 비행 예방을 위해서는 개방적, 친애적 그리고 자율적인 가정환경의 조성

Magda Stouthamer-Loeber

이 요구된다. 또한 비행 청소년의 비행성향과 자살충동 간에는 밀접한 관계가 있으므로 자살예방을 효과적이고 합리적으로 예방하기 위해서는 가정의 심리적 환경이 잘 조성되어야 할 것이다.

Snyder와 Patterson(1987)은 비행 청소년의 가족을 연구한 바 있는데, 이 연구에서 청소년 비행과 연관이 있는 가족생활에 네 가지 측면이 있음을 발견하였다. 첫째, 청년이 해도 좋은 일과 해서는 안 될 일에 대한 규칙이 없다. 둘째, 부모의 감독 소홀로 자녀가 어디서 무슨 짓을 하는지, 무슨 생각을 하고 있는지에 관심이 없다. 셋째, 자녀훈육에 일관성이 없다. 즉, 자녀의 바람직하지 못한 행동에 대해 일관성 없이 반응한다. 그리고 바람직한 행동을 칭찬하기보다는 바람직하지 못한 행동을 벌하는 경향이 있다. 넷째, 가족문제나 위기를 효율적으로 해결하는 능력이 부족하다.

# 4. 우리나라 청소년 비행의 현황

2020년에 발간된 『청소년백서』에 의하면 19세 미만 청소년범죄자는 대체로 감소하는 추세에 있다. 최근 10년간 전체범죄자 대비 청소년범죄자의 구성 비율을 보면, 2010년에는 5.8%이었다가 2016년 3.9%까지 감소하였다. 2017년 일시적으로 4.0%로 증가하였으나, 다시 감소하여 2019년에는 3.8%를 기록하였다(〈표 18-1〉 참조). 청소년 인구의 감소로 인하여 청소년범죄자의 비율도 줄어들고 있는 것인데, 이는 최근 우려와 달리 일반 범죄에 비하여 청소년범죄가 급증하고 있는 것은 아님을 나타내고 있다. 다만, 2019년 청소년범죄자의 절대적인 숫자 자체는 소폭 증가하여 여전히 청소년범죄에 대한 관심과 경계가 필요함은 부정할 수 없다.

〈표 18-1〉 **연도별 청소년범죄자 현황 및 구성 비율**                    (단위: 명, %)

| 구분 \ 연도 | 2010 | 2011 | 2012 | 2013 | 2014 | 2015 | 2016 | 2017 | 2018 | 2019 |
|---|---|---|---|---|---|---|---|---|---|---|
| 전체범죄지 | 1,764,716 | 1,711,687 | 1,843,289 | 1,859,697 | 1,851,150 | 1,888,959 | 1,973,655 | 1,818,237 | 1,704,086 | 1,723,499 |
| 청소년범죄자 | 101,596 | 100,032 | 104,780 | 88,731 | 77,594 | 71,035 | 76,000 | 72,759 | 66,142 | 66,247 |
| 구성비(%) | 5.8 | 5.8 | 5.7 | 4.8 | 4.2 | 3.8 | 3.9 | 4.0 | 3.9 | 3.8 |

주: 청소년범죄자의 기준은 18세 이하이며, 이하 동일함.
자료: 대검찰청(2011~2020). 범죄분석.

2019년 청소년범죄 유형별 발생비를 살펴보면, 재산범죄 327.6, 강력범죄(폭력) 219.4, 교통범죄 88.0, 강력범죄(흉악) 43.2의 순으로 나타났다. 재산범죄의 발생비는 2010년부터 계속 증가하여 2012년 442.4건으로 가장 높았다. 이후 대체로 감소하여 2019년에는 327.6건 발생하여 2010년 대비 18.2% 감소하였다. 강력범죄(흉악)의 발생비는 2010년 33.7건에서 감소추이를 보이다가 2016년부터 꾸준히 증가하여 2019년에는 43.2건이었다. 이는 2010년 대비 28.2% 증가한 수치이다. 강력범죄(폭력)의 발생비는 2012년 310.0건으로 최고치를 기록한 이후 증감을 반복하다가 2019년 219.4건이 발생하였다. 이는 2010년 대비 12.4% 감소한 수치이다. 교통범죄의 발생비는 2019년 88.0건으로 2010년 대비 41.7% 감소하였다(〈표 18-2〉, 〈그림 18-3〉 참조).

절대적인 발생비는 재산범죄가 가장 높고, 강력범죄(흉악)가 가장 낮지만, 최근 강력범죄(흉악)가 증가한 것에는 주목할 필요가 있다. 다른 유형의 경우 지난 2010년 대비 모두 감소한 반면, 유독 강력범죄(흉악)만큼은 반대의 추이를 보이고 있기 때문이다. 이러한 점에서 특히 강력범죄(흉악)에 대한 효과적인 대응이 요구된다.

〈표 18-2〉 **청소년범죄 유형별 발생비 추이(2010~2019)**                    (단위: 발생비, %)

| 연도 | 재산범죄 | | 강력범죄(흉악) | | 강력범죄(폭력) | | 교통범죄 | |
|------|------|------|------|------|------|------|------|------|
| | 발생비 | 증감률 | 발생비 | 증감률 | 발생비 | 증감률 | 발생비 | 증감률 |
| 2010 | 400.7 | - | 33.7 | - | 250.5 | - | 150.9 | - |
| 2011 | 403.0 | 0.6 | 38.1 | 13.1 | 265.2 | 5.8 | 136.3 | -9.7 |
| 2012 | 442.4 | 10.4 | 34.7 | 3.0 | 310.0 | 23.7 | 115.1 | -23.7 |
| 2013 | 430.9 | 7.6 | 34.4 | 2.1 | 215.4 | -14.0 | 96.2 | -36.3 |
| 2014 | 367.4 | -8.3 | 32.0 | -5.0 | 196.0 | -21.8 | 93.7 | -37.9 |
| 2015 | 332.9 | -16.9 | 28.2 | -16.4 | 181.4 | -27.6 | 89.4 | -40.8 |
| 2016 | 352.9 | -11.9 | 35.7 | 5.9 | 207.7 | -17.1 | 99.4 | -34.1 |
| 2017 | 319.3 | -20.3 | 38.1 | 13.0 | 231.2 | -7.7 | 105.8 | -29.9 |
| 2018 | 300.6 | -25.0 | 39.8 | 18.2 | 224.0 | -10.6 | 86.7 | -42.6 |
| 2019 | 327.6 | -18.2 | 43.2 | 28.2 | 219.4 | -12.4 | 88.0 | -41.7 |

주: 1) 재산범죄: 절도, 장물, 사기, 횡령, 배임, 손괴.
  2) 강력범죄(흉악): 살인, 강도, 방화, 성폭력.
  3) 강력범죄(폭력): 폭행, 상해, 협박, 공갈, 약취와 유인, 체포와 감금, 폭력행위등(손괴·강요·주거침입등), 폭력행위등(단체등의 구성·활동).
  4) 청소년범죄 발생비는 각 연도 행정안전부 「주민등록인구현황」의 18세 이하 인원수 기준으로 작성된 것임.
  5) 발생비는 청소년인구 10만명당 범죄발생비를 나타내는 것임.
자료: 대검찰청(2020). 범죄분석.

〈그림 18-3〉 범죄 유형별 청소년범죄의 발생비 추이(2010~2019)

2019년 전체 청소년범죄자의 연령을 살펴보면, 18세가 26.5%(17,578명)로 가장 높은 비율을 차지하였고, 이어 17세 21.6%, 16세 20.5%, 15세 17.7%, 14세 16.4%의 순으로 나타났다. 최근 10년간 청소년범죄자의 연령추세를 볼 때 17~18세 청소년범죄자의 비율이 증가하고 있다(〈표 18-3〉 참조).

〈표 18-3〉 청소년범죄의 연령별 현황(2009~2019)                    (단위: 명, %)

| 연도 \ 연령 | 계 | 14세 미만 | 14세 | 15세 | 16세 | 17세 | 18세 |
|---|---|---|---|---|---|---|---|
| 2009 | 113,022 (100.0) | 1,989 (1.8) | 15,431 (13.7) | 24,657 (21.8) | 26,153 (23.1) | 23,307 (20.6) | 21,485 (19.0) |
| 2010 | 89,776 (100.0) | 445 (0.5) | 8,870 (9.9) | 19,280 (21.5) | 21,611 (24.1) | 19,637 (21.9) | 19,933 (22.2) |
| 2011 | 83,068 (100.0) | 360 (0.4) | 5,189 (6.2) | 17,084 (20.6) | 21,815 (26.3) | 19,936 (24.0) | 18,684 (22.5) |
| 2012 | 107,490 (100.0) | 856 (0.8) | 12,978 (12.1) | 21,009 (19.5) | 26,080 (24.3) | 24,140 (22.5) | 22,427 (20.9) |
| 2013 | 91,633 (100.0) | 471 (0.5) | 11,338 (12.4) | 16,645 (18.2) | 20,463 (22.3) | 21,208 (23.1) | 21,508 (23.5) |
| 2014 | 77,594 (100.0) | 37 (0.0) | 9,712 (12.5) | 14,041 (18.1) | 16,940 (21.8) | 17,517 (22.6) | 19,347 (24.9) |
| 2015 | 71,035 (100.0) | 64 (0.1) | 7 (0.0) | 14,387 (20.3) | 17,624 (24.8) | 18,231 (25.7) | 20,722 (29.2) |

| 2016 | 76,000<br>(100.0) | 84<br>(0.1) | 7,530<br>(9.9) | 13,789<br>(18.1) | 17,589<br>(23.1) | 17,607<br>(23.2) | 19,401<br>(25.5) |
| 2017 | 72,759<br>(100.0) | 93<br>(0.1) | 7,703<br>(10.6) | 12,376<br>(17.0) | 16,391<br>(22.5) | 17,358<br>(23.9) | 18,838<br>(25.9) |
| 2018 | 66,142<br>(100.0) | – | 8,321<br>(12.6) | 11,595<br>(17.5) | 13,306<br>(20.1) | 15,513<br>(23.5) | 17,407<br>(26.3) |
| 2019 | 66,247<br>(100.0) | – | 9,053<br>(16.4) | 11,730<br>(17.7) | 13,548<br>(20.5) | 14,338<br>(21.6) | 17,578<br>(26.5) |

주: 2018년 이후 14세 미만 통계에서 제외.
자료: 대검찰청(2010~2020). 범죄분석.

　최근 10년간 전과가 있는 청소년범죄자의 비율을 살펴보면 증감을 반복하고 있다. 전과를 가진 청소년범죄자의 비율은 2009년 35.7%에서 2013년 46.1%까지 증가한 이후 감소세로 나타나 2018년 33.7%로 기록되었다. 그러나 4범 이상 청소년범죄자의 비율은 계속 증가하고 있는데, 2009년 8.8%에서 2018년 13.4%, 2019년 14.9%로 2배 가까이 증가하였다(〈표 18-4〉 참조). 이는 청소년범죄의 상습화가 심각한 수준에 있고, 향후 재범률이 높은 청소년범죄자에 대한 체계적인 교정교육과 지속적인 사후관리가 필요함을 시사한다.

〈표 18-4〉 **청소년범죄의 전과별 현황** (단위: 명, %)

| 연도＼연령 | 계 | 소계<br>(미상 제외) | 전과 없음 | 1범 | 2범 | 3범 | 4범 이상 |
|---|---|---|---|---|---|---|---|
| 2009 | 113,022 | 102,573<br>(100.0) | 65,990<br>(64.3) | 15,103<br>(14.7) | 7,637<br>(7.4) | 4,799<br>(4.7) | 9,044<br>(8.8) |
| 2010 | 89,776 | 82,368<br>(100.0) | 50,830<br>(61.7) | 12,091<br>(14.7) | 6,546<br>(7.9) | 4,070<br>(4.9) | 8,831<br>(10.7) |
| 2011 | 83,068 | 75,658<br>(100.0) | 45,047<br>(59.5) | 11,391<br>(15.1) | 6,254<br>(8.3) | 3,900<br>(5.2) | 9,066<br>(12.0) |
| 2012 | 107,490 | 96,728<br>(100.0) | 56,527<br>(58.4) | 14,403<br>(14.9) | 7,669<br>(7.9) | 5,001<br>(5.2) | 13,128<br>(13.6) |
| 2013 | 91,633 | 82,548<br>(100.0) | 44,502<br>(53.9) | 12,388<br>(15.0) | 6,782<br>(8.2) | 4,552<br>(5.5) | 14,324<br>(17.4) |
| 2014 | 77,594 | 70,648<br>(100.0) | 40,996<br>(58.0) | 9,853<br>(13.9) | 5,244<br>(7.4) | 3,429<br>(4.9) | 11,126<br>(15.7) |

| 2015 | 71,035 | 62,705 (100.0) | 35,650 (56.9) | 8,636 (13.8) | 4,518 (7.2) | 3,110 (5.0) | 10,791 (17.2) |
| 2016 | 76,000 | 67,433 (100.0) | 41,173 (61.1) | 8,444 (12.5) | 4,493 (6.7) | 2,978 (4.4) | 10,345 (15.3) |
| 2017 | 72,759 | 64,208 (100.0) | 40,168 (62.6) | 8,039 (12.5) | 4,191 (6.5) | 2,773 (4.3) | 9,037 (14.1) |
| 2018 | 66,142 | 66,135 (100.0) | 43,827 (66.3) | 7,164 (10.8) | 3,705 (5.6) | 2,554 (3.9) | 8,885 (13.4) |
| 2019 | 66,247 | 59,729 (100.0) | 38,272 (32.4) | 6,681 (10.1) | 3,360 (5.1) | 2,517 (3.8) | 8,899 (14.9) |

자료: 대검찰청(2010~2020). 범죄분석.

2019년도 청소년범죄의 남녀별 비율을 보면 남자가 82.2%, 여자가 17.8%로, 남자의 비율이 약 5배 정도 많다. 2010년 남자청소년의 범죄율이 80.7%로 최저치를 기록한 이후 지속적으로 증가하여 2014년과 2015년 85.2%를 기록하였으나, 이후 다시 감소세를 보여 2018년 81.4%를 나타내었다. 2019년에는 그 비율이 소폭 증가하였다(〈표 18-5〉 참조).

〈표 18-5〉 **청소년범죄의 성별 현황**                                        (단위: 명, %)

| 연도 \ 구분 | 계 | 남자 | | 여자 | |
| --- | --- | --- | --- | --- | --- |
| | 인원 | 인원 | 비율 | 인원 | 비율 |
| 2009 | 113,022 | 93,509 | 82.7 | 19,513 | 17.3 |
| 2010 | 89,776 | 72,461 | 80.7 | 17,315 | 19.3 |
| 2011 | 83,068 | 68,742 | 82.8 | 14,326 | 17.2 |
| 2012 | 107,490 | 89,339 | 83.1 | 18,151 | 16.9 |
| 2013 | 91,633 | 76,767 | 83.8 | 14,866 | 16.2 |
| 2014 | 77,594 | 66,114 | 85.2 | 11,480 | 14.8 |
| 2015 | 71,035 | 60,534 | 85.2 | 10,501 | 14.8 |
| 2016 | 76,000 | 63,777 | 83.9 | 12,223 | 16.1 |
| 2017 | 72,759 | 60,264 | 82.8 | 12,495 | 17.2 |
| 2018 | 66,142 | 53,879 | 81.5 | 12,263 | 18.5 |
| 2019 | 66,243 | 54,437 | 82.2 | 11,806 | 17.8 |

자료: 대검찰청(2010~2020). 범죄분석.

## 5. 기타 청소년 비행

기타 청소년 비행으로는 약물남용, 흡연, 음주 등이 있다. 약물남용, 흡연, 음주 등은 긴장과 불안감을 덜어주며, 들뜬 기분을 유지하게 해주고, 인생을 만화경처럼 보이게 한다. 그러나 이것들로 인하여 비싼 대가를 치르게 된다.

약물남용은 약물을 비의학적인 목적으로 사용하고, 약물을 지속적 혹은 산발적으로 사용하여 직업이나 사회생활에 지장을 초래하게 되는 경우를 말한다. 약물에 중독되면 정상적인 생활이 불가능하거나 때로는 치명적인 병으로 목숨을 잃기도 한다. 그리고 어른이 되어서도 직업과 결혼생활이 안정되지 못하며, 범죄를 저지르기 쉽다.

우리나라 청소년의 약물남용 실태를 조사한 결과(문화체육부, 1997), 청소년의 약물남용이 점차 증가하는 추세에 있는데, 이러한 증가추세는 특히 여자 청소년에 의해 주도되고 있다. 즉, 여자 청소년의 술, 담배, 각성제 사용경험이 매우 빠른 속도로 증가하고 있다.

흡연은 한 번 시작하면 끊기가 무척 힘들다. 많은 사람들이 담배를 끊으려고 애쓰지만 성공하지 못하는 경우가 많다. 담배를 피우게 되면 담배의 주성분인 니코틴에 의해 일시적으로는 긴장과 불안감을 덜어 줄 수 있으나, 고혈압과 심장병을 유발하고, 만성 기관지염과 같은 호흡계 질환을 초래하며, 폐암에 걸리게 될 위험이 있다.

우리나라 중학생 150명을 대상으로 한 연구(최회곤, 2001)에서, 남녀 총 흡연율은 21.6%로 조사되었고, 흡연 동기로는 호기심과 친구나 선배의 권유가 가장 많았다(사진 참조). 흡연 장소로는 학교 및 그 주변, PC방, 공터나 유원지 순으로 나타났고, 구입장소는 슈퍼로 밝혀졌다. 처음 흡연하게 된 시기는 중학교 1학년 때가 가장 많았고, 흡연을 지속하는 이유로는 습관적으로, 스트레스 해소, 친구들과 어울리기 위해서 순으로 응답하였다. 마지막으로 금연 시도에 있어서는 조금 해보았다, 전혀 해보지 않았다, 많이 해보았다 순으로, 금연 이유로는 건강에 좋지 않으니까, 이성친구가 못하게 해서로 나타났다.

또한, 술을 지나치게 많이 마시면 자율신경이 마비되고, 신장과 간을 해치며, 위염이 생긴다. 더 심하면 혼수상태에 빠지고 죽음에까지 이르게 되며, 특히 임신한 여성이 술을 마시게 되면 태아의 건강도 위험하게 된다.

우리나라 청소년 650명을 대상으로 한 음주와 폭력성과의 관계에 관한 연구(유현, 2000)에서, 음주 경험은 폭력성과 상관관계를 보였는데, 음주 시 대물, 대인, 자해적인 폭력이 발생하는 빈도가 높은 것으로 나타났다.

그 외 국내의 청년기 문제행동을 다룬 연구 중에는 청소년 비행에 관한 것이 많다. 지금까지의 연구에서 청소년 비행의 원인은 일차적으로 가정환경을 강조하는 입장이다. 가정환경 이외에는 학업성취와 입시위주의 주입식 교육들이 비행과 관련되며 (이재창, 1986), 부정적인 자아개념과도 관계가 있다고 본다(심응철, 최광현, 1986).

# 6. 청소년 비행의 예방 프로그램

어떻게 하면 젊은이들이 생산적이고 법을 준수하는 생활을 하도록 도울 수 있을까? 그리고 청소년 비행으로부터 어떻게 사회를 보호할 수 있을 것인가? 청소년 범법자들이 그들의 나이가 어린 점을 고려한 집행유예와 상담 및 사회봉사명령 등의 판결로부터 범죄생활을 청산할 수 있을 것인가? 아니면 청소년 범법자들도 성인과 마찬가지로 그들의 나이보다는 범죄행위의 경중에 따라 처벌을 받아야만 할 것인가? 이상의 질문에 대한 해답은 간단하지 않다.

청소년 비행을 줄이기 위한 방안으로는 청소년 비행을 사전에 예방할 수 있는 예방대책과 이미 발생한 비행에 대해 효과적으로 대응할 수 있는 방안으로서의 사후교정대책이 요구된다. 사전대책은 가정, 학교, 사회 그리고 정부의 예방대책이 요구되고, 반면, 사후대책에서는 학교, 사회적 처우 및 법적 대책 그리고 교정교육이 요구된다.

## 1) 사전 예방대책

### (1) 가정

이전의 청소년 비행 예방대책에서는 주로 청소년들에만 주목했으나 최근에 와서는 청소년과 부모와의 관계가 개선될 수 있도록 대책 수립이 요구되고 있다. 가족구성원 간, 특히 부모와의 대화 단절은 청소년을 고립시켜 소외감을 갖게 하고 나아가 비행행동을 야기시킨다.

따라서 청소년범죄의 예방과 대책에 있어서 가장 중요한 역할을 하고 있는 가정에서는 그 본래의 기능을 담당하기 위해서 첫째, 가정 안에서 적절한 생활지도가 이루어져야 한다. 둘째, 부모와 자녀 간의 대화와 이해가 필요하며, 나아가 함께 할 수 있는 시간을 많이 만들도록 노력해야 한다(사진 참조). 셋째, 부모는 청소년 자녀에게 지나친 학습의 부담을 주지 말아야 한다.

### (2) 학교

학교는 실질적으로 청소년들이 하루생활의 가장 많은 부분을 보내는 곳으로 청소년 비행 예방을 위한 중요한 공간 중의 하나이다. 학교에서는 청소년 비행 예방을 위해 첫째, 학교교육의 가치관을 확립하여 억압적이고 제도적인 틀에서 벗어나 학생들이 스스로를 계발시킬 수 있는 능력을 배양하도록 유도하는 교육을 해야 하며, 둘째, 적절한 학급관리와 함께, 사회기술과 인지훈련을 위한 교과과정의 개발과 운영이 필요하고, 셋째, 교사와 학생 간의 긴밀한 인간관계를 기반으로 학생지도를 해야 하며, 넷째, 입시제도의 개선을 통하여 학교교육 정상화를 도모하는 것이 요구된다.

#### ① 명예경찰 소년단

학교에서는 경찰과 선도단체의 유기적인 협조아래, 청소년 스스로가 각종 범죄 및 제반 사고로부터 자신을 보호할 수 있는 능력을 배양하고, 봉사활동과 교통질서 등 기초질서 의식을 함양시키기 위해 명예경찰 소년단을 운영하고 있다. 명예경찰 소년

단은 초등학교 4학년~고등학생 중에
서 선발되며, 자라나는 청소년들에게
꿈과 희망을 주고 경찰과의 만남을 통
해 경찰에 대한 친밀감과 자긍심을 심
어주는 데 그 의의가 있다. 또한 자치단
체, 청소년 선도단체 및 교육기관 등과
의 유기적인 협조체계를 구축, 상호 적
극적 활동을 전개함으로써 청소년 건
전육성을 도모하고자 한다(문화관광부,
2004).

사진 설명    명예경찰 소년단

② 무단결석방지 프로그램(출결사항의 점검 및 보호자와의 연락과 지도)

학교의 무단결석을 단속하려는 이유는 무단결석 그 자체가 묵인할 수 없는 비행인
동시에 나아가 다른 비행을 야기하는 기회를 제공할 수 있기 때문이다. 따라서 무단
결석을 막기 위해서는 첫째, 각 학교마다 출결사항을 컴퓨터에 입력하여, 무단결석을
한 학생은 그 부모가 당일 오전 혹은 늦어도 그날 오후까지는 학교에 나와서 학생의
결석에 대해 해명하도록 한다. 둘째, 각 학교마다 무단결석의 점검과 교육과정상의
문제, 사회문제, 심리적 문제들을 전담할 상담지도 교사를 배치한다. 셋째, 지도교사
가 필요하다고 판단할 때에는 문제 학생을 대상으로 특별교사가 지도하는 특수학급
을 편성하여 관리하도록 한다. 그리고 이후 부적응이 해결되면 다시 일반학급으로 복
귀시키도록 한다(이복헌, 2001).

## (3) 사회
### ① 청소년복지관

청소년들의 개인성향이나 가정문제에 대처하기 위해서
이들에게 전문적인 상담과 교육(사진 참조), 혹은 치료 서비
스를 제공할 수 있는 상담가나 사회복지사가 요구된다. 따
라서 지역사회복지관 혹은 청소년복지관과 같은 기관의 설
립을 통해 지역사회 내에 상담가나 사회복지사를 상주시켜
청소년들에게 보다 적절한 서비스를 제공하도록 해야 할
것이다(김준호 외, 2003).

사진 설명    청소년복지관

② 청소년수련관

청소년수련관은 청소년들이 건전한 여가활동이나 놀이를 통해 심신의 긴장을 해소하고, 또래들과의 만남을 통해 유대감과 친밀감을 형성할 수 있도록 해준다(사진 참조). 따라서 각 지역에 청소년수련관을 건립하여 지역 청소년들에게 여가활동 서비스를 제공하여 건전한 놀이문화가 형성되도록 해야 한다(김준호 외, 2003).

③ 자원봉사자

자원봉사자는 일정 교육과정을 이수한 후 청소년들의 상담을 담당하기도 하며, 보호관찰관의 업무를 보조하여 비행 청소년들을 만나 상담을 하기도 하고 또한 그들의 행동을 감독하는 데에도 적극 참여할 수 있다. 뿐만 아니라 자원봉사자는 경찰의 업무를 보조하여 가정심방과 순찰에 참여하기도 한다. 따라서 지역의 비행 예방활동을 위해서는 일부 주민들만이 자원봉사자로 참여하는 것보다는 지역주민 전체가 함께 참여하는 것이 더욱 효과적이다(김준호 외, 2003).

(4) 정부

① 학교폭력 예방 및 근절활동

경찰은 2005년 초, 고교연합 폭력서클이 주도한 여중생 집단성폭력 등 학교폭력 관련 강력사건을 계기로 교육부 등 관련부처 및 민간 전문가들과 연계하여 종합적인 학교폭력 예방 및 근절대책을 수립·추진하여 왔다.

특히 2005년부터는 피해학생들이 보복의 두려움에 신고를 기피함으로써 학교폭력이 음성화되었다는 전문가들의 조언에 따라 학교폭력의 악순환을 차단하기 위해 매년 신학기 초 3개월간 '학교폭력 자진신고기간'을 운영하고 있다. 경찰청 주관, 교육과학기술부·법무부 등 6개 관련 부처가 합동 담화문을 발표하고 신고기간을 공동으로 운영하고 있다. 자진신고 학생 등 경미초범 가해학생은 처벌하지 않고 경찰단계에서 '선도하는 조건으로 불입건'한 후 전문기관과 연계하여 선도하도록 하고, 피해신고학생은 비밀보장과 함께 담당경찰을 서포터로 지정하여 보호하는 활동을 전개하고 있다.

최근 3년간 학교폭력 검거인원을 보면 폭력사건이 가장 높은 비율을 차지하고, 다음으로 금품갈취가 많은 유형에 속한다. 2013년도에는 강제추행, 카메라이용촬영 등 성폭력범죄가 전년도에 비하여 2배 이상 증가하였다. 2012년 6월 학교전담경찰관제도가 활성화되어 학교폭력 사안에 대한 신고접수와 사건처리는 물론이고 가해·피해학생 사후관리까지 학교와 협력하여 학교폭력에 대한 전반적인 업무를 전담하고 있다. 2013년에 전국 지역별로 681명의 학교전담경찰관이 배치되었다(여성가족부, 2014).

### ② 유해환경 정화활동

정보통신산업의 발달로 인터넷 및 미디어에 폭력·음란성 매체물이 범람하고, 신종 풍속업소 등 유해업소가 해마다 늘어나면서 청소년 탈선과 이를 조장하는 유해환경은 지속적으로 증가하고 있다. 이에 경찰은 음란·폭력성 각종 매체물과 술·담배 등 청소년 유해약물을 청소년에게 판매하거나 유흥주점·비디오방 등 유해업소에서 청소년을 고용하거나 출입시키는 등의 행위를 하는 청소년 보호법 위반사범에 대하여 지속적으로 단속을 실시하고 있다.

2013년에 청소년 보호법 위반사범 총 1만 3,438명을 적발하여 8명을 구속하고 1만 3,430명을 불구속 입건하였다. 이 가운데 청소년에게 술이나 담배를 판매하는 등 유해약물 단속 위반자는 9,980명으로 가장 많았다. 다음으로 청소년을 유해업소에 고용시키거나 출입하게 한 자는 1,707명, 청소년에게 유해한 매체를 통해 판매·대여하거나 포장 표시한 자는 1,287명, 성적퇴폐나 풍기문란 등 유해행위를 한 자는 464명에 이르렀다(여성가족부, 2014).

### ③ 사랑의 교실 운영

소년범의 재범을 방지하기 위하여 전국 지방경찰청별로 청소년상담지원센터, 청소년수련관, 종합사회복지관 등 청소년단체와 협조하여 '사랑의 교실'을 운영하고 있다.

여기에서는 비행 청소년들을 대상으로 한 인성교육을 통하여 소년범죄 예방과 함께 장기적으로 성인이 되어 범죄자가 되지 않도록 교육하고 있다. 2013년도에는 총 6,659명을 대상으로 교육을 실시하였다.

〈표 18-6〉 **사랑의 교실 운영 현황**                                    (단위: 명)

| 연도<br>구분 | 2008 | 2009 | 2010 | 2011 | 2012 | 2013 |
|---|---|---|---|---|---|---|
| 참가인원 | 7,630 | 6,837 | 17,877 | 9,859 | 8,531 | 6,659 |

자료: 경찰청(2014). 경찰백서.

④ 우범소년 결연사업

우범소년 결연사업은 학교폭력 등 청소년범죄에 효과적으로 대처하기 위하여 1995년 11월 1일부터 서울 · 부산 · 광주 · 제주지검 및 산하 지청에서 시범적으로 실시하던 중 1995년 12월 6일 국무총리 주관하에 '학교폭력근절대책 추진회의'에서 검찰의 추진과제의 하나로 선정되어 전국적으로 확대 시행하게 되었다. 동 사업은 범죄예방위원이 교육기관 등의 협조하에 우범소년과 결연을 맺고 그들을 물심양면으로 지원 · 선도하여 정상적인 학업과 생업에 복귀시킴으로써 소년범죄나 비행을 사전에 방지함을 그 목적으로 한다.

결연대상자는 학교에서 퇴학 · 정학 등 징계처분을 받은 자와 폭력서클에 가입하거나 학교주변에서 폭력을 행사하는 학생 중심으로 선정하도록 하고 있으며, 결연대상자는 선도결연회의를 통하여 선정하며, 결연활동 중 소년이 소재불명이 되거나 선도에 불응하여 결연을 계속할 수 없을 경우에는 법원 소년부에 통고하도록 하고 있다.

2013년도 우범소년 결연사업 가운데 선도결연 회의 및 간담회는 2,221회 개최되었으며, 범죄예방위원 교육은 1,271회 이루어졌다(여성가족부, 2014).

⑤ 학교담당검사제

학교담당검사제는 1995년 11월 27일 대통령의 학교주변 폭력근절지시에 따라, 같은 해 12월 6일 국무총리 주관 관계부처장관회의에서 검찰의 3대 추진과제 중 하나로 선정되어 서울지방검찰청에서 시범적으로 실시하던 중 학원폭력 근절에 효과가 있는 것으로 판단되어 학원폭력방지 및 처리에 관한 지침에 근거하여, 1996년 7월 1일부터 전국적으로 확대 실시되고 있다.

학교담당검사제는 일정 지역 내의 수개의 중 · 고등학교에 대하여 전담검사를 지정, 유관기관이나 민간 봉사차원의 학원폭력 예방 및 단속활동과의 유기적인 지원 · 협조

체제를 구축하여 체계적이고 내실 있는 예방·선도활동을 전개하기 위한 것이다.

학교담당검사는 선도보호위원 및 교사선도위원, 학부모위원 등 구성원들과 정기 및 수시 간담회를 개최하여 학원폭력 정보수집 및 예방선도 활동방안을 모색하고, 탈선 초기의 학생 상대 개별 면담과 학부모 접촉을 통한 비행의 사전방지, 청소년범죄 다발지역에 대한 합동순찰, 담당학교 학생들을 상대로 한 담당검사의 선도강연 등을 실시하고 있다.

2013년 학교담당검사의 활동실적을 보면 합동순찰 8,537회, 간담회 1,917회, 우범학생 면담 1만 2,750명, 선도강연 1,377회 등이다(여성가족부, 2014).

#### ⑥ 선도조건부 기소유예제도

선도조건부 기소유예제도라 함은 통상의 기소유예 결정을 함에 있어서 계속 선도할 필요가 있다고 판단되는 범법소년에 대하여 법무부장관의 위촉을 받은 민간 범죄예방위원의 선도를 조건으로 기소유예 결정을 하는 제도를 말한다.

이 제도 도입의 배경은 소년은 성년과 달리 인격형성 과정에 있기 때문에 감수성이 예민하여 쉽게 범죄를 저지를 수 있다는 점에 있다. 그러나 개선의 가능성도 많으므로 죄질이 다소 중하다 하더라도 개선의 여지가 있는 소년에 대하여는 교도소나 소년원 등에 수용하기보다는 사회에서 덕망과 학식을 갖춘 범죄예방위원에게 맡겨 선도·보호하게 하는 것이 바람직하다는 데 초점이 있다.

1978년 광주지방검찰청에서 소년에 대한 선도조건부 기소유예제도를 처음 시행하기 시작하여 1981년 1월 20일 법무부훈령 제88호 소년선도보호지침이 제정되어 전국에 확대 실시된 뒤 수차례에 걸쳐 개정되어 현재는 1996년 12월 27일 개정된 법무부훈령 제373호에 따라 시행되고 있다.

소년선도보호 방법은 접촉선도, 원호선도로 구분할 수 있다. '접촉선도'라 함은 귀주처가 있는 유예소년과 접촉을 갖고 상담·지도 등을 통해 소년의 반사회성을 교정하고 지식과 기술을 습득시키며, 정서를 순화하여 건전한 사회인으로 복귀시키는 선도방법을 말한다. '원호선도'라 함은 귀주처가 없거나 있더라도 귀주시키는 것이 부적당한 유예소년에 대하여 선도보호위원의 주거나 복지시설에서 기거하게 하고, 의식주를 제공하면서 접촉선도하는 것을 말한다.

검찰은 1981년부터 선도조건부 기소유예제도를 전국적으로 확대 실시하여 1981년 4,070명에 대하여 선도유예를 실시한 것을 시작으로, 2013년에는 4,548명에게 선도조건부 기소유예 결정을 하였다(여성가족부, 2014).

## 2) 사후 교정대책

### (1) 학교

학교에서의 징계방법으로는 근신, 유기정학 그리고 무기정학이 있다. 먼저, 근신은 각 학교마다 그 문제 사안에는 차이가 있으나, 근신의 기간은 약 3~7일이다. 근신의 방법으로는 대부분 정상등교 후 일정 시간은 수업을 받고 나머지 시간 동안은 상담실이나 학생부실 등에서 반성문 쓰기, 상담, 사역 그리고 교육을 받는 것이다. 유기정학은 보통 7~14일 정도로, 정상등교 후 상담실, 학생부실, 도서실, 교무실 등에서 근신과 마찬가지로 반성문 쓰기 등을 한다. 하지만 유기정학은 근신에 비해 수업을 받지 못하는 경우가 더 많다. 마지막으로 무기정학은 정학기간이 일반적으로 10일에서 15일 정도 또는 그 이상인 경우를 말한다. 무기정학의 경우도 정상등교 후 수업을 받지 못한 채 교실 이외의 장소에서 반성하는 시간을 갖는 것을 말한다.

하지만 학생들에게 이런 식의 처벌위주식 선도교육의 실효성에 대해 의문이 제기되고 있다. 따라서 앞으로의 학생 선도는 첫째, 현재의 처벌위주의 징계가 아닌 전문적인 상담이나 치료를 통한 교육이 이루어져야 한다. 둘째, 상담교사의 보다 적극적인 개입이 요구된다. 셋째, 학생들 개개인에 따라 개별화된 상담접근이 이루어져야 한다. 마지막으로 가정에서의 변화가 없으면 학생징계는 아무런 의미가 없기에, 학부모 상담을 보다 강화하여 학부모를 문제학생지도에 끌어들이도록 노력해야 한다(이복헌, 2001).

### (2) 사회적 처우

청소년이라는 특성을 감안해본다면 이들 청소년범죄자를 시설 내에서의 수용이 아닌 시설 외에서, 즉 사회적 처우의 방법으로 바람직한 교정의 효과를 기대할 수 있을 것이다(이윤호, 1999).

#### ① 비거주 프로그램

주간 처우소라고도 하며, 가정환경이 좋지 못하거나, 부모로부터 어떠한 교육도 기대하기가 어려울 경우에는 사회 내에 위치한 센터 등에 수용될 수도 있다. 하지만 대부분의 청소년들은 집에서 생활하면서 법원의 지도와 감독을 받고, 각자의 봉사 명령을 수행하는 프로그램이다. 이러한 비거주 프로그램은 경제적 · 교육적 · 사회복귀적 측면에서의 효율성이 뛰어난 장점이 있다.

### ② 단기거주 프로그램

단기거주 프로그램은 약 3주에서 한 달 정도 시설에 수용하여 개별적, 집단적으로 상담을 실시하는 것이다. 이 프로그램에서는 레크리에이션과 개인에게 적합한 학과교육을 제공하며, 또한 봉사도 실시하는 중간의 집 형태를 취하고 있다. 단기거주 프로그램은 비영리 단체에서의 수용으로, 형사사법제도에 포함시키지 않으므로 좀더 자유롭고 개별적인 교육과 상담을 통해 교정의 효과가 기대되는 장점이 있다.

### ③ 소년 산간학교 프로그램

소년 산간학교 프로그램은 이미 외국에서 많이 사용하고 있는 프로그램으로 산속에 신체를 단련할 수 있는 시설을 갖추어 놓고 집단 캠프생활을 하는 것이다. 청소년들은 이곳에서 제식훈련,[3] 체력훈련 그리고 산악훈련을 통해 인내심과 협동심, 땀흘리는 보람 등을 깨닫게 된다(사진 참조). 따라서 소년 산간학교 프로그램은 일반 교정시설에서 기대할 수 없는 것들을 느끼게 하는 프로그램으로 앞으로의 시험적인 실시 등이 기대되고 있다.

### ④ 가출 청소년 쉼터

가출 청소년 쉼터는 9~24세의 가출 청소년을 대상으로 이들을 안전하게 보호하고 나아가 가정 및 학교에 복귀할 수 있도록 지원하고 있다. 따라서 가출 청소년 쉼터에서는 가출 청소년의 자아성장을 위한 전문상담활동, 생활

사진 설명  가출 청소년 쉼터

---

3) 군인들의 기본 자세를 배우는 훈련.

지도 프로그램, 교육수련활동 등의 서비스를 제공한다. 또한 거리상담 및 가출예방 캠페인 등을 통해 잠재적인 청소년 가출을 예방하기 위한 활동도 실시하고 있다(문화관광부, 2004).

### (3) 법적 대책
#### ① 소년분류심사원[4)]

소년분류심사원은 첫째, 비행소년의 개체적 원인규명, 소년비행의 조기발견과 치료, 청소년 비행의 실증적 요인규명, 청소년 비행의 예방 및 재비행 방지를 목적으로 위탁소년의 요보호성 여부와 그 정도를 과학적으로 진단한다. 그리고 그 결과를 법원소년부에 보내 조사 심리 시에 참작하도록 하며, 나아가 소년원 보호관찰소에 처우지침을 제공할 뿐만 아니라 보호자에게 사후지도 방법을 권고하는 기능을 수행하고 있다. 둘째, 청소년 적성검사실을 운영하여 학생 등 지역사회 청소년들을 대상으로 적성 · 지능 · 성격 등 종합검사를 실시한다. 따라서 청소년 자신의 소질과 특성에 맞는 진로지도지침을 제공할 뿐만 아니라 가정 · 학교 · 사회단체 등에서 의뢰한 문제청소년에 대해서도 비행성향을 규명하여 구체적인 개선지침을 제시한다. 셋째, 체험교육 위주의 기소유예 대상 청소년 특별교육과정을 운영, 소년분류심사원의 전문 진단기법 및 인성교육 프로그램을 기소유예 대상 청소년의 교육에 활용함으로써 이들의 비행성을 조기 개선하고 또 다른 비행을 방지하고자 한다(여성가족부, 2014).

#### ② 소년법원

소년법원에서는 경찰, 검찰, 법원에서 보내온 소년사건에 대해 비행원인을 조사 심리하여 보호처분을 결정하고 있다. 소년법원에서는 소년의 성격, 환경, 비행경위, 재비행성 여부에 대한 조사관의 의견과 소년분류심사원 분류심사관의 심사의견, 그리고 관련전문가의 조언 등을 참고하여 1호처분부터 7호처분까지의 처분이 내려진다(여성가족부, 2014).

### (4) 교정교육
#### ① 소년원

소년원은 서울 · 부산 · 대구 · 광주 · 전주 · 대전 · 안양 · 청주 · 춘천 · 제주 등 전

---

4) 소년법 제18조 제1항 제3호의 규정에 의해 가정법원 또는 지방법원 소년부에서 위탁한 소년을 수용 보호하고 이들의 자질과 비행원인을 과학적으로 진단하여 어떠한 처분이 적합한가를 분류하는 법무부 소속기관이다.

국에 10개가 설치되어 있는데, 소년원에서는 과거의 수용 위주의 소극적인 정책에서 탈피하여 수요자의 요구와 시대적 흐름에 부합되는 적극적·개방적인 교육행정을 전개하고 있다(여성가족부, 2014). 법원 소년부의 보호처분에 의하여 송치된 비행 청소년을 수용 보호하면서 초·중등교육법에 의한 교육과정 수업과 심리치료 사회봉사활동 등 인성교육을 병행하여 건전한 청소년을 육성하는 것을 목적으로 하고 있다. 소년원의 대상자는 죄를 범한 14세 이상 20세 미만의 소년(범죄소년), 형사법령에 저촉되는 행위를 한 12세 이상 14세 미만의 소년(촉법소년), 장래 형사법령에 저촉되는 행위를 할 우려가 있는 12세 이상 20세 미만의 소년(우범소년) 등이다.

소년원학교는 크게 특성화학교(정보통신학교, 정보산업학교 직업능력계발훈련, 체능교육, 예능교육), 인문계학교 그리고 의료소년원으로 구분된다. 이들 학교에서는 첫째,
이웃과 함께 나누며 사는 공동체 의식을 함양하도록 다양한 봉사활동 프로그램을 실시하고 있으며 둘째, 기존의 교내에서 이루어지던 폐쇄적 인성교육을 탈피하여 문화 예술공연 관람, 청소년 야영훈련 등 다양한 체험학습 위주의 열린 교육을 지향하고 있다. 셋째, 완전한 사회복귀 지원 강화를 위해 가정관[5]을 운영하거나, 사회적응상 장애요소인 문신제거시술(사진 참조)을 해주고 있다.

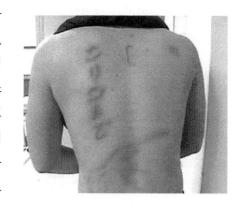

### ② 소년교도소

소년교도소는 소년범죄자를 성인범죄자와 분리처우하기 위해 설치된 기관이다. 징역 또는 금고형 선고를 받은 소년에 대하여는 소년교도소에 수용함을 원칙으로 하고, 일반교도소에 수용하는 경우에는 분리된 장소에 수용한다(「형의 집행 및 수용자 처우에 관한 법률」 제11조 내지 제13조). 다만, 소년교도소에 수용 중에 19세가 된 경우에도 교육·교화프로그램, 작업, 직업훈련 등을 실시하기 위하여 특히 필요하다고 인정되면 23세가 되기 전까지 계속하여 수용할 수 있다.

소년교도소는 2004년까지는 천안교도소와 김천교도소에 나누어서 수용하고 있었으나, 2006년 1월 법무부예규에 의해 천안교도소는 20세 미만 남자소년수형자를 전담 수용하였다. 그러나 교정 본부 직제 개편으로 2009년 12월 31일부터 소년범죄자

---

5) 전국 소년원에 전용면적 16평 규모의 가정관을 신축하여 학생들이 가족과 함께 2~3일간 생활하며 가족 간의 단절된 대화를 다시 이어지게 만드는 데 목적이 있다.

는 김천소년교도소에 수용되고 있다(여성가족부, 2014).

소년교도소에서는 수용자 정신교육(건전한 국민사상 및 민주시민으로서의 자질 함양 및 의식구조 개선), 학과교육(일반학과 교육과 방송통신고등학교 교육 등을 실시), 직업교육(컴퓨터그래픽스 등 첨단 IT관련 18개 직종)을 통한 교정교육과 특별활동(서예반, 회화반, 문예반, 악대반 등), 소년단 활동(모든 소년 수용자를 보이스카우트화함)과 같은 교화활동을 실시하고 있다.

### ③ 보호관찰소

보호관찰소는 보호관찰, 사회봉사명령 및 수강명령, 조사, 전자발찌, 성충동 약물치료 등에 관련된 사무를 집행하기 위해 설치된 법무부 소속 국가기관이다.

보호관찰이란 범죄인을 교도소, 소년원 등 수용시설에 보내지 않고 일정기간 준수사항을 지킬 것을 조건으로 사회 내에서 자유로운 생활을 허용하면서 보호관찰관의 지도·감독·원호를 받게 하거나, 일정시간 무보수로 사회에 유익한 근로봉사를 하게 하거나, 범죄성 개선을 위한 교육을 받도록 함으로써 범죄자의 성행을 교정하여 재범을 방지하는 최신 형사정책 수단이다. 1989년 7월 1일부터 소년범에 대하여 최초로 시행된 보호관찰은 제도의 실효성이 인정되어 성폭력사범(1994년), 성인형사범(1997년), 가정폭력사범(1998년), 성매매사범(2004년), 특정범죄자에 대한 전자감독제도(2008년)로까지 점차 그 대상이 확대되어 왔다.

2011년 전체 보호관찰 접수인원 12만 1,188명 중 소년대상자는 4만 6,366명으로 전체의 38.2%를 차지하고 있으며, 2010년의 53.2%에 비해 다소 감소하였다. 전체 보호관찰 실시인원 중 청소년 대상자가 차지하는 비율이 높지 않은 편이나, 청소년대상자의 높은 변화가능성 및 잠재력 등을 고려하여 청소년대상자에 대해서는 보다 집중적인 보호관찰을 실시하고 있다. 청소년대상자들이 범죄로부터 벗어나 건전한 사회인으로 복귀할 수 있도록 지역사회의 우수자원과 연계하여 재범 방지 전문프로그램을 개발하여 시행하고, 보호관찰의 재범방지기능을 더욱 충실히 수행하고자 대상자가 필요로 하는 지역사회 자원과 연계를 강화하여 국민들이 공감하고 참여하는 보호관찰을 실현하기 위한 정책을 지속적으로 추진하고 있다.

보호관찰관은 청소년대상자와의 초기면담, 재범위험성 평가를 통해 대상자를 일반, 주요, 집중 대상자 등으로 분류하고, 분류등급에 기초하여 차별화된 지도·감독을 실시한다. 최근에는 보호관찰 청소년의 재범통제를 위해 출석지도 위주의 보호관찰 방식을 탈피하여 주거지 방문, 생활 근거지에서의 면접 등 현장 중심의 적극적·역동적 보호관찰을 전개하고 있다. 특히 2011년부터는 재범위험성이 높은 청소년대상자 등에 대한 지도감독을 강화하기 위하여 '소년 전담 직원제'를 확대 운영하고 있고, 다양한 사회자원 연계를 통한 특화된 처우와 집중 감독을 실시하는 등 소년보호 관찰 대상자의 재범방지를 위해 역량을 집중하고 있다(여성가족부, 2014).

# 참고문헌

강영숙(1981). 청년기에서 초기 성인기에 걸친 한국인의 도덕판단력의 발달양상에 관한 연구. 이화여자대학교 대학원 석사학위 청구논문.

고상민·황보환·지용구(2010). 소셜네트워크서비스와 온라인 사회적 자본: 한국과 중국 사례를 중심으로. 한국전자거래학회지, 15(1), 103-118.

고은영·서영석(2012). 재혼가정 청소년의 스트레스와 가족생활적응의 관계: 가족경계혼란과 사회적 지지의 조절효과 검증. 한국심리학회지: 상담 및 심리치료, 24(2), 397-419.

곽금주·박혜원·김청택(2002). 한국 웩슬러아동지능검사(k-WISC-III) 표준화연구 (I). 한국심리학회지: 발달, 15(1), 19-33.

구미회(1999). 청소년기 신체 만족도와 자아존중감의 관계. 경기대학교 교육대학원 석사학위 청구논문.

구본용(1997). 청소년의 집단따돌림의 원인과 대처방안. 청소년상담연구보고서, 29. 청소년대화의 광장.

구순주(1984). 청소년의 성역할 유형과 창의성과의 관계. 경북대학교 대학원 석사학위 청구논문.

김경신·김오남·윤상희(1997). 미혼 남녀의 사랑과 성에 대한 태도 및 배우자 선택조건. 대한가정학회지, 35(3), 15-30.

김경자·김윤정·전예진·공득희·마정수(1993). 사춘기 조숙화 경향에 관한 연구: 초경 연령을 중심으로. 이화여자대학교 대학원 연구논문, 제24권, 380-395.

김광옥·하주용(2008). 지상파텔레비전 광고에 나타난 여성의 이미지: 고정관념지수(Stereotype Index)를 이용한 성별 스테레오타입 분석. 韓國言論學報, 51(2), 453-478.

김두식(2000). 비행청소년의 심리적 가정환경과 비행성향 및 자살충동과의 관계. 서강대학교 교육대학원 석사학위 청구논문.

김명순·성지현(2002). 1세 영아의 언어와 놀이의 관계. 아동학회지, 23(5), 19-34.

김명희(2003). TV 만화영화에 나타난 성역할 연구. 원광대학교 행정대학원 석사학위 청구논문.

김미경(1996). 학습문제를 동반한 주의력결핍 과잉행동장애(ADHD) 아동의 특성분석. 성균관대학교 대학원 석사학위 청구논문.

김미숙·김명자(1990). 도시부부의 결혼안정성 및 그 관련 변인 연구. 한국가정관리학회지, 8(1), 171-183.

김미진(2010). 아동의 다문화 수용성 척도개발에 관한 연구. 고려대학교 대학원 박사학위 청구논문.

김미진·정옥분(2010). 아동의 다문화 수용성 척도개발과 타당화 연구 인간발달연구, 17(4), 69-88.

김보라·정혜정(2009). 대학생이 지각한 원가족 경험과 자아존중감 및 데이팅 폭력의 관계. 한국가족관계학회지, 14(2), 1229-5310.

김상윤(1990). 도덕 및 인습적 일탈행위에 관한 아동의 상호작용과 개념발달. 고신대학 논문집, 18, 185-200.

김선희(1995). 열린 교육 수업방식이 아동의 창의성과 학업성취에 미치는 효과. 건국대학교 대학원 석사학위 청구논문.

김숙경(2004). 유아의 다중지능 평가에 관한 연구. 인간발달연구, 11(4), 131-145.

김양희(1992). 가족관계학. 서울: 수학사.

김영희(1988). 한국 청소년의 성역할 정체감 유형과 학습된 무기력과의 관계. 숙명여자대학교 대학원 박사학위 청구논문.

김원경 · 권희경 · 전제아(2006). 부모의 양육행동, 아동의 우울 및 자기효능감과 아동의 문제해결력 간의 구조모델. 아동학회지, 27(3), 67-79.

김은정(1996). 유아의 성도식 발달과 놀이친구 및 놀이방식 선택. 서울대학교 대학원 석사학위 청구논문.

김인경(1993). 청소년기 자아중심성과 관련된 변인 연구: 가족관계, 분리개별화 및 자아개념을 중심으로. 연세대학교 대학원 박사학위 청구논문.

김정옥(1992). 학교 성교육. 대구: 대구대학교 출판부.

김정옥 · 박경규(2002). 청소년의 가정폭력 경험과 학교폭력과의 관계 연구. 한국가족관계학회지, 7(1), 93-115.

김준호 · 노성호 · 이성식 · 곽대경 · 이동원 · 박철현(2003). 청소년비행론. 서울: 청목출판사.

김희강(1980). 새로운 성역할 개념에 관한 일 연구. 고려대학교 대학원 석사학위 청구논문.

남윤주(2003). 청소년의 친구관계와 인터넷 사용 및 인터넷 중독. 전남대학교 대학원 석사학위 청구논문.

매일경제(2019. 4. 10.). IMF, 올 세계경제 성장률 석달새 또 낮춰.

문수백 · 변창진(1997). 한국판 카우프만 아동용 개별지능검사. 서울: 학지사.

문화관광부(2004). 청소년백서 2004. 서울: 문화관광부.

문화체육부(1996). 청소년백서 1996. 서울: 문화체육부.

문화체육부(1997). 청소년백서. 서울: 문화체육부 청소년정책실.

미국정신의학협회(2015). 정신장애의 진단 및 통계편람(5판). 권준수 외(역). 서울: 학지사.

민숙정(1990). 부모의 양육태도에 따른 청소년기의 성취동기. 이화여자대학교 교육대학원 석사학위 청구논문.

박경숙(1987). 아동용 개인지능검사(KEDI-WISC) 개발연구. 서울: 한국교육개발원.

박경숙(1999). 왕따 · 학교폭력의 실태와 대처방안에 대한 토론. 일본 동경국제대학 T. Takuma 교수 초청 한 · 일 학술대회 자료집. 경희대학교 교육문제연구소.

박경아(2003). 학교폭력 피해자의 학교적응에 관한 연구: 보호요인을 중심으로. 연세대학교 대학원 석사학위 청구논문.

박성옥 · 어은주(1994). 청소년의 자아정체감에 영향을 미치는 변인연구. 대전대학교 자연과학 연구소 논문집 제5집, 101-110

박점순(2003). 부모의 양육태도가 아동 및 청소년의 자아개념에 미치는 영향. 성신여자대학교 교육대학원 석사학위 청구논문.

박진희 · 이순형(2005). 공격행동에 대한 유아의 도덕판단과 추론: 공격행동의 의도와 결과 제시유무를 중심으로. 아동학회지, 26(2), 1-14.

박혜원 · 곽금주 · 박광배(1994). 한국형 유아지능검사(WPPSI-P)의 표준화: 예비연구. 한국심리학회지: 발달, 7(2), 38-52.

보건복지부(2005). 국제결혼 이주여성 실태조사 및 보건 · 복지 지원 정책방안. 서울: 보건복지부.

보건복지부(2020). 2019 보육통계. 세종: 보건복지부 보육정책과.

서동인 · 유영주(1991). 손자녀가 지각한 조모와의 심리적 친밀도. 아동학회지, 12(2), 154-172.

서봉연(1988). 자아정체감의 정립과정. 이춘재 외. 청년심리학, 101-136. 서울: 중앙적성출판사.

서현 · 이승은(2007). 농촌지역의 국제결혼 자녀가 경험하는 어려움에 관한 연구. 열린유아교육연구, 12(4), 25-47.

설은정 · 정옥분(2012). 우리나라 부모의 양육행동이 아동의 다문화 수용성에 미치는 영향. 인간발달연구, 19(2), 91-113.

세계일보(2001년 6월 19일). [토픽] 스페인 아동, "엄마가 제일 싫다".

손혜진, 전귀연(2003). 미혼 남녀의 개인적, 관계적, 상황적 변인이 데이팅 폭력에 미치는 영향. *Family and Environment Research, 41*(2), 43-63.

송명자(1992). 도덕판단발달의 문화적 보편성: 영역구분 모형의 가능성과 한계. 한국심리학회지: 일반, 11(1), 65-80.

송현석(1996). 열린수업 방식과 전통수업 방식에 의한 초등학교 아동의 창의성과 학습태도 비교 분석. 경성대학교 대학원 석사학위 청구논문.

신진수(2003). 청년실업의 발생 원인 및 해소 방안. 창원대학교 노동대학원 석사학위 청구논문.

신창희(2001). 청소년 비행에 관한 연구-유해환경 접촉을 중심으로. 청주대학교 대학원 석사학위 청구논문.

심응철(1996). 학교폭력: 현실과 대책. 한국청소년교육연구소 자료집 96-1. 한국청소년교육연구소.

심응철·최광현(1986). 비행 청소년의 자아개념 연구. 행동과학연구, 제8권. 고려대학교 행동과학연구소.

안영진(1987). 청소년의 도덕성 발달 수준과 내외통제성 측정에 관한 연구. 숙명여자대학교 대학원 석사학위 청구논문.

양계민(1993). 자신의 신체적 매력에 대한 인식이 자아존중감에 미치는 영향: 청소년기를 중심으로. 충북대학교 대학원 석사학위 청구논문.

양순미(2007). 농촌지역 다문화가족의 초등학생들의 학교생활적응과 가족생활행복에 작용하는 요인. 한국심리학회지: 여성, 12(4), 559-576.

여성가족부(2013). 청소년백서 2013. 서울: 여성가족부.

여성가족부(2014). 청소년백서 2014. 서울: 여성가족부.

여성가족부(2020). 청소년백서 2020. 서울: 여성가족부.

오선영(1991). 5~6세 유아 및 7세 아동의 인지적 단서 작용에 관한 이해. 중앙대학교 대학원 석사학위 청구논문.

오성배(2007). 국제결혼 자녀의 교육환경과 문제. 교육비평, 22, 186-213.

유현(2000). 청소년의 음주와 폭력성과의 관계에 관한 연구. 명지대학교 대학원 석사학위 청구논문.

육미수(2001). 다중지능 이론 중심 통합교육과정 적용학습이 초등학교 아동의 다중지능 발달에 미치는 효과. 한국교원대학교 교육대학원 석사학위 청구논문.

윤경자(2007). 대학생들의 데이팅 폭력의 만연성과 만성적 측면: 피해자를 중심으로. 한국가족관계학회지, 12(1), 65-92.

이경애(1993). 도시부부의 배우자 선택요인이 결혼만족도에 미치는 영향-사회교환 이론적 관점에서-한국교원대학교 대학원 석사학위 청구논문.

이길홍(1983). 현대사회에서의 청소년의 정신건강. 새교육, 35(4), 73-79.

이동원(1988). 도시부부의 결혼의 질에 관한 연구. 연세대학교 대학원 박사학위 청구논문.

이문희·정옥분(1994). 도시 청소년의 성의식 및 성문제와 성교육에 관한 조사연구: 성교육 실시의 타당성과 성교육 지도방향 개선의 필요성을 중심으로. 한국가정과교육학회지, 6(2), 41-58.

이복헌(2001). 학교의 비행청소년 선도 및 예방실태에 관한 연구. 고려대학교 노동대학원 석사학위 청구논문.

이선옥 (2003). 청소년의 성 의식에 관한 조사 연구-대전·부여지역 중학생들의 성 의식의 비교를 중심으로. 대전대학교 경영행정·사회복지대학원 석사학위 청구논문.

이승국(1999). 청소년의 자아정체감 발달에 영향을 미치는 생태학적 변인들의 구조분석. 계명대학교 대학원 박사학위 청구논문.

이영민, 박철우, 정동열(2019). 청년실업 발생의 원인과 해소방안에 관한 소고. 인문사회과학기술융합학회, 9(6), 793-801.

이영주(2007). 국제 결혼한 여성의 자녀에 대한 심리사회적 적응에 영향을 미치는 보호요인에 관한 연구. 한국심리학회지: 여성, 12(2), 83-105.

이옥경(2002). 과제의 특성에 따른 유아와 아동의 친사회적 도덕추론과 친사회적 의사결정 및 어머니의 친사회적 도덕추론의 관계. 서울대학교 대학원 박사학위 청구논문.

이옥경·이순형(1996). 과제의 부담과 종류에 따른 아동의 친사회적 도덕추론과 친사회적 행동. 아동학회지, 17(1), 275-288.

이윤정(1999). 가정환경이 청소년의 우울성향에 미치는 영향에 관한 연구. 서울신학대학교 상담대학원 석사학위 청구논문.

이윤호(1999). 청소년 비행의 원인에 관한 연구. 한양대학교 교육대학원 석사학위 청구논문.

이재림·옥선화·이경희(2002). 이성교제에서의 남녀차이 이해 증진 프로그램 개발 및 평가. 한국가정관리학회지, 20(5), 37-49.

이재창(1986). 청소년의 행동 성향에 관한 연구. 대한교육연합회

이재창(1988). 생활의 장으로서의 학교환경. 이춘재 외. 청년심리학, 227-260. 서울: 중앙적성출판사.

이진숙(2007). 국제결혼가정의 자녀양육실태와 아버지의 양육참여에 관한 연구. 열린유아교육연구, 12(6), 21-42.

이차선(1998). 청소년의 자아정체감 형성변인 분석. 고려대학교 대학원 석사학위 청구논문.

이창우·서봉연(1974). 한국판 WISC. 서울: 배영사.

이창호·성윤숙·정낙원(2012). 청소년의 소셜미디어 이용실태 연구. 한국청소년정책연구소 연구보고서 12-R05.

이춘재·오가실·정옥분(1991). 사춘기 신체성숙시기와 심리사회적 발달. 한국심리학회지, 14(1), 89-102.

이충원(2000). 초등학교 아동의 폭력 성향과 가정환경의 상관성 연구. 동국대학교 교육대학원 석사학위 청구논문.

임영식(1997). 우울증이 가져오는 청소년기의 행위 양태. 오늘의 청소년, 제117권, 8-13.

임승권(1994). 정신위생. 서울: 양서원.

임희복(2003). 가정폭력 목격 및 경험과 학교폭력의 관계에 관한 연구. 대전대학교 교육대학원 석사학위 청구논문.

장근영(1992). 분리-개별화 과정 및 역할취득 수준과 청소년기 자아중심성 간의 관계. 연세대학교 대학원 석사학위 청구논문.

장병림(1985). 청년심리학. 서울: 법문사.

장재정(1998). 중년기 여성의 성역할 정체감과 심리적 건강. 고려대학교 대학원 박사학위 청구논문.

장정순(1996). 열린 교육 시행학교 아동과 일반학교 아동 간의 창의성 비교 연구. 강원대학교 대학원 석사학위 청구논문.

장하경 · 서병숙(1991). 성역할 정체감 척도개발에 관한 연구. 대한가정학회지, 29(4), 167-179.

전귀연(1984). 아동의 성역할 유형과 자아존중감과의 관계. 경북대학교 대학원 석사학위 청구논문.

전순호(2001). 청소년의 성윤리관 및 성교육에 관한 연구- 공주시, 군소재 중학생들을 중심으로. 공주대학교 대학원 석사학위 청구논문.

전용신 · 서봉연 · 이창우(1963). KWIS 실시요강. 서울: 중앙교육연구소.

정기원 · 이상영(1992). 부부의 동질성이 결혼의 질에 미치는 영향. 한국보건사회연구원 편. 보건사회논집, 92-107.

정민자(1987). 배우자 선택 결정에 미치는 요인 및 중요도에 관한 연구. 울산대학교 논문집, 8, 105-126.

정순화 · 정옥분(1994). 아동의 성도식과 성관련 과제의 기억 및 선호. 아동학회지, 15(1), 37-54.

정옥분(1986). 한 · 미 양국 대학생의 성역할 정체감과 자존감에 관한 비교 문화 연구. 대한가정학회지, 24(2), 123-137.

정옥분(1994). 이제는 우리의 것을 찾을 때이다. 한국아동학회소식, 5, 1-2.

정옥분 · 김광웅 · 김동춘 · 유가효 · 윤종희 · 정현희 · 최경순 · 최영희(1997). 전통 '효' 개념에서 본 부모역할 인식과 자녀양육행동. 아동학회지, 18(1), 81-107.

정재준 · 원혜욱(2003). 청소년비행 예방을 위한 소년보호교육기관의 역할확대 및 강화방안. 한국형사정책연구원.

정진경(1990). 한국 성역할 검사(KSRI). 한국심리학회지: 사회, 5(1), 82-92.

정해영 · 정옥분(2012). 우리나라 다문화가정 어머니의 양육스트레스와 양육행동이 아동의 학교준비도에 미치는 영향. 인간발달연구, 18(2), 277-297.

정현숙(1993). 부모의 이혼에 따른 자녀들의 적응. 아동학회지, 14(1), 59-75.

정혜정(2003). 대학생의 가정폭력 경험이 데이팅 폭력 가해에 미치는 영향. *Family and Environment Research, 41*(3), 73-91.

조성원(1987). 직업 및 활동에서의 성역할 고정관념 발달에 관한 연구. 이화여자대학교 대학원 석사학위 청구논문.

조현철(2000). 다면적 · 위계적 모델을 중심으로 본 초 · 중학생들의 자아개념 구조 분석. 아동학회지, 21(2), 99-118.

(주)가우디(1999). 왕따 리포트. 서울: (주)우리교육.

차태경(1998). 고교생의 스트레스 유형과 스트레스 대처방식에 관한 연구. 이화여자대학교 교육대학원 석사학위 청구논문.

채선미 · 이영순(2011). 부모의 이혼을 경험한 청소년의 정서, 자아강도 및 사회적 지지가 학교생활적응에 미치는 영향. 놀이치료연구, 15(1), 1-16.

청소년상담원(1996). 자녀의 힘을 북돋우는 부모. 청소년 대화의 광장.

최문정(2011). 한국인의 초경연령에 영향을 주는 요인. 고려대학교 보건대학원 석사학위 청구논문.

최인수(2000). 유아의 창의성 측정도구에 대한 고찰. 유아교육학지, 20(2), 139-166.

최희곤(2001). 청소년 흡연실태와 그 대책에 관한 연구. 한성대학교 행정대학원 석사학위 청구논문.

최희영(1999). 초등학교 아동의 다중지능과 학습양식의 관계. 전주교육대학교 교육대학원 석사학위 청구논문.

통계청(2020). 청년고용동향.

한겨레신문(2017. 11. 22.). 세계 청년 실업률 13.1% … 경기 회복에도 실업난 악화.

한겨레신문(2017. 12. 20.). 청년실업률 왜 안 떨어지나 … 준전문직 일자리 부진이 '주범'.

한국산업인력관리공단(2019). 해외취업 국가별 통계정보(2013-2018).

한국성폭력상담소(2020). 2019년 한국성폭력상담소 상담통계 및 상담 동향분석. 서울: 한국성폭력상담소.

한국여성의전화(2016). 데이트 폭력 실태조사.

한국청소년개발원(1995). 청소년의 폭력에 관한 의식 및 실태조사 연구. 청소년 육성 관련 정책 개발 및 연구 4.

한우현 · 김덕희 · 박유경 · 이종호(1995). 청소년기 학생들의 비만도 및 합병증. 소아과, 38(4), 520-528.

한준상(2002). 집단따돌림과 교육해체. 서울: 집문당.

허재윤(1984). 청소년의 도덕성 발달과 가정환경과의 관계: 13세 아동을 중심으로. 중앙대학교 교육대학원 석사학위 청구논문.

홍강의(1996). 청소년기의 성문제. 대한의사협회지, 39(2), 1514-1518.

홍달아기(2003). 대학생의 배우자 선택성향에 관한 연구. 한국가족관계학회지, 8(1), 75-97.

홍연애·정옥분(1993). 전형적·비전형적 성역할 VTR 프로그램이 유아의 성역할 고정관념에 미치는 효과. 아동학회지, 14(1), 39-57.

황정미·김이선·이명진·최현·이동주(2007). 한국사회의 다민족·다문화 지향성에 대한 조사연구. 한국여성정책연구원.

황혜신·이순형(1990). 아동의 성항상성과 성별 특정화 행동. 아동학회지, 11(2), 82-97.


Abbott, B. D., & Barber, B. L. (2010). Embodied image: Gender differences in functional and aesthetic body image among Australian adolescents. *Body Image, 7,* 22-31.

Achenbach, T. M. (1993). *Empirically based taxonomy: How to use syndromes and profile types derived from the CBCL/4-18, TRF, and YSR.* Department of Psychiatry, University of Vermont. Burlington, VT.

Adams, G. R., Abraham, K. G., & Markstrom, C. A. (2000). The relations among identity development, self-consciousness, and self-focusing during middle and late adolescence. In G. Adams (Ed.), *Adolescent development: The essential readings.* Malden, MA: Blackwell.

Adams, G. R., & Gullotta, T. D. (1989). *Adolescent life experiences.* Pacific Grove, California: Brooks/Cole.

Adams, G. R., Gullotta, T. P., & Markstrom-Adams, C. (1994). *Adolescent life experiences* (3rd ed.). Pacific Grove, California: Brooks/Cole.

Adams, M. A. (2012). Mass media. In M. Kosut (Ed.), *Encyclopedia of gender in media.* Thousand Oaks, CA: Sage.

Adams, R. S., & Biddle, B. J. (1970). *Realities of teaching.* New York: Holt, Rinehart, & Winston.

Aichhorn, A. (1925). *Wayward youth.* Reprinted, New York: Viking, 1965.

Ainsworth, M. (1979). *Patterns of attachment.* New York: Halsted Press.

Alexander, F., & Healy, W. (1935). *Roots of crime.* Montclair, NJ: Patterson Smith Reprint, 1969.

Allen, J. P., & Bell, K. L. (1995, March). *Attachment and communication with parents and peers in adolescence.* Paper presented at the meeting of the Society for Research in Child Development, Indianapolis.

Allen, J. P., & Hauser, S. T. (1994, February). *Adolescent-family interactions as predictors of qualities of parental, peer, and romantic relationships at age 25.* Paper presented at the meeting of the Society for Research on Adolescence, San Diego.

Allen, J. P., & Kuperminc, G. P. (1995, March). *Adolescent attachment, social competence, and problematic behavior.* Paper presented at the meeting of the Society for Research in Child Development, Indianapolis.

Amabile, T. M. (1982). Children's artistic creativity: Detrimental effects of competition in a field setting. *Personality and Social Psychology Bulletin, 8,* 573-578.

Ambron, S. R., & Irwin, D. M. (1975). Role-taking and moral judgment in five-and seven-year-olds. *Developmental Psychology, 11,* 102.

American Cancer Society. (1985). *Cancer facts and figures.* New York.

American Psychological Association. (1994). *Publication manual of the American Psychological Association* (4th ed.). Washington, DC: Author.

Anderson, C. A. (2000). Playing video games and aggression. *Journal of Personality and Social Psychology, 78,* 772-790.

Anderson, L. D. (1939). The predictive value of infant tests in relation to intelligence at 5 years. *Child Development, 10,* 202-212.

Antai-Otong, D. (2003). Suicide: Life span considerations. *Nursing Clinics of North America, 38,* 137-150.

Antonucci, T. C., Ajrouch, K., & Birditt, K. (2014). The convoy model: Explaining social relations from a multidisciplinary perspective. *Gerontologist, 54*, 82–92.

Appley, M. (1986). G. Stanley Hall: Vow on Mount Owen. In S. H. Hulse & B. F. Green (Eds.), *One hundred years of psychological research in America*. Baltimore: Johns Hopkins University Press.

Apteker, L. (1983, Summer). Mexican-American high school student's perception of school. *Adolescence, 18*, 345–357.

Arbuthnut, J., Gordon, D. A., & Jurkovic, G. J. (1987). Personality. In H. C. Quay (Ed.), *Handbook of juvenile delinquency*. New York: Wiley.

Archer, S. L. (1989). The status of identity: Reflections on the need for intervention. *Journal of Adolescence, 12*, 345–359.

Archer, S. L. (Ed.). (1994). *Intervention for adolescent identity development*. Newbury Park, California: Sage.

Archibald, A. B., Graber, J. A., & Brooks-Gunn, J. (2003). Pubertal processes and physical growth in adolescence. In G. Adams & M. Berzonsky (Eds.), *Blackwell handbook of adolescence*. Malden, MA: Blackwell.

Aristoteles (1941a). Ethica Nicomachea. In R. Mckeon (Ed.), *The basic works of Aristotle*. New York: Random House.

Aristoteles (1941b). Rhetorica. In R. McKeon (Ed.), *The basic works of Aristotle* (W. R. Roberts, Trans.). New York: Random House.

Arlin, P. K. (1975). Cognitive development in adulthood: A fifth stage? *Developmental Psychology, 11*, 602–606.

Arlin, P. K. (1989). Problem solving and problem finding in young artists and young scientists. In M. L. Commons, J. D. Sinnott, F. A. Richards, & C. Armon (Eds.), *Adult development: Vol. 1. Comparisons and applications of developmental models*. New York: Praeger.

Arlin, P. K. (1990). Wisdom: The art of problem finding. In R. J. Sternberg (Ed.), *Wisdom: Its nature, origins, and development*. Cambridge, England: Cambridge University Press.

Armsden, G., & Greenberg, M. T. (1984). *The inventory of parent and peer attachment: Individual differences and their relationship to psychological well-being in adolescence*. Unpublished manuscript, University of Washington.

Athanasiadis, A. P., Michaelidou, A. M., Fotiou, M., Menexes, G., Theodoridis, T. D., Ganidou, M., Tzevelekis, B., Assimakopoulos, E., & Tarlatzis, B. C. (2011). Correlation of second trimester amniotic fluid amino acid profile with gestational age and estimated fetal weight. *Journal of Maternal-Fetal and Neonatal Medicine, 24* (8), 1033–1038.

Atkinson, J. W. (1964). *An introduction to motivation*. Princeton, New Jersey: Van Nostrand.

Atkinson, J. W., & Raynor, I. O. (1974). *Motivation and achievement*. Washington, DC: V. H. Winston & Sons.

Attie, I., & Brooks-Gunn, J. (1989). Development of eating problems in adolescent girls: A longitudinal study. *Developmental Psychology, 25*, 70–79.

Attie, I., Brooks-Gunn, J., & Peterson, A. C. (1987). A developmental perspective on eating disorders and eating problems. In M. Lewis & S. M. Miller (Eds.), *Handbook of developmental psychology*. New York: Plenum.

Atwater, E. (1996). *Adolescence* (4th ed.). New York: Prentice-Hall.

Ault, R. L. (1977). *Children's cognition development*. New York: Oxford University Press.

Ausubel, D. P. (1958). *Theory and problems of child development*. New York: Grune & Stratton.

Auyeung, B., Baron-Cohen, S., Ashwin, E., Knickmeyer, R., Taylor, K., Hackett, G., & Hines, M. (2009). Fetal testosterone predicts sexually differentiated childhood behavior in girls and in boys. *Psychological Science, 20*, 144–148.

Baddeley, A. D. (1986). *Working memory*. Oxford: Oxford University Press.

Baddeley, A. D. (1994). Working memory: The interface between memory and cognition. In D. L. Schacter & E. Tulving (Eds.), *Memory systems*. Cambridge, MA: MIT Press.

Baddeley, A. D. (2010). Working memory. *Current Biology, 20,* 136-140.

Baddeley, A. D. (2012). Working memory. *Annual Review of Psychology* (Vol. 63). Palo Alto, CA: Annual Reviews.

Baird, A. A., Gruber, S. A., Cohen, B. M., Renshaw, R. J., & Yureglun-Todd, D. A. (1999). FMRI of the amygdala in children and adolescents. *American Academy of Child and Adolescent Psychiatry, 38,* 195-199.

Bakan, D. (1966). *The duality of human existence.* Chicago: Rand McNally.

Balch, J. F., M. D., & Balch, B. A., C.N.C. (1990). *Prescription for nutritional healing.* Garden City, NY: Avery Publishing Group, Inc.

Baltes, P. B. (1987). Theoretical propositions of life-span developmental psychology: On the dynamics between growth and decline. *Developmental Psychology, 23,* 611-626.

Baltes, P. B., Reese, H. W., & Lipsitt, L. P. (1980). Life-span developmental psychology. *Annual Review of Psychology, 31,* 65-110.

Bandura, A. (1964). The stormy decade: Fact or fiction? *Psychology in the Schools, 1,* 31-224.

Bandura, A. (1965). Influence of models' reinforcement contingencies on the acquisition of imitative responses. *Journal of Personality and Social Psychology, 1,* 589-595.

Bandura, A. (1977). *Social learning theory.* Englewood Cliffs, NJ: Prentice-Hall.

Bandura, A. (1986). *Social foundations of thought and action: A social cognitive theory.* Englewood Cliffs, NJ: Prentice-Hall.

Bandura, A. (1993). Perceived self-efficacy in cognitive development and functioning. *Educational Psychologist, 28,* 117-148.

Bandura, A. (1994). Self-efficacy. In V. S. Ramachadraun (Ed.), *Encyclopedia of human behavior* (Vol. 4). New York: Academic Press.

Bandura, A. (1997). *Self-efficacy.* New York: W. H. Freeman.

Bandura, A. (2002). Selective moral disengagement in the exercise of moral agency. *Journal of Moral Education, 31,* 101-119.

Bandura, A. (2004, May). *Toward a psychology of human agency.* Paper presented at the meeting of the American Psychological Society, Chicago.

Bandura, A. (2010). Self-efficacy. In D. Matsumoto (Ed.), *Cambridge dictionary of psychology.* New York: Cambridge University Press.

Bandura, A. (2012). Social cognitive theory. *Annual Review of Clinical Psychology* (Vol. 8). Palo Alto, CA: Annual Reviews.

Bandura, A., Grusec, J. E., & Menlove, F. L. (1967). Some determinants of self-monitoring reinforcement systems. *Journal of Personality and Social Psychology, 5,* 449-455.

Bandura, A., & Schunk, D. H. (1981). Cultivating competence, self-efficacy, and intrinsic interest through proximal self-motivation. *Journal of Personality and Social Psychology, 67,* 601-607.

Bandura, A., & Walters, R. H. (1959). *Adolescent aggression.* New York: Ronald Press.

Bank, L., Forgatch, M., Patterson, G., & Fetrow, R. (1993). Parenting practices of single mothers: Mediators of negative contextual factors. *Journal of marriage and the Family, 55* (2), 371-384.

Bar-Or, O., Foreyt, J., Bouchard, C., Brownell, K. D., Dietz, W. H., Ravussin, E., Salbe, A. D., Schwenger, S., St. Jeor, S., & Torun, B. (1998). Physical activity, genetic, and nutritional considerations in childhood weight management. *Medicine & Science in Sports & Exercise, 30,* 2-10.

Bar-Tal, D., Raviv, A., & Leiser, T. (1980). The development of altruistic behavior: Empirical evidence. *Developmental Psychology, 16,* 516-524.

Barkley, R. A. (1990). Attention deficit disorders: History, definition, and diagnosis. In M. Lewis & S. M. Miller (Eds.), *Handbook of developmental psychopathology.* NY: Plenum.

Barrett, D. E., & Frank, D. A. (1987). *The effects of undernutrition on children's behavior.* New York: Gordon & Breach.

Barron, F., & Harrington, D. M. (1981). Creativity,

intelligence, and personality. *Annual Review of Psychology, 32*, 349-376.

Bartel, M. A., Weinstein, J. R., & Schaffer, D. V. (2012). Directed evolution of novel adeno-associated viruses for therapeutic gene delivery. *Gene Therapy, 19* (6), 694-700.

Bartol, C. (1980). *Criminal behavior: A psychosocial approach*. Englewood Cliffs, NJ: Prentice-Hall.

Bascow, S. A. (1980). *Sex role stereotypes: Traditions and alternatives*. Montery, CA: Brooks/Cole.

Basseches, M. (1984). *Dialectical thinking and adult development*. Norwood, NJ: Ablex.

Bauland, C. G., Smit, J. M., Scheffers, S. M., Bartels, R. H., van den Berg, P., Zeebregts, C. J., & Spauwen, P. H. (2012). Similar risk for hemangiomas after amniocentesis and transabdominal chorionic villus sampling. *Journal of Obstetrics and Gynecology Research, 38,* 371-375.

Baumrind, D. (1973). The development of instrumental competence through socialization. In A. Pick (Ed.), *Minnesota symposium on child psychology* (Vol. 7). Minneapolis: University of Minnesota Press.

Baumrind, D. (1975). Early socialization and adolescent competence. In S. E. Dragastin & G. H. Elder (Eds.), *Adolescence in the life cycle: Psychological change and social context*. New York: Wiley.

Baumrind, D. (1985). Familial antecedents of adolescent drug use: A developmental perspective. In C. L. Jones & R. J. Battjes (Eds.), *Etiology of drug abuse: Implications for prevention*(NIDA Research Monograph, No. 56). Rockville, Maryland: National Institute on Drug Abuse.

Baumrind, D. (1991). Effective parenting during the early adolescent transition. In P. A. Cowan & E. M. Hetherington (Eds.), *Advances in family research* (Vol. 2). Hillsdale, New Jersey: Erlbaum.

Baumrind, D. (2012). Authoritative parenting revisited: History and current status. In R. E. Larzelere, A. S. Morris, & A. W. Harist (Eds.), *Authoritative parenting*. Washington, DC: American Psychological Association.

Baydar, N., Brooks-Gunn, J., & Warren, M. P. (1992).

*Changes of depressive symptoms in adolescent girls over four years: The effects of pubertal maturation and life events*. Unpublished manuscript.

Bayley, N. (1943). Mental growth during the first three years. In R. G. Barker, J. S. Kounin, & H. F. Wright (Eds.), *Child behavior and development*. New York: McGraw-Hill.

Baysinger, C. L. (2010). Imaging during pregnancy. *Anesthesia and Analgesia, 110*, 863-867.

Bazzini, D. G., Pepper, A., Swofford, R., & Cochran, K. (2015). How healthy are health magazines? A comparative content analysis of cover captions and images of *Women's and Men's Health magazines*. *Sex Roles, 72,* 198-201.

Beardslee, W. R., Keller, M. B., Seifer, R., Lavorie, P. W., Staley, J., Podorefsky, D., & Shera, D. (1996). Prediction of adolescent affective disorder: Effects of prior parental affective disorders and child psychopathology. *Journal of the American Academy of Child and Adolescent Psychiatry, 35*, 279-288.

Beck, A. (1976). *Cognitive therapy and the emotional disorders*. New York: International University Press.

Becker, H. S. (1973). *Outsiders*. New York: Free Press (First published in 1963).

Beckwith, L., & Parmelee, A. (1986). EEG patterns of infants, home environment, and later IQ. *Child Development, 57,* 777-789.

Bednar, R. L., Wells, M. G., & Peterson, S. R. (1995). *Self-esteem* (2nd ed.). Washington, DC: American Psychological Association.

Behrend, D. A., Rosengren, K. S., & Perlmutter, M. S. (1992). The relation between private speech and parental interactive style. In R. M. Diaz & L. E. Berk (Eds.), *Private speech: From social interaction to self-regulation*. Hillsdale, NJ: Erlbaum.

Beilin, H. (1996). Mind and meaning: Piaget and Vygotsky on causal explanation. *Human Development, 39*, 277-286.

Bell, J. T., & Saffery, R. (2012). The value of twins in epigenetic epidemiology. *International Journal of Epidemiology, 4,* 140-150.

Belmont, J. M., & Butterfield, E. S. (1971). Learning strategies as determinants of memory deficiencies. *Cognitive Psychology, 2*, 411-420.

Bem, S. L. (1974). The measurement of psychological androgyny. *Journal of Consulting and Clinical Psychology, 42*, 155-162.

Bem, S. L. (1975). Sex role adaptability: One consequence of psychological androgyny. *Journal of Personality and Social Psychology, 31*, 634-643.

Bem, S. L. (1981). Gender schema theory: A cognitive account of sex typing. *Psychological Review, 88*, 354-369.

Bem, S. L. (1985). Androgyny and gender schema theory: A conceptual and empirical investigation. In T. B. Sonderegger (Ed.), *Nebraska symposium on motivation, 1984: Psychology and gender.* Lincoln: University of Nebraska Press.

Bem, S. L., & Lenney, E. (1976). Sex typing and the avoidance of cross sex behavior. *Journal of Personality and Social Psychology, 33*, 48-54.

Bem, S. L., Martyna, W., & Watson, C. (1976). Sex typing and androgyny: Further explorations of the expressive domain. *Journal of Personality and Social Psychology, 34*, 1016-1023.

Benn, P. A. (1998). Preliminary evidence for associations between second-trimester human chorionic gonadotropin and unconjugated oestriol levels with pregnancy outcome in Down syndrome pregnancies. *Prenatal Diagnostics, 18*, 319-324.

Bennett, D. S. (1994). Depression among children with chronic medical problems: A meta-analysis. *Journal of Pediatric Psychology, 19*, 149-169.

Benotsch, E. G., Snipes, D. J., Martin, A. M., & Bull, S. S. (2013). Sexting, substance use, and sexual risk in young adults. *Journal of Adolescent Health, 52* (3), 307-313.

Berenbaum, S. A., & Bailey, J. M. (2003). Effects on gender identity of prenatal androgens and genital appearance: Evidence from gilrs with congenital adrenal hyperplasia. *Journal of Clinical Endocrinology and Metabolism, 88*, 1102-1106.

Berk, L. E. (1992). Children's private speech: An overview of the theory and the status of research. In R. M. Diaz & L. E. Berk (Eds.), *Private speech: From social interaction to self regulation.* Hillsdale, NJ: Erlbaum.

Berkow, R. (Ed.). (1987). *The Merck manual of diagnosis and therapy* (15th ed.). Rahway, NJ: Merck, Sharp, & Dohme Research Laboratories.

Berndt, T. J. (1979). Developmental changes in conformity to peers and parents. *Developmental Psychology, 15*, 608-616.

Berndt, T. J., & Bulleit, T. N. (1985). Effects of sibling relationships on preschoolers' behavior at home and at school. *Developmental Psychology, 21*, 761-767.

Berndt, T. J., Hawkins, J. A., & Hoyle, S. G. (1986). Changes in friendship during a school year: Effects on children's and adolescents' impressions of friendship and sharing with friends. *Child Development, 57*, 1284-1297.

Bernier, J. C., & Siegel, D. H. (1994). Attention deficit hyperactivity disorder: A family and ecological systems perspective. *Families in Society, 75*, 142-151.

Berscheid, E. (1988). Some comments on love's anatomy: Or, whatever happened to old-fashioned lust? In R. J. Sternberg & M. L. Barnes (Eds.), *Anatomy of love.* New Haven, Connecticut: Yale University Press.

Besemer, S. P. (1998). Creative product analysis matrix: Testing the model structure and a comparison among products-Three novel chairs. *Creativity Research Journal, 11*(4), 333-346.

Bickham, D. S., Blood, E. A., Walls, C. E., Shrier, L. A., & Rich, M. (2013). Characteristics of screen media use associated with higher BMI in young adolescents. *Pediatrics, 131*, 935-941.

Biederman, J., Faraone, S. V., Keenan, K., Knee, D., & Tsuang, M. T. (1990). Family-genetic and psychosocial risk factors in DSM-III attention deficit disorder. *Journal of the American Academy of Child and Adolescent Psychiatry, 29*, 526-533.

Bigner, J., & Bozett, F. (1990). Parenting by gay fathers. In F. Bozett & M. Sussman (Eds.), *Homosexuality and family relations.* New York: Harrington Park.

Biller, H. B. (1968). A multi-concept investigate of

masculine development in kindergarten age boys. *Genetic Psychology Monographs, 76*, 89-139.

Bjorklund, D. F. (1995). *Children's thinking: Developmental function and individual differences* (2nd ed.). Pacific Grove, CA: Brooks/Cole.

Bjorklund, D. F. (1997). In search of a metatheory for cognitive development (or, Piaget is dead and I don't feel so good myself). *Child Development, 68*, 144-148.

Bjorklund, D. F., & Pellegrini, A. D. (2002). *The origins of human nature*. Washington, DC: American Psychological Association.

Black, J. E., & Greenough, W. T. (1986). Induction of pattern in neural structure by experience: Implication for cognitive development. In M. E. Lamb, A. L. Brown, & B. Rogoff (Eds.), *Advances in developmental psychology* (Vol. 4). Hillsdale, NJ: Erlbaum.

Blakemore, S. J., & Mills, K. (2014). The social brain in adolescence. *Annual Review of Psychology* (Vol. 65). Palo Alto, CA: Annual Reviews.

Blakemore, S. J., & Robbins, T. W. (2012). Decision-making in the adolescent brain. *Nature: Neuroscience, 15,* 1184-1191.

Blasi, A. (1988). Identity and the development of the self. In D. Lapsley & F. C. Power (Eds.), *Self, ego, and identity: Integrative approaches*. New York: Springer-Verlag.

Block, J. H. (1973). Conceptions of sex roles: Some cross-cultural and longitudinal perspectives. *American Psychologist, 28,* 512-526.

Block, J. H. (1978). Another look at sex differentiation in the socialization behaviors of mothers and fathers. In J. Sherman & F. Denmark (Eds.), *Psychology of women: Future directions of research*. New York: Psychological Dimensions.

Block, J. H. (1984). *Sex role identity and ego development*. San Francisco: Jossey-Bass.

Block, J. H., Block, J., & Morrison, A. (1981). Parental agreement-disagreement on child rearing orientations and gender-related personality correlates in children. *Child Development, 52,* 965-974.

Block, J. H., & Gjerde, P. E. (1987). Depressive

symptomatology in late adolescence: A longitudinal perspective on personality antecedents. In J. E. Rolf, A. Masten, D. Cicchetii, K. M. Nuechterlein, & S. Weintraub (Eds.), *Risk and protective factors in the development of psychopathology*. New York: Cambridge University Press.

Block, J. H., & Robins, R. W. (1993). A longitudinal study of consistency and change in self-esteem from early adolescence to early adulthood. *Child Development, 64,* 909-923.

Blum, R. W. (1992). Chronic illness and disability in adolescence. *Journal of Adolescent Health, 13,* 364-368.

Blumenthal, H., & Leen-Feldner, E. W., Babson, K. A., Gahr, J. L., Trainor, C. D., & Frala, J. L. (2011). Elevated social anxiety among early maturing girls. *Developmental Psychology, 47* (4), 1133-1140.

Blumenthal, J., Jeffries, N. O., Castellanos, F. X., Liu, H., Zidjdenbos, A., Paus, T., Evans, A. C., Rapoport, J. L., & Giedd, J. N. (1999). Brain development during childhood and adolescence: A longitudinal MRI study. *Nature Neuroscience 10,* 861-863.

Boetsch, E. A., Green, P. A., & Pennington, B. F. (1996). Psychosocial correlate of dyslexia across the life span. *Development and Psychology, 8,* 539-562.

Bonnet, P., & Pfeiffer, C. C. (1978). Biochemical diagnosis of delinquent behavior. In L. J. Hippchen (Ed.), *Ecologic-biochemical approaches to treatment of delinquent and criminals*. New York: Van Nostrand Reinhold.

Bootzin, R. R., & Acocella, J. R. (1988). *Abnormal psychology* (5th ed.). New York: Random House.

Bouchard, T. J. (1997). IQ similarity in twins reared apart: Findings and responses to critics. In R. J. Sternberg, E. L. Grigorenko et al. (Eds.), *Intelligence, heredity, and environment*. New York: Cambridge University Press.

Bouchard, T. J. (2018). Heredity ability: *g* is driven by experience producing drives. In R. J. Sternberg (Ed.), *Nature of human intelligence*. New York: Cambridge University Press.

Bower, G. H. (1981). Mood and memory. *American*

*Psychologist, 36*, 129-148.

Bowlby, J. (1969). *Attachment and loss* (Vol. 1). *Attachment*. New York: Basic Books.

Bowlby, J. (1989). *Secure attachment*. New York: Basic Books.

Boyd, D. M., & Ellison, N. B. (2008). Social network sites: Definition, history, and scholarship. *Journal of Computer-Mediated Communication, 13*, 210-230.

Branden, N. (1969). *The psychology of self-esteem*. Los Angeles, California: Nash Publishing Corporation.

Brannon, L. (2017). *Gender*. New York: Routledge.

Brannon, L., & Feist, J. (1992). *Health psychology: An introduction to behavior and health*. Belmont, CA: Wadsworth.

Brislin, R. (1993). *Understanding culture's influence on behavior*. Fort Worth, Texas: Harcourt Brace.

Brody, G. H., & Shaffer, D. R. (1982). Contributions of parents and peers to children's moral socialization. *Developmental Review, 2*, 31-75.

Brody, G. H., Stoneman, Z., & McCoy, J. K. (1992). Associations of maternal and paternal direct and differential behavior with sibling relationships: contemporaneous and longitudinal analyses. *Child Development, 63*, 82-92.

Bronfenbrenner, U. (1979). *The ecology of human development: Experiments by nature and design*. Cambridge, Massachusetts: Harvard University Press.

Bronfenbrenner, U. (1986). Ecology of the family as a context for human development: Research perspectives. *Developmental Psychology, 22* (6), 723-742.

Bronfenbrenner, U. (1995). The bioecological model from a life course perspective. In P. Moen, G. H. Elder, & K. Luscher (Eds.), *Examining lives in context*. Washington, DC: American Psychological Association.

Bronstein, P. (2006). The family environment: Where gender role socialization begins. In J. Worell & C. D. Goodheart (Eds.), *Handbook of girls' and women's psychological health*. New York: Oxford University Press.

Brooker, R. J. (2015). *Genetics* (5th ed.). New York: McGraw-Hill.

Brookman, R. R. (1988). Sexually transmitted diseases. In M. D. Levine & E. R. McArney (Eds.), *Early adolescent transition*. Lexington, MA: D.C. Heath.

Brooks, J. B. (1991). *The process of parenting* (3rd ed.). CA: Mayfield Publishing Company.

Brooks-Gunn, J. (1988). Transition to early adolescence. In M. R. Gunnar (Ed.), *Minnesota symposia on child psychology, 21*, Hillsdale, New Jersey: Erlbaum.

Brooks-Gunn, J. (1991). Consequences of maturational timing variations in adolescent girls. In R. M. Lerner, A. C. Petersen, & J. Brooks-Gunn (Eds.), *Encyclopedia of adolescence* (Vol. 2). New York: Garland.

Brooks-Gunn, J., & Graber, J. A. (1995, March). *Depressive affect versus positive adjustment: Patterns of resilience in adolescent girls*. Paper presented at the meeting of the Society for Research in Child Development, Indianapolis.

Brooks-Gunn, J., Graber, J. A., & Paikoff, R. L. (1994). Studying links between hormones and negative affect: Models and measures. *Journal of Research on Adolescence, 4*, 469-486.

Brooks-Gunn, J., & Paikoff, R. (1993). Sex is a gamble, kissing is a game: Adolescent sexuality, contraception, and sexuality. In S. P. Millstein, A. C. Petersen, & E. O. Nightingale (Eds.), *Promoting the health behavior of adolescents*. New York: Oxford University Press.

Brooks-Gunn, J., & Petersen, A. C. (1984). Problems in studying and defining pubertal events. *Journal of Youth and Adolescence, 13*, 181-196.

Brooks-Gunn, J., & Petersen, A. C. (1991). Studying the emergence of depression and depressive symptoms during adolescence. *Journal of Youth and Adolescence, 20*, 115-119.

Brooks-Gunn, J., & Petersen, A. C. (Eds.). (1983). *Girls at puberty: Biological and psychosocial perspectives*. New York: Plenum.

Brooks-Gunn, J., & Warren, M. P. (1989). Biological and social contribution to negative affect in young adolescent girls. *Child Development, 60*, 40-55.

Broverman, I. K., Vogel, S. R., Broverman, D. M., Clarkson, F. E., & Rosenkrantz, P. S. (1972). Sex role stereotypes: A current appraisal. *Journal of Social Issues, 28,* 59-78.

Brown, E. F., & Hendee, W. R. (1989). Adolescents and their music. *Journal of the American Medical Association, 262,* 1659-1663.

Brown, J. L., & Pollitt, E. (1996, February). Malnutrition, poverty, and intellectual development. *Scientific American,* pp. 38-43.

Brown, R. (1986). *Social psychology* (2nd ed.). New York: Macmillan.

Brownell, K. D., & Stein, L. J. (1989). Metabolic and behavioral effects of weight loss and regain: A review of the animal and human literature. In A. J. Stunkard & A. Baum (Eds.), *Perspectives on behavioral medicine.* Hillsdale, New Jersey: Erlbaum.

Bryan, J. H. (1975). Children's cooperation and helping behaviors. In E. M. Hetherington (Ed.), *Review of child development research* (Vol. 5). Chicago: The University of Chicago Press.

Bryant, J., & Rockwell, S. C. (1994). Effects of massive exposure to sexually oriented prime-time television programming of adolescents' moral judgment. In D, Zillmann, J. Bryant, & A. C. Husteon (Eds.), *Media, children, and the family: Social scientific, psychodynamic, and clinical perspectives.* Hillsdale, NJ: Erlbaum.

Buhrmester, D., & Carbery, J. (1992, March). *Daily patterns of self-disclosure and adolescent adjustment.* Paper presented at the biennial meeting of the Society for Research on Adolescence, Washington, DC.

Buhrmester, D., & Furman, W. (1987). The development of companionship and intimacy. *Child Development, 58,* 1101-1113.

Buhrmester, D., & Furman, W. (1990). Perceptions of sibling relationships during middle childhood and adolescence. *Child Development, 61,* 1387-1398.

Buki, L. P., Ma, T., Strom, R. D., & Strom, S. K. (2009). Chinese immigrant mothers of adolescent: Self-perceptions of acculturation effects on parenting. *Cultural Diversity and Ethnic Minority Psychology,* 9 (2), 127-140.

Bukowski, W. M., & Kramer, T. L. (1986). Judgments of the features of friendship among early adolescent boys and girls. *Journal of Early Adolescence, 6,* 331-338.

Bukowski, W. M., Buhrmester, D., & Underwood, M. K. (2011). Peer relations as a developmental context. In M. K. Underwood & L. H. Rosen (Eds.), *Social development.* New York: Guilford.

Bumpas, M. F., Crouter, A. C., & McHale, S. M. (2001). Parental autonomy granting during adolescence: Gender differences in context. *Developmental Psychology, 37,* 163-173.

Burgess, E. W. (1967). The growth of the city: An introduction to a research project. In R. E. Park, E. W. Burgess, & R. D. McKenzie (Eds.). *The city.* Chicago: University of Chicago Press. First published in 1925.

Burhans, K. K., & Dweck, C. S. (1995). Helplessness in early childhood: The role of contingent worth. *Child Development, 66,* 1719-1738.

Burton, L., Henninger, D., Hafetz, J., & Cofer, J. (2009). Aggression, gender-typical childhood play, and a prenatal hormonal index. *Social Behavior and Personality, 37,* 105-116.

Buss, A. H., & Plomin, R. (1984). *Temperament: Early developing personality traits.* Hillsdale, NJ: Erlbaum.

Buss, D. M. (1998). The psychology of human mate selection. In C. B. Crawford & D. L. Krebs (Eds.), *Handbook of evolutionary psychology.* Mahwah, NJ: Erlbaum.

Buss, D. M. (2000). Evolutionary psychology. In A. Kazdin (Ed.), *Encyclopedia of psychology.* Washington, DC, and New York: American Psychological Association and Oxford University Press.

Buss, D. M. (2004). *Evolutionary psychology* (2nd ed.), Boston: Allyn & Bacon.

Buttermore, E. D., Thaxton, C. L., & Bhat, M. A. (2013). Organization and maintenance of molecular domains in myelinated axons. *Journal of Neuroscience Research, 91*(5), 603-622.

Button, E. (1990). Self-esteem in girls aged 11-12: Baseline findings from a planned prospective study of vulnerability to eating disorders. *Journal of Adolescence, 13,* 407-413.

Byrnes, J. P. (2001). *Cognitive development and learning in instructional contexts* (2nd ed.). Boston: Allyn & Bacon.

Byrnes, J. P. (2003). Cognitive development during adolescence. In G. Adams & M. Berzonsky (Eds.), *Blackwell handbook of adolescence,* Malden, MA: Blackwell.

Byrnes, J. P. (2012). How neuroscience contributes to our understanding of learning and development in typically developing and special needs students. In K. R. Harris, S. Graham, & T. Urdan (Eds.), *APA educational psychology handbook.* Washington, DC: American Psychological Association.

Calfin, M. S., Carroll, J. L., & Schmidt, J. (1993). Viewing music-video-tapes before taking a test of premarital attitudes. *Psychological Reports, 72,* 485-481.

Calvert, S. L., & Tan, S. L. (1994). Impact of virtual reality on young adults' physiological arousal and aggressive thoughts. *Journal of Applied Developmental Psychology, 15,* 125-139.

Camarena, P. M., Sarigiani, P. A., & Petersen, A. C. (1990). Gender-specific pathways to intimacy in early adolescence. *Journal of Youth and Adolescence, 19,* 19-32.

Campbell, D. T., & Stanley, J. C. (1963). *Experimental and quasi-experimental designs for research.* Chicago: Rand McNally.

Campbell, S. B. (1983). Developmental perspectives on child psychopathology. In T. H. Ollendick & M. Hersen (Eds.), *Handbook of child psychopathology.* NY: Plenum.

Campbell, S. B., & Werry, J. S. (1986). Attention deficit hyperactivity disorder. In H. C. Quay & J. S. Werry (Eds.), Psychopathological disorders of childhood (3rd ed.). NY: Wiley.

Campione-Barr, N., & Smetana, J. G. (2010). "Who said you could wear my sweater?" Adolescent siblings' conflicts and associations with relationship quality. *Child Development, 81,* 464-471.

Capaldi, D. M., & Shortt, J. W. (2003). Understanding conduct problems in adolescence from a life-span perspective. In G. Adams & M. Berzonsky (Eds.), *Blackwell handbook of adolescence.* Malden, MA: Blackwell.

Cardon, R., & Fulker, D. (1993). Genetics of specific cognitive abilities. In R. Plomin & G. McClearn (Eds.), *Nature, nurture, and psychology.* Washington, DC: American Psychological Association.

Carr, M., & Schneider, W. (1991). Long-term maintenance of organizational strategies in kindergarten children. *Contemporary Educational Psychology, 16,* 61-75.

Carr, M., Kurtz, B. E., Schneider, W., Turner, L. A., & Borkowski, J. G. (1989). Strategy acquisition and transfer among American and German children: Environmental influences on metacognitive development. *Developmental Psychology, 25,* 765-771.

Carter, E. B. (1984, June). A teacher's view: Learning to be wrong. *Psychology Today, 18,* 35.

Caspi, A., & Moffitt, T. E. (1993). When do individual differences Matter?: A paradoxical theory of personality coherence. *Psychological Inquiry, 4* (4), 247-271.

Cassidy, J., Woodhouse, S. S., Sherman, L. J., Stupica, B., & Lejuez, C. W. (2011). Enhancing infant attachment security: An examination of treatment efficacy and differential susceptibility. *Development and Psychopathology, 23*(1), 131-148.

Castles, S., & Miller, M. J. (2009). *The age of migration: International population movements in the modern world.* New York: Guilford Press.

Chan, W. S. (1963). *A source book in Chinese philosophy.* Princeton, New Jersey: Princeton Books.

Charney, E. (2017). Genes, behavior, and behavior genetics. *Wiley Interdisciplinary Reviews. Cognitive Scienc, 8,* 1-2.

Chen, P., & Jacobson, K. C. (2013). Impulsivity moderates promotive environmental influences on adolescent delinquency: A comparison across family, school, and neighborhood contexts. *Journal of Child Psychology, 41,* 1133–1143.

Chen, X., Lee, J., & Chen, L. (2018). Culture and peer relationships. In W. M. Bukowski & others (Eds.), *Handbook of peer interactions, relationships, and groups* (2nd ed.). New York: Guilford.

Chitty, L. S., Khalil, A., Barrett, A. N., Pajkrt, E., Griffin, D. R., & Cole, T. J. (2013). Safe, accurate, prenatal diagnosis of thanatophoric dysplasia using ultrasound and free fetal DNA. *Prenatal Diagnosis, 33* (5), 416–423.

Choukas–Bradley, S., & Prinstein, M. J. (2013). Peer relationships and the development of psychopathology. In M. Lewis & K. D. Rudolph (Eds.), *Handbook of developmental psychopathology* (3rd ed.). New York: Springer.

Cicchetti, D. (1984). The emergence of developmental psychopathology. *Child Development, 55,* 1–7.

Cicchetti, D. (2013). Developmental psychopathology. In P. Zelazo (Ed.), *Oxford handbook of developmental psychology.* New York: Oxford University Press.

Cignini, P., D'Emidio, L., Padula, F., Girgenti, A., Battistoni, S., Vigna, R., Franco, R., Rossetti, D., Giorlandino, M., & Giorlandino, C. (2010). The role of ultrasonography in the diagnosis of fetal isolated complete agenesis of the corpus callosum: A long–term prospective study. *Journal of Maternal–Fetal and Neonatal Medicine, 23* (12), 1504–1509.

Cillessen, A. H. N., van Ijzendoorn, H. W., Van Lieshout, C. F. M., & Hartup, W. W. (1992). Heterogeneity among peer–rejected boys: Subtypes and stabilities. *Child Development, 63,* 893–905.

Cimbalo, R. S., Faling, B., & Mousaw, P. (1976). The course of love: A cross–sectional design. *Psychological Reports, 38,* 1292–1294.

Clark, M. S., Jansen, K. L., & Cloy, J. A. (2012). Treatment of childhood and adolescent depression. *American Family Physician, 86,* 442–446.

Clark, M. S., Powell, M. C., Ovellett, R., & Milberg, S. (1987). Recipient's mood, relationship type, and helping. *Journal of Personality and Social Psychology, 43,* 94–103.

Clarke, A. M., & Clarke, A. D. (1989). The later cognitive effects of early intervention. *Intelligence, 13,* 289–297.

Cloud, J. (2010, January 18). Why genes aren't destiny. *Time,* 30–35.

Cloward, R., & Ohlin, L. E. (1960). *Delinquency and opportunity: A theory of delinquent gangs.* Glencoe, Ill.: Free Press.

Cobb, N. J. (1998). *Adolescence: Continuity, change, and diversity* (3rd ed.). Mayfield Publishing Company.

Cohen, A. K. (1955). *Delinquent boys: The culture of the gang.* Glencoe: Free Press.

Cohen, J. (1996). Protease inhibitors: A take of two comparisons. *Sciences, 272,* 1882–1883.

Coie, J. D., & Dodge, K. A. (1998). Aggression and antisocial behavior. In N. Eisenberg (Ed.), *Handbook of child psychology* (5th ed., Vol. 3). New York: Wiley.

Coie, J. D., & Koeppl, G. K. (1990). Adapting intervention to the problems of aggressive and disruptive rejected children. In S. R. Asher & J. D. Coie (Eds.), *Peer rejection in childhood.* New York: Cambridge University Press.

Colby, A., & Damon, W. (1992). Gaining insight into the lives of moral leaders. *Chronicle of Higher Education, 39* (20), 83–84.

Coleman, W. L., Levine, M. D., & Sandler, A. D. (1991). Learning disabilities in adolescents: Description, assessment, and management. In R. M. Lerner, A. C. Petersen, & J. Brooks–Gunn (Eds.), *Encyclopedia of adolescence* (Vol. 1). New York: Garland.

Comite, F., Prescovitz, O. H., Sonis, W. A., Hench, K., McNemar, A., Klein, R. P., Loriaux, D. L., & Cutler, G. B. (1987). Premature adolescence: Neuroendocrine and psychosocial studies. In R. M. Lerner & T. T. Foch (Eds.), *Biological–psychological interactions in early adolescence: A life–span perspective.* Hillsdale, New Jersey: Erlbaum.

Conger, J. J. (1977). *Adolescent and youth* (2nd ed.). New York: Harper & Row.

Conger, R. D., & Reuter, M. (1996). Siblings, parents, and peers: A longitudinal study of social influences in adolescent risk for alcohol use and abuse. In G. H. Brody (Ed.), *Sibling relationships: Their causes and consequences.* Norwood, NJ: Ablex.

Considine, R. V., Sinha, M. K., & Heiman, M. I. (1996). Serum immunoreactive-leptin concentrations in normal-weight and obese humans. *New England Journal of Medicine, 334,* 292-295.

Consoli, A., Peyre, H., Speranza, M., Hassler, C., Falissard, B., Touchette, E., Cohen, D., Moro, M., & Révah-Lévy, A. (2013). Suicidal behaviors in depressed adolescents: Role of perceived relationships in the family. *Child and Adolescent Psychiatry and Mental health, 7*(1), 1-12.

Constantinople, A. (1973). Masculinity-femininity: An exception to a famous dictum? *Psychological Bulletin, 80,* 389-407.

Cooley, C. H. (1902). *Human nature and the social order.* New York: Scribner's.

Cooper, C. R. (2011). *Bridging multiple worlds.* New York: Oxford University Press.

Cooper, C. R., Grotevant, H. D., & Condon, S. M. (1983). Individuality and connectedness in the family as a context for adolescent identity formation and role-taking skill. In H. D. Grotevant & C. R. Cooper (Eds.), *Adolescent development in the family.* San Francisco: Jossy-Bass.

Copeland, W., Shanahan, L., Miller, S., Costello, E. J., Angold, A., & Maughan, B. (2010). Outcomes of early pubertal timing in young women: A prospective population-based study. *American Journal of Psychiatry, 167,* 1218-1225.

Cordua, G. D., McGraw, K. O., & Drabman, R. S. (1979). Doctor or nurse: Children's perception of sex-typed occupations. *Child Development, 50,* 590-593.

Corey, L. (1990). Genital herpes. In K. Holmes et al. (Eds.), *Sexually transmitted diseases.* New York: McGraw-Hill.

Correa, P., Pickle, L. W., Fontham, E., Lin, Y., & Haenszel, W. (1983). Passive smoking and lung cancer. *The Lancet,* 595-597.

Coté, J. E. (2009). Identity formation and self-development. In R. M. Lerner & L. Steinberg (Eds.), *Handbook of adolescent psychology* (3rd ed.). New York: Wiley.

Crandall, V. C. (1967). *Achievement behavior in young children.* In *The young child: Review of research.* Washington, DC: National Association for the Education of Young Children.

Crespo, C., Kielpikowski, M., Jose, P. E., & Pryor, J. (2010). Relationships between family connectedness and body satisfaction: A longitudinal study of adolescent girls and boys. *Journal of Youth and Adolescence, 39,* 1392-1401.

Crews, F. (2001, January 2). Commentary in "Brain growth gets blame for turbulent years." *USA Today,* p. 6D.

Crick, N. R., & Grotpeter, J. K. (1996). Children's treatment by peers: Victims of relational and overt aggression. *Developmental Psychopathology, 6,* 367-380.

Cristall, L., & Dean, R. S. (1976). Relationship of sex role stereotypes and self-actualization. *Psychological Reports, 39,* 842.

Crockett, L. J. (1990). Sex role and sex typing in adolescence. In R. M. Lerner, A. C. Petersen, & J. Brooks-Gunn (Eds.), *The encyclopedia of adolescence.* New York: Garland.

Cronbach, L. J. (1970). *Essentials of psychological testing* (3rd ed.). New York: Harper and Row.

Crone, E. A. (2017). *The adolescent brain.* New York: Routledge.

Csikszentmihalyi, M. (1996). *Creativity: Flow and the psychology of discovery and invention.* New York: Harper Colins.

Csikszentmihalyi, M., & Schmidt, J. A. (1998). Stress and resilience in adolescence: An evolutionary perspective. In K. Borman & B. Schneider (Eds.), *The adolescent years: Social influences and educational challenges.* Chicago: University of Chicago Press.

Cummings, M. (2014). *Human heredity* (10th ed.). Boston: Cengage.

Curfman, G. D., Gregory, T. S., & Paffenberger, R. S. (1985). Physical activity and primary prevention of cardiovascular disease. *Cardiology Clinics, 3,* 203-

222.

Curran, J. M. (1997, April). *Creativity across the life span: Taking a new perspective*. Paper presented at the meeting of the Society for Research in Child Development, Washington, DC.

Cvijetic, S., Baric, I. C., Satalic, Z., Keser, I., & Bobic, J. (2014). Influence of nutrition and lifestyle on bone mineral density of children from adoptive and biological families. *Journal of Epidemiology, 24* (3), 209-215.

Cyr, M., McDuff, P., & Wright, J. (2006). Prevalence and predictors of dating violence among adolescent female victims of child sexual abuse. *Journal of Interpersonal Violence, 21*(8), 1000-1017.

Dacey, J. S. (1989). Discriminating characteristics of the families of highly creative adolescents. *Journal of Creative Behavior, 23*, 263-271.

Dahl, R. E., Allen, N. B., Wilbrecht, L., & Suleiman, A. B. (2018). Importance of investing in adolescence from a developmental science perspective. *Nature, 554,* 441-450.

Daltro, P., Werner, H., Gasparetto, T.D., Domingues, R.C., Rodrigues, L., Marchiori, E., & Gasparetto, E.L. (2010). Congenital chest malformations: A multimodality approach with emphasis on fetal MR imaging. *Radiographics, 30* (2), 385-395.

Damon, W. (1988). *The moral child*. New York: Free Press.

Damon, W. (2000). Moral development. In A. Kazdin (Ed.), *Encyclopedia of psychology*. Washington, DC, and New York: American Psychological Association and Oxford University Press.

Damon, W., & Hart, D. (1982). The development of self-understanding from infancy through adolescence. *Child Development, 53*, 841-864.

Daniels, H. (Ed.). (1996). *An introduction to Vygotsky*. New York: Routledge.

Danish, S. J. (1983). Musings about personal competence: The contributions of sport, health, and fitness. *American Journal of Community Psychology, 11*(3), 221-240.

D'Augelli, A. R. (2000). Sexual orientation. In A. Kazdin

(Ed.), *Encyclopedia of psychology*. Washington, DC, and New York: American Psychological Association and Oxford University Press.

Davidson, E. S., Yasuna, A., & Tower, A. (1979). The effects of television cartoons on sex-role stereotyping in young girls. *Child Development, 50*, 597-600.

Davis. G. A. (2001). *Creativity is forever*. Iowa: Kendall/Hunt.

Davis, G. A., & Rimm, S. B. (1982). Group inventory for finding interests (GIFFI) I and II: Instruments for identifying creative potential in the junior and senior high school. *Journal of Creative Behavior, 16*, 50-57.

Day, J. (2000, February 18). One year ago: Teen online spending increases. E-Commerce Times. Retrieved July 18, 2002, from http://www.Ecommercetimes.com/news/articles2000/000218-tc.shtml.

Dellas, M., & Jernigan, L. P. (1990). Affective personality characteristics associated with undergraduate ego identity formation. *Journal of Adolescent Research,* 5, 306-324.

DeLoache, J. S., & Todd, C. M. (1988). Young children's use of spatial categorization as a mnemonic strategy. *Journal of Experimental Child Psychology, 46*, 1-20.

Devlin, B., Daniels, M., & Roeder, K. (1997). The heritability of IQ. *Nature, 388*, 468-471.

DeWall, C. N., Anderson, C. A., & Bushman, B. J. (2013). Aggression. In I. B. Weiner & others (Eds.), *Handbook of psychology* (2nd ed., Vol. 5). New York: Wiley.

Diamond, A., Prevor, M., Callender, G., & Druin, D. (1997). Prefrontal cortex cognitive deficits in children treated early and continuously for PKU. *Monographs of the Society for Research in Child Development, 62* (4, Serial No. 252).

Diamond, L. M. (2003). Love matters: Romantic relationships among sexual-minority adolescents. In P. Florsheim (Ed.), *Adolescent romantic relations and sexual behavior*. Mahwah, NJ: Erlbaum.

Dietz, T. L. (1998). An examination of violence and

gender role portrayals in video games: Implications for gender socialization and aggressive behavior. *Sex Roles, 38,* 425-442.

Dilley, J. S. (1965). Decision-making ability and vocational maturity. *Personal and Guidance Journal, 44,* 154-164.

Dillon, L. S. (1987). The gene: Its structure, function, and evolution. New York: Plenum.

Diseth, A., Danielsen, A. G., & Samdal, O. (2012). A path analysis of basic need support, self-efficacy, achievement goals, life satisfaction, and academic achievement level among secondary school students. *Educational Psychology, 32* (3), 335-354.

Dishion, T., French, D., & Patterson, G. (1995). The development and ecology of antisocial behavior. In D. Cicchetti & D. Cohen (Eds.), *Developmental psychopathology* (Vol. 2). New York: Wiley.

Dishion, T. J., & Spracklen, K. M. (1996, March). *Childhood peer rejection in the development of adolescent substance abuse.* Paper presented at the meeting of the Society for Research on Adolescence, Boston.

Dolezal, S. L., Davison, G. C., & DeQuattro, V. (1996, March). *Hostile behavior, Type A, cardiac damage, and neuroendocrine response in hostility provoking social interactions.* Paper presented at the meeting of the American Psychosomatic Society, Williamsburg, VA.

Donnay, D. A., & Borgen, F. H. (1996). Validity, structure, and content of the 1994 Strong Interest Inventory. *Journal of Counseling Psychology, 43,* 275-291.

Dorn, L. D., Susman, E. J., & Ponirakis, A. (2003). Pubertal timing and adolescent adjustment and behavior: Conclusions vary by rater. *Journal of Youth and Adolescence, 32,* 157-167.

Dornbusch, S., Ritter, P., Leiderman, P., Roberts, D., & Fraleigh, M. (1987). The relation of parenting style to adolescent school performance. *Child Development, 58,* 1244-1257.

Douvan, E., & Adelson, J. (1966). *The adolescent experience.* New York: Wiley.

Driscoll, R., Davis, K. E., & Lipetz, M. E. (1972). Parental interference and romantic love: The Romeo and Juliet effect. *Journal of Personality and Social Psychology, 24,* 1-10.

Duczkowska, A., Bekiesinska-Figatowska, M., Herman-Sucharska, I., Duczkowski, M., Romaniuk-Doroszewska, A., Jurkiewicz, E., Dubis, A., Urbanik, A., Furmanek, M., & Walecki, J. (2011). Magnetic resonance imaging in the evaluation of the fetal spinal canal contents. *Brain Development, 33* (1), 10-20.

Dugdale, R. L. (1888). *The Jukes: A study in crime, pauperism, disease, and heredity* (4th ed.). New York: Putnam.

Duke-Duncan, P. (1991). Body image. In R. M. Lerner, A. C. Petersen, & J. Brooks-Gunn (Eds.), *Encyclopedia of adolescence* (Vol. 1). New York: Garland.

Dunn, J., Slomkowski, C., & Beardsall, L. (1994). Sibling relationships from the preschool period through middle childhood and early adolescence. *Developmental Psychology, 30,* 315-324.

DuRant, R. H., Rome, E. S., Rich, M., Allred, E., Emans, S. J., & Woods, E. R. (1997). Tobacco and alcohol use behaviors portrayed in music videos: A content analysis. *American Journal of Public Health, 87,* 1131-1135.

Duriez, B., Luyckx, K., Soenens, B., & Berzonsky, M. (2012). A process-content approach to adolescent identity formation: Examining longitudinal associations between identity styles and goal pursuits. *Journal of Personality, 80,* 135-161.

Dusek, J. B. (1987). Sex roles and adjustment. In P. B. Carter (Ed.), *Current conceptions of sex roles and sex typing: Theory and research.* New York: Praeger.

Dweck, C. S. (1986). Motivational processes affecting learning. *American Psychologist, 41,* 1040-1048.

Dweck, C. S. (1989). Motivation. In A. Lesgold & R. Glaser (Eds.), *Foundations for a psychology of education.* Hillsdale, New Jersey: Erlbaum.

Dweck, C. S., & Bush, E. S. (1976). Sex differences in learned helplessness: Differential debilitation with peer and adult evaluators. *Developmental Psychology, 12,* 147-156.

Dweck, C. S., Davidson, W., Nelson, S., & Enna, B. (1978). Sex differences in learned helplessness: II. The contingencies of evaluative feedback in the classroom and III. An experimental analysis. *Developmental Psychology, 14,* 268-276.

Eagly, A. H. (2001). Social role theory of sex differences and similarities. In J. Worrel (Ed.), *Encyclopedia of women and gender.* San Diego: Academic Press.

Earls, F. (1994). Oppositional-defiant and conduct disorders. In M. Rutter, E. Taylor, & L. Hersov (Eds.), *Child and adolescent psychiatry.* London: Blackwell.

East, P. L. (1991). Peer status groups. In R. M. Lerner, A. C. Petersen, & J. Brooks-Gunn (Eds.), *Encyclopidea of adolescence* (Vol. 2). New York: Garland.

Ebata, A. T. (1987). *A longitudinal study of psychological distress during early adolescence.* Unpublished Doctoral Dissertation. Pennsylvania State University.

Ebata, A. T., & Moos, R. H. (1994). Personal, situational, and contextual correlates of coping in adolescence. *Journal of Research in Adolescence, 4,* 99-125.

Eberly, M. B., Hascall, S. A., Andrews, H., & Marshall, P. M. (1997, April). *Contributions of attachment quality and adolescent prosocial behavior to perceptions of parental influence: A longitudinal study.* Paper presented at the meeting of the Society for Research in Child Development, Washington, DC.

Eccles, J. S. (1987). Adolescence: Gateway to gender-role transcendence. In D. B. Carter (Ed.), *Current conceptions of sex roles and sex typing: Theory and research.* New York: Praeger.

Eccles, J. S., Miller, C., Tucker, M. L., Becker, J., Schramm, W., Midgley, R., Holms, W., Pasch, L., & Miller, M. (1988, March). *Hormones and affect at early adolescence.* Paper presented at the biennial meetings of the Society for Research on Adolescence, Alexandria, Virginia.

Eckman, J. R., & Embury, S. H. (2011). Sickle cell anemia pathophysiology: Back to the data. *American Journal of Hematology, 86,* 121-122.

Edelbrock, C., Rende, R., Plomin, R., & Thompson, L. A. (1995). A twin study of competence and problem behavior in childhood and early adolescence. *Journal of Child Psychology and Psychiatry, 36,* 775-785.

Eisenberg, N. (1991). Prosocial development in adolescence. In R. M. Lerner, A. C. Petersen, & J. Brooks-Gunn (Eds.), *Encyclopedia of adolescence* (Vol. 2). New York: Garland.

Eisenberg, N., & Morris, A. (2004). Moral cognitions and prosocial responding in adolescence. In R. Lerner & L. Steinberg (Eds.), *Handbook of adolescent psychology.* New York: Wiley.

Eisenberg, N., Spinard, T., & Sodovsky, A. (2013). Empathy-related responding in children. In M. Killen & J. G. Smetana (Eds.), *Handbook of moral development* (2nd ed.). New York: Routledge.

Eisenberg, N., Spinrad, T. L., Taylor, Z. E., & Liew, J. (2019). Relations of inhibition and emotion-related parenting to young children's prosocial and vicariously induced distress behavior. *Child Development, 90* (3), 846-858.

Eisenberg-Berg, N., & Hand, M. (1979). The relationship of preschoolers' reasoning about prosocial moral conflicts to prosocial behavior. *Child Development, 50,* 356-363.

Elkind, D. E. (1967). Egocentrism in adolescence. *Child Development, 38,* 1025-1034.

Elkind, D. E. (1976). *Child development and education: A Piagetian perspective.* New York: Oxford University.

Elkind, D. E. (1978). Understanding the young adolescent. *Adolescence, Spring,* 127-134.

Elkind, D. E. (1985). Reply to D. Lapsley and M. Murphy's *Developmental Review* paper. *Developmental Review, 5,* 218-226.

Elks, C. E., & Ong, K. K. (2011). Whole genome associated studies for age of menarche. *Briefings in Functional Genomics, 2,* 91-97.

Elliot, A. J., Dweck, C. S., & Yeager, D. S. (2017). Competence and achievement: Theory and application. In A. J. Elliot, C. S. Dweck, & D. S.

Yeager (Eds.), *Handbook of competence and motivation* (2nd ed.). New York: Guilford.

Elliott, D. S., & Ageton, S. S. (1980). Reconciling race and class differences in self-reported and official estimates of delinquency. *American Sociological Review, 45*, 95-110.

Elmer-Dewitt, P. (1993, May 24). Making the case for abstinence. *Time*, 54-55.

Emanuele, E., Brondino, N., Pesenti, S., Re, S., & Geroldi, D. (2007). Genetic loading on human loving styles. *Neuro Endocrinology Letters, 28* (6), 815-821.

Emanuele, E., Politi, P., Bianchi, M., Minoretti, P., Bertona, M., & Geroldi, D. (2006). Raised plasma nerve growth factor levels associated with early-stage romantic love. *Psychoneuroendocrinology, 31* (3), 288-294.

Enker, M. S. (1971). The Process of identity: Two views. *Mental Hygiene, 55*, 369-374.

Enright, R. D., Shukla, D. G., & Lapsley, D. K. (1980). Adolescent egocentrism, sociocentrism, and self-consciousness. *Journal of Youth and Adolescence, 9* (2), 101-116.

Epstein, J. L. (1990). School and family connections: Theory, research, and implications for integrating sociologies of education and family. In D. G. Unger & M. B. Sussman (Eds.), *Families in community settings: Interdisciplinary responses*. New York: Howorth Press.

Epstein, J. L., & Dunbar, S. L. (1995). Effects on students of an interdisciplinary program linking social studies, art, and family volunteers in the middle grades. *Journal of Early Adolescence, 15*, 114-144.

Erikson, E. H. (1950). *Childhood and society*. New York: Norton.

Erikson, E. H. (1959). Identity and the life cycle. *Psychological Issues*. Monograph 1, No. 1, New York: International Universities Press.

Erikson, E. H. (1968). *Identity: Youth and crisis*. New York: Norton.

Erikson, E. H. (1982). *The life cycle completed*. New York: Norton.

Ernst, M., & Spear, L. P. (2009). Reward systems. In M. de Haan & M. R. Gunnar (Eds.), *Handbook of developmental social neuroscience*. New York: Guilford.

Eron, L. D., & Huesmann, L. R. (1990). The stability of aggressive behavior even unto the third generation. In M. Lewis & S. M. Miller (Eds.), *Handbook of developmental psychopathology*. New York: Plenum Press.

Evans, S. W., Pelham, W. F., Smith, B. H., Bukstein, O., Gnagy, E. M., Greiner, A. R., Altenderfer, L., & Baron-Myak, C. (2001). Dose-response effects of methylphenidate on ecologically valid measures of academic performance and classroom behavior in adolescents with ADHD. *Experimental and Clinical Psychopharmacology, 9*, 163-175.

Ezzell, C. (1996). Emergence of the protease inhibitors: A better class of AIDS drugs? *Journal of NIH Research*, 41-43.

Fagot, B. I. (1977). Consequence of moderate cross-gender behavior in preschool children. *Child Development, 48*, 902-907.

Falbo, T., & Poston, D. L. (1993). The academic, personality, and physical outcomes of only children in China. *Child Development, 64*, 18-35.

Farrington, D. (1992). Juvenile delinquency. In J. Coleman (Ed.), *The school years*. London: Routledge.

Farrington, D. (1995). The Twelfth Jack Tizard Memorial Lecture. The development of offending and antisocial behavior in childhood: Key findings from the Cambridge study of delinquent development. *Journal of Child Psychology and Psychiatry, 36*, 929-964.

Farrington, J. (1999, April). Are ads making you sick? *Current Health, 25*, 6-12.

Faust, M. S. (1960). Developmental maturity as a determinant in prestige of adolescent girls. *Child Development, 31*, 173-184.

Feeney, J. A., & Noller, P. (1990). Attachment style as a predictor of adult romantic relationships. *Journal of Personality and Social Psychology, 58*, 181-191.

Feldhusen, J. F., & Treffinger, D. J. (1985). *Creative*

*thinking and problem solving in gifted education* (3rd ed.). Dubuque, IA: Kendall/Hunt.

Feldman, N. A., & Ruble, D. N. (1988). The effect of personal relevance on psychological inference: A developmental analysis. *Child Development, 59,* 1339-1352.

Feldman, S. S., & Elliott, G. R. (1990). Progress and promise of research on normal adolescent development. In S. S. Feldman & G. R. Elliott (Eds.), *At the threshold: The developing adolescent.* Cambridge, Massachusetts: Harvard University Press.

Fenzel, L. M. (1994, February). *A prospective study of the effects of chronic strains on early adolescent self-worth and school adjustment.* Paper presented at the meeting of the Society for Research on Adolescence, San Diego.

Findley, M. J., & Cooper, H. M. (1983). Locus of control and academic achievement: A literature review. *Journal of Personality and Social Psychology, 44,* 419-427.

Fink, A. E. (1938). *Causes of crime.* New York: A. S. Barnes.

Fischer, K. W., & Rose, S. P. (1994). Dynamic development of coordination of components in brain and behavior: A framework for theory. In G. Dawson & K. W. Fischer (Eds.), *Human behavior and the developing brain.* New York: Guilford.

Fischer, K. W., & Rose, S. P. (1995, Fall). Concurrent cycles in the dynamics development of the brain and behavior. *SRCD Newsletter,* pp. 3-4, 15-16.

Fishbein, D. Lozosky, D., & Jaffe, J. (1989 November). *Impulsivity, aggression, and neuroendocrine responses to serotonergic stimulation in substance abusers. Biological Psychiatry, 25* (8), 1049-1066.

Fisher, D. (1990, March). *Effects of attachment on adolescents' friendships.* Paper presented at the meeting of the Society for Research on Adolescence, Atlanta.

Fisher, H. (1992). *Anatomy of love: The mysteries of mating, marriage, and why we stray.* New York: Baltimore Books.

Fisher, H. (2004). *Why we love: The nature and chemistry of romantic love.* New York: Henry Holt.

Fisher, M. (1990). Parenting stress and the child with attention deficit hyperactivity disorder. *Journal of Clinical Child Psychology, 19,* 337-346.

Fisher, M., Golden, N. H., Katzman, D. K., Kreipe, R. E., Rees, J., Schebendach, J., Sigman, G., Ammerman, S., & Hoberman, H. M. (1995). Eating disorders in adolescents: A background paper. *Journal of Adolescent Health, 16,* 420-437.

Flasker, J. H., & Ungvarski, P. J. (1992). *HIV/AIDS: A guide to nursing care.* Philadelphia: Saunders.

Flavell, J. H. (1971). Stage-related properties of cognitive development. *Cognitive Psychology, 2,* 421-453.

Flavell, J. H., Beach, D. R., & Chinsky, J. H. (1966). Spontaneous verbal rehearsal in a memory task as a function of age. *Child Development, 37,* 283-299.

Flavell, J. H., Friedrichs, A., & Hoyt, J. (1970). Developmental changes in memorization processes. *Cognitive Psychology, 1,* 324-340.

Flavell, J. H., Green, F. L., & Flavell, E. R. (1986). Development of knowledge about the appearance-reality distinction. *Monographs of the Society for Research in Child Development, 51*(Serial No. 212).

Flynn, J. R. (1999). Searching for justice: The discovery of IQ gains over time. *American Psychologist, 54,* 5-20.

Flynn, J. R. (2007). The history of the American mind in the 20th century: A scenario to explain gains over time and a case for the irrelevance of g. In P. C. Kyllonen, R. D. Roberts, & L. Stankov (Eds.), *Extending intelligence.* Mahwah, NJ: Erlbaum.

Flynn, J. R. (2011). Secular changes in intelligence. In R. J. Sternberg & S. B. Kaufman (Eds.), *Cambridge handbook of intelligence.* New York: Cambridge University Press.

Flynn, J. R. (2013). *Are we getting smarter?* New York: Cambridge University Press.

Flynn, J. R., & Rossi-Case, L. (2012). IQ gains in Argentina between 1964 and 1998. *Intelligence, 40,* 145-150.

Forbes, E. E., & Dahl, R. E. (2012). Research review: Altered reward function in adolescent depression:

What, when, and how? *Journal of Child Psychology and Psychiatry, 53*, 3–15.

Forehand, R., Thomas, A. M., Wierson, M., Brody, G., & Fauber, R. (1990). Role of maternal functioning and parenting skills in adolescent functioning following parental divorce. *Journal of Abnormal Psychology, 99*, 278–283.

Forisha-Kovach, B. (1983). *The experience of adolescence*. Scott, Foresman, and Company.

Frank, S. J., Pirsch, L. A., & Wright, V. C. (1990). Late adolescents' perceptions of their relationships with their parents: Relationships among deidealization, autonomy, relatedness, and insecurity and implications for adolescent adjustment, and ego identity status. *Journal of Youth and Adolescence, 19*, 571–588.

Frankel, K. A. (1990). Girls' perception of peer relationship support and stress. *Journal of Early Adolescence, 10*, 69–88.

Fraser, A. M., Padilla-Walker, L. M., Coyne, S. M., Nelson, L. J., & Stockdale, L. A. (2012). Association between violent video gaming, empathic concern, and prosocial behavior toward strangers, friends, and family members. *Journal of Youth and Adolescence, 41*, 636–649.

Freedland, J., & Dwyer, J. (1991). Nutrition in adolescent girls. In R. M. Lerner, A. C. Petersen, & J. Brooks-Gunn (Eds.), *Encyclopedia of adolescence* (Vol. 2.). New York: Garland.

Freeman, D. (1983). *Margaret Mead and Samoa: The making and unmaking of an anthropological myth*. Cambridge, MA: Harvard University Press.

Freud, A. (1958). Adolescence. *In The Psychoanalytic Study of the Child* (Vol. 13). New York: International Universities Press.

Freud, A. (1969). Adolescence as a developmental disturbance. In G. Kaplan & S. Lobovici (Eds.), *Adolescence: Psychosocial perspectives*. New York: Basic Books.

Freud, A., & Dann, S. (1951). Instinctual anxiety during puberty. In A. Freud (Ed.), *The ego and its mechanisms of defense*. New York: International Universities Press.

Freud, S. (1927). *The ego and the id, translated by Joan Riviere*. London: Hogarth, 1947.

Freud, S. (1933). *New introductory lectures in psychoanalysis*. New York: Norton.

Freud, S. (1959). Analysis of a phobia in a 5-year-old boy. In A. Strachey & J. Strachey (Eds.), *Collected papers* (Vol. 3). New York: Basic Books.

Freud, S. (1960). *A general introduction to psychoanalysis*. New York: Washington Squard Press. (Original work published 1935.)

Freud, S. (1961). *The ego and the id* (Standard ed. Vol. 19). London: Hogarth. (Originally published 1923.)

Frey, C. U., & Rothlisberger, C. (1996). Social support in healthy adolescence. *Journal of Youth and Adolescence, 25*, 17–31.

Friedman, M., & Rosenman, R. H. (1974). *Type A behavior and your heart*. New York: Knopf.

Frisch, R. E. (1991). Puberty and body fat. In R. M. Lerner, A. C. Petersen, & J. Brooks-Gunn (Eds.), *Encyclopedia of adolescence*. New York: Garland.

Frisch, R. E., & Revelle, R. (1970). Height and weight at menarche and a hypothesis of critical body weights and adolescent events. *Science, 169*, 397–399.

Fuligni, A. J., & Eccles, J. S. (1993). Perceived parent-child relationships and early adolescents' orientation toward peers. *Developmental Psychology, 29*, 622–632.

Funk, J. B., & Buchman, D. D. (1996). Playing violent video and computer games and adolescent self-concept. *Journal of Communication, 46*, 19–33.

Galambos, N. L. (2004). Gender and gender-role development in adolescence. In R. Lerner & L. Steinberg (Eds.), *Handbook of adolescent psychology*. New York: Wiley.

Galambos, N. L., Berenbaum, S. A., & McHale, S. M. (2009). Gender development in adolescents. In R. M. Lerner & L. Steinberg (Eds.), *Handbooks of adolescent psychology* (3rd ed.). New York: Wiley.

Gallatin, J. (1975). *Adolescence and individuality*. New York: Harper & Row.

Garber, J. (2010). Vulnerability to depression in

childhood and adolescence. In R. E. Ingram & J. M. Price (2010). *Vulnerability to psychopathology. Risk across the lifespan* (2nd ed.). New York, NY: Guilford.

Garber, J., Kriss, M. R., Koch, M., & Lindholm, L. (1988). Recurrent depression in adolescents: A follow up study. *Journal of the American Academy of Child and Adolescent psychiatry, 27,* 49-54.

Gardner, H. (1983). *Frames of mind: The theory of multiple intelligences.* New York: Basic Books.

Gardner, H. (1993a). *Multiple intelligences.* New York: Basic books.

Gardner, H. (1993b). *Creating minds.* New York: Basic Books.

Gardner, H. (2002). The pursuit of excellence through education. In M. Ferrari (Ed.), *Learning from extraordinary minds.* Mahwah, NJ: Erlbaum.

Gardner, H. (2016). *Multiple intelligences: Prelude, theory, and aftermath.* In R. J. Sternberg, S. T. Fiske, & J. Foss (Eds.), *Scientists making a difference.* New York: Cambridge University Press.

Garner, D. M., & Garfinkel, P. E. (1997). *Handbook of treatment for eating disorders.* New York: Plenum.

Ge, X., Conger, R. D., & Elder, G. H. (2001). The relation between puberty and psychological distress in adolescent boys. *Journal of Research on Adolescence, 11,* 49-70.

Gecas, V., & Seff, M. (1991). Families and adolescents: A review of the 1980s. *Journal of Marriage and the Family, 52,* 467-483.

Gentile, D. A. (2011). The multiple dimensions of video game effects. *Child Development Perspectives, 5,* 75-81.

Gerbner, G. (1998). Cultivation analysis: An overview. *Mass Communication Research, 3-4,* 175-194.

Gerbner, G., Grossman, L., Morgan, M., & Signorielli, N. (1994). Growing up with television: The cultivation perspective. In J. Bryant & D. Zillman (Eds.), *Media effects: Advances in theory and research.* Hillsdale, NJ: Erlbaum.

Giaconia, R. M., & Hedges, L. V. (1982). Identifying features of effective open education. *Review of Educational Research, 52,* 579-602.

Gibbs, N. (1993, May 24). How should we teach our children about sex? *Time,* 60-66.

Giedd, J. N. (1998). Normal brain development ages 4-18. In K. R. R. Krishman & P. M. Doraiswamy (Eds.), *Brain imaging in clinical psychiatry.* New York: Marcel Dekker.

Giedd, J. N. (2012). The digital revolution and the adolescent brain. *Journal of Adolescent Health, 51,* 101-105.

Gilligan, C. (1977). In a different voice: Women's conceptions of self and morality. *Havard Educational Review, 47* (4), 481-517.

Gilligan, C. (1982). *In a different voice: Psychological theory and women's development.* Cambridge, Massachusetts: Harvard University Press.

Gilligan, C. (1990). Teaching Shakespeare's sister. In C. Gilligan, N. Lyons, & T. Hanmer (Eds.), *Making connections: The relational worlds of adolescent girls at Emma Willard School.* Cambridge, Massachusetts: Harvard University Press.

Gilligan, C. (1993). Adolescent development reconsidered. In A. Garrod (Ed.), *Approaches to moral development: New research and emerging themes.* New York: Teachers College Press.

Ginzberg, E. (1990). Career development. In D. Brown, L. Brooks, & Associates (Eds.), *Career choice and development.* San Francisco: Jossey-Bass.

Ginzberg, E., Ginsburg, S. W., Axelard, S., & Herma, J. L. (1951). *Occupational choice.* New York: Columbia University Press.

Giovannini, M., Verduci, E., Salvatici, E., Paci, S., & Riva, E. (2012). Phenylketonuria: Nutritional advances and challenges. *Nutrition and Metabolism, 9* (1), 7-13.

Glueck, S., & Glueck, E. (1956). *Physique and delinquency.* New York: Harper and Brother.

Gnepp, J., & Chilamkurti, C. (1988). Children's use of personality attributions to predict other peoples' emotional and behavioral reactions. *Child Development, 59,* 743-754.

Goddard, H. H. (1912). *The Kallikak family.* New York:

Macmillan.

Goddard, H. H. (1914). *Feeble-mindedness*. New York: Macmillan.

Golbus, M. S., & Fries, M. M. (1993). Surgical fetal therapy. In C. Lin, M. S. Verp, & R. E. Sabbagha (Eds.), *The high-risk fetus: Pathophysiology, diagnosis, management*. New York: Springer-Verlag.

Goldberg, W. A., & Lucas-Thompson, R. (2008). Maternal and paternal employment, effects of. In M. M. Haith & J. B. Benson (Eds.), *Encyclopedia of infant and early childhood development*. Oxford, UK: Elsevier.

Goldfield, G. S., Adamo, K. B., Rutherford, J., & Murray, M. (2012). The effects of aerobic exercise on psychosocial functioning of adolescents who are overweight or obese. *Journal of Pediatric and Adolescent Psychology, 37,* 1136-1147.

Goldman, J. D. G., & Goldman, R. J. (1983). Children's perception of parents and their roles: A cross-national study in Australia, England, North America, and Sweden, *Sex Roles, 9* (7), 791-812.

Goldsmith, H. H. (1994, Winter). The behavior genetic approach to development and experience: Contexts and constraints. SRCD *Newsletter, 1* (6), 10-11.

Good, T. L. (1979). Teacher effectiveness in the elementary school: What do we know about it now? *Journal of Teacher Education, 30,* 52-64.

Gorbach, S. L., Zimmerman, D. R., & Woods, M. (1984). *The doctors' antibreast cancer diet*. New York: Simon & Schuster.

Gordon, S., & Everly, K. (1985). Increasing self-esteem in vulnerable students: A tool for reducing pregnancy among teenagers. In *Impact '85*. Syracuse, NY: Ed-U Press.

Gordon-Messer, D., Bauermeister, J. A., Grodzinski, A., & Zimmerman, M. (2013). Sexting among young adults. *Journal of Adolescent Health, 52* (2), 301-306.

Goring, C. B. (1913). *The English convict*. Reprinted, Montclair, NJ: Patterson Smith Reprint, 1972.

Gorrese, A., & Ruggieri, R. (2012). Peer attachment: A meta-analytic review of gender and age differences and associations with parent attachment. *Journal of Youth and Adolescence, 41,* 650-672.

Gottesman, I. I. (1974). Developmental genetics and ontogenetic psychology: Overdue detente and propositions from a matchmaker. In A. Pick (Ed.), *Minnesota symposium on child psychology*. Minneapolis: University of Minnesota Press.

Gottlieb, G. (1991). The experiential canalization of behavioral development: Theory and commentary. *Developmental Psychology, 27,* 4-13.

Gough, H. G., & Heilbrun, A. B. (1983). *The adjective check list manual*. Palo Alto, CA: Consulting Psychologists Press.

Graber, J. A. (2004). Internalizing problems during adolescence. In R. Lerner & L. Steinberg (Eds.), *Handbook of adolescent psychology*. New York: Wiley.

Graber, J. A., Brooks-Gunn, J., Paikoff, R. L., & Warren, M. P. (1994). Prediction of eating problems: An 8-year study of adolescent girls. *Developmental Psychology, 30,* 823-834.

Graber, J. A., Brooks-Gunn, J., & Warren, M. P. (2006). Pubertal effects on adjustment in girls: Moving from demonstrating effects to identifying pathways. *Journal of Youth and Adolescence, 35*(3), 391-401.

Graber, J. A., Nichols, T. R., & Brooks-Gunn, J. (2010). Putting pubertal timing in developmental context: Implications for prevention. *Developmental Psychobiology, 52,* 254-262.

Graber, J. A., Seeley, J. R., Brooks-Gunn, J., & Lewinsohn, P. M. (2004). Is pubertal timing associated with psychopathology in young adulthood? *Journal of the American Academy of Child and Adolescent Psychiatry, 43,* 718-726.

Graber, J. A., & Sontag, L. M. (2009). Internalizing problems during adolescence. In R. M. Lerner & L. Steinberg (Eds.), *Handbook of adolescent psychology* (3rd ed.). New York: Wiley.

Gravetter, R. J., & Forzano, L. B. (2012). *Research methods for the behavioral sciences* (4th ed.). Boston: Cengage.

Green, L. W., & Horton, D. (1982). Adolescent health: Issues and challenges. In T. J. Coates, A. C. Petersen, & C. Perry (Eds.), *Promoting adolescent health: A dialogue on research and practice*. New York: Academic.

Greenberger, E., & Steinberg, L. (1986). *When teenagers work: The psychological and social costs of adolescents employment*. New York: Basic Books.

Grim, P. F., Kohlberg, L., & White, S. H. (1968). Some relationships between conscience and attentional processes. *Journal of Personality and Social Psychology, 8*, 239-252.

Grinder, R. A. (1967). *History of genetic psychology*. New York: Wiley.

Grolnick, W. S., Gurland, S. T., DeCourcey, W., & Jacob, K. (2002). Antecedents and consequences of mother's autonomy support: An experimental investigation. *Developmental Psychology, 38* (1), 143-155.

Grotevant, H. D. (1978). Sibling constellations and sex typing of interest in adolescence. *Child Development, 49*, 540-542.

Grotevant, H. D., & Cooper, C. (1985). Patterns of interaction in family relationships and the development of identity exploration in adolescence. *Child Development, 56*, 415-428.

Grubb, W. N., & Lazerson, M. (1975). Rally's round the workplace: Continuities and fallacies in career education. *Harvard Educational Review, 45*, 451-474.

Guilford, J. P. (1952). Creativity. *American Psychologist, 5,* 449-454.

Guilford, J. P. (1967). *The nature of human intelligence*. New York: McGraw-Hill.

Gulick, D., & Gamsby, J. J. (2018). Racing the clock: The role of circadian rhythmicity in addiction across the lifespan. *pharmacology and therapeutics, 188*, 124-139.

Haggerty, K. P., Skinner, M. L., McGlynn, A., Catalano, R. F., & Crutchfield, R. D. (2013). Parent and peer predictors of violent behavior of Black and White teens. *Violence and Victims, 28* (1), 145-160.

Haidt, J., Koller, S. H., & Dias, M. G. (1993). Affect, culture, and morality, or is it wrong to eat your dog? *Journal of Personality and Social Psychology, 65*, 613-628.

Haimovitz, K., & Dweek, C. S. (2017). The origins of children's growth and fixed mindsets: New research and a new proposal. *Child Development, 88,* 1849-1859.

Hains, A. A., & Ryan, E. B. (1983). The development of social cognitive processes among juvenile delinquents and nondelinquent peers. *Child Development, 54,* 1536-1544.

Hallahan, D. P., & Kaufmann, J. M. (2000). *Exceptional learners* (8th ed.). Boston: Allyn & Bacon.

Hamner, T. J., & Turner, P. H. (1996). *Parenting in contemporary society* (3rd ed.). Needham Heights, MA: Allyn & Bacon.

Hansen, C. H., & Hansen, R. D. (1996a). The influence of sex and violence on the appeal of rock music videos. *Communication Research, 17*, 212-234.

Hansen, C. H., & Hansen, R. D. (1996b). Rock music videos and antisocial behavior. *Basic and Applied Psychology, 11*, 357-369.

Hanson, G. M. B. (1999, June 28). The violent world of video games. *Insight on the News, 15,* 14.

Harrell, J. S., Gansky, S. A., Bradley, C. B., & McMurray, R. G. (1997). Leisure time activities of elementary school children. *Nursing Research, 46*, 246-253.

Harris, L. (1988). *Public attitudes toward teenage pregnancy, sex education, and birth control*. New York: Planned Parenthood of America.

Hart, D., & Chmiel, S. (1992). Influence of defense mechanisms on moral judgment development: A longitudinal study. *Developmental Psychology, 28*, 722-730.

Harter, S. (1990a). Issues in the assessment of the self-concept of children and adolescents. In A. LaGreca (Ed.), *Through the eyes of a child*. Boston: Allyn & Bacon.

Harter, S. (1990b). Self and identity development. In S. S. Feldman & G. R. Elliott (Eds.), *At the threshold: The developing adolescent*. Cambridge, Massachusetts: Harvard University Press.

Harter, S., & Marold, D. B. (1992). Psychosocial risk factors contributing to adolescent suicide ideation. In G. Noam & S. Borst (Eds.), *Child and adolescent suicide*. San Francisco: Jossey-Bass.

Hartup, W. W. (1983). Peer relations. In P. H. Mussen (Ed.), *Handbook of child psychology* (4th ed., Vol. 4). New York: Wiley.

Hartup, W. W., & Overhauser, S. (1991). Friendships. In R. M. Lerner, A. C. Petersen, & J. Brooks-Gunn (Eds.), *Encyclopedia of adolescence* (Vol. 1). New York: Garland.

Harvey, O. J., & Rutherford, J. (1980). Status in the informal group. *Child Development, 31,* 377-385.

Harway, H., & Astin, H. S. (1977). *Sex discrimination in career counseling and education*. New York: Praeger.

Hasselhorn, M. (1992). Task dependency and the role of category typicality and metamemory in the development of an organizational strategy. *Child Development, 63,* 202-214.

Hatcher, R., Wysocki, S., Kowal, D., Guest, F. J. Turssell, J., Stewart, F., Stewart, G., & Crates, W. (1993). *Contraceptive technology: 1990-1992*. Durant, Oklahoma: Essential Medical Information Systems, Inc, and New York: Irvington.

Hatfield, E., & Rapson, R. (1993). *Love, sex, and intimacy*. New York: Harper Collins.

Hay, D. F. (1994). Prosocial development. *Journal of Child Psychology and Psychiatry, 35,* 29-72.

Hazan, C., & Shaver, P. (1987). Romantic love conceptualized as an attachment process. *Journal of Personality and Social Psychology, 51,* 511-524.

Hechinger, J. (1992). *Fateful choices*. New York: Hill & Wang.

Hedges, L. V., & Stock, W. (1983, Spring). The effects of class size: An examination of rival hypotheses. *American Educational Research Journal,* 63-85.

Hefner, R., Rebecca, M., & Oleshansky, B. (1975). Development of sex-role transcendence. *Human Development, 18,* 143-158.

Heiman, G. W. (2014). *Basic statistics for the behavioral sciences* (7th ed.). Boston: Cengage.

Henderson, K. A., & Zivian, M. T. (1995, March). *The development of gender differences in adolescent body image*. Paper presented at the meeting of the Society for Research in Child Development, Indianapolis.

Henggeler, S. W. (1989). *Delinquency in adolescence*. Newbury Park, CA: Sage.

Henker, B., & Whalen, C. K. (1989). Hyperactivity and attention deficits. *American Psychologist, 44,* 216-223.

Hennessey, B. A., & Amabile, T. M. (1999). Consensual assessment. In M. A. Runco & S. R. Pritzker (Eds.) *Encyclopedia of creativity*. Oval Road, London: Academic Press.

Herek, G. (2000). Homosexuality. In A. Kazdin (Ed.), *Encyclopedia of psychology*. Washington, DC, and New York: American Psychological Association and Oxford University Press.

Herold, E. S., & Goodwin, M. S. (1981). Premarital sexual guilt and contraceptive attitudes and behavior. *Family Relations, 30,* 247-253.

Herrnstein, R. J., & Murray, C. (1994). *The Bell Curve: Intelligence and class structures in American life*. New York: Free Press.

Hetherington, E. M. (1972). Effects of father absence on personality development in adolescent daughters. *Developmental Psychology, 7,* 313-326.

Hetherington, E. M. (1977). *My heart belongs to daddy: A study of the marriages of daughters of divorcees and widows*. Unpublished manuscript, University of Virginia.

Hetherington, E. M. (1999). Family functioning and the adjustment of adolescent siblings in diverse types of families. *Monographs of the Society for Research in Child Development, 64* (4), 26-49.

Hetherington, E. M. (2006). The influence of conflict, marital problem solving, and parenting on children's adjustment in nondivorced, divorced, and remarried families. In A. Clarke-Stewart & J. Dunn (Eds.), *Families count*. New York: Cambridge University Press.

Hetherington, E. M., Anderson, E. R., & Hagan, M. S.

(1991). Divorce: effects of on adolescents. In R. M. Lerner, A. C. Petersen, & J. Brooks-Gunn (Eds.), *Encyclopedia of adolescence* (Vol. 1). New York: Garland.

Hetherington, E. M., Cox, M., & Cox, R. (1979). *Family interaction and the social, emotional, and cognitive development of preschool children following divorce*. Paper presented at the biennial meeting of the Society for Research in Child Development, San Francisco.

Hetherington, E. M., & Parke, R. D. (1993). *Child psychology* (4th ed.). McGraw-Hill.

Hetsroni, A. (2007). Sexual content on mainstream TV advertising: A cross-cultural comparison. *Sex roles, 57* (3-4), 201-210.

Hightower, E. (1990). Adolescent interpersonal and familial percursors of positive mental health at midlife. *Journal of Youth and Adolescence, 19,* 257-275.

Hill, J. P. (1988). Adapting to menarche: Familial control and conflict. In M. Gunnar & W. A. Collins (Eds.), Development during the transition to adolescence. Minnesota Symposia on child psychology. Hillsdale, New Jersey: Erlbaum.

Hill, J. P., & Lynch, M. E. (1983). The intensification of gender-related role expectations during early adolescence. In J. Brooks-Gunn & A. C. Petersen (Eds.), *Girls at puberty: Biological and psychological perspective*. New York: Plenum.

Hill, J. P., & Palmquist, W. (1978). Social cognition and social relations in early adolescence. *International Journal of Behavioral Development, 1,* 1-36.

Hill, W. D., Marioni, R, E., Maghzian, O., Ritchie, S. J., Hagenaars, S. P., McIntosh, A. M., Gale, C. R., Davies, G., & Deary, I. J. (2019). A combined analysis of genetically correlated traits identifies 187 loci and a rloe for neurogenesis and myelination in intelligence. *Molecular psychiatry, 24,* 169-181.

Hilliard, L., & Liben, L. (2012, April). *No Boys in ballet: Response to gender bias in mother-child conversations*. Paper presented at the Gender Development Research conference, San Francisco.

Hindelang., M., Hirschi, T., & Weis, J. G. (1981). *Measuring delinquency*. Beverly Hills, CA: Sage.

Hines, M. (2011). Gender development and the human brain. *Annual Review of Neuroscience* (Vol. 34). Palo Alto, CA: Annual Reviews.

Hines, M. (2013). Sex and sex differences. In P. D. Zelazo (Ed.), *Handbook of developmental psychology*. New York: Oxford University Press.

Hippchen, L. J. (1978). The need for a new approach to the delinquent-criminal problem. In L. J. Hippchen (Ed.). *Ecologic-biochemical approaches to treatment of delinquents and criminals*. New York: Van Nostrand Reinhold.

Hirschi, T. (1969). *Cause of delinquency*. Berkeley, CA: University of California Press.

Hirschi, T., & Hindelang, M. J. (1977). Intelligence and delinquency: A revisionist review. *American Sociological Review, 42,* 571-584.

Hoffman, L. W. (1979). Maternal employment. *American Psychologist, 34* (10), 859-865.

Hoffman, L. W. (1989). Effects of maternal employment in two-parent families. *American Psychologist, 44,* 283-293.

Hoffman, M. L. (1970). Moral development. In P. H. Mussen (Ed.), *Manual of child psychology* (3rd ed., Vol. 2). New York: Wiley.

Hoffman, M. L. (1977). Moral internalization: Current theory and research. In L. Berkowitz (Ed.), *Advances in experimental social psychology* (Vol. 10). New York: Academic Press.

Hoffman, M. L. (1980). Moral development in adolescence. In J. Adelson (Ed.), *Handbook of adolescent psychology*. New York: Wiley.

Hoffman, M. L. (1987). The contribution of empathy to justice and moral judgment. In N. Eisenberg & J. Strayer (Eds.), *Empathy and its development*. Cambridge, UK: Cambridge University Press.

Hoffman, M. L. (1988). Moral development. In M. H. Bornstien & M. E. Lamb (Eds.), *Developmental psychology: An advanced textbook* (2nd ed.). Hillsdale, New Jersey: Erlbaum.

Holland, J. L. (1973). *Making vocational choices: A theory of careers*. Englewood Cliffs, New Jersey:

Prentice-Hall.

Holland, J. L. (1985). *Making vocational choices: A theory of vocational personalities and work environments* (2nd ed.). Englewood Cliffs, New Jersey: Prentice-Hall.

Holland, J. L. (1987). Current status of Holland's theory of careers: Another perspective. *Career Development Quarterly, 36,* 24-30.

Holmes, T. H., & Rahe, R. H. (1976). The social readjustment rating scale. *Journal of Psychosomatic Research, 11,* 213.

Honzik, M. P., MacFarlane, J. W., & Allen, L. (1948). The stability of mental test performance between two and eighteen years. *Journal of Experimental Education, 17,* 309-324.

Hook, E. W., & Handsfield, H. H. (1990). Gonococcal infections in adults. In K. Holmes et al. (Eds.), *Sexually transmitted disease.* New York: McGraw-Hill.

Hooton, E. A. (1939). *Crime and the man.* Cambridge: Harvard University Press.

Hops, H., Davis, B., Alpert, A., & Longoria, N. (1997, April). *Adolescent peer relations and depressive symptomatology.* Paper presented at the meeting of the Society for Research in Child Development, Washington, DC.

Horner, M. S. (1972). Toward an understanding of achievement motivation. *Journal of Social Issues, 28,* 156-176.

Howell, D. C. (2014). *Fundamental statistics for the behavioral sciences* (8th ed.). Boston: Cengage.

Hower, J. T., & Edwards, K. J. (1979). The relationship between moral character and adolescent's perception of parental behavior. *Journal of Genetic Psychology, 135* (1), 23-32

Hoyer, W. J., & Plude, D. J. (1980). Attentional and perceptual processes in the study of cognitive aging. In L. W. Poon (Ed.), *Aging in the 1980s.* Washington, DC: American Psychological Association.

Hoyt, K. B. (1987). The impact of technology on occupational change: Implications for career guidance. *The Career Development Quarterly, 35,* 269-278.

Huesmann, L. R., Moise-Titus, J., Podolski, C., & Eron, L. D. (2003). Longitudinal relations between children's exposure to TV violence and their aggressive and violent behavior in young adulthood: 1977-1992. *Developmental Psychology, 39,* 201-221.

Hull, J. G., & Young, R. D. (1983). Self-consciousness, self-esteem, and success-failure as determinants of alcohol consumption in male social drinkers. *Journal of Personality and Social Psychology, 44,* 1097-1109.

Humphrey, L. L. (1986). Structural analysis of parent-child relationships in eating disorders. *Journal of Abnormal Psychology, 95* (4), 395-402.

Hunter, J. E., & Hunter, R. F. (1984). Validity and utility of alternative predictors of job performance. *Psychological Bulletin, 96,* 72-98.

Hunter, S. K., & Yankowitz, J. (1996). Medical fetal therapy. In J. A. Kuller, N. C. Cheschier, & R. C. Cefalo (Eds.), *Prenatal diagnosis and reproductive genetics.* St. Louis: Mosby.

Hurlock, E. B. (1981). *Child development.* New Jersey: McGraw-Hill.

Huston, A. C., & Alvarez, M. M. (1990). The socialization context of gender role development in early adolescence. In R. Montemayor, G. R. Adams, & T. P. Gullotta (Eds.), *From childhood to adolescence: A transitional period?* Newbury park, California: Sage.

Huttenlocher, P. R. (1994). Synaptogenesis, synapse elimination, and neural plasticity in the human cerebral cortex. In C. A. Nelson (Ed.), *Threats to optimal development: Integrating biological, psychological, and social risk factors.* Minnesota symposia on child psychology (Vol. 27). Hillsdale, NJ: Erlbaum.

Hyde, J. S., & DeLamater, J. D. (2011). *Human sexuality* (11th ed.). New York: McGraw-Hill.

Hyde, J. S., & Else-Quest, N. (2013). *Half the human experience* (8th ed.). Boston: Cengage.

Ibanez, L., Lopez-Bermejo, A., Diaz, M., & de Zegher, F. (2011). Catch-up growth in girls born small for gestational age precedes childhood progression to high adiposity. *Fertility and Sterility, 96,* 220–223.

Inhelder, B., & Piaget, J. (1958). *The growth of logical thinking.* New York: Basic Books.

Insel, P., & Roth, W. T. (1998). *Core concepts in health* (8th ed.). Mountain view, California: Mayfield.

Irwn, C. E., Jr., & Orr, D. P. (1991). Health research in adolescence, future directions of. In R. M. Lerner, A. C. Petersen, & J. Brooks-Gunn (Eds.), *Encyclopedia of adolescence* (Vol. 1). New York: Garland.

Israel, A. C., & Shapiro, L. S. (1985). Behavior problems of obese children enrolling in a weight reduction program. *Journal of Pediatric Psychology, 10,* 449–460.

Jacklin, C. N., & Maccoby, E. E. (1978). Social behavior at thirty-three months in same-sex dyads. *Child Development, 49,* 557–569.

Jacobs, J. E., & Kalczynski, P. A. (2002). The development of judgment and decision making during childhood and adolescence. *Current Direction in Psychological Science, 11,* 145–149.

Jackson, S. L. (2011). *Research methods* (2nd ed.). Boston: Cengage.

Jadack, R. A., Keller, M. L., & Hyde, J. S. (1990). Genital herpes: Gender comparisons and the disease experience. *Psychology of Women Quarterly, 14,* 419–434.

Jaenicke, C., Hammen, C., Zupan, B., Hiroteo, D., Gordon, D., Adrian, C., & Burge, D. (1987). Cognitive vulnerability in children at risk for depression. *Journal of Abnormal Child Psychology, 15,* 559–572.

Janowsky, J. S., & Finlay, B. L. (1986). The outcome of perinatal brain damage: The role of normal neuron loss and axon retraction. *Developmental Medicine and Child Neurology, 28,* 375–389.

Jellen, H., & Urban, K. (1986). The TCT-DP: An instrument that can be applied to most age and ability groups. *Creativity Child and Adult Quarterly, 3,* 138–155.

Jensen, A. R. (1969). How much can we boost IQ and scholastic achievement? *Havard Educational Review, 39,* 1–123.

Jiao, S., Ji, G., & Jing, Q. (1996). Cognitive development of Chinese urban only children and children with siblings. *Child Development, 67,* 387–395.

Johnson, H. D. (2012). Relationship duration moderation of identity status differences in emerging adults' same-sex friendship intimacy. *Journal of Adolescence, 35,* 1515–1525.

Johnson, M. H. (1998). The neural basis of cognitive development. In D. Kuhn & R. S. Siegler (Eds.), *Handbook of child psychology: Vol. 2. Cognition, perception, and language* (5th ed). New York: Wiley.

Johnson, M. M. (1977). Fathers, mothers, and sex typing. In E. M. Hetherington & R. D. Parke (Eds.), *Contemporary readings in child psychology.* New York: McGraw-Hill.

Jones, G., & Dembo, M. (1989). Age and sex role differences in intimate friendships during childhood and adolescence. *Merrill-Palmer Quarterly, 35,* 445–462.

Jones, J. H. (1981). *Bad blood: The Tuskegee syphilis experiment.* New York: Free Press.

Jones, M. C. (1965). Psychological correlates of somatic development. *Child Development, 36,* 899–911.

Jones, M. C., & Bayley, N. (1950). Physical maturity among boys as related to behavior. *Journal of Educational Psychology, 41,* 129–148.

Jones, W. H., Chernovetz, M. E., & Hansson, R. O. (1978). The enigma of androgyny: Differential implications for males and females? *Journal of Consulting and Clinical Psychology, 46,* 298–313.

Jose, P. M. (1990). Just world reasoning in children's immanent justice arguments. *Child Development, 61,* 1024–1033.

Josselson, R. (1994). Identity and relatedness in the life cycle. In H. A. Bosma, T. L. G. Graafsma, H. D. Grotevant, & D. J. De Levita (Eds.), *Identity and development.* Newbury Park, California: Sage.

Joussemet, M., Koestner, R., Lekes, N., & Landry, R. (2005). A Longitudinal study of the relationship of maternal autonomy support to children's adjustment and achievement in school. *Journal of Personality, 73* (5), 1215-1236.

Juang, L. P., & Nguyen, H. H. (1997, April). *Autonomy and connectedness: Predictors of adjustment in Vietnamese adolescents.* Paper presented at the meeting of the Society for Research in Child Development, Washington, DC.

Juang, L. P., & Umana-Taylor, A. J. (2012). Family conflict among Chinese-and Mexican-origin adolescents and their parents in the U.S.: An introduction. *New Directions in Child and Adolescent Development, 135,* 1-12.

Jung, C. G. (1945). The relations between the ego and the unconscious (R. F. C. Hull, trans.). *The collected works of C. G. Jung* (Vol. VII). *Two essays in analytic psychology.* Princeton: Princeton University Press.

Jung, C. G. (1953). The relations between the ego and unconscious. In collected works (Vol. 7). Princeton: Princeton University Press. (First german edition, 1945).

Jussim, L., & Eccles, J. S. (1993). Teacher expectations II: Construction and reflection of student achievement. *Journal of Personality and Social Psychology, 63,* 947-961.

Justice, E. M., Baker-Ward, L., Gupta, S., & Jannings, L. R. (1997). Means to the goal of remembering developmental changes in awareness of strategy use-performance relations. *Journal of Experimental Child Psychology, 65,* 293-314.

Kagan, J. (1992). Behavior, biology, and the meanings of temperamental constructs. *Pediatrics, 90,* 510-513.

Kagan, J., Snidman, N., & Arcus, D. (1995). *Antecedents of shyness.* Paper Presented at the meeting of the American Psychological Association, New York.

Kahle, L. R. (1980). Stimulus condition self-selection by males in the interacting of locus of control and skill-chance situations. *Journal of Personality and Social Psychology, 38,* 50-56.

Kail, R. (1992). Processing speed, speech rate, and memory. *Developmental Psychology, 28,* 899-904.

Kail, R. (1997). Processing time, imagery, and spatial memory. *Journal of Experimental Child Psychology, 64,* 67-78.

Kandel, D. B. (1986). Processes of peer influences in adolescence. In R. K. Silbereisen et al. (Eds.), *Development as action in content.* Berlin: Springer Verlag.

Kandel, D. B., Davies, M., Karus, D., & Yamaguchi, K. (1986). The consequences in young adulthood of adolescent drug involvement. *Archives of General Psychiatry, 43,* 746-754.

Kaplan, P. S. (2004). *Adolescence.* New York: Houghton Mifflin.

Kaufmann, K. (1987). *Parental separation and divorce during the college years.* Unpublished doctoral dissertation, Harvard University.

Kaur, A., & Phadke, S. R. (2012). Analysis of short stature cases referred for genetic evaluation. *Indian Journal of Pediatrics, 79* (12), 1597-1600.

Kawachi, I., Colditz, G. A., Stampfer, M. J., Willett, W. C., Manson, J. E., Rosner, B., Speizer, F. E., & Hennekens, C. H. (1993). Smoking cessation and decreased risk of stroke in women. *Journal of the American Medical Association, 269,* 232-236.

Keating, D. P. (1987). Structuralism, deconstruction, reconstruction: The limits of logical reasoning. In W. F. Overton (Ed.), *Reasoning, necessity, and logical: Development perspectives.* Hillsdale, New Jersey: Erlbaum.

Keating, D. P. (1990). Adolescent thinking. In S. S. Feldman & G. R. Elliot (Eds.), *At the threshold: The developing adolescent.* Cambridge, MA: Harvard University Press.

Keating, D. P. (2004). Cognitive and brain development. In R. Lerner & L. Steinberg (Eds.), *Handbook of adolescent psychology.* New York: Wiley.

Kee, D. W., & Bell, T. S. (1981). The development of organizational strategies in the storage and retrieval of categorical items in free-recall learning. *Child Development, 52,* 1163-1171.

Keenan, K., & Shaw, D. (1997). Developmental and social influences on young girls' early problem behavior. *Psychological Bulletin, 121,* 95-113.

Keeney, T. J., Canizzo, S. R., & Flavell, J. H. (1967). Spontaneous and induced verbal rehearsal in a recall task. *Child Development, 38*, 953-966.

Keller, A., Ford, L. H., Jr., & Meachum, J. A. (1978). Dimensions of self-concept in preschool children. *Developmental Psychology, 14*, 483-489.

Kendler, K. S., Sundquist, K., Ohlsson, H., Palmér, K., Maes, H., Winkleby, M. A., & Sundquist, J. (2012). Genetic and familial environmental influences on the risk for drug abuse: A national Swedish adoption study. *Archives of General Psychiatry, 69* (7), 690-697.

Keniston, K. (1970). Youth: A "new" stage of life. *American Scholar,* 39, 631-641.

Kenney, R., Dooley, B., & Fitzgerald, A. (2013). Interpersonal relationships and emotional distress in adolescence. *Journal of Adolescence, 36,* 351-360.

Kennedy, R. E. (1991). Delinquency. In R. M. Lerner, A. C. Petersen, & J. Brooks-Gunn (Eds.), *Encyclopedia of adolescence* (Vol. 1). New York: Garland.

Kerchoff, A. C., & Davis, K. E. (1962). Value consensus and need complementarity in mate selection. *American Sociological Review, 27,* 295-303.

Khatena, J., & Torrance, E. P. (1976). *Khatena-Torrance creative perception inventory.* Chicago, IL: Stoelting.

Kim, E., Han, G., & McCubbin, M. A. (2007). Korean American maternal acceptance-rejection, acculturation, and children's social competence. *Family and Community Health, 30* (2), 33-45.

Kirk, R. E. (2013). Experimental design. In I. B. Weiner & others (Eds.), *Handbook of psychology* (2nd ed., Vol. 2). New York: Wiley.

Kirk, S. A., Gallagher, J. J., Coleman, M. R., & Anastaslow, N. J. (2012). *Educating exceptional children* (13th ed.). Boston: Cengage.

Kirpatrick, L., & Davis, K. (1994). Attachment style, gender, and relationship stability: A longitudinal analysis. *Journal of Personality and Social Psychology, 66,* 502-512.

Kirschenbaum, R. J. (1990). An interview with Howard Gardner. *The Gifted Child Today,* 26-32.

Klahr, D. (1992). Information-processing approaches to cognitive development. In M. H. Bornstein & M. E. Lamb (Eds.). *Developmental psychology: An advanced textbook* (3rd ed.). Hillsdale, NJ: Erlbaum.

Klahr, D., & Wallace, J. G. (1975). *Cognitive development: An information processing view.* Hillsdale, New Jersey: Erlbaum.

Klein, J. D., Brown, J. D., Childers, K. W., Olivera, J., Porter, C., & Dykers, C. (1993). Adolesents' risky behavior and mass media use. *Pediatrics, 92,* 24-31.

Klish, W. J. (1998, September). Childhood obesity. *Pediatrics in Review, 19,* 312-315.

Knickmeyer, R., & Baron-Cohen, S. (2006, December). Fetal testosterone and sex differences. *Early Human Development, 82,* 755-760.

Knudson, D. D. (1966). The declining status of women: Popular myths and the failure of functionalist thought. *Social Forces, 48,* 183-193.

Kobak, R. R. (1992, March). *Autonomy as self-regulation: An attachment perspective.* Paper presented at the Society for Research on Adolescence, Washington, DC.

Kobak, R. R., & Schery, A. (1988). Attachment in late adolescence: Working models, affect regulation, and representation of self and others. *Child Development, 59,* 135-146.

Kobasa, S., Maddi, S., & Kahn, S. (1982). Hardiness and health: A prospective study. *Journal of Personality and Social Psychology, 42,* 168-177.

Kogan, N. (1983). Stylistic variation in childhood and adolescence: Creativity, metaphor, and cognitive style. In P. H. Mussen (Ed.), *Handbook of child psychology* (Vol. 3). New York: Wiley.

Kohlberg, L. A. (1966). Cognitive developmental analysis of children's sex-role concepts and attitudes. In E. E. Maccoby (Ed.), *The development of sex differences.* Stanford. California: Stanford University Press.

Kohlberg, L. A. (1969). Stage and sequence: The cognitive-developmental approach to socialization. In D. A. Goslin (Ed.), *Handbook of socialization theory and research*. Chicago: Rand McNally.

Kohlberg, L. A. (1976). Moral stages and moralization: The cognitive development approach. In T. Likona (Ed.), *Moral development and behavior: Theory, research, and social issues*. New York: Holt, Rinehart, & Winston.

Kolb, B. (1995). *Brain plasticity and behavior*. Mahwah, NJ: Erlbaum.

Kolb, B., & Fantie, B. (1989). Development of the child's brain and behavior. In C. R. Reynolds & E. Fletcher-Janzen (Eds.), *Handbook of clinical child neuropsychology*. New York: Plenum Press.

Kopp, C. B. (1987). The growth of self regulation: Caregivers and children. In N. Eisenberg (Ed.), *Contemporary topics in developmental psychology*. New York: Wiley.

Kostelecky, K. L. (1997, April). *Stressful life events, relationships, and distress during late adolescence*. Paper presented at the meeting of the Society for Research in Child Development, Washington, DC.

Kreutzer, M. A., Leonard, C., & Flavell, J. H. (1975). An interview study of children's knowledge about memory. *Monographs of the Society for Research in Child Development, 40* (1, Serial No. 159).

Kroger, J. (2003). Identity development during adolescence. In G. Adams & M. Berzonsky (Eds.), *Blackwell handbook of adolescence*. Malden, MA: Blackwell.

Kroger, J. (2012). The status of identity developments in identity research. In P. K. Kerig, M. S. Schulz, & S. T. Hauser (Eds.), *Adolescence and beyond*. New York: Oxford University Press.

Ku, L., Sonenstein, F. L., & Pleck, J. H. (1993). Factors influencing first intercourse for teenage men. *Public Health Reports, 108*, 680-694.

Kubey, R., & Larson, R. (1990). The use and experience of the new video media among children and young adolescents. *Communication Research, 17*, 107-130.

Kuhn, D. (1988). Cognitive development. In M. H. Bornstein & M. E. Lamb (Eds.), *Developmental psychology: An advanced textbook* (2nd ed.). Hillsdale, NJ: Erlbaum.

Kuhn, D. (2000). Adolescence: Adolescent thought processes. In A. Kazdin (Ed.), *Encyclopedia of psychology*. Washington, DC, and New York: American Psychological Association and Oxford University Press.

Kuhn, D., Nash, S. C., & Brucken, L. (1978). Sex role concepts of two and three-year-olds. *Child Development, 49*, 445-451.

Kuller, J. A. (1996). Chorionic villus sampling. In J. A. Kuller, N. C. Cheschier, & R. C. Cefalo (Eds.), *Prenatal diagnosis and reproductive genetics*. St. Louis: Mosby.

Kupersmidt, J. B., & Coie, J. D. (1990). Preadolescent peer status, aggression, and school adjustment as predictors of externalizing problems in adolescence. *Child Development, 61,* 1350-1362.

Kurdek, L. A., & Fine, M. A. (1994). Family acceptance and family control as predictors of adjustment in young adolescence: Linear, curvilinear, or interactive effects? *Child Development, 65,* 1137-1146.

Kurdek, L. A., & Krile, D. (1982). A developmental analysis of the relation between peer acceptance and both interpersonal understanding and perceived social self-competence. *Child Development, 53,* 1485-1491.

Kurtines, W. M., & Gewirtz, J. (Eds.). (1991). *Moral behavior and development: Advances in theory, research, and application*. Hillsdale, New Jersey: Erlbaum.

Labouvie-Vief, G. (1986, August). *Modes of knowing and life-span cognition*. Paper presented at the meeting of the American Psychological Association. Washington, DC.

Labouvie-Vief, G. (1990). Modes of knowledge and the organization of development. In M. L. Commons, L. Kohlberg, R. Richards, & J. Sinnott (Eds.), *Beyond formal operations: Models and methods in the study of adult and adolescent thought*. New York: Praeger.

Laird, R. D., Pettit, G. S., Bates, J. E., & Dodge, K. A. (2003). Parents' monitoring-relevant knowledge and adolescents' delinquent behavior. Evidence of correlated developmental changes and reciprocal influences. *Child Development, 74,* 752-768.

Lamb, D. R. (1984). *Physiology of exercise: Response and adaptation* (2nd ed.). New York: Macmillan.

Lamb, M. E., & Roopnarine, J. L. (1979). Peer influences on sex-role development in preschoolers. *Child Development, 50,* 1219-1222.

Lamb, M. E., & Sternberg, K. J. (1992). Sociocultural perspectives in nonparental childcare. In M. E. Lamb, K. J. Sternberg, C. Hwang, & A. G. Broberg (Eds.), *Child care in context.* Hillsdale, NJ: Erlbaum.

Lamborn, S., Mounts, N., Steinberg, L., & Dornbusch, S. (1991). Patterns of competence and adjustment among adolescents from authoritative, authoritarian, indulgent, and neglectful families. *Child Development, 62,* 1049-1065.

Lange, G., & Pierce, S. H. (1992). Memory-strategy learning and maintenance in preschool children. *Developmental Psychology, 28,* 453-462.

Langeslag, S. J. E. (2009). Is the serotonergic system altered in romantic love? A literature review and research suggestions. In E. Cuyler & M. Ackhart (Eds.), *Psychology of relationships* (pp. 213-218). Hauppauge, NY: Nova Science.

Lapsley, D. K. (1993). *Moral psychology after Kohlberg.* Unpublished manuscript, Department of Psychology, Brandon University, Manitoba.

Lapsley, D. K. (1996). *Moral psychology.* Boulder, CO: Westview.

Lapsley, D. K., & Murphy, M. N. (1985). Another look at the theoretical assumptions of adolescent egocentrism. *Developmental Review, 5,* 201-217.

Lapsley, D. K., & Narvaez, D. (Eds.). (2004). *Moral development, self, and identity.* Mahwah, NJ: Erlbaum.

Lapsley, D. K., & Power, F. C. (Eds.). (1988). *Self, ego, and identity.* New York: Springer-Verlag.

Lapsly, D. K., Rice, K. G., & F. FitzGerald, D. P. (1990). Adolescent attachment, identity, and adjustment to college: Implications for the continuity of adaptation hypothesis. *Journal of Counseling and Development, 68,* 561-565.

Larson, N. I., Wall, M. M., Story, M. T., & Neumark-Sztainer, D. R. (2013). Home/family, peer, school, and neighborhood correlates of obesity in adolescents. *Obesity, 21* (9), 1858-1869.

Larson, R. W., & Wilson, S. (2004). Adolescence across place and time: Globalization and the changing pathways to adulthood. In R. Lerner & L. Steinberg (Eds.), *Handbook of adolescent psychology.* New York: Wiley.

Laursen, B., & Ferreira, M. (1994, February). *Does parent-child conflict peak at mid-adolescence?* Paper presented at the meeting of the Society for Research on Adolescence, San Diego.

Lazarus, R. S. (1991). *Emotion and adaptation.* New York: Oxford University Press.

Leaper, C. (2013). Gender development during childhood. In P. D. Zelazo (Ed.), *Oxford handbook of developmental psychology.* New York: Oxford university Press.

Leaper, C. (2015). Gender development from a social-cognitive perspective. In R. M. Lerner (Ed.), *Handbook of child psychology and developmental science* (7th ed.). New York: Wiley.

Leaper, C., & Bigler, R. S. (2011). Gender. In M. K. Underwood & L. H. Rosen (Eds.), *Social development.* New York: Guilford.

Leaper, C., & Bigler, R. S. (2018). Societal causes and consequences of gender typing on children's toys. In E. S. Weisgram & L. M. Dinella (Eds.), *Gender typing of children's play.* Washington, DC: APA Books.

Leaper, C., & Brown, C. S. (2015). Sexism in schools. In L. S. Liben & R. S. Bigler (Eds.), *Advances in Child Development and Behavior.* San Diego: Elsevier.

LeBourgeois, M. K., Hale, L., Chang, A. M., Akacem, L. D., Montgomery-Downs, H. E., & Buxton, O. M. (2017). Digital media and sleep in childhood and adolescence. *Pediatrics, 140* (2), S92-S96.

Lee, J. A. (1998). Ideologies of love style and sex style. In V. C. de Munck (Ed.), *Romantic love and sexual behavior.* Westport, CT: Praeger.

Lee, L. C. (1992, August). *In search of universals:*

*Whatever happened to race?* Paper presented at the meeting of the American Psychological Association, Washington, DC.

Lee, P. R., Franks, P., Thomas, G. S., & Paffenberger, R. S. (1981). *Exercise and health: The evidence and its implications.* Cambridge, MA: Oelgeschlager, Gunn, & Hain.

Leedy, P. D., & Ormrod, J. E. (2013). *Practical research* (10th ed.). Upper Saddle River, NJ: Pearson.

Lei, T. (1994). Being and becoming moral in Chinese culture: Unigue or universal? *Cross Cultural Research: The Journal of Comparative Social Science, 28,* 59–91.

Leitenberg, H., Detzer, M. J., & Srebnik, D. (1993). Gender differences in masturbation and the relation of masturbation experience in preadolescence and/or early adolescence to sexual behavior and adjustment in young adulthood. *Archives of Sexual Behavior, 22,* 87–98.

Leland, N. L., & Barth, R. P. (1993, January). Chracteristics of adolescents who have attempted to avoid HIV and who have communicated with parents about sex. *Journal of Adolescent Research, 8* (1), 58–76.

Lemann, N. (1986, June). The origins of the underclass. *The Atlantic,* 31–35.

LeMare, L. J., & Rubin, K. H. (1987). Perspective taking and peer interaction: Structural and developmental analysis. *Child Development, 58,* 306–315.

Lemert, E. M. (1951). *Social pathology.* New York: McGraw–Hill.

Lenhart, A. (2012). Teens, smartphones, and texting: Texting volume is up while the frequency of voice calling is down. Retrieved May 2, 2013, from http://pewinternet.org/~/medai/Files/Reorts/2012/PIP_Teens_Smartphones_and Texting.pdf

Lenhart, A., Purcell, K., Smith, A., & Zickuhr, K. (2010, February 3). *Social media and young adults.* Washington, DC: Pew Research Center.

Lenneberg, E. (1967). *The biological foundations of language.* New York: Wiley.

Lerner, R. M. (1981). Adolescent development: Scientific study in the 1980s. *Youth and Society, 12,* 251–275.

Lerner, R. M., & Foch, T. T. (Eds.). (1987). *Biological-psychosocial interactions in early adolescence.* Hillsdale, New Jersey: Erlbaum.

Lerner, R. M., Jovanovic, J., & Lerner, J. (1989). Objective and subjective attractiveness and early adolescent adjustment. *Journal of Adolescence, 12,* 225–229.

Lever–Duffy, J., & McDonald, J. (2018). *Teaching and learning with technology* (6th ed.). Upper Saddle River, NJ: Pearson.

Lewis, D. A. (1997). Development of the prefrontal cortex during adolescence: Insights into vulnerable neural circuits in schizophrenia. *Neuropsychopharmacology, 16,* 385–398.

Lewis, R. (2003). *Human genetics* (5th ed.). New York: McGraw–Hill.

Li, H., Ji, Y., & Chen, T. (2014). The roles of different sources of social support on emotional well–being among Chinese elderly. *PLoS One, 9* (3), e90051.

Li, J., Liu, H., Beaty, T. H., Chen, H., Caballero, B., & Wang, Y. (2016). Heritability of children's dietary intakes: A population–based twin study in China. *Twin Research and Human Genetics, 19* (5), 472–484.

Liben, L. S., & Signorella, M. L. (1993). Gender schematic processing in children: The role of initial interpretations of stimuli. *Developmental Psychology, 29,* 141–149.

Liben, L. S., Bigler, R. S., & Hilliard, L. J. (2014). Gender development: From universality to individuality. In E. T. Gershoff, R. S. Mistry, & D. A. Crosby (Eds.), *Societal contexts of child development.* New York: Oxford University Press.

Liebert, R. M., & Sprafkin, J. N. (1988). *The early window: Effects of television on children and youth* (3rd ed.). New York: Pergamon.

Liebert, R. M., Sprafkin, J. N., & Davidson, E. S. (1982). *The early window: Effects of television on children and youth* (2nd ed.). New York: Pergamon Press.

Liebowitz, M. (1983). *The chemistry of love.* Boston: Little, Brown and Company.

Lin, C. C., & Fu, V. R. (1990). A comparison of child-rearing practices among Chinese, immigrant

Chinese, and Caucasian-American Parents. *Child Development, 61,* 429-433.

Lipschitz, J. M., Yes, S., Weinstock, L. M., & Spirito, A. (2012). Adolescent and caregiver perception of family functioning: Relation to suicide ideation and attempts. *Psychiatry Research, 200,* 400-403.

Lissak, G. (2018). Adverse physiological and psychological effects of screen time on children and adolescents: Literature review and case study. *Environmental Research, 184,* 149-157.

Lloyd, A. B., Lubans, D. R., Plotnikoff, R. C., Collins, C. E., & Morgan, P. J. (2014). Maternal and paternal parenting practices and their influence on children's adiposity, screen-time, diet, and physical activity. *Appetite, 79,* 149-157.

Lloyd, M. A. (1985). *Adolescence.* New York: Harper & Row.

Loehlin, J. C. (1992). Genes and environment in personality development. Newbury Park, CA: Sage.

Loehlin, J. O. (1995, August). *Genes and environment in The Bell Curve.* Paper presented at the meeting of the American Psychological Association, New York City.

Loewen, I. R., & Leigh, G. K. (1986). *Timing of transition to sexual intercourse: A multivariate analysis of white adolescent females ages 15-17.* Paper presented at the meeting of the society for the Scientific Study of Sex, St. Louis.

Lombroso, C. (1911). Crime, translated by Henry P. Horton. Reprinted, Montclair, NJ: Patterson Smith Reprint, 1968.

London, M., & Greller, M. M. (1991). Demographic trends and vocational behavior: A twenty year retrospective and agenda for the 1990s. *Journal of Vocational Behavior, 38,* 125-164.

Lonner, W. J., & Malpass, R. (Eds.). (1994). *Psychology and culture.* Needham Heights, Massachusetts: Allyn & Bacon.

Lovitt, T. C. (1989). *Introduction to learning disabilities.* Boston: Allyn & Bacon.

Lowenthal, M. F., Thrunhur, M., & Chiriboga, D. (1976). *Four stages of life.* San Francisco: Jossay-Bass

Publishers.

Lubart, T. I. (1994). Creativity. In R. J. Sternberg (Ed.) *Thinking and problem solving.* San Diego, CA: Academic Press.

Lubart, T. I. (2003). In search of creative intelligence. In R. J. Sternberg, J. Lautrey, & T. I. Lubart (Eds.), *Models of intelligence: International perspectives.* Washington, DC: American Psychological Association.

Luo, Y., & Waite, L. J. (2014). Loneliness and mortality among older adults in China. *Journals of Gerontology B: Psychological Sciences and Social Sciences, 69* (4), 633-645.

Lustick, M. J. (1985). Bulimia in adolescents: A review. *Pediatrics, 76* (4), 685-690.

Maccoby, E. E. (1959). The generality of moral behavior. *American Psychologist, 14,* 358.

Maccoby, E. E. (1980). *Social development: Psychological growth and the parent-child relationship.* New York: Harcourt Brace Jovanovich.

Maccoby, E. E. (1991, April). *Discussant, symposium on the development of gender and relationships.* Symposium presented at the biennial meeting of the Society for Research in Child Development, Seattle, Washington.

Maccoby, E. E. (2002). Gender and group process: A developmental perspective. *Current Directions in Psychological Science, 11,* 54-57.

Maccoby, E. E., & Jacklin, C. N. (1974). *The psychology of sex differences.* Stanford University Press.

Machalek, D, A., Wark, J. D., Tabrizi, S. N., Hopper, J. L., Bui, M., Dite, G. S., Cornall, A. M., Pitts, M., Gertig, D., Erbas, B., & Garland, S. M. (2017). Genetic and environmental factors in invasive cervical cancer: Design and methods of a calssical twin study. *Twin Research and Human Genetics, 20* (1), 10-18.

Madill, A. (2012). Interviews and interviewing techniques. In H. Cooper (Ed.), *APA handbook of research methods in psychology.* Washington, DC: American Psychological Association.

Maloy, R. W., Verock-O'Loughlin, R-E., Edwards, S. A., & Woolf, B. P. (2013). *Transforming learning with new technologies* (2nd ed.). Upper Saddle River,

NJ: Pearson.

Mange, A. P., & Mange, E. J. (1990). *Genetics: Human aspects* (2nd ed.). Sunderland, MA: Sinhauer Associates.

Marazziti, D., Akiskal, H. S., Rossi, A., & Cassano, G. B. (1999). Alteration of the platelet serotonin transporter in romantic love. *Psychological Medicine, 29* (3), 741-745.

Marazziti, D., & Canale, D. (2004). Hormonal changes when falling in love. *Psychoneuroendocrinology, 29* (7), 931-936.

Marceau, K., Neiderhiser, J. M., Lichtenstein, P., & Reiss, D. (2012). Genetic and environmental influences on the association between pubertal maturation and internalizing symptoms. *Journal of Youth and Adolescence, 41*, 1111-1126.

Marcia, J. (1980). Ego identity development. In J. Adelson (Ed.), *Handbook of adolescent psychology*. New York: Wiley.

Marcia, J. (1989). Identity and intervention. *Journal of Adolescence, 12*, 401-410.

Marcia, J. (1991). Identity and self-development. In R. M. Lerner, A. C. Petersen, & J. Brooks-Gunn (Eds.), *Encyclopedia of adolescence* (Vol. 1). New York: Garland.

Marcia, J. (1994). The empirical study of ego identity. In H. A. Bosma, T. L. G. Graafsma, H. D. Grotevant, & D. J. De Levita (Eds.), *Identity and development*. Newbury Park, CA: Sage.

Marcia, J. (1996). Unpublished review of *Adolescence* (7th ed.). By J. W. Santrock. Dubuque, IA: Brown & Benchmark.

Marcia, J. (2002). Identity and psychosocial development in adulthood. *Identity: An International Journal of Theory and Research, 2*, 7-28.

Marcia, J., & Carpendale, J. (2004). Identity: Does thinking make it so? In C. Lightfoot, C. Lalonde, & M. Chandler (Eds.), *Changing conceptions of psychological life*. Mahwah, NJ: Erlbaum.

Marcia, J., & Friedman, M. L. (1970). Ego identity status in college women. *Journal of Personality, 21*, 249-263.

Markey, C. N. (2010). Invited commentary: Why body image is important to adolescent development. *Journal of Youth and Adolescence, 39*, 1387-1389.

Marmorstein, N. R., & Shiner, R. L. (1996, March). *The family environments of depressed adolescents*. Paper presented at the meeting of the Society for Research on Adolescence, Boston.

Marsh, H. W. (1989). Age and sex effects in multiple dimensions of self-concept: Preadolescence to early adulthood. *Journal of Educational Psychology, 81*, 417-430.

Marsh, H. W. (1990). The structure of academic self-concept: The Marsh/Shavelson model. *Journal of Educational Psychology, 82*, 623-636.

Martin, C. L., Fabes, R. A., & Hanish, L. D. (2014). Gendered-peer relationships in educational contexts. *Advances in Child Development and Behavior, 47*, 151-187.

Martin, C. L., & Halverson, C. F., Jr. (1983). The effects of sex-typing schemas on young children's memory. *Child Development, 54*, 563-574.

Martino, S. C., Collins, R. L., Elliott, M. N., Strachman, A., Kanouse, D. E., & Berry, S. H. (2006). Exposure to degrading versus nondegrading music lyrics and sexual behavior among youth. *Pediatrics, 118* (2), e 430-e 431.

Maslow, A. H. (1965). A theory of human motivation. In D. E. Hamachek (Ed.), *The self in growth, teaching, and learning*. New Jersey: Prentice-Hall.

Mason, K. A., Johnson, G. B., Losos, J. B., & Singer, S. (2015). *Understanding biology*. New York: McGraw-Hill.

Massad, C. M. (1981). Sex role identity and adjustment during adolescence. *Child Development, 52*, 1290-1298

Masten, A. S. (2013). Risk and resilience in development. In P. D. Zelazo (Ed.), *Oxford handbook of developmental psychology*. New York: Oxford University Press.

Masters, W. H., Johnson, V. E., & Kolodny, R. C. (1989). *Human sexuality* (4th ed.). New York: Harper-Collins.

Mathews, G., Fane, B., Conway, G., Brook, C., & Hines, M. (2009). Personality and congenital adrenal hyperplasia: Possible effects of prenatal androgen exposure. *Hormones and Behavior, 55,* 285-291.

Matlin, M. (1983). *Cognition.* Holt-Saunders.

Matlin, M. W. (2012). *The psychology of women* (7th ed.). Belmont, CA: Wadsworth.

Matsukura, S., Taminato, T., Kitano, N., Seino, Y., Hamada, H., Uchihashi, M., Nakajima, H., & Hirata, Y. (1984). Effects of environmental tobacco smoke on urinary cotinine excretion in nonsmokers. *New England Journal of Medicine, 311*(13), 828-832.

Maxson, S. C. (2013). Behavioral genetics. In I. B. Weiner & others. (Eds.), *Handbook of psychology* (2nd ed., Vol. 3). New York: Wiley.

McCall, R. B., Applebaum, M. I., & Hogarty, P. S. (1973). Developmental changes in mental performance. *Monographs of the Society for Research in Child Development, 38* (Serial No. 150).

McCann, I. L., & Holmes, D. S. (1984). Influence of aerobic exercise on depression. *Journal of Personality and Social Psychology, 46* (5), 1142-1147.

McClelland, D., Atkinson, J., Clark, R., & Lowell, E. (1953). *The achievement motive.* New York: Appleton-Century-Crofts.

McCombs, A., & Forehand, R. (1989, Winter). Adolescent school performance following parental divorce: Are there family factors that can enhance success? *Adolescence, 24* (96), 871-880.

McCoy, J. H., & Kenney, M. A. (1991). Nutrient intake of female adolescents. In R. M. Lerner, A. C. Petersen, & J. Brooks-Gunn (Eds.), *Encyclopedia of adolescence* (Vol. 2). New York: Garland.

McDonald, M. A., Sigman, M., Espinosa, M. P., & Neumann, C. G. (1994). Impact of a temporary food shortage on children and their mothers. *Child Development, 65,* 404-415

McEwen, B. S. (2013). Neuroscience. Hormones and the social brain. *Science, 339,* 279-280.

McGue, M., Bouchard, T., Iacono, W., & Lykken, D. (1993). Behavioral genetics of cognitive ability: A life-span perspective. In R. Plomin & G. E. McClearn (Eds.), *Nature, nurture, and psychology.* Washington, DC: American Psychological Association.

McLoyd, V. C. (1998). Socioeconomic disadvantage and child development. *American Psychologist, 53,* 185-204.

McLoyd, V. C., Cauce, A. M., Takeuchi, D., & Wilson, L. (1992). Marital processes and parental socialization in families of color: A decade review of research. *Journal of Marriage and the Families, 62* (4), 1070-1093.

McMillan, L. (1990). Grandchildren, chocolate, and flowers. *Australian Journal of Ageing, 9* (4), 13-17.

Mead, G. H. (1934). *Mind, self, and society.* Chicago: University of Chicago Press.

Mead, M. (1935). *Sex & temperament in three primitive societies.* New York: Morrow.

Mead, M. (1950). Coming of age in Samoa. New York: New American Library.

Mead, M. (1953). *Growing up in New Guinea.* New York: New American Library.

Mead, M. (1961). The young adult. In E. Ginzberg (Ed.), *Values and ideals of American youth.* New York: Columbia University Press.

Mead, M. (1968). *Male and female.* New York: Dell.

Mednick, S. A., & Christiansen, K. O. (1977). *Biosocial bases of criminal behavior.* New York: Gardner Press.

Meichenbaum, D., Turk, D., & Burstein, S. (1975). The nature of coping with stress. In I. Sarason & C. D. Spielberger (Eds.), *Stress and anxiety* (Vol. 1). Washington, DC: Hemisphere Publishing.

Meier, M. H., Caspi, A., Danese, A., Fisher, H. L., Houts, R., Arseneault, L., & Moffitt, T. E. (2018). Associations between adolescent cannabis use and neuropsychological decline: A longitudinal co-twin control study. *Addiction, 113* (2), 257-265.

Meilman, P. W. (1979). Cross-sectional age changes in ego identity status during adolescence. *Developmental Psychology, 15,* 230-231.

Melby, L. C. (1995). *Teacher efficacy and classroom*

*management: A study of teacher cognition, emotion, and strategy usage associated with externalizing student behavior.* Unpublished Doctoral Dissertation. University of California at Los Angeles.

Mendelson, B. K., & White, D. R. (1985). Development of self-body-esteem in overweight youngsters, *Developmental Psychology, 21*, 90-97.

Mendle, J., & Ferrero, J. (2012). Detrimental psychological outcomes associated with pubertal timing in adolescent boys. *Developmental Review, 32*, 49-66.

Mendle, J., Harden, K. P., Brooks-Gunn, J., & Graber, J. A. (2010). Development's tortoise and hare: Pubertal timing, pubertal tempo, and depressive symptoms in boys and girls. *Developmental Psychology, 46*, 1341-1353.

Mensah, F. K., Bayer, J. K., Wake, M., Carlin, J. B., Allen, N. B., & Patton, G. C. (2013). Early puberty and childhood social and behavioral adjustment. *Journal of Adolescent Health, 53*, 118-124.

Merali, N. (2002). Perceived versus actual parent-adolescent assimilation disparity among hispanic refugee families. *International Journal for the Advancement of Counselling, 24* (1), 57-68.

Merrill, S. A. (1999). Roselawn: A community regaining its youth. *The Clearing House, 73*, 101-110.

Merton, R. K. (1938). Social structure and anomie. *American Sociological Review, 3*, 33-53.

Merton, R. K. (1957). *Social theory and social structure, revised and enlagred edition.* London: The Free Press of Glencoe.

Mertz, G. J. (1993). Epidemiology of genital herpes infection. In M. Cohen, E. W. Hook, & P. J. Hitchcock (Eds.), *Infectious diseases clinics of North America* (Vol. 7). Philadelphia: Harcourt, Brace, & Jovanovich.

Mesch, G. S. (2012). Technology and youth. *New Directions in Youth Development, 135*, 97-105.

Milgram, S. (1974). *Obedience to authority: An experimental view.* New York: Harper and Row.

Miller, K. E. (1990). Adolescents' same-sex and opposite sex peer relations: Sex differences in popularity, perceived social competence, and social cognitive skills. *Journal of Adolescent Research, 5*, 222-241.

Miller, P. H. (1993). *Theories of developmental psychology* (3rd ed.). NY: W. H. Freeman and Company.

Miller, P. H., & Aloise, P. A. (1989). Young children's understanding of the psychological causes of behavior: A review. *Child Development, 60*, 257-285.

Miller, W. W. (1958). Lower class culture as a generating milieu of gang delinquency. *Journal of Social Issues, 14*, 5-19.

Mischel, W. (1970). Sex typing and socialization. In P. H. Mussen (Ed.), *Carmichael's manual of child psychology* (Vol. 2). New York: Wiley.

Mischel, W. (1974). Processes in delay of gratification. In L. Berkowitz (Ed.), *Advances in experimental social psychology* (Vol. 7). New York: Academic Press.

Mischel, W. (1986). *Introduction to personality* (4th ed.), New York: Holt, Rinehart, & Winston.

Modell, J., & Goodman, M. (1990). Historical perspectives. In S. Feldman & G. Elliott (Eds.), *At the threshold: The developing adolescent.* Cambridge, Mass.: Harvard University Press.

Moely, B. E., Hart, S. S., Leal, L., Santulli, K. A., Rao, N., Johnson, T., & Hamilton, L. B. (1992). The teacher's role in facilitating memory and study strategy development in the elementary school classroom. *Child Development, 63*, 653-672.

Moen, P. (1992). *Woman's two roles: A contemporary dilemma.* New York: Auburn House.

Moffitt, T. E. (1990). Juvenile deliquency and attention deficit disorder: Boy's developmental trajectories from age 3 to 15. *Child Development, 61*, 893-910.

Money, J., & Ehrhardt, A. A. (1973). *Man and woman, boy and girl.* Baltimore and London: Johns Hopkins Press.

Montemayor, R. (1982). The relationship between parent-adolescent conflict and the amount of time adolescents spent with parents, peers, and alone. *Child Development, 53*, 1512-1519.

Montemayor, R., & Eisen, M. (1977). The development of self-conceptions from childhood to adolescence. *Developmental Psychology, 13*, 314-319.

Morgan, B., & Gibson, K. R. (1991). Nutrition and environmental interaction in brain development. In K. R. Gibson & A. C. Petersen (Eds.), *Brain maturation and cognitive development: Comparative and cross-cultural perspectives.* New York: Aldine De Gruyter.

Morris, B. H., McGrath, A. C., Goldman, M. S., & Rottenberg, J. (2013). Parental depression confers greater prospective depression risk to females than males in emerging adulthood. *Child Psychiatry and Human Development, 45* (1), 78-89.

Moshman, D. (2011). *Adolescent rationality and development: Cognition, morality, and identity* (3rd ed.). New York: Psychology Press.

Mufson, L., Moreau, D., Weissman, M. M., & Klerman, G. L. (1993). *Interpersonal psychotherapy for depressed adolescents.* NY: Guilford Press.

Mullola, S., Ravaja, N., Lipsanen, J., Alatupa, S., Hintsanen, M., Jokela, M., & Keltikangas-Järvinen, L. (2012). Gender differences in teachers' perceptions of students' temperament, educational competence, and teachability. *British Journal of Educational Psychology, 82* (Pt2), 185-206.

Munro, G., & Adams, G. R. (1977). Ego identity formulation in college students and working youth. *Developmental Psychology, 13* (57), 523-524.

Murray, K. M., Byrne, D. C., & Rieger, E. (2011). Investigating adolescent stress and body image. *Journal of Adolescence, 34,* 269-278.

Murstein, B. I. (1970). Stimulus, value, role: A theory of marital choice. *Journal of Marriage and the Family, 32,* 465-481.

Mustanski, B. S., Chivers, M. L., & Bailey, J. M. (2003). A critical review of recent biological research on human sexual orientation. *Annual Review of Sex Research, 13,* 89-140.

Muuss, R. E. (1996). *Theories of adolescence* (6th ed.). New York: McGraw-Hill.

Nagel, H. T., Kneght, A. C, Kloosterman, M. D., Wildschut, H. I., Leschot, N. J., & Vandenbussche, F. P. (2007). Prenatal diagnosis in the Netherlands, 1991-2000: Number of invasive procedures, indications, abnormal results, and terminations of pregnancies. Prenatal Diagnosis, 27, 251-257.

Nash, R. J., & Agne, R. M. (1973). Careers: Education and work in the corporate state. *Phi Delta Kappa, 54,* 373-383.

National Center for Health Statistics. (1994). *Health, United States, 1993.* Hyattsville, MD/Washington, DC: U.S. Government Printing Office.

Negriff, S., & Susman, E. J. (2011). Pubertal timing, depression, and externalizing problems: A framework, review, and examination of gender differences. *Journal of Research on Adolescence, 21,* 717-746.

Negriff, S., Susman, E. J., & Trickett, P. K. (2011). The development pathway from pubertal timing to delinquency and sexual activity from early to late adolescence. *Journal of Youth and Adolescence, 40,* 1343-1356.

Neisser, U., Boodoo, G., Bouchard, T. J., Boykin, A. W., Brody, N., Ceci, S. J., Halpern, D. F., Loehlin, J. C., Perloff, R., Sternberg, R. J., & Urbina, S. (1996). Intelligence: Knowns and unknowns. *American Psychologist, 51,* 77-101.

Neumann, C. G. (1983). Obesity in childhood. In M. D. Levine, W. B. Carey, A. C. Crocker, & R. T. Gross (Eds.), *Developmental behavioral pediatrics.* Philadelphia, PA: W. B. Saunders.

Nevid, J. S., Rathus, S. A., & Greene, B. (2000). *Abnormal psychology in a changing world* (4th ed.). NJ: Prentice-Hill.

Newcombe, N. (1996). *Child development: Change over time* (8th ed.). Harper Collins College Publishers.

Newman, D. L., Caspi, A., Moffitt, T. E., & Silva, P. A. (1997). Antecedents of adult interpersonal functioning: Effects of individual differences in age 3 temperament. *Developmental Psychology, 33,* 206-217.

Newnham, J. P., Evans, S. F., Michael, C. A., Stanley, F. J., & Landau, L. I. (1993). Effects of frequent ultrasound during pregnancy: A randomized controlled trial. *The Lancet, 342,* 887-891.

Ngantcha, M., Janssen, E., Godeau, E., Ehlinger, V., Le-

Nezet, O., Beck, F., & Spilka, S. (2018). Revisiting factors associated with screen time media use: A structural study among school-aged adolescents. *Journal of Physical Activity and Health, 15*(6), 448-456.

Nicklas, T. A., Bao, W., Webber, L. S., & Berenson, G. S. (1993). Breakfast consumption affects adequacy of total daily intake in children. *Journal of the American Dietetic Association, 93,* 886-891.

Nielsen Media Research (1998). *1988 report on television.* New York: Author.

Nisan, M. (1987). Moral norms and social conventions: A cross-cultural comparison. *Developmental Psychology, 23,* 719-725.

Nock, S. L., & Kingston, P. W. (1988). Time with children: The impact of couples' worktime commitment. *Social Forces, 67,* 59-85.

Norman, J., & Harris, M. W. (1981). *The private life of the American teenager.* New York: Rawson, Wade.

Notelovitz, M., & Ware, M. (1983). *Stand tall: The informed woman's guide to preventing osteoporosis.* Gainesville, FL: Triad.

Nucci, L. P., & Nucci, M. S. (1982). Children's social interactions in the context of moral and conventional transgressions. *Child Development, 53,* 403-412.

Nucci, P., & Turiel, E. (1978). Social interactions and development of social concepts in preschool children. *Child Development, 49,* 400-407.

Ochse, R. (1990). *Before the gates of excellence: The determinants of creative genius.* New York: Cambridge University Press.

Offer, D., Ostrov, E., & Marohn, R. C. (1972). *The Psychological world of the juvenile delinquent.* New York: Basic Books.

Offer, D., Ostrov, E., Howard, K. I., & Atkinson, R. (1988). *The teenager world: Adolescents' self image in ten countries.* New York: Plenum Medical Book Company.

O'Keeffe, G. S., & Clarke-Pearson, K. (2011). The impact of social media on children, adolescents, and families. *Pediatrics, 127* (4), 800-804.

Olszewski-Kubilius, P. (2000). The transition from childhood giftedness to adult creative productivity: Psychological characteristics and social supports. *Roeper Review, 23,* 65-70.

Olweus, D. (1993). Bullying at school: What we know and what we can do. Oxford, England: Blackwell.

Olweus, D., Mattson, A., Schalling, D., & Low, H. (1988). Circulating testosterone levels and aggression in adolescent males: A causal analysis. *Psychosomatic Medicine, 50,* 261-272.

O'Malley, P., & Bachman, J. (1983). Self-esteem: Change and stability between ages 13 and 23. *Developmental Psychology, 19,* 257-268.

Ong, K. K. (2010). Early determinants of obesity. *Adipose Tissue Development, 19,* 53-61.

Owings, J., & Stocking, C. (1985). *High school and beyond: Characteristics of high school students who identify themselves as handicapped.* Washington, DC: National Center for Education Statistics, U. S. Department of Education.

Paffenberger, R. S., Hyde, R. T., Wing, A. L., Lee, I., Jung, D. L., & Kampert, J. B. (1993). The association of changes in physical-activity level and other lifestyle characteristics with mortality among men. *New England Journal of Medicine, 328,* 538-545.

Paikoff, R. L., & Brooks-Gunn, J. (1990). Associations between pubertal hormones and behavioral and affective expression. In C. S. Holmes (Ed.), *Psychoneuroendocrinology: Brain, behavior, and hormonal interactions,* 205-226. New York: Spring-Verlag.

Paikoff, R. L., & Brooks-Gunn, J. (1991). Do parent-child relationships change during puberty? *Psychological Bulletin, 110,* 47-66.

Paikoff, R. L., Brooks-Gunn, J., & Warren, M. P. (1991). Effects of girls' hormonal status on depressive and aggressive symptoms over the course of one year. *Journal of Youth and Adolescence, 20,* 191-215.

Panigrahy, A., Borzaga, M., & Blumi, S. (2010). Basic principles and concepts underlying recent advances in magnetic resonance imaging of the developing brain. *Seminars in Perinatology, 34,* 3-19.

Papalia, D. E., Olds, S. W., & Feldman, R. D. (1989).

*Human development.* New York: McGraw-Hill.

Papini, D. R., Micka, J. C., & Barnett, J. K. (1989). Perceptions of intrapsychic and extrapsychic funding as bases of adolescent ego identity status. *Journal of Adolescent Research, 4*, 462-482.

Papini, D. R., Roggman, L. A., & Anderson, J. (1990). *Early adolescent perceptions of attachment to mother and father: A test of the emotional distancing hypothesis.* Paper presented at the meeting of the Society for Research on Adolescence, Atlanta.

Parke, R. D. (1977). some effects of punishment on children's behavior-revisited. In E. M. Hetherington & R. D. Parke (Eds.), *Contemporary reading in child psychology.* New York: McGraw-Hill.

Parke, R. D., Leidy, M. S., Schofield, T. J., Miller, M. A., & Morris, K. L. (2008). Socialization. In M. M. Haith & J. B. Benson (Eds.), *Encyclopedia of infant and early childhood development.* Oxford, UK: Elsevier.

Parsons, T., & Bales, R. F. (1955). *Family, socialization, and interaction process.* New York: Free Press.

Patrick, R. B., & Gibbs, J. C. (2012). Inductive discipline, parental expression of disappointed expectations, and moral identity in adolescence. *Journal of Youth and Adolescence, 41*, 973-983.

Patterson, C. J. (2000). Family relationships of lesbians and gay men. *Journal of Marriage and the Family, 62*, 1052-1069.

Patterson, C. J. (2002). Lesbian and gay parenthood. In M. H. Bornstein (Ed.), *Handbook of parenting* (2nd ed., Vol. 3). Mahwah, NJ: Erlbaum.

Patterson, C. J., Kupersmidt, J. B., & Vaden, N. A. (1990). Income level, gender, ethnicity, and household compositions as predictors of children's school-based competence. *Child Development, 61*, 485-494.

Patterson, G. R., & Stouthamer-Loeber, M. (1984). The correlation of family management practices and delinquency. *Child Development, 55*, 1299-1307.

Patterson, S, J., Söchting, I., & Marcia, J. E. (1992). The inner space and beyond: Women and identity. In G. R. Adams, T. P. Gullotta, & R. Montemayor (Eds.),

*Adolescent identity formation.* Newbury Park, California: Sage.

Paul, E. L., & White, K. M. (1990). The development of intimate relationships in late adolescence. *Adolescence, 25*, 375-400.

Paul, P. (2001, September). Getting inside Gen Y. *American Demographics, 23*, 42-49.

Paulhus, D. L. (2008). Birth order. In M. M. Haith & J. B. Benson (Eds.), *Encyclopedia of infant and early childhood development.* Oxford, UK: Elsevier.

Paulhus, D. L., & Shaffer, D. R. (1981). Sex differences in the impact of member of older and member of younger sibling on scholastic aptitude. *Social Psychology Quarterly, 44*, 363-368.

Penick, N. I., & Jepsen, D. A. (1992). Family functioning and adolescent career development. Special section: Work and family concerns. *Career Development Quarterly, 40*, 208-222.

Perlmutter, B. F. (1987). Delinquency and learning disabilities: Evidence for compensatory behaviors and adaptation. *Journal of Youth and Adolescence, 16*, 89-95.

Perry, D. G., & Bussey, K. (1979). The social learning theory of sex differences: Imitation is alive and well. *Journal of Personality and Social Psychology, 37*, 1699-1712.

Perry, D. G., & Bussey, K. (1984). *Social development.* New Jersey: Prentice-Hall.

Perry, D. G., & Parke, R. D. (1975). Punishment and alternative response training as determinants of response inhibition in children. *Genetic Psychology Monographs, 91,* 257-279.

Perry, D. G., Perry, L. C., Bussey, K., English, D., & Arnold, G. (1980). Processes of attribution and children's self-punishment following misbehavior. *Child Development, 51,* 545-551.

Perry, H. S. (1982). *Psychiatrists of American, the life of Harry Stack Sullivan.* Cambridge, MA: Belknap.

Perry, W. G. (1970). *Forms of intellectual and ethical development in the college years.* New York: Holt, Rinehart, & Winston.

Perry, W. G. (1981). Cognitive and ethical growth: The

making of meaning. In A. Chickering (Ed.). *The modern American college*. San Francisco: Jossey-Bass.

Peskin, H. (1967). Pubertal onset and ego functioning. *Journal of Abnormal Psychology, 72*, 1–15.

Peskin, H., & Livson, M. (1972). Pre-and postpubertal personality and adult psychological functioning. *Seminars in Psychiatry, 4,* 343–353.

Petersen, A. C. (1979, January). Can puberty come any faster? *Psychology Today,* 45–56.

Petersen, A. C. (1987, September). Those gangly years. *Psychology Today,* 28–34.

Petersen, A. C. (1993). Creating adolescents: The role of context and process in developmental trajectories. *Journal of Research on Adolescence, 3,* 1–18.

Petersen, A. C., & Crockett, L. (1985). Pubertal timing and grade effects on adjustment. *Journal of Youth and Adolescence, 14,* 191–206.

Petersen, A. C., & Ebata, A. T. (1987). Developmental transitions and adolescent problem behavior: Implications for prevention and intervention. In K. Hurrelmann (Ed.), *Social prevention and intervention*. New York: de Gruyter.

Petersen, A. C., & Hamburg, B. A. (1986). Adolescence: A developmental approach to problems and psychopathology. *Behavior Research and Therapy, 17,* 480–499.

Petersen, A. C., Sarigiani, P. A., & Kennedy, R. E. (1991). Adolescent depression: Why more girls? *Journal of Youth and Adolescence, 20,* 247–271.

Peterson, C., Maier, S. F., & Seligman, M. E. P. (1993). *Learned helplessness: A theory for age of personal control*. New York: Oxford University Press.

Pfefferbaum. A., Mathalon, D. H., Sullivan, E. V., Rawles, J. M., Zipursky, R. B., & Lim, K. O. (1994). A quantitative magnetic resonance imaging study of changes in brain morphology from infancy to late adulthood. *Archives of Neurology,* 51, 874.

Phinney, J. S. (2003). Ethnic identity and acculturation. In K. M. Chun, P. B. Organista, & G. Mar (Eds.), *Acculturation*. Washington, DC: American Psychological Association.

Piaget, J. (1932). *The moral judgment of the child*. New York: Harcourt Brace Jovanovich.

Piaget, J. (1952). *The origins of intelligence in children*. New York: International Universities Press.

Piaget, J. (1954). *The construction of reality in the child*. New York: Basic Books.

Piaget, J. (1965). *The moral judgment of the child*. New York: Free Press. (Original work published 1932).

Picou, J. S., & Curry, E. W. (1973). Structural, interpersonal, and behavioral correlates of female adolescent's occupational choices. *Adolescence, 8,* 421–432.

Pinheiro, M. B., Morosoli, J. J., Colodro-Conde, L., Ferreira. P. H., & Ordoñana, J. R. (2018). Genetic and environmental influences to low back pain and symptoms of depression and anxiety: A population-based twin study. *Journal of Psychosomatic Research, 105,* 92–98.

Pintrich, P. R., & Schunk, D. H. (2002). *Motivation in education* (2nd ed.). Boston: Allyn & Bacon.

Platon (1953). Laws. *In the dialogues of Plato* (B. Jowett, Trans., 4th ed., Vol. 5). Oxford: Clarendon.

Platt, B., Kadosh, K. C., & Lau, J. Y. (2013). The role of peer rejection in adolescent depression. *Depression and Anxiety, 30* (9), 809–821.

Plomin, R. (1990). *Nature and nurture: An introduction to behavior genetics*. Pacific Grove, CA: Brooks/Cole.

Plomin, R. (1993, March). *Human behavioral genetics and development: An overview and update*. Paper presented at the biennial meeting of the Society for Research in Child Development, New Orleans.

Plomin, R., DeFries, J. C., & McClearn, G. E. (1990). *Behavioral genetics: A primer*. New York: W. H. Freeman.

Plomin, R., Reiss, D., Hetherington, E. M., & Howe, G. W. (1994). Nature and nurture: Contributions to measures of the family environment. *Developmental Psychology, 30,* 32–43.

Porges, S. W. (2003). Social engagement and attachment: A phylogenetic perspective. *Annals of the New York Academy of Sciences 1008,* 31–47.

Porges, S. W. (2004). Neuroception: A subconscious system for detecting threat and safety. *Zero to Three: Bulletin of the National Center for Clinical Infant Programs, 24* (5), 19-24.

Porterfield, J. D., & Pierre, R. S. (1992). *Wellness: Healthful aging.* Guilford, CT: Dushkin.

Poulain, T., Peschel, T., Vogel, M., Jurkutat, A., & Kiess, W. (2018). Cross-sectional and longitudinal associations of screen time and physical activity with school performance at different types of secondary school. *BMC Public Health, 18* (1), 563.

Prediger, D. J., & Brandt, W. E. (1991). Project CHOICE: Validity of interest and ability measures for student choice of vocational program. *The Career Development Quarterly, 40,* 132-144.

Pressley, M., & Levin, J. R. (1980). The development of mental imagery retrieval. *Child Development, 51,* 558-560.

Pueschel, S. M., Scola, P. S., & Weidenman, L. E., & Bernier, J. C. (1995). *The special child.* Baltimore: Paul H. Brookes.

Quay, H. C. (1987). Intelligence. In H. C. Quay (Ed.), *Handbook of juvenile delinquency.* New York: Wiley.

Quinsey, V. L. (2003). The etiology of anomalous sexual preferences in men. *Annals of the New York Academy of Science, 989,* 105-117.

Rajapakse, J. C., DeCarli, C., McLaughlin, A., Giedd, J. N., Krain, A. L., Hamburger, S. D., & Rapoport, J. L. (1996). Cerebral magnetic resonance image segmentation using data fusion. *Journal of Computer Assisted Tomography, 20,* 206.

Rakic, P. (1991). Plasticity of cortical development. In S. E. Brauth, W. S. Hall, & R. J. Dooling (Eds.), *Plasticity of development.* Cambridge, MA: Bradford/MIT Press.

Raloff, J. (1997). And music videos their image. *Science News, 152,* 111.

Ramaswami, G., & Geschwind, D. H. (2018). Genetics of autism spectrum disorder. *Handbook of Clinical Neurology, 147,* 321-329.

Ramey, C. T., & Ramey, S. L. (1990). Intensive educational intervention for children of poverty. *Intelligence, 14,* 1-9.

Raven, P. H., Johnson, G. B., Mason, K. A., Losos, J., & Singer, S. (2014). *Biology* (10th ed.). New York: McGraw-Hill.

Raymond, E. B. (2004). *Learners with mild disabilities* (2nd ed.). Boston: Allyn & Bacon.

Reardon, B., & Griffing, P. (1983, Spring). Factors related to the self-concept of institutionalized, white, male, adolescent drug abusers. *Adolescence, 18,* 29-41.

Reckless, W. (1961). A new theory of delinquency and crime. *Federal Probation, 25,* 42-46.

Reese, H. W. (1977). Imagery and associative memory. In R. V. Kail & J. W. Hagen (Eds.), *Perspectives on the development of memory and cognition.* Hillsdale, NJ: Erlbaum.

Rehman, S. N., & Reilly, S. S. (1985). Music videos: A new dimension of televised violence. *Pennsylvania Speech Communication Annual, 41,* 61-64.

Reinisch, J. M. (1990). *The Kinsey Institute new report on sex: What you must know to be sexually literate.* New York: St. Martin's Press.

Rhodes, A. E., Boyle, M. H., Bethell, J., Wekerle, C., Goodman, D., Tonmyr, L., Leslie, B., Lam, K., & Manion, I. (2012). Child maltreatment and onset of emergency department presentations for suicide-related behaviors. *Child Abuse and Neglect, 36* (6), 542-551.

Ricciuti, H. N. (1993). Nutrition and mental development. *Current Directions in Psychological Science, 2,* 43-46.

Rice, P. L. (1992). *Stress and health: Principles and practice for coping and wellness* (2nd ed.). Pacific Grove, CA: Brooks/Cole.

Rich, M., Woods, E. R., Goodman, E., Emans, J., & DuRant, R. (1998, April). Aggressors or victims: Gender and race in music video violence. *Pediatrics, 101,* 669-675.

Ridderinkhoff, K. R., & van der Molen, M. W. (1995). A psychophysiological analysis of developmental differences in the ability to resist interference. *Child Development, 66,* 1040-1056.

Rideout, V., Foehr, U. G., & Roberts, D. P. (2010). *Generation M₂: Media in the lives of 8-to 18-year-olds*. Menlo Park, CA: Kaiser Family Foundation.

Riegel, K. F. (1973). Dialectic operations: The final period of cognitive development. *Human Development, 16,* 346–370.

Rierdan, J., & Koff, E. (1991). Depressive symptomatology among very early maturing girls. *Journal of Youth and Adolescence, 20,* 415–425.

Robertson, J. F., & Simons, R. L. (1989). Family factors, self-esteem, and adolescent depression. *Journal of Marriage and the Family, 51,* 125–138.

Robinson, N. S. (1995). Evaluating the nature of perceived support and its relation to perceived self-worth in adolescents. *Journal of Research on Adolescence, 5,* 253–280.

Roche, A. F. (1979). Secular trends in stature, weight, and maturation. *Monographs of the Society for Research on Child Development, 44* (4, serial No. 179).

Rodriguez, M. L., & Quinlan, S. L. (2002, April). *Searching for a meaningful identity: Self/ethnic representations and family beliefs in Latino youth.* Paper presented at the meeting of the Society for Research on Adolescence, New Orleans.

Roff, M., Sells, S. B., & Golden, M. W. (1972). *Social adjustment and personality development in children.* Minneapolis: University of Minnesota Press.

Rogers, C. A. (1987). *Questions of gender differences: Ego development and moral voice in adolescence.* Unpublished manuscript, Department of Education, Harvard University.

Rogers, C. R. (1974). In retrospect: Forty-six years. *American Psychologist, 29,* 115–123.

Rogers, J. L., & Bard, D. E. (2003). Behavior genetics and adolescent development: A review of recent literature. In G. Adams & M. Berzonsky (Eds.), *Blackwell handbook of adolescence.* Malden, MA: Blackwell.

Rolf, J. E., Mastern, A., Cicchetti, D., Nuechterlein, K. H., & Weintraub, S. (Eds.). (1987). *Risk and protective factors in the development of psychopathology.* New York: Cambridge University Press.

Roper Starch Worldwide Inc. (1999). The America Onling/Roper Starch Youth Cyberstudy Retrieved July 18, 2002, from http://www. Ecommercetimes. com/news/articles2000/000218-tc.shtml.

Roscoe, B., Dian, M. S., & Brooks, R. H. (1987). Early, middle, and late adolescents' views on dating and factors influencing partner's selection. *Adolescence, 22,* 59–68.

Rose, A. J., & Smith, R. L. (2018). Gender and peer relationships. In W. M. Bukowski & others (Eds.), *Handbook of peer interaction, relationships, and groups* (2nd ed.). New York: Guilford.

Rose, R. J., Koskenvuo, M., Kaprio, J., Sarna, S., & Langinvainio, H. (1988). Shared genes, shared experience, and similarity of personality: Data from 14,288 adult Finnish co-twins. *Journal of Personality and Social Psychology, 54,* 161–171.

Rosenberg, L., Palmer, J. R., & Shapiro, S. (1990). Decline in the risk of myocardial infarction among women who stop smoking. *New England Journal of Medicine, 322,* 213–217.

Rosenman, R. H. (1983, June). *Type A behavior in corporate executives and its implications for cardiovascular disease.* Paper presented at a seminar-workshop, coping with corporate stress: Avoiding a cardiovascular crisis. New York.

Rosnow, R. L., & Rosenthal, R. (2013). *Beginning psychological research* (7th ed.). Boston: Cengage.

Ross, A. O. (1979). *Psychological disorders of children: A behavioral approach to theory, research, and therapy* (2nd ed.). New York: McGraw-Hill.

Ross, J. L., Roeltgen, D. P., Kushner, H., Zinn, A. R., Reiss, A., Bardsley, M. Z., McCauley, E., & Tartaglia, N. (2012). Behavioral and social phenotypes in boys with 47, XYY syndrome or 47, XXY Klinefelter syndrome. *Pediatrics, 129* (4), 769–778.

Rousseau, J. J. (1911). *Emile* (W. H. Payne, Trans.). New York: Appleton. (Originally published in 1762.)

Rowe, D. C. (1999). Heredity. In V. J. Derlega, B. A. Winstead et al. (Eds.), *Personality: Contemporary theory and research* (2nd ed.). Nelson-Hall-series in psychology. Chicago: Nelson-Hall.

Rowe, D. C., & Jacobson, K. C. (1999, April). *Genetic and environmental influences on vocabulary IQ: Parental education as moderator.* Paper presented at the meeting of the Society for Research in Child Development, Albuquerque.

Rubin, D. C., & Olson, M. J. (1980). Recall of semantic domains. *Memory & Cognition, 8,* 354-366.

Rubin, K. H., Bowker, J. C., McDonald, K. L., & Menzer, M. (2013). Peer relationships in childhood. In P. D. Zelazo (Ed.), *Oxford handbook of developmental psychology.* New York: Oxford University Press.

Rubin, K. H., Bukowski, W. M., & Bowker, J. (2015). Children in peer groups. In R. M. Lerner (Ed.), *Handbook of child psychology and developmental science* (7th ed.). New York: McGraw-Hill.

Rubin, K. H., Bukowski, W., & Parker, J. G. (1998). Peer interactions, relationships, and groups. In N. Eisenberg (Ed.), *Handbook of child psychology* (5th ed., Vol. 3). New York: Wiley.

Ruble, D. N., Parsons, J. E., & Ross, J. (1976). Self-evaluative response of children in an achievement setting. *Child Development, 47,* 990-997.

Ruff, H. A., & Lawson, K. R. (1990). Development of sustained focused attention in young children during free play. *Developmental Psychology, 26,* 85-93.

Runco, M. A., Jason, S., & Bear, P. (1993). Parents' and teachers' implicit theories of children's creativity. *Child Study Journal, 23,* 91-113.

Rutter, M. (1986). The developmental psychopathology of depression: Issues and perspectives. In M. Rutter, C. Izard, & P. Read (Eds.), *Depression in young people: Developmental and clinical perspectives.* New York: Guilford Press.

Rutter, M. (1997). Antisocial behavior: Developmental psychopathology perspectives. In D. Stoff, J. Breiling, & J. Maser (Eds.), *Handbook of antisocial behavior.* New York: Wiley.

Rutter, M., & Giller, H. (1984). *Juvenile delinquency: Trends and perspectives.* NY: Guilford.

Rutter, M., Maughan, B., Mortimore, P., & Ouston, J. (1979). *Fifteen thousand hours: Secondary schools and their effects on children.* Cambridge, Massachusetts: Harvard University Press.

Ryan, A. M., & Patrick, H. (1996, March). *Positive peer relationships and psychosocial adjustment during adolescence.* Paper presented at the meeting of the Society for Research on Adolescence, Boston.

Salkind, N. J. (1985). *Theories of human development.* New York: John Wiley & Sons.

Salkind, N. J. (2004). *An introduction to theories of human development.* Sage Publications.

Saltvedt, S., & Almstrom, H. (1999). Fetal loss rate after second trimester amniocentesis at different gestational ages. *Acta Obstetrica et Gynaecologica Scandinavia, 78,* 10-14.

Salvatore, J. E., Larsson Lönn, S., Sundquist, J., Sundquist, K., & Kendler, K. S. (2018). Genetics, the rearing environment, and the intergenerational transmission of divorce: A Swedish national adoption study. *Psychological Science, 29* (3), 370-378.

Sanborm, M. D. (1965). Vocational choice, college choice, and scholastic success of superior students. *Vocational Guidance Quarterly, 13,* 161-168.

Santrock, J. W. (1970). Paternal absence, sex typing, and identification. *Developmental Psychology, 2,* 264-272.

Santrock, J. W. (1975). Moral structure: Interrelations of moral judgment, affect, and behavior. *Journal of Genetic Psychology, 127,* 201-213.

Santrock, J. W. (1981). *Adolescence: An introduction.* Dubuque, Iowa: Wm. C. Brown Company Publishers.

Santrock, J. W. (1998). *Adolescence* (7th ed.). New York: McGraw-Hill.

Santrock, J. W. (2001). *Child development* (9th ed.). McGraw-Hill.

Sarason, I., & Spielberger, C. D. (Eds.). (1975). *Stress and anxiety.* Washington, DC: Hemisphere.

Sarigiani, P. A., & Petersen, A. C. (2000). Adolescence: Puberty and biological maturation. In A. Kazdin (Ed.), *Encyclopedia of psychology.* Washington, DC, and New York: American Psychological Association and Oxford University Press.

Savin-Williams, R. C., & Diamond, L. (2004). Sex. In R. Lerner & L. Steinberg (Eds.), *Handbook of adolescent psychology*. New York: Wiley.

Scarr, S. (1984, May). Interview. *Psychology Today,* pp. 59-63.

Scarr, S. (1993). Biological and cultural diversity: The legacy of Darwin for development. *Child Development, 64,* 1333-1353.

Scarr, S., & McCartney, K. (1983). How people make their own environments: A theory of genotype-environment effects. *Child Development, 54,* 424-435.

Schaie, K. W. (1977). Quasi-experimental research designs in the psychology of aging. In J. E. Birren & K. W. Schaie (Eds.), *Handbook of the psychology of aging*. New York: Van Nostrand Reinhold.

Schaie, K. W. (1994). Developmental designs revisited. In S. H. Cohen & H. W. Reese (Eds.), *Life-span developmental psychology: Methodological contributions*. Hillsdale, New Jersey: Erlbaum.

Schaie, K. W., & Willis, S. L. (2000). A stage theory model of adult cognitive development revisited. In R. L. Rubinstein, M. Moss., & M. H. Kleban (Eds.), *The many dimensions of aging*. Springer Publishing Company.

Schechtman, K. B., Barzilai, B., Rost, K., & Fisher, E. B. (1991). Measuring physical activity with a single question. *American Journal of Public Health, 81,* 771-773.

Scheier, M. F., & Carver, C. S. (1992). Effects of optimism on psychological and physical well-being: Theoretical overview and empirical update. *Cognitive Therapy and Research, 16,* 201-228.

Schiff, E., & Koopman, E. J. (1978). The relationship of women's sex role identity to self-esteem and ego development. *Journal of Psychology, 98,* 299-305.

Schiffrin, H. H., Liss, M., Miles-McLean, H., Geary, C. A., Erchull, M. J., & Tashner, T. (2014). Helping or hovering? The effects of helicopter parenting on college students' well-being. *Journal of Child and Family Studies, 23,* 548-557.

Schneider, W., & Bjorklund, D. F. (1998). Memory. In W. Damon (Series Ed.). D. Kuhn & R. S. Siegler (Vol. Eds.), *Handbook of child psychology: Vol. 2. Cognition, perception, and language* (5th ed.). New York: Wiley.

Schneider, W., & Pressley, M. (1997). *Memory development between 2 and 20* (2nd ed.). Mahwah, NJ: Erlbaum.

Schulman, J. D., & Black, S. H. (1993). Genetics of some common inherited diseases. In R. G. Edwards (Ed.), *Preconception and preimplantation diagnosis of human genetic disease*. Cambridge, England: Cambridge University Press.

Schunk, D. H. (2001). Social cognitive theory and self-regulated learning. In B. J. Zimmerman & D. H. Schunk (Eds.), *Self-regulated learning and academic achievement* (2nd ed.). Mahwah, NJ: Erlbaum.

Schunk, D. H. (2004). *Learning theories* (4th ed.). Upper Saddle River, NJ: Prentice-Hall.

Schunk, D. H. (2008). *Learning theories* (5th ed.). Upper Saddle River, NJ: Prentice Hall.

Schunk, D. H. (2012). *Learning theories: An educational perspective* (6th ed.). Upper Saddle River, NJ: Pearson.

Schunk, D. H. (2016). *Learning theories: An educational perspective* (7th ed.). Upper Saddle River, NJ: Pearson.

Schunk, D. H., & Greene, J. A. (Eds.) (2018). *Handbook of self-regulation of learning and performance* (2nd ed.). New York: Routledge.

Schutte, N. S., Malouff, J. M., Post-Gorden, J. C., & Rodasta, A. L. (1988). Effects of playing video games on children's aggressive and other behaviors. *Journal of Applied Social Psychology, 18,* 454-460.

Schwartz, D., Kelly, B. M., & Duong, M. T. (2013). Do academically-engaged adolescents experience social sanctions from the peer group? *Journal of Youth and Adolescence, 42* (9), 1319-1330.

Schwartz, P. D., Maynard, A. M., & Uzelac, S. M. (2008). Adolescent egocentrism: A Contemporary view. *Adolescence, 43,* 441-448.

Schwartz, S. H., Feldman, K. A., Brown, M. E., &

Heingartner, A. (1969). Some personality correlates of conduct in two situations of moral conflict. *Journal of Personality, 37,* 41-57.

Seidman, S. (1999). Revisiting sex-role stereotyping in MTV videos. *International Journal of Instructional Media, 26,* 11-22.

Seligman, M. E. P. (1988, October). Baby boomer blues. *Psychology Today,* 54.

Seligman, M. E. P. (1989). *Why is there so much depression today?* In the G. Stanley Hall Lecture Series. Washington, DC: American psychological Association.

Selman, R. (1980). *The growth of interpersonal understanding.* New York: Academic Press.

Selye, H. (1980). The stress concept today. In I. L. Kutash, L. B. Schlesinger, & Associates (Eds.), *Handbook on stress and anxiety.* San Francisco: Jossey-Bass.

Seroczynski, A. D., Jacquez, F. M., & Cole, D. (2003). Depression and suicide in adolescence. In G. Adams & M. Berzonsky (Eds.), *Blackwell handbook of adolescence.* Malden, MA: Blackwell.

Sethi, V., Tabbutt, S., Dimitropoulos, A., Harris, K. C., Chau, V., Poskitt, K., ... & McQuillen, P. S. (2013). Single ventricle anatomy predicts delayed microstructural brain development. *Pediatric Research, 73* (5), 661-667.

Shafer, H. H., & Kuller, J. A. (1996). Increased maternal age and prior anenploid conception. In J. A. Kuller, N. C. Cheschier, & R. C. Cefalo (Eds.), *Prenatal diagnosis and reproductive genetics.* St. Louis: Mosby.

Shaffer, D. R. (1994). *Social and personality development* (3rd ed.). California: Brooks/ Cole.

Shaffer, D. R. (1999). *Developmental psychology: Childhood and adolescence* (5th ed.). Brooks/ Cole.

Shah, S. A., & Roth, L. H. (1974). Biological and psychophysiological factors in criminality. In Daniel Glaser (Ed.), *Handbook of criminoloy.* Chicago: Rand McNally.

Sharp, E. H., Coatsworth, J. D., Darling, N., Cumsille,

P., & Ranieri, S. (2007). Gender differences in the self-defining activities and identity experiences of adolescents and emerging adults. *Journal of Adolescence, 30,* 251-269.

Shaw, C. R., & McKay, H. D. (1942). *Juvenile delinquency and urban areas.* Chicago: University of Chicago Press.

Shaw, C. R., & McKay, H. D. (1969). *Juvenile delinquency and urban areas* (revised edition). Chicago: University of Chicago Press.

Shaywitz (1998). Dyslexia. *The New England Journal of Medicine, 338,* 307-312.

Sheeber, L., Hops, H., Andrews, J. A., & Davis, B. (1997, April). *Family support and conflict: Prospective relation to adolescent depression.* Paper presented at the meeting of the Society for Research in Child Development, Washington, DC.

Sheldon, W. H. (1949). *Varieties of delinquent youth.* New York: Harper and Brothers.

Sherman, B. L., & Dominick, J. R. (1986). Violence and sex in music videos: TV and rock 'n'roll. *Journal of Communication, 36,* 79-93.

Shiwach, R. (1994). Psychopathology in Huntington's disease patients. *Acta Psychiatrica Scandinavica, 90,* 241-246.

Shoemaker, D. J. (1984). *Theories of delinquency: An examination of explanations of delinquent behavior.* New York: Oxford University Press.

Shweder, R. A., Mahapatra, M., & Miller, J. G. (1990). Culture and moral development. In J. W. Stigler, R. A. Shweder, & G. Herdt (Eds.), *Cultural psychology: Essays on comparative human development.* Cambridge, England: Cambridge University Press.

Sibley, M. H., Pelham, W. E., Molina, B. S. G., Gnagy, E. M., Waschbusch, D. A., Garefino, A. C., Kuriyan, A. B., Babinski, D. E., & Karch, K. M. (2012). Diagnosing ADHD in adolescence. *Journal of Consulting and Clinical Psychology, 80* (1), 139-150.

Sieber, J. E. (1980). A social learning theory approach to morality. In. M. Windmiller, N. Lambert, & E. Turiel (Eds.), *Moral development and socialization.* Allyn & Bacon.

Siegler, R. S. (1996). *Emerging minds: The process of change in children's thinking*. New York: Oxford University Press.

Siegler, R. S., & Crowley, K. (1992). Microgenetic methods revisited. *American Psychologist, 47,* 1241-1243.

Siegler, R. S., & Munakata, Y. (1993, Winter). Beyond the immaculate transition: Advances in the understanding of change. *Newsletter of the Society for Research in Child Development.*

Sigman, M., Neumann, C., Jansen, A. A. J., & Bwibo, N. (1989). Cognitive abilities of Kenyan children in relation to nutrition, family characteristics, and education. *Child Development, 60,* 1463-1474.

Signorielli, N. (1991). *A sourcebook on children and television*. New York: Greenwood.

Silvern, S. B., & Williamson, P. A. (1987). The effects of video game play on young children's aggression, fantasy, and prosocial behavior. *Journal of Applied Developmental Psychology, 8,* 453-462.

Simmons, R. G., & Blyth, D. A. (1987). *Moving into adolescence: The impact of pubertal change and school context*. Hawthorne, New York: Aldine & de Gruyter.

Simmons, R. G., & Rosenberg, F. (1975). Sex, sex roles, and self-image. *Journal of Youth and Adolescence, 4,* 229-258.

Simmons, R. G., Rosenberg, F., & Rosenberg, M. (1973). Disturbance in the self-image at adolescence. *American Sociological Review, 38,* 553-568.

Sinnott, J. D. (1989). Life-span relativistic postformal thought: Methodology and data from everyday problem-solving studies. In M. L. Commons, J. D. Sinnott, F. A. Richards, & C. Armon (Eds.), *Adult development, Vol. 1: Comparisons and applications of developmental models*. New York: Praeger.

Skinner, B. F. (1953). *Science and human behavior*. New York: MacMillan.

Skinner, B. F. (1971). *About behaviorism*. New York: Knopf.

Slaby, R. G., & Frey, K. S. (1975). Development of gender constancy and selective attention to same-sex models. *Child Development, 46,* 849-856.

Slocum, W. L. (1974). *Occupational careers: A sociological perspective*. Chicago: Aldine.

Slomkowski, C., Rende, R., Conger, K. J., Simons, R. L., & Conger, R. D. (2001). Sisters, brothers, and delinquency: Social influence during early and middle adolescence. *Child Development, 72,* 271-283.

Small, S., & Eastman, G. (1991). Rearing adolescents in contemporary society: A conceptual framework for understanding the responsibilities and needs of parents. *Family Relations, 40,* 455-462.

Smetana, J. G. (1983). Social-cognitive development: Domain distinctions and coordinations. *Developmental Review, 3,* 131-147.

Smetana, J. G., & Berent, R. (1993). Adolescents' and mothers' evaluations of justifications for disputes. *Journal of Adolescent Research, 8,* 252-273.

Smetana, J. G., & Turiel, E. (2003). Moral development during adolescence. In G. Adams & M. Berzonsky (Eds.), *Blackwell handbook of adolescence*. Malden MA: Blackwell.

Smith, A. D. (1980). Age differences in encoding, storage, and retrieval. In L. W. Poon, J. L. Fozard, L. S. Cermak, D. Arenberg, & L. W. Thompson (Eds.), *New directions in memory and aging*. Hillsdale, NJ.: Erlbaum.

Snarey, J. R. (1985). Cross-cultural universality of social-moral development: A critical review of Kohlbergian research. *Psychological Bulletin, 97,* 202-232.

Snepard, W. O., & Hess, D. T. (1975). Attitudes in four age groups toward sex role division in adult occupations and activities. *Journal of Vocational Behavior, 6,* 27-39.

Snyder, J., & Patterson, G. R. (1987). Family interaction and delinquent behavior. In H. C. Quay (Ed.), *Handbook of juvenile delinquency*. New York: Wiley.

Solomon, J., Scott, L., & Duveen, J. (1996). Large scale exploration of pupils' understanding of the nature of science. *Science Education, 80,* 493-508.

Song, M. J., Smetana, J., & Kim, S. Y. (1987). Korean children's conceptions of moral and conventional transgressions. *Developmental Psychology, 32*, 557-582.

Sørensen, A., Peters, D., Fründ, E., Lingman, G., Christiansen, O., & Uldbjerg, N. (2013). Changes in human placental oxygenation during maternal hyperoxia estimated by blood oxygen level-dependent magneitc resonance imaging (BOLD MRI). *Ultrasound in Obstetrics and Gynecology, 42*(3), 310-314.

Sowell, E. R., Delis, D., Stiles, J., & Jernigan, T. L. (2001). Improved memory functioning and frontal lobe maturation between childhood and adolescence: A structural MRI study. *Journal of the International Neuropsychological Society, 7*, 312-322.

Sowell, E. R., Trauner, D. A., Gamst, A., & Jernigan, T. L. (2002). Development of cortical and subcortical brain structures in childhood and adolescence: A structural MRI study. *Developmental Medicine and Child Neurology, 44* (1), 4-16.

Spatz, C. (2012). *Basic statistics* (10th ed.). Boston: Cengage.

Spear, L. P. (2000). Neurobehavioral changes in adolescence. *Current Directions in Psychological Science, 4*, 111-114.

Spear-Swerling, L., & Sternberg, R. J. (1994). The road not taken: An integrative theoretical model of reading disability. *Journal of Learning Disabilities, 27*, 91-103.

Spence, J. T., Helmreich, R. L., & Stapp, J. (1974). The Personal Attributes Questionnaire: A measure of sex-role stereotypes and masculinity-femininity. *JSAS Catalog of Selected Documents in Psychology, 4*(43).

Spence, J. T., Helmreich, R. L., & Stapp, J. (1975). Ratings of self and peers on sex role attributions and their relation to self-esteem and conceptions of masculinity and femininity. *Journal of Personality and Social Psychology, 32*, 29-39.

Spielberger, C. D. (1966). The effects of anxiety on complex learning and academic achievement. In C. D. Spielberger (Ed.), *Anxiety and behavior.* New York: Academic Press.

Spielberger, C. D., Gorsuch, R. L., & Lushene, R. E. (1970). *Manual for the state-trait anxiety inventory.* Palo Alto, California: Consulting Psychologists Press.

Sroufe, L. A. (1996). *Emotional development.* New York: Cambridge University Press.

Stamm, W. E., & Holmes, K. K. (1990). Chlamydia trachomatis infections of the adult. In K. K. Holmes (Ed.), *Sexually transmitted disease.* New York: McGraw-Hill.

Stanger, C., Achenbach, T. M., & Verhulst, F. C. (1997). Accelerated longitudinal comparisons of aggressive versus delinquent syndromes. *Development and Psychopathology, 9*, 43-58.

Stark, K. D., Rouse, L. W., & Livingston, R. (1991). Treatment of depression during childhood and adolescence: Cognitive-behavioral procedures for the individual and family. In P. C. Kendall (Ed.), *Child and adolescent therapy: Cognitive-behavioral procedures.* NY: Guilford Press.

Starr, C. (2015). An objective look at early sexualization and the media. *Sex Roles, 72*, 85-87.

Stattin, H., & Magnusson, D. (1990). *Pubertal maturation in female development: Paths through life* (Vol. 2). Hillsdale, NJ: Erlbaum.

Steinberg, L. (1987). Impact of puberty on family relations: Effects of pubertal status and pubertal timing. *Developmental Psychology, 23*, 451-460.

Steinberg, L. (1988). Reciprocal relation between Parent-child distance and pubertal maturation. *Developmental Psychology, 24*, 122-128.

Steinberg, L., Elmen, J., & Mounts, N. (1989). Authoritative parenting, psychosocial maturity, and academic success among adolescence. *Child Development, 60*, 1424-1436.

Steinberg, L., Lamborn, S. D., Darling, N., Mounts, N. S., & Dornbusch, S. M. (1994). Over-time changes in adjustment and competence among adolescents from authoritative, authoritarian, indulgent, and neglectful families. *Child Development, 65*, 754-770.

Stephen, J., Fraser, E., & Marcia, J. E. (1992). Moratorium

achievement, (Mama) cycles in life span identity development: Value orientations and reasoning systems' correlates. *Journal of Adolescence, 15,* 283-300.

Sterin, J. C. (2013). *Mass media revolution* (2nd ed.). Upper Saddle River, NJ: Pearson.

Sternberg, R. J. (1986a). *Intelligence applied.* San Diego: Harcourt Brace Jovanovich.

Sternberg, R. J. (1986b). A triangular theory of love. *Psychological Review, 93,* 119-135.

Sternberg, R. J. (1988). Intellectual development: Psychometric and information-processing approaches. In M. H. Bornstein & M. E. Lamb (Eds.), *Developmental psychology: An advanced textbook* (2nd ed.). Hillsdale, NJ: Erlbaum.

Sternberg, R. J. (2000). Identifying and developing creative giftedness. *Roeper Review, 23,* 60-72.

Sternberg, R. J. (2003). Contemporary theories of intelligence In I. B. Weiner (Ed.), *Handbook of psychology* (Vol. 3). New York: Wiley.

Sternberg, R. J. (2004). Individual differences in cognitive development. In U. Goswami (Ed.), *Blackwell handbook of childhood cognitive development.* Malden, MA: Blackwell.

Sternberg, R. J. (2010). Componential models of creativity. In M. Runco & S. Spritzker (Eds.), *Encyclopedia of creativity.* New York: Elsevier.

Sternberg, R. J. (2011). Individual differences in cognitive development. In U. Goswami (Ed.), *Wiley-Blackwell handbook of childhood cognitive development* (2nd ed.). Malden, MA: Blackwell.

Sternberg, R. J. (2012). Human intelligence. In V. S. Ramachandran (Ed.), *Encyclopedia of human behavior* (2nd ed.). New York: Elsevier.

Sternberg, R. J. (2017). Intelligence and competence in theory and practice. In A. J. Elliot & C. S. Dweek (Eds.), *Handbook of competence and motivation* (2nd ed.). New York: Guilford.

Sternberg, R. J. (2018a). The triangle of intelligence. In R. J. Sternberg & J. C. Kaufman (Eds.), *The nature of human creativity.* New York: Cambridge University Press.

Sternberg, R. J. (2018b). Wisdom. In S. J. Lopez (Ed.), *Encyclopedia of positive psychology* (2nd ed.). New York: Wiley.

Sternberg, R. J., & Lubart, T. I. (1991). *Successful intelligence: How practical and creative intelligence determine success in life.* NY: Simon & Schuster.

Stewart, L., & Pascual-Leone, J. (1992). Mental capacity constraints and the development of moral reasoning. *Journal of Experimental Child Psychology, 54,* 251-287.

Stinnett, N., Walters, J., & Kaye, E. (1984). *Relationships in marriage and the family.* New York: Macmillan.

Stipek, D. J. (2002). *Motivation to learn* (4th ed.). Boston: Allyn & Bacon.

Stipek, D. J., & MacIver, D. (1989). Developmental change in children's assessment of intellectual competence. *Child Development, 60,* 531-538.

Storfer, M. (1990). *Intelligence and giftedness: The contributions of heredity and early environment.* San Francisco: Jossey-Bass.

Strachan, T., & Read, A. P. (1996). *Human molecular genetics.* New York: Wiley.

Strang, R. (1957). *The adolescent views himself.* New York: McGraw-Hill.

Strasburger, V. C. (1990). Television and adolescents: Sex, drugs, rock 'n'roll. *Adolescent Medical State Art Review, 1,* 161-194.

Strasburger, V. C. (1995). *Adolescents and the media: Medical and psychological impact.* Thousand Oaks, CA: Sage.

Streitmatter, J. (1993). Identity status and identity style: A replication study. *Journal of Adolescence, 16,* 211-215.

Strickland, B. R. (1995). Research on sexual orientation and human development: A commentary. *Developmental Psychology, 31,* 137-140.

Strom, R., & Strom, S. (1990). Raising expectations for grandparents: A three generational study. *International Journal of Aging and Human Development, 31* (3), 161-167.

Strommen, E. (1990). Hidden branches and growing pains: Homosexuality and the family tree. In F.

Bozett & M. Sussman (Eds.), *Homosexuality and the family*. New York: Harrington Park.

Strong, B., & DeVault, C. (1997). *Human sexuality: Diversity in contemporary America* (2nd ed.). Mountain View, California: Mayfield.

Strong, B., Yarber, W. L., Sayad, B. W., & DeVault, C. (2009). *Human sexuality: Diversity in contemporary America* (7th ed.). New York: McGraw-Hill.

Sullivan, H. S. (1947). *Conceptions of modern psychiatry*. New York: Norton.

Sullivan, H. S. (1950). The illusion of personal individuality. *Psychiatry, 13*, 317-332.

Sullivan, H. S. (1953). *The interpersonal theory of psychiatry*. New York: Norton.

Sullivan, H. S. (1964). *The fusion of psychiatry and social science*. New York: Norton.

Sund, A. M., Larsson, B., & Wichstrom, L. (2011). Role of physical and sedentary activities in the development of depressive symptoms in early adolescence. *Social Psychiatry and Psychiatric Epidemiology, 46*, 431-441.

Suomi, S. J., Harlow, H. F., & Domek, C. J. (1970). Effect of repetitive infant-infant separations of young monkeys. *Journal of Abnormal Psychology, 76*, 161-172.

Super, D. E. (1976). *Career education and the meanings of work*. Washington, DC: U. S. Office of Education.

Super, D. E. (1990). A life-span, life-space approach to career development. In D. Brown, L. Brooks, & Associates (Eds.), *Career choice and development* (2nd ed.). San Francisco: Jossy-Bass.

Susman, E. J., & Dorn, L. D. (2013). Puberty: Its role in development. In I. B. Weiner & others (Eds.), *Handbook of psychology* (2nd ed., Vol. 6). New York: Wiley.

Susman, E. J., Dorn, L. D., & Schiefelbein, V. L. (2003). Puberty, sexuality, and health. In I. B. Weiner (Ed.), *Handbook of psychology* (Vol. 6). New York: Wiley.

Susman, E. J., Inoff-Germain, G. E., Nottelmann, E. D., Cutler, G. B., Loriaux, D. L., & Chrousos, G.

P. (1987). Hormones, emotional dispositions, and aggressive attributes in early adolescents. *Child Development, 58*, 1114-1134.

Susman, E. J., & Rogol, A. (2004). Puberty and Psychological development. In R. Lerner & L. Steinberg (Eds.), *Handbook of adolescent psychology*. New York: Wiley.

Sutton, M. J., Brown, J. D., Wilson, K. M., & Klein, J. D. (2002). Shaking the tree of knowledge for forbidden fruit: Where adolescents learn about sexuality and contraception. In J. D. Brown, J. R. Steele, & K. Walsh-Childers (Eds.), *Sexual teens, sexual media* (pp. 25-55). Mahwah, NJ: Lawrence Erlbaum.

Suttonsmith, B., & Rosenberg, B. G. (1970). *The sibling*. New York: Holt, Rinehart, & Winston.

Swaab, D. F., Chung, W. C., Kruijver, F. P., Hofman, M. A., & Ishunina, T. A. (2002). Sexual differentiation of the human hypothalamus. *Advances in Experimental Medicine and Biology, 511*, 75-100.

Swanson, H. L. (2014). Learning disabilities. In M. A. Bray & T. J. Kehle (Eds.), *Oxford handbook of school psychology*. New York: Oxford University Press.

Syed, M. (2013). Assessment of ethnic identity and acculturation. In K. Geisinger (Ed.), *APA handbook of testing and assessment in psychology*. Washington, DC: American Psychological Association.

Tager, I. B., Weiss, S. T., Munoz, A., Rosner, B., & Speizer, F. E. (1983). Longitudinal study of the effects of maternal smoking on pulmonary function in children. *The New England Journal of Medicine, 309*, 699-703.

Takanishi, R. (1993). The opportunities of adolescence: Research, interventions, and policy. *American Psychologist, 48*, 85-87.

Tanfer, K., & Horn, M. C. (1985). Contraceptive use, pregnancy, and fertility patterns among single American women in their 20's. *Family Planning Perspectives, 17* (1), 10-19.

Tanner, J. M. (1970). Physical growth. In P. H. Mussen (Ed.), *Carmichael's manual of child psychology* (Vol. 2, 3rd ed.). New York: Wiley.

Tanner, J. M. (1974). Sequence and tempo in the somatic

changes in puberty. In M. M. Grumbach, G. D. Grave, & F. E. Mayer (Eds.), *Control of the onset of puberty*. New York: Wiley.

Tanner, J. M. (1978). *Fetus into man: Physical growth from conception to maturity*. Cambridge, MA: Harvard University Press.

Tanner, J. M. (1990). *Fetus into man: Physical growth from conception to maturity* (2nd ed.). Cambridge, MA: Harvard University Press.

Tanner, J. M. (1991). Growth spurt, adolescent. I. In R. M. Lerner, A. C. Petersen, & J. Brooks-Gunn (Eds.), *Encyclopedia of adolescence*. New York: Garland.

Tauber, M. A. (1979). Sex differences in parent-child interact's styles during a free-play session. *Child Development, 50*, 981-988.

Taylor, E. (1994). Syndromes of attention deficit and overactivity. In M. Rutter, E. Taylor, & L. Hersov (Eds.), *Child and adolescent psychiatry*. London: Blackwell.

Teddlie, C., Kirby, P. C., & Stringfield, S. (1989). Effective vs. ineffective schools: Observable differences in the classroom. *American Journal of Education, 97*, 221-236.

Teeven, R. C., & McGhee, P. E. (1972). Childhood development of fear of failure motivation. *Journal of Personality and Social Psychology, 21*, 345-348.

Temoshok, L., & Dreher, H. (1992). *The type C syndrome*. New York: Random House.

Terman, L. M. (1925). *Genetic studies of genius*. Stanford. CA: Stanford University

Thatcher, R. W. (1991). Maturation of human frontal lobes: Physiological evidence for staging. *Developmental Neuropsychology, 7*, 397-419.

Thomas, C. W., Coffman, J. K., & Kipp, K. L. (1993, March). *Are only children different from children with siblings? A longitudinal study of behavioral and social functioning*. Paper presented at the biennial meeting of the Society for Research in Child Development, New Orleans.

Thompson, P. M., Giedd, J. N., Woods, R. P., MacDonald, D., Evans, A. C., & Toga, A. W. (2000). Growth patterns in the developing brain detected by using continuum mechanical tensor maps. *Nature, 404*, 190-193.

Thompson, R., Proctor, L. J., English, D. J., Dubowitz, H., Narasimhan, S., & Everson, M. D. (2012). Suicidal ideation in adolescence: Examining the role of recent adverse experiences. *Journal of adolescence, 35* (1), 175-186.

Thornburg, H. D. (1981). Sources of sex education among early adolescents. *Journal of Early Adolescence, 1*, 171-184.

Thorndike, E. L. (1904). The newest psychology. *Educational Review, 28*, 217-227.

Tietjen, A. M., & Walker, L. J. (1985). Moral reasoning and leadership among men in a Papua New Guinea society. *Developmental Psychology, 21*, 982-992.

Tobin-Richards, M. H., Boxer, A. M., & Petersen, A. C. (1983). The psychological significance of pubertal change: Sex differences in perceptions of self during early adolescence. In J. Brooks-Gunn & A. C. Petersen (Eds.), *Girls at puberty: Biological and psychological perspectives*. New York: Plenum.

Toder, N., & Marcia, J. (1973). Ego identity status and responses to conformity pressure in college women. *Journal of Personality and Social Psychology, 26*, 287-294.

Toffler, A. (1980). *The third wave*. NY: Bantam Books.

Tomlinson-Keasey, C., & Keasey, C. B. (1974). The mediating role of cognitive development in moral judgment. *Child Development, 45*, 291-298.

Torff, B. (2000). Multiple intelligences. In A. Kazdin (Ed.), *Encyclopedia of psychology*. Washington, DC, and New York: American Psychological Association and Oxford University Press.

Torrance, E. P. (1959). Current research on the nature of creative talent. *Journal of Counseling Psychology, VI* (4), 6-11.

Torrance, E. P. (1984). *The Torrance Tests of Creative Thinking streamlined (revised) manual Figural A and B*. Bensenville, IL: Scholastic Testing Service.

Tras, Z., Arslan, C., Hamarta, E. (2013). An examination of resilience in university students in terms of self-esteem and social self-efficacy. *International*

*Journal of Academic Research Part B, 5* (3), 325–330.

Truglio, R. T., & Kotler, J. A. (2014). Language, literacy, and media: What's the word on Sesame Street? In E. T. Gershoff, R. S. Mistry, & D. A. Crosby (Eds.), *Societal contexts of child development*. New York: Oxford University Press.

Turiel, E. (1983). *The development of social knowledge: Morality and convention*. Cambridge, England: Cambridge University Press.

Turiel, E. (1997). The development of morality. In N. Eisenberg (Ed.), *Handbook of child psychology* (Vol. 3, 5th ed.). New York: Wiley.

Twenge, J. M., & Campbell, W. K. (2001). Age and birth cohort differences in self-esteem: A cross-temporal meta-analysis. *Personality and Social Psychology Bulletin, 5*, 321–344.

Underwood, M. K., Rosen, L. H., More, D., Ehrenreich, S. E., & Gentsch, J. K. (2012). The BlackBerry project: Capturing the content of adolescents' text messaging. *Developmental Psychology, 48* (2), 295–302.

Valkenburg, P. M., & Peter, J. (2011). Online communication among adolescents: An integrated model of its attraction, opportunities, and risks. *Journal of Adolescent Health, 48*, 121–127.

Van Ryzin, M. J., & Dishion, T. J. (2012). The impact of a family-centered intervention on the ecology of adolescent antisocial behavior: Modeling developmental sequelae and trajectories during adolescence. *Development and Psychopathology. 24* (3), 1139–1155.

Van Schie, G. M., & Wiegman, O. (1997). Children and video games: Leisure activities, aggression, social integration, and school performance. *Journal of Applied Social Psychology, 27*, 1175–1194.

van Tilborg, E., de Theije, C. G. M., van Hal, M., Wagenaar, N., de Vries, L. S., Benders, M. J., Rowitch, D.H., & Nijboer. C. H. (2018). Origin and dynamics of oligodendrocytes in the developing brain: Implications for perinatal white matter injury. *Glia, 66* (2), 221–238

Vasta, R., Haith, M. M., & Miller, S. A. (1995). *Child*

*psychology: The modern science*. John Wiley & Sons.

Vernberg, E. M. (1990). Psychological adjustment and experience with peers during early adolescence: Reciprocal, incidental, or unidirectional relationships? *Journal of Abnormal Child Psychology, 18*, 187–198.

Vernberg, E. M., Ewell, K. K., Beery, S. H., & Abwender, D. A. (1994). Sophistication of adolescents' interpersonal negotiation strategies and friendship formation after relocation: A naturally occurring experiment. *Journal of Research on Adolescence, 4,* 5–19.

Vernon, L., Modecki, K. L., & Barber, B. L. (2018). Mobile phones in the bedroom: Trajectories of sleep habits and subsequent adolescent psychological development. *Child Development, 89,* 66–77.

Visher, E., & Visher, J. (1989). Parenting coalitions after remarriage: Dynamics and therapeutic guidelines. *Family Relations, 38* (1), 65–70.

Vondracek, F. W. (1991). Vocational development and choice in adolescence. In R. M. Lerner, A. C. Petersen, & J. Brooks-Gunn (Eds.), *Encyclopedia of adolescence* (Vol. 2). New York: Garland.

Vygotsky, L. S. (1962). *Thought and language*. Cambridge, MA: MIT Press.

Waddington, C. H. (1966). *Principles of development and differentiation*. New York: Macmillan.

Wahlsten, D. (2000). Behavioral genetics. In A. Kazdin (Ed.), *Encyclopedia of psychology*. Washington, DC, & New York: American Psychological Association and Oxford University Press.

Wahlstrom, D., Collins, P., White, T., & Luciana, M. (2010). Developmental changes in dopamine neurotransmission in adolescence: Behavioral implications and issues in assessment. *Brain and Cognition, 72*, 146–159.

Walberg, H. J., & Zeiger, S. (1997). Productivity, accomplishment, and eminence. In N. Colangelo & G. A. Davis (Eds.), *Handbook of gifted education*. Boston: Allyn & Bacon.

Waldman, I. D., & Rhee, S. H. (1999, April). *Are genetic*

*and environmental influences on ADHD of the same magnitude throughout the range of symptoms as at the disordered extreme?* Paper presented at the meeting of the Society for Research in Child Development, Albuquerque.

Walker, C. (1996, May). Can TV save the planet? *American Demographics.* 42-48.

Walker, E. F. (2002). Adolescent neuro-development and psychopathology. *Current Directions in Psychological Science, 1,* 24-28.

Walker, L. J. (1980). Cognitive and perspective taking prerequisities of moral development. *Child Development, 51,* 131-139.

Wallach, M. A., & Kogan, N. (1967). Creativity and intelligence in children's thinking. *Transaction, 4,* 38-43.

Warren, M. P. (1985). When weight loss accompanies amenorrhea. *Contemporary Obstetrics and Gynecology, 28* (3), 588-597.

Waterman, A. S. (1989). Curricula interventions for identity change: Substantive and ethical considerations. *Journal of Adolescence, 12,* 389-400.

Waterman, A. S. (1992). Identity as an aspect of optimal psychological functioning. In G. R. Adams, T. T. Gullotta, & R. Montemayor (Eds.), *Adolescent identity formation.* Newbury Park, California: Sage.

Watson, D. (2012). Objective tests as instruments of psychological theory and research. In H. Cooper (Ed.), *APA handbook of research methods in psychology.* Washington, DC: American Psychological Association.

Webber, T. A., Soder, H. E., Potts, G. F., Park, J. Y., & Bornovalova, M. A. (2017). Neural outcome processing of peer-influenced risk-taking behavior in late adolescence: preliminary evidence for gene × environment interactions. *Experimental and clinical psychopharmacology, 25* (1), 31-40.

Weinberg, R. A. (1989). Intelligence and IQ: Landmark issues and great debates. *American Psychologist, 44* (2), 98-104.

Weiner, B. (1974). *Achievement motivation and attribution theory.* Morristown, New Jersey:

General Learning Press.

Weiner, B. (1979). A theory of motivation for some classroom experiences. *Journal of Educational Psychology, 71,* 3-25.

Weiner, B. (1986). *An attributional theory of motivation and emotion.* New York: Springer-Verlag.

Weinstock, H., Dean, D., & Bolan, G. (1994). Chlamydia trachomatis infections. *Infectious Disease Clinics of North America, 8,* 797-819.

Weiss, G. (1983). Long-term outcome: Findings, concepts, and practical implications. In M. Rutter (Ed.), *Developmental neuropsychiatry.* NY: Guilford.

Wellman, H. M., Ritter, K., & Flavell, J. H. (1975). Deliberate memory behavior in the delayed reactions of very young children. *Developmental Psychology, 11,* 789-787.

Weng, A., & Montemayor, R. (1997, April). *Conflict between mothers and adolescents.* Paper presented at the meeting of the Society for Research in Child Development, Washington, DC.

Wentzel, K. R. (2013). School adjustment. In I. B. Weiner & others (Eds.), *Handbook of psychology* (2nd ed., Vol. 7). New York: Wiley.

Wentzel, K. R., & Erdley, C. A. (1993). Strategies for making friends: Relations to social behavior and peer acceptance in early adolescence. *Developmental Psychology, 29,* 812-826.

Werner, E., & Smith, R. (1992). *Overcoming the odds: High risk children from birth to adulthood.* Ithaca, NY: Cornell University Press.

Werts, C. E. (1968). Parental influence on career choice. *Journal of Counseling Psychology, 15,* 48-52.

Wertsch, J. V., & Tulviste, P. (1992). L. S. Vygotsky and contemporary developmental psychology. *Developmental Psychology, 28,* 548-557.

Weston, M. J. (2010). Magnetic resonance imaging in fetal medicine: A pictorial review of current and developing indications. *Postgraduate Medicine Journal, 86,* 42-51.

Whalen, D. J., Dixon-Gordon, K., Belden, A. C., Barch, D., & Luby, J. L. (2015). Correlates and consequences of suicidal cognitions and behaviors in children ages 3 to 7years. *Journal of the American Academy of Child & Adolescent Psychiatry, 54,* 926-37.

White, L. A. (2001, Spring). A reinvestigation of sex-role stereotyping in MTV music videos. *Women and Language, 24,* 45.

Whittle, M. J., & Connor, J. M. (1995). *Prenatal diagnosis in obstetric practice* (2nd ed.). Oxford. England: Blackwell.

Wichers, M., Gardner, C., Maes, H. H., Lichtenstein, P., Larsson, H., & Kendler, K. S. (2013). Genetic innovation and stability in externalizing problem behavior across development: A multi-informant twin study. *Behavioral Genetics, 43* (3), 191-201.

Wicks-Nelson, R., & Israel, A. C. (2000). *Behavior disorders of childhood* (4th ed.). NJ: Prentice-Hall.

Wiesner, M., & Ittel, A. (2002). Relations of pubertal timing and depressive symptoms to substance use in early adolescence. *Journal of Early Adolescence, 22* (1), 5-23.

Wijting, J. P., Arnold, C. T., & Conrad, K. A. (1978). Generational differences in work values between parents and children and between boys and girls across grade levels, 6, 9, 10 and 12. *Journal of Vocational Behavior, 12,* 245-260.

Willett, W. C., Stampfer, M. J., Colditz, G. A., Rosner, B. A., & Speizer, F. E. (1990). Relation on meat, fat, and fiber intake to the risk of colon cancer in a prospective study among women. *New England Journal of Medicine, 323,* 1664-1672.

Williams, J. A. (1979). Psychological androgyny and mental health. In O. Harnett, G. Boden, & M. Fuller (Eds.), *Sex-role stereotyping.* London: Tavistock.

Williams, J. E., Best, D. L., & Davis, S. W. (1977). Sex Stereotype Measure (SSM), (Techn, Rep.). Winston-Salem, NC: *Development of psychology,* Wake Forest University.

Williams, J. R., & Gold, M. (1972). From delinquent behavior to official delinquency. *Social Problems, 20,* 209-229.

Williams, R. B. (1989). Biological mechanisms mediating the relationship between behavior and coronary prone behavior. In A. W. Siegman & T. Dembrowski (Eds.), *In search of coronary-prone behavior: Beyond Type A.* Hillsdale, NJ: Erlbaum.

Winefield, A. H., & Tiggemann, M. (1990). Employment status and psychological well-being: A longitudinal study. *Journal of Applied Psychology, 75,* 455-459.

Winsler, A., Diaz, R. M., & Montero, I. (1997). The role of private speech in the transition from collaborative to independent task-performance in young children. *Early Childhood Research Quarterly, 12,* 59-79.

Wintre, M. G., Hicks, R., McVey, G., & Fox, J. (1988). Age and sex differences in choice of consultant for various types of problems. *Child Development, 59,* 1046-1055.

Wolfson, J. C. (1996, January 15). Women with cystic fibrosis defy the odds by having babies. *Newsday,* B17-B18.

Wood, K. C., Becker, J. A., & Thompson, J. K. (1996). Body image dissatisfaction in preadolescent children. *Journal of Applied Developmental Psychology, 17,* 85-100.

Wrightsman, L. S. (1977). *Social psychology* (2nd ed.). Monterey, California: Brooks/Cole.

Wunderlich, R. C. (1978). Some effects of nicotinic and ascorbic on the behavior of institutionalized juvenile delinquents. In L. J. Hippchen (Ed.), *Ecologic-biochemical approaches to treatment of delinquents and criminals.* New York: Van Nostrand Reinhold.

Yager, G. G., & Baker, S. (1979). *Thoughts on androgyny for the counseling psychologist.* Paper presented at the Annual convention of the American Psychological Association (Eric Document Reproduction service NI. ED 186825).

Yager, J. (1982). Family issues in the pathogenesis of anorexia nervosa. *Psychosomatic Medicine, 44* (1), 43-60.

Yankowitz, J, (1996). Surgical fetal therapy. In J. A. Kuller, N. C. Cheschier, & R. C. Cefalo (Eds.), *Prenatal diagnosis and reproductive genetics.* St. Louis: Mosby.

Yen, S., Weinstock, L. M., Andover, M. S., Sheets, E. S., Selby, E. A., & Spirito, A. (2013). Prospective predictors of adolescent suicidality: 6-month post-hospitalization follow-up. *Psychological Medicine, 43* (5), 983-993.

Yilmaz, G., Demirli Caylan, N., & Karacan, C. D. (2014). An intervention to preschool children for reducing screen time: A randomized controlled trial. *Child Care, Health, and Development, 41*(3), 443-449.

Yin, Y., Buhrmester, D., & Hibbard, D. (1996, March). *Are there developmental changes in the influence of relationships with parents and friends on adjustment during early adolescence?* Paper presented at the meeting of the Society for Research on Adolescence, Boston.

Yoshikawa, H. (1994). Prevention as cumulative protection: Effects of early family support and education on chronic delinquency and its risks. *Psychological Bulletin, 115*, 28-54.

Young, R. A., & Freisen, J. D. (1992). The intentions of parents in influencing the career development of their children. *The Career Development Quarterly, 40*, 198-207.

Youniss, J. (1980). *Parents and peers in social development: A Sullivan-Piaget perspective.* Chicago: University of Chicago Press.

Youniss, J., & Smollar, J. (1986). *Adolescents' relations with mothers, fathers, and friends.* Chicago: University of Chicago Press.

Youth Indicators (1993). *Trends in the well-being of American youth.* Washington, DC: U.S. Government Printing Office.

Yuan, A. S. V. (2010). Body perceptions, weight control behavior, and changes in adolescents' psychological well-being over time: A longitudinal examination of gender. *Journal of Youth and Adolescence, 39*, 927-939.

Yussen, S. R., & Bird, J. E. (1979). The Development of metacognitive awareness in memory, communication, and attention. *Journal of Experimental Child Psychology, 28*, 300-313.

Zajonc, R. B., & Mullally, P. R. (1997). Birth order: Reconciling conflicting effects. *American Psychologist, 52*, 685-699.

Zelazo, P. D., Helwig, C. C., & Lau, A. (1996). Intention, act, and outcome in behavioral prediction and moral judgment. *Child Development, 67*, 2478-2492.

Zelnik, M., & Kantner, J. F. (1977). Sexual and contraceptive experiences of young unmarried women in the United States, 1976 and 1971. *Family Planning Perspectives, 9*, 55-71.

Ziegler, C. B., Dusek, J. B., & Carter, D. B. (1984). Self-concept of sex role orientation: An investigation of multidimensional aspects of personality development in adolescence. *Journal of Early Adolescence, 4*, 25-39.

Zillmann, D., & Mundorf, N. (1987). Image effects in the appreciation of video rock. *Communication Research, 14*, 316-334.

Zimmerman, B. J., Bandura, A., & Martinez-Pons, M. (1992). Self-motivation for academic attainment: The role of self-efficacy beliefs and personal goal setting. *American Educational Research Journal, 29*, 663-676.

# 찾아보기

## 내용

# ▍저자 소개

## 정옥분(Chung, Ock Boon)

〈약력〉
서울대학교 사범대학 가정학과 졸업
서울대학교 대학원 석사과정 졸업(아동학 전공 석사)
미국 University of Maryland 박사과정 졸업(인간발달 전공 Ph.D.)
고려대학교 사범대학 교수, 고려대학교 사회정서발달연구소 소장
한국아동학회 회장, 한국인간발달학회 회장, 미국 University of Maryland 교환교수,
    ISSBD 국제학술대회 조직위원회 위원장 역임
현재 고려대학교 명예교수
    고려대학교 의료원 안암병원, 구로병원, 안산병원 어린이집 고문

〈저서〉
성인 · 노인심리학(제3판, 학지사, 2019), 발달심리학(제3판, 학지사, 2019)
아동발달의 이해(제3판, 학지사, 2018), 영유아발달의 이해(제3판, 학지사, 2018)
사회정서발달(개정판, 학지사, 2017), 유아발달(학지사, 2016)
영아발달(개정판, 학지사, 2016), 영유아발달의 이해(개정판, 학지사, 2015)
전생애 인간발달의 이론(제3판, 학지사, 2015), 청년발달의 이해(제3판, 학지사, 2015)
청년심리학(개정판, 학지사, 2015), 발달심리학(개정판, 학지사, 2014)
성인 · 노인심리학(개정판, 학지사, 2013), 아동발달의 이해(개정판, 학지사, 2013),
아동심리검사(학지사, 2012), 영아발달(학지사, 2012), 아동연구와 통계방법(학지사, 2010)
성인 · 노인심리학(학지사, 2008), 아동학 연구방법론(학지사, 2008)
유아교육 연구방법(학지사, 2008), 청년발달의 이해(개정판, 학지사, 2008)
전생애 인간발달의 이론(개정판, 학지사, 2007), 사회정서발달(학지사, 2006)
청년심리학(학지사, 2005), 발달심리학(학지사, 2004)
영유아발달의 이해(학지사, 2004), 전생애발달의 이론(학지사, 2004)
아동발달의 이론(학지사, 2003), 아동발달의 이해(학지사, 2002)
성인발달과 노화(교육과학사, 2001), 성인발달의 이해(학지사, 2000)
청년발달의 이해(학지사, 1998)

〈공저〉
아동권리와 복지(2판, 학지사, 2020), 결혼과 가족(학지사, 2020)
제4차 표준보육과정을 반영한 보육과정(학지사, 2020), 보육학개론(4판, 학지사, 2019)
예비부모교육(3판, 학지사, 2019), 부모교육(3판, 학지사, 2019)
정서발달과 정서지능(개정판, 학지사, 2018), 예비부모교육(2판, 학지사, 2016)
노인복지론(2판, 학지사, 2016), 보육과정(3판, 학지사, 2016)
아동권리와 복지(학지사, 2016), 부모교육(2판, 학지사, 2016)

보육학개론(3판, 학지사, 2016), 보육교사론(학지사, 2015)

결혼과 가족의 이해(학지사, 2014), 생활과학 연구방법론(학지사, 2014)

보육과정(2판, 학지사, 2013), 보육학개론(2판, 학지사, 2012)

아동복지론(학지사, 2012), 보육과정(학지사, 2009)

애착과 발달(학지사, 2009), 노인복지론(학지사, 2008)

보육학개론(학지사, 2008), 부모교육(학지사, 2008)

예비부모교육(학지사, 2007), 정서발달과 정서지능(학지사, 2007)

Parenting beliefs, behaviors, and parent-child relations:
   A cross-cultural perspective(공편, Psychology Press, 2006)

결혼과 가족의 이해(시그마프레스, 2005)

고등학교 인간발달(교육인적자원부, 2003)

배려지향적 도덕성과 정의지향적 도덕성: 아산재단 연구총서 제123집(집문당, 2003)

부모교육: 부모역할의 이해(양서원, 2000)

인간발달: 발달심리적 접근(개정판, 교문사, 1997)

사랑으로 크는 아이(계몽사, 1996)

유아의 심리(중앙적성출판사, 1994)

인간발달: 발달심리적 접근(교문사, 1989)

가족과 환경(교문사, 1986)


〈역서〉

학위논문작성법: 시작에서 끝내기까지(공역, 시그마프레스, 2004)

청년발달의 이론(공역, 양서원, 1999)

인간발달의 이론(교육과학사, 1995)

인간발달 II: 청년기, 성인기, 노년기(교육과학사, 1992)

부모교육 이론과 적용(공역, 국민서관, 1989)


〈논문〉

Sex-Role Identity and Self-Esteem among Korean and American College Students(University of
   Maryland 박사학위논문, 1983)

전통 '효' 개념에서 본 부모역할인식과 자녀양육행동(1997)

영아기 기질 및 부모의 양육행동에 따른 2~4세 아동의 행동억제에 관한 단기종단연구: 8개국 비교문화연구
   를 위한 기초연구(2003)

Behavioral Inhibition in Toddlers: Initial Findings from the International Consortium for the Study of
   Social and Emotional Development(2004)

A Cross-Cultural Study of Behavioral Inhibition in Toddlers: East-West-North-South(2006)

A Mediated Moderation Model of Conformative Peer Bullying(2012) 외 논문 다수

# 청년심리학(제3판)

*Adolescence* (3rd ed.)

2005년  6월  30일  1판  1쇄  발행
2013년  5월  20일  1판  4쇄  발행
2015년  2월  28일  2판  1쇄  발행
2019년  8월  30일  2판  3쇄  발행
2021년  3월  15일  3판  1쇄  발행

지은이 • 정옥분
펴낸이 • 김진환
펴낸곳 • (주) 학지사
　　　　04031 서울특별시 마포구 양화로 15길 20 마인드월드빌딩
대표전화 • 02)330-5114　　　팩스 • 02)324-2345
등록번호 • 제313-2006-000265호

홈페이지 • http://www.hakjisa.co.kr
페이스북 • https://www.facebook.com/hakjisa

ISBN  978-89-997-2366-7  93180

정가  30,000원

출판 · 교육 · 미디어기업 학지사

간호보건의학출판 학지사메디컬 www.hakjisamd.co.kr
심리검사연구소 인싸이트 www.inpsyt.co.kr
학술논문서비스 뉴논문 www.newnonmun.com
원격교육연수원 카운피아 www.counpia.com